公安院校创新应用型
精品规划系列教材

犯罪心理学教程
Criminal Psychology

主　编　董邦俊　康　杰
副主编　吴江皓　朱利民　陈　雯　王安全

WUHAN UNIVERSITY PRESS
武汉大学出版社

图书在版编目(CIP)数据

犯罪心理学教程/董邦俊,康杰主编.—武汉:武汉大学出版社,2015.1
(2023.1 重印)
公安院校创新应用型精品规划系列教材
ISBN 978-7-307-14351-7

Ⅰ.犯… Ⅱ.①董… ②康… Ⅲ.犯罪心理学—高等学校—教材
Ⅳ.D917.2

中国版本图书馆 CIP 数据核字(2014)第 213144 号

责任编辑:田红恩   责任校对:鄢春梅   版式设计:马 佳

出版发行:**武汉大学出版社**   (430072 武昌 珞珈山)
(电子邮箱:cbs22@whu.edu.cn 网址:www.wdp.com.cn)
印刷:武汉图物印刷有限公司
开本:787×1092 1/16 印张:22.75 字数:579 千字 插页:2
版次:2015 年 1 月第 1 版   2023 年 1 月第 4 次印刷
ISBN 978-7-307-14351-7   定价:78.00 元

公安院校创新应用型精品规划系列教材编委会名单

顾　　问（排名不分先后）

　　　　　齐文远（中南财经政法大学党委副书记，教授，博导）

　　　　　莫洪宪（武汉大学法学院教授，博导）

　　　　　曹诗权（中国人民公安大学校长，教授，博导）

编委会主任　董邦俊（中南财经政法大学教授，博导）

副　主　任　徐武生（中国人民公安大学法学院教授，博导）

　　　　　王均平（中南财经政法大学教授，博导）

成　　员　夏　勇（中南财经政法大学刑事司法学院院长，教授，博导）

　　　　　杨宗辉（中南财经政法大学法律硕士教育中心主任，教授，博导）

　　　　　惠生武（西北政法大学公安学院教授）

　　　　　王彩元（湖南警察学院治安系主任，教授）

　　　　　康　杰（中国刑事警察学院基础教研部副主任，教授）

　　　　　石向群（南京森林警察学院治安系主任，教授）

　　　　　张建良（湖北警官学院法律系主任，教授）

　　　　　金　诚（浙江警官学院教务处处长，教授）

　　　　　王精忠（山东警察学院干部培训部主任，教授）

　　　　　鞠旭远（山东警察学院法律系主任，教授）

　　　　　杨瑞清（江西警察学院治安系主任，教授）

　　　　　王运生（铁道警察学院法律系主任，教授）

　　　　　黄　诚（重庆警察学院法律系主任，教授）

　　　　　金光明（四川警察学院法律系主任，教授）

　　　　　梁晶蕊（甘肃警官职业学院法律系主任，教授）

　　　　　邢曼媛（山西警察学院法律系主任，教授）

　　　　　王立波（黑龙江公安警官职业学院法律系主任，副教授）

　　　　　董学军（黑龙江公安警官职业学院治安系主任，副教授）

　　　　　章春明（云南警官学院治安学院院长，教授）

　　　　　邱福军（重庆警察学院科研处处长，副教授）

　　　　　宋　丹（贵州警官职业学院治安教研室主任，副教授）

　　　　　黄　斌（内蒙古警察职业学院监管系主任，副教授）

　　　　　张胜前（湖北警官学院治安系副主任，教授）

　　　　　李　骥（甘肃警察职业学院教务处处长，副教授）

　　　　　邹卫农（四川警察学院治安系副主任，教授）

公安院校创新应用型精品规划系列教材编委会名单

章昌志（中南财经政法大学刑事司法学院，副教授）

刘振华（湖南警察学院治安系副主任，教授）

秦　飞（上海公安高等专科学校监管〔法警〕教研室副主任）

邓国良（江西警察学院教授）

曹慧丽（江西警察学院教授）

贾建平（河南警察学院副教授）

黄　石（湖北警官学院副教授）

秘　书　长　田红恩（武汉大学出版社）

目　录

第一章 导 论

犯罪是人类社会发展中的一个长期的历史现象，自从有了阶级、国家，也有了犯罪现象。"蔑视社会秩序的最明显、最极端的表现就是犯罪"。为了应对犯罪，中外学者进行了不断的努力。中国古代先贤对犯罪的研究同西方国家 18 世纪一样，没有系统的论述，而是与政治、法律以及治国方略相结合。尽管犯罪学作为一门独立的学科只有近百年的历史，但是我国对犯罪心理的探讨由来已久。据史书的记载，早在公元前 11 世纪，周公旦就曾对犯罪的心理原因、犯罪动机等问题提出了自己的观点。而在春秋战国时期，更是有了诸子百家关于人性善恶的论战，这也就是现实意义上的对犯罪心理形成原因的探讨。孟子说："富岁，子弟多赖；凶岁，子弟多暴。"荀子①则认为，人生来就有"好利"、"疾恶"、"好声色"的不良本性，只有"师法"，也就是进行遵守礼义法度的教育，才不会作恶。西汉时期，董仲舒提出了"性三品"说，他认为"圣人"天生性善；"斗筲之徒"天生性恶；"中民"则既可为恶，也可为善，关键在于对其是否进行教化和以刑罚威胁。在中国古代也出现了关于德治、法治思想的论战，如德主刑辅，仓廪实而知礼节，衣食足而知荣辱……然而犯罪的形成具有多种原因，不仅有社会的原因，也有生理和心理方面的原因。孔子所处的时代正是"礼崩乐坏"的历史变革时期，从政治和伦理道德上要求人们"克己复礼"、"日三省吾身"。提出的治国方略是"修身、齐家、治国、平天下"，做人的道理是"己所不欲，勿施于人"。孔子在《论语》中指出："道之以政，齐之以刑，民免而无耻，道之以德，齐之以礼，有耻且格。"《为政》部分的描述表明，对社会的治理不仅需要刑罚，更需要道德教化，道德教化的根本在于对人的内心信念产生影响并使其作用于人的行为，达到内外兼治的效果。

对犯罪现象的研究必须关注犯罪的主观方面，注意对犯罪者主观心态的研究。无论是大陆法系国家还是英美法系国家在犯罪者责任的追究上普遍采取罪过责任的原则，坚持主客观相统一原则。在大陆法系国家，犯罪是符合构成要件的、违法且有责的行为。在英美法系国家，犯罪行为(criminal behavior)是各种违反刑法条文的行为。如果个人被判有罪，它必须

---

① 荀子最主要的贡献是确认人在道德修养和治理国家中的主体地位。在道德修养方面，作为前提与起点的，是荀子主张的性恶论。荀子从天人相分的立场出发，否定人性中先验的道德根据。在他看来，所谓人性就是人的自然本性，是所谓"生之所以然者"。其自然表现为"饥而欲饱，寒而欲暖，劳而欲休"。其实质就是人天然有的抽象的自然生物本能和心理本能。荀子认为人的这种天然的对物质生活的欲求是和道德礼仪规范相冲突的。他认为人性"生而有好利焉"、"生而有疾恶焉"、"生而有耳目之欲，有好色焉"，如果"从人之性，顺人之情，必出于争夺，合于犯纷乱理而归于暴"。所以说人性是"恶"，而不是"善"。荀子这里的情性观与早期儒家《性自命出》一派的思想有关。然而性自命出以"情"为天的观念引出的是自然主义、情感主义的生存论调。荀子没有沿着这一个路向发展，这是因为，他认为天然禀赋的性情是恶的。因而顺应此发展，将引起人与人的争夺，贼杀，导致社会的混乱，这就是性恶论。参见梅良勇、薛蕾.荀子的天道观.[EB/OL]山西新闻网.2008-12-30。

是有行为的动机并且没有任何辩解的理由。① 在美国犯罪构成要求的是双层的构造：第一，本体要件，包括犯罪行为和犯罪心态；第二，责任充足条件，即各种合法性辩护的排除。在我国，犯罪是违反刑法且需要追究刑事责任的行为。在刑法中规定了故意过失、意外事件等排除犯罪性的事由，坚持主客观相统一的原则。弗洛伊德主义心理分析或者心理动力学取向都特别认可这样的观点，即人类行为最主要的决定因素存在于个体的内部，在生命最初的几年之后，环境对行为的影响只起到很小的作用。因此，犯罪行为也被认为源于个体的内部，主要受到潜意识的生命驱力的控制……个体内部的生物心理需求和驱力才是犯罪的元凶。② 这种观点虽然有明显的夸大犯罪心理的成分，但该种观点也确实能够解释犯罪心理在该体系中的作用。所以，研究犯罪的主观方面、犯罪人的主观心理是刑事科学的必备内容。自近代以来，随着科学技术的发展，对犯罪的原因以及对犯罪的控制不断深入，犯罪心理学与犯罪学、心理学相互影响，使得对犯罪现象的研究具有更多样的视角，应对犯罪的措施也更加具有针对性和实效性。

第一节　犯罪心理学的概念与研究对象

一、犯罪心理学的概念

关于犯罪心理学(criminal psychology)的概念有各种不同的界定，历来有广义说(含相对广义说)③和狭义说。有的学者认为，对于犯罪心理学的理解上的广义狭义之争至今仍莫衷一是。其实，根据当前的研究状况来看，并非如此，持广义说的学者较多，属于多数说，我国著名犯罪心理学家罗大华先生也是广义说的代表。持广义说的学者一般认为，"犯罪心理学是研究影响和支配犯罪人实施犯罪行为的犯罪心理及其结构形成、发展和变化规律以及犯罪对策中的心理学依据的一门学科"。有学者认为，"犯罪心理学是研究犯罪心理形成、发展变化规律，探索运用心理学和犯罪学的基本原理，通过分析和研究犯罪人的行为和心理活动过程，从而寻找打击、预防犯罪对策的一门应用心理学科"。也有学者对此进行概括，认为犯罪心理学是运用心理学的基本原理，研究犯罪主体的心理和行为以及犯罪对策中的心理学问题的一门学科。还有学者从犯罪心理学的具体研究对象进行界定，认为，犯罪心理学除了研究犯罪主体的心理与行为外，还应该研究犯罪对策心理，包括侦查心理、审讯心理、被害人心理、证人心理以及犯罪心理的预测、预防和矫治等。

犯罪心理学的狭义说有各种表述。有学者认为，犯罪心理学是运用心理学的基本原理研究犯罪主体的心理和行为的一门学科。有学者认为，犯罪心理学是研究实施犯罪行为的主

---

① [美]巴特尔(Bartol, C. R.)等. 犯罪心理学(第七版)[M]. 杨波, 李林等译, 北京：中国工业出版社, 2009：1.

② [美]巴特尔(Bartol, C. R.)等. 犯罪心理学(第七版)[M]. 杨波, 李林等译, 北京：中国工业出版社, 2009：8.

③ 采取广义说的教材包括罗大华. 犯罪心理学[M]. 北京：中国政法大学出版社, 1997；张晓真. 犯罪心理学[M]. 北京：中国政法大学出版社, 2008；林少菊. 犯罪心理学[M]. 北京：中国人民公安大学出版社, 2008；金国华. 犯罪心理学[M]. 桂林：广西师范大学出版社, 2009；栗克元, 吕瑞萍. 犯罪心理学[M]. 郑州：郑州大学出版社, 2009. 张保平, 李世虎. 犯罪心理学[M]. 北京：中国人民公安大学出版社, 2011. 持相对广义说的教材如梅传强. 犯罪心理学[M]. 北京：法律出版社, 2010, 等。

体——犯罪人的一系列心理活动及其客观规律的一门学科。① 有的学者认为，犯罪心理学是运用心理学的基本理论研究犯罪主体的心理与行为的学科。还有学者认为，犯罪心理学是运用心理学的基本原理，研究犯罪主体的心理活动、心理因素和有关行为表现的一门学科。在我国邱国梁先生则是狭义说的代表。日本学者山根清道也是狭义说的代表，其认为，犯罪心理学是运用心理学原理研究犯罪行为，是心理学的一个分支。② 通过知觉和认知、学习、思维、记忆、智力、情绪和情感以及发展等基础领域，就可以说明心理学的分支情况。心理学也在教育心理学、青年心理学、临床心理学、生理学、社会学、统计学等学科知识发展的基础上，从个体、集团、社会文化的角度，通过观察与实验，试图对人的行为进行概括性的研究。

在本书中，我们根据犯罪与司法的实践情况，并考虑对各种学说，我们认为采取广义说是合适的。犯罪心理学的研究不仅关注犯罪行为实施之前及之时的心理状态，也要关注犯罪如何应对犯罪问题，从具体对象上看包括侦查心理、审讯心理等。基于这种理解，犯罪心理学是应用心理学的基本原理和方法研究犯罪心理形成、发展变化的规律，从而探寻打击、预防犯罪对策的一门应用心理学科。在理解犯罪心理学的过程中，应当明确以下几个基本范畴：

（一）犯罪（offense）

根据犯罪心理学的概念，犯罪心理学的研究需要研究犯罪问题。马克思、恩格斯指出，"犯罪——孤立的个人反对统治关系的斗争，和法一样，也不是随心所欲地产生的。相反地，犯罪和现行的统治都产生于相同的条件。"③。对于犯罪，不同的研究者有不同的视角。在犯罪学界，关于犯罪的定义基本上有两大类，即犯罪的法律定义和犯罪的社会学定义。④犯罪的法律定义主张应以刑事实体法规为出发点来确定犯罪，所以犯罪是违反刑事法律法规的行为，强调犯罪是法律所禁止的行为。按照现行《刑法》第13条的规定，"一切危害国家主权、领土完整和安全，分裂国家、颠覆人民民主专政的政权和推翻社会主义制度，破坏社会秩序和经济秩序，侵犯国有财产或者劳动群众集体所有的财产，侵犯公民私人所有的财产、侵犯公民的人身权利、民主权利和其他权利，以及其他危害社会的行为，依照法律应当受刑罚处罚的，都是犯罪。"从规范的视角看，我国学者一般认为，犯罪是指具有严重社会危害性的、触犯刑律的、应受刑罚处罚的行为。根据刑法关于犯罪的界定，学者们概括出犯罪的三个基本特征，即严重社会危害性、刑事违法性以及应受刑罚惩罚性。对于犯罪，按照犯罪主观要件的不同可以分为故意犯罪行为和过失犯罪行为。然而，对犯罪的研究与预防不仅仅止于规范层面，因为犯罪不仅是一种复杂的法律事实，还是一种特定的社会现象。犯罪的社会学定义认为应以一定的社会价值观念为标准确定犯罪的概念，认为犯罪作为一种特殊的社会现象，是与社会现行的行为规范相冲突的行为。刑法学主要从规范的层面来研究犯罪现象，着重研究犯罪行为的构成要件，研究罪与非罪的界限及量刑的依据。犯罪心理学则侧重研究犯罪行为发生的原因、心理机制和规律，以及犯罪对策的心理学依据。⑤ 犯罪学则是

① 邱国梁. 犯罪与司法心理学[M]. 北京：中国检察出版社，1998：4.
② [日]山根清道. 犯罪心理学[M]. 北京：群众出版社，1984：2.
③ 马克思恩格斯全集（第3卷）[M]. 北京：人民出版社，1956：399.
④ 张旭. 犯罪学要论[M]. 北京：法律出版社，2003：72.
⑤ 罗大华. 犯罪心理学[M]. 北京：中国政法大学出版社，1997：2.

从犯罪产生的内外原因来分析犯罪，并构思预防犯罪的对策。

　　通过比较分析，我们认为，犯罪学、犯罪心理学与刑法学虽然都存在预防犯罪的目的。犯罪学与犯罪心理的侧重点在于现象分析，其中犯罪学侧重于社会现象的分析，而犯罪心理学侧重于对心理现象的分析，通过对这些现象的分析，解读发生犯罪的原因，并探讨相关的防控对策。

　　那么刑法学上界定的犯罪行为和犯罪心理学中的犯罪行为是何种关系呢？从规范和实证两个层面来界定犯罪都各有所长，各有所短。于是，有学者主张从行为的反社会性和刑法双重角度来确定犯罪的概念，认为既要以犯罪的法律定义为基础，又要用犯罪社会学的方法对犯罪的法律定义加以补充和修改。① 在犯罪学领域，有的学者认为犯罪学研究的"犯罪"应与刑法学中的"犯罪"概念一致，有的学者则认为"犯罪"是指"严重危害社会的应受制裁的行为"②，这是由犯罪学这一学科本身的性质和任务决定的。这一概念显然比刑法定义的犯罪概念更为宽泛。我国台湾学者杨士隆等主张从法律意义和社会意义两方面来说明犯罪。③ 我国犯罪心理学界对犯罪的理解，同样存在不同的观点，包括"刑法说"、"不局限刑法说"等④。

　　持"刑法说"的学者认为，在犯罪心理学研究中对犯罪的定义与刑法学中的犯罪定义是一致的。⑤ 犯罪心理学中的犯罪概念，应与我国刑法中关于犯罪的规定相一致，即犯罪是指严重危害社会、依照法律应受刑罚处罚的行为。⑥ 持"刑法说"的观点的学者认为，犯罪心理学中的"犯罪"概念应与刑法学的概念保持一致，这是由犯罪心理学在刑事法学学科体系中的地位所决定的。如果同一领域各分支学科概念的内涵与外延不相同，就会造成刑事法学理论与刑事司法实践的混乱。犯罪概念是整个刑事法律科学最基本的概念，在"刑事一体化"思想越来越深入人心的今天，如果各门学科之间对犯罪这个最基本的概念的认识都存在着较大分歧，势必引起人们思维的迷茫和学科之间的混乱，不利于学科的发展。为了研究犯罪行为发生的规律和预防犯罪的需要，虽然犯罪心理学需要研究违法行为、精神病人的危害行为、未达到刑事责任年龄的人的不良行为等，但上述行为在犯罪学和犯罪心理学中并未被称为犯罪行为，它们与刑法意义上的犯罪行为显然是有区别的⑦。

　　持"不局限刑法说"的学者认为，犯罪心理学中的犯罪的概念与犯罪学中的犯罪概念是一致的，是指行为人实施的具有严重社会危害性，应当受到处罚的、有意识的客观外在活动。⑧ 犯罪心理学中的"犯罪"概念并不是按照严格的法学意义规定的，不应局限于刑法的规定，犯罪的外延更大，泛指违法犯罪行为，这与犯罪心理学研究的目的是一致的。犯罪心理学研究犯罪人心理活动的规律是为了预防、控制和减少犯罪，自然与其他学科有区别。

　　我们认为，刑事一体化是刑事法学发展的必然趋势。刑法学、犯罪学、犯罪心理学、乃至于刑事诉讼法学以及侦查学都要探讨犯罪问题。上述各学科其实都应当以刑法所规定的犯

①　张旭. 犯罪学要论[M]. 北京：法律出版社，2003：72.
②　储槐植，许章润等. 犯罪学[M]. 北京：法律出版社，1997：4.
③　杨士隆. 犯罪心理学[M]. 台湾：教育科学出版社，2002：6.
④　罗大华. 中国法制心理科学研究十年[M]. 北京：中国政法大学出版社，1994：49.
⑤　罗大华. 犯罪心理学[M]. 北京：中国政法大学出版社，2012：32.
⑥　金国华. 犯罪心理学[M]. 桂林：广西师范大学出版社，2009：2.
⑦　梅传强. 犯罪心理学[M]. 北京：法律出版社，2010：2.
⑧　宋晓明，董晓薇，张赛宜，吴兴民. 犯罪心理学[M]. 北京：中国人民公安大学出版社，2009：1.

罪的概念为基础,适度进行调整。同时,各学科必须要关注自己的特性,比如刑事诉讼法学、侦查学中所探讨的犯罪就是变动的,涉嫌的犯罪以及被控告的犯罪可能最终被判为无罪,也可能被判为其他的犯罪。任何行为非经人民法院依法作出判决之前,都不得确定为有罪,所以,要从动态的角度看待犯罪现象。对犯罪心理学的研究也要有动态的把握。

犯罪,作为人类的一种特殊的社会行为,其发生、发展和完成总是受到人的特定的心理活动支配和制约的。犯罪心理学就是遵循"人的心理是脑的机能,是对客观现实的主观反映"的原则。在犯罪心理学研究中的主体部分的犯罪行为,是指犯罪人在一定的犯罪心理影响和支配下所实施的危害社会的、触犯刑事法律的、应受刑罚惩罚的各种行为的总称,包括刑法中规定的故意犯罪行为和过失犯罪行为两大类。但是,犯罪心理学作为一种实证、现象学科,它不能仅限于已然的犯罪现象,而且应当研究犯罪心理的形成、发展以及变化的整个动态过程,所以犯罪心理学应当在刑法学所规定的犯罪的基础上,去研究其他具有严重社会危害的、违法的、应当受到制裁的行为。

犯罪心理学中的犯罪应以刑法学中犯罪的三个基本特征为基础。在其中研究的犯罪首先是具有严重社会危害性的行为,因为严重的社会危害性是犯罪的本质特征,没有严重社会危害性的行为,当然也就不能认定为犯罪。其次,该种行为应当受到法律的制裁。这种制裁不仅限于刑罚处罚,而且包括治安处罚法所规定的处罚,以及其他相应的行政处分和行政处罚。最后,犯罪心理学中研究的犯罪行为必须是客观外在的行为,而不能停留于心理层面,也不能是一种无意识的行为。如基于身体被强制、本能反应等违背主观愿望而事实的行为,不属于犯罪行为。

犯罪心理学中的犯罪行为以刑法学中关于犯罪的概念为基础,但是不仅包括具有一定的社会危害性、刑事违法性和应受刑法惩罚性的既定的犯罪行为,也包括具有一定反社会性的行为,如违反治安管理处罚法,但因其由于情节轻微而不被追究刑事责任的行为,如介绍卖淫、赌博、吸毒、小偷小摸等。犯罪心理学关于犯罪心理现象的探讨应以刑法学对犯罪的规范为基础;反过来,刑法学中对犯罪主观要件的认定应以犯罪心理学对犯罪心理形成机制和刑事责任的心理基础的研究为依据。[①]

(二)犯罪人(offender)

关于犯罪人,刑事古典学派和近代学派有不同的论述。龙勃罗梭认为,犯罪人之所以具有行为上的反社会倾向,"是因为他们与普通人本质上不同的身体和精神"。[②] 在龙勃罗梭看来,部分天生犯罪人的犯罪是由遗传决定的,犯罪人的特性正在于天然的犯罪性。意大利的犯罪学家菲利在《实证派犯罪学》中阐释了龙勃罗梭的犯罪人类学理论,指出"这种体质状况不仅包含生理的及解剖学的状况,包括了心理结构即犯罪人之生理和心理方面的个性特征。我们每个人出生时都受到一定生理及心理方面的遗传,并在生活中具体表现出来,或趋向于犯罪或精神失常。[③] 加罗法洛从道德情感的角度出发,提出了著名的自然犯罪学说。根据加罗法洛的解释,犯罪人与非犯罪人的区别在于道德的异常,可能从心理异常或生理异常方面表现出来。在他看来,"犯罪行为并不是一个孤立的现象,而是道德异常的症状"。[④]

---

① 梅传强.犯罪心理学[M].北京:法律出版社,2010:4.

② [意]龙勃罗梭.犯罪人论[M].北京:中国法制出版社,2000:223.

③ [意]菲利.实证派犯罪学[M].北京:中国政法大学出版社,1987:28.

④ [意]加罗法洛.犯罪学[M].北京:中国大百科全书出版社,1996:72.

在我国，人身危险性是刑法理论中最具有代表性的关于犯罪人特征的总结。在刑法领域，犯罪人的规范属性，就是人身危险性，即犯罪行为人再次实施犯罪行为的可能性。犯罪人的这一规范属性即人身危险性，也是犯罪人的本质属性。所以，对犯罪人的研究也需要考虑犯罪人的这一属性。

　　基于前述分析，在犯罪心理学的研究中，犯罪人与犯罪行为一样存在狭义说和广义说之争①。按照狭义说的观点，犯罪人应当是实施了犯罪行为的具有辨认能力和控制能力因而应当承担刑事责任的自然人。那么，犯罪心理学研究的犯罪人就是基于故意或者过失行为实施了严重危害社会行为的人。按照广义说，犯罪心理学中研究的犯罪人不仅包括刑法中规定的应当负刑事责任的自然人，如年满 16 周岁的实施了严重危害社会行为的人，年满 14 周岁的实施了严重的杀人等暴力犯罪人，犯罪心理学还应当研究一定范围内严重违法或者越轨、应受法律和道德纪律责罚的人；不仅包括具备承担刑事责任能力和达到刑事责任年龄的犯罪人，而且包括不具备上述特征但实施了违法犯罪或者越轨行为的未成年人、变态人格者以及精神病人。正如我国有学者认为，与刑法的犯罪概念保持一致并不影响我们研究犯罪心理形成发展的规律，除了将犯罪人作为基本的研究对象，还会将对象扩大到一般犯罪人、潜在的犯罪人以及刑满释放和解除劳动教养(已经废除)的人②。

　　我们认为，刑法学、监狱学、犯罪社会学、犯罪心理学等对犯罪人的研究视角都是不同的，各有自己的侧重点。尽管在犯罪心理学的研究中，应当以刑法中所规定的犯罪人为基础，但是从预防犯罪、防卫社会、矫正违法者的角度来看也应当将研究的视角予以延伸。刑法中规定的犯罪当然应该成为犯罪心理学研究的基本对象，按照刑法的规定，犯罪人是指实施了犯罪行为、被认定为有罪的人。这是严格法律意义的概念，而犯罪心理学所研究的行为主体比法律意义上的犯罪人要宽泛得多。犯罪心理学是从产生犯罪心理的生理基础和社会基础的角度研究犯罪人。为了更好地把握犯罪发展的进程，更好地预防犯罪，我们应当在研究刑法所规定的犯罪人的基础上，还应当研究与犯罪有关人的心理。

　　具体而言，犯罪心理学研究对象的主体主要包括以下几种：一是，达到刑事责任年龄、具有刑事责任能力、实施了刑法所规定犯罪行为的自然人。二是，违反治安管理处罚法和其他行政管理法规者。虽然这些人的行为尚未达到犯罪的标准，但是这些阶段的不同行为将会发展、演变而反映出犯罪的心理，所以应当对这些人的心理进行研究。三是，虞犯。也就是可能犯罪或者有犯罪倾向的人。这些人通常包括：毒品患者，有犯罪的预备行为或未遂行为而受处罚者，与犯罪者交往、变态人格者，精神异常者等。对这类人员进行研究，有利于及时采取措施防止其给社会造成危害，也有利于对其采取适当措施予以救治。四是，刑满释放人员以及其他接受矫正措施完毕释放人员。由于刑满释放者往往容易再犯，所以应当重视对这部分人的心理进行研究，并根据情况改革矫正措施，降低再犯率。五是，未成年犯罪人。这些人因为不满 14 周岁不负刑事责任，因而被排除在刑事法律意义上的犯罪人之外，但犯罪心理学不能忽视其存在，这些极端的情况也许是发现犯罪心理发展变化规律的有用材料。当然，对于犯罪人，还可以进行不同种类的划分。本书将犯罪人划分为不同主体的犯罪心

----

　　①　罗大华教授主编的《犯罪心理学》教材指出，对犯罪人也有不同的观点，可以概括为共通说和差异说。所谓共通说就是坚持刑法学对犯罪人的界定；差异说使用专属于犯罪学等相关学科的犯罪概念，并认为二者具有共同点也有不同点。参见罗大华. 犯罪心理学[M]. 北京：中国政法大学出版社，2012：37.

　　②　金国华. 犯罪心理学[M]. 桂林：广西师范大学出版社，2009：2.

理、群体犯罪心理等，这些问题将在后面进行探讨。

总之，犯罪心理的产生、发展与变化是一个动态变化的过程，其犯罪人格的形成既有遗传的因素，也有后天环境的影响。犯罪者有无限的多样性。无视其多样性，一概归结为智力低、精神颓废之类，那既看不到犯罪者的全貌，也看不出各个犯罪者的特征。① 犯罪心理学就是要研究犯罪人犯罪心理的产生、发展和变化的规律。正如有的学者所说的，犯罪心理学的研究必须以"犯罪"作为一个"中轴点"向前或向后延伸。以再犯的情况为例，有的犯罪人通过监狱服刑之后，犯罪心理逐渐弱化，转变为一个守法公民，甚至成为一个有用的人才，但因为受主客观环境的影响又会使其犯罪心理强化，于是，就会出现惯犯、累犯等情况。因此，通过对犯罪心理研究"疆界"的适度拓展，有助于把握犯罪心理的产生、变化规律，有助于更好地防控犯罪。

(三) 犯罪心理

犯罪心理属于心理的一种，是一种特殊的心理形态。心理是人脑的机能，是人脑对客观现实的能动反映。人们在活动的时候，通过各种感官认识外部世界事物，通过头脑的活动思考着事物的因果关系，并伴随着喜、怒、哀、乐等情感体验等，这折射着一系列心理现象的整个过程就是心理过程。人的心理现象(过程)包括认识过程、情感过程和意志过程，还包括需要、动机、世界观等个性倾向性和个性心理特征。人的心理是客观现实作用于人的大脑后"内化"的结果，心理既已形成，就会能动地对外界环境作出反应，这种心理"外化"的结果就是行为。人的行为受到特定的心理的支配，并随着内外因素的变化而发展变化。

犯罪心理是支配和控制行为人实施各种犯罪行为的心理要素的总称。这些心理要素同样包括犯罪人的心理过程(认识、情感、意志)、个性心理特征(能力、气质、性格)、个性倾向(兴趣、动机、需要、理想、信念、世界观、人生观、价值观)以及心理状态等。在通常情况下，犯罪人的心理和常人的心理在形式上看，并没有本质区别，都存在一定的心理过程、个性心理特征、个性倾向等要素的支配下发生，正常人所有的心理特征、倾向，犯罪人也有。但是，这并不是说犯罪人的心理与普通人的心理是无差别的。因为从二者心理的内容上看却存在本质的差异，犯罪者的行为动机具有严重的社会危害性，并且在犯罪的发展过程中，逐渐从量变到质变，形成了犯罪心理。对犯罪心理有不同的分类，如不同类型犯罪的犯罪心理，包括信仰型犯罪心理、人身型犯罪心理、财物型犯罪心理、网络型(智能型)犯罪心理，等等。

犯罪心理和犯罪行为存在区别但又相互联系。犯罪心理是犯罪在实施犯罪的过程中表现出的心理特征的总和。首先，犯罪心理产生于犯罪行为之前，在实施行为之前犯罪人都会存在犯罪心理，如犯罪目的、犯罪动机等在犯罪行为实施之前既已存在，在犯罪心理的推动下，犯罪行为得以实施并不断地发展、变化。其次，犯罪心理具有内隐性，它属于犯罪人的一项大脑活动，必须通过人的语言、行为、表情等表现出来，犯罪心理在犯罪行为发生前，往往是难以外显的，犯罪行为正是犯罪心理的外化。如果没有犯罪心理的这种外部表现，就无从了解犯罪人的犯罪心理。在犯罪行为没有实施之前，即使存在犯罪心理，往往难以靠肉眼或者耳朵来发现其犯罪心理。最后，犯罪心理具有相对的独立性。尽管犯罪心理产生于犯罪行为之前，但是犯罪行为发生之后，犯罪心理也并不一定随着行为的结束或者停止而消失。当然，也有研究发现，有犯罪心理却未发生犯罪行为的人比有犯罪行为的人多出数百倍

---

① [日]山根清道. 犯罪心理学[M]. 北京：群众出版社，1984：3.

也就是说，有犯罪心理未必最终实施了犯罪行为，因为犯罪行为的实施还受时间、地点等条件的影响。

与犯罪心理相比，犯罪行为具有显著的特点，这些特点包括：一是，犯罪行为的外显性。黑格尔强调行为是人的主观意志之外化，意志对于行为具有支配性。黑格尔指出：在意志的行动中仅仅以意志在它的目的中所知道的这些假定以及包含在故意中的东西为限，承认是它的行为，而应对这一行为负责。行动只有作为意志的过错方能归类于我。① 行为在刑法理论中地位的确定，是近代刑法的最大成就。在此以前，犯罪不是一个实体概念，而是一个虚无缥缈的概念，正是行为使犯罪获得了实体性的存在。孟德斯鸠关于言语与行为的论述是具有经典性意义的：言语并不构成"罪体"，言语只有在与行为连接在一起，在准备犯罪行为、伴随犯罪行为或追从犯罪行为时，总之，参与了行为时，才构成犯罪。孟德斯鸠指出：马尔西斯做梦他割断了狄欧尼西乌斯的咽喉。狄欧尼西乌斯因此把他处死，说他如果白天不这样想夜里就不会做这样的梦。这是大暴政，因为即使他曾经这样想，他并没有实际行动。法律的责任只是处罚外部的行动。"无行为则无犯罪"的法律格言是应当坚持的。但刑法上的行为在表现形式上是多种多样的，不管是作为，还是不作为都是行为的形式。二是，犯罪行为的依存性。通常而言，有什么样的犯罪心理就会推动犯罪人实施什么样的犯罪行为，如强奸犯罪实施的强奸行为，杀人犯罪人实施的杀人行为，诈骗犯罪人实施的诈骗行为等，这些犯罪行为都是在一定的犯罪目的和犯罪动机的驱使下实施的。不过，有时候，会有一些特殊的情况，如在邓某实施的正当防卫案中，因为其防卫行为导致了案件中男性加害者的死亡的结果。对此，应当具体问题具体分析，看其是否存在犯罪心理，如此才可以作出合理的解释。

总之，犯罪心理与犯罪行为是相互依存又相互区别的。在通常情况下，犯罪行为是在犯罪心理的驱使下实施的，二者相互联系，互为因果。在一定的条件下，特定的犯罪心理会通过一定的行为体现出来，没有犯罪心理就没有犯罪行为。犯罪心理之间的相互依存与相互转化是遵循一定的规律的，这就使得我们可以对犯罪行为和犯罪心理的形成、发展、变化的规律予以预测并采取相应的防控措施。犯罪心理朝犯罪行为的转化需要一定的过程，具有复杂性，同样的犯罪动机可能会导致不同的犯罪行为的发生，而相同的犯罪行为也可能基于不同的犯罪动机的驱使。一种行为至少有一种动机，如在贪利动机驱使下实施了诈骗行为；一种行为也会有多种动机，如在贪利、虚荣的动机之下实施了贪污、受贿、诈骗等行为；多种心理动机导致一种犯罪行为的发生，如在贪利、虚荣、报复、好奇等动机下实施了盗窃行为；多种动机导致了多种行为的发生，如在贪利、报复、性欲等动机之下实施了抢劫、强奸和杀人行为。要了解犯罪心理，就需要从对犯罪行为的分析入手。同时，对犯罪行为的性质的判断，要从对犯罪心理状况的考察入手。比如，对一起杀人案件，其犯罪心理如何会直接影响到对犯罪的量刑，是基于正当防卫杀人？是激情杀人？受害人有过失的杀人？……具体情况千差万别，必须结合具体的情况进行分析，通过主客观相统一的原则的贯彻，才能果然能更好地确定刑事责任，并对此类犯罪进行类型化分析，采取相应的防范对策。当然，犯罪心理与犯罪行为在一定的主客观条件的影响下，也会出现不完全一致的情况。如刑法中的间接故意行为，基于不确定的间接故意造成了他人死亡的结果；还包括在他人的胁迫之下实施的犯罪行为也是如此，在这些案件中行为人并没有特定的犯罪动机。

---

① [德]黑格尔. 法哲学原理[M]. 北京：商务印书馆，1961：119.

二、犯罪心理学的研究对象

犯罪心理学是一门与刑法学、犯罪学相交叉的一门学科，它和其他学科一样有自己的研究对象。不过对于犯罪心理学的研究对象，学界总体一致的基础上也存在一定的差异。基于犯罪心理学的狭义说与广义说的存在，犯罪心理学的研究对象也就会有不同。如日本学者森武夫教授认为，"犯罪心理学是采用心理学的理论和方法，研究有关在犯罪违法行为和各种问题中容易作为心理学研究对象的问题"。① 我国台湾地区的蔡敦铭教授认为："犯罪心理学亦以行为为其研究对象。不过一般心理学所检讨之对象，多为寻常之社会行为，而犯罪心理学所检讨之对象却以不寻常之社会行为，亦即以犯罪行为为限稍有不同。"②从前述两位学者的观点来看，基本上坚持犯罪心理学研究的广义说。我们在本书中也坚持广义说的观点，犯罪心理学不仅应将与犯罪有关的心理学问题以及现象作为基本的研究对象，还应将侦查心理、审判心理、犯罪心理预测与预防、犯罪心理矫治、犯罪心理学应用技术等纳入犯罪心理学的研究视野。

(1)犯罪心理学应当研究心理学的基本问题。犯罪心理学是运用心理学的基本知识和方法研究犯罪问题的交叉科学，所以需要具有心理学的基础知识，并将其运用于犯罪心理的研究之中。通过对犯罪心理的萌芽、形成以及发展变化的心理学分析，明确犯罪心理演变的规律。

(2)研究犯罪心理结构。犯罪心理结构是相互联系、相互制约的诸犯罪心理因素的构成体。需要对不同层次的心理结构进行分析，把握犯罪心理结构的模式及形态变化、特性，把握犯罪心理结构的形成和发展变化规律。

(3)研究犯罪心理形成原因，犯罪心理的形成与发展机制。应当从静态和动态两个层面分析犯罪心理形成的机制，分析犯罪的动机、人格对犯罪心理形成的影响。

(4)犯罪心理类型论，研究不同类型、不同主体、不同罪过以及群体的犯罪心理。在本书中，将对以下不同的犯罪心理进行探讨：一是不同类型的犯罪心理，包括：信仰型犯罪心理、人身型犯罪心理、财物型犯罪心理、网络型(智能型)犯罪心理。二是不同主体犯罪心理，包括：青少年犯罪心理、女性犯罪心理、老人犯罪心理、变态者犯罪心理、流动人口犯罪心理、不同经历犯罪人心理。三是群体犯罪心理，包括：一般共同犯罪心理、团体犯罪心理、有组织犯罪心理、组织传销犯罪心理。四是不同罪过者的犯罪心理，包括：故意犯罪心理、过失犯罪心理。它通过对犯罪人的主体心理、不同类型犯罪人心理特征以及犯罪对策心理的研究，为犯罪的预测、预防提供心理依据，进而控制各类犯罪的发生，达到一般预防和特殊预防的目的。

(5)犯罪心理学要研究犯罪对策的心理学问题。这部分内容包括以下几个方面：一是司法心理。犯罪心理学不仅要研究犯罪者心理，而且要研究揭露、惩治和预防犯罪的司法人员，将侦查心理、审讯心理、审判心理作为犯罪心理学的研究对象。对这类人员进行心理素质的培训和教育，使他们的心理品质与工作效率达到最好水平，这样才能提高办案质量与矫治成效。二是犯罪心理预测与预防。研究犯罪心理学是为了预防、揭露、惩罚与矫治犯罪，因此有必要对犯罪预测与预防的技术、内容和方法等问题进行探讨，以此促进对犯罪的预测

---

① [日]森武夫. 犯罪心理学[M]. 北京：知识出版社，1982：8.
② 蔡敦铭. 犯罪心理学[M]. 北京：台北黎明文化事业公司，1979：2.

和预防，服务于社会和谐的内在需要。三是要研究犯罪心理的诊断和矫治。犯罪心理的矫治也是预防。通过各种方法和手段来矫治犯罪人的犯罪心理，从而使其犯罪心理良性转化，最终放弃和消除犯罪的意念和动机，达到预防和减少犯罪的目的。四是要研究犯罪心理学应用技术。应用心理学技术对于把握犯罪心理具有重要意义，在犯罪心理学的研究中主要有测谎技术、心理画像技术和犯罪人特征剖析技术等。

总之，犯罪心理对上述问题的研究既具有重要的理论价值，也具有重要的应用价值。犯罪心理学应当研究犯罪人所处的生活环境中的消极因素，考察其如何影响他们的个性心理特征，最终如何演变成认知、情感、意志、动机和行为习惯，并分析其客观规律，为揭露、惩治犯罪以及预测、预防和矫治犯罪提供依据。对这些问题的研究有助于提高预防犯罪、揭露和惩治犯罪以及矫治罪犯心理的效能，增强犯罪对策的有效性。

第二节　犯罪心理的性质与学科关系

一、犯罪心理学的学科性质

犯罪心理学作为刑事学科中的一门重要的学科，其具有以下几个特点：

（一）犯罪心理学是一门交叉学科

犯罪心理学从本质上讲就是要用心理学的知识研究犯罪人、犯罪现象等，为犯罪的预防以及犯罪者的矫治提供相应依据和对策。因此，犯罪心理学在根本上是一门研究犯罪原因的科学，它是从心理学的角度研究犯罪的原因，然后探讨其预防的对策，这样它就存在着心理学和犯罪原因学的交叉。此外，犯罪心理学还涉及刑事司法活动，它需要研究司法心理，包括侦查心理、审讯心理、审判心理等。如此，犯罪心理学又是一门心理学与司法学相融合的科学。犯罪心理学属于心理学的一种，但又和犯罪现象以及相关的司法行为紧密联系，在刑事学科的体系之下，又具有自己的特征和不同的使命，它要用心理学的理论和方法去研究犯罪心理以及相关的犯罪现象。犯罪心理学不是心理学与犯罪学的简单叠加，而是相互渗透、相互影响的一门具有独立地位的科学。

（二）犯罪心理学是一门理论与实践相结合的学科

在整体的犯罪学科之中，犯罪心理学与犯罪人类学、犯罪生物学、犯罪社会学、犯罪地理学、犯罪精神病学等学科共同构成导致犯罪行为发生的犯罪原因学。犯罪心理学从心理学的角度研究犯罪产生的原因和心理机制，揭示犯罪心理形成与发展变化规律，为预防犯罪、揭露和惩治犯罪以及矫治罪犯提供心理科学的理论依据。所以，犯罪心理学需要理论的研究，属于理论学科的范围。犯罪心理学又是一门应用心理学科，在心理科学体系中，它处于应用心理学的地位，它应用心理科学的理论和方法研究犯罪心理形成和犯罪行为发生的特殊规律，探讨心理科学知识在刑事案件侦查、审理和罪犯矫治以及犯罪预防工作中的应用。如马加爵杀人案件发生后，犯罪心理学者对马加爵的行为和心理进行了全面的分析，并提出要加强大学生的心理辅导和帮助，为预防此类犯罪的发生提供了重要的指导。犯罪心理学要对不同类型的犯罪心理进行分析，提出应对之策；要对刑事案件侦查、审理和罪犯矫治以及犯罪预防工作中的应用进行研究，提高司法工作的水平。犯罪心理的理论研究的目的在于指导实践，而已经发生的案件及其处理过程表明，犯罪心理学是一门重要的应用学科。

（三）犯罪心理学是一门偏重于社会科学的综合性学科

犯罪心理学以心理学为基础研究犯罪人和犯罪现象的学科，它既是一门自然学科又是一门社会学科。首先，犯罪心理学是一门以自然学科为基础的学科。心理学是一门研究人类及动物的心理现象、精神功能和行为的科学，既是一门理论学科，也是一门应用学科。包括基础心理学与应用心理学两大领域。心理学是研究行为和心理活动的学科。19世纪末，心理学成为一门独立的学科，到了20世纪中期，心理学才有了相对统一的定义。心理学作为一门科学，是从1879年德国学者冯特受自然科学的影响，建立心理实验室，脱离思辨性哲学成为一门独立的学科开始的。在我国学科专业目录中，心理学属于理学专业。心理学的使命在于描述发生的事情，解释发生的事情，预测将要发生的事情，控制发生的事情。心理学研究方法是研究心理学问题所采用的各种具体途径和手段，包括仪器和工具的利用。心理学的研究方法很多，例如自然观察法、实验法、调查法、测验法、个案法等。犯罪心理学是一门研究犯人的意志、思想、意图及反应的学科，和犯罪人类学相关连。犯罪心理学主要深入研究的部分在于有关"是什么导致人犯罪"的问题，也包含人犯罪后的反应等。刑事科学家们在研究中也使用了一些心理学的研究方法。犯罪人具有自然属性的一面，从心理的生理机制可以知道，犯罪人犯罪心理的形成和犯罪行为的发生，都离不开生理机制的作用。因此，从这一点看，犯罪心理学又兼具自然科学的属性。因此，可以说，它在一定程度上属于自然科学的一个分支。其次，犯罪心理学属于一种社会科学。因为犯罪心理学的研究对象是犯罪人以及相关的犯罪现象。犯罪属于一种社会现象，犯罪是危害他人、社会或者国家的行为，制定法律在于保护人民所享有的法律权益，凡是违反法律、破坏他人受到法律所保障的权益行为，都是犯罪行为。犯罪是一定的社会历史条件下各种社会矛盾的反应，犯罪行为的本质就在于其社会危害性。而基于不同的阶级（阶层）的利益的差异，某种行为是否被视为犯罪，完全是由一定社会的统治阶级通过法律的形式来规定的。刑法将侵害代表社会大多数人的利益的行为规定为犯罪，因而在不同的社会，犯罪就具有不同的本质特点。人不仅是自然的人，更是社会的人，社会学因素在犯罪的形成中具有更为重要的影响。因此，作为具有社会属性的犯罪人的犯罪心理无不是客观社会现实的反映，其犯罪行为总是危害社会的行为。在我国基于研究的条件和对犯罪心理学的研究传统方面的因素的制约，犯罪心理学虽然是一门介于自然科学和社会科学之间的综合性学科。但是，从研究的情况看，我国的犯罪心理学更加倾向于社会科学的研究。

（四）犯罪心理学是一门具有或然性的科学

由于犯罪行为和犯罪人的复杂性以及犯罪情景的可变性，犯罪心理出现了一些变量，而这些变量可能会导致出现不同的结果。如过去的统计表明失学儿童往往会成为青少年犯罪的"后备力量"，但事实表明，也有不少失学儿童也没有变成犯罪人，而一部分具有高学历者成为部分经济犯罪的骨干。由于犯罪的形成是一个作用与反作用的心理变化过程，当一些因素促成了犯罪心理的形成时，犯罪便发生了；而当一些因素遏制了犯罪心理的形成，则犯罪就不会发生。犯罪心理的形成因人而异，因环境而异，相关因素对人的影响对每个人都不会绝对相同或均等。因此，犯罪心理学的研究结论会具有一定的或然性，是一门或然性的科学。认识到这一点，对于犯罪现象及其形成过程就会更加科学，对于影响犯罪心理和犯罪行为的各种因素及其相互关系有更加清晰、准确的认识。认识到犯罪心理学的或然性本身就是一个科学的态度，强调其或然性并不能否定其本身应有的价值和科学性，而是为了避免将相关研究结论绝对化和机械化。犯罪心理的研究揭示了犯罪形成与犯罪现象中一些具有规律性的东西，对于分析犯罪行为、预防犯罪行为具有不可低估的作用。影响犯罪心理形成和犯罪行为的发生的主客观因素很多，这就需要我们不断去研究、去揭示。

二、犯罪心理学与邻近学科的关系

现代刑事法学的研究建立在一体化的基础上，各学科之间既存在一定的分工，但是又基于学科本身的规律、协同创新和服务社会的需要而相互交叉、渗透、融合。我们在前面已经指出，犯罪心理学是一门交叉科学，对于犯罪心理学的研究不能没有全局的把握，而厘清犯罪心理学与相关学科的关系，这不仅有助于对犯罪心理学的学习和运用，也有助于刑事一体化思维的形成，既要突出重点，也要把握其他。

(一)犯罪心理学与心理学科谱系

1. 犯罪心理学与普通心理学的关系

关于犯罪心理学的学科性质，虽然有的学者认为它是心理学的分支学科[1]，也有人认为它是犯罪学的分支学科，[2] 但绝大多数学者都认为它是一门介于犯罪科学与心理科学之间的交叉学科。心理科学是一个庞大的学科体系，它可以分为基础心理学和应用心理学两大分支领域。基础心理学如普通心理学、实验心理学、生理心理学等；应用心理学如教育心理学、管理心理学、法制心理学等。犯罪心理学是应用心理学领域中法制心理学的一个分支学科，它借助心理学的知识研究犯罪现象，提高对犯罪人、犯罪行为等犯罪现象的认识，提高预防犯罪和改造犯罪的能力。犯罪心理学与心理学和犯罪科学的关系都非常密切。犯罪心理学与普通心理学的关系是一般与特殊的关系、理论与实践的关系。在本书的前面我们已经做了一定的介绍。犯罪心理学是对普通心理学中关于人的心理实质、发展变化规律的运用。普通心理学的相关概念特点、结构和规律是犯罪心理学研究的基本知识，没有这些知识，犯罪心理学也就无法深入开展下去。如感知、记忆、思维等的一般规律，人的需要、动机及各种心理特性的最一般规律等，这些都是犯罪心理学对犯罪人及犯罪行为进行分析的基础。同样，犯罪心理学的研究又会回馈并丰富和发展普通心理学。所以，二者之间又是相互促进，共同发展的。

2. 社会心理学与犯罪心理学

社会心理学是研究个体和群体的社会心理现象的心理学分支。个体社会心理现象指受他人和群体制约的个人的思想、感情和行为，如人际知觉、人际吸引、社会促进和社会抑制、顺从等。群体社会心理现象指群体本身特有的心理特征，如群体凝聚力、社会心理气氛、群体决策等。犯罪行为是一种反社会的行为，犯罪心理学当然研究的是一种特殊的心理现象，即反社会心理现象。社会心理中群体心理、领导心理、从众心理、攻击心理等在犯罪心理学中得到贯彻，比如，本书将探讨的团伙犯罪心理、女性犯罪心理以及青少年犯罪心理等都是对社会心理学的运用。正如有的学者所言，在一定程度上，犯罪心理学是社会心理学的一个分支。

3. 犯罪心理学与发展心理学

发展心理学旨在研究个体在生命发展过程中的身心变化与年龄变化之间的关系。发展心理学关注的主要是不同阶段的心理变化，在犯罪心理学的研究中，青少年犯罪心理、老年人

① [日]山根清道. 犯罪心理学[M]，张增杰译. 北京：群众出版社，1984：2.
② 樊树云，刘文成. 犯罪学新论[M]，天津：南开大学出版社，1998：15.

犯罪心理等都是其重要的研究内容。发展心理学对于犯罪心理学中特殊群体的犯罪心理学研究提供了重要的基础知识。

4. 犯罪心理学与变态心理学

变态心理学研究心理与行为异常的类别与成因，以作为心理治疗和诊断的依据。变态心理学帮助人们从异常与正常的对照中更加清楚地揭示人的心理本质、解释人的心理现象与大脑的依赖关系以及对于客观现实的依赖关系。变态心理引起各种危害社会的行为，它是犯罪心理学中的重要内容。

5. 犯罪心理学与法制心理学

法制心理学也称法律心理学，它作为一门新兴学科，是指运用心理学的知识、技术、方法研究立法、司法、守法等问题。在本教材中，我们将对侦查心理、审判心理、矫正心理等问题进行探讨。

（二）犯罪心理学与刑事学科的关系

1. 犯罪心理学与刑法学

刑法学是研究刑法及其所规定的犯罪、刑事责任和刑罚的科学，包括研究犯罪及其构成要件、犯罪形态、刑事责任、刑罚及其种类、刑罚的具体适用以及各种犯罪的定罪量刑问题。刑法学作为一种规范学科，它为犯罪心理学的研究提供了研究范围和方向；犯罪心理学的研究对刑法学犯罪人的犯罪主观心理的形成和发展的研究为犯罪人的主观要件的认定提供了重要的理论依据，例如，故意与过失的认识因素、意志因素，犯罪动机，犯罪目的等主要是从心理学角度探讨的。当然，刑法学中关于罪与非罪、此罪与彼罪的认定，关于刑事责任程度都需要犯罪心理学的支持。在刑事司法实践中，犯罪心理学对于人身危险性和刑事责任的确定提供了重要的借鉴，促进了刑事司法的科学化和精细化。

2. 犯罪心理学与犯罪学

犯罪学是以犯罪现象、犯罪原因以及预防犯罪为研究对象的一门综合性刑事法学。犯罪学是对犯罪现象、犯罪行为以及犯罪预防进行综合研究的学科。犯罪学从较为宏观角度透视犯罪这一社会现象，基于对犯罪现象的原因和犯罪行为发生规律的理性认识，提出预防、减少犯罪的对策和措施体系。犯罪心理学对犯罪现象的研究，着重研究犯罪人犯罪心理的形成、变化的规律，更注重分析犯罪的微观心理机制，注重犯罪成因中个体因素的探讨，这就为深入理解犯罪原因提供了丰富的实证研究资料。犯罪心理学主要研究实施犯罪行为的主体——犯罪人犯罪心理的形成、变化规律，因此它与从不同角度研究犯罪现象的犯罪人类学、犯罪社会学处于同一学科层次上，同属于犯罪学的一个组成部分。它与犯罪学能够互通有无，彼此补充，使我们更全面更深入地了解犯罪现象和犯罪行为。有的学者认为，犯罪心理学是犯罪学的一个分支，一方面它需要借鉴犯罪学的相关理论、知识和方法，为犯罪心理学的研究提供一个方向性的指引；另一方面，犯罪心理学的研究丰富了犯罪学研究的内容，现代犯罪学十分重视对犯罪成因论中的个体因素的探讨，犯罪心理学的研究不仅可为其提供丰富的资料，而且还可提供不同于其他研究的手段和方法，对于揭示个体犯罪的原因，发现犯罪现象的规律和完善犯罪学科的理论体系具有不可替代的作用。在研究方法上，犯罪心理学注意量化研究和研究成果的可操作性，因此犯罪心理学研究的实践性更强，提出的犯罪预防和矫治的对策更具有针对性。此外，根据广义的犯罪心理学，犯罪心理学的研究对象除了狭义的研究对象之外，还包括如何预防犯罪、惩治犯罪以及教育改造罪犯的心理学问题，既包括有犯罪倾向者和刑满释放人员，也包括侦查人员、审判人员等心理。广义犯罪心理学不仅研究犯罪人的心理和行为，还要研究与犯罪作斗争的对策。所以，从广义上来看，犯罪心理学也是犯罪学的一个组成部分。

3. 犯罪心理学与刑事诉讼法学

我国刑事诉讼法的任务是保证准确、及时地查明犯罪事实，正确应用法律，惩罚犯罪分子，保障无罪的人不受刑事追究，教育公民自觉遵守法律，积极同犯罪行为作斗争，维护社会主义法制，尊重和保障人权，保护公民的人身权利、财产权利、民主权利和其他权利，保障社会主义建设事业的顺利进行。而这一任务的实现需要侦查、起诉、审判、执行等各环节来实现，诉讼中需要研究侦查心理、预审心理、审判心理等，这就有助于提高诉讼的效率和公正性。当然，对侦查心理、预审心理、审判心理的研究都必须遵循刑事诉讼法对程序的规定，借用诉讼法学的基本理论和法律规定来解决问题。

4. 犯罪心理学与刑事政策学的关系

刑事政策是指国家立法机关、司法机关根据我国国情和犯罪状况制定或运用的预防犯罪、惩罚犯罪以及矫治犯罪人的各种刑事对策。刑事政策的首要内容就是如何有效地预防、控制和惩治犯罪。这一点大多数学者的看法应当是相似的，只不过在具体措辞上学者们常常交叉使用预防、控制、抑制、减少、制止、防止、遏制等术语。预防、控制和惩治犯罪的基本思路是：预防着眼于未然，惩治着眼于已然，而控制则着眼于将已经出现或已经有一定规模的犯罪现象控制在最低限度。此外，刑事政策关注如何对待犯罪嫌疑人、犯罪人以及被害人。犯罪心理学在本质上也属于对策科学的一种，犯罪心理学关于犯罪心理形成原因和犯罪动机的研究能够为刑事政策的适用提供参考依据，进而在刑罚适用和犯罪矫治过程中体现区别对待的精神，犯罪心理因素对刑事政策的制定与实施也有重要的影响。如在刑事司法中，由于法官具有认定事实和适用法律的权力，如果法官具有良好的素质、成熟的审判心理，对案件的处理就会更加公正，就能够更好地贯彻宽严相济的刑事政策。反之，则可能裁判不公，畸轻畸重。因此，合理的司法心理有助于公平正义的实现和刑事政策的落实。反之，由于刑事政策的科学化，要求犯罪心理学的研究精细化，为犯罪心理学的研究提供了更加有力的政治和法律保障。

第三节　犯罪心理学研究方法

方法(method)是一般的思维方式和行为方式，是研究问题的一般程序和准则。任何一门学科都有自己的研究方法。学习和掌握客观、正确的科学研究方法，不仅能增加研究的知识、开阔研究思路，而且能更有效地评价以往的研究、加强心理学的应用。犯罪心理学作为犯罪学与心理学的交叉科学，其研究目的在于对犯罪心理和行为作出陈述、解释、预测和控制。在获得各种资料和数据的基础上，分析犯罪和犯罪心理现象的本质，寻求犯罪和犯罪心理现象发展的规律，降低犯罪率，减轻犯罪对社会、对他人的危害。犯罪心理学研究方法是根据犯罪心理学研究对象的特殊性而确定的。犯罪心理学研究的对象是犯罪心理现象，犯罪心理现象具有的内隐性决定了犯罪心理的研究具有间接性和难于测试性的特点，这就给犯罪心理的研究带来一定的困难。但是，犯罪心理并非不可知，它与一般心理活动一样，都是可以认识和研究的。但犯罪心理学的研究要坚持一定的原则，并在一定的方法论的指导下，沿着一定的路径进行。

一、犯罪心理学研究应当坚持的基本原则

犯罪心理学应当坚持的基本原则包括以下几个方面：

一是，客观性原则。客观性原则是科学研究的普通原则，对于犯罪心理学的研究也不例外。按照客观原则的要求，对犯罪心理学的研究需要在客观全面收集相关材料的基础上，进行客观的分析，要防止主观臆断和先入为主。然后，根据对客观材料的分析判断作出客观的结论。如此，对犯罪心理的分析才具有针对性和有效性，能够发挥犯罪心理学研究应有的作用。

二是，系统性原则。根据系统论的观点，系统论的基本思想方法，就是把所研究和处理的对象，当作一个系统，分析系统的结构和功能，研究系统、要素、环境三者的相互关系和变动的规律性，并优化系统观点看问题，世界上任何事物都可以看成是一个系统，系统是普遍存在的。犯罪心理现象具有整体性，必须进行多方面的综合研究；犯罪心理现象具有动态性，应在发展中研究犯罪心理现象；犯罪心理现象具有环境适应性，要注意研究它与周围环境的关系，特别是与社会环境的关系。因此，需要对犯罪心理进行多层次、多侧面的剖析，解析犯罪心理的形成过程，并提出相应的预防犯罪，消除犯罪心理的应对之策。

三是，伦理性原则。这就要求在心理学的研究中不能采取违背人类基本尊严和道德、侵犯基本人权的手段，如欺骗、威胁、恫吓等手段都是应当禁止的，在犯罪心理学的研究中要防止给研究对象造成心理或身体方面的伤害。美国心理学会在《心理学家的道德原则和行为准则》中规定：（1）匿名的问卷调查、自然观察和某些档案研究一般可以不必知情同意。（2）保护被试研究者在研究设计、研究过程和研究结束以后都必须特别注意被试的身心健康和安全问题，要保护被试，防止他们受到伤害，尤其是心理上的伤害。（3）自由终止和保密。当被试对研究出现不良反应或对研究不再感兴趣时，不能强迫被试完成整个研究，被试应有随时退出研究的权利。此外，研究者有责任对所获得的被试资料进行保密，并对被试的隐私进行保护。

四是，理论联系实际原则。犯罪心理学的研究不是为了研究而研究，其研究成果来源于实践，又要服务于实践，这也是学术研究的生命力所在。根据这一原则的要求，既要深入司法实践部门，考察相关犯罪人的实际心理状况，全面收集实践材料，然后进行系统分析研究，已经形成的研究成果将在实践中得到应用，并对研究成果进行不断的修正、完善。

五是，个体性原则。在犯罪心理学的研究中，既要考虑到犯罪人具有的共性，也要把握不同犯罪人的个体特征。由于不同的性别、家庭环境、个人经历等因素导致他们具有不同的个性，并因此在作案、审讯、改造期内的心理和行为都有差异。

六是，生物性与社会性相统一原则。人的心理既有生物遗传方面因素的影响，具有生物性的一面，更受后天的社会生活环境和条件的制约，具有社会性的一面。因此，不能片面强调生物性因素，提倡"犯罪生物学派"的"天生犯罪人"的观念，也不能片面强调社会性，绝对支持"犯罪社会学派"，将犯罪的社会原因绝对化。

二、犯罪心理学研究的基本类型

犯罪心理学研究的基本类型包括①：（1）纵向研究与横断研究。纵向研究（longitudinal

---

① 参加李晖，罗大华. 犯罪心理学研究方法论再探[J]. 心理科学，2008：3.

study）是指在一个较长时间系列内，对某个或某些犯罪人心理进行系统的、定期的研究。横断研究（cross-sectional study）是在同一时间内对某一类或某几类犯罪人心理进行并列和比较的研究。（2）内省研究与客观观察研究。内省（introspection）是以个体报告并记录自己的意识内容为资料的研究。个体心理活动带有极大的主观性，个体的内省体验，特别是犯罪心理，他人难以全面觉察。客观观察（objective observation）是在日常生活条件下，对被试心理活动的观察、记录，从中揭示其心理活动的研究。（3）定量研究与质的研究。定量研究（quantitative research）以实验、测量、评定等方式收集各种变量的数据，并对这些数据进行严格的统计分析，寻求有关犯罪心理现象及其规律。质的研究（qualitative research）强调被研究者的主动参与和配合，重视行动取向，通过理论论证、材料列举、总结分析、行动研究等方式对犯罪心理现象及其规律提出新的见解，或者通过参与观察、案例分析、调查访谈等方式获得事实材料，表明或证明关于犯罪心理现象及其规律的观点。（4）个案研究与群体（成组）研究个案研究（case study）是对一个或少数几个案例的典型特征进行全面、细致的考察和研究，从中发现影响犯罪心理和行为的原因。群体（成组）研究（grouping study）是对一组或众多同类犯罪人进行研究。常规研究与现代科技手段运用的研究。常规研究（normative study）主要是通过观察、调查、谈话、产品分析等方法研究犯罪心理和行为的研究类型。现代科技手段运用研究（modern scientific-technological study）是借助各种现代科学技术手段，使犯罪心理学研究更加快捷、科学、准确。例如，采用电子技术、互联网技术和统计方法，对较大范围内的犯罪现象及其原因进行的系统、全面的调查统计分析和比较研究等。如由于计算机网络技术的发展、网络的普及和多媒体技术的应用，使研究成本降低的同时，提高了研究的效率，增加了研究的趣味性。司法实务部门可以通过互联网络及时了解犯罪心理学领域最新的研究成果，并应用于自己的工作当中，更有力地预防和打击犯罪及提高劳动改造的效率；个体也可以通过网络认识心理疾病的危害，以及被动或主动地接受心理咨询和治疗，消除犯罪隐患。

三、犯罪心理学研究的具体方法

犯罪心理学的研究要以问题为中心，注意采用多种方法展开研究和探讨；注意将定性研究与定量研究方法相结合；用相互作用的理论思路来分析犯罪心理现象。犯罪心理学的研究包括观察法、调查法等多种方法，并且由于现代科技的发展也为犯罪心理学的研究提供了更为便捷的手段。

（一）观察法

观察法作为犯罪心理学研究的一种常用的、基本的研究方法，它是指犯罪心理学研究者通过自己的感官或者借助于一定的技术设备，有目的、有计划地对研究对象进行观测，收集研究资料的活动。观察法是犯罪心理学研究的一种常用而有效的方法。人的行为受心理支配，犯罪人的心理尽管隐蔽，但总会通过其行为表现出来。通过观察，收集大量的材料进行分析，就可以研究其犯罪心理的特点及其发展变化等情况。任何人都会有自己的表情或者微表情，犯罪人也不例外，研究者对犯罪人的动作、表情、语言等进行观察，并将它们记录下来借以分析被观察者的心理现象。即便在使用其他方法时，往往也离不开观察方法。但是作为一种专门方法的观察法和作为其他方法的辅助手段的观察法，是不同的。很显然，前者的要求更高，比如，要由专业人员操作，研究对象要处于完全自然状态，可以使用一些仪器进行客观记录，以及对准备、实施、抽样等都要提出较高的要求，以保证观察所获信息资料的真实可靠。

犯罪心理学研究中的观察法有不同的分类。如根据观察地点的不同，可以将观察法分为实验观察法和自然观察法。前者是指在备有各种观察设施的实验室内，对被干预和控制的被试的观察。后者是指在日常生活情境中对未加控制和干预的对象的观察。如在日常的监管环境中对罪犯行为的观察。根据观察中观察者所采取的角色，可以分为非参与观察和参与观察。在非参与观察中，观察者处在被观察群体之外，完全不参与其活动，尽可能不对群体或环境产生影响。在一项研究的初期，可以采用这种观察方法了解最基本的情况，以帮助形成问题的焦点或者研究的假设。参与观察就是研究者深入到所研究对象的生活背景中，实际参与研究对象的日常生活，在日常生活过程中进行的观察。如研究者假扮罪犯进入监管环境中对罪犯人际互动的情况进行观察。研究者带着问题到实地去寻求资料和"理论性的解答"。

观察法是简便易行的一种方法，从古到今，人们一直在利用它。这种方法的优点在于生动自然，比较真实可靠。运用观察法对被观察者在自然条件下的行为进行直接的了解，获得的材料真实可靠。在研究对象不配合的情况下，访谈、问卷法等的实施有很大困难时，可采用观察法收集资料。采取观察法可以有多种选择，研究者既可以旁观者的角度对研究对象进行观察和记录，也可以"参加"到所研究的群体中去，作为群体的一个普通成员与群体一起生活和活动，在此过程中，对研究对象进行观察。观察法具有简单、直接、经济的特点，但观察法的信度，由于观察者个人的素质、观察的角度、观察者的态度等的局限而受到制约。而且观察法只是观察对方的外显行为，对其心理活动、态度、信念等，仍需要进行推论和分析。由于观察者处于被动地位，只能消极地等待所需要的现象出现。在自然情境中，影响某种心理活动的因素是多方面的，也比较难以区分出现的现象是偶然的，还是必然的，难以进行精确的分析。观察者本人的能力水平、知识经验、兴趣、愿望及观察技能对观察资料的质量有较大的影响。在同样的条件下，不同的观察者所收集到的资料可能差别很大。因此，观察法往往和其他方法结合使用以更好地揭示犯罪心理现象。

使用观察法时应该注意以下几点：第一，研究者在观察前要有明确的目的和计划。第二，观察中的记录要详细、准确与客观，尽量避免掺杂观察者自己的希望与偏见。第三，对同一类行为，要尽可能做多次重复观察，尽量减少偶然因素的影响。第四，使用观察法时应特别注意观察的自然性和客观性，使被观察者不知道是在被人观察，否则言行表现的自然性就会消失。第五，在认真观察的同时，要做好记录和观察结果的统计分析。观察记录最好是现场进行，但在不得已的情况下也可以事后追忆。观察记录要尽量全面、具体，在一定时间内把表现被观察者心理的全部动作、行为和语言都记录下来，然后根据观察所得到的材料进行整理，分析被观察者的心理现象。

无论是直接观察和间接观察，都要注意观察时力求全面、客观、准确，防止片面性和主观性。在实际工作中使用观察法，一方面可对犯罪人在生活、劳动、交往过程中，以及在羁押、讯问等侦查活动中的各种活动表现、表情变化等进行直接的观察；另一方面还可以对犯罪人采用问卷法、谈话法、活动产品分析法等间接的方法来进行观察。

现代科技的发展，观察法就有了更多观察、分析工具和手段，录音、录像、计算机网络技术等使观察技术大幅提升，这使得观察法在资料收集及分析研判上更加客观、全面和准确。当然，由于观察材料的选择与判断也要受到观察者本人的影响，所以，需要综合运用其他的方法。

(二)调查法

调查法是通过调查的方式收集资料、分析资料，研究犯罪人的犯罪心理形成原因及其活动规律的方法。例如，调查犯罪人的家庭、学校、环境和交往情况，了解其不良个性形成和走上犯罪道路的原因等。1930 年 5 月，毛泽东主席为了反对教条主义思想，专门写了《反对本本主义》一文，提出"没有调查，没有发言权"的著名论断。这个论断后来成为中国共产党人深入实际，深入群众，形成正确工作方法的行动口号。调查就是要深入实际，了解真实情况。

在犯罪心理学的研究中，调查法有不同的分类。按照形式划分，调查法有书面调查和口头调查两种；有的学者从方法上将调查法分为问卷法和访谈法。问卷法是采用书面问答的形式来收集被试心理特征和行为表现资料的方法。问卷法要求设计好问题和答案，对问卷的结合评判和分析都需要有科学合理的设计。问卷法可以在较短时间内了解情况，简便易行，提高效率，适合较大规模的调查。但是问卷回收率要有保障，填写的内容是否属实还需要判断，对被调查对象的文化水平有较高的要求，灵活性相对较差。对问卷中的问题设计要有趣且浅显易懂，并且对问卷的结果要有信度的要求。访谈法是研究者通过与犯罪人、犯罪人的家长和亲友，以及办案人员等进行口头交谈的方式来收集研究资料的方法，可以分为结构访谈和非结构访谈。结构访谈是依据有一定结构的问卷而进行的比较正式的访谈。非结构访谈只按照一个粗线条式的访谈提纲进行访谈，对访谈对象的条件、所要询问的问题等只有一个粗略的基本要求，只围绕访谈的主题，灵活地询问和交谈。访谈法比较灵活，能够收集到一些难以受到的资料、信息，但是访谈费时费力，对访谈者所或信息的准确性也依赖于被访谈者的素质。

在具体的研究中，犯罪心理学研究关系较密切的有个案调查、专题调查、典型调查和抽样调查。恩格斯曾经指出："要不研究个别的实物和个别的运动形式，就根本不能认识物质和运动；而由于认识个别的实物和个别的运动形式，我们也才认识物质和运动本身。"①辩证唯物主义哲学认为，一般在个别中存在，一般能通过个别而存在。

个案调查也叫个案分析法。这种方法就是对个别具有典型意义的犯罪人或典型案例进行长期的深入调查甚至追踪研究，以求解释犯罪心理现象，探明犯罪原因的方法。如对药家鑫、马加爵等个案的研究，从出生到现在的生活史、家庭关系、生活环境及人际关系的特点等资料。根据需要，可以对犯罪人做智力和人格测验，从其家长、朋友、师长、同学等熟悉该人的亲近者处获得资料、了解情况，也可以对犯罪人的口记、书信、刑事档案记录等材料进行分析。可以系统全面地分析其犯罪心理情况，并对其心理形成的原因背景，如家庭环境、教育情况、兴趣爱好等方面情况予以了解，分析犯罪心理的形成过程与犯罪过程之间的关系，这有助于犯罪的预防工作。当然，个案调查有一定的或然性，需要研究者认真分析并与一般的案件进行比较研究，防止形成以偏概全的结论。专题调查就对一定数量的个案进行专题深入研究。如青少年犯罪心理调查研究、女性犯罪心理调查研、老年犯罪人心理调查研究等。专题研究能够把握一定数量的具体犯罪情况，得出的结论更具有代表性。

典型调查是指在对调查对象进行初步全面了解的基础上，选取一定的具有代表性的对象作典型，对其进行深入系统的调查，借以认识事物的总体情况。运用这种方法从典型中收集来的材料，对于全局具有一定的代表性，可以使我们得到对同类犯罪心理现象本质的认识。

---

① 马克思恩格斯选集[M]. 第四卷，北京：人民出版社，1995：343.

在犯罪心理学的研究中，经常运用典型调查的方法去探求犯罪现象的新情况、新特征和趋势，对于制定犯罪心理预防对策具有十分重要的意义。搞好典型调查的关键是选择好典型，否则就出现个案调查类似的问题，要防止以偏概全的问题。

抽样调查就是从全体调查对象中，随机地选取一部分对象作为代表加以调查分析，并以此推断全体调查对象的状况。抽样调查要保障样本的随机性，防止样本的主观化，只有对客观随机抽取的样本进行分析，调查的结论才会更加科学。

在调查法的使用中，可以视情况采取不同的类型的方法。如为了提高效率，可以组织调查会进行访谈式的调查。调查的对象的选择由调查任务和目的来确定，尽可能地广泛。从被调查的对象看，可以是有关当事人本身，也可以是有关当事人的家长、老师、同学、朋友、邻居，或者是公安局、检察法、法院、少管所、劳教场、监狱等机关的政治工作人员，甚至是一般的社会公民。

（三）实验法

实验法是在有目的地控制、创设的条件下对某种心理现象进行观察，以了解心理现象因果关系的方法。由实验者操纵变化的变量称为自变量。主持实验的人叫主试，实验的对象叫被试，所研究的元素或因素称为变量。

根据我国当前犯罪心理学的研究成果，实验法主要分为三种，即实验室实验法、自然实验法（有的学者称为现场实验）、心理测验。实验室实验，是指在实验室里由研究者借助一定的仪器装置进行心理研究的方法。其优点是可以控制广泛的无关变量，在普通心理学中较为常用。在犯罪心理学中，由于其研究对象的特殊性，应慎重使用实验室实验。在实践中，在严密控制下借助专门的实验仪器所进行的实验，如用测谎仪研究犯罪嫌疑人供词的可靠性，可以对犯罪嫌疑人的心理状态进行判断，利用脑电及脑生物化学对犯罪心理过程和犯罪心理的生理机制的研究等，以帮助判断供述的真实性、可靠性。但是，测谎仪的使用是要慎重的并受到限制的，因为这种实验有可能存在侵犯人权的风险，且对于复杂的个性心理现象有一定的局限性。

自然实验法，亦即现场实验。它是指在真实的社会环境中，只对少数条件作必要的控制和安排，以便发现事物的因果关系和必然联系。在案件侦查及改造犯罪人工作中，较常使用现场实验。例如，讯问场所、羁押场所的颜色和光线的变化对犯罪嫌疑人心理影响情况。为了解犯罪的动机、案犯当时可能的心理状态及其对犯罪行为的估计，也常依据现场观察或走访了解到的线索、情况进行模拟实验。

心理测验法是指使用标准化测验量表来测量犯罪人心理特点的方法。如运用"中国罪犯心理测试个性分测验（COPA-PI）"对服刑罪犯的个性进行测量。心理测验法是根据已标准化的实验工具如量表，引发和刺激被测试者的反应，所引发的反应结果由被测试者自己或他人记录，然后通过一定的方法进行处理，予以量化，描绘行为的轨迹，并对其结果进行分析。这种方法的最大特点是对被测试者的心理现象或心理品质进行定量分析，具有很强的科学性，而且随着计算机技术的发展和广泛应用，心理测验领域已出现了明显的计算机化的趋势，如在机上施测、自动计分、测试结果分析和解释等。心理测试主要包括以下几种形式：智力测验、个性测验、心理健康测验、职业能力测验等几个主要方面。目前，在我国，研究者使用较多的心理测量表有明尼苏达个性调查表、卡特尔人格测验量表等。心理测验必须具有信度和效度，这是标准化测验的基本要求。信度（reliability）是判断心理测验是否可靠和稳定的指标。效度（validity）是反映测验有效程度的指标，即测验是否较好测到了所要测量的心理品质。心理测验法最常用的有投射测验法和问卷测验法两种。根据投射测验法，当一个人看到一种模棱两可的刺激物时，他就将自己隐蔽的需要、恐怖、渴望、心理冲突等具体化地投射在刺激物上，并在刺激物上映射了他们内心世界的真情。这时对其心理活动特点加以分析，就是投射测验法。投射测验法的关键是设计或选择刺激物。刺激物可以是模糊的图片、未完成的句子、墨渍或没有结局的故事等。问卷测验法就是根据测验目的，编制或选择心理测验量表，通过问卷的形式让被试者自行选择答案，根据选择的答案分析被试者的智力水平个性心理特征及其倾向性的方法。它既是调查研究方法的一种特殊形式，又是统计方法的具体运用。心理测量法要注意以下几点：一是，要符合研究目的的需要。二是，测试者应具备使用测验的基本条件，如口齿清楚、了解测验的实验程序、能够严格按测验手册上规定的实施程序进行测验等。三是，严格按照测量手册上规定的方法计分和处理结果。四是，对测验分数的解释应有一定的依据，不能随意解释。

（四）统计研究法

统计研究法就是运用统计学的原理，对调查收集的材料进行定性定量分析，以揭示事物的本质及其规律的方法。有的学者认为，统计分析法是一种定量研究，但是在我们看来，统计研究是定量分析与定性分析的统一，它通过定量的分析达到定性分析的结果或者目的。犯罪心理现象与其他现象一样，都是质和量的统一，在具有质的规定性的同时，也具有量的规定性。只是在定性与定量的比例上会有所不同，自然现象的定量分析会有更多的自然因素，而犯罪心理现象的研究有更多的定性指标。在犯罪心理学的研究中借以使用统计研究的方法对犯罪的类型、数量、犯罪人特征及年龄分布等问题进行分析，从而能够较为科学、准确地揭示犯罪心理发生发展的规律性。

（五）案例分析法

案例分析法就是选择典型的各类案例进行分析，从中发现犯罪人犯罪心理形成、发展和变化规律的方法。案例分析法是从一般到个别、从具体到抽象、从分析到综合的哲学思维方法的运用。案例分析法的使用需要考虑三个要求：一是，案例必须是经典的，在一定时间、较广的地域甚至是全国都要具有一定的影响。二是，案例要有一定的数量，这样研究得出的结论才会更加可靠。三是，案例必须是真实的，而不是基于臆想和杜撰，否则，研究就没有实际的价值，也难以深入。通过典型案例的分析，形成一定的结论，它不仅揭示犯罪心理形成的原因，而且也会对犯罪的预防形成规律性的认识。在经典案例的研究中，还要注意对相关案例的追踪研究，形成对某一心理现象的连贯认识。

（六）比较研究法

比较研究法是通过对不同类型、不同性别、不同年龄、不同经历、不同组织、不同罪过的犯罪人的不同心理和行为特征进行比较，揭示犯罪心理因素与犯罪发生原因的一种研究方法。比如，把青少年犯罪与中老年犯罪进行比较；把男性犯罪与女性犯罪进行比较；把团伙犯罪心理与单个犯罪心理进行比较；将初犯心理与累犯、惯犯心理进行比较；把过失犯罪心理与故意犯罪心理进行比较。通过比较可以发现犯罪心理上的特征、差异，以便更好地把握不同犯罪的心理特点和规律。例如同是杀人犯罪，老年犯罪人和其他杀人犯罪人就存在一定心理差异，犯罪手段也会因此而存在一定的不同。

总之，犯罪心理学的研究方法是多种多样的，并且随着科学技术的不断发展进步，研究手段也会不断进步。本书仅列举前述几种主要的研究方法。每一种研究方法都有各自的优点和不足，在实践中应当根据研究对象特点选择以某一种方法为主，以其他研究为辅，使犯罪心理学的研究步步推进。回顾中国犯罪心理学的发展史，可以看到研究的方法在不断地多样化，由经验总结、案例分析逐渐向量化研究形成犯罪心理结构的概念，然后研究者运用心理测验和统计技术对犯罪人进行类型化的研究，为了查明青少年犯罪的心理原因，研究者还开展了犯罪青少年与正常青少年在对待犯罪问题上认知、情感、意志等方面差异的研究。进入20世纪90年代，在罪犯心理矫治领域，更多地运用了心理测试和统计技术，到目前为止，全国已有大约90%的监狱广泛开展了罪犯心理诊断和矫治。在司法心理学方面，有的研究者运用量化统计方法进行了证人证言、测谎技术等方面的研究。随着计算机网络技术的快速发展，犯罪心理学的研究方法将会在原有研究方法的基础上，实现研究方法的升级，提高研究工作的效率，增强研究的准确性和科学性。

第二章　犯罪心理学的发展

　　犯罪心理学作为应用心理学的一个分支学科，与其他学科一样，具有其形成的历史渊源，发展的基础和条件，以及与社会变迁相依存的发展变化特征。立足于一门学科的建设现状与社会价值来考察它的历史背景与进程，探索它的未来走向与前景，是促进学科发展的必要途径，并且对于更好地学习、理解、研究这门学科具有重要的意义。

第一节　国外犯罪心理学的发展

一、国外犯罪心理学研究的早期历史

　　从犯罪心理学发展的历史看，犯罪心理学的诞生是以 1872 年德国精神病学家克拉夫特-艾宾（Richard von Kraft-Ebing）的《犯罪心理学纲要》和 1889 年奥地利犯罪学家格罗斯（Hans Gross）的《犯罪心理学》为标志的。克拉夫特-艾宾《犯罪心理学纲要》这本著作主要从精神病态的角度研究犯罪人。格罗斯的《犯罪心理学》一书着重研究犯罪者的人格。

　　然而犯罪心理学一词早在 1790 年德国学者明希编写的《犯罪心理学在刑法制度中的影响》一书中就出现了。1792 年德国学者绍曼就编写了以犯罪心理学为书名的著作《犯罪心理学论》。也就是说，对犯罪心理学的研究有一个更早的过去，对犯罪心理学研究的追溯应该着眼于更远古的年代。

　　古希腊时期（公元前 800—146 年），由于经济生活高度繁荣，产生了光辉灿烂的希腊文化，古希腊人在哲学思想、历史、建筑、文学、戏剧、雕塑等诸多方面都有很深的造诣。在当时的希腊，文明时代已经开启，奴隶制社会代替了原始氏族制度，私有制的出现造成了阶级的产生和阶级之间的斗争，犯罪问题也随之出现。在此背景下，哲学家和思想家们在探讨一般哲学和社会问题时，对犯罪人的犯罪心理研究也有所涉及。例如根据人们的骨骼和面貌等身体特点来评判一个人的心理是善或恶，是否有犯罪心理。这一方面的研究以古希腊著名哲学家柏拉图（Plato，公元前 427 年—前 347 年）以及柏拉图最优秀的学生伟大的思想家兼科学家亚里士多德（Aristotle，公元前 384 年—公元前 322 年）为代表。认为犯罪源于人的罪恶本性，"由邪恶幽灵引起"，而人的罪恶本性可以通过面相和骨相来推断。这就是"面相学"和"骨相学"的观点。亚里士多德认为头部形状与人的心智有关，犯罪者的头盖骨形状与正常人不同。这些观点是受柏拉图的老师苏格拉底（Socrates，公元前 469 年—公元前 399 年）影响的结果。苏格拉底是著名的古希腊哲学家，他和他的学生柏拉图及柏拉图的学生亚里士多德被并称为"希腊三贤"。苏格拉底说过"凡面黑者，大都有恶的倾向"，主张从人的面色和头形来推断善恶。不仅如此，苏格拉底也研究过人们受教育情况和掌握知识程度与犯罪的关系，认为人的善恶行为是由他是否具有知识决定的，知识直接关乎一个人的美德修养。

　　古希腊哲学家德谟克利特(Demokritos)则认为，人的恶行和违法犯罪行为是由于私欲所致，是贪得无厌造成的。他说："那些贪图财富、无时不刻想着钱财的人，会迫不及待地投身于某种新企图，并陷于贪得无厌，终至作出某种为法律所禁止的无可挽救的事情来。"

　　17世纪英国政治家、思想家、哲学家托马斯·霍布斯(Hobbes，Thomas)主张"性恶论"，认为人生来就是自私自利、残暴好斗的，这也是犯罪产生的原因。

　　18世纪意大利法学家贝卡利亚和英国的法理学家、哲学家边沁都认为人的本性都是自私的，犯罪是出于私欲。

　　随着历史的车轮滚滚向前，19世纪后期到20世纪初期，随着生产力的发展，资本主义进入帝国主义阶段，社会快速进步并伴随着各种矛盾的出现，促进了自然科学和社会科学的繁荣，涌现出一大批新兴的学科。生物学、生理学、解剖学的发展，带动了心理学的兴起。1879年，德国心理学家冯特(1832—1920年)在德国的莱比锡大学建立了世界上第一个心理学实验室，运用科学实验的方法研究人类的心理和行为，被认为是心理学成为一门独立学科的标志。从此，心理学逐渐走向成熟，在研究社会现象的过程中发挥着作用，也为人们对犯罪人进行系统研究提供了社会和科学的基础。

　　同时，社会矛盾的日趋尖锐，犯罪率的急剧上升，也引起了人们对研究犯罪行为的原因、心理机制、犯罪者的人格特征以及研究预防和控制犯罪的途径等课题的重视。1876年，意大利精神病学家、犯罪学家龙勃罗梭(Cesare Lombroso，1836—1909年)发表了他的重要著作《犯罪者论》，他以进化论为指导思想，应用人类学、法律学、精神学研究犯罪，尤其论述了人的生理解剖结构异常与犯罪的关系，提出了著名的天生犯罪人论。《犯罪者论》的发表被认为是犯罪学诞生的标志，龙勃罗梭被誉为犯罪学的鼻祖。龙勃罗梭的学生菲利(Ferri，1856—1929年)，在老师的理论基础上于1884年撰写了他的代表作《犯罪社会学》，认为人之所以犯罪，其内部原因是人的素质，但这是不够的，犯罪是由内外两种原因交互作用形成的，外因即犯罪人所生活的社会环境。菲利在认同天生犯罪人观点的同时，强调犯罪的重要原因是后天环境的影响。他还提倡研究犯罪心理学，认为这是研究犯罪的最终途径。

　　心理学和犯罪学研究的不断活跃和进展，对犯罪心理学的成长具有特别重要的影响力。最初的犯罪心理学研究者更多的是从精神病学和刑法的角度来研究犯罪的，学术观点多带有临床特点和司法犯罪学特点。而心理学和犯罪学把犯罪心理学引入了更加科学、规范发展的道路。

　　20世纪初期及之后，随着心理学研究的不断深入，研究犯罪心理学的学者也越来越多，研究成果和专著也纷纷面世，特别是欧美、日本、俄国等，犯罪心理学迅速发展。在研究过程中，出现了专门化、科学化倾向。学者们根据自己的条件和兴趣，从不同的角度研究有关犯罪心理学问题，有的研究犯罪与社会的关系，有的研究不同类型犯罪人的心理，有的研究犯罪行为的心理机制，有的研究犯罪者的人格特征，有的研究预防和控制犯罪的途径，关于审判、供述、犯罪心理行为矫治等领域也都有所触及，所持的理论、观点、见解也有所不同，并且开始出现分化，形成分支学科和学派。犯罪心理学研究日益兴旺。

二、国外犯罪心理学研究的近代历史

　　20世纪20年代开始，心理科学发展迅速，进入繁荣期。在心理学的推动下，犯罪心理学研究开启了新的历史篇章。在此之前，学者们的努力和探索所取得的成就是巨大的，具有重要的历史价值。但是，在理论、体系、方法等方面仍有一定的局限性，犯罪心理的研究并没有形成科学的理论体系，也没有科学的独立的研究方法。犯罪心理学真正成为一门相对独立的学科有赖于心理学的进一步发展。在心理科学不断地深入研究和开拓性发展过程中，犯罪心理学步入了独立、科学发展的轨道。

之后，研究犯罪心理学的学者逐渐增多，许多心理学家也加入到研究犯罪心理学的行列。学者们从不同角度不同侧面不同立场研究犯罪心理学，成果不断出现。犯罪心理学研究向着专门化和系统化方向发展。

这一阶段不但出现了犯罪心理学的诸多分支学科，如审判心理学、供述心理学、矫治心理学等，而且产生了诸多理论观点和流派，出版了多种专著、书籍。如奥地利精神病学家西格蒙德·弗洛伊德(Sigmund Freud, 1856—1939)从精神分析的角度来认识人的罪恶感产生的根源以及犯罪心理产生的内在动因，应用精神病学的理论和方法研究和解释犯罪现象和犯罪心理问题。美国心理学家希利(W. Alealy)在实证研究的基础上提出少年犯罪人中有91%的人有情绪障碍，并和他的妻子于1936年提出了情绪障碍犯罪说。希利还认为，人的正常的欲求并不构成犯罪心理，只有在正常欲求受到阻碍从而谋求不正当的补偿性满足时，才可能形成犯罪心理和行为。1939年美国著名犯罪学家E. H. 萨瑟兰出版《犯罪学原理》，提出"不同接触理论"。其主要观点是：犯罪行为是习得的，是在与其他人交流互动的过程中学会的。如果一个人所处的环境中赞同违法的观念压倒了赞同遵纪守法的观念，犯罪行为就可能发生，违法行为者成为被模仿学习的榜样。1940年，德国精神病学家K. 施奈德出版《精神病质的人格》，具体分析了各种异常人格与犯罪行为的联系。1950年代，美国精神病学家布鲁塞尔精确地论述了恐怖分子攻击纽约的不寻常心理状态。1950年，美国犯罪学家格鲁克夫妇编制了预测学龄前儿童违法倾向的社会预测表。同时，对预测和评价成年人的危险、暴力行为倾向方面的研究也有所涉及。其他还有关于家庭教养与犯罪、情境与犯罪等都有探讨。随着社会的变化，科学的进步，犯罪心理学研究也在不断深入。在西欧、美国、日本和俄国，犯罪心理学迅速发展，研究向专门化和系统化发展。学者们研究内容十分广泛，主要有两大部分：一是犯罪心理学理论研究。着重研究犯罪心理和行为产生的原因。二是犯罪心理学实证研究。也就是犯罪心理学的应用和实践研究。此外，犯罪类型的研究包括对犯罪人的分类研究和对犯罪行为的分类研究，这方面的研究对实际部门确定犯罪案件中作案人的类型、犯罪人犯罪行为动机以及有效侦破案件具有重要意义。关于刑罚威慑力的研究，如何通过危机干预预防犯罪的研究等，旨在对犯罪行为进行心理学预防，控制重新犯罪的发生。

三、国外犯罪心理学研究的现状与趋势

当代，信息资源快速流动，环境变化日新月异，社会发展出现多元化格局已成为全球性特征。在这种时代背景下，学科之间的相互渗透与融合已成为一种客观存在。对于犯罪心理学而言，一方面，研究犯罪心理学的专家、学者专业背景更为丰富。既有大学从事心理学、精神病学、犯罪学、刑事司法学、社会学等方面的教学人员，也有犯罪和刑事司法机构研究有关警察、审判、矫正等方面的的工作人员，以及司法鉴定、医疗机构、精神病院或其他行业人员。

另一方面，从国外犯罪心理学发展的情况看，犯罪原因、犯罪动机、犯罪预测、犯罪防控、犯罪精神病理学以及青少年犯罪心理及其预防、矫治等，是犯罪心理学研究传统热门课题。

而随着社会的发展，在新的历史时期，犯罪心理学研究也出现了新的特点，新的发展趋

势。主要表现为:

1. 研究的视角更广

也就是说,学者们不再是单纯地研究犯罪心理学,而是进行多学科、多维度的综合性研究,认为只有这样,才能揭示犯罪行为的真相,查明犯罪现象的根源和规律。20世纪80年代以来,学术界普遍认为,引发犯罪的原因是多方面的,而不仅仅是心理因素。因此,犯罪心理学必须进行跨学科的研究和整合。

例如:美国哈佛大学著名犯罪学家、社会学家、政治学家詹姆斯·威尔逊(James Q. Wilson)与哈佛大学著名心理学家赫恩斯坦理查德·赫恩斯坦(Richard J. Herrnstein)合作著述的《犯罪与人性:对犯罪原因的决定性研究》(1985),就融合了犯罪学、经济学、心理学、精神病学、社会学、人类学、遗传学、政治学等学科的理论观点和方法,是一项跨学科的综合性的研究。

又如,美国当代犯罪学家杰弗利(C. Ray Jeffery)1990年出版了一本著作《犯罪学》,这本书的副标题就是"科际整合的探讨",他在书中将生物学、心理学、社会学、经济学、法学等学科加以整合,综合性地对犯罪现象加以分析探讨。

2. 研究的方法更多

目前,国外研究犯罪心理学有调查、实验以及模拟实验、心理分析等多种方法,既有模拟研究,又注重纵向设计,并且运用统计学方法进行分析,能更精确地对问题进行鉴别。例如,美国学者卡罗尔(Johrt S. Carroll)1982年所做的犯罪决策的模拟研究,美国心理学家班杜拉(Albert Bandura)等人所设计的一系列儿童攻击性实验研究,对研究结果用计算机进行统计,并用交叉时滞平面分析技术、路径分析等进行高级统计分析。亚伯拉罕森(David Abrahamsen)等人运用精神分析学的概念、理论与方法对一些心理异常犯罪人进行深入分析,注重对疑难案件的犯罪心理深层分析,1960年,亚伯拉罕森出版了《犯罪心理学》,是其典型的代表作。

3. 研究的层次更深

即重视犯罪行为的深层心理动因研究。比如以精神分析学理论和方法为指导开展犯罪心理学研究受到推崇,特别是对一些心理、人格异常的犯罪人的分析、剖解,精神分析学发挥着不可忽视的作用。同时,学者们还提倡对不同类型、不同文化、不同种族的犯罪人以及犯罪人与遵纪守法公民等进行比较研究,以掌握其共同性、差异性和规律性。

在对犯罪人生理因素与犯罪行为的相关研究方面更具有科学性,并取得了重大进展。在《科学》杂志2000年7月号上选刊了6篇有关文章,介绍了生理、生化因素对暴力犯罪的影响。其中有遗传学方面对双生子的追踪研究,发现遗传基因中有一种叫MAOA的基因对犯罪行为有影响;生化方面对脑内血清素(5—羟色胺)的研究,已经证实暴力犯罪人的血清素值普遍增加;脑部受伤后,人的性格改变以致极端粗暴性格的形成的研究;多动症(注意力不集中、敏感的多动症状)与犯罪行为的关系的研究;铅中毒及其他化学成分对脑部的伤害及与犯罪的关系的研究;利用先进仪器如正电子(PEr)扫描仪对脑部扫描以发现犯罪人脑部的特异状况的研究;对最接近于人类的动物恒河猴发生暴力行为时自身内部生化变化的研究及其对人类的意义等。

4. 强调实证研究

普遍重视实证性研究是国外犯罪心理学研究的显著特点之一。这种工作方法具有源远流长的历史,早在100多年前,意大利犯罪学家菲利就说过"对我们来说,科学要求花长时间逐项检查事实，评价事实，从事实中归纳出共同特点，从事实中抽象出核心观念"。学者们认为，在犯罪心理学研究中，"第一手材料"很重要，是不可忽视的环节。研究人员需要直接接触研究对象，进行实际的调查访谈，而不是单纯依靠思辨、演绎、从理论到理论来得出结论。

5. 强调学科的应用价值

这主要体现在犯罪心理学研究注重理论与实践相结合，学者们在帮助实际部门解决问题的过程中研究犯罪心理学，使犯罪心理学更具有学科生命力。例如，运用犯罪心理学分析犯罪人的犯罪行为动机、犯罪人的个人特征、犯罪案情的基本轮廓等，从而在协助警察侦破案件尤其是在复杂疑难案件中发挥着积极的作用；在法庭上充当专家证人，通过评价犯罪人的精神状况、刑事责任能力、陈述的可靠性、证人作证的能力、证人证言的准确性等，从专业角度向法庭提供证词，帮助法官和陪审团就案件事实作出正确判断；在矫正机构参与对罪犯的矫治工作；在看守所、监狱等部门对犯罪嫌疑人或罪犯进行心理测验和心理咨询工作，研究罪犯自杀、逃跑、暴力行为的可能性等。

事实证明，犯罪心理学在实际工作中正发挥着越来越重要的作用，而犯罪心理学学科理论也在实际应用中得以提升与发展，成果不断出现。如，仅 1993 年一年内，英国就出版了两本高品质的犯罪心理学著作，一本是布莱克本（Ronald Blackburn）的《犯罪行为心理学——理论、研究与实践》，另一本是费尔德曼（Feldman）的《犯罪心理学：社会教科书》。近年来兴起的犯罪人心理特征分析技术也受到广泛关注，对帮助警方侦破疑难案件很有帮助。

第二节 我国犯罪心理学的发展

一、我国犯罪心理学研究的早期历史

犯罪是一种社会现象，自从有人类社会以来就存在了。在古代，国内外许多学者、思想家就开始对研究犯罪问题产生了兴趣和责任感，对犯罪的原因及其防范整治进行探索与思考，并留下了一些至今仍闪耀着思想与智慧光辉的观点与论述。

在我国，研究犯罪心理学的历史可以追溯到春秋战国时期甚至更早的夏商周时期。周公旦等人就曾对犯罪的心理原因、犯罪动机等问题提出了自己的观点。针对犯罪问题提出"率之以礼"，"富之，教之，绳之以法"等综合为治的理论和防治制度，即运用预防、惩办、管理、教化等各类手段，多层次、多渠道地防治社会犯罪。西周初期统治者以殷纣滥施酷刑为鉴，确立了"明德慎罚"的法律指导思想和治国方针，所谓"明德"就是崇尚德治，提倡德教，用"忠"、"孝"等道德观念教化百姓，使社会成员的头脑中形成预防犯罪的精神堤坝，有效地遏制犯罪。所谓"慎罚"，指在适用法律与实施刑罚时，保持克制与审慎。春秋战国时期（公元前 770 年—公元前 221 年）又称东周时期，诸多思想家就注重从人性、环境、教育、经济、道德、法律等与犯罪的关系方面分析探讨犯罪心理形成的原因，对如何防治犯罪以及刑事司法制度的改革都有过精辟而深刻的论述。

诸子百家关于人性善恶的论战，实际上就是对犯罪心理形成原因的探讨。孔子认为"性相近也，习相远也"。孟子认为人皆有"恻隐"、"羞恶"、"是非"之心，有些人之所以干坏事，是因为受环境的影响。他说："富岁，子弟多赖；凶岁，子弟多暴。"他还说，欲望的本身并不是恶；只有无穷的欲望，一定会侵犯他人，这才是恶。孟子提倡寡欲，认为这是存心

养性的方法。① 荀子则认为，人生来就有"好利"、"疾恶"、"好声色"的不良本性，只有"师法"，即进行遵守礼义法度的教育，才不会作恶。管仲对经济状况与犯罪心理产生之间的关系提出自己的看法，他说："仓廪实则知礼节，衣食足则知荣辱。"西汉初期，董仲舒也说过"民愁之聊，逃之山林，转为盗贼"，"饱暖思淫欲，饥寒起盗心"。董仲舒并提出了"性三品"说，认为"圣人"天生性善；"斗筲之徒"天生性恶；"中民"则既可为恶，也可为善，关键在于对其是否进行教化和以刑罚威胁。

西晋文学家、思想家傅玄"近朱者赤，近墨者黑"的观点，揭示了人的犯罪心理的形成与恶劣的外部环境及不良人际关系的影响有关。

对于如何预防犯罪，孔子主张用"教化"和"德治"来预防和治理犯罪。他认为"道之以政，齐之以刑，民免而无耻。道之以德，齐之以礼，有耻且格"。董仲舒也认为"教化立而奸邪皆止"。

学者们还强调，司法官在审理案件时，要注意受审人讲话是否从容，气息是否平和，精神是否恍惚，眼神是否有神，从而断定其陈述的真伪和案件的是非曲直。《周礼》中就载有审理案件的"五听"，即五种方法："以五声听狱讼，求民情。一曰辞听，二曰色听，三曰气听，四曰耳听，五曰目听。""五听"实际上是指注重观察和听取对方的陈述，然后对案件作出判断。"五听"的目的是为了正确地实施审案策略。

二、我国犯罪心理学研究的近代历史

尽管我国历史上早就有关于犯罪心理的探讨，犯罪心理学研究的历史比国外要早得多，内容也更为丰富，但并未形成系统的学术思想和体系。直到 20 世纪 30 年代前后，国外的犯罪心理学开始传入中国。当时我国有一些学者翻译出版了一批国外犯罪心理学著作，也有学者撰写出版了自己的犯罪心理学著作。内容有国外青少年犯罪和犯罪心理研究的；就有关理论进行评论的；探讨犯罪心理的研究方法的；对犯罪人心理、行为特点进行实验研究的等。如由张廷健翻译，1927 年由上海商务印书馆出版发行的日本寺田精一所著的《犯罪心理学》。该书的另一个版本是吴景鸿翻译的，1932 年由上海法学编辑社出版发行。当时作为大学用书出版并较有特色的，是王书林翻译、德国学者柏替的《法律心理学》，于 1939 年在长沙商务印书馆出版发行。孙雄出版了《变态行为》。石家庄高级警官学校教官编著了《犯罪心理学教材》。光晟所著述的《犯罪心理学》，是由司法行政部法官训练所编印的，此书是为当时的实际教学需要编写的，它表明那时已要求法官必须具备犯罪心理学的知识。此外还有一些审判心理学、侦查心理学及有关警察选拔的心理测量书籍等。除上述书籍外，我国早期创办的一些心理学杂志上，也发表了一些关于犯罪心理方面的文章：一类文章是属于介绍国外的犯罪和犯罪心理研究的情况的。如 1924 年的《心理》杂志，第三卷二号上所载："青年犯罪之心理"（一）（二）两篇文章，作者是曾作忠和张耀翔，均为著名心理学家。文中阐述了西方各国青少年犯罪的罪种、人数、年龄、性别、心理和行为特征，并对导致犯罪的多种原因和补救方法作了分析和介绍。第二类是理论探讨的文章，多属评介西方有关犯罪和犯罪心理研究中的某些理论或观点。如陈一百"青少年犯罪问题的心理学之基础"，文中对龙勃罗梭的天生犯罪人的学说进行了介绍、评论。第三类文章是关于研究方法的介绍。如王书林在《测验》杂志二卷四期上，详细介绍了"联想反应法"及其在嫌疑人测试中的应用。第四类是对实

---

① 陈雯，李娟，孟庄. 性情论之比较研究[J]. 江西社会科学，2006(6).

际问题的实验研究。如肖孝嵘等的"罪犯情绪态度和个性倾向的实验研究"。该实验采用肖孝嵘自行修订的"情绪品质评定量表"对江苏省第一监狱90多名罪犯进行了测验研究，并将研究结果与守法者作了比较分析。①

这一时期，我国的研究以翻译介绍为主，缺乏自己独立的观点学说。

新中国成立以后，由于种种原因，心理学一度被视为伪科学，学术研究受到影响。20世纪50—70年代中期，我国大陆犯罪心理学一直没有得到重视，这方面的研究几乎是空白，只有中国台湾学者取得了比较有价值的研究成果。直至70年代末，乘着我国改革开放的春风，犯罪心理学才与心理学的其他分支学科一样开始复苏，且在较短的时间内得到了迅猛的发展。我国许多心理学工作者、教育工作者、法学工作者、青少年工作者纷纷加入犯罪心理学研究的行列，进行了大量的犯罪心理研究，翻译出版和撰写出版了几十种犯罪心理学教材和专著以及大量的研究报告和论文。开设犯罪心理学课程的学校最早局限于一些政法院校，但后来扩展到全国各地几百所院校。犯罪心理学迅速成为热门学科，发展之快在心理学各分支学科中处于领先位置。

1980年，由我国学者编写的第一本《犯罪心理学》教材出版；1983年5月在无锡举行了中国心理学会法制心理专业委员会成立大会暨第一次学术会议，标志着我国犯罪心理学的发展进入了一个新的历史时期。从1984年开始，政法、公安等院校陆续开设犯罪心理学课程。并启动培养犯罪心理学硕士、博士。1989年全国监管改造工作会议召开，要求各地监狱重视、开展罪犯心理矫治。1997年中国法学会颁布《犯罪心理的调查报告》。1997年公安部"多参量心理测试(测谎)"技术设备研制成功。2000年，部分监狱开始使用《中国罪犯心理测试——个性分测验》量表。

三、我国犯罪心理学研究的现状与发展方向

我国犯罪心理学发展到今天，在理论研究和应用研究方面都取得了显著的成就，犯罪心理学的研究成果在法制建设和司法实践中也发挥了积极、重要的作用。

在学科建设方面，从1980年第一本《犯罪心理学》教材出版到现在，专家、学者们编著出版了大量犯罪心理学教材和书籍，在学术刊物上发表的论文、研究报告不计其数。在教学与研究过程中，犯罪心理学与相关学科相互借鉴，相互融合，分支学科不断出现。使我国犯罪心理学学术水平不断提高，理论体系逐渐形成。②

在研究队伍方面，改革开放初期，只有少数先行者研究犯罪心理学。而现在，全国公安政法院校从事相关教学的教师、公检法司安等实践部门工作者，以及热心于犯罪心理学研究的学者积极加入到犯罪心理学研究的行列，形成了一支具有一定理论功底、较高学术造诣及实际应用经验的宏大的研究队伍。建立了"中国心理学会法制心理专业委员会"、"中国犯罪学研究会犯罪与矫治心理专业委员会"等学术团体。创办了《法制心理研究》、《青少年犯罪研究》、《青少年犯罪问题》等学术刊物。使犯罪心理学的发展出现了欣欣向荣的景象。

在专业教学和知识普及方面，全国公安政法院校普遍开设了犯罪心理学课程，并且建立了越来越多的硕士和博士研究生点。其他院校也对犯罪心理学有所关注和重视，开设必修课或者选修课，把学习犯罪心理学列入到教学计划当中。街道、社区、中小学校及社会有关部

---

① 高汉声. 本世纪20—40年代我国的犯罪心理学简介[J]. 心理科学进展，1994(2).
② 孙秋杰. 对我国犯罪心理学研究中若干问题的思考[J]. 甘肃政法学院学报，2007：11.

门通过多种方式宣传、讲解犯罪心理学知识，把犯罪心理学科普工作作为防控犯罪和安全教育的重要途径。

在实践应用方面，专家、学者们对违法犯罪青少年心理有关课题的研究、对不同类型犯罪人心理的分析有关课题研究、对侦查过程中的犯罪心理痕迹及犯罪个性的分析有关课题的研究、对审讯心理过程中的测谎心理课题的研究、对警务人员心理素质测查课题的研究，以及犯罪心理的预测预防课题的研究等成果，都为实践部门的工作提供了科学的依据。同时，犯罪心理分析技术、犯罪心理测试技术、犯罪心理测量与矫治等功能正在不断开发。专业工作者应用犯罪心理学理论和方法为社会服务、为实战部门服务效果明显。司法实际部门工作者运用犯罪心理学知识提高工作效率和工作质量的自觉性不断增强。犯罪心理学并为广大人民群众越来越接受和重视。

四、对我国犯罪心理学研究中若干问题的思考

随着社会的发展和法制化步伐的进程加快，我国犯罪心理学的现实意义越来越凸显。犯罪心理学的研究、建设和发展任重而道远。

专家、学者们认为：犯罪心理学作为心理学的一个分支，是运用心理学的理论和方法研究与犯罪有关的心理问题的一门科学。我国已故著名心理学家潘菽一贯强调"心理学基本理论问题的研究是我国心理学强健发展和加快提高的生命线"，因此，不断夯实心理学基础，提高心理学理论水平，是犯罪心理学研究的必要条件，也是犯罪心理学研究者的必备素养。

在此基础上，在犯罪心理学的研究中必须坚持客观性与主观性相统一、社会性与生物性辩证统一、理论与实际相结合的原则，这是犯罪心理学研究的指导思想和科学性原则，是进一步完善犯罪心理学研究方法论和理论体系、使犯罪心理学走向成熟的前提。

犯罪心理学属于应用心理学的范畴。研究并且解决刑事司法实践中与犯罪有关的心理问题是犯罪心理学不可懈怠的首要任务，始终是犯罪心理学研究者努力的方向。

当前，整个社会呈现高速发展的态势，社会矛盾纷繁复杂，犯罪形势不断翻新。与时俱进，从我国国情出发，从社会犯罪实际出发，根据社会发展状态不断拓展新的研究课题和研究领域，是犯罪心理学研究者的历史使命。

第三章　心理学基础知识

心理学已为越来越多的人所了解和重视，它渗透到我们每个人的生活、工作和学习的方方面面，已成为不争的事实。对于司法工作者而言，心理学与我们的司法工作有密切的关系。犯罪心理学作为心理学的一个分支，在学习研究这门科学的时候，掌握心理学的一些基本知识是非常必要的。

第一节　心理的内容与实质

人的心理现象是自然界最复杂、最奇妙的一种现象。人类关于自然和社会方面的各种知识，在认识世界、改造世界方面所取得的一切成就，都是与人的心理的存在和发展分不开的。

一、心理的内容

心理是心理现象或心理活动的简称。

人的心理现象是多种多样的，而各种各样心理现象之间的关系更是十分的复杂。然而，由于心理现象是人们时时刻刻都在发生着的，因此它又是我们每个人都非常熟悉的，只是有些人没有意识到那些就是心理现象而已。

人的心理现象总是发生在一个个具体的人，即个体身上的。这种个体身上所发生的心理现象我们把它称为个体心理。要了解心理的内容，我们不妨从个体心理说起。

现代心理学倾向于把个体心理现象看成是一个异常复杂的系统。概括起来，个体心理可以分为心理动力、心理过程、心理状态和心理特征四个方面。

(一)心理动力

心理动力系统决定着个体对现实世界的认知态度和对活动对象的选择与偏向。它主要包括需要、动机、兴趣、爱好和理想、信念、世界观等心理成分。

人的一切活动，无论是简单的还是复杂的，精神的还是肉体的，都是在某种内部动力的推动下进行的。这种推动人进行活动，并使活动朝向某一目标的内部动力，就是人的活动的动机。例如，一个人希望成为科学家，并以自己的努力为祖国的科学事业作出贡献，这种内部动力会成为推动他学习和工作的动机；一个人希望得到团体承认，并在团体中享有一定的地位，这种内部动力会成为推动他处理各种人际关系的动机。正是因为动机的作用，才使得个体产生行为，促使个体的行为指向一定的对象，并不断调节行为的强度、持续时间和方向，使个体在行为中达到预定的目标。

动机的基础是人类的各种需要。当人的生理或心理状态由于某种不足或过剩，形成失去了安定的不平衡状态，由此产生不快感，而造成一种紧张状态，个体表现出追求安定，以恢复平衡，这种为恢复平衡而对安定的追求，就是需要。需要是个体进行活动的基本动力，是个体积极性的源泉。人有生理的需要，如饥则食、渴则饮等；也有社会的需要，如劳动的需要、人际交往的需要、成就的需要、自尊的需要等。人有物质的需要，如对食物、衣着、住房、交通工具的需要等；也有精神的需要，如认识世界、获得审美享受的需要等。

兴趣是一种对事物进行深入认知的需要，它表现的是人们对某件事物的选择性态度和积极的情绪反映。

爱好是人们力求从事某项活动的需要，它所表现的是人们对某项活动的选择性态度和积极的情绪反映。它们都是需要的具体体现。

理想是一种与生活愿望相结合，并指向于未来的想象。理想与空想相对立，它是一种符合事物发展规律的想象。

信念是对于自然和社会的某种理论原理、思想见解的坚信无疑的看法。

世界观对人的需要进行调节和控制，并由此确定个体对客观世界的总体看法与基本态度。

(二)心理过程

人的心理是一种动态的活动过程。心理过程包括认知过程、情绪情感过程和意志过程。它们从不同的角度能动地反映着客观世界的事物及其关系。

1. 认识过程

认知过程是个体获取知识和运用知识的过程，包括感觉、知觉、记忆、思维和想象等。

人对客观世界的认识开始于感觉与知觉。感觉反映事物的个别属性和特性，而知觉反映事物的整体及其联系与关系。人们通过知觉所获得的知识经验能贮存在人们的头脑中，并在需要时能再现出来，这就是记忆。人不仅能直接感知个别、具体的事物，认识事物的表面联系和关系，还能运用头脑中已有的知识经验去间接地、概括地认识事物，揭露事物之间的本质联系和内在规律，这就是思维。想象则是在客观事物的影响和言语的调节作用下，对人脑中已有的感性形象，经过改组和重新结合而产生新形象的心理过程。

2. 情绪情感过程

人在认识客观世界的时候，不仅反映事物的属性、特征及其联系，还会对事物产生一定的态度，引起满意、喜爱、爱慕、厌恶、憎恨等主观体验，这就是情绪和情感。

情绪和情感是人对客观事物是否符合自己需要而产生的态度体验。凡是符合人的需要的客观事物，就会使人产生积极肯定的情绪，反之则产生消极否定的情绪。例如，事业的成功，朋友的支持，家庭的团聚，会使人感到愉快、兴奋和喜悦；而工作的失利，朋友的讥讽，亲人的争吵，会使人感到沮丧、痛苦和愤怒。可以说，客观事物是情绪体验的客观来源，而人的需要是情绪产生的主观原因。

情绪和情感都是人对客体是否符合自己的需要而产生的体验。情绪是与机体生理需要相联系的体验；情感是与社会性相联系的体验，如责任感、义务感、美感等体验都属于情感。通常，情绪是情感体验的心理活动的具体形式。

3. 意志过程

意志是指人自觉地确定目的，并根据目的来支配自己的行动去克服困难，从而实现预定目的的心理过程。

人不仅能认识世界，对事物产生肯定或否定的情绪，而且能在自己的活动中有目的、有计划地改造世界。这种自觉的能动性，是人和动物的本质区别。心理学把这种自觉地确定目的、并为实现目的而有意识地支配和调节行为的心理过程，叫意志过程。它往往与克服困难相联系，并体现在对行为的发动和制止方面。发动即激励个体去从事达到目的所必需的行为；制止即抑制与预定目的不相符合的行为。正是由于意志的调控作用，人才可能达到预定的目的。

在现实生活中，个体的认知、情绪和意志活动并非彼此孤立进行，而是紧密联系，相互作用着。一方面，人的情绪和意志受认知活动的影响，"知之深，爱之切"，深厚、真挚的情感来源于对人、对事真切、深刻的了解；"知识就是力量"也表明了认知对意志行为的重要影响。另一方面，个体的情绪和意志又对认知活动产生着巨大的影响。积极乐观的情绪、坚强的意志品质能促进人们认知的积极性；相反，消极的情绪、萎靡不振的精神状态会窒息人们认知与创造的热情。再者，情绪与意志也有密切关系。情绪既可以成为意志行为的动力，也可以成为意志行为的阻力，而意志则可以调节和控制自己的情绪。

这里需要特别强调的是，在人的心理过程中还伴随着注意这一特性。注意是心理活动对一定对象的指向和集中。注意是人适应环境、掌握知识、从事实践活动的必要条件，它不是一种独立的心理过程，只是存在于记忆、思维等心理过程中的一种共同特性。

（三）心理状态

在不同的时间内和不同的条件下，人的心理活动具有不同的状态。心理状态就是指心理活动在一段时间里出现的相对稳定的持续状态。心理状态持续的时间可以是几个小时、几天，也可以是几个星期。它既不像心理过程那样变动不居，也不像心理特征那样稳固持久。例如，在感知活动时可能会出现聚精会神或漫不经心的状态；在思维活动中可能会出现灵感或刻板状态；在情绪活动时可能会产生某种心境、激情或应激的状态；在意志活动时可能会出现犹豫或果敢的状态等。事实上，人的心理活动总是在睡眠状态、觉醒状态或注意状态下展开的，这些不同的心理状态体现着主体的心理激活程度和脑功能的活动水平。

在睡眠状态下，脑功能处于抑制状态，心理激活程度极低，人对自己的心理活动（如做梦）意识不到，至少是不能清晰地意识到。从睡眠进入到觉醒以后，人开始能意识到自己的活动，并能有意识地调节自己的行为。觉醒状态是自觉的心理活动必须具备的基本条件，但觉醒状态也有不同的性质和水平，如振奋状态使人的心理活动积极有效，疲惫状态使人的心理活动效能低下；分心状态使人对某种特定的刺激视而不见、听而不闻，应激状态则使人对突发事件作出迅速的反应。一般而言，人们自觉地、清晰地反映客观现实的心理活动，是以注意状态为基础，并由注意状态相伴随。注意作为一种比较紧张、比较积极的心理状态，是意识活动的基本状态，它使人的心理活动指向和集中在一定的对象上，并使人对被注意的事物进行清晰的反映。没有注意的作用，人就无法清晰地认识事物，也无法准确而迅速地完成某种活动。

（四）心理特征

人在通过心理过程和心理状态来反映客观世界的过程中，还会形成各种各样的心理特性，表现出人与人之间的心理差异。心理特征就是人们在认知、情绪和意志活动中形成的那些稳固而经常出现的意识特性，主要包括能力、气质和性格。

能力是人顺利地完成某种活动所必须具备的心理特征，体现着个体活动效率的潜在可能性与现实性。例如，有人观察敏锐精确，有人观察粗枝大叶；有人记忆力强，有人记忆力差；有人思维灵活迅速，有人思维呆板迟钝；有人长于想象，有人善于思考，这些都是能力的差异。能力的差异主要表现在能力的水平和能力的类型上，此外还表现在能力形成的早晚和能力保持的稳定性、持久性等方面。

气质是指表现在人的心理活动和行为的动力方面的特征，如速度与强度的特点、稳定性的特点、指向性的特点等，这些特征一般不受个人活动的目的、动机和内容的影响。人的气质是有差别的，例如，有人比较温柔，有人比较粗暴；有人沉着冷静，有人急躁焦虑；有人情绪比较稳定而内向，有人情绪容易波动而外向。就是这些差别才构成了气质的不同类型。

性格是人对现实的稳固的态度和习惯化的行为方式。在现实生活中，我们可以发现，有人谦虚谨慎，有人骄傲自满；有人积极进取，有人被动退缩；有人坚毅果敢，有人优柔寡断；有人沉着自信，有人怯弱自卑，这些是性格的差异。气质与性格有时也统称为人格。正是这些心理特征，使一个人的心理活动与其他人的心理活动得以区别开来。

在分析个体心理现象时必须看到，人的心理是一个整体。我们将个体心理分为心理动力、心理过程、心理状态、心理特征四个方面，只是为了进行科学研究的分析。事实上，它们是彼此密切联系、不可分割的。第一，心理动力与心理过程是互相作用的。人没有无缘无故的认识、情感和意志，他们的心理过程总是在某种心理动力的推动下进行的。例如，认识的需要会推动人们去探索世界；交往的需要会推动人们去建立各种人际关系，并获得各种各样的，情绪体验。同样，人的需要的产生和发展又依赖于心理过程，一个科学家正是由于认识到自己的工作对造福人类的巨大意义，从而为实现自己的研究设计而奋斗。第二，心理状态和心理特征是在心理过程中形成和表现出来的。如果没有对自己和周围世界的认知、情绪和意志行为，个体的心理状态和心理特征便无法形成，也无从表现。同时，心理过程的进行也受到心理状态和心理特征的影响和制约。例如，心灰意冷的心理状态会使人情绪低落，降低认知和行为的效率；而精神振奋状态会使人的情绪高涨，也影响到认知和行为的效率。第三，心理状态和心理特征也是密切联系的。心理状态既稳定又可变，是介于流动的心理过程与稳固的心理特征之间的一种相对稳定的状态。如果某种心理状态（如粗枝大叶）经常反复出现，并且持续时间愈来愈长，那么这种心理状态就可能转化为个体的心理特征（如粗心大意的人格特征）。当然，心理特征也会影响到心理状态。如内向、顺从的人受到挫折多半会产生内疚、自责等心理状态；而活泼灵活、自信心强的个体面对挫折则往往能泰然处之。

二、心理的实质

(一)心理是脑的机能

心理是脑的机能，脑是心理活动的器官。没有脑的心理，或者说没有脑的思维是不存在的。正常发育的大脑为心理的发展提供了物质基础。人的大脑是最为复杂的物质，是物质发展的最高产物。人的心理是在周围现实的作用下由脑产生的，这已被现代科学所证明。比如，人在睡眠和受麻醉时，心脏的活动没有变异，而精神状态则与平时醒着时大不一样。又比如，当人脑受到损伤时，心理活动就会产生严重的障碍。

心理现象是在动物适应环境的活动过程中，随着神经系统的产生而出现，又是随着神经系统的不断发展和不断完善，才由初级不断发展到高级的。无机物和植物没有心理，没有神经系统的动物也没有心理，只有有了神经系统的动物才有了心理。无脊椎动物的神经系统非常简单，像环节动物(蚯蚓)只有一条简单的神经链，它们只具有某种感觉器官，只能认识事物的个别属性，在它们身上只有感觉的心理现象；脊椎动物有了脊髓和大脑，它们有了各种感觉器官，能够认识到整个事物而不只是事物的个别属性，即有了知觉的心理现象；灵长类动物，像猩猩、猴子，大脑有了相当高度的发展，它们能够认识事物的外部联系，有了思维的萌芽，但是还不能认识到事物的本质和事物之间的内部联系。只有到了人类，才有了思维，有了意识。人的心理是心理发展的最高阶段，因为人的大脑是最复杂的物质，是神经系统发展的最高产物。所以，从心理现象的产生和发展的过程，也说明了心理是神经系统、大脑活动的结果，神经系统，特别是大脑，是从事心理活动的器官。

脑是心理活动的器官，人们获得这一正确的认识经历了几千年。现在，这一论断得到了人们生活的经验、临床的事实以及对心理发生和发展过程、脑解剖、生理的科学研究所获得的大量资料的证明。以致今天"心理是脑的机能"这一论断对大家来说已经是一种常识性的知识了。

临床发现，绝大多数用右手劳动为主的成年人，如果大脑的左侧半球中央前回底部损伤就会导致"运动失语症"，病人可以看懂文字与听懂别人的谈话，但自己却不会说话，虽然病人发音器官正常，就是不能口头上用"词"来表达自己的思想。

如果损伤大脑额中回后部，接近中央前回手部代表区的部位，就会导致"失写症"。病人可以听懂别人的谈话，看懂文字，自己也会讲话，但不会书写。虽然病人的手部其他运动正常，却不能写字。

如果损伤了大脑颞（音"聂"，头颅两侧靠近耳朵的部分）上回后部，就会导致"感觉失语症"，病人可以讲话及书写，也可能看懂文字，但听不懂别人的谈话。在这种情况下，病人能听到别人的发音，就是不懂它的含义，病人可以模仿别人的讲话，但回答不出别人提出的问题。

如果大脑角回受损伤，就会导致"失读症"，病人看不懂文字的含义，但其视觉却是良好的，其他语言活动仍健全。

所有这些都表明：人的大脑两半球是人的心理器官，人的大脑受到损伤，人们的心理活动就会产生一定的障碍。人的心理是脑的产物。

在脑损伤的病例中，与人格关系最为密切的是额叶损伤。严重的外伤、中风以及某些外科手术，如额叶白质切除手术，均可造成额叶的损伤。所谓额叶白质切除手术，即切除连接额叶和其他始脑区之间的神经纤维，是由葡萄牙医生埃加斯·莫尼斯发明的，原用来治疗某些情绪方面的疾病。该手术曾经非常盛行，曾有超过35000人接受过该手术的治疗。起初，人们认为这项手术几乎没有副作用，但随着时间的推移，人们发现，手术虽然对人的视觉、听觉、触觉等没有什么严重的影响，但却可能使病人的脾气、秉性、待人接物的方式、看待周围事物的态度等发生巨大的变化。

额叶损伤以后，病人通常无法集中注意力，行为支离破碎、不连贯，创造力的火花熄灭了，他们很难对将来作出计划和安排，无法完成有组织、有目的的复杂任务，难以对自己作出恰当的评价，适应新环境对他们来说显得非常困难。他们做事时总是很缓慢，即使对那些只遭受了中度或轻微损伤的病人而言，穿好衣服，或者去商店买些简单的用品可能也要花上他们几个小时的时间。他们可能非常固执，并且伴有明显的强迫性行为，如有的病人在写信时可能会机械地重复同一个段落，一行接一行，一页接一页地写下去，似乎永远也写不完。额叶损伤也可能会导致性欲和食欲的改变，例如有些病人变得非常贪吃，食量可以比原来增大两至三倍，还有些病人可能喜欢吃烟头等毫无营养的东西，或者大量地喝水。

额叶损伤的病人通常可能会表现出两类极端的人格。一类是情绪多变、易怒、异常兴奋，难以控制自己的冲动，表现出极强的攻击性。他们可能会变得非常放纵，喜欢滔滔不绝地讲话，但他们的谈话通常很不得体，而且丝毫不考虑这些话对别人的影响以及可能给他们自己带来的不良后果。例如，如果病人在街上看到一个很胖的陌生人，他就会兴奋地与人家打招呼："嘿，胖子!"然后大谈特谈人家的饮食习惯，让人非常反感。这类病人似乎总是很容易被周围的环境所影响，他们可能会买一些自己负担不起的东西，可能会在自己缺钱时把钱借给别人。在遭受严重的损伤之后，病人可能在一段时期内非常冲动，大喊大叫、唱歌、长篇大论地演讲。例如有一个病人总是在房间里唱个不停，当医生给他做检查时，他也是唱着回答医生的问话。病人的行为还可能非常粗鲁，会破坏家具、撕毁衣物，甚至会殴打医生、护士。曾经有一个病人因为不喜欢病友放的音乐，就把对方的收音机从窗户扔了出去。总之，他们说话、做事好像非常缺乏自我控制。

另一类病人的表现恰恰与前者相反，他们通常极度地冷漠，对什么都漠不关心、毫无兴趣，不在乎自己的衣着、举止，做事马马虎虎，生活近乎一片空白。这类病人通常嗜睡，即使天塌下来也很难让他们起床。他们的记忆力、注意力都受到了不同程度的损害，但他们不在乎自己能力上的缺陷，而且经常否认自己有病。曾经有一位病人，原是一个健谈、乐观的人，喜欢参加社交活动，有许多朋友，被公认为魅力无穷。但自从左额叶受损后，他变得非常安静、孤僻，每天只是坐着抽烟，而且不承认自己有病。又如一项动物研究发现，一个非常活跃、富有统治力量的猴王在遭受严重的额叶损伤后变得安静、冷漠，它似乎对周围的一切都失去了兴趣，也不能再与其他猴子嬉戏玩闹，昔日的美好时光已是流水落花了。

(二)心理是对客观存在的主观、能动反映

前面我们说，心理是人脑特有的属性，人脑是心理的物质基础。但把握心理的实质仅仅停留在这个认识上是远远不够的。还必须认识到，心理是对客观存在的主观、能动反映。

健全的大脑给心理现象的产生提供了物质基础，但大脑只是从事心理活动的器官，可以反映外界事物产生心理的机能，但心理并不是大脑本身所固有的。心理现象是客观事物作用于人的感觉器官，通过大脑活动而产生的。所以，客观现实是心理的源泉和内容。离开客观现实来考察人的心理，心理就变成了无源之水，无本之木。对人来说，客观现实既包括自然界，也包括人类社会，还包括人类自己。

心理是对客观存在的主观、能动反映，包括三方面的含义：

(1)心理并不是大脑天生、固有的产物，也不是大脑自动产生的东西，而是客观世界在人脑中的反映。人固然有大脑，但如果没有同客观世界接触，就不会产生心理。客观现实是人的心理活动内容的源泉，人脑产生心理现象是离不开客观现实的。人的大脑好像是个"加工厂"，客观现实便是原材料，人的心理活动，不论简单还是复杂，其内容都来源于客观存在的事物。我们的知觉、表象的映像是客观事物在脑中的复写、摄影与镜像。因此，一个同客观世界根本绝缘的人，是不能产生人的心理活动的。

心理是大脑活动的结果，却不是大脑活动的产品。因为心理是一种主观映像，这种主观映像可以是事物的形象，也可以是概念，甚至可以是体验。它是主观的，而不是物质的。从这个角度来说，应该把心理和物质对立起来，不能混淆，否则便会犯唯心主义或庸俗唯物主义的错误。

(2)人的心理对客观世界的反映并不是被动的，而是一种积极的、能动的反映。因为，人脑作为高度组织起来的物质，心理的反映不是镜子式的反映，而是能动的反映。它不是像镜子照映物体那样死板地、直接地、机械地反映事物的表面现象，而是借助语言这一复杂的代码，系统地、间接地、深入地反映过去、现在和未来的事物，掌握事物的本质和规律。因此，通过心理活动不仅能认识事物的外部现象，还能认识到事物的本质和事物之间的内在联系，并用这种认识来指导人的实践活动，改造客观世界。

（3）人的心理是主观的反映，而不是客观的原型。一个人对现实世界的反映往往是同他在长期实践中所形成的个性特点、知识经验、世界观等相联系的，也都是同他当时的心理状态相联系的。客观世界不依人的心理、意识而存在，而人们对同一客观现实的反映却依个人的知识经验、个性特点等不同而有差异。因此我们说，人的心理是客观世界的主观映像。

当然，说人的心理是客观世界的主观映像，并不是对人的心理的客观性的否定，也并不是说人的心理是对客观现实的主观臆测或任意附加，而只是说人在反映客观事物的时候，总是通过具体人实现的，总是带有个人的特点。

（三）人的心理是在社会生活实践中发生和发展的

人脑是心理产生的物质器官，客观存在是人的心理产生的源泉，心理是客观现实在人脑中的反映。而心理的内容必须从客观存在的自然环境与人的社会生活实践中来，社会生活实践对人的心理起制约作用。也就是说，没有人的社会生活实践，仅有健全的大脑，还无法对客观现实进行主观、能动反映，也不会产生正常的人的心理。与世隔绝的生物的人、狼孩、熊孩等，就不可能具有人的心理。

20世纪20年代，印度发现了两个狼孩，即让狼叼走养大的孩子。他们有健全的人的大脑，但是，他们脱离了人类社会，是在狼群里长大的。他们只具有狼的本性，而不具备人的心理。所以，心理也是社会的产物，离开了人类社会，即使有人的大脑，也不能自发地产生人的心理。

日本侵略中国时，山东人刘连仁被当作劳工抓往日本，他因为忍受不了牛马生活和毒打折磨，毅然逃进了深山老林，足足过了十多年的野人生活。由于他昼伏夜出，完全与世隔绝，结果智力减退，精神不正常，就连语言也差不多忘光了，并失去了作为人的一些习性。1958年他从日本回到祖国时，心理状态已经很不正常。在现实社会环境中又经历了相当长的适应过程后，才逐渐地恢复了正常人的心理状态。

人的心理作为对客观现实的反映，是通过感觉器官和人的大脑而产生的。人总是在实践着、活动着的。人的一切心理活动，一切反映形式都是在实践活动中，在劳动、学习、游戏中，在同别人交往中发生和发展的。人的心理、人的对客观事物的反映，是在实践活动的要求下产生的。而人对外界的反映、认识的加深与提高也是实践深化的结果。人是在改造外界的同时改变着自身、改变着自己对客观事物的反映的。

心理现象既是脑的机能，又受社会的制约，是自然和社会相结合的产物。因此，只有从自然和社会两个方面进行研究，才能揭示心理的实质和规律。所以，研究心理现象的心理学应该是一门自然科学和社会科学相结合的中间科学。研究心理现象的生理机制是自然科学的任务，研究社会对心理活动的制约又是社会科学的任务。一个心理学家，如果他从自然科学的角度去研究心理现象，他就是一个自然科学家；如果他从社会科学的角度研究心理现象，他就是一个社会科学家。但就心理学而言，它是一门中间科学或边缘科学。

（四）人的心理通过行为表现出来

心理是大脑的功能，是通过实践活动对客观现实的主观、能动的反映。客观存在和实践活动，尤其是人类社会的生活环境是人的心理产生和发展的决定性因素，也是人脑形成与发展的主要推动力。

心理是脑的机能，任何心理活动都产生于脑，即心理活动是脑的高级机能的表现；心理是对客观现实的反映，即所有心理活动的内容都来源于外界环境；心理是外界事物在脑中的主观能动的反映。

人的心理是一种精神活动现象，其作用对象是头脑中的观念。它不具有任何形体，人们无法对它进行直接的观察与操作。心理是在人的大脑中产生的客观事物的映像，这种映像本身从外部是看不见也摸不着的。但是，个体的心理活动与其行为反应之间有着密切的联系，通过对行为的直接观察与科学分析，可以间接地推断人的心理活动的性质与水平。一方面心理支配人的行为活动，另一方面心理又通过行为活动表现出来。因此，可以通过观察和分析人的行为活动客观地研究人的心理。

行为是有机体的反应系统，它由一系列反应动作和活动构成。例如，吃饭、穿衣、散步、书写、娱乐等都是人的行为，这些行为都包含了较复杂的反应成分，从而组成了各种特定的反应系统。任何行为的产生都不会是无缘无故的，总是在一定的情况下产生的。引起行为的各种因素叫刺激，刺激既可以是来自于外部的物质世界或社会环境，也可以是来自于内部的生理与心理因素。在人类行为中，语言刺激具有特别重要的意义。个体通过语言发布命令，既可支配别人的行为，也可进行自我调节，使自己的行为服从于预定的目的。虽然行为不同于心理，但和心理又有着密切的联系。引起行为的刺激常常是通过心理的中介而起作用的。没有人对光线、声音、气味的感觉，就不会有对光线、声音、气味的反应。人的行为的复杂性是由心理活动的复杂性引起的。同一刺激可能引起不同的反应，不同刺激也可能引起相同的反应，其原因就在于人有丰富的主观世界。人总是以自己的主观精神世界去处理各种刺激，然后作出恰当的行为反应。同时，心理也要通过行为得以表现。一个人的视觉和听觉能力，是通过他对微弱光线和声音的反应表现出来的；一个人的记忆，是通过它运用知识的活动表现出来的；一个人的情绪，是通过面部和姿势表情表现出来的。可以说，行为在很大程度上是内部心理活动的外部表现，心理则是用来支配和调节行为的精神活动。由于心理与行为有着密切的对应关系，我们就不仅可以根据所给予的刺激来预测心理现象，也可以根据所表现出来的行为来推测心理活动。因此，心理学家在研究心理现象时，往往要客观地观察和测量人的行为，并通过探讨心理与行为的关系，来全面准确理解人的心理活动及其规律。从这个意义上讲，心理学有时也可以叫做行为科学，即通过对行为的客观记录、分析和测量来揭示人的心理现象的规律性。

（五）人的心理活动包括意识和无意识两个部分

人和动物都有心理，但人的心理不同于动物的心理，它具有意识的特点。所谓意识，就是能为个体所清晰觉察的心理活动。意识是人的精神生活的重要特征，也是人的心理活动的主导方面。正是因为人具有意识，人才能够觉察到作用于感官的外部世界，人才能够认识客观事物的特征及其联系，并能动地去改造客观世界；人也才能够觉察到自己的主观世界，明确自己的行为动机和内心需要，了解自己的认知过程及情绪状态，知道自己的心理特征和行为特点。由于人具有意识，因而人不仅能够认识事物、评价事物、认识自身、评价自身，而且能够实现对环境和自身的能动的改造。

但是，人的心理除有意识外，还存在无意识现象。它是人们在正常情况下觉察不到，也不能自觉调节和控制的心理现象。无意识成分是指那些在通常情况下根本不会进入意识层面的东西，比如，内心深处被压抑而无从意识到的欲望、秘密的想法和恐惧等。主要的无意识情况有：(1)确实没有意识到，如视而不见，听而未闻；(2)曾有所意识但没有与别的意识片段联系起来，因而一过去就丧失了；(3)对个别情况的意识被组织在一较大片段的意识活动中而没有特别显示出其存在。人在梦境中产生的心理现象，完全是在无意识的情况下出现的。人们不能预先计划梦境的内容，也无法支配梦境的进程。在多数情况下，人们也难以回忆梦境的内容。人在清醒的时候，有些心理现象也是无意识的。例如，我们能够意识到自已看见和听见了什么，但对视觉和听觉的过程却意识不到。外界有些刺激(如低于16赫兹的次声)能影响人的机体状态和心理，但人们也不能意识到它的存在。某些动作方式起初可能受意识调节，但在它们成为习惯之后，便可能转化为无意识现象。偶尔，无意识中的一些东西也会闯入意识，如口误、笔误，往往会把个体无意识的欲望泄露出来。总之，无意识也是人的心理活动，它对人的行为也有一定的作用。在人的日常生活、学习和工作中，意识和无意识是紧密联系的。意识是人的精神生活的重要特征，无意识也是人精神生活的一部分。

第二节　心理学的过去和现在

一、心理学产生的哲学背景

心理学是一门古老而又年轻的学科。在心理学成为独立学科以前，有关"心灵"、"意识"和"人生"等心理学问题，一直是古代哲学家、教育家、文学艺术家和医生们共同关心的问题。我国先秦时期的著名思想家孔子、孟子、荀况等，都探讨过人性的本质，在人性和环境的相互关系问题上，有过一系列精辟的论断，对我国古代教育思想和心理学思想的发展，作出过重要的贡献。

在欧洲，心理学的历史可追溯到古希腊亚里士多德的时代。亚里士多德对灵魂的实质、灵魂与身体的关系、灵魂的种类与功能等曾进行过深入的理论探讨。他认为心理功能可以分为认知功能和动求功能。在他看来，认知功能指感觉、意象、记忆、思维等。外物作用于各种不同的感官产生感觉和意象。简单的意象构成经验，从经验抽出概念，构成原理，就是思维。在感觉与思维之间，意象具有重要作用。他说"灵魂不能无意象而思维"，思维所用的概念是由意象产生的。动求功能包括情感、欲望、意志、动作等过程。自由而不受阻碍的活动会产生愉快的情感，这种情感有积极的作用。相反，活动受到阻碍将引起不愉快的情感，它的作用是消极的。亚里士多德的这些思想影响到后来心理学的发展，对当代的心理学思潮也有重要的影响。但对心理学的发展有着直接影响的哲学思潮是法国17世纪的唯理论和英国17、18世纪的经验论。

(一)唯理论

唯理论的著名代表是法国的哲学家和科学家笛卡儿(R. Descartes)。因笛卡儿只相信理性的真实性，认为只有理性才是真理的唯一来源，所以他的哲学被称为唯理论哲学。从这方面看，他的思想本质是唯心主义的。但是，作为一个自然科学家，笛卡儿在讨论许多具体问题时，又表现了唯物主义的倾向。例如，在身心关系的问题上，他承认灵魂与身体有密切的关系，认为某些心理现象如感知觉、想象以及某些情绪活动，都离不开身体的活动。他还最早用反射概念来解释动物的行为和人的某些无意识的简单行为。但是，他认为用身体的原因尚不足以解释全部的心理活动，为了引起心理活动，还必须有灵魂的参与。这样，笛卡儿就把统一的心理现象分成了两个方面，其中一个方面依赖于身体组织，而另一方面是独立于身体组织之外的，因而陷入了二元论的错误。笛卡儿还相信"天赋观念"，即人的某些观念不是由经验产生，而是由人的先天组织所赋予的。笛卡儿关于身心关系的思想推动了对动物和人体作解剖学和生理学的研究，这和现代心理学的诞生有直接的关系。他对理性和天赋观念的重视，对现代心理学的理论发展也有重要的影响。

（二）经验论

经验论的早期代表是 17 世纪英国哲学家洛克（J. Locke）。他被公认为经验主义哲学的奠基人。洛克坚决反对笛卡儿的"天赋观念"。在他看来，人的心灵最初像一张白纸，没有任何观念。一切知识和观念都是后天从经验中获得的。洛克把经验分成外部经验与内部经验两种。外部经验叫感觉，它的源泉是客观的物质世界。内部经验叫反省，它是人们对自己内部活动的观察。洛克重视外部经验，承认客观的物质世界是外部感觉的源泉，这是唯物的；但他同时认为反省和感觉一样，是观念的独立源泉，他的思想又摇摆到唯心主义的方面去了。

18 世纪英国经验主义循着两个对立的方向继续发展。哲学家哈特莱（Hartley）等发展了洛克思想中的唯物主义方面，他强调感觉在认识世界中的作用，并且认为客观世界是它的源泉。哲学家贝克莱（Beakeley）和休漠（Hume）则继承和发展了洛克思想中的唯心主义方面。贝克莱只承认感觉经验的真实性，而否认客观世界的存在。在他看来，"存在就是被感知"，不仅观念是感觉的复合，而且物体也是感觉的复合。感觉一旦消失，物体也就消失了。感觉不是依赖于物体而存在，相反物体的存在由感觉经验决定。

英国经验主义演变到 18—19 世纪，形成了联想主义的思潮。代表人物主要有詹姆士·穆勒（James Mill）和约翰穆勒（John Mill）父子。他们用联想的原则来解释全部心理活动，认为人的一切复杂观念是由简单观念借助联想而形成的。例如，砖头的观念借联想而形成墙壁的观念，泥灰的观念借联想而形成地面的观念，玻璃、木条的观念借联想而形成窗户的观念；而墙壁、地面和窗户的观念再借助联想而形成房屋的观念等。人的心理世界就是由种种观念借助联想的原则而构建起来的。

唯理论与经验论的斗争一直持续到现代，并表现在现代心理学不同理论派别的此消彼长的过程中，而联想主义哲学思潮的兴起，对现代学习、记忆和思维心理学的理论产生了深远的影响。

二、西方心理学的理论流派及代表人物

心理学的创始者是德国的哲学家、生理学家冯特（W. Wundt，1823—1920 年），冯特 1879 年在德国莱比锡大学创建了世界上第一个心理学实验室，开始对心理现象进行系统的科学的实验研究。在心理学史上，人们把这个实验室的建立，看作是心理学脱离哲学的怀抱并成为独立学科的标志。但是在心理学独立之初的 19 世纪末到 20 世纪二三十年代，心理学中派别林立，不同学派的心理学家在理论和实践上都存在着尖锐的分歧。

（一）冯特的内容心理学

冯特的内容心理学的研究对象是人的直接经验。所谓直接经验就是人在具体的心理过程中可以直接经验到的，如感觉，知觉、情感等。不过，冯特这里研究的并不是感觉、知觉心理活动的本身，而是感觉或知觉到的心理内容，即感觉到了什么，知觉到了什么。冯特认为，人的这种直接经验（心理或意识）是可以进行分析的。心理被分析到最后不能再分析的成分，则为心理元素，即为心理构成的最小单位。而人的心理，就是通过联想或统觉才把这些心理元素综合为人的直接经验的，因此，冯特以为，心理学的任务就是在于分析出心理元素并发现这些元素复合成复杂的观念的原理与规律。

由于冯特的内容心理学注重研究的是人的内在的意识，因此，它的研究方法主要是"自我观察"，"自我体验"的实验内省法。

冯特的内容心理学，从实质上看，他的心理学体系基本上只是对 19 世纪中叶以前欧洲

心理学成就的一个全面的历史总结。他的心理学体系的主要倾向还是停留在当时英国的以及德国的一些经验论、统觉说的传统的心理思想上，而并无整体上的对传统的较大突破。而且，冯特的心理体系的指导思想基本上是唯心主义的。所以，冯特的功绩并不在于他的内容心理学本身，而在于他为心理科学作出的那些不朽的贡献，一是创建了世界第一个心理实验室，使心理学从数千年来附属于其他学科的状态彻底地分离、独立出来；二是总结、创立了一门崭新的心理学——实验心理学；三是利用创建的心理实验室，培养了一支国际心理学专业队伍，有力地推动了各国心理学的建设和发展。为此，正如美国著名心理学家赫尔在一次大学的演讲中所说的："冯特到任何时候都将作为伟大的里程碑而永垂不朽。"

(二)布伦塔诺的意动心理学派

布伦塔诺的意动心理学派，与冯特的内容心理学有根本区别。它反对心理学只研究心理内容，而主张心理学应研究心理活动的本身。心理的活动又叫意动。对于心理的内容与意动的区别，意动心理学派是这样解释的：我们看见一朵花，花的印象即为"内容"，看见即为"意动"；我们听一支歌，歌的印象为内容，听则为意动。布伦塔诺认为，内容属于物理现象，如花的印象是一种"光波"的刺激，歌声是一种"声波"的刺激，所以，内容是物理学研究的对象，只有意动才是心理学研究的对象。

意动心理学将心理活动分为三类：(1)表象活动；(2)判断活动；(3)爱情活动。而且，它特别强调对意动进行动态、整体指向和活动机能的研究。因此，布伦塔诺被视为是心理学机能主义倾向较早的代表。

在心理研究方法上，布伦塔诺的意动心理学与内容心理学相似，也赞同用内省法。他们的研究对象实际上都是不可感知的内在"意识"，只不过一个偏重于对意识的内容的研究，一个偏重于对意识的活动的研究，仅此不同而已。

(三)铁钦纳的构造主义心理学派

铁钦纳的构造主义心理学派，实际上是冯特的内容心理学发展的极端化的表现。它主要强调心理学应对意识构造(从属经验)进行研究，强调任何复杂的心理现象都是由分析元素组合成的。如一个苹果是由"圆形的"、"红色的"、"硬的"、"凉的"等感觉元素组合成的，故称之为构造主义学派。

构造主义心理学派的研究方法是实验内省法。不过，它一般只注意感受方面，对人的动作的研究也只是从感受方面去分析，如观察在动作进行时有什么感觉、意象等，而不去注意人的动作在客观上产生什么作用。故这种实验法明显与实际生活相脱离。

铁钦纳的构造心理学与冯特的内容心理学在一些具体观点上存在差异。冯特讲统觉，认为注意是一种心理过程，铁钦纳不讲统觉，而用注意代替统觉这个概念，认为注意是一种心理状态；冯特把心理现象分析为感觉和简单的感情两种元素，铁钦纳则把它分析为感觉、意象和简单感情三种元素；冯特认为感情包括愉快和不愉快、激动和沉静、紧张和松弛，而铁钦纳认为感情只有愉快和不愉快；冯特认为每个心理元素都有两种基本属性，即性质和强度，铁钦纳则认为心理元素的基本属性除性质和强度外，还有持久性、清晰性、广延性等。因此，铁钦纳的构造主义心理学与冯特的内容心理学并不完全是一回事。

该学派的不足是把心理学研究的一切对象都归结为经验，忽视物质的第一性作用，并基本上不承认意识是人脑对客观现实的反应。但是，构造主义心理学派作为一个独立的心理学派，为新兴的心理学提供了丰富的符合实际的实验材料，并在它所兴盛的二三十年期间里，通过与机能主义心理学派的激烈论战，极大地促进了西方心理学派的兴起和美国心理学的发展。

(四)詹姆士的机能主义心理学派

机能主义心理学派的创始人是美国著名心理学家詹姆士(W. Janes)，其代表人物还有杜威(J. Dewey)等人。机能心理学也主张研究意识，但他们不把意识看成是个别心理元素的集合，而把意识看成是一个川流不息的过程。意识的作用就是使有机体适应环境。如果说构造主义强调意识的构成成分，那么机能主义则强调意识的作用与功能。以思维为例，构造主义关心什么是思维，思维由哪些成分构成；而机能主义则关心思维在人类适应行为中有什么样的作用。机能主义的这一特点，推动了美国心理学面向实际生活的发展道路。

詹姆士的机能主义心理学派，主要也是在与构造主义心理学派的激烈论战中形成并发展起来的。他们对立的焦点，就是在于构造主义把人的心理视为一个可以绝缘于外界的独立的经验世界；而机能主义则力求把人的心理视为一种生物适应工具。因此，机能主义主要研究的是作为生物适应工具的心理(意识)的机能或功用，反对构造主义把意识分析为元素，关心心理的效用而不注意内容，重视心理学在实际中的应用，主张把心理学的研究范围扩大到动物、儿童、变态、个性差异以及一切可能的心理领域，而不仅仅局限于一般成人的心理研究。在方法上，机能主义与构造主义也不一样，机能主义主要是采用了发生学的观点和客观观察法、实验法等。

机能主义心理学自1898年产生以后，影响深远。它渗透到几乎一切心理研究领域，广泛地影响着美国心理学的发展，并自此后始终成为美国心理学发展的主要倾向。虽然，机能主义心理学派后来也趋解体。但与其说是解体，不如说它在美国取得了全面的决定性的胜利，这种胜利已达到了这样的一个高度，即它不再需要保持一个狭隘的学派的阵容来维持这种影响。后来相继产生的行为主义心理学和认知心理学，可以说是机能主义生命的进一步的延续。

(五)华生的行为主义心理学派

华生的行为主义学派是针对冯特学派理论的不足而在美国进行的一场比较彻底的心理学革命，它一反传统心理学的对人的意识的研究，主张心理学不应只是研究脑中的那种无形的像"鬼火"一样不可捉摸的东西——意识，而应去研究那种从人的意识中折射出来的看得见、摸得着的客观东西——行为。他们认为，行为，就是有机体用以适应环境变化的各种身体反应的组合，这些反应不外是肌肉收缩和腺体分泌，它们有的表现在身体外部，有的隐藏在身体内部，强度有大有小。而具体的行为取决于具体的刺激。故他们把 S—R(刺激—反应)作为解释人的一切行为的公式。行为主义者认为，心理学的任务就在于发现刺激与反应之间的规律性联系，这样就能根据刺激而推知反应，反过来又可通过反应推知刺激，从而达到预测和控制行为的目的。行为主义的方法，采用的是客观观察法，条件反射法、言语报告法和测验法，而摈弃了传统心理学的内省法。

行为主义心理学在20世纪20年代达到最高峰，而从20年代到50年代，行为主义一直统治着美国心理学前后达整整三十年，美国的实验心理学的巨大进步主要有赖于行为主义的影响，行为主义的对人的行为进行预测和控制的观点，极大地促进了应用心理学的发展，甚至促使形成了一门新的科学——行为科学。该学派的不足之处，是把人的一切心理活动都统称之为行为，并片面强调了环境决定论，否认意识、脑、神经中枢的作用，将人的复杂心理简单化，绝对化。总之，行为主义心理学相区别于其他学派的根本之处，就是否认人的意识，而以行为作为心理学的研究对象，这也即是行为主义的根本特点。

(六)威特曼的格式塔学派

威特曼的格式塔学派是在冯特本国因反对冯特的构造主义而产生的一大学派。"格式塔"这一古怪的名称，是对形状、完形、整体等意思的德文"Gestalt"的译音。格式塔心理学派最初是从感知觉的运动似动现象研究起的，且它以后的研究范围，基本上都还停留在感知觉的范围。格式塔心理学既反对冯特把心理现象分析为各个元素，也反对行为主义的"刺激—反应"的"S—R"公式。他们认为，任何一个心理现象都是一个完整的整体。整体具有特殊的内在规律的完整的历程，具有具体的整体原则的结构。整体并不简单地等于各部分的总和。他们有一句名言："整体总比部分相加还要多。"比如，把许多单个的音符放在一起，从它们的组合中会出现新东西(一支曲调)，这种新东西不存在于任何个别的音符中；把四根线段组成一个正方形，它就已是具有一种新的性质的新的形式，它的含义比四根线段本身的含义多得多。格式塔学派所采用的研究方法是自然观察法。

格式塔心理学派强调整体的观点，重视各部分之间的综合，这对心理学研究很有贡献。但美中不足的是，它的研究只局限于感知觉的领域，另外，格式塔的一些原则究竟是否能适用于心理学全体，还有待进一步探究。这一学派在30年代达到高峰。

(七)弗洛伊德的精神分析学派

弗洛伊德的精神分析学派在各大心理学派中可谓独树一帜。它不像其他学派那样几乎全都是在大学学术机关的象牙宝塔中形成，也不像其他学派那样都是对人的正常心理的研究，更不像其他学派那样，相互之间都有着直接的千丝万缕的联系，唯精神分析学派是弗洛伊德在对人的病态心理的毕生精神医疗实践中经过无数次的总结、积累而逐渐形成的。因此，它并不同于其他学派，一开始就鲜明地反对什么，赞同什么。它对传统的心理学课题，如意识、感知觉、注意等不感兴趣，它主要着重于精神分析和治疗，并由此提出了人的心理和人格的新的独特的解释。它认为，人内心的生物方面的冲动是人的个体复杂生存活动和传宗接代的种族生存的主导驱动力。弗洛伊德认为，外部的一些社会伦理道德的要求在一定程度上约束了人的这种原始冲动的自由表现。所以，弗洛伊德进一步认为，人的心理可以分成两部分，一部分是意识，另一部分是潜意识(无意识)。意识包括个人现在意识到的和现在虽意识不到但却可以记忆的。无意识是不能被本人意识到的，它包括原始的盲目冲动、各种本能以及出生后被压抑的欲望。无意识的东西并不会因压抑而消失，它还存在并伺机改头换面而表现出来，有时会在梦中表现出来。这就是精神分析理论。虽然，后来由弗洛伊德的一些学生发展形成了新弗洛伊德主义，但大体仍未改变、只不过是不再那么强调本能的性冲动，而开始重视人和人之间的关系的社会因素。

弗洛伊德精神分析学说的最大特点，就是强调人的本能的、情欲的、自然性的一面。它首次阐述了无意识的作用，肯定了非理性因素在行为中的作用，开辟了潜意识研究的新领域；它重视人格的研究，重视心理应用，在精神病治疗方面，不仅提供了一整套治疗的理论和方法，而且当为现代医学心理学之先声；而且，精神分析理论还在艺术创造、教育及其他人文科学方面得到了广泛的应用。弗洛伊德学说的消极方面，主要表现在它过分夸大了人的自然性而贬低了人的社会性；他的泛性论基本上是非科学的，而他的精神分析学说因把精神提高到了物质之上，故基本上是唯心主义的。

(八)皮亚杰学派

皮亚杰学派的心理理论，主要研究儿童的认知活动、探索智慧的结构和机能及其形成发展的规律。他们认为，人类智慧的本质就是适应，而适应主要是因为有机体内的同化和异化两种机能的协调，从而才使得有机体与环境取得了平衡的结果。皮亚杰心理学理论的核心，是"发生认识论"。这一理论主要就是从纵向来研究人的各种认知的起源以及不同层次的发展形式的规律。在皮亚杰学派以前的各个学派，都是停留在成人正常的意识或病态的意识以及行为的横断面的研究上，而从未由儿童开始纵向地全面地发展地去考察、去研究人类的智慧的发生发展规律。因此，皮亚杰学说对心理的研究，不能不说是心理史上的一个空前创举，它丰富和发展了科学的认识论，拓展了心理学研究的领域，促进了儿童心理学和认知心理学的发展。同时，并对其他一些学科如认识论、逻辑学、语言学和教育学等产生有很大的影响。皮亚杰心理学派的研究方法主要是采用自然谈话法、临床谈话——观察法、量表测验法等。皮亚杰学派存在的不足，主要表现在它对人的社会性和实践性活动重视不够，对环境特别是教育的作用估计偏低，对智慧的结构化有些牵强武断，其基本理论仍未跳出唯心主义的圈子。

（九）马斯洛的人本主义学派

马斯洛的人本主义心理学派主要是从人的内在价值、人的尊严以及创造力和自我实现等积极的心理品质与特征的角度去着手研究人的心理。它反对行为主义只把人视为一个只会对刺激作出反应的机器，也反对弗洛伊德主义的只注重人的心理的黑暗方面，即人的"病态"心理方面的研究。所以，在当时人本主义曾自称为"第三阵营"。人本主义心理学的理论核心是"自我实现论"。这一理论认为，人的机体内部都存在有一种维持和增强机体、发展自身的心理潜能。而这种心理潜能总存在着一种要发泄并尽其所能的倾向。人本主义主要就是要揭示人的这种心理潜能尽其所能的倾向和规律，充分地实现人的内在价值。而对这一研究所采用的方法主要是自省法、观察法、个案法等方法。

人本主义强调研究人的本质特性、研究人的尊严，价值、潜能，创造力和自我实现，重视人的内在价值的实现，这无疑是有着一定的积极意义的。这对于心理治疗、教学改革、管理训练等也都有一定的影响作用。但不足的是，它在"个体"与"社会"之间有失偏颇，忽视了人的社会性的本质，且在需要论和自我实现论中渗透着机械论和个人本位主义的思想倾向。

（十）奈瑟的认知心理学派

奈瑟是一位出身于德国的美国心理学家，以信息加工理论为基础的现代认知心理学的先驱，因开创性的著作而被誉为认知心理学之父。认知心理学派反对行为主义把人的"意识"完全抛在一边，主张应该承认并研究人的意识，并认定，人的行为主要决定于人的认识活动，包括感性认识和理性认识，人的意识支配人的行为。强调人是进行信息加工的生命机体，人对外界的认知实际上类似于计算机的信息的输入、编码、操作，提取和使用的过程。因此，认知心理学认为，心理学就是要研究人类认识的这种信息加工的过程，并应提供信息加工的模型。故此，认知心理学的研究方法主要采用一种不同以往任何学派方法的特殊方法，即电子计算机模拟类比法。

认知心理学强调了人的意识（理性）在行为上的重要作用，强调了人的主动性，重视了人的各个心理过程之间的联系、制约，基本上博采了几大学派的长处，对心理科学的发展与实现心理科学本身的现代化，以及发展人工智能和计算机科学的发展均有较大贡献。现在它已暴露出的不足是，忽视了人的客观现实生活条件和人的实践活动的意义，而集中于人的主观经验世界，同时，它的基本理论大多具有一种明显的实证主义倾向，忽视对神经系统生理活动机制的研究。

综上所述，各学派的研究各有偏重，各有特色：冯特主要研究心理的内容，布伦塔诺主要研究心理的活动，铁钦纳着重研究心理的构造，詹姆士着重研究心理的机能，华生主要研究人的行为，格式塔主要研究心理的整体组成，弗洛伊德主要研究人的本能及病态心理，皮亚杰主要侧重纵向研究人的心理的形成发展，马斯洛主要侧重人的心理的积极的有价值的部分的研究，而认知心理学则侧重从信息加工的角度研究人的认知过程。由于这十大学派在历经百余年的从心理的各个不向方面对心理现象所进行的卓绝的研究，才基本奠定了现代心理科学的总体体系，才使人类至少得以在这十个侧面上对心理现象——这一大自然的最复杂的现象——有了一个全面的认识。

第四章　犯罪心理结构

现代心理学认为，任何个体心理现象的发生和发展，都源于其内在结构。有关犯罪心理结构的学说，就是运用结构分析的方法，探索个体犯罪心理发生的内在机制及其规律的理论。由于构成犯罪心理的诸要素不是孤立地、均衡地发挥作用，而是各要素间的相互作用所构成的完整的结构功能统一体，因此研究个体犯罪心理的微观机制，就是要探索这一结构功能体的发生发展过程及其对个体犯罪的作用和影响。

第一节　犯罪心理结构概念

一、犯罪心理结构的概念

(一)定义

所谓犯罪心理结构，是指行为人在犯罪行为实施前已经存在的、在犯罪行为实施时起支配作用的那些心理因素的有机而相对稳定的组合。

犯罪心理结构是个体发动犯罪行为的内部心理原因和根据。因此，如果不存在犯罪心理结构就不可能产生犯罪行为。从刑法学意义上说，有无犯罪心理结构是区别罪与非罪的界限，也是确定是否追究行为人刑事责任的重要依据；从心理学意义上说，研究犯罪心理结构就是要弄清罪犯与守法公民心理结构在其社会意义方面质的区别，从而预防这种心理结构的产生，并在它产生之后将它改造成为守法心理结构。

(二)关于犯罪心理结构的几点认识

1. 犯罪心理结构是个性心理结构的一部分

犯罪心理结构的实质是一种社会心理缺陷。它是个性结构中那些畸变了的因素组成的一种亚结构，因此并非独立于个性结构之外。它同个性结构的整体效应相联系，只是在特定的情境下，才对个体行为起到主导的支配作用，进而产生犯罪行为。

2. 个体犯罪心理结构的存在与犯罪行为的发生之间，存在着因果联系

犯罪心理结构是发动犯罪行为的内在心理依据，犯罪人无一例外地存在着犯罪心理结构。但犯罪心理结构是内在的，无法直接观察到的，而只有犯罪行为才是外显的，可以观察到，所以，只有通过对犯罪行为进行分析，或通过罪犯的自我心理剖析(自我观察报告)，才能探究支配犯罪行为的各种因素及相互关系。

3. 个体犯罪心理结构的存在，对于犯罪行为的发生，只具有可能性而不是必然性

虽然，犯罪心理结构的存在与犯罪行为的发生之间存在着因果联系，但犯罪心理结构的存在，却并不是就必然会发生犯罪行为。只有具备一定的外部条件，才能使犯罪行为得以实施。犯罪行为的发生是犯罪心理结构与外部契机相结合的产物。

4. 犯罪心理结构的某些消极因素，也可能存在于一般的守法者心理结构之中

他们的区别在于消极心理因素的畸变程度不同，结构的形式不同。守法者的消极心理因素畸变程度较轻，结构松散因此易于被监控，而不会导致犯罪行为的产生。

5. 犯罪人也有一般人的心理生活

他们除犯罪心理结构之外，还有许多常态的心理因素，尤其在没有犯罪的那些方面（譬如杀人犯在性倒错方面，盗窃犯在暴力行为方面），有着与守法公民相同或相似的认识、情感、意向。犯罪行为的发生，只是他们心理生活的一部分，在更多的时间里（即两次犯罪行为发生之间）常态心理因素起着主导的作用。

二、犯罪心理结构的理论依据和事实依据

(一)结构是事物存在的普遍形式

结构即是一种观念形态，又是物质的一种运动状态，它是组成一个整体的各个因素之间稳定的相互联系。事物与结构是不可分割的。一定的结构，可以使组成事物的各个因素发挥它们单独不能发挥的作用。相同的因素，由于其结构的不同，可以形成性质不同的事物。一切具体学科都不能不涉及它所研究的事物（对象）的具体结构。如地质学的地质结构，天文学的天体结构，政治学的政治结构，社会学的社会结构等。心理学也就有一个心理结构的问题。所以，苏联心理学家曾经指出，"像任何组织一样，心理生活也存在着一定的结构。如果抛开心理风格的个别特点，就可以确定个性的典型结构"。

心理结构是一个广义的范畴，因其要素性质及组合的不同，而有不同的具体结构，如情感结构、品德结构、个性心理结构、思维逻辑结构等。

(二)犯罪心理结构标明了犯罪人心理结构的特质

提出犯罪心理结构的概念，并不意味着犯罪人同守法公民在心理现象的发生与运行机制上有什么不同，而是为了从犯罪人的心理与行为的社会意义上来阐明两者之间的区别。从人们是否在心理上、行为上跨越了罪与非罪的界限来看，自然也就存在着与守法心理结构相对立的犯罪心理结构。

我们研究犯罪心理结构，必然要涉及对犯罪人的认识。长期以来，在如何认识犯罪人的问题上存在着许多分歧。这些分歧集中体现在犯罪人同守法公民相比较，其生理和心理是"同质"的还是"异质"的问题上：

1. 生理上的异质观

在中世纪的欧洲，罪犯被看成是魔鬼或魔鬼附体。在近代，龙勃罗梭的"天生犯罪人"观点，把犯罪人看成是生理上的异质者。近几十年，关于犯罪者的孪生儿研究，血型、染色体、内分泌、脑电波等的研究，都在一定程度上同生理上的异质或部分异质的观点一脉相承。

2. 心理上的异质观

很早就有人把犯罪者看成是"天生的狂人"、"愚蠢者"、"性格异常者"。20世纪初，美国犯罪学家戈达德和格卢克夫妇都进行了违法犯罪行为与智力落后关系的研究，认为违法犯罪者智力水平低下。施奈德等还认为，违法犯罪者具有人格障碍的特征。

3. 身心的同质观

英国的梅兹（J·B·Mays）1976年在其所著的《我们是否都是犯罪者》一书中认为，罪犯无论在心理方面，还是在社会关系方面，都处于"常态"，即与一般人是"同质"的。此后，许多研究者都认为，无论犯罪者还是自己，支配行为的原理并无差异。然而，从这种观点出

发，稍不注意就会很快滑向简单的同质观。"无论是犯罪者，还是一般人，都是一样的。""他是人，我也是人"。日本学者平尾靖认为："犯罪并不限于特殊的人，犯罪者与平常的人相比，绝不能说是本质不同的人。"他进一步阐明自己的观点，强调说："在任何优秀的人物中都存在着犯罪的倾向。在人格的深层面有着易于走向一切犯罪的倾向。""某人变成犯罪者时的过程的性质，与没有越轨的个人进行正直行为的过程性质基本上是相同的。"他实际上是说，人人皆可犯罪，犯罪者与优秀人物没有本质的区别。

犯罪人同一般守法公民到底是"同质"的，还是"异质"的？换言之，他们有哪些相同点和不同点？这是犯罪心理学必须回答的问题。

大量案例和司法实践表明，犯罪者不是"魔鬼"、"狂人"或"天生犯罪人"，他们也是人类社会生活的成员。绝大多数犯罪人在生理、心理机制上，同一般人并没有质的区别，犯罪人中的智力低下者，其实变态人格者并不多。从这个意义上说，犯罪人同一般人应当是"同质"的。但是，从心理内容、意识事实及其行为对社会的危害性上看，犯罪人又同一般人有着质的区别。他们不只是存在某些消极的心理因素，而且存在着足以发动犯罪行为的内部心理原因——犯罪心理结构。从这个意义上说，犯罪人同一般人又是"异质"的。因此，可以说，犯罪人同一般人是"同质"和"异质"的统一。犯罪心理结构恰好标明了犯罪人心理结构的特质，即"异质"的那一部分。

(三)犯罪心理结构是可知的、能够实证的

犯罪心理结构是人的社会心理现象之一，同其他事物一样，都是可知的。而且，它的存在已经部分地为现代心理学手段所证实。

我国的一些心理学工作者运用美国卡特尔(Cattell)、明尼苏达(MMPI)两种人格量表，色斯敦(Thurstone)配对比较法，经过修订的英国艾森克(Eysenck)个性问卷以及自拟量表，对犯罪人进行了性格结构、认知结构、个性结构等方面的若干测试。所有测试结果都证明：犯罪人确实存在着一些异于常人的心理因素、结构特点和个性倾向。尽管现有检测手段对复杂心理现象的检测尚未达到理想的程度，但现有测试结果已经反映出犯罪心理结构的若干特点。虽然，现有测试手段只是将犯罪心理结构分为若干要素进行对比研究，对其整体效应和结构模式还无法测知。但是，这已经不是个别测试结果所能直接回答的问题。我们必须依靠心理学基本理论的帮助和通过对大量案例的调查研究，才能准确判明其社会心理缺陷的实质性内容、整体效应和结构模式。

同时，由于犯罪行为是严重危害社会的行为，具有不可实验性或难于实验性；犯罪人不愿袒露其犯罪心理，具有隐蔽性；加之犯罪现象的复杂性，这就给研究犯罪心理结构带来了很大的困难。因此，犯罪心理学相对于心理学的其他分支学科，在研究方法上就会有所不同，往往偏重于"事后研究"、谈话、经验总结等比较间接的方法。但无论采用何种方法，其研究结果仍然是一致的，都表明了犯罪心理结构的存在是具有普遍性的意识事实。

三、研究犯罪心理结构的意义

(一)揭示犯罪心理的特殊矛盾性

一切具体学科都是为着研究不同对象或同一对象不同属性的特殊矛盾性而设立的。犯罪心理学的设立，就是为了揭示犯罪人个性心理结构的特殊矛盾性。我们把这种特殊的矛盾性称为犯罪心理结构。在普通心理学中，任何人的心理结构都由认识、情感、意志等心理成分组成，这是心理结构相同的一面。但是，在社会心理学研究中，相同的心理成分却往往赋予不同的心理内容，以心理内容的不同而划分心理结构的具体类型，是社会心理学的一大特点。不同的人群，因其职业、民族、文化、社会行为等的不同而形成不同的心理结构。例如职业心理结构、民族心理结构、社会行为心理结构等都是心理结构不同的一面。犯罪是一种特殊的社会行为，这种行为的实施总是受一定类型的心理结构支配的。在具有"罪"这一质的规定性的犯罪人中，除了影响此罪与彼罪的不同心理因素外，必定还存在着一些共同的心理因素及其结构特点。虽然要在十分复杂的犯罪现象中发现其共同结构是件很不容易的事，但只要把许多犯罪人的心理结构同守法公民的心理结构相比较，就一定能发现它们的总体区别，从而确定犯罪心理结构这一特殊的类型特点。这样，就可以揭示出犯罪心理的特殊矛盾性。承认或不承认犯罪人心理的这种特殊矛盾性，对于能否建立犯罪心理学这一学科和能否开展相关的研究，无疑具有重要的意义。

(二)揭示犯罪人产生犯罪行为的内部原因

辩证唯物主义的决定论认为，世界上一切现象都受原因所制约。因此，任何事物的发展变化都有因果关系，并且这种因果关系是可以通过实践和科学研究加以认识的。在认识客观规律的基础上，人们就能预见事物发展变化的进程，并进而去影响和驾驭这一进程。我们对犯罪现象的认识也是基于这一原理。

遵循辩证唯物主义的决定论原则，我们认为犯罪这一社会现象决不是偶然地、随意地发生和发展，增多或减少，而是客观地、必然地被诸种因素制约和决定的。在形成犯罪现象的诸种因素中，犯罪人的内部因素具有决定性的意义，是个体产生犯罪行为的根本原因。在纷繁复杂的世界中，能够对个体发展产生影响的既有积极因素，又有消极因素，并存在着偶然机遇。然而，具体的一个人究竟向哪个方向发展，是成为守法公民，还是成为触犯刑律的罪犯，却并非纯属偶然。个体的主观能动性和由此产生的对外界事物反映的倾向性、选择性，以及最后决定采取何种行为的意志因素，才是具有决定意义的因素。所以，在充分估计到外部因素条件作用的同时，应当充分肯定犯罪心理在犯罪行为发生、发展中的支配作用和由此而必须承担的个人的刑事责任。

犯罪心理结构的研究，正是为了揭示犯罪人产生犯罪行为的内部原因而进行的。这种研究越深入，就越能充分地了解和掌握个体犯罪行为发生的原因和规律，从而做到更加自觉、更加科学地预测、预防、揭露和打击犯罪，以及改造、矫正罪犯，瓦解其犯罪心理结构，建立符合社会道德、法律规范的心理结构。

(三)围绕这一核心问题建立犯罪心理学的理论体系

既然犯罪心理结构反映了本学科的特殊的矛盾性，那么，从一定意义上说，犯罪心理学这门分支学科，是围绕着犯罪心理结构产生犯罪行为的心理原因来建立自己的理论体系的。它涉及影响犯罪心理的各种内部的和外部的原因、条件、因素；犯罪心理形成的过程；犯罪心理的特殊性及其内部结构；由犯罪心理外化为犯罪行为的机制；预防、侦破、矫正犯罪心理与行为的心理学依据等一系列问题。于是，犯罪心理结构很自然地就成为这个理论体系的核心。反之，如果看不到犯罪心理同守法心理质的区别，不承认犯罪行为的内部心理原因是客观存在的意识事实，即否定犯罪心理结构的存在，那么，犯罪心理学就会变成缺少内部心理原因的犯罪机遇学、犯罪因素学。

(四)以此为基础开展关于犯罪心理的对策研究

许多学科都分为总论和各论。总论解决本学科的基本理论问题，各论作分门别类的应用研究。犯罪心理学也不例外。以犯罪心理结构为核心的基础理论研究，揭示了这一特殊矛盾的规律性和内部结构。在深入认识其特征和规律的基础上，各种预防犯罪心理滋生的措施，通过侦查和审讯揭露犯罪心理隐蔽性的斗争，改造、矫正犯罪心理的对策，才能有效地确立和实施。

1. 犯罪心理的预防

犯罪心理结构的研究表明，个体社会化过程中的缺陷有可能导致犯罪心理的滋生。掌握了个体社会化进程中的缺陷，就能对个体的犯罪行为作出预测和预防。同时，有关研究结果还指出，要从根本上杜绝个体犯罪心理的形成，关键在于杜绝不良交往和模仿，培养和塑造健全的个性心理结构。

2. 对犯罪人的侦讯

在作案现场，特定的犯罪行为所留下的心理痕迹，表明了犯罪心理结构的特殊性，从而为犯罪对象的个别化和开展侦破工作，提供了心理学依据。同样，在刑事诉讼过程中，司法人员只有通过审讯、谈话，了解掌握犯罪人不同类型的心理结构及其特点，才能有针对性地运用各种对策，制服、惩罚犯罪分子。

3. 罪犯心理的矫正

掌握犯罪心理结构，对于罪犯的心理矫正具有特殊的意义。通过了解其个性中的积极因素和社会心理缺陷的症结，可以做到因人施教，从而有的放矢地调动积极因素去战胜消极因素，克服盲目性，增强自觉性。

第二节　犯罪心理结构的组成部分

一、犯罪心理结构的内容

(一)纵向结构

从纵向看，犯罪心理结构包括：

(1)无意识层次，具有冲动性，体现人的自然属性。如犯罪恶习、无意识犯罪动机、无意识体验等。

(2)意识层次，具有能动支配作用，体现人的社会属性。

(二)横向结构

从横向看，犯罪心理结构包括：

(1)犯罪心理的动力结构：反社会意识、畸变的需要、犯罪动机等。

(2)犯罪心理的调节结构：歪曲的自我意识、亚文化的道德意识、错误的法律意识等。

(3)犯罪心理的特征结构：特定的气质类型、消极的性格特征、与犯罪活动相适应的智能等。

(4)犯罪人的心理状态，如冒险心理、侥幸心理、好奇心理，嫉妒心理等。

犯罪心理结构一旦形成，就相对稳定，危害甚大。

二、犯罪心理结构的类型

(一)一般犯罪心理结构

犯罪是一种十分复杂的社会现象。我国刑法规定有 400 多种罪名。由于犯罪主体不同，动机各异，侵犯的客体又有许多差别，因此，要找到一个所有种类的犯罪者共同具有的包罗万象的犯罪心理结构模式，是十分困难的。

可是，形形色色的犯罪行为都具有共同的法律特征，即刑事违法性、社会危害性和应受惩罚性。这些共同的行为特征，决定了支配这种行为的心理，也有某些共性。如果以大量故意犯罪案例为基础，概括出一些本质的、主要的成分，揭示出一般犯罪心理结构的典型模式，对于了解、掌握犯罪者内部心理结构各成分之间的关系及矛盾运动机制，是很有意义的。

这个模式图说明，犯罪心理结构是以畸变的需要结构为核心，它作为整个犯罪心理的原动力，向其他心理成分发出辐射性的影响。这种需要结构，又是以反社会意识作支撑，以不良的习性作基础，并与自身的智能条件相适应，反映出其消极的性格特征的。而在形成犯罪动机、发生犯罪行为时，又和其歪曲的自我意识(自我评价)密切相关。上述心理成分之间，都建立了双向联系，既有输出，又有反馈，互为影响，相互作用。

如果加以简化，可以看出，它是以犯罪需要为核心，形成从意向到行为的心理锁链，并以一定的情绪状态和相应的能力作为引发犯罪行为的条件。如果把它比作一个具有相当能量的基本粒子，可以说，犯罪的需要是原子核，意向、行为、情绪、能力是围绕原子核运动的四个最重要的电子。

(二)机能模式

犯罪心理结构是一个多层次、多维度的机能系统，各心理因素在犯罪心理结构中处于不同层次，其形态和机能各不相同。对此须作三点说明：

(1)根据各因素之间的紧密程度不同，可将犯罪心理结构分为弥散性的心理状态和具有紧凑性的亚结构体。一般地说，心理状态主要指激情、应激、不良心境和其他同犯罪有关的情绪状态；亚结构体是指调节结构、动力结构和特征结构。

(2)根据犯罪心理结构的意识状态不同，可将它区分为意识层次和无意识层次。凡是犯罪人在实施犯罪行为过程中，能清晰地意识到的心理因素，均属于犯罪心理结构的意识层；反之则为无意识层。从图4-1可以看出：心理状态、动力结构和特征结构中，均有无意识的结构因素。具体地讲，心理状态中的激情、不良心境；动力结构中的某些需要、动机和兴趣；特征结构中的气质、某些能力、性格，可属于无意识层。但在一定条件下又可上升为意识层。

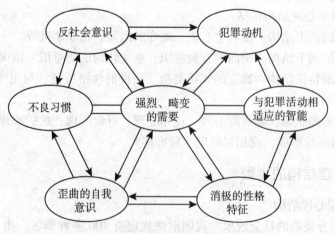

图4-1　犯罪心理结构模式图

（3）根据其机能的不同，犯罪心理结构的亚结构可分为动力结构、调节结构和特征结构。动力结构起发动行为、推动进程的作用，主要包括世界观、需要、动机和兴趣；调节结构起控制行为、加强或削弱行为的作用，包括自我意识、道德意识、法律意识等；特征结构使行为具有区别于他人的某种特征，主要包括气质、性格、能力和犯罪习惯。在多层次、多维度的犯罪心理结构中起重要作用的是亚结构体，弥散在各心理因素之间的心理状态起条件作用和其他配合、辅助作用。

（三）不同类型犯罪心理结构

上述一般犯罪心理结构模式，虽然概括出多数犯罪人的结构和机能特征，但它不可能穷尽所有犯罪人的心理结构情况。除一般犯罪心理结构之外，还可以从不同角度，划分出不同类型的犯罪心理结构：

1. 从动力上划分，有需要型犯罪心理结构和情绪型犯罪心理结构

需要型犯罪心理结构是最常见的犯罪心理结构，又可分为两类：一类以生理的、物质的畸变需求作为内驱力，包括性欲型犯罪和物欲性犯罪；另一类以反常的精神需求作为内驱力，包括因反动的政治信仰、迷信造成的犯罪和因虚荣心、友爱心（"哥们义气"）等引起的犯罪。情绪型犯罪心理结构，实质上也是因需要的不满足而引起的，不过在实施犯罪时，需要本身反而被掩盖，变得模糊不清，或者需要对象发生转移，犯罪行为主要受冲动的情绪状态所支配。例如，因恋爱不成反目成仇，杀害对方后自杀。这时行为人不再以婚恋作为需要，而以泄愤作为唯一目的了。又如，行为人对长工资、发奖金不满，本应解决工资、奖金问题，但因不满情绪急剧增长，反而置工资、奖金于不顾，迁怒于社会，采取暴力手段伤害无辜。其特点是在发动犯罪行为的动力方面，情绪的发泄占据主导地位，理智感减弱或丧失，行为人缺乏权衡利害得失的思维能力和对事物的认知、判断能力，多系突发很少预谋。由此可知，其犯罪心理结构同一般需要型犯罪心理结构有所不同。

2. 从心理成分上划分有典型的犯罪心理结构和非典型的犯罪心理结构

典型的犯罪心理结构，各种促使犯罪行为发生的心理成分一应俱全。非典型的犯罪心理结构，它缺少某些重要的心理成分，但仍然发生了犯罪行为。如：有的并无不良的行为习惯，属于偶一失足；有的缺乏犯罪的技能和体能，如低能儿、老年人犯罪；有的并无稳固的反社会意识，只是因一时一事不满情绪冲动而犯罪；有的各方面都表现很好，只因某些观念上的谬误而犯了罪，如讲义气、"够朋友"犯了包庇罪，因法制观念不强犯了非法拘禁罪等。非典型的犯罪心理结构多系初次犯罪，如果他们继续进行犯罪活动，其心理结构就会逐渐演化成典型的犯罪心理结构。

3. 从稳固性上划分有稳固的犯罪心理结构和不稳固的犯罪心理结构

前者各心理成分之间联系紧密，呈胶着状态，自组织作用增强；由于不良行为习惯和犯罪方式的自动化，有时犯罪行为会不假思索地发生，缺少动机斗争；应变能力强，能适应各种环境，找到犯罪机遇；犯罪心理已经个性化，矫正、改造困难等。后者各心理成分之间结构松散，且不够协调；内心矛盾冲突多，经常出现动机斗争；犯罪决意形成晚，在犯罪机遇出现时犹豫不决；犯罪心理尚未形成完整的个性，矫正、改造比较容易。稳定的犯罪心理结构多系惯犯、累犯，不稳定的犯罪心理结构多系初犯、偶犯。两者随着犯罪次数的多寡和条件的变化，也可互相转化。

4. 从主观意愿上划分有故意犯罪心理结构和过失犯罪心理结构

故意犯罪心理结构如前一般犯罪心理结构，这里不再赘述。而过失犯罪心理结构，是指

行为人在非故意的心理状态下，促使其采取过失行为，并导致危害结果发生的多种消极心理因素有机而相对稳定的组合。

关于过失犯罪心理结构的要点有三：

（1）行为人是在非故意的心理状态下发生的犯罪行为，即由于疏忽大意或过于自信的心理状态，导致了犯罪行为的发生。

（2）行为人的心理因素与危害结果发生之间，存在着因果联系。

（3）过失犯罪心理不是单一的消极心理因素，而是包括意识、态度、意志、注意、思维、判断、感觉、记忆、情绪以及无意识因素在内的多种消极心理因素综合产生作用的结果。

过失犯罪行为的发生，也存在着心理原因，具体可分为三个层次：

第一，心理品质层次。

在过失犯罪心理中，无论是疏忽大意，还是过于自信都是由于行为人各种错误心理或不良心理品质所间接造成的，如骄傲逞能、判断错误、不负责任、玩忽职守、官僚主义、特权思想、自私自利等心理因素。这些心理因素本身虽然不是犯罪意识，但是只有在这些心理因素的基础上才能产生疏忽大意或过于自信的心理状态以致造成过失犯罪行为的发生。因此，不良心理品质是过失犯罪产生的心理基础。

第二，动机与意志层次。

人的行为都有动机。过失犯罪行为虽无故意犯罪动机，但其行为必定受某种动机驱使。这种动机的特征有二：一是主观与客观相脱离、相背离；二是个人获利的不良动机。在动机的基础上，究竟采取何种行为，还有一个意志决定过程。这种意志决定虽然不同于故意犯罪决意，但仍是过失行为的决意，由于这种决意，才产生了过失犯罪行为。动机与意志层次是过失犯罪心理原因的中间层次或过渡层次。

第三，心理状态层次。

在发生过失犯罪行为的过程中，弥漫着疏忽大意与过于自信的心理状态。这是造成过失犯罪行为的直接动因。无论是疏忽大意，还是过于自信，所有引发危害性后果的，都是因为注意的缺乏。因此，对危害结果注意的缺乏，是过失犯罪心理的本质特征。

据此，对过失犯罪心理结构还有三个问题需要弄清楚：

其一，消极心理品质是过失犯罪的间接原因和深层心理因素，不良动机和意志是选择过失行为的决定性原因，缺乏注意、漫不经心的心理状态是引发过失行为的直接原因。

其二，发生过失犯罪行为，是偶然性与必然性的统一，必须有客观上的偶然因素与主观上的过失犯罪心理结构相互作用，危害结果才会发生。

其三，过失犯罪心理结构，存在着无意识因素。无意识因素主要存在于心理状态与动机层次。无意识因素在过失犯罪案件中的作用，较之故意犯罪案件更为明显。

（四）个体犯罪心理结构

上面谈到的各类犯罪心理结构，都只是从驱使行为人产生犯罪行为的内部心理原因这一个方面来论述的，它不足以表明行为人的全部个性心理状况。只要对许多犯罪者的具体情况进行考察，就会发现：

1. 在个体心理结构中，同时存在着犯罪心理和常态心理

如前所述，犯罪心理结构只是犯罪人个性心理结构中的一个部分，即社会心理缺陷。犯罪心理和行为，只是他们心理生活的一部分内容。除去促使他们产生犯罪行为的心理因素之

外，他们还存在着许多与社会上的守法公民相同或相似的心理因素，即常态心理因素。只不过在实施犯罪的情境中，这些常态的心理因素因犯罪心理所形成的优势兴奋中心而受到抑制。当犯罪者离开了实施犯罪的情境，其不良需要暂时得到满足(或受到挫折)而削弱之后，原来被抑制的常态心理又恢复了活动，因而在其心理与行为上，仍然表现出某些与一般守法公民相同或相似的特征。当然，这种情况在初次犯罪者中较为普遍；在惯犯、累犯中，常态心理因素较少，并受到犯罪定势的限制。

2. 在个体心理结构中，常常存在着犯罪心理同守法心理的斗争

一个人在其社会化过程中，或多或少地会形成一定的守法心理，完全不知法、不畏法的人是极少的。犯罪人的守法心理主要由尚存的良知和对刑罚的畏惧感组成，它是对犯罪行为的自我遏制力量。在犯罪行为实施前，犯罪心理同守法心理激烈地斗争着。如果两者强度相似，就会处于犹豫状态，暂时不会产生犯罪行为。如果犯罪心理骤然增强达到一定阈值，在头脑中形成优势兴奋中心，就会压倒守法心理，形成犯罪动机，产生犯罪行为。但在犯罪行为结束或者罪行败露受到制裁后，守法心理可能又逐渐得到加强。

3. 在犯罪行为发生前后，社会控制力对个体心理结构也发生重要影响

在现代社会，社会控制犯罪的因素是一个有结构的系统。它包括：法律震慑力、社会舆论控制力、治保组织控制力、主体亲友控制力等。社会控制力与罪犯的自我控制力(守法心理)相结合，形成一道屏障，阻碍着犯罪心理因素的滋长。

根据上述，我们对个体犯罪心理结构的理解就不是单向的、平面的发展趋势，而是双向的、立体的矛盾斗争趋势。

二、犯罪心理结构的要素

要准确地把握犯罪心理结构的要素，确定哪些心理成分参与策动了犯罪行为，是十分困难的。根据人的心理、意识对行为的支配和制动作用原则和人的行为的意识性，可以说，各种心理成分均与犯罪行为有关，不过相互关联的程度不同。从消极的一面来说，有的起动力作用，有的起调节作用，有的标明其特征，有的起条件作用和其他配合、辅助作用。从积极的一面来说，有的虽起到遏制作用但力量较弱未能决定行为，有的在一定情境下被抑制，有的被有意识地加以控制，有的被忽略一时没有意识到。所以，从整体上说，在一定的时间内(即实施犯罪行为的时刻)，犯罪心理结构成为个性结构中的优势结构和支配结构。从这个意义上说，其心理结构要素也就是占主导地位的各消极的心理成分和要素。虽然它们不处于同一层次，但都综合地发挥了作用。为了叙述的方便，按其机能的不同，下面分别加以叙述：

(一)犯罪心理的动力结构

按照个性心理结构的理论，个性倾向性是它的动力结构。个性倾向性是由较低层次的需要、动机、兴趣和较高层次的理想、信念、世界观等多种心理成分所组成。它不仅决定着个体对客观世界中各种活动对象的选择及其态度体系，而且是个性积极性的源泉，对个体活动起着定向的作用。因此，个性倾向性是个性心理结构的核心和动力。

心理动力结构属于个性的深层结构，其心理成分所反映的社会心理内容，集中地体现了个性的社会性质。个体之间的不同的社会本质，主要体现在这些心理成分所包含的社会心理内容的差异。

1. 反社会意识

所谓反社会意识，在我国就是与社会主义思想体系相背离，与正常的社会生活相对立，以极端个人主义为核心的各种错误观念。如主观唯心主义的世界观，极端个人主义的人生观、价值观，腐朽没落的道德观，无政府主义的法纪观，"哥们义气"的友谊观等。形成反社会意识是个体社会化偏离的突出表现。虽然在不同的犯罪类型、不同的犯罪个体身上，反社会意识所表现的范围、具体内容、稳固程度、系统化、理论化、自觉性等方面有所不同。但是，只要某些错误观念在主体的个性结构中占据主导地位，必然导致主体错误的社会态度、社会动机和对现实的社会秩序、社会规范的否定与蔑视，成为个体实施反社会行为的精神支柱。反社会意识对个体不良欲求起着定向作用，对犯罪动机起着促进和加固作用，对犯罪行为起着支配作用。

2. 强烈的、畸变的需要

需要是个体与客观环境相互作用，由于某种不平衡状态而产生的缺欠感和不满足感，由此而构成的心理冲动。需要是形成动机的内在动力，动机是需要的现实表现。个体社会化过程中的缺陷，突出地表现在其对需要强烈程度的失控和需要的满足方式与社会关系的对立。犯罪者的需要是犯罪行为的内在驱动力。主要表现在以下几个方面：

(1)强烈的物质、金钱占有欲和挥霍享受欲。这是形成一切以占有金钱、物质为目的的物欲型犯罪动机的基础，是实施侵犯公私财产，破坏社会主义经济秩序等犯罪的心理动力。

(2)畸变的性生理冲动。这是形成性欲型犯罪动机的基础，是导致强奸、流氓等犯罪行为的动力。

(3)不健康的、畸形的心理需要，如报复、嫉妒、哥们义气、逞强跋扈、寻求刺激等。这是形成杀人、伤害、爆炸等暴力型犯罪和诬告陷害、侮辱诽谤等犯罪动机的心理基础和动力。

(4)反动的政治，精神需要，封建迷信以及权位欲、支配欲、领袖欲等。这是形成危害国家安全、反动会道门犯罪动机的心理基础和动力。

个体不良、畸形需要的产生，与反社会意识之间有着密切的关系。反社会意识对不良需要的产生，起着支配和定向的作用，不良需要和动机则是反社会意识、错误的社会态度的具体体现。

3. 犯罪动机

(1)什么是犯罪动机。

犯罪动机，指促使行为人进行犯罪活动的内心起因。犯罪动机是行为人企图以非法手段满足其需要的表现。一般情况下，它历经犯罪意向(朦胧的犯罪意图)、行为动机(有明确的指向和侵害目标)、犯罪决意(由意志决定转向意志执行)三个阶段。

犯罪动机有三个作用：①引发作用，即引起和发动个体的犯罪行为。②定向作用，使主体的犯罪活动指向一定的目标和方向。③维持作用，维持或增强主体的犯罪活动。

犯罪动机来源于强烈、畸变的需要。它是在外界环境诱因的刺激下和主体内部不能以社会规范调节，而超越现实的需要而产生的。如非分的物质需要引起的财产犯罪动机、淫秽需要引起的性犯罪动机等，都体现出需要对象的不合理与满足方式的不合法。它是动力结构中最活跃的因素，是犯罪行为的直接动力。犯罪动机的确定，对于反社会意识很深的惯犯、累犯，并无特别的困难，几乎不存在内心冲突。但对于多数初犯和偶犯来说，通过动机斗争以形成主导动机，是一个必不可少的过程。动机斗争的实质是，突破良心的制约，权衡利害，估价主客观力量对比与机遇选择。当犯罪动机战胜反对动机而成为主导动机时，犯罪行为的发生就迫在眉睫。

（2）犯罪动机的分类。

犯罪动机可分为两大类型：①为满足非分物质享受和超常性欲望等生理性需要引起的犯罪动机；②由爱、友谊、自尊及荣誉的畸形需要，反社会的政治信念、领袖欲、权力欲等社会性需要引起的犯罪动机。

（3）犯罪动机实施过程的各种情况。

①犯罪动机的实现。即在犯罪过程中，按原有犯罪动机，实现了预定的犯罪计划，达到了犯罪目的，以完成犯罪活动而告终。这时，犯罪动机因犯罪目的已经达到而暂趋消失。

②犯罪动机的受阻。亦称犯罪动机的未遂。就是在实施犯罪动机时，由于遇到外界阻力和困难，犯罪人被迫放弃原犯罪动机。犯罪动机的受阻与行为人主动停止犯罪活动是有区别的，前者是由外力作用的结果，并不表明其主观上有停止犯罪活动的意图。

③动机的放弃。行为人在实施犯罪过程中，由于受到偶然因素的影响，良心发现或道德、法制观念的萌生，主动放弃犯罪动机而中止犯罪。犯罪动机放弃（犯罪中止）与犯罪动机受阻的区别是，前者是主动地放弃，是由于内在的原因；后者是被动地停止，是由于外来的原因。

④犯罪动机的转移。行为人在实施犯罪过程中，因感受到一定情境的刺激而产生新的犯罪动机。新的犯罪动机与原犯罪动机之间并无衍生的关系和必然的联系。犯罪动机的转移往往是犯罪严重性的发展。

（4）犯罪动机的变化与发展。

第一，犯罪动机的良性转化。

犯罪人逐渐放弃犯罪动机，而减少和终止犯罪活动的过程。犯罪人由于外界因素的积极影响、主体的良心和恻隐之心的再现以及道德和法律观念的恢复，在动机斗争中，自动放弃犯罪动机而停止犯罪，这就是犯罪动机的良性转化。促使犯罪动机良性转化的条件有：

①外界的积极影响，如党的政策感召，刑罚的威慑力，社会、家庭、亲人的规劝教育等。

②犯罪人自身的积极因素，如主体的犯罪心理结构尚不完整、不巩固，主体尚未完全丧失道德观念，主体对荣誉、前途、家庭的一定程度正确认识及对刑罚的恐惧感等。犯罪动机的良性转化，标志着主体犯罪心理结构的解体。

第二，犯罪动机的恶性发展。

犯罪人犯罪动机的强化，犯罪习惯定型化，犯罪行为多方向化的发展过程，即由初犯至惯犯，偶一失足到犯罪职业化的过程。犯罪人在犯罪活动中，由于增加了犯罪体验，受犯罪环境、气氛以及团伙的影响，而造成的一种结果，是主体内外因素交互作用而造成的一种恶化趋势。犯罪动机的恶性发展，是犯罪心理恶性发展的重要标志。犯罪动机的恶性发展，使犯罪主体表现出如下特征：

①犯罪的自觉性和主动性增强。

②个人非分欲望更加强烈。

③作案经验更加丰富。

④犯罪活动向多方向性发展。

⑤反社会心理的增强。

⑥形成了顽固的犯罪定型。

4. 犯罪人的兴趣

兴趣是人的认识需要的情绪表现，也是力求参与并探究某种事物的心理指向。人有了某种需要，就会对该事物或活动表现出肯定的情绪态度。犯罪人的兴趣，是在一定的需要基础上逐渐形成和发展起来的。其主要特点包括：

（1）与低层次需要联系在一起的生活兴趣十分强烈，热衷于吃喝玩乐等，偏于感官刺激的兴趣，缺少高尚的兴趣；富于直接兴趣（直接能满足其低层次需要的兴趣），很少具有间接兴趣（对于事物未来结果感兴趣）。

（2）追求新奇与富有刺激性生活的兴趣，往往用这种兴趣填补精神空虚，因而有时产生恶作剧念头与游戏型犯罪动机。

（3）兴趣的理智水平低，而且具有不稳定的特征。

（二）犯罪心理的调节结构

包括自我意识、道德意识、法律意识等，它对动力结构起控制和调节作用。尤其是自我意识，是个体意识发展的最高阶段，它保证个性的统一性、连续性和主动性，是个性结构中各种心理因素的综合体，是个体对外界客观反映系统的控制阀和调节器。个体之间个性品质的差异，在很大程度上取决于自我调节系统功能的差异。犯罪心理的调节结构，对犯罪人的欲求及其指向，起加强或削弱、发动与终止的调控作用。

1. 不成熟或歪曲的自我意识，是犯罪人个性社会化缺陷的突出表现

如果一个人虽然具有某些社会心理缺陷，但是能够意识到这些心理缺陷的存在，并力图按照社会所要求的规范去控制、调节自己的心理活动，也可以避免越轨行为的发生。但由于自我意识的不成熟，存在着自我认识，自我评价的幼稚性、歪曲性、盲目性，那就不仅不能按照社会的道德、法律标准正确地认识、评价、控制、调节自己的心理活动，而且由于愚昧无知、任性放纵，就可能导致各种刑事犯罪，以及由于自大、妄想、领袖欲、权位欲促成的危害国家安全犯罪。尤为明显的是，有些人不善于控制、调节自己的激情状态，导致激情犯罪，表明自我调节机制的缺乏和无力。

2. 扭曲的道德意识

道德意识包括道德认识、道德情感、道德评价等，主要表现为"良心"和道德义务感、责任感，对个体的行为起着自觉而不是被迫的调节作用。它几乎渗透到人们生活的各个领域，调控范围远较法律意识广。犯罪人对道德意识的选择，是依据自身的犯罪需要来确定的。因此，表现为对社会公认的是非善恶准则的践踏，而另有一套扭曲的道德意识，如"哥们义气"、"有福同享，有难同当"、"白刀进红刀出才是真英雄"，"宁在花下死，做鬼也风流"、"兔子不吃窝边草"等。各类罪犯还有自己不同的道德评价，如危害国家安全犯看不起其他刑事犯，以为自己追求的不是物质上的利益，而是精神上的主义和信念；盗窃犯中又把偷贫困人家视为"下品"，认为要偷就偷大户，偷国家的；甚至在强奸犯中，强奸成年妇女的又讥笑强奸幼女的。总之，他们的道德意识虽然支离破碎、杂乱无章，但仍然对其犯罪行为起支撑作用，对其内部各心理因素起调节作用，对个别犯罪方式起制约作用，以维护犯罪人和犯罪团伙的整体利益和长远利益。

3. 错误的法律意识

法律意识包括法律知识、对法律的态度和守法的行为素养。它与道德意识相配合，调节人们的社会行为。在犯罪人的头脑中正确的法律意识极为淡薄，虽然并非都是法盲，但对法律的态度不正确，并且极度缺乏守法的行为素养。他们还存在一些错误的法律意识，如"法

不责众，干的人多就没事了"；"打了不罚，罚了不打，判了刑就不退赃"；"打老婆又不犯法，是自己家里的事情，外人管不着"等，妨碍着他们守法观念的建立，使其违法行为更加有恃无恐。

（三）犯罪心理的特征结构

个性心理特征是个性心理的特征结构，包括气质、性格、能力三种心理成分。如果说，动力结构是个性心理的深层结构，特征结构则属于个性心理的表层结构，表现个体心理活动稳定性的特点和独特的行为方式。犯罪心理的特征结构显示出个体犯罪行为的特点和区别于他人的某种特征。

1. 犯罪人的气质

气质是个人心理活动稳定的动力特征。气质类型对人的情感发生的速度和强度以及行为的特征有一定影响，但不能决定人的行为的内容。也就是说，不能决定人的行为的正确与错误。因此，气质类型并无好坏之分。但是，每一种气质都有积极与消极的方面。当一个人在不良因素作用下走上犯罪道路的时候，气质对于主体接受外界不良因素的类型和方式会产生影响，并使其在各自的犯罪类型上反映了气质的特征。例如，有资料表明，暴力犯罪者中：胆汁质的人为多；诈骗犯中，多血质的人为多；贪污犯中，粘液质的人为多；盗窃犯中，多血质、粘液质的人为多；危害国家安全犯中，胆汁质、粘液质的人较多。就是一种概率的说明。

2. 消极的性格特征

性格是个体在先天神经类型的基础上，在后天的社会实践中形成的对外界客观现实的态度和与之相适应的习惯化了的行为方式。消极的性格特征是个性社会化缺陷的突出表现。对犯罪人个性的测试表明，其消极的性格特征主要有以下几个方面：

（1）对社会现实的态度特征方面。

缺乏对社会、对集体、对他人的责任感、义务感、同情心，好逸恶劳、贪婪自私，甚至虚伪狡诈。这在不同类型罪犯身上均有不同程度的表现，尤以物欲型罪犯较为突出、明显。

（2）性格的情绪特征方面。

情绪冲动性强，理智性差，行为常受情绪所左右。心胸狭窄，报复心、嫉妒心、仇恨心、虚荣心强。对挫折的耐受性差，遇到挫折和外界刺激，容易产生消极的激情，导致外罚性、攻击性的犯罪行为。这在杀人、伤害、爆炸等暴力型犯罪者和诬告、陷害一类犯罪者身上表现得很明显。

（3）性格的意志特征方面。

主要是意志品质薄弱，自制力差，冒险、侥幸心理强。这几乎是所有犯罪人共有的性格特征。

（4）性格的理智特征方面。

不少犯罪人心理水平很低，理智性差，思维狭窄、偏执性强，固执己见。遇事好钻牛角尖。行为往往受本能欲望所驱使，又不能正确地认识和评价自己的行为后果及其社会危害性。这在一些低智能的犯罪者和法盲犯罪者身上表现得较为明显。由于以上性格方面的缺陷，容易导致个体反现实的社会态度和在社会交往、人际关系中的适应不良，以及人际矛盾和人际冲突。不良的性格特征，对于反社会意识的形成，非分、畸形欲求的产生，也有着直接或间接的影响。

3. 与犯罪活动相适应的智能

一定的智能是个体获得生活技能、适应社会生活必不可少的个性心理特征。但是，犯罪人的智能却出现偏低状况。一方面，有些犯罪人智力水平低，缺乏一定的科学文化知识，对于客观事物的善恶、是非分辨能力差，这对犯罪心理的形成有一定的影响。另一方面，在能力发展上，虽然缺乏必要的生产、生活技能，却形成了一定的犯罪技能、技巧和体能，特别是惯犯和职业犯罪分子的能力已经专门化，达到熟练的程度，成为其完成犯罪活动的必要条件。无论智力高低、能力巧拙，犯罪人实施犯罪的手段，总是与其智力水平、能力特长相适应。

4. 不良的行为习惯

习惯既是某种能力的特殊形态的熟练，又是一种生活定势。多次重复的行为，就会逐渐成为主体的经验、技巧和稳固的行为方式。长时间从事犯罪活动的人，必然形成犯罪习惯。如惯窃犯在适宜的条件下，其窃取财物的动作就会不假思索地发生，熟练地完成。犯罪习惯和其他不良的生活习惯一旦形成，就很难改变。在犯罪心理结构中，它对犯罪动机起着引发和加固的作用。由于犯罪习惯的自动化作用，有时也可在无意识动机状态下完成犯罪行为。犯罪习惯有相当顽固的惰性，在犯罪心理结构中，即使其他心理因素有所改变，也很难使犯罪习惯马上改变。

（四）犯罪人的心理状态

个体心理状态是以情绪状态为主的各种心理因素的综合反应。它主要由个体的需要是否得到满足所产生的情绪体验所决定，并且受到个体的气质、社会认知、自我意识等多种因素的影响。犯罪人的心理状态在犯罪心理结构中不是一种亚结构体，而呈弥散状态，对各种亚结构体和整个心理结构均产生一定的影响。有时，犯罪人的心理状态本身，也可能成为一种犯罪行为的驱动力。在多数情况下，犯罪人的心理状态能够被主体意识和体验到，然而，由于它是未经整理的、不很明晰的东西，在人的意识中有时比较模糊，或者未被意识到。

主要表现为平时消极、不良的心境和犯罪时异常的心理状态。

1. 消极、不良的心境

心境是一种使人的一切其他体验和活动都染上情绪色彩的、比较持久的情绪状态。它不是关于某一事物的特定体验，而具有弥散性。当一个人处于某种心境中，他往往以同样的情绪状态来看待一切事物。所以，心境对人的生活有很大的影响。消极不良情绪的积累，会使机体处于持续的紧张状态，而导致攻击行为的发生。如果一个人长期对社会或对某事物处于否定的情绪体验之中，便可能对犯罪动机起催化作用。个体的消极心境不是无缘无故发生的，而是与情绪、情感的社会意义、社会内容相联系，即与个体理智感的偏低，道德感、美感的扭曲有关。当个体对现实不满，产生美丑善恶颠倒的错误判断之后，必然出现持续的不良心境。这实际上是犯罪行为的准备状态。

2. 实施犯罪时异常的心理状态

犯罪人在实施犯罪活动前，由于犯罪决意的影响，注意力高度集中，观察犯罪条件，捕捉犯罪机遇，紧张地思索犯罪成功的欢快和受挫的可能性。因而情绪处于亢奋状态，从而使机体内一切能量都被调动起来集中于犯罪目标的实现。这种特定的异常心理状态，是实施犯罪时必不可少的重要的心理环境。如果没有这种心理状态，许多犯罪行为的实施是不可想象的。

在实施犯罪时异常的心理状态中，激情是某些犯罪人实施犯罪时一种较为特殊的心理状态。它是一种爆发性的、掩盖其他心理因素的、强劲的推动力。所谓激情犯罪，是指行为人在激情状态下发生的杀人、伤害、毁物、爆炸等暴力性犯罪行为。激情犯罪一般没有预谋的过程，有时行为表现出明显的不合逻辑和不协调，侵害对象也不确定。由于强烈的情绪反馈，使得犯罪人失去理智，极易伤害无辜，酿成惨祸。

（五）犯罪心理结构中的无意识状态

如果以意识代表人的正常的觉醒状态的话，那么，在人的头脑中，还存在着"对某种对象不自觉的、未加注意的、不由自主的、不知不觉的、模糊不清的反映"，则可称为无意识，即在意识阈以下的潜意识。它包括人们不自觉的认识功能和不自觉的体验功能。

弗洛伊德的精神分析学说，把人的心理区分为三个层次：（1）个人能觉察和感知的意识；（2）属于无意识，经过注意与努力容易转变为意识的前意识；（3）不能觉察与感知的无意识。前意识、无意识，又可统称为潜意识，是指被压抑的、当时无从直接知觉的本能、欲望和经验。这种三层次的区分，与将人的心理区分为意识与无意识的二层次区分是不矛盾的。我们所说的无意识（即潜意识），包括三层次划分的后两个层次——前意识与无意识。

对无意识的研究，具有重要的意义。马克思的历史唯物主义强调从社会的经济因素角度说明社会的主观因素，但又认为这并不可能说明社会历史的一切细节、一切现象。而关于无意识心理过程的理论，却可以对此作出解答。有的学者认为，人的许多情绪、情感等主观因素，无法用经济因素和理性加以解答，如人们的社会生活和工作中的不合理的忧虑和迟疑，无法说明的忌讳、偏见和嫉妒，国家的、种族的和宗教的信仰等，都被无意识所操纵，无法或难以用逻辑理论加以说明，只能从无意识加以说明。因为无意识不受时空、逻辑限制，而受情感和欲望的支配。由此可知，犯罪心理结构中的无意识状态，对于犯罪行为中的一些不合逻辑和不合理性的现象，能够作出解释和回答。

根据大量调查和犯罪人的自我报告资料，可以看出，他们在实施犯罪活动中，其心理结构的无意识状态确实存在，其作用不能忽视。

1. 动力结构中的无意识

犯罪人的某些需要、兴趣，凡属于本能、欲望和过去生活经历过的东西，有时主体并不能清楚地意识到。如青春期的性躁动，欲望不能满足或受挫后的焦虑等，往往形成一种无名的冲动而产生越轨行为。即使是犯罪动机，有时也可能在意识朦胧状态下发生，如激情状态下的杀人，某些游戏型犯罪，行为人都很难作出合乎逻辑的解释。

2. 特征结构中的无意识

人对自我的意识有时是很不充分的。例如，个人的气质和某些能力、经验、行为方式，并非每个人都能清楚地意识到。弗洛伊德认为，无意识决定人的性格、气质。犯罪人在作案时往往留下蛛丝马迹，而他本人并不能意识到，于是客观上为侦破提供了线索。即使是犯罪人欲盖弥彰的掩饰，也难免出现"藏头"不能"掖尾"的情况，以至于更彰显其心理和行为特征。

3. 心理状态中的无意识

行为人的心境、激情往往不能被主体清晰地意识到，这种"无名的烦恼"如何出现？"怒火三丈"的缘由是什么？为什么有一种非发泄不可的压抑感？主体往往感到意识模糊。某些人不仅不能通过意志努力加以调整控制，反而在一定程度上受到这种心理状态的支配，产生犯罪行为。

需要说明的是，犯罪心理结构中的无意识，多数还不是毫不知觉的状态，只是意识状态比较模糊，有些经过意志努力和转移注意，仍能意识到其心理内容。这种无意识状态，除个别案例外，并不是犯罪行为的最后决定力量，而只是一种起作用的因素，犯罪行为的支配力量主要是有意识的方面，所以从刑法理论上明确规定了其应当承担的刑事责任。

总之，上述犯罪心理结构的各要素是综合起动力作用的。而且，相互之间并不是简单的相加，而是按一定层次、一定组织，以其内在联系，互相配合与制约地发挥作用，最后产生具有一定特色和方式的犯罪行为。概括地说，在犯罪心理结构中，不良的个性倾向是犯罪人实施犯罪活动的基本动力，支配、推动着其全部心理活动和行为。歪曲的自我意识是犯罪人接受不良信息、诱发犯罪动机的现实过程，对犯罪行为起调控和制动作用。变异、偏执的个性特点，使犯罪活动染上了个人的独特色彩。与犯罪相适应的心理状态，是作案时必备的心理条件。

第三节　犯罪心理结构的模式及形态变化

根据心理、意识支配行为的原理，犯罪心理结构应当是在犯罪行为发生前形成的。由于其隐蔽性，一般只有在犯罪行为发生后，才为人所知。然而，从犯罪心理结构的形成，到犯罪行为的实施和犯罪活动结束以后，犯罪心理结构有一个发展和形态上的变化过程。

犯罪心理结构的发展大致要经历三个阶段的形态变化：

一、潜在形态

恋爱中的一见钟情并非偶然发生的一时冲动，而是其长期心理准备、酝酿的结果。同样的道理，犯罪行为包括那些突发性的犯罪行为，也决不是所谓偶然情况下出现的"一念之差"，而有着其内在的深刻的个性心理基础。

个体因社会化过程中的缺陷而产生的不健全人格，是形成犯罪心理结构的基础。在不健全人格阶段，虽然他已经具有某些不良的心理因素。但这些混杂于守法心理因素之间的各种不良因素还处于混沌、无序状态，缺乏明晰的指向性与稳定性，尚未形成特定的犯罪心理结构。正是由于其不稳定和缺乏明确的作用方向，它对个体行为的不良影响就只是偶然的、不确定的，还不足以支配个体发动触犯刑律的犯罪行为。

一个人由不健全人格进而形成潜在的、非典型的（不完整的）犯罪心理结构的标志是犯意的萌生。也就是说，当个体具有了某些不良心理因素，而且又有了实施犯罪行为的意图，这才标志着犯罪心理结构开始形成。

如前所述，意向是人的活动动机的最初阶段，犯意就是由不良需要引起的行为倾向（包括意识到的和未被意识到的）阶段。尽管他的动机水平和层次很低，没有明确的目的和方向，只有某种意图并缺少行动计划，只是发生了一些违反道德准则的行为和轻微的违法行为，也可能没有被周围的人们察觉，但只要产生了犯意就表明个体心理发生了质的变化，由完全不自觉的不良行为习惯状态，进入了比较自觉的违法行为倾向状态，也就是实施犯罪行为前的准备状态。这种状态，可称之为犯罪心理结构的潜在形态。

潜在形态的犯罪心理结构，已经形成有序结构的雏形。这时候，其不良心理因素开始组合，但结构并不稳定，各因素之间时而表现为有序，时而表现为无序；或有些因素之间有序，有些因素之间无序，处在由非系统性向系统性过渡，由犯罪意向朝犯罪决意过渡的阶段。在这个阶段，个体通常表现为内心斗争激烈，焦虑不安，或者毅然决然，跃跃欲试。此时，一般人的心理倾向与犯罪人的心理倾向是一致的并无质的差别，只有程度上和结果上的差别。如果没有发生犯罪行为那只是因为缺少适当的条件和机遇。此种状况可称之为犯罪心理结构的潜在状态。当然，这并不是说有了犯罪心理结构的潜在状态就必定要发生犯罪行为，只要不具备一定的外在机遇和条件，或者因周围人及时发现其意图而加强教育，就能使其潜在的犯罪心理结构趋于瓦解，从而不发生犯罪行为。

犯罪心理结构的潜在状态属不稳定、不完全的萌芽时期，虽然产生了犯意，但其各不良心理因素之间仍然没有完全摆脱混沌、无序状态。

二、恶变与整合形态

当外界条件达到一定的阈值时，个体心理会发生突变，各种不良心理因素之间，由潜在形态后期的半混沌半有序状态恶变为胶着、稳定的有序状态，形成一种合力结构，产生具有特定指向的犯罪动机和决意，并着手实施犯罪行为。

潜在状态发展到恶变与整合形态有如下一些因素在起着作用：

(一)外界的不良诱因是导致犯罪心理恶变的条件和契机

对于心理系统来说，它不断和外界进行信息交换，起初，这个过程只是产生量变，即增加外部事物对心理的作用，不引起心理系统质的变化。当心理系统从外界获取的能量和信息达到一定的临界值时，其内部的信息容量上升到了饱和的程度，心理同外界的关系便趋于暂时的平衡，其对外界信息的需要降低到最低限度。如果继续增强外界对心理的作用，增加心理从外界得到的信息量，就会引起系统内部某些参数的变化，使心理从量变过渡到质变。这种变化以心理内部新结构的出现和新体系的产生为标志。它是心理系统从外部获得的信息达到一定水平时，心理内部诸因素相互作用产生的一种协同效应。

如果各种不良心理因素尚处于量变阶段，主体心理系统尚能与外界环境保持平衡，不会马上导致犯罪行为的发生。但是，不良心理因素的存在，却使主体具备了接受外界不良诱因的内因，即对外界不良诱因具有选择性和倾向性。这里说的外界不良诱因具有广泛的内容，包括被害人一方的刺激，同伴的拉拢、胁迫、教唆，各种有利于犯罪的条件、机遇，以及外界容易诱发犯罪的各种社会消极因素等。由于不良诱因的反复刺激，使主体原有的不良心理因素发生进一步恶变，如，反社会意识的强化，错误的认识和不良情绪状态(仇恨、报复、嫉妒心理、消极激情)的产生，侥幸冒险心理增强，不良欲求恶性膨胀，自我意识水平降低等。同时，主体因此而产生心理紧张和焦虑，使其主观心理状态与外界客观环境产生了严重的不平衡状态。此时，主体又不能以合法的途径和手段满足其强烈欲求，解除心理紧张与焦虑，于是产生了犯罪动机。犯罪动机的产生，标志着主体犯罪心理结构由潜在状态发展为恶变状态。主体犯罪心理结构的恶变过程，既可能是在一定时期内发生渐变的过程，也可能是在很短的时间内发生突变的过程。

(二)心理系统的"自组织"功能是犯罪心理结构恶变的内部机制

心理系统不仅是动态的开放系统，同时也是个自我调节系统。犯罪心理的恶变，不仅是与外界交换信息过程中各不良心理因素的恶变，也是整体心理结构的再组织与恶变。心理系统在与外界环境相互作用的过程中，通过自我意识不断进行自我调节，以保持心理系统的稳态及其与环境的平衡。这种自我调节功能的实现，是由于各心理因素相互作用产生的一种"协同效应"，使心理系统具有"自组织"功能。这种自组织功能主要表现在，根据外界客观环境的变化，自动控制、调节、更新心理系统内各种心理要素的组合方式，使主体原来处在潜在无序状态的不良心理因素，按照实现心理系统的稳态及其与环境平衡的要求，变得稳定而有序，形成朝着预定方向发展的"合力"结构，处在异常活跃、一触即发的"待动"状态。因此，心理系统的"自组织"功能，是其发展、变化的内部机制，也是犯罪心理结构恶变的内部机制。

(三)犯罪动机外化为行动是犯罪心理结构恶变的结果

犯罪心理结构恶变(通过自组织功能，使其不良心理因素有序化、结构化)之后，仍然有待于外界刺激因素的"引爆"。此时，只要有适当的机遇(被害对象的出现和防卫系统的削弱)，就会迅速地将犯罪动机外化为犯罪行为。而当机遇尚未出现时，有些犯罪人还通过意志努力，去寻求和制造这种机遇，以求犯罪目的的实现。有些突发性或激情性犯罪人，看起来犯罪动机的萌发或犯罪行为的发生似乎带有偶然性。但实际上，其"情欲"(嫉妒、仇恨、愤懑)、不良性格及其他消极心理因素早就深藏在心中。当外界情况发生突变时，其内部心理因素的建构剧烈而迅速，在短短一瞬间发生恶变，弥漫着适合进行犯罪活动的心理状态，以致立刻爆发犯罪行为。所以，渐进或突发只是一个时间概念，其内部运行机制并无不同。很难设想，如果主体内部各心理因素之间依然混沌无序，未进行整合，甚至互相牵制抵消，不具有产生特定方向性的内部结构，也能爆发犯罪行为。当然，一般说来，突发性、激情性犯罪人恶变的结构并不牢固，离开了一定的情绪状态，便会迅速衰落。

三、衰落或衰减形态

当犯罪行为经过实施(包括既遂和未遂)，其犯罪欲求得到满足而暂时不那么强烈时，或者因犯罪行为受到遏止，恐惧感增强时，由于离开了特定的犯罪情境，与犯罪相适应的心理状态随之消失，行为人头脑中常态的心理因素(正常的认识、情感和道德感、良知)就从抑制状态逐渐恢复，内部心理矛盾和冲突再度产生，以及担心罪行暴露和受到刑罚，他们有可能出现一定程度的后悔、自责，原来实施犯罪行为时发生恶变，呈现稳定、有序状态的犯罪心理结构开始衰落、又变得混沌、无序、松弛涣散。这是一般初犯、偶犯犯罪心理结构形态变化的规律。常习犯(常习犯是指犯罪构成预定具有常习性的行为人反复多次实施行为的，称为常习犯，我国刑法没有规定常习犯)、惯犯、累犯等衰落现象不明显，仅有所衰减。但是，无论衰落或衰减，实施犯罪行为后的混沌、无序状态，同实施犯罪行为前的潜在形态的混沌无序状态，其性质是不同的，它只是一种涣散、松弛状态，仍然保留着合力结构时的大体轮廓。因为它增加了犯罪活动的体验，强化了犯罪心理，为再次恶变准备了更充分的条件。虽然回到了潜在状态，但由于增加了犯罪体验强化了犯罪心理，今后实施犯罪的可能性、频率都增加了，其主观恶性程度也更为严重了。

第四节　犯罪心理结构的特性

一、犯罪心理结构的驱动性与指向性

犯罪心理结构具有支配犯罪行为实施的驱动性和决定行为方式和目标的指向性。它反映犯罪人心理内容和意识事实的特质——实施违法犯罪行为和指向特定的违法犯罪行为。由于组成此结构的各种心理成分所包含的内容与社会的道德、法律规范相背离，加之个性心理品质的不良，就使犯罪心理结构与守法者的心理结构，在性质上、功能上、组合方式上，尤其是在活动的指向性上，有着显著的差异。犯罪心理结构同犯罪行为之间有着因果联系，有了

犯罪心理结构才能出现犯罪行为。没有犯罪心理结构的驱动性和指向性，就不可能发生特定的犯罪行为。并且，犯罪心理结构还不只有凝固不变的一种模式，它是动态的、发展的和多形态的。在犯罪心理结构的运动形态中，会产生有序结构、稳定结构与无序结构、松散结构和非平衡结构的转换。值得注意的是，只有在其运动、转换的一定阶段，才产生驱动性与指向性，引发犯罪行为。

二、犯罪心理结构的整体性与系统性

用整体的、系统的观点来认识犯罪心理结构具有重要的意义。因为，人的心理生活(除严重心理障碍者外)，都是由许多心理成分和子系统组成的复杂系统。这个系统是由不同维度和层次构成的完整机制。任何一个子系统的活动都受到其他子系统的配合和牵制，表现为整体的行动。各种不良心理成分之间的联系都是双向的，既有输出信息发生影响的一面，又有接受信息的反馈作用。各心理成分的相互依存与制约，产生协调一致的功能，组合成一个整体结构，支配主体实施犯罪活动。根据整体不等于各个部分相加之和而大于部分之和、意识经验不等于感觉和情感等元素的集合而具有新的内涵等原理，犯罪心理结构的形成，使其具有超出各不良心理因素简单相加的恶性整体功能。这种恶性整体功能，对外部客观世界具有破坏性，危及他人利益和社会治安；对内部心理世界具有排他性，阻碍反对动机和其他积极心理因素的生长。

三、犯罪心理结构的隐蔽性和客观性

在犯罪行为发生之前，犯罪心理结构处于隐蔽状态，潜藏在主体的个性心理结构的深层，一般不为人所知。犯罪行为的发生，则是犯罪心理结构的外化和暴露，使犯罪心理结构的表征具有客观的性质。该结构的各种不良心理因素，大部分通过犯罪行为表现出来，可以被观察到；少部分表现得不充分的，也可通过各种心理测试反映出来。各种不良心理因素之间的内在联系，虽然不能直接观察到，但可以通过对主体犯罪行为进行心理分析和罪犯的自我心理解剖，了解其内部结构，用概念和图示把它描述出来。

四、犯罪心理结构的相对稳定性和可变性

犯罪心理结构不是一朝一夕形成的。当它一旦形成，并具有动力定型的特性之后就具有相对的稳定性，表现出时间上的连续性和行为上的一贯性。但是，犯罪心理结构又具有开放性和动态性，随时都在与外在客观环境进行信息交换，既可能因外界不良信息的再次输入、犯罪行为的反复进行，而使主体的犯罪心理结构更加巩固与强化；也可能因犯罪行为被及时揭露受到惩罚，通过强制性的重新社会化，使犯罪心理结构解体，原有的社会心理缺陷得到矫正。因此，犯罪心理结构又具有可变性。

第五章　犯罪心理形成的原因

犯罪心理是犯罪人在原有生理因素与心理因素的基础上，吸收外在环境因素并内化自己的反社会意识。影响犯罪心理形成的因素多种多样，它们构成了一个极为复杂的系统。影响犯罪心理形成主要包括主观和客观两大方面，这也是本章要讨论的主要内容。此外，本章还将在简要介绍国内外学者有关犯罪原因研究的各种理论成果的基础上，对这两个方面的问题进行论证。

第一节　我国学者关于犯罪心理形成原因的观点

我国学者对个体犯罪心理产生的解释①大体可分为以下几类：

一、外因论

持这种观点的学者认为，个体犯罪的原因取决于客观环境的影响，犯罪心理是消极的社会因素的反映。诸如，国外不良思想意识、文化习俗的涌入，国内社会政治、经济、文化、家庭、学校等社会生活中的各种消极因素，对个体犯罪心理的形成有着不容忽视的影响。

二、内因论

持这种观点的学者认为，个体的犯罪心理形成的原因取决于某一主观（或主体）因素，如反动世界观、不良个性品质、性冲动、金钱欲、错误的认知、超常的需要等。

三、内外因论

持这种观点的学者认为，个体的犯罪心理形成既有外部条件，又有内部原因。只有当外部条件被人接受时，外因才能发挥其作用；只有当内部因素变成驱动力时，人才能产生行为。同时，从吸收客观世界的消极因素到形成主体犯罪心理的过程和规律，是犯罪心理的内化机制；由犯罪心理的整合到发动犯罪行为的过程和规律，是犯罪心理的外化机制。但是这种内外化机制不是截然分开的，而是相互衔接、渗透和相互作用的。在内化过程中包含若干消极行为和活动，这是不良心理的外化。外化过程中的犯罪行为是对犯罪心理的反馈，又是再一次内化。个体犯罪是主观因素与客观因素相互作用、相互影响而聚合在一起的结果。

四、聚合效应论

该理论认为，犯罪心理的形成是一种"聚合效应"。这是一种可能影响犯罪心理产生的诸种因素的作用（包括主要因素的作用、次要因素的作用、主要因素与其他因素相互影响而

---

① 罗大华，何为民. 犯罪心理学[M]. 浙江：教育出版社，2002：100-106.

产生的增效作用等)聚合在一起而具有产生犯罪心理活动的效应。

五、综合动因论

持这种观点的学者认为，影响个体犯罪产生的因素是一个整体系统(母系统)，它是由若干个相互联系和相互作用着的主体内外因素(子系统)所构成，形成多层次、多维度的某种结构体，这种结构体由于各种因素的交互作用，则处于一种动态变化中。犯罪心理的产生是由于多种内外因素综合的互为动力作用的结果。在此基础上提出综合动因论的四要点，即整体性、层次性、结构性和动态性。犯罪"综合动因论"的整体性是指影响个体犯罪的主体内外因素是有机统一的整体，应当从整体出发去考察各因素在影响个体犯罪中的作用；犯罪"综合动因论"的层次性是指人们在考察个体犯罪原因时，一定要注意各层次因素之间质的差异性及其在整体中的作用；犯罪"综合动因论"的结构性是指人们在认识原因系统时，要注意各种因素之间的结构及其对原因整体的作用和影响；犯罪"综合动因论"的动态性是指个体犯罪原因是个开放系统，它的形成是一个过程，因此，要用发展变化的观点看待个体犯罪的原因。

第二节　国外关于个体犯罪心理原因的观点综述

犯罪原因论认为犯罪心理来源于人的心理本能，即心理原动力。一般包括以下几种观点：

一、"侵犯性说"

该理论认为，侵犯性是一种本能，是一种具有生物保护意义的本能①。研究者通过对动物的习性研究得出，动物就是通过这种世代相传的侵犯本能来保护后代，维护生存的。人由动物演化而来，虽然在长期演化的过程中，这种侵犯性已渐处隐蔽与减弱状态，但不可能完全消失。一旦遇到激烈的斗争和冲突，侵犯便不可避免。侵犯性是在人的无意识中的，用于心理冲突或挫折所引起的焦虑，维持和恢复心理平衡的一种自我保护方法，有些侵犯就可能导致犯罪。"侵犯性说"主要从合理化作用、投射作用、认同作用、反向作用四个方面来阐述。

二、"利欲说"

该学说认为，人求得生存的欲望是犯罪心理产生的原动力。人类生存发展的欲望，表现为复杂的利欲心。这种利欲的内容是以人的根本需要为基础，并结合当时的社会需要而形成的。当人们无法用正当的手段满足利欲而又不能有效地克制时，就会寻求不正当的补偿性行为，即犯罪行为。因此，利欲心就成为犯罪心理的原动力。

三、"性冲动说"

该学说认为，性冲动是犯罪心理产生的原动力，它具有破坏的力量，会引发各种犯罪行

---

① 　[日]森武夫. 犯罪心理学入门[M]. 邵道生等译. 北京：知识出版社，1998：120-123.

为。代表人物是精神分析理论的创始人弗洛伊德①。他认为，人的性本能"力必多"是个体一切行为的原动力，它遵循快乐原则，使人适应环境，趋利避害。侵犯是性本能的一部分，后来他又提出了人格结构理论及生本能和死本能的概念，认为死本能代表着恨与破坏的力量，以侵犯的形式表现出来。

四、"权欲说"

这一学说的代表人物、是奥地利精神病学家和个性心理分析理论的创始人阿德勒（Alfed Adler）。这种理论认为，人具有保护自己、追求优越的本能，即权利欲。当这种欲望得不到满足时，就会形成自卑感，而此时追求优越感的补偿作用也会同时出现。人们在追求优越感的过程中所产生的自卑感及其补偿作用人人都存在，只不过正常人和罪犯追求优越感的方法有所不同而已。在现实生活中，一方面由于客观存在着多种不利于个人生存和发展的情况，限制了个人在社会生活中的工作、交往以及其他活动，阻碍了个人的进步和发展，并使个人不断受到别人的轻视、冷遇等不良对待，这种状况容易使个人在与其他人的比较中产生自己不如他人的自卑感；另一方面，尽管在客观上并不存在自己低于别人的情况，但是个人在心理上也可能有妄自菲薄，把自己想象得过于无能，以致产生自己比别人低劣的无能感和不安心理。阿德勒认为，那些受过良好教育、身体健全、社会经济条件好的人，采取了符合社会要求的、适度的补偿行为来克服自卑感，获得优越感和心理满足；而那些受过错误教育或身体有缺陷、社会经济地位低的人，则有可能采取违背社会要求、过度的补偿行为来克服自卑感，获得优越感和心理满足。因此，当过度补偿机制使用得当时，会产生为社会所接受的行为和结果；但是当过度机制使用不当时，就会导致危害社会的行为和结果，构成犯罪。

五、"挫折—攻击理论"

该理论认为当个人动机、行为受到挫折时，攻击与侵犯就成为一种最原始、最普遍的反应。挫折是个体为满足某种需要或为了实现某种欲望的尝试和努力遭到失败时而产生的情绪状态。挫折的产生往往会引起个人行为与心理的变化，产生两类反应：一类是受挫折后直接、迅速地表现出来的行为反应；另一类是遭受挫折后间接、缓慢地表现出来的心理反应，这两种反应都会引起犯罪行为，因此，一些犯罪心理学家用它们来解释犯罪行为所产生的心理过程。其代表人物是美国心理学家多拉德（J. Dollard）和米勒（N. E. Miller），他们认为当一个人的动机遭受挫折时，为了缓解内心的紧张，保持心理平衡，必然要通过发起侵犯攻击行为来宣泄内心的不满。挫折是否引起攻击行为，取决于以下因素：第一，攻击行为可能会引起的惩罚程度；第二，受挫时个人所体验到的挫折强度。同时，发生攻击行为之前，必定先有挫折；所受挫折越大，攻击的强度就越大；反之，所受挫折越小，攻击的强度就越小；犯罪的原因是由于挫折增大的结果。经济、教育和职业方面的地位低下、智力差、青春期容貌和身体的缺陷、人种、私生子、离婚者等都可能是产生挫折或使挫折增大的原因。②

上述五种理论，从不同侧面阐述了犯罪心理形成的原因。他们并非处于同一层次，有些理论仅能解释一类的犯罪心理的某些方面，有些理论显示有漏洞。上述理论大多是出自欧美社会文化背景所引导出来的学理或假设，不会完全符合我国社会犯罪的实际情况。但是，这

---

① 车文博. 弗洛伊德主义评析[M]. 长春：吉林教育出版社，1992：427-433.
② 许春金. 犯罪学导论[M]. 台湾：台湾警官学校犯罪防治学系，1987：159-161.

些理论依然有一定的科学价值，可供研究犯罪问题和了解、掌握本书所论述的基本观点时的借鉴、参考。①

第三节　影响犯罪心理形成的主体因素

主体因素是指犯罪人犯罪心理赖以形成的自身因素，具体包括生理因素、心理因素和行为因素。

一、生理因素

生理因素是人的心理产生的物质基础。它包括年龄、性别、神经类型以及异常的生物学因素。犯罪心理与犯罪人的生理因素虽然没有必然联系，但它却必须通过具有不同生理特点的个体行为表现出来。因此，犯罪心理的形成在一定程度上也受生理因素的影响，主要包括以下几方面：

（一）年龄因素

发展心理学的研究表明，人的身心发展水平受年龄的制约。不同年龄阶段的人，心理成熟程度和心理特点有较大的差异性，其行为也表现出不同的特点。年龄对犯罪心理的影响主要表现在，不同年龄的人在刑事犯罪中所占的比例、犯罪类型、犯罪手段和方式等方面有所不同。

1. 犯罪率高低与年龄相关②

一般把与犯罪行为相关的年龄划为青少年、中年和老年等几个阶段。世界各国的统计资料均表明。犯罪高发年龄，大多处于青少年时期。这与青少年这一特殊年龄阶段的身心特点密切相关。青少年的生理、心理都处于一个急剧发展变化的时期。身心充满矛盾，易导致兴奋性强而控制力差，情绪情感不稳定；同时其生活阅历浅，认知能力有限，对人对事也缺乏正确的辨别与判断能力。这些身心特点使他们容易片面、偏激或受到其他不良因素的影响而误入歧途，从而导致犯罪。

人到中年，身心发展已趋稳定，自控能力较强，阅历渐深，处理各种问题的能力增强，因此，犯罪率相对较低。这一时期的犯罪，或是青少年时期犯罪的延续（如累犯、惯犯），或是与职务相关的犯罪。

儿童期与老年期是犯罪发生率最低的两个阶段。儿童期由于身心发育尚不充分，又处于成人严格保护之下，与外界接触较少，犯罪的几率很小。近年来，青少年的犯罪有向低龄化发展的趋势，这是应该引起家庭、学校和社会高度关注的问题。到了老年期，由于进入衰老阶段，身心功能退化，绝大多数人追求平安、稳定的生活，一般不易形成犯罪心理，犯罪现象较少。但随着社会老龄化趋势的发展，老年犯罪率也会有所增长。

2. 犯罪类型、犯罪手段的选择与年龄相关③

不同的年龄阶段会有各自不同的行为特征、犯罪类型与犯罪手段的选择也必然表现出不同的特点。青少年阶段精力旺盛，体力充沛，容易冲动，自控力差。因此，青少年的犯罪手

① 罗大华，何为民. 犯罪心理学［M］. 北京：中国政法大学出版社，2003：100-106.

② 高汉声. 犯罪心理学［M］. 南京：南京大学出版社，1993.

③ 高汉声. 犯罪心理学［M］. 南京：南京大学出版社，1993.

法比较简单、直接，易发生抢劫、伤害、杀人、强奸等暴力型犯罪，财产型犯罪也较多。而中年人的犯罪手法比较隐蔽，犯罪目的非常明确，一般多选择贪污、受贿、贩毒等智能型的犯罪。

（二）性别因素

性别不同，在生理特征、心理特征及社会角色等方面都有较大的差异，这对犯罪心理的形成产生一定影响。[1] 具体表现为：

1. 性别差异对犯罪率的影响

男性与女性在总人口中所占比例几乎相等，但从犯罪数量上看，男性犯罪率远远比女性犯罪率高。

2. 性别差异对犯罪类型和犯罪手段的影响

在犯罪类型上，男性和女性有所不同。女性一般多选择性犯罪、财产型犯罪；而男性犯罪类型涉及广泛。在犯罪手段的选择上，男女也有差异。女性体能较弱，但预谋性强，所以犯罪手段较隐蔽，多选择诈骗、贪污、扒窃等非暴力性犯罪；而男性的体能较强，多采用直接公开的暴力手段进行犯罪。

3. 性别差异对犯罪主动性的影响

女性的生理特性及社会角色，决定了她们不仅在体能上弱于男性，而且在心理素质上也弱于男性，胆量较小，依附性强，这就使女性犯罪的主动性、攻击性皆弱于男性。而男性的主动性和攻击性则较为明显。在男女共同参与的犯罪中，男性多担任主要角色，犯罪更具主动性，而女性则多处于次要地位，具有依附性。

（三）神经类型因素

神经类型即高级神经活动类型。巴甫洛夫把人的高级神经活动分为四种类型，即兴奋型、活泼型、安静型、抑制型。不同的人神经类型有很大差异。犯罪心理的形成与犯罪行为的实施会受到个体神经类型的影响。如兴奋型的人，神经活动平衡性差，冲动性强，易选择抢劫、杀人、强奸等暴力型犯罪；活泼型的人易选择诈骗、盗窃等犯罪方式；而安静型、抑制型的人多选择贪污、走私、网络犯罪等智能型的犯罪。

（四）异常的生物学因素 [2]

人的身心是统一的，生理因素异常必然带来心理活动的偏差。由遗传性疾病导致的精神疾病、癫痫、人格障碍等，会使人的生理、心理出现异常，对犯罪心理的形成会产生一定的影响。如酗酒成性的父母会对胎儿产生影响，胎儿出生后产生身心异常，具有犯罪的易感性。

染色体异常、精神发育不全、脑损伤等常常导致低能、弱智，性格变异。使人体的分析、判断和理解力降低，情绪冲动，自控力差，缺乏理智，易受外界诱因影响，形成犯罪心理。吸毒和酗酒还会使人因陷入精神的麻醉状态而实施犯罪，如出现寻衅滋事、攻击行为及交通肇事等。内分泌和物质代谢的异常，尤其是情绪情感的变化，对犯罪心理的形成有较大的影响。会引起心理活动的变化，有研究表明，性激素分泌异常会影响其情绪情感状态，是导致犯罪心理形成的重要诱因。甲状腺异常分泌，会造成情绪的高激惹性，导致冲动性暴力行为的发生。另外，身体残疾者因生理缺陷，也会导致心理上的微妙变化，易形成猜忌、孤

---

① ［日］山根清道. 犯罪心理学［M］. 张增杰等译. 北京：群众出版社，1984.
② 刘邦惠. 犯罪心理学［M］. 北京：科学出版社，2004.

僻、偏执的性格特点，更有甚者会产生报复的犯罪心理。

二、心理因素

心理因素是指犯罪主体原有的，在犯罪心理形成之前就存在于心理结构中的消极因素。如不良的个性倾向性、不良的性格品质以及不成热的自我意识等。这些消极因素与犯罪心理有着密切的联系，接受外界不良因素的影响，加速犯罪的形成。

(一)认识方面的因素

人们在认识过程中形成的对客观事物错误、歪曲的认识，会对犯罪心理的形成产生一定影响。主要表现为：(1)认识能力低下，分不清什么是真、善、美，什么是假、恶、丑，看问题片面、肤浅，对道德、法律规范一无所知，任意妄为，易导致犯罪。(2)认识内容错误，形成了诸如"人为财死，鸟为食亡"、"一切向钱看"、"不劳而获光荣"、"人不为己，天诛地灭"等错误的人生观、价值观，会使行为人无视道德、法律的存在，导致物欲型犯罪心理的形成。(3)认识方式偏激、思维片面、狭窄，认识问题喜欢钻"牛角尖"，不能一分为二地分析问题，往往以偏概全。这样，容易夸大社会的阴暗面，激化人际矛盾，行为易走极端，产生报复的犯罪心理。

(二)不良的情绪情感因素

不良的情绪情感最容易导致人们行为的偏差。一些消极的情绪情感特征与犯罪心理的形成有着直接的关系，具体表现在：(1)高级情感缺乏，一味追求低级情感的满足。缺乏道德感、理智感和美感，没有责任心、义务感，只关注直接的感官享受，容易导致犯罪心理的形成。(2)悲观消沉、不满、妒忌等消极情绪的积累，会导致人格的扭曲，最终以实施犯罪为途径得以宣泄。(3)处于激情状态的不良情绪，无法自制，尤其是青少年，易导致激情犯罪。

(三)不良的意志品质

人的意志对行为起着调节、控制作用，犯罪行为与不良的意志品质有着密切关系。[①] 这些消极的意志品质主要表现为自制力差，抵挡不住外界不良因素的诱惑；意志的自觉性、主动性不够，丧失自我判断能力，容易盲从而犯罪；意志薄弱，犯罪成癖，犯罪心理容易经过强化形成稳固的动力定型。这种人大多是累犯、惯犯，矫治起来十分困难。

(四)不良的个性因素

个性对犯罪心理的形成影响极大。主要表现在：(1)个性的倾向性，又称动机系统，主要影响到人们活动的态度、目标的选择，个性倾向性出现偏差，需要、兴趣低下，价值观、世界观错误，会直接导致犯罪心理的形成。(2)个性心理特征，包括能力、气质、性格等心理因素存在缺陷，如气质中的不良因素，性格中存在的消极的、不良的、反社会的因素以及犯罪技能和智能的形成，都会对犯罪心理的形成产生极为关键的影响，有一些不良的人格特征还是违法犯罪的直接的心理原因。(3)自我调控能力低下，往往无法控制犯罪需求、欲望而导致犯罪行为的发生。

(五)人格障碍

人格障碍，又称个性异常，其直接表现就是心理与行为异常，犯罪的易感性强。若遇外

---

① 梅传强. 犯罪心理生成机制[M]. 北京：中国检查出版社，2004.

界不良诱因，极易导致犯罪。人格障碍中最常见的表现形式是变态人格，也称人格异常。①其形成原因非常复杂，它主要是指个体在后天成长过程中所形成的性格和嗜好上的怪癖。具有明显的心理障碍，其种类很多。从目前统计资料来看，变态人格者的犯罪率多于正常个体的犯罪比例。

三、行为因素

行为因素是指个体某些不良的行为活动，如不健康的活动内容、不良的行为习惯和学习模仿不良的行为模式等。这些不良的行为反作用于心理，使不良的心理得到强化。在影响犯罪心理形成的主体因素中，心理因素、行为因素起着主导作用。不良的行为定势习惯是人们在日常生活中经过多次的心理强化而固着的行为模式。通常的情况下，习惯行为占主导地位，决定个体总的行为方向。不良习惯和行为的定势，必然会导致个体行为方向的错误。犯罪行为与犯罪心理之间存在相互影响、相互作用的关系。犯罪心理对犯罪行为的产生起支配作用。犯罪行为的实施又反作用于犯罪心理，使之得到不断强化。

(一)错误的活动内容

错误的活动内容是指行为人从事、参与的活动不符合社会要求，为社会所禁止、打击。例如，阅读内容不健康的书刊，观看黄色影视作品；寻衅滋事，扰乱公共秩序；加入非法组织，参与帮派、迷信活动等。这些错误的活动充斥着大量伪道德、法律所禁止的不良刺激，甚至是违法犯罪的内容，对人的心理会产生不良的影响，易产生大量不良心理刺激，进而导致犯罪心理的形成与强化。

(二)采取不良的行为方式

不良行为方式是指行为人为了迅速、方便地达到某种目的而采取的为道德、法律所不容的，不恰当甚至反社会的行为方式，包括赌博、欺骗、诬陷、诽谤、报复、恃强凌弱等。当这些不良的行为方式迅速满足了行为人的不良需求时，就会使其产生投机取巧的心态和心理认同，如遇类似情境就会再次采取同样的行为方式。长此以往，不良心理便会得到强化、巩固，进而形成恶习，逐渐从量的积累达到质的变化，引发犯罪心理的形成。

(三)不良的行为习惯

行为习惯是长期养成并巩固的、自动化的行为方式，它使人的行为不受意识控制，形成惯性。良好的习惯使人终生受益，不良的习惯则会贻害无穷。许多犯罪行为的产生，与犯罪人从小形成的不良行为习惯有很大的关系，如撒谎、自由散漫、小偷小摸、游手好闲、好吃懒做等。这些不良的行为习惯，会使不良的心理得到强化，形成动力定型，如遇不良诱因，会迅速形成犯罪心理，发生犯罪行为。

(四)模仿与学习不良的行为模式

行为模式是指社会生活中那些被人们当作典范或榜样来仿效的行为方式。社会上存在着大量不良的行为模式②，如青少年团伙中"为朋友两肋插刀"的"江湖义气"，一些"大款"一掷千金追求享乐的生活方式，不良组织的暗语、行话，以及影视作品中低级下流的行为方式等，最容易成为认知水平低下的青少年的模仿对象。在对不良行为的模仿过程中，模仿者会对不良行为产生心理认同，导致犯罪心理及行为的发生。青少年中因模仿与学习这些不良的

---

① 朱智贤. 心理学大词典[M]. 北京：北京师范大学出版社，1987.

② 张保平. 犯罪心理学[M]. 北京：中国人民公安大学出版社，2006.

行为模式而导致犯罪的不在少数。

第四节　影响犯罪心理形成的主体外因素

人的心理是对客观现实的反映，因此，犯罪心理也是主体受到来自主体外的各种影响犯罪心理形成的主体外的社会环境因素、自然环境因素和犯罪现场情境因素三大类。

一、社会环境因素

社会环境因素可以分为宏观环境因素和微观环境因素。

(一)宏观环境因素

宏观环境因素是指个体生活的整个社会环境因素，包括社会政治、经济、文化、法律和社会控制因素等，也称社会大环境因素。其中，对犯罪心理影响较大的，主要包括以下几个方面：

1. 社会经济因素对犯罪心理的影响

社会的经济因素是指社会经济制度、经济政策、生产力发展水平、商品经济发展状况和社会分配制度等。这些因素中的消极成分会给人的心理带来负作用，对个体犯罪心理的形成，乃至犯罪的性质、类型，产生较大的影响。古代经济学家管仲就曾朴素地论述了犯罪心理的产生与经济的关系。他说："仓廪实而知礼节，衣食足而知荣辱。"考察古今中外的大量犯罪现象，可以看出经济因素对犯罪心理的影响。

(1)经济体制改革的负面影响。我国目前进行的经济体制改革，是一场大的社会变革，它极大地促进了社会的进步、经济的发展、生产力水平的提高，但也给人们带来了一些消极影响。旧的体制被打破，新的体制尚未完全形成，经济领域的一些监管体系不够健全，法律制度还不完善，这会激起一部分人的投机和侥幸心理，对经济犯罪心理的形成，产生较大影响。经济领域的犯罪种类不断增多，犯罪金额也不断加大，给国家带来了巨大的经济损失。

(2)商品经济的消极作用。市场经济条件下，商品经济的观念不断被强化。商品经济本身崇尚竞争，过分强调金钱的价值，追求利益最大化。在市场规则还不健全、法律制度还不完善的情况下，容易诱发拜金主义并恶性刺激人们产生不当竞争、不当消费的心理；容易使人们追求物质享受，从而淡漠道德，不顾法律规范的约束，实施经济犯罪活动；商品经济的自发性、自主性，使每个经营者具有自主权，成为独立或相对独立的经济实体，大大弱化了社会的监管控制力度，也为犯罪心理的产生提供了空间与机遇；商品经济的激烈竞争，会使一些处于劣势的企业倒闭破产，引发失业问题，造成一些人的经济贫困并滋生犯罪心理，导致生存型犯罪；同时，由于竞争增强，人们的心理压力加大，会产生各种心理障碍乃至精神疾病，诱发犯罪心理与行为的产生。

(3)社会经济发展状况不平衡的影响。在我国，社会经济发展不均衡，沿海与内陆、东部与西部、城市与农村的经济发展存在着很大的差距。西部的广大农村、老少边远地区，拥有大量的贫困人口，由于经济发展落后，在用正常手段无法满足其生活需要的情况下，面对着"外面世界"强烈的物质刺激，有的人就会选择以犯罪的方式来迅速摆脱贫困。例如，我国目前的贩毒人员中，很多人来自贫困的农村，他们有的就把贩卖毒品当成迅速致富的手段。另外，社会的贫富差距加大，容易导致一部分人的心理失衡，憎恨社会，产生犯罪合理化的错误认识。

(4)利益冲突。市场经济追求的是利益最大化原则。各种利益在市场经济的舞台上大亮相。尽管我国提倡的是个人利益服从集体利益，集体利益服从国家利益的原则，而现实生活中的情景并不令人乐观。一方面是在市场经济体制的建立过程中，精神文明建设远远跟不上去，追求个人利益缺乏精神文明的约束；另一方面，我国生产力发展还比较落后，近几年虽有较大发展，但与社会需要相比，差距尚大，社会需要还不能保证每个社会成员的利益得到满足。因此，个人利益、集体利益、国家利益之间的冲突是不可避免的。个人利益至上观，容易滋生拜金主义和攀比意识，为了追求无止境的金钱，而背离社会道德准则，这种主观性和利己性的私利，成为犯罪心理的动力因素和指向目标。

(5)竞争带来的副作用。竞争是市场经济的主要特征，优胜劣汰是竞争的重要原则，竞争是资源合理配置的重要途径，它使经济充满生机和活力。因此，社会主义市场经济提倡竞争。但竞争会产生一种不合作倾向。竞争的负面使个体受到挫折，产生压力和威胁，易滋生敌意、嫉妒、报复等消极心理，唤起个体的不良动机等。显而易见，这些因素有可能导致竞争行为的越轨，甚至犯罪。

(6)贫富不均。中国人的传统观念是"均贫富"，"不患贫而患不均"。市场经济承认个体的差别，由于社会成员的能力、体质、素质、分工等的不同，个人的经济收入差别是必然的，但这种差别，会使一些人心理失衡。人在心理失衡时，其心理活动往往是焦虑、紧张、不安、羡慕、攀比、自卑、不满、甚至嫉妒等。在这种心理失衡过度与复归的过程中，往往会使一些人产生犯罪心理。

2. 社会政治因素对犯罪心理的影响

社会政治因素包括社会制度、社会变革、社会稳定程度、阶级矛盾和战争等。这些因素容易引发政治性的反社会心理，主要表现在以下两个方面：

(1)政治体制改革过程中产生的各种矛盾。随着经济体制改革的顺利进行，我国的政治体制改革也在稳步推进。政治体制改革意味着社会利益的变化和政治权利的再分配，它是一个十分复杂的工程，涉及面广，承担的风险大，必然会产生诸多的社会矛盾。新旧体制交替的过程中，社会生活秩序经历着深刻的变化，旧的秩序已经被打破，而新的秩序尚未完全建立，社会控制弱化。这种状况容易使社会生活出现失序状态，导致社会对犯罪的控制机能失效，助长人们投机、冒险的心理；容易使社会的教育功能减弱，造成一些人尤其是青少年，因为受到更多的社会消极因素的影响，而走上犯罪道路。同时，也会给一些对社会心怀敌意的人提供对抗社会与法律的机会。政治体制改革必然会引起政治权利的再分配，可能会使部分人的既得利益受损，导致心理失衡，个别人甚至会对政府产生不满，从而产生极端的反社会心理。

(2)政治形势波动。社会政治形势波动包括社会动乱、社会变革和国际政治形势的变化。①社会动乱是各种社会矛盾尖锐化的结果。在动乱出现时，社会控制减弱，法律秩序紊乱，无政府主义泛滥，整个社会呈现出严重的无序状态。在这种混乱状态下，必然强化那些对社会怀有敌意的人的反社会意识，实施各种具有反社会性的、报复性的犯罪行为。②社会变革是指国家政治、经济等方面政策的调整变化。社会变革必然要涉及政治、经济体制转轨和法律文化的冲突，涉及社会利益的重新分配，这就不可避免地要触及一些人的切身利益。社会原有的格局被打破，新的格局还未完全建立起来，社会失范、心理失衡、利益冲撞，容易诱使一些人自觉或不自觉地陷入犯罪的境地。③国际政治形势的变化也会影响到国内社会政治形势的波动，导致国内各类矛盾激化，而影响到犯罪的类型和犯罪率的上升。

3. 社会文化因素对犯罪心理的影响

文化是人类文明的结晶，是人类在社会实践过程中所获得的物质和精神财富的总和。它包括文学、艺术、教育、宗教、哲学、传统习俗和民族心理等。社会文化对人起着教化的作用，同时社会文化环境中消极因素对犯罪心理的形成有着重要影响。

(1)中国传统文化中的糟粕，对犯罪心理的形成产生影响。传统的封建意识、宗法思想、帮会意识、封建家长制等，都会对人特别是青少年产生不良的影响。我国犯罪团伙中得以维系的核心支持力就是封建的帮会意识、宗法思想。如"哥们义气"、"为朋友两肋插刀"等思想，是帮伙成员胡作非为的心理支持力量。

(2)亚文化的影响。亚文化，又称"副文化"、"小群体文化,"它是因社会或自然因素形成的、在某些方面有别于主流文化的地区文化或群体文化。社会越复杂，亚文化越盛行。亚文化中存在着诸多消极因素，有些观念和做法本来就与社会的道德、法律相背离。近年来，一些商家、媒体在经济利益的驱使下，大肆宣传亚文化。致使亚文化盛行而主流文化的影响减弱，造成人的价值观、人生观混乱，亚文化中消极因素影响过大，增加了产生犯罪心理的可能性。

(3)中西文化交流带来的西方腐朽文化的影响。改革开放后，我们在引进西方先进文化的同时，腐朽的文化也乘虚而入，如拜金主义、享乐主义、极端个人主义和个人英雄主义等观念。受这些腐朽观念的影响，一些人把个人的利益看得高于一切，当个人利益与国家利益发生冲突时，便会置国家利益、法律规范于不顾，肆意妄为。

4. 社会风气对犯罪心理的影响

社会风气是指一定时期内流行的风尚和习气，它是一定社会政治、经济、文化和道德状况的综合反映，具体表现为人们的爱好、行为习惯和礼仪等。社会风气对人的心理与行为的影响是潜移默化的。

良好的社会风气会给人的工作生活提供一个优越的社会环境；不良的社会风气会对犯罪心理的产生起到催化和促进作用。主要表现在：不良社会风气与违法犯罪行为经常是错综复杂地交织到一起的，犯罪人往往会利用不良的风气来掩盖他们的犯罪事实。社会风气不良，腐朽的价值观盛行，会使人对社会现实产生怀疑。动摇传统的道德观念，导致心理免疫力降低。社会风气不良，如官僚腐败、贫富不均、一夜暴富等现象的存在，社会治安状况不佳，会使一些人滋生反社会情绪，产生犯罪合理化认识，罪责感降低，犯罪心理加强。社会风气不良，容易使民众对犯罪现象的心理承受能力和容忍度增强。遇到犯罪现象，人们常常采取"事不关己，高高挂起"的态度，躲着、绕着，不敢与犯罪现象作斗争，这就更刺激了一些人犯罪欲望的产生，使他们胆大妄为，犯罪心理与行为得到不断强化。

5. 法制因素对犯罪心理的影响

法制因素是指国家法律制度的各种构成要素。它包括立法、执法和守法三个方面。犯罪是违法行为，法制因素对犯罪心理的影响十分直接，主要表现在：(1)法律内容的完善程度会对犯罪心理的形成产生影响。法律是一定社会一定时期的产物，因此，法律的内容不可能十全十美，涵盖一切。总会存在缺陷和漏洞，这无疑会给一些犯罪分子提供可乘之机。(2)法律执行过程中的诸多不利因素会对犯罪心理产生影响。在执法过程中，存在着有法不依、执法不严、违法不究甚至徇私舞弊、滥用法律的现象。这一方面会造成老百姓对法律的公正性失去信心，另一方面会造成刑罚惩罚作用降低，社会控制力量减弱，使犯罪心理得到强化。(3)人们守法意识欠缺，特别是在经济活动中，一些人心存侥幸，利用法律制度的缺陷和漏洞、肆无忌惮地触犯法律。

6. 司法疏漏

任何国家的立法和司法工作都可能存在某些疏漏。这些疏漏极易为犯罪分子所利用，从而成为某些人犯罪心理形成的相关因素。一如刑事立法和刑事政策缺乏稳定性和可操作性，影响了刑罚的社会效应，不利于一般预防和特殊预防。犯罪控制机制的薄弱与落后，不能很好地遏制犯罪，极易强化犯罪分子的侥幸和冒险心理。这对犯罪心理的形成和演变影响不可低估。

（二）微观环境因素

微观环境因素是指一个人经常生活、接触的具体的生活环境因素，包括家庭、学校、朋友、群体、工作和生活环境等因素，也称小社会环境因素。微观环境因素对人的影响比宏观环境更为直接、更为密切，发挥作用的力量更大。微观环境中不良因素对犯罪心理的影响，表现在以下几个方面：

1. 家庭环境对犯罪心理的影响

家庭是社会的细胞，是社会生活的最基本单位。家庭是个体社会化的重要场所，也是一个复杂的生态系统。家庭情况如何，直接决定和影响着其是否能够健康成长。一个人的社会过程始于家庭，早期生活经验深刻地影响着其一生的发展。良好的家庭环境，会孕育一个人健康的心理和健全的人格，为其健康成长提供必要的条件；不良的家庭环境则会导致其人格缺陷和行为偏差，而这些往往是违法犯罪的重要因素，家庭因素被认为是犯罪的最重要的预测因素之一。

一般将众多的家庭因素分为以下两个方面：家庭的功能因素和家庭成员的行为因素，主要指家庭成员的人际关系和互动，父母的教养方式、监控行为、家庭成员是否有犯罪行为等。

（1）家庭结构。大量研究表明，因为死亡、离异、分居、遗弃、入狱等原因造成的家庭结构缺陷与青少年犯罪之间显著相关，这是因为家庭的完整性和稳定性受到损害，家庭功能削弱，亲子关系遭到破坏，情感需要得不到满足，容易使儿童形成不良性格，更容易接受消极因素的影响而走上犯罪道路。

（2）家庭成员的越轨行为。家庭中有越轨行为的父母或者兄弟姐妹中有犯罪行为，为孩子提供了反社会行为的示范和榜样，导致儿童缺少良好的社会化环境，因此在父母有犯罪记录的家庭中，儿童出现犯罪的几率更高。如果家庭中有一个孩子有反社会行为，那么其他孩子出现反社会行为的概率也会升高。

（3）家庭规模。有关家庭规模与犯罪的关系研究方面，国外有研究认为家庭中儿童数量与青少年犯罪之间有关系，尤其对男孩的影响比较大。① 这可能是因为家庭规模大容易伴随住房拥挤、贫穷、父母监控减少、兄弟姐妹间反社会行为的互相学习等问题。

（4）教养方式。教养方式不当可能会导致青少年犯罪的结论已经为国内外众多犯罪研究学者所接受。教养方式指父母在教导子女方面所持有的认知、情感或行为意图，以及在教导子女方面实际表现出的行动与做法。鲍默琳德（D. Baumrind）曾经揭示父母的教养方式主要为专断型、容忍型和权威型，他们的教养方式各不相同，因而对孩子的早期发展也有各种性

---

① ［英］Ronald Blackburn. 犯罪行为心理学：理论、研究与实践［M］. 吴宗宪等译，北京：中国轻工业出版社，2001：148.

质不同的影响。专断型和容忍型的教养方式在某种程度上容易使孩子形成消极行为。不良教养方式的特点是：过分娇宠、纵容、过度保护；简单、暴戾、命令；放任、对孩子行为缺乏监控；混乱、不一致的管教；冷漠、忽视、排斥、父母对儿童的活动参与性很低等。国内外研究显示，父母对儿童的行为缺乏有效的监控，对孩子的学习、交往和行为了解不够，是青少年犯罪的预测因素之一。① 另一项研究表明，② 对于孩子的错误行为，少年犯罪人的父母更偏向使用体罚式的管教方式，如体罚、威胁、物质剥夺等，而受罚少年的父母更多使用爱的取消或归纳的方式进行惩戒和教育，如使用感情拒绝等非体力的方式表示谴责，指出儿童行为对于他人的后果等。还有的研究指出，③ 在反社会儿童的家庭中，父母对于孩子的叫喊、抱怨、取笑和不理睬等讨厌行为持续性存在；攻击行为儿童的父母更多表现出一种独裁式的教养模式，更多的是批评、命令和情绪激动；偷窃者的父母更多表现出放纵式的教养模式。不良的教养方式导致不良的亲子互动，容易使孩子形成不良的人格特征，进而对犯罪心理的形成产生影响作用。

（5）家庭功能。实际上，对个体犯罪行为有直接影响作用的是家庭功能。家庭功能反映的是家庭成员的关系特征。Beavers 用家庭的关系结构、反应灵活性、家庭成员交往质量和家庭亲密度、适应性来表示一个家庭的功能；Olson 认为，家庭功能是家庭系统中家庭成员的情感联系、家庭规则、家庭沟通以及应对外部事件的有效性。现在，家庭功能被一致看做是青少年犯罪的强有力预测因素。国外的研究表明，家庭亲密度和适应性对青少年问题行为的产生起到了关键的作用。犯罪青少年与父母之间缺少良好的互动与交流，他们之间更多的是怨气和责备；④ 少年犯罪人对他们家庭的看法消极，认为自己的家庭没有凝聚力、缺乏感情表达、没有成就和娱乐，冲突多、信任低。⑤ 我们的一项研究也显示，少年犯罪人感受到自己的家庭关系比较僵化，成员之间缺少交流，亲密度较低。⑥ 家庭关系的恶化造成家庭功能的失灵，迫使儿童逃离家庭。单亲、离异家庭容易导致儿童的偏差问题，实际上是因为家庭结构的残缺，影响了作为一个有机整体的家庭正常发挥其功能，从而引发家庭功能失灵，导致孩子出现行为问题。

2. 学校教育对犯罪心理的影响

学校是有组织、有计划、有目的地向个体传授社会规范、知识与技能的机构，是人们社会化的重要场所，学校教育对青少年身心的健康成长至关重要。但由于学校处于社会大环境之中，必然会受到社会上各种不良和消极因素的影响，学校教育本身也会存在不尽人意的地

---

① 段晓英，黄慧. 家庭功能、父母监控、自我控制对青少年犯罪的影响. 中国行为医学科学［J］.
2004（11）：1033-1034.

② ［英］Ronald Blackburn. 犯罪行为心理学：理论、研究与实践［M］. 吴宗宪等译，北京：中国轻工业出版社，2000：142.

③ ［英］Ronald Blackburn. 犯罪行为心理学：理论、研究与实践［M］. 吴宗宪等译，北京：中国轻工业出版社，2000：143-144.

④ 张秋凌，邹泓，王英春. 亲子依恋与青少年犯罪行为、心理适应的关系［J］. 中国心理卫生杂志，
2005（7）：483.

⑤ ［英］Ronald Blackburn. 犯罪行为心理学：理论、研究与实践［M］. 吴宗宪等译，北京：中国轻工业出版社，2000：145.

⑥ 段晓英，黄慧. 家庭功能、父母监控、自我控制对青少年犯罪的影响. 中国行为医学科学［J］.
2006（11）：1033-1034.

方，这都会对青少年犯罪心理的形成产生影响。主要表现在：

（1）教育观念的偏差。学校教育离不开教育观念的指导。近年来，虽然国家大力提倡素质教育，但考试招生制度没有进行彻底的改革，一些学校的教学依然紧紧围绕着高考的指挥棒转，教育观念没有得到根本性改变。在这种错误观念的指导下，学校的素质教育得不到落实，教育功能将大大减弱。学校只重智育，以成绩好坏评定学生，而忽略思想教育，学生的许多心理和行为问题得不到及时的纠正和解决。增加了犯罪心理形成的可能性。有关媒体时有报道的"优等生"犯罪的现象就说明了这一问题。

（2）教学实施过程中的偏科现象。我们的教育方针是要培养德、智、体全面发展的合格人才。但由于社会大环境的影响，学校普遍存在追求升学率的现象，急功近利，教学过程中偏科的现象严重。具体表现在：①忽视了青少年的心理健康教育，不重视对他们进行世界观、人生观、道德观念和法律意识的培养。这样会造成青少年缺乏社会责任感、义务感等高尚的情感，免疫力低下，容易受不良环境因素的影响而犯罪。②教育内容上，一味重视与高考有关的科目，而忽视德育、体育及艺术教育。因此，学生学习内容偏窄，人文素质偏低，头脑中只有个人的成功和出人头地，严重助长了他们的个人主义倾向。③性道德教育滞后，使一些青少年由于缺乏正确的知识和性道德观念，在懵懂之中，稀里糊涂地走上犯罪道路。

（3）教育态度和方法的错误。①受社会大环境的影响，个别教师的教育态度不够端正。具体表现为：对学生有偏见，不能一视同仁。表现出特殊的偏爱，而对所谓"双差生"与对成绩优秀或家庭背景好的学生区别对待，或无特殊背景的学生百般歧视。这会导致一部分学生厌恶老师与学校，乃至滋生对社会的仇视心理。教学方法上也存在着错误与不足。只管教书，而不引导他们如何做人。主要表现为：其一，只教书，不育人。老师与学生缺少沟通，正面的教育引导不好即便是老师的教学技巧再好，学生的考分再高，也很难培养学生具有正确的人生观、价值观以及立足于社会的责任心和义务感。其二，教育方法常以惩罚代替说服教育。对学生出现的行为偏差往往采取体罚训斥、经济处罚或"向家长告状"等方法，缺少耐心细致的思想工作。这样，既无法弄清问题产生的根本原因，又严重地挫伤学生的自尊心，使他们产生自卑感、抵触情绪。对学校和老师的教育产生逆反心理，导致学习兴趣丧失，成绩下降，逃学、辍学现象严重，极易结交不良的伙伴而导致违法犯罪行为的发生。

国外学者有关少年犯罪的研究表明，学校与少年犯罪的关系主要取决于少年对学校的依恋程度，取决于学习能力和学习成绩。有些少年犯罪，往往成为发泄由不愉快的学习经历导致的沮丧情绪的一种手段。所以，对于青少年犯罪，学校存在着不可推卸的责任。

（三）同辈群体

儿童进入学校之后，生活中重要人际关系的结构开始发生变化，同辈群体的影响作用越来越大。国内学者研究发现，同伴不良行为榜样与青少年消极的社会观念和社会行为之间呈正相关；Moffitt 的研究表明，青少年有违法犯罪的同伴，从事违法犯罪活动的可能性较大。Harwin Voss 认为，与青少年犯罪朋友交往的个人，比那些与青少年犯罪同伴交往很少的人，更有可能从事青少年犯罪行为。R. E. Johnson 报告说，声称有青少年犯罪朋友的少年，比那些声称没有青少年犯罪同伴的少年，更有可能从事犯罪行为。

1. 不良同伴交往对犯罪心理的影响

发展心理学的研究表明，从十一二岁开始，青少年的自主性和独立性逐渐增强。他们开

---

① ［英］韦恩·莫里森. 理论犯罪学——从现代到后现代［M］. 北京：法律出版社，2004：142.

始摆脱对成人的依赖，伙伴交往的倾向性明显，重视同伴的友谊，愿意在同伴中寻求心理支持。青少年伙伴之间的相互影响日益加强，这种影响表现在：一是与同伴联系频繁；二是以同伴为榜样而相互模仿。因此，青少年期同伴的影响非常大，有时会胜过父母和教师的影响。

青少年时期如果陷入不良的伙伴交往，往往会加速其犯罪心理的形成。有关青少年犯罪方式的研究显示，青少年犯罪中团伙犯罪较多，团伙成员大多是一些学习成绩较差、品行不好、父母离异、失去家庭温暖、缺乏老师关爱的不良少年。他们在家里和学校处于孤立无援的境地，找不到自信与安慰，于是便会选择年龄相当、志趣相投、同病相怜的不良伙伴为交往对象。身心尚未成熟的青少年，聚集在一起极易形成错误的思想观念，产生不良的物质需求，再加上认知能力低下、辨别能力差，常会在不良伙伴的影响下或在别有用心的人的教唆下，走上犯罪道路。

2. 职业因素对犯罪心理的影响

青年人离开学校步入社会后，大多数都会拥有固定的职业；也有少部分人由于种种原因就业失败，没有或失去工作，处于待业或失业状态。就业与失业对犯罪心理形成的影响不同。

(1)职业环境与职业性质。成年人参加工作后，工作环境是其活动的主要场所，环境的好坏对其心理会产生重大的影响。对犯罪心理形成影响较大的不良工作环境，主要是：①单纯追求经济效益，而忽视思想政治教育的环境。单位的领导不重视员工思想教育，或者使思想教育流于形式，不了解、关心员工的思想状况和实际生活困难。作风武断等，容易造成人际关系紧张和思想作风的散漫，容易对犯罪心理的形成产生影响。②风气不正的环境。如领导的贪污腐化，作风不正，会导致上行下效，增加员工形成犯罪心理的几率。人际关系混乱。冲突不断，容易使矛盾激化而导致犯罪行为的发生。③管理环境的混乱。工作单位的规章制度不健全，监管力度不够，制度形同虚设，必然会使个别人感到有机可乘，滋生犯罪心理。

职业的性质对犯罪心理形成也有一定的影响。司法实践表明，一些类型的犯罪与职权职位有特殊的关系。①某些职业为犯罪提供了有利的条件、机会或技术手段。如财会人员私自涂改账户，贪污、挪用公款；银行工作人员利用工作之便监守自盗；从事计算机工作的人员利用专业技术实施盗窃或其他犯罪活动等。②职位、权力也会对犯罪心理产生影响。一些素质不高的领导干部滥用手中的权力，大肆侵吞国家和他人的财产，进行权钱交易，从事贪污、受贿等犯罪活动；或狂妄自大，好大喜功，不按客观规律办事，造成营私舞弊、失职、渎职等犯罪。可见，这与犯罪心理的形成与职业性质、职位权力的影响密不可分。

(2)失业对犯罪心理的影响。大量失业人口的存在，是当前十分突出的社会问题。调查显示。失业者比就业者更易形成犯罪心理。近年来大量失业人员犯罪的案例也说明了这一问题。失业对犯罪心理的影响主要表现在：①失业带来的经济压力会引发犯罪行为的产生。失业者失去了生活所需的基本来源，给个体造成很大的压力，为维持温饱或立足城市会导致财产型犯罪的发生。②失业容易产生压抑、焦虑、冷漠等情绪，使挫折感加强，进而产生攻击、报复他人或社会的心理或行为。③大量青年失业者的存在，会给社会治安带来巨大的隐患。2001 年 5 月，劳动和社会保障部统计处的调查显示，在失业人员中，53% 是 35 岁以下的失业青年。若不能进入正常的社会组织，他们的思想、行为就会处于失控状况，必然会更多地接受社会消极因素的影响，增加犯罪的机遇和可能性。

3. 社区环境因素对犯罪心理的影响

社区环境是人们生活的具体环境，如社区的地理位置、邻里关系、社会风气、成员生活状况及周边环境等，都会对人的心理产生影响。社区环境对犯罪心理的影响表现在：

（1）社区中消极因素对犯罪心理的影响。社区中消极因素的存在，会对人尤其是青少年的犯罪心理的形成，产生潜移默化的影响，比如，有的社区邻里关系恶化，经常打架斗殴；有的社区赌博成风，造假、制假、走私活动泛滥，涉毒犯罪屡禁不止等，这些消极因素乃至犯罪活动会给居民提供一个不良的模仿样式。

（2）社区治安状况对犯罪心理的影响。不论是城市还是农村，人们生活的社区如果监管不力，管理混乱，治安状况差，就会为犯罪人提供更多的机会，促使其产生犯罪心理。特别是位于城乡集合处的"共不管"地带，常常会出现发案率高而破案率低的现象。

（四）工作环境

工作环境中的不良因素主要是：管理缺陷、风气不正、人际关系障碍等。管理混乱，规章制度不健全或有章不循，上司滥用权力等，增加了工作人员利用管理漏洞贪赃枉法或者渎职犯罪的可能性。工作环境中的不良风气会削弱人们的法制观念，造成工作人员思想混乱、追求功利实惠和自我利益，以致出现见利忘义、唯利是图和侵占公家财物的行为。工作中的人际关系处理不当或工作场所中的人际紧张，容易导致心理失衡、矛盾激化，造成严重的报复性犯罪行为。

（五）媒体

媒体已经成为人们生活中的有机组成部分，它在某种程度上改变了人们的生活方式，对人的社会化产生深刻广泛影响，进而改变了人与人、人与社会的关系。

在媒体对人的违反犯罪心理产生影响方面，人们讨论最多的是电视和网络。电视对于人的影响具有两面性。一方面，电视的特性让人们更加直观有效地了解社会，分享社会经验，增长知识，接受社会公认的价值观和行为方式，对人的社会化具有增强作用。另一方面，有些媒体过于追求经济利益或者迎合人们的低级趣味，制作发行一些庸俗、暴力作品。社会学习理论在这方面的经典实验已经揭示了暴力电视与青少年犯罪行为的关系。

互联网为人们快速获得各种信息提供了新的渠道。但是网络的开放性和网络上的不良信息对人的毒害，特别是对青少年身心健康发展的影响构成威胁。互联网对犯罪心理和犯罪行为的影响越来越受到关注。

二、自然环境因素

自然环境因素是指与犯罪人实施犯罪活动密切相关的时空因素，包括地理环境、季节、时间和自然灾害等因素。犯罪行为总是发生在一定的自然环境中，特定的自然环境对犯罪心理的形成有一定的影响。

（一）地理环境因素

地理环境主要包括地理位置、地形和地区环境等。不同的地理环境，为犯罪动机的产生、犯罪手段和方式的选择，提供了外在的诱因。如我国东南沿海地区走私犯罪较多；西南地区近年来的毒品犯罪猖獗；城乡偏僻的街区小巷多发生抢劫犯罪；繁华闹市常发生扒窃犯罪等。国外的学者认为，像建筑设计、土地使用、空间布局等因素，与抢劫、盗窃、恶意破坏等犯罪具有一定的联系。犯罪人可以凭借地理环境因素，为其犯罪心理壮胆，同时又提高了犯罪的成功率。

（1）地域环境。不同的地域环境一方面可以为具有某些不良欲望的人提供需要的对象和机会，另一方面，特殊的地理环境为犯罪人犯罪实施和逃匿提供了方便条件，增加犯罪人的侥幸心理。研究表明，城市由于其特殊的地理环境与人文环境，其犯罪总量和犯罪率比农村同等数量的人口基数，要高出许多。这是因为：

①城市是大型建筑物集中的地区，高层建筑紧密相邻，深街小巷和隐蔽地点很多，给治安管理工作带来一定困难，尤其是城乡结合部，成了典型的治安死角①，为犯罪分子进行犯罪活动提供了方便条件，增强了犯罪人作案成功的侥幸心理。

②在城市，人口大量集中，生存竞争比农村要激烈得多，产生矛盾和冲突的机会也比农村大得多。人口集中的直接后果是人口成分复杂，虽然大多数人是遵纪守法的公民，但各种类型的犯罪分子也混迹其中，一些人的防范观念不强，从而为犯罪分子进行犯罪活动提供了机会。当人和人之间的矛盾激烈爆发的时候，发生报复及暴力性犯罪的比率也较大。

③虽然在整体上城市比农村要富裕得多，但城市的贫富不均要远大于农村，容易引发贫困者实施盗窃、抢劫等财产犯罪。特别是那些到城市谋生的民工，生活水平低，工作环境恶劣，合法权益有时得不到保障，因而容易产生挫折感和被剥夺感，导致犯罪心理的产生。

④城市各项生活娱乐设施齐全，物质品种丰富，通讯交通便利，引起犯罪动机的因素及条件都比农村要多。

⑤城市的人际关系及风俗习惯与乡村相比有很大差异，如在城市中，人们相互之间在一般情况下是比较冷漠的，对他人的事情往往漠不关心，这些特点都为犯罪分子进行犯罪活动提供了方便条件，助长了犯罪分子的嚣张气焰。而在乡村，人与人之间的关系要比城市密切得多，思想观念比较保守，再加上民风淳朴，物质生活还不是十分优越，这在一定程度上抑制了人们犯罪心理的形成。

（2）社区环境。社区环境与犯罪心理具有密切相关性。不同的社区环境，适合犯罪的条件、犯罪的种类以及犯罪率的高低有很大差异。例如在城市，就犯罪率而言，工矿型社区高于商业型社区，再次是机关型社区和教育科研型社区；公园、丛林、车站码头是性犯罪和暴力犯罪的高发区；居民生活区是盗窃犯罪的高发区；旅馆和娱乐场所是性犯罪和诈骗犯罪的高发区。而在农村社区，性犯罪较突出，大多发生在田间和乡间小道等僻静地方。

（二）季节因素

在一年四季不同的气候条件中，人们会形成不同的活动规律。心理学的研究也表明，不同季节的气候条件会对人的心理产生影响，同样，犯罪心理的形成也离不开季节因素的影响。调查显示，性犯罪有明显的季节性。如春夏之际，尤其是夏季，人们户外活动较多，女性衣着单薄，容易诱发性犯罪心理的产生。也有学者指出，夏季气候炎热，会使人血液扩张，能量代谢降低，使人心情烦躁，自我控制力降低，因此导致暴力犯罪以及过失犯罪的增加。

（三）时间因素

时间对犯罪心理的形成也会有一定的影响。时间因素对犯罪心理的影响表现在：不同类型的犯罪人会选择不同的时间，其原因，一是由于有夜色的掩护，犯罪行为不易被发现，即便被发现，逃脱的可能性也较大；二是因为夜晚是人们休息的时间，防范性差，抵抗力弱，所以，夜间易发生盗窃、抢劫、杀人、强奸等案件，而扒窃多发生在上下班的高峰期。节假

---

① 许章润. 犯罪学[M]. 北京：法律出版社，2004：188-189.

日人员流动加大，交往增多，易导致抢罪案件的高发。尤其是春节期间，由于人们的疏于防患和对犯罪现象容忍度的加大，也易导致扒窃、盗窃等犯罪行为的发生。

(四)天气因素

天气状况天气是指特定区域在一定时间内的气象变化。天气状况对犯罪心理的形成也有一定影响。

(1)在高温的气候条件下，人们由于热量积蓄过多，能量代谢能力降低、醛固酮分泌量增多等生理原因而使人感到烦躁、不安、控制情绪能力有所下降，再加上人们交往、接触的增多，以凶杀、械斗等暴力犯罪和过失犯罪案件较多。

(2)天气的寒冷程度与盗窃案件的发案率成正比，而与强奸等性犯罪案件的发案率成反比。

(3)阴雨、大风天气。由于风声、雨声的掩护，不易暴搏，因而盗窃犯猖撅；而下雪天和有月光的夜晚，容易留下足迹而被发现和被抓获，因而盗窃一般不选择这个时候作案。

(五)自然灾害因素

自然灾害如地震、海啸、洪水、泥石流等发生后，成社会秩序的暂时混乱，以及人们心理的紧张、会使人民的生命财产遭到破坏，易产生机遇型的犯罪心理，恐慌和焦虑的人实施盗窃，一些品行不良的人，抢劫及强奸等犯罪。①

三、犯罪现场情境因素

犯罪现场情境因素是指犯罪行为发生时的具体情境因素，包括侵害人、现场其他人、现场条件和气氛等因素。这些因素与犯罪动机的最终形成、发展及其转化有着极为密切的关系。

(一)被害人因素

被害人是犯罪行为侵害的具体对象，它是指遭到犯罪侵害并因此受到损害的个人、单位或者国家。就个体被害人而言，在犯罪过程中犯罪人与被害人在心理上互相对立又互相影响。如犯罪过程中，被害人的消极反应或不良的应激状态，容易招致被害程度的加深；犯罪行为发生后，被害人的懦弱、不报案等消极行为容易招致重复被害；被害人的特点对犯罪人犯罪动机起着诱发、强化的作用。如言行轻佻、穿着暴露、行为不端的女性，易激发犯罪人的性侵害动机；财物外露、疏于防范的人，会诱发犯罪人抢劫、杀人等犯罪动机；携带巨款而又保护措施不力者易诱发犯罪人产生抢劫的犯罪动机；人际关系发生纠纷时，言语刻薄者易激起对方的报复为等心理，进而产生攻击。

(1)诱导犯罪心理。在犯罪与被害过程中，被害人的语言、表情、姿势、装束、体态等过失，对犯罪人起了诱引或刺激的推动作用。如有的女青年过分轻佻的举动、不检点的装束、过于随意的交际等易使性意识偏倾的男性产生性犯罪心理，从而诱导性犯罪行为的发生。又如具有显示自我性格特征的人，在他人面前显示富贵，这就容易诱发盗窃、抢劫等财产犯罪心理。

(2)提供犯罪机遇。凡是便于犯罪行为实施的外部条件，都可称为犯罪机遇。犯罪机遇是犯罪心理产生的诱因，又是犯罪行为产生的条件。由于受害人的影响，很有可能使本来没有犯罪意向的人产生犯罪心理，导致犯罪行为发生。如女性在夜间单身行动或出入偏僻场所

---

① 梅传强. 犯罪心理学[M]. 北京：法律出版社，2003：74-75.

和不健康的场所等，容易诱发品行不端的男性产生性犯罪心理，无意识地为性犯罪提供了犯罪机遇。又如，有的人携带大量财物单独行动，又不加防范，就为犯罪分子实施盗窃、抢夺、抢劫犯罪提供了难得的机遇。

（3）强化犯罪心理。由于受害人的不当刺激等原因，犯罪人的犯罪心理会得到不断强化，从而促使犯罪决定，实施犯罪行为。某些杀人、伤害等暴力案件的发生就是由于受害人不断加强对犯罪人的刺激而发生的。又如，某些人自身存在着一些有可能招致被害的个性特征，安全意识、防范意识、法制观念淡薄，易使诈骗、拐卖妇女等犯罪心理得到强化。

（二）现场其他人因素

现场其他人是指犯罪现场除犯罪人和被害人之外的人，这些人的存在对犯罪人的犯罪心理具有很大的影响。包括同案犯和目击者。目击者的不同态度会对犯罪心理的形成起到强化或削弱作用。如果犯罪现场的目击者、围观人员敢于谴责或制止犯罪行为，给被害人以帮助，犯罪心理就可能因此减弱或终止；如果目击者缺乏起码的是非观念和社会责任感，对受害人的痛苦缺乏怜悯和同情心，对犯罪人的恶行不能产生义愤的情绪反应，冷漠、麻木，甚至起哄助威，这种态度对犯罪分子无疑是一种纵容，必然强化原有的犯罪心理，使犯罪活动更加有恃无恐。还有一种在现场的人，虽有一定的是非观念，但他们慑于犯罪分子的淫威，面对受害人的呼救和哀求，不敢制止犯罪，对正在发生的犯罪视而不见，退避三舍。犯罪人在这样的氛围下，犯罪心理得以滋生和强化。

有同案犯在场，如果现场目击者胆小、懦弱会使犯罪人的犯罪心理和行为得以强化。如群体犯罪，由于责任扩散及从众心理的影响，犯罪人的犯罪行为会变得有恃无恐、变本加厉，往往造成十分严重的后果。

（三）现场的条件和气氛

现场条件是指有利于犯罪人作案成功的时空环境。犯罪人选择犯罪现场必须满足两个条件：第一，能达到预期的犯罪目的。第二，能顺利逃脱以躲避法律的惩处。因此，犯罪现场的条件对犯罪心理的形成影响很大。犯罪人会对作案的现场环境进行精心的观察和选择，一旦认为条件具备，就会产生犯罪动机并立即付诸实施。例如，扒窃犯罪多发生在人多拥挤的公共场所，入室盗窃多发生在白天上班或夜间人们熟睡之时。另外有一些特殊的环境因素，如财物疏于看管、保护设施不严等。容易诱发临时起意的机遇型犯罪。

现场气氛主要是指影响犯罪心理状态发生变化的精神环境。犯罪是受刑法打击的行为，犯罪行为发生时，犯罪人的情绪一般都处于紧张状态，心理压力很大。现场气氛必定会给犯罪人带来心理压力，导致犯罪心理及行为的变化，或束手就擒，或夺路而逃，或实施伤害、杀人行为，导致更严重的犯罪。现场气氛处于何种状态，才有利于阻止与惩罚犯罪，保护被害者，目前研究得较少，犯罪心理学研究者应给予应有的关注。

（四）现场氛围

现场氛围是指在犯罪现场，由犯罪人、受害人、现场其他人的互动而产生的，笼罩于现场环境中的气氛。这种现场氛围与犯罪人的主观恶性程度、情绪意志特点有关；与受害人反抗程度、采取的对策有关；亦与现场其他人的态度有关。由于三方面的相互影响和制约，所产生不同的特点，不同的现场氛围在不同案件中有不同的特点，不同的现场氛围对犯罪心理的发展变化则会产生不同的影响。如在集群犯罪中，犯罪分子人多势众，气势汹汹，受害人不敢反抗，现场其他人不敢阻止，或虽反抗、制止，但势单力薄，无济于事，这时的现场完全被犯罪的嚣张气焰所笼罩，这种现场氛围只会强化犯罪心理。

第五节　犯罪心理形成的综合动因论

改革开放以后，随着犯罪学科研究在我国的快速发展，许多学者从不同的角度对犯罪原因进行了探讨，形成了一些不同的理论观点。如"外因论"、"内因论"、"内外因论"、"多因素论"、"聚合效应论"、"综合动力论"以及"综合动因论"等理论，"综合动因论"是当前犯罪心理学研究领域较有影响的观点。辩证唯物论和系统论的观点，科学地阐明了个体犯罪原因。

一、犯罪"综合动因论"的含义①

这一理论认为，个体犯罪原因是一个整体系统(母系统)，这个系统是由若干相互联系和相互作用的主体内外因素(子系统)所构成的，形成多层次、多维度的原因网络结构。作为整体系统的个体犯罪原因，具有异于各主体内外因素的特殊属性。由于各组成因素间的交互作用，个体犯罪原因处于变化之中。因此，这一理论认为，人之所以犯罪，是主体内外多种因素综合作用的结果。

二、犯罪"综合动因论"的要点

(一)整体性

犯罪"综合动因论"的整体性是指影响个体犯罪的主体内外因素是有机统一的整体，应当从整体出发去考察各因素在影响个体犯罪中的作用，应注意两点：(1)要把犯罪原因视为一个由主体内外多种因素构成的整体。(2)要把构成个体犯罪原因的诸因素视为有机的整体而不是简单的拼凑，即各种因素是相互联系、相互作用的。

(二)层次性

犯罪"综合动因论"的层次性是指人们在考察个体犯罪原因时，一定要注意各层次因素之间质的差异性及其在整体中的作用。其要求是：第一，个体犯罪原因是分层次相互组合的。第二，根据各层次因素之间质的差异及其在原因系统中所起作用的不同，应当把因素区分为原因因素和条件因素。第三，正确处理"内因"和"外因"的辩证关系。

(三)结构性

犯罪"综合动因论"的结构性是指人们在认识原因系统时，要注意各种因素之间的结构及其对原因整体的作用和影响。这一特点要求：第一，在认识犯罪原因时，要注意不同的个体犯罪原因是由不同的构成因素及其不同的构成方式决定的，只要变换其构成因素或改变其结构方式，就会使个体犯罪原因发生变化，从而导致形成不同的犯罪心理和发生不同的犯罪行为。第二，同一类犯罪构成方式的不同，由于个体犯罪原因系统的构成因素及也会使个体间的犯罪原因有所不同，从而导致形成不同的犯罪心理和发生不同性质的犯罪行为。

(四)动态性

犯罪"综合动因论"的动态性是指个体犯罪原因是个开放系统，它的形成是一个过程，因此，要用发展变化的观点看待个体犯罪的原因。这一特点要求在研究个体犯罪原因时应注意：第一，犯罪、犯罪心理和犯罪行为随着大社会环境、小社会环境和情境因素以及主体的

① 粟克元. 犯罪心理机制论[J]. 河南大学学报，1999(1).

行为因素等的变化而变化。第二，由于个体内外不同因素的差异，致使不同主体的具体犯罪原因也有所不同。第三，各种因素的交互作用会形成不同的个体犯罪原因系统，其结果必然会形成不同的犯罪心理结构和发生特征各异的犯罪行为。

（五）多种因素相互作用形成犯罪心理

（1）犯罪心理形成的原因是一个复杂、有机的整体系统。影响犯罪心理形成的各种因素共同构成一个整体系统，在这个整体系统中，各个因素既不是简单、杂乱的拼凑，也不是孤立地起作用，各种因素是相互联系和相互作用的。各因素间具有综合的互为动力的性质，这一性质，决定了原因整体具有导致主体形成犯罪心理和发生犯罪行为的新质特性和功能，这是任何单一因素或孤立存在的各种因素不可能具有的，这也是辩证唯物主义普遍联系思想在犯罪心理原因论中的体现。

（2）犯罪心理形成的原因系统中各因素之间具有层次上的差异。在犯罪心理形成的原因系统中，各个因素并不是在同一水平上发挥作用的，它们之间存在着层次上的差异。根据各层次因素之间的差异及其在原因系统中所起的作用不同，可以区分为原因因素和条件因素，主要因素和次要因素。在影响个体犯罪心理形成的各种各样的因素中，有的因素如文化环境、精神环境、家庭环境、机遇等有时起条件作用，有时起原因作用。但是有的因素一般只起条件作用而很少成为原因因素，如自然环境、职业、年龄、性别等因素。在一定条件下，有些因素构成主要原因，有些则构成次要原因。例如，在个体犯罪心理形成中，一般来说，社会环境因素起着主要作用，构成主要原因，而生物因素起着次要作用，构成次要原因。个体原有的不良心理在犯罪心理形成中起着主要的决定作用，因为社会环境中的因素必须通过行为人选择性地同化作用才能被主体吸收，内化为犯罪心理。这就是为什么在大致相同的社会环境中，只有少数人犯罪的原因。个体犯罪心理形成的原因系统就是这样既按垂直方向排列成各种等级层次，又按水平方向排列成不同维度，这种层次和维度，便形成了个体犯罪心理形成原因的网络结构。

（3）不同犯罪主体的犯罪心理原因系统具有不同的结构。在分析个体犯罪心理的原因系统时，要注意各种因素之间的结构及其对原因整体的作用和影响。也就是说，不同个体犯罪心理形成的原因，是由各自不同的构成因素和不同的构成方式所决定的。每一个犯罪个体，即使是同一犯罪类型的不同犯罪个体，都有自己独特的原因结构，正是这种独特结构，使犯罪行为表现出形形色色的特点。例如，个体已经形成的反动的世界观加上金钱引诱，形成了危害国家安全犯罪的原因结构；贪图财物的强烈欲望与从事经济工作的职业条件相结合，构成了贪污、挪用公款等犯罪的原因结构。同样是杀人犯罪，图财害命者的犯罪原因结构，大多由犯罪人强烈的金钱欲望、体力条件及被害人的金钱诱惑等因素构成；报复杀人者的犯罪原因结构，则大多由犯罪人的强烈挫折感、挫折忍受力、体力条件及被害人对犯罪人的损害程度等因素构成。

（4）个体犯罪心理形成的原因系统是一个动态、发展变化的过程。在分析个体犯罪心理形成的原因时，切忌概念化、公式化，要用发展的、动态的观点进行具体的分析。任何一个犯罪个体，其犯罪心理原因结构的形成都有一个发展变化的过程，只是在某一特定时刻、特定场合达到了有机结合，推动了犯罪行为的发生。已经形成的犯罪心理原因结构也不是一成不变的，它同样随着社会环境、情境因素、主体心理和行为等因素的变化而变化。

第六章　犯罪心理机制

第一节　犯罪心理形成的机制

一、犯罪心理机制概述

机制是当代许多学科中广泛使用的概念。其原意主要是指机器的构造和工作原理。在心理学的研究中，也经常使用"机制"的概念。心理学界，一般是将产生心理或行为的生理—化学过程统称为机制。关于犯罪心理机制，国外的学者早已使用过这一概念。不过，他们一般认为犯罪心理机制是指与犯罪有关的防卫机制。如日本学者森武夫认为：虽然犯罪有着复杂的原因，但首先要解决的问题是行为人内心的矛盾和冲突，一般来说，在发生冲突或挫折而不能合理解决的情况下，残留于后的紧张会以行为的方式发泄，或者寻求不合理的解决。后者出现的一种情况即所谓防卫机制。①

我国学者一般认为，犯罪心理机制就是犯罪心理的形成机制与犯罪行为的发生机制，它是犯罪心理特别是犯罪动机引起犯罪行为的工作方式与过程的总称，也就是要从犯罪人的心理方面揭示犯罪行为发生的机理。

二、犯罪心理形成的一般过程和机制

犯罪心理机制包括犯罪心理的形成机制和犯罪行为的发生机制，这是两个相互衔接和彼此渗透的过程。就大多数犯罪人来说，犯罪心理的形成，是一个渐进的、自觉的过程。他们的犯罪行为是有意识的行为。这个渐进的、自觉的演化过程和有意识的犯罪行为，就是犯罪心理形成的一般过程，也是我们接下来讨论的重点。

（一）强烈的欲求与满足方式的选择

人的需要是多方面的，个体复杂而多样的需要有强弱程度的不同。一般而言，比较微弱的需要一时难以产生活动动机，而强烈的欲求常常唤起人的行为动机。强烈的常态欲求并非坏事，它也不能决定一个人是否犯罪。因为人不同于动物，在满足自我需要的同时，还应当考虑主客观条件和满足需要的可能性，根据社会规范有意识的调节自己的需要，并且通过合法途径来实现。只有在欲求十分强烈，满足欲望的冲动迫切，并且走上侵害国家、社会或他人利益去满足自己欲望的道路时，才会启动形成犯罪心理的初始环节。② 值得注意的是，欲求的强烈与否并不是犯罪心理与守法心理的分水岭，关键还在于个体最终作出了何种方式的选择。一些非常态的、甚至是法律禁止的欲求，即使再强烈也谈不上通过合法的方式实现。

---

① ［日］森武夫. 犯罪心理学入门［M］. 邵道生等译，北京：知识出版社，1988：120-123.

② 罗大华，何为民. 犯罪心理学［M］. 北京：中国政法大学出版社，2007：131-132.

当这类欲求出现且无法遏制时，就成为犯罪心理萌发的标志。

(二)形成不健全的人格

在社会心理学中，一般将全体社会成员划分为健全人格与不健全人格两类。健全人格就是社会化程度较高或基本达到社会化要求的人格，它能较好地适应社会生活，行为方式与社会规范相一致。健全人格者在社会成员中占大多数。不健全人格，又称人格缺陷，是在个体社会化过程中因出现失误而形成的社会化程度不足和偏离社会规范的个性。它是产生违法犯罪行为的社会心理基础。虽然人格缺陷尚不能称之为犯罪心理，但它存在着向犯罪方向蜕变的可能。这种人格缺陷与健全人格相比，具有以下特征：

(1)价值取向偏离，甚至与社会整体利益相悖；

(2)认知水平低，思维偏激，是非、善恶判断力差；

(3)需求层次低，欲望强烈，且不善于通过合乎规范的途径予以满足；

(4)道德意识淡漠，对法律持蔑视态度，对刑罚惩罚也没有恐惧反应；

(5)品德不良，由自私、缺乏同情心、行为不端发展到冷酷无情、粗野肆虐，恶习难改；

(6)缺少道德感、理智感、美感等社会性情感；常常被消极不良的情绪体验占据心头，且缺乏必要的情绪调节控制能力，甚至任其宣泄而对他人和社会造成危害；

(7)缺乏必要的建设力，具有不利于社会的消极能力、破坏能力；

(8)自我意识存在缺陷，不能客观地评价与调节自我。①

(三)犯罪意向萌发

犯罪意向，是指行为人在实施犯罪活动之前处于朦胧状态的冲动或意图。它是尚未分化的、没有明确意识到的违法犯罪需要。犯罪意向萌发，是一个人由不健全人格，经过违法尝试，转而形成犯罪心理的标志。在心理学上，意向是人的活动动机的最初阶段，是一种未被明确意识的活动动机。在意识状态下，行为人常感到一种莫名的力量在吸引他，躁动不安，但动机模糊、目的不明。犯罪意向就是由不良需要引起的违法犯罪的冲动、意图或行为倾向。在犯罪意向状态下，行为人只有某种犯罪意图或冲动，尚未形成明确的犯罪动机，也缺少行动计划，时常发生一些违反道德准则的行为和轻微违法行为。但是，只要产生了犯罪意向，就表明个体心理发生了质的变化，行为人已不再是被动地对他人进行学习和模仿，而是要独立的登上犯罪活动的舞台。他们由自发的偶尔发生不良行为的模糊状态，进入了自觉的违法行为倾向状态，也就是实施犯罪行为前的准备状态。② 犯罪意向的萌发标志着犯罪心理的形成。

(四)形成犯罪动机和确定犯罪目的

在多数情况下，仅有犯罪意向还不足以着手实施犯罪行为，还要经过产生犯罪动机和确定犯罪目的的阶段，才能发生犯罪行为。

1. 形成犯罪动机

犯罪动机，是指引起犯罪行为的活动动机，它是行为人推动、引发犯罪行为的内心起因。一般来说，它经历犯罪意向、行为动机、犯罪决意三个环节，在此之后，才能引发犯罪。犯罪动机和其他心理现象一样，有着自身发生、发展和终了的过程。一般都会经过萌发

① 刘邦惠. 犯罪心理学[M]. 北京：科学出版社，2004：89.
② 刘邦惠. 犯罪心理学[M]. 北京：科学出版社，2004：90.

阶段、过渡阶段、定型阶段和消失阶段。

2. 确定犯罪目的

犯罪目的，是指行为人主观上通过实施犯罪行为所希望达到的结果。一般来说，犯罪目的是指以观念形态预先存在于行为人头脑中的对犯罪行为所期盼达到的结果，而不是结果本身，不是已经实现的目的。

（五）犯罪决意

当犯罪动机与犯罪目的均已产生和确定时，也就进入了犯罪决意阶段。犯罪决意，是指行为人已就实施犯罪行为作出了最后决定。它包含有两个环节：

1. 行动手段的选择

在确定目的之后，还必须充分考虑实现这个目的的具体手段和途径。如果各种手段选择余地很大，行为人就要进行分析、比较，考虑主客观条件及实施的可能性。各种手段的选择，同行为人的性格特点、知识结构和智力水平有很大的关系。

2. 行动时机的捕捉

犯罪手段确定之后，何时实施犯罪行为，需要根据客观情况而定，即捕捉着手实施犯罪行为的时机。在司法实践中，侦查人员可从判断作案人员是仓促行事、犹豫不决，还是老奸巨猾、技术娴熟来判断其性格和意志特征。犯罪心理画像技术就是与此相关的犯罪心理学的应用技术。① 它通过对作案人遗留的反映其特定犯罪心理的各种表象或信息的分析，来刻画作案人犯罪心理进而服务于侦查工作。

三、犯罪心理形成的模式

犯罪心理形成的一般过程，仅是适合于大多数犯罪人的渐进的、自觉的过程和模式。在实际发生的案例中，往往呈现出错综复杂的情况。大体上可以分为常见模式和特殊模式两种类型：②

（一）常见模式

所谓常见模式，是指犯罪心理的形成和犯罪行为的发生，符合或基本符合犯罪心理形成的一般过程，实施犯罪行为比较自觉。这是一种在犯罪案件中较为常见的情形，又可分为以下几种类型：

1. 渐变型

这是一种典型的犯罪模式，适合大多数案例。其特点是：由量的积累到质的飞跃，具有渐进性；由部分质变到整体质变，具有渗透性；由朦胧意向到犯罪心理，具有自觉性；从产生需求到犯罪决意，具有预谋性。它包含两种类型：

（1）原发型。原发型，是指从少年起，通过不良交往和违法尝试，逐渐发展成为犯罪心理的类型。这类人社会化不完全或经历了错误的社会化，始犯年龄早，犯罪恶习深，矫治难度大。

（2）继发型。这类人早期无劣迹，社会化过程无明显缺陷，已经被视为合格的社会成员，甚至被信任重用。但在其生活经历的某一阶段，由于经不起不良因素的诱惑，渐渐腐化堕落而走上犯罪道路。在其渐变过程中，原有的隐而不现的心理品质缺陷成为渐变的突破

---

① 罗大华，何为民. 犯罪心理学［M］. 北京：中国政法大学出版社，2007：137.
② 罗大华，何为民. 犯罪心理学［M］. 北京：中国政法大学出版社，2007：147-149.

口，暴露出社会化过程的不完全，埋下日后堕落的祸根。继发型渐变模式，由于始犯年龄晚、恶习浅，矫治的成功率可能要高一些。但其中一部分人演变为惯犯、累犯或罪行十分严重者，改造也很困难。

2. 突变型

突变型的犯罪模式，是指行为人事先并无劣迹和预谋，因突然发生对个人至关重要的情况或受环境、气氛的刺激而卷入犯罪。其特点是：由产生犯罪意向到发生犯罪行为，时间短、过程快，带有突发性；行为人一般无预谋，并对事变的发生缺乏预见性；犯罪多与突然发生的情况有关，具有情境性；行为人不能适应情况变化，认知范围狭窄，意志薄弱，不能自控，具有明显的情绪性特征。突发型犯罪虽有一定的偶然性，但和行为人心理品质方面的缺陷有一定联系。主要是个人社会化水平低，不足以应付某种突发情况。因此，内部心理原因依然是突变型发生的根据。当然，如果不遇到此种突发情况，也可能不至于发生犯罪。具体可以分为由人际冲突引起的突变型、由回避危险引起的突变型和由特定气氛引起的突变型三种类型。

(1)由人际冲突引起的突变型。人际冲突，是指两个或更多社会成员间，由于反应或希望的互不相容性，而产生的紧张状态。一般是个人与个人之间的冲突。个人之间的冲突之所以发生，主要是由于生活背景、教育程度、年龄和文化水平等方面的差异，而导致对价值观、知识及沟通等方面的影响，因而增加了彼此相互合作的难度。这种突变模式最为常见，如因恶言相加发生口角、因财产纠纷矛盾激化、因婚恋不成反目成仇等。由于情况发生突变，矛盾冲突剧烈升级，行为人在不能自控的情况下，采取了暴力行为，加害于对方，而构成犯罪。

(2)由回避危险引起的突变型。由回避危险引起的突变型，主要是指受害一方的正当防卫明显超过必要限度造成对方人身伤害的行为；或由于紧急避险超过必要限度；或由于应对假想的危险而造成重大损害的一类犯罪行为。这种情况的发生，和行为人在认知方面发生困难，举止失措有关。例如，2012年9月30日夜，在长沙一茶馆当服务员的张春琳(化名)坐在店里，静静地绣着十字绣。这时，一位同事的前夫符某酒后闯进茶馆找人，与张春琳发生口角。符某对张进行殴打，挣扎中张春琳举起绣花剪自卫，却刺中符某胸口。符某经抢救无效死亡。事发后，张春琳主动投案。最后，长沙市天心区法院认为张春琳防卫过当，以故意伤害罪判处张春琳有期徒刑三年，缓刑五年。张春琳向法庭陈述案发情况时说，符某向她索要老板电话，她说"不知道"，符某说"不知道才怪"，随后便殴打了她。符某掐她的脖子，把她的头往墙上撞，"当时我心里有点急了，无意中碰到了沙发上的剪刀，我拿剪刀挥了一下，我只想吓一吓他……"①现实生活中还有一些在职务上、业务上负有特定责任，不适于紧急避险的人。如果他们逃避其应负的责任而不作为，则属于缺乏责任心的渎职犯罪。

(3)由特定气氛引起的突变型。在社会生活中，有时会出现某种特定的环境与气氛，使在场者情绪激动而引起群体性骚动，一部分人因缺乏是非辨别能力和自我调控能力，卷入事态而造成犯罪。现场气氛是带有浓烈情绪色彩的犯罪现场，它影响着犯罪人的心理压力及其程度。现场气氛还可能发生情绪感染，导致群体性犯罪动机的迅速形成。足球赛场的暴力事件、街头暴力事件，不符合法律规定的示威游行、骚乱，都可能是行为人受现场气氛的感染

---

① 服务员不堪殴打刺死醉酒男子，法院认为防卫过当[EB/OL].[2013-04-12]. http://news.sohu.com/20130412/n372422226.shtml.

所致。例如，2012 年 1 月，德国汉堡一家室内足球场正在举行名为"施魏因斯科杯"的首场比赛，对阵双方是刚从德甲降级到德乙的圣保利俱乐部和来自地区联盟的吕贝克队，现场约有 2500 名观众。比赛进行中，看台上的两队球迷厮打起来，并且参与人数越来越多，也越来越激烈，比赛不得不中断。接到报案的警方赶到时，现场已经一片混乱。为了分开骚乱的球迷，警方不得不使用了胡椒喷雾和催泪瓦斯。参与骚乱的球迷当然是圣保利和吕贝克两队的拥趸，但是没想到的是，其中甚至有完全不相干的汉堡队球迷。[①] 当然，也有一些犯罪人趁火打劫，借闹事之机抢劫财物、调戏妇女，则属于受自身犯罪心理驱使的机会型犯罪。

3. 机遇型

机遇型的犯罪模式，是指行为人在接触有利于实施犯罪的机遇前并无犯罪意图，接触此种机遇后，或渐次产生犯罪心理，或突然起意而犯罪。犯罪机遇的出现，对于推动行为人产生犯罪动机，起了关键性作用。当然，机遇的出现只是一种外在因素，是否产生犯罪行为，取决于个人的态度。因为在罪因结构中，所有的致罪因素，最终都要体现在行为主体——犯罪人个体的身心及其行为之上。所有导致行为人产生犯意和行为的诱因，最终都要汇聚到行为主体这个"闸门"之前，并必须直接通过个人的身体行动付诸实现。因此，个体自身的态度对于犯罪行为的产生具有举足轻重的作用。[②] 至于早有犯罪意向乘机实施犯罪者，不应列入机遇型的犯罪模式。此种犯罪模式，又可分为两种类型：

(1) 机会型。犯罪机会对行为人具有强烈的诱惑与刺激性。例如，金钱外露，是抢夺的机会；室外放物或室内无人，是盗窃的机会；财会制度不严，是贪污的机会；单身妇女路过偏僻昏暗处，是强奸的机会。机会犯事前虽无犯意，但多系品德不良者，在遇到犯罪机会时经不起诱惑而起意犯罪。

(2) 境遇型。境遇型，是指出现了诱发犯罪行为的环境和气氛，并具有行为人预料不到的偶然性、突发性与巧合性，而引发了犯罪行为。故境遇的作用不可忽视。换言之，若无这种境遇，则有可能不至于发生犯罪。它又可分为以下三种类型：一是刺激型，在发生口角和争执后，被害人出言不逊，行为人又不堪忍受而施以暴力攻击；二是胁迫型，行为人受人威胁利诱，或处于从属关系不得不参与犯罪；三是从众型，行为人因偶然机会参与一群人或团伙的活动，事先并无犯意，在他人的威胁或从众气氛感染下，参与犯罪。

(二) 特殊模式

所谓特殊模式，是指犯罪心理的形成有别于上述的一般过程和模式，或者在实施犯罪行为时意识状态比较模糊。这是一种在犯罪案件中所占比例较小的犯罪心理形成模式。具体可分为以下几种类型：

1. 习惯型

所谓习惯，是一个人在一定的情况下，自动地去进行某些动作的特殊倾向。习惯有时会在潜意识状态下进行，行为人对自身的动作没有清晰的认识。犯罪习惯是犯罪者多次作案而形成的一种特殊形态的熟练，由于反复的强化，它便成为犯罪者的自动化行为，有时可能下意识去做。当然，习惯型犯罪者的犯罪行为还是受到他的整个意识水平支配的，不等于完全的无意识。

---

① 汉堡球迷骚乱 90 人受伤，暴徒网上联系有组织犯罪 [EB/OL]. [2012-01-09]. http：//sports. 163. com/12/0109/10/7NANNUSN00051C97. html.

② 许章润. 犯罪学 [M]. 北京：法律出版社，2007：249-250.

2. 朦胧型

事实上，并非所有犯罪行为的发生，都经过犯罪意向、犯罪动机、犯罪决意这样三个清晰的动机发展阶段，有些犯罪行为是犯罪意向直接引起的行为，其意识状态比较模糊，未能被主体清晰地意识到。

3. 变态型

变态，是指偏离正常的状态。变态心理，是指人的知、情、意活动和个性心理特征以及行为表现超出了正常范围，表现为某种程度地丧失了辨认能力和控制能力。有些犯罪行为是由变态心理引起的。变态心理中的偏执型变态人格、冲动型变态人格、恋物癖变态人格以及其他性心理障碍者，易于引起违法犯罪行为。由于受到变态心理的驱使，这些人明知所实施的行为不被法律、法规所允许，但还是情不自禁地重复同类行为而触犯法律。

第二节　犯罪行为的发生机制

犯罪心理形成之后，犯罪行为又是如何发生的？即犯罪行为的发生机制问题，这是本节将要讨论的重点。

一、内外化机制

内外化机制是犯罪行为发生的心理机制中最重要的机制，它反映了犯罪心理形成和犯罪行为发生的基本过程和规律。

犯罪心理内外化的基本含义是：从吸收客观外界的消极因素到形成主体犯罪心理的过程和规律，是犯罪心理的内化机制；由犯罪心理的整合到发动犯罪行为的过程和规律，是犯罪心理的外化机制。但是，这种内外化机制不是截然分开的，而是互相衔接、渗透，相互作用的。在内化过程中包含有若干消极行为和活动，这是不良心理的外化。外化过程中的犯罪行为是对犯罪心理的反馈，又是再一次内化。如此循环往复，周而复始形成犯罪心理内化外化的整个过程。这个过程具有渐进性。考察大多数犯罪个体的犯罪过程基本上都经历了不良心理—违法心理—犯罪心理的变化过程。由于其社会化的缺陷，导致内在标准的反社会性，从而与消极的社会存在结下不解之缘，并一步步坠入犯罪境地。这是比较普遍的犯罪心理演化过程，也称之为显性演化过程。除此之外，还有另外一种表现形式，即个体的心理同样经历了渐进的从不良心理、违法心理到犯罪心理的演化过程，但在外部表现形式上却给人以不显著的运动状态。这一类人平素极少有不良行为或违法行为发生，而直接发展到犯罪行为，被称之为隐性演化过程。[①] 由于平素表现良好，这类人的违法犯罪行为往往出乎他人的预料。但是这种表现也许是一种假象，在其内心依然存在着某种社会化缺陷。当这种缺陷与犯罪机遇相吻合时，个体就会实施违法犯罪行为。

二、刺激反应与反馈机制

新行为主义心理学的主要代表人物托尔曼在对行为发生机制的研究过程中主张对行为进行心理分析，在华生"刺激—反应"（S—R）模式的基础上，首创了"中介变量"的概念，用"S—O—R"表示，试图想象出由情境引起反应的内部心理活动过程。我国台湾学者张春兴

---

① 栗克元. 犯罪心理机制论［J］. 河南：河南大学学报，1999(1).

提出了引发一切犯罪行为的三项基本心理法则：

1. 刺激—反应（S—R）法则，指刺激（stimulus，用 S 代表）是构成行为反应（response）的一种原因。在这里，刺激主要指可以引发个体反应的一切情境（situation）或事件（event）。反应是对作用于有机体的刺激的回答。

2. 个体—反应（O—R）法则，是指个体自身生理和心理条件及其变化（O）是构成行为变化（R）的内在原因。在这里，有机体（organism，用 O 代表）的内部状况是指有机体自身的特征，包括种属特征与个体特征、生理特征与心理特征。

3. 前后—反应（R—R）法则，是指两种行为之间（自身的前一种行为对后一种行为，他人行为对本人行为的影响）存在着因果关系，某一行为变化引起另一种行为的变化。这三种法则均可视为"刺激—反应机制"，其中"R—R 法则"亦可看作行为反馈机制。①

三、量变质变机制

从人的社会化过程与品德发展心理的角度看，在犯罪行为发生机制中，存在着量变质变机制。就大多数犯罪人而言，犯罪心理与守法心理之间质的区别，不在于个体躯体组织、生理机制的不同，也不在于智力水平、精神状态意义上的不同，而在于个体社会态度及其行为社会评价意义上的质的区别。就是说，犯罪人在需求结构、动力体系、自我意识、法律意识、品德发展等综合品格方面，同守法公民有着质的区别。一般的品德不良，是量变；进入到产生犯罪心理阶段，是质变。这一量变到质变的度，就是看主体是否萌生了犯罪意向。只要主体有了犯罪意向，就可视为由量的积累发展到心理总体发展趋向上的质变。

一个人之所以走向犯罪，主要是由于社会化过程中的缺陷。由社会化的不完全和错误的社会化，进而发展到违法犯罪，是一个人由正常人演变为犯罪人的量变、质变的基本过程。不管这种演变是渐变还是突变，它的发展机制同前面所讲的犯罪心理内外化机制基本上是相同的。一般来说，这种由量变到质变的主要心理机制是：由模仿到认知选择；由主观认同到角色化扮演；由错误的自我评价和行为反馈到犯罪意向的萌发，从而完成了由量变到质变的飞跃。

四、过度补偿

过度补偿概念在心理学中的广泛应用，主要应归功于奥地利心理学家阿德勒的大力倡导和研究。根据阿德勒本人和其他人的研究及犯罪行为的实际情况可以看出，许多犯罪行为是由于过度补偿引起的，因此，过度补偿也是犯罪行为的一种心理机制。

所谓的过度补偿，就是指个人不但要克服自卑而达到普通人所具有的水平，实现正常的补偿，而且要使自己的补偿结果超过普通人的心理倾向和行为。在社会生活中，过度补偿可能是无意识地起作用，也可能是有意识地起作用。当过度补偿机制使用得当时，会产生为社会所接受的行为和结果。但是，当过度补偿机制使用不当时，则会导致危害社会的行为和结果，构成犯罪。② 生活中的很多因素都可能使人产生自卑感，例如身体缺陷、经济条件差、受教育程度低等，这些不良因素导致个人不断受到别人的轻视、冷遇。因此，一些人在追求

---

① 张春兴，杨国枢. 心理学[M]. 台北：三民书局，1969：1.

② 栗克元. 犯罪心理机制论[J]. 河南：河南大学学报，1999（1）.

优越地位心理的支配下，而进行不适当的过度补偿，就有可能导致犯罪。

五、防御机制

防御机制，是指人在无意识中用于消除心理冲突或挫折所引起的焦虑，维持和恢复心理平衡的一种自我保护的方法。防御机制可以分为攻击反应、退却反应和妥协反应三大类。其中，有些防御机制可能导致犯罪。常见的引起犯罪的防御机制有：①

(一)合理化作用

个人用似是而非的理由为自己的非法行动辩解，从而心安理得地去实施犯罪行为的一种防御机制，实质上是用来免除自我谴责和抵御他人谴责，以维护个人自尊的一种防御机制。一般来说，合理化的作用适用于两种情况：第一种是在实施犯罪的过程中，犯罪人编造一些"理由"使其非法行为在自己心理上变得合理起来，以免除良心的谴责，将犯罪行为进行下去；第二种是在犯罪行为完成或遭到失败后运用合理化作用，以摆脱自己的罪责感，回避内心矛盾冲突，抵御刑罚惩罚所引起的焦虑和不安。

(二)投射作用

个人将自己具有的不良性格、观念、欲望、态度等转移到别人身上，认为别人同样具有这些特征的一种防御机制，即"别人和我一样"的观念。通常应用于三种情况：(1)犯罪人利用投射打消对被害人的同情和怜悯，认为对方也像自己一样卑鄙、虚伪、邪恶，具有和自己同样的愿望，从而继续犯罪；(2)犯罪人利用投射构成攻击被害人的理由，认为对方歧视、贬低或怨恨自己，自己的攻击是合理的；(3)犯罪人利用投射转移责任，坚定犯罪决心或减轻罪责感。

(三)认同作用

个人出于某种动机，把自己看成是现实生活中存在的或想象中的某个人，力图模仿这个人的言行举止的一种防御机制。当个人在现实生活中无法获得成功或愿望得不到满足时，有可能将自己当成或想象成某个已经取得成功的人，从而减少挫折感，引发犯罪。

(四)反向作用

当个人产生某些不能被社会或他人接受的欲望或冲动时，为了避免引起对自己不利的后果而故意做出的相反的举动，以减轻焦虑感与罪恶感，一般情况下该种机制不会导致犯罪，但当个人以违反社会规范的形式使用这种机制时，则可能实施犯罪行为。

第三节　国外关于犯罪行为发生机制的主要理论

一、本质相异论

研究犯罪心理机制，必然涉及对犯罪人的看法问题。较为古老的一种看法是：犯罪人在生理上、心理上同守法的公民相比较，是本质上完全不同的人，此即本质相异论。

(一)生理上的异质论

以龙勃罗梭为代表的犯罪人类学派把犯罪人看成是由遗传决定的生理结构上异质的人。近些年，关于犯罪者的相关研究，如血型、染色体、内分泌、脑电波等与正常人有何不同的

---

①　罗大华. 法律心理学研究与探索[M]. 北京：中国政法大学出版社，1992：135-154.

研究，都在一定程度上强调生理上的异质或部分异质与违法犯罪的因果关系。生理上的异质论主要强调生理上的异质或部分异质，是发动犯罪行为的驱力和机制。

（二）心理上的异质论

20世纪初，美国犯罪学家戈达德和卢克夫妇进行了违法犯罪行为与智力落后关系的研究，认为违法犯罪者的智力水平低。戈达德曾在著作中估计，50%以上的罪犯的智力是低下的，"再也不能否认，违法犯罪最重要的和唯一的原因是由于低等的智力状况。多数犯罪的原因都是由于智力低下"。① 赞成智力低下与犯罪正相关的学者指出两点与个体因素相关的理由：第一，低智商的青少年往往注重眼前利益而忽视长远利益，贪图眼前的享乐；第二，低智商者在进行抽象思维时相对低能，如果说道德的推理也是一个抽象的推理形式，那么，低智商者在系统地作出对错判断时也相对较差。②

有些临床心理学家认为，违法犯罪者具有人格障碍的特征。其典型症状是：攻击性、破坏性、低度的忧郁感、行动盲目、情感冷漠、责任感缺乏，不善于吸取教训，也不因受到惩罚而悔悟。有的犯罪心理学家和精神医学家还企图找到某种犯罪人格作为发动犯罪行为的心理动力和机制。华盛顿特区伊利莎白精神病院的两位医生（Yochelson & Samenou）宣称他们发现了"犯罪人格"。③ 心理上的异质论主要强调心理上、精神上和人格上的异质，是产生犯罪行为的驱动力和机制。

二、犯罪倾向论

犯罪倾向论和本质相异论的观点是截然相反的。一些研究者认为，正常人与犯罪者都存在侵害他人利益以满足自己欲望的犯罪心理倾向。两种人之间，只有倾向程度的不同，并不存在生理上或心理上本质的区别。在情境诱惑下，"好人"也会犯罪。

英国的梅思在其所著《我们是否都是犯罪者》一书中指出，罪犯无论在心理方面，还是在社会关系方面，都处于"常态"，与一般人是"同质的"。"无论是犯罪者，还是一般人，都是一样的"，"他是人，我也是人"④。日本学者平尾靖认为："在任何优秀的人物中，都存在着犯罪的倾向"；"某人变成犯罪者时的过程的性质，与没有越轨的个人进行正直行为时的过程的性质基本上是相同的"。⑤ 这就意味着，犯罪行为和正常行为间有着相同的机制。一个人是否犯罪，主要受情境的左右。

三、欲求不满论

欲求不满论来源于精神分析学派，反映了弗洛伊德的人格理论和犯罪观。弗洛伊德将人格结构分为本我、自我、超我三个部分，与他在1911年提出的快乐原则、现实原则以及至善原则相结合，形成了对应关系。人格健全的人，三者处于平衡状态，使"本我"在获得一定程度"快乐"的同时，受到"自我"和"超我"的适当调控和限制，不至于产生越轨行为。但"自我"、"超我"过强，"本我"受到过多的压抑、处于欲求不满状态时，便会在一定条件下

① [美]理查德. 昆尼. 新犯罪学[M]. 陈新良等译，北京：中国国际广播出版社，1988：59.
② 刘强. 美国犯罪学研究概要[M]. 北京：中国人民公安大学出版社，2002：111.
③ 许春金. 犯罪学导论[M]. 台北："中央"警官学校犯罪防治学系，1987：159-161.
④ 吴宗宪. 法律心理学大词典[M]. 北京：警官教育出版社，1994：202.
⑤ [日]平尾靖. 违法犯罪的心理[M]. 金鞍译，北京：群众出版社，1984：15-16.

产生越轨行为和违法犯罪行为。① 一般而言，欲求得到满足、人格结构健全的人不易犯罪；反之则容易实施犯罪行为。

弗洛伊德还认为，人类社会中之所以有犯罪，究其根源全在于人类的本性。他在"欲求不满"产生犯罪这一基本判断的基础上，进一步提出了自己的犯罪观。他认为人天生而具有的犯罪倾向表现于两个方面，即攻击与破坏的倾向和强大的性本能作用。以上两种本能相互融合，特别是在"本我"实现"快乐"原则受到挫折时，便会产生挫折——攻击行为。②

四、刺激反应论

行为心理学的创始人约翰·沃森建立的"刺激—反应"原理，指出人类的复杂行为可以被分解为两部分：刺激和反应。人的行为是受到刺激的反应。刺激来自两方面：身体内部的刺激和体外环境的刺激，而反应总是随着刺激而呈现的。华生则认为，心理学必须用科学的方法研究个体行为，而不是意识。研究动物行为的结果，可以用来解释人的行为。人类一切行为的构成要素都只是反应，或多种反应的组合。反应多数是在环境中由刺激—反应的联结形成的。斯金纳认为一切行为都是由反射构成的。斯金纳指出行为分为两类：一类应答性行为，是由已知的刺激所引发的反应；一是操作性行为，是没有可观察的材料，而是由有机体本身发出的自发的反应。综上所述，不难看出：从约翰·沃森、华生到斯金纳等新旧行为主义学派的代表人物，都认为一切行为都包含有刺激与反应的对应关系，称之为刺激反应法则。故犯罪行为，也必定同某种刺激有关。

我国台湾学者蔡墩铭认为，刺激应该包括社会刺激与生理刺激、平常刺激与异常刺激、愉快刺激与不愉快刺激、自然刺激与人为刺激，均会引起行为人的某种反应。就犯罪行为发生的机制来说，财物刺激、被害人刺激、性刺激、共同犯罪者的行为特征刺激、实施犯罪时的反馈刺激等，都与犯罪行为的实施及动机转换有着密切的联系。当然，所有刺激引起的反应，常常和个体的需求状况、精神状态以及心智操作有关，即通过行为人的意识作用，才会有可能产生不同程度和不同种类的犯罪行为反应，或由于抑制作用，而作出不犯罪的克制反应。③

五、心理冲突论

在现实生活中，人们企图的目标不能达到或不可能全部达到，所引起的动机不能实现或不可能全部实现，有时会出现两种或两种以上不同方向的目标与行为方式的选择，就会形成心理冲突的状态，这种冲突如果长期没有得到缓解，必然引起紧张和焦虑的情绪障碍进而导致心理疾病。在心理严重不平衡的压力之下，迫使个体在各种不同的心理冲突中，做出目标和行为方式的选择。若最终选择了犯罪的目标和行为方式，便会成为犯罪者。

与这种心理冲突导致犯罪的理论相联系的是紧张理论。这一理论的主要代表人物是美国犯罪学家罗伯特·默顿。默顿认为，一个理想的社会，文化目标的追求与实现应当同样受到鼓励。在这种社会，人们即使没有实现其目标，也不会产生紧张感。但是西方社会大肆宣扬竞争、个人奋斗和出人头地，把社会地位和物质财富作为实现文化目标的主要标志。由于社

① 罗大华，何为民. 犯罪心理学[M]. 北京：中国政法大学出版社，2007：151.
② 车文博. 弗洛伊德主义评析[M]. 吉林：吉林教育出版社，1992：427-433.
③ 蔡墩铭. 犯罪心理学[M]. 台北：黎明文化事业公司，1979：257-291.

会地位和经济地位的差异，不是所有人都能平等地得到实现这些目标的机会和常规手段。那些处于社会底层的成员在与中上层成员的竞争中常常处于劣势，因而产生紧张状态，其中一些人便会通过非法手段甚至犯罪去追求成功。默顿进一步指出，并不是所有不能通过合法手段取得成功的人都会借助于犯罪等非法手段去实现自己的目标，最终犯罪与否还得取决于个人对社会的目标和合法手段的态度。人们如果对社会紧张状态采取放弃目标的适应方式，则不会犯罪；如果采取变革的适应方式，即用非法手段争取社会目标的实现，则会实施夜盗、抢劫之类的犯罪行为；如果采取退却的适应方式，则其中许多人会变成精神紊乱者、隐士和流浪汉，而另一些人则会变成吸毒者、酒精中毒者等与法律发生冲突的人；如果采取造反的适应方式，如试图变革社会制度，推翻现存政府，则通常会发生政治犯罪。① 然而，由于该理论过于强调经验，并使犯罪理论抽象化，因此在实际运用中也是饱受争议。

六、动机作用论

一些犯罪学家认为，需要和目的之间存在着动机，动机是决定行为的关键性因素。大多数需要和目的往往是中性的、无可非议的。如果动机不具有反社会性，也就不会造成犯罪行为，此即为动机作用论。在对动机进行犯罪学分析和分类中，原苏联犯罪学家库德里亚夫采夫综合其他犯罪学家的意见，认为未成年人的犯罪动机主要有：威望动机、模仿动机、贪利动机、屈辱和报复动机、不确定动机。成年人的犯罪动机主要有：政治性动机、贪利性动机、暴力和自私动机、无政府主义和个人主义动机、任性和不负责任动机、怯懦和心胸狭窄性动机。② 在犯罪行为的发生过程中，犯罪动机是直接的动力源泉，起着决定性的推动作用。

七、防卫机制论

防卫机制一词出自精神分析学派，是指人在潜意识中自动的进行克服本我、自我和超我冲突时所产生的焦虑，以保护自我的方法。具体说，它是在缓和失败带来的痛苦，减少认知的不协调，平复心理上的创伤时，为渡过心理危机，安抚自我而欺骗自己、歪曲现实，为维持心理平衡而自动地、无意识地起作用的一种心理机能。这一理论认为，犯罪行为和防卫机制的关系是很密切的，主要表现在：一是行为人压抑罪责感和内疚感，为侵犯他人利益和社会利益的行为作出合理化的解释，由此使自己"心安理得"地滋生犯罪动机和实施犯罪行为；二是自我防卫而进行过度攻击，造成犯罪；三是变态的宣泄行为，为克服内心的自卑感、嫉妒心而加害于人。③

八、犯罪亚文化论

一般来说，犯罪亚文化论的理论根基应追溯至法国社会学家塔尔德的犯罪模仿论。塔尔德的犯罪模仿论的三大法则和萨瑟兰的不同接触论都强调亚文化对犯罪的影响。犯罪亚文化论并不认为犯罪行为发生的机制是由心理异常或生理异常引起，而强调与社会主流文化相对应的亚文化因素是促成犯罪的动因和机制。

---

① 许章润. 犯罪学[M]. 北京：法律出版社，2007：39-40.
② [俄]库德里亚夫采夫. 违法行为的原因[M]. 韦政强译，北京：群众出版社，1982：204-205.
③ 罗大华，何为民. 犯罪心理学[M]. 北京：中国政法大学出版社，2007：153.

美国犯罪学家米勒认为犯罪是低阶层文化对环境自然反应的结果。他认为，低阶层文化本身就包含有犯罪的因素，犯罪行为也是低阶层文化价值观和态度的具体表现。米勒的观点和塞林的犯罪文化冲突论不同，他并不认为低阶层文化是对中产阶级文化的反抗，或者因观念规范不同引起文化冲突，而是认为低阶层文化本身存在着一系列适应贫民生活的焦点关心，易于使人犯罪。这些主要的焦点关心是：（1）麻烦。是否经常惹麻烦（包括打架、酗酒、不正常的性行为），在低阶层文化区域里，是用来衡量一个人有无能力的标准之一。（2）强硬。在贫民区，强调身体强壮、有打架能力和运动技巧。（3）聪明。对低阶层者来说，耍小聪明是一种求生的技能，如赌博、欺诈和钻法律的漏洞等。（4）兴奋。为了寻找兴奋和刺激的动机，导致赌博、打架、酗酒和性的侵扰等。（5）自主。认为受制于权威（警察、教师、父母等）是一种软弱，主张凭自己的意愿行事。低阶层者如果遵从上述亚文化的"焦点关心"，便会经常触犯法律。因此，在米勒看来，犯罪行为发生的机制是顺应低阶层文化的结果。[①] 还有部分学者认为，在西方下层社会成员中存在着许多不同的亚文化群。在亚文化群中，犯罪是可以接受，甚至是值得赞赏的。

---

① 罗大华，何为民. 犯罪心理学[M]. 北京：中国政法大学出版社，2007：153-154.

第七章　犯罪心理形成的静态分析

第一节　生物学因素与犯罪心理的形成

尽管目前犯罪学界热衷于对社会环境的探讨，但始终没有抛弃对犯罪生物学的研究，相反，随着 20 世纪以来生物科学的发展，生物学领域也出现一系列新的突破，这使得生物学因素这一研究方向在现代犯罪学中获得了一定程度的复苏。本节将结合与犯罪相关的早期生物心理学研究，对影响犯罪心理形成的各种生物学因素进行简要的介绍。

一、生理心理学因素与犯罪心理的形成

从生物学角度研究犯罪产生的原因最早可追溯到古希腊时期。如苏格拉底认为，皮肤黝黑者大多有为恶的倾向。亚里士多德进一步发展了骨相学说，认为人的心智与人的头部形态相关，"前额大的人偏呆滞，前额小的人用情不专；天庭横阔者易于激动，突出者好发脾气"。人相学者拉法特致力于研究脸部构造与反社会行为的关系，认为无胡须的男人或者有胡须的女人、狡猾的眼神、单薄的下颚以及傲慢的鼻子等生理特征是判断有无犯罪倾向的重要指标。对生物学与犯罪关系研究最有影响力的人物是意大利犯罪学家龙勃罗梭（Cesare Lombroso），他的"天生犯罪人"理论对犯罪学上遗传和人格之间关系的探析产生了深远的影响，以下进行较为详细的探讨。

（一）天生犯罪人

龙勃罗梭于 1876 年出版了其代表作《从人类学、法学及监狱管理学论犯罪人》一书。他的观点深受达尔文进化论思想的影响。达尔文提出"可能存在一些比其他人更接近他们原始祖先的人"的假设，认为有些偶然出现但是来源不明的最恶劣的性情与行为倾向也许就是返祖遗传的表现，而这里的"祖"要追溯到当初的野蛮状态①。Lombroso 早期认为，有些人天生就具有强烈的反社会倾向，天生犯罪人是隔代遗传变异的结果，是隔代遗传使得个体退化到了低级甚至原始人类型的必然结果。犯罪是基于天赋而产生，因而犯罪行为具有遗传性，罪犯代表了一种尚未进化成为更高等级的智人的独立物种。他把这种在某些生理或者心理遗传特征介于现代人与人类原始祖先之间，在进化上发生停滞的物种称为"天生犯罪人"。

Lombroso 的经历与"天生犯罪人"理论的提出有着密切的联系。1863 年意-奥战争结束后，曾经担任军医的 Lombroso 开始对 3000 名士兵进行系统的观察和测量，他试图用测量方法分析这些士兵身体上的差异。在进行测量的同时，他也对士兵的纹身，特别是对他觉得品质很差的士兵身上的淫秽标记作了观察。纹身后来成为了 Lombroso 识别犯罪人的特征之一。Lombroso 的"天生犯罪人"理论是以大量实证研究为基础的，在当时，观相术、颅相学已经

---

① 达尔文. 人类的由来[M]. 潘光旦，胡寿文译. 北京：商务印书馆，1986：212.

有了较大发展，如德国医生加尔在研究了各种大脑和颅骨形状后，提出了"颅相学"理论，他认为犯罪产生的原因存在于大脑的组织结构之中。同时，实证主义、进化论、精神病学理论、唯物主义也已经得到广泛的传播，体质人类学的人体测量方法在人类学研究中已经得到大量应用。Lombroso 通过对士兵、精神病人、犯罪人等运用颅相学观察、人体测量、尸体解剖等方法，发现品质良好的人和有偏差行为的人不仅在性情方面，而且在身体结构特征等方面，都有明显的差异。其中颅相学的研究发现给他很多启发。Lombroso 对 383 名死刑犯人的颅骨进行解剖检查后发现，这些犯罪人具有一系列不同于正常人的解剖学特征。特别是在他对恶贯满盈的 Vilella 的颅骨进行解剖检查时发现 Vilella 的颅骨中有一个明显的凹陷，Lombroso 将它称为"中央枕骨窝"（median occipital fossa），中央枕骨窝附近的小脑蚓部肥大，而这两种特征是众所周知的低等灵长目动物如类人猿的特征。在这一启发下，Lombroso 提出了"天生犯罪人"理论。

Lombroso 从解剖学和生物学特征方面对天生犯罪人的各种蜕变性特征进行了标示，认为他们较之正常人具有一系列异常的生理特征，如面部不对称、扁平的鼻子、肥厚且肿起外凸的嘴唇、大耳朵、巨大的下巴、高颧骨、眼部有缺陷或异常、皱纹如猿猴一般密集等。同时，他还根据不同种类的犯罪人发现了与之相应的各种生物学特征，如有盗窃倾向的人具有一双斜视而挤密的眼睛、长耳朵、低平而后倾的颅骨、扁平的鼻子、过长的下巴等。Lombroso 早期的犯罪学理论强调所有的罪犯都具有显著的生理或遗传特征。在心理学方面，Lombroso 发现天生犯罪人在情感上过于冷漠，不愿与人建立亲密的关系，在精神上多处于无知觉状态，由此而导致他们的同情和怜悯等道德意识衰退，极度的以自我为中心，缺乏顾忌和自我良心谴责。

在犯罪人类型研究方面，Lombroso 放弃了原来的所有犯罪人天生具有反社会性的观点，提出除了以隔代遗传为基本特征的天生犯罪人外，还存在着六种不同的类型。第一类是职业型犯罪人（habitual or profession criminals），这类犯罪人以犯罪为职业，在体质和精神方面不具有促使其犯罪的异常因素，只是由于社会、监狱管理等因素中的不良部分助长了他们蓄意违法乱纪的野蛮倾向；第二类是司法型犯罪人（juridical criminal），这类人在犯罪前是被公认为正直的人，是由于情感冲动而实施暴力犯罪的人，他们过分地注重情感，完成犯罪且情感冲动得到满足以后会立即产生后悔感；第三类是激情型犯罪人（criminal of passion），这类人不是因为仇视社会而去犯罪，是基于保护个人、荣誉、国家等情感而采取了过激行为；第四类是倾向型犯罪人（criminaloid），这类人本身仅有轻微的退化痕迹，其固有特征与天生犯罪人较为相似，但环境的诱惑以及犯罪机会是他们犯罪的决定性因素；第五类是精神病态型犯罪人（morally insane），这类人与精神病态者行为很相似，很少会表现出对可能遭受的刑罚的恐惧，也不会试图逃避处罚；第六类是歇斯底里型犯罪人（hysteric criminal），这类人与焦虑和神经质的个体相似，是一类有可能随时突然出现精神紊乱等表现而犯罪的犯罪人。在犯罪原因研究方面，Lombroso 晚年倾向于病理学变异的解释，他认为犯罪人除了是隔代遗传的变种外，还有可能是由于癫痫症这一病理现象引发出的动物般凶残的本性，同时他也承认了社会因素对犯罪的影响，但生物学解释始终是 Lombroso 犯罪学思想的核心。

Lombroso 的天生犯罪人理论过于强调犯罪生物学因素而对社会环境因素的关注明显不足，因而其理论一直受到抨击。但是 Lombroso 学说的问世标志着人类开始将犯罪作为一种自然现象进行描述和解释，开始摆脱抽象犯罪的概念，进入实证研究的领域。Lombroso 从生物学角度来解释犯罪的思路以及关于犯罪类型的分类等思想，都对犯罪学的发展产生着积极影响。现代生物学派的学者试图从生理上寻找犯罪原因的思想，这与 Lombroso 的思想无疑也存在着前后相继的关系。

（二）体型说

古希腊的名医希波克拉底（Hippocrates）强调体格类型学，他将体格类型与人格联系起来，并提出了体液影响人格的观点。此后犯罪学家们开始了对生理特征与人格关系的研究，并形成了体格类型犯罪学派。这一学派的代表人物是德国精神病理学家克雷奇默尔（Emil Kretschmer）和美国的谢尔顿（William H. Sheldon）。

Kretschmer 在其《体型与性格》一书中通过对 4414 个个体作了统计学的分析后，将人体类型分为四种，并试图将这四种体型与特定的心理障碍相联系起来。第一种体型是矮胖型（pyknic），这种体型的特点是个头矮而且肥胖，这一类人不易犯罪，即使犯罪也多为欺诈型犯罪，再犯可能性较小；第二种体型是瘦长型（leptosomatic or aesthenic），表现为个高瘦削，这类人多犯盗窃罪和诈骗罪，且再犯的可能性较；第三种体型是运动型（athletic type），这类人身体健硕，精力旺盛，多犯暴力性的财产犯罪和性犯罪；第四种体型是发育异常型（dysplastic），这种体型的人身体各部分发育不健全，存在某种功能障碍，多实施性犯罪，Kretschmer 认为现实中这种体型比较罕见，且"其丑无比"。

Sheldon 试图通过大量的收集和整理生理测量数据，将体型分为不同类别并与犯罪行为联系起来。Sheldon 最终将人体类型分为三类：内胚层型（endomorph）、外胚层型（ectomorphic）和中胚层型（mesomorphic）。内胚层主要发育为消化器官，因而内胚层型的人消化系统良好、身体肥胖、皮肤柔软；中胚层主要发育为肌肉，因而中胚层型的人肌肉发达、体格健硕；外胚层发育为神经系统，因而外胚层型的人大脑与中枢神经系统较其他类型的人发达，且身体瘦弱、骨骼小、个头较高。Sheldon 为了避免不同体型间出现太大的差异，在针对 7 个分量进行个体体质类型确认后，发现了一种较为匀称的体型，即平衡型。在确定体质类型后，Sheldon 发现了人格类型与不同体型的关系。他发现内胚层型的人性情温和，喜欢随遇而安，喜好柔软的事物且为人和蔼可亲，属"内脏强健型"（viscerotonia）；中胚层型的人性格活跃、独断、行为极具攻击性，属"体力旺盛型"（somatotonia）；外胚层型的人内向、敏感、压抑、自我保护意识强且易从人群中退缩，属"大脑紧张型"（cerebrotonia）。

Sheldon 曾用研究来验证自己的理论。在波士顿对 200 名少年犯和 200 名控制组的非少年犯进行对比研究，他收集了少年犯的主要生活经历、家庭及教育背景、医疗记录、犯罪行为等资料，并研究了他们过去的违法行为，对他们进行体型学评定。Sheldon 将他们与 200 名非少年犯组进行比较，发现被研究的少年犯中中胚层型的居多，即中胚层型的人更易倾向于犯罪，故 Sheldon 认为罪犯与非罪犯间存在明显的体型与人格差异。Sheldon 的这一观点随后得到了其他理论学者的支持。如 Glueck 发现中胚层型的人在犯罪人群中占据的比例突出，达到了约 60%；Gatti 和 Cortes 通过将 100 名有罪少年和 100 名无罪少年对比，发现中胚层型的人在有罪组的比例明显高于无罪组。因而他们更进一步确认体型，尤其是中胚层体型与犯罪有着密切的关系。然而，体型与人格存在密切联系的观点在之后受到了质疑，Wadsworth 通过对英国国家统计数据分析，得出中胚层型并没有在罪犯组中呈现明显比例，这从一定程度否定了体型与犯罪的必然联系。由此可知，体型与犯罪间存在关系，但不是必然的因果关系。正如 Wilson 和 Herrnstein 在《犯罪与人性》中所言：我们对体型—犯罪关系进行更深入的理解之前，还需要更多设计复杂、控制良好的研究予以支持。

二、遗传因素与犯罪心理的形成

英国现代心理学家艾森克认为，"由犯罪父母遗传的一些因素增加了子女犯罪的可能性这种观点尤其适用于习惯性犯罪。在遗传因素面前，不利的环境因素充当着产生反社会行为的催化剂"。① 在犯罪学界，关于遗传与犯罪关系的研究一直在进行，总的认为，正常行为与遗传有关，那么犯罪行为也应受遗传因素的影响。在这一问题的研究中，说明遗传对犯罪人人格及心理存在影响时所涉及的内容，主要为以下几种：

（一）家族史研究

家谱调查是研究遗传与犯罪关系的一种最为传统的方法，它通过调查并重组一个家族的谱系，统计出该家族中各代人违法犯罪的数量，并比较有多少种类型的犯罪在各代之间得到"传承"，以此来确定犯罪的遗传程度。其中最典型的就是美国社会学家理查德·达格代尔（Richard Dugdale）对朱克（Juke）家族谱系的研究。从殖民地开始，朱克的子孙发展到了1200人，其中有280人为乞丐，60人是惯盗，140人是其他犯罪人，包括7人是杀人犯，50人是卖淫者。1915年另一位美国学者阿瑟·埃斯塔布鲁克（Arthur A. Estabrook）也对朱克家族进行了研究分析。截至1915年，Estabrook发现朱克家族的另外715名后裔中，有170多人是乞丐，118人以上是犯罪者，378人以上是卖淫者，86人是妓院老板或其他越轨者。因此Dugdale等人得出了这样的研究结论：犯罪人在心理方面和身体方面都比一般人低下，这一结论不但适用于个别犯罪人，也同样适用于作为一个群体的犯罪人，而造成犯罪人低下的原因是血统和训练的结果。家谱调查这一研究方法能让大家发现一些具有典型意义的犯罪家谱，但是它不能区分遗传和环境对犯罪人人格的影响，因此很难准确得出遗传对犯罪行为的影响程度。

关于家族史研究，还有一个研究点，那就是有关低能的研究。美国心理学家亨利·戈达德（Herry Herbert Goddard）对一个名叫"卡利卡克"（Kallikak）家族进行考察，通过长期的追踪调查，Goddard发现Kallikak家族的480名后代中，143人是智力低下者，36人是私生子，33人有不正当性关系，大多是卖淫者，24人是酗酒者，8人是妓院老板，3人是癫痫病人，还有其他若干行为异常者和越轨者。因此Goddard认为犯罪性和低能是一种退化状态的两个方面，所有的低能者都是潜在的犯罪人；低能被认为是由隐性基因造成的，隐性基因遵循正常遗传规则遗传。②

（二）双生子研究

在对双生子研究进行理解之前，需要了解几个基本概念③：一是"同卵双生子"和"异卵双生子"。同卵双生子是指由同一个卵子被同一个精子受精后分裂为两个而形成的胚胎，具有相同的性别和共同的基因，一般在外形和行为上都极为相似。异卵双生子是指由两个不同的卵子被两个不同的精子受精而形成的两个胚胎。二是"共享环境"和"非共享环境"。共享环境是那些以同样方式影响双生子双方的教养经历和生活经历。非共享环境则是对双生子生活经历等产生差异的环境。一般而言，当个体逐渐长大之后，共享环境的重要性会逐步降低

---

① 艾森克.人格理论与犯罪问题[J].青少年犯罪研究，1998：69.
② 吴宗宪.西方犯罪学[M].北京：法律出版社，1999：470.
③ [美]Curt R. Bartol, Anne M. Bartol.犯罪心理学[M].杨波，李林等译.北京：中国轻工业出版社，2012：73-76.

而非共享环境的重要性则会逐步提高。三是"一致率"（concordance），它常用百分比来表达，是指双生子的特定行为或生理状况所表现的出来的相似程度。

对双生子的研究最先出现在德国慕尼黑精神病学家约翰内斯·格朗（Johannes Lange）的著作《犯罪与宿命》一书中，他支持 Lombroso 的观点，认为犯罪行为由遗传因素先天决定。他曾对 30 对双生子进行研究，发现其中的 13 对同卵孪生子当中都有犯罪纪录的有 10 对，犯罪一致率为 77%；17 对异卵孪生子当中，仅有 2 对双方都有犯罪纪录，犯罪一致率为 12%。此外，他还对 214 对年龄接近的普通兄弟进行研究，发现犯罪一致率仅为 8%。后来又有很多学者对同卵双生子和异卵双生子在犯罪一致率上进行了调查研究，尽管得出的百分比不一致，但是同卵双生子的犯罪一致率均高于异卵双生子。这些发现似乎足以证明遗传在犯罪行为中具有重要作用。然而，有学者对此提出了质疑。如 Rosenthal 认为对于遗传与犯罪的关系应谨慎下结论，因为现有的双生子一致性的研究方法存在一定的缺陷，且对犯罪适用不同的法律界定会得出不同的结果。Eysenck 认为早期关于双生子的研究存在缺陷，早期的遗传学检验方法未能达到从血清蛋白等科学方法去判定为同卵双生还是异卵双生，这种不科学成分的存在会影响研究结果。另外，以往的研究重点在关注双生子本身特征上，不同研究者在数据的完整性以及犯罪的界定上存在着问题，这些因素都会影响到研究的结果。

因此，以往的双生子研究的数据提示着我们，应当把遗传作为犯罪行为产生的一个重要因素，但是迄今为止，尚不能提供足够的证据来证明特定的基因与行为问题的发展间存在必然特定的关系。

（三）染色体研究

有学者认为，人之所以犯罪，其根本原因在于性染色体数量异常。染色体是细胞核中载有遗传信息的物质。一个正常的人一般具有 23 对染色体，其中的 44 个决定身体的结构和形状，有 2 个决定性别。女性的性染色体为 X 和 X，男性的性染色体为 X 和 Y。通过对人体的研究发现，有的男性存在 XYY 或 XXY 的性染色体，即染色体出现异常。

染色体异常论首先是由英国女学者帕特里西娅·雅各布斯（Jacobs）在 1965 年提出来的，她通过对心理异常的 196 名男性犯罪人进行检查，发现有 7 名性染色体为 XYY 的犯罪人，即这 7 人性染色体异常，而这 7 人全为暴力犯罪人。她还发现染色体为 XYY 的异常者的初次犯罪年龄比一般犯罪人要小，平均小 5 岁左右。Jacobs 认为染色体异常的人自我控制能力较差，易激怒而实施暴力犯罪，因此人的染色体异常容易导致犯罪行为的发生，犯罪行为的发生是犯罪人的染色体与正常人的染色体相比异常的结果。1978 年，麻兰（Moran）研究发现，具有 XYY 性染色体异常者在犯罪人当中的比例是一般人口的 2 倍，且异常者的身材都较高，平均超过了六英尺。然而威特金（Witkin）1978 年在丹麦通过对 4000 名高个子进行研究，发现具有 XYY 性染色体异常的仅 12 名，占极少数。因此染色体异常与暴力犯罪存在关联的观点受到了质疑，尚缺乏足够有力的证明。

（四）收养研究

收养研究的目的是通过对收养子女的犯罪情况、亲生父母的犯罪情况以及父母的犯罪情况进行分析，来寻求遗传因素与环境因素对收养子女犯罪行为的影响程度。它的立论假设是，假如收养的子女的行为与其亲生父母较为相似而与养父母较不相似，那么就可证实遗传因素对犯罪存在较大的影响，相反，则证明生长环境因素对犯罪行为的影响大。

1974 年，Crowe 设计了一项研究，他将追踪调查的 52 名被领养的孩子作为实验组，这 52 名孩子全为白人，其中 25% 为女性，90% 的生母在孩子被领养时犯了重罪，且 52 人均在很早就被领养。另外他选择了52名在人种、性别和被领养年龄上与实验组匹配，且来自无明显犯罪记录家庭的被领养孩子作为控制组。Crowe发现，在实验组，被领养时年龄越大、临时寄养时间越长的孩子长大后出现反社会性人格的几率越大，而控制组则没有这一现象。可见实验组中收养儿童的反社会性与两个变量呈正相关：一是收养时的年龄；二是收养前被寄养的时间。学者哈钦斯（Barry Hatchings）与梅德尼克（Sarnoff Mednick）也进行了一项收养研究，他们分析了1927—1941年在丹麦哥本哈根出生的1145名男性收养者，在对其中143名具有犯罪行为的收养者与另外143名没有犯罪行为的控制组进行比较后，Hatchings与Mednick发现生父有犯罪记录的，收养者的犯罪倾向也大增，当收养者的生父及领养父母皆有犯罪记录时，其从事犯罪行为的可能性大大地增加。因此，他们认为遗传、环境都可能对犯罪行为产生实质性的影响。具有反社会行为倾向的人在不良环境中成长，更容易衍生犯罪行为。

三、年龄、性别因素与犯罪心理的形成

(一)年龄因素

不同年龄阶段的人会因生活状况、生理特点、婚姻家庭、职业等因素的影响而有所不同，其社会行为的表现方式也会有所差异。因此分析犯罪人的年龄结构，掌握不同年龄阶段对应的犯罪类型的特点，寻找犯罪类型与年龄的变化趋势，对分析不同年龄段犯罪人的犯罪原因，预防犯罪有着重要意义。对年龄的研究主要集中在两方面：一是犯罪高发年龄段；二是年龄与犯罪类型。

关于犯罪高发年龄段，根据中国青少年研究中心1990年相关统计材料可以知道[1]，犯罪者年龄在14~17岁、18~25岁、25~50岁、51岁以上的在社会总人口中的比重分别为10.77%、23.95%、44.38%、20.90%；在犯罪总人口中的比重分别为19.07%、54.98%、24.75%、1.20%。由上述统计数据可以看出，年龄在18~25岁、14~17岁的犯罪人在犯罪总人口中的比重明显高出占社会总人口的比重，而其余两个年龄段犯罪人的比重则明显低于社会总人口比重。说明18~25岁、14~17岁这两个年龄段是我国犯罪的高发年龄段，也是我们常统称的青少年阶层。这一现象产生原因的可能为：青少年由于处在身体和生理充分发展，精力充沛的阶段，但社会认知与行为情感尚未定型，拥有着强大的好奇心，易冲动，是人格塑造与矫正的敏感时期，易受到社会、同龄群体中不良文化的影响，这就容易导致青少年正常社会化过程的中断或者扭曲，出现反社会的人格，步入与主导文化相对抗的歧途。

关于年龄与犯罪类型的关系，一般认为随着身心发育和生活阅历的变化，不同年龄的犯罪人实施犯罪的类型会存在差异。青少年自控能力差，做事不计后果，易冲动，故实施抢劫、故意伤害、强奸等暴力犯罪的较多；成年犯罪人在心理上更具预谋性与多样性，犯罪手段更成熟，多实施诈骗、伪造、渎职类案件，而在故意伤人、抢劫、强奸等暴力犯罪上则多为精心策划后实施。老年期的人攻击性减弱，故较少实施暴力犯罪，主要针对弱势群体实施一些较少使用体力的犯罪，如教唆、窝藏、盗窃等犯罪。

(二)性别因素

性别上的差异使得男女在犯罪活动中表现会不同。首先表现在犯罪的男女性别构成上。一般而言，受到生理、文化、社会制度与历史的影响，女性犯罪人在犯罪总人数的比重明显

---

① 中国青少年研究中心.中国青年社会发展的现状与对策[M].天津：天津人民出版社，1995：163.

低于男性犯罪人。有"近代统计学之父"之称的比利时统计学家凯特勒（Quetelet）在 19 世纪通过实证研究，发现男性犯罪数量比女性犯罪数量高四倍多。在 20 世纪 90 年代，西方主要发达国家的犯罪性别构成也反映了女性犯罪比例低于男性，但各个地区存在差异。以 1990 年为例，当年女性犯罪在德国所占比例为 24.5%，在美国所占比例为 22.6%，在法国所占比例为 15.1%。在我国，由于中国传统文化对女性思想的影响以及社会制度的特点，女性犯罪在犯罪总人数的比重要低于主要西方国家。如根据天津市犯罪普查统计，女性犯罪所占比例在 1990 年为 2.1%，到 1993 年有所上升，但也仅占 2.6%。尽管当今女性犯罪会呈现出许多新情况、新特点，但是犯罪性别构成上，社会总趋势仍将是男性罪犯比重明显高于女性罪犯比重。

其次，性别的差异也会导致犯罪类型的不同。虽然理论上女性可以涉及任何类型的犯罪，但是在现实中，女性犯罪多集中于与社会生活有着密切联系的财产型犯罪、涉及婚姻家庭类的犯罪，如盗窃、诈骗、拐卖人口等，对暴力犯罪涉及较少。而男性犯罪则相对集中在抢劫、杀人、强奸等暴力犯罪，危害国家安全和公共安全的犯罪，以及渎职类犯罪。出现男女犯罪类型差异的原因是多方面的：首先是女性受到体质的限制，女性在体质上较男性弱，因而在以力量为后盾的犯罪中实施难度较大。其次是女性在攻击性和竞争性就较男性弱，加之受到传统文化、社会观念的约束大，其隐忍性以及道德观念性一般都较男性高，所以女性实施犯罪行为时会较男性审慎。再次是女性对社会公共生活的关注点与男性存在很大差异。在我国，尽管女性的权力意识得到了提升，但传统思想中女性以家庭为主的意识仍占据着重要地位，女性在社会权力领域的竞争性不强，其关注点更多是放在生活与家庭层面上，而男性则对社会公共生活的兴趣更浓，不同的关注点会导致男女在社会权力追逐及相关领域的犯罪比重产生明显差异。

四、神经生理学及生物化学因素与犯罪心理的形成

（一）人格与犯罪理论

与许多犯罪理论不同的是，英国心理学家艾森克（Hans J. Eysenck）提出了人格与犯罪理论，他认为犯罪行为是特定环境与神经系统特征交互作用的结果。Eysenck 曾作出这样的论断："遗传因素在反社会行为和犯罪行为中起重要作用，这一简单的事实已经毋庸置疑。这并不意味着罪犯本身或者罪犯是天生的，它是某种独特的中枢神经系统和自主神经系统对教养的反应。很多其他环境因素都会增加既定个体做出某种反社会行为的可能性。"Eysenck 通过一系列实证分析后得出人格有四种高阶因子，一种为能力的高阶因子，叫"G"因子（一般智力），另外三种为气质高阶因子，外向性（extraversion）、神经质（neuroticism）、精神质（psychotiscism）。且他认为气质高阶因子对犯罪的作用大于能力高阶因子。Eysenck 设想每一种人格特质就是一个连续体，外向性与神经质相互垂直交叉，精神质是一个单独的连续体。外向性维度反映的是中枢神经系统的基本功能，神经质维度则反映外周神经系统的功能，与自主神经系统有关。外向性维度从极端外向到极端内向之间存在"中间性格"，而神经质维度从极端不稳定到极端稳定、精神质从重症精神质到低度精神质，却都没有中间型。目前认为在普通人群中，大约有 16% 的人属于外向型，16% 的人属于内向型，其余为中间型；16% 的人的神经质会高于或低于神经质出现频率的平均值。

Eysenck 研究发现，外向性的人由于其生理结构的原因，会产生对刺激的需求，他们喜欢社交、健谈，且渴望令人兴奋的事情。随着外向性维度愈趋向极端外向一端时，则表示对

刺激的需求愈强，此时很容易丧失理智，攻击性变强。而内向性的人为人谨慎，不善与人沟通，重视伦理标准。Eysenck 假设这种差异是由中枢神经系统中某些机制存在遗传差异所致，突出表现在网状激活系统(Reticular Activating System，简称 RAS)的差异，RAS 的主要作用在于激活和保持大脑皮层的唤醒。外向者的 RAS 对刺激具有削弱和抑制作用，因而需要寻求更强的刺激来保持大脑皮层处于最佳的唤醒状态。而内向者的 RAS 具有放大刺激的作用，因为对刺激的需求较低。Eysenck 认为犯罪者大多为外向型的人，他们的大脑皮层唤醒水平较低，需要通过犯罪等方式来寻求刺激。在对神经质的研究上，神经质是个体在面对外界压力时所作出生理反应的先天生物学倾向，它主要涉及强烈的情绪反应。根据 Eysenck 的理论，神经质出现不同维度是由自主神经系统的不同敏感度造成的，情绪性高的个体的交感神经系统激活身体的频率快，然而其副交感神经系统平衡消抵速度较慢，导致情绪变化快且持续时间长。情绪作为一种内驱力，在其高强度的驱动下，个体的行为会更易受到原有习惯的影响。因此若个体已经具有反社会的行为习惯，在不稳定的神经质影响下较情绪稳定的人更具有犯罪的冲动与犯罪的可能性。可见，根据个体习惯化行为方式的程度不同，神经质对不同年龄的人也会产生不同程度的影响，对成年人犯罪影响最大，青少年次之，而对儿童犯罪的影响最小。精神质是 Eysenck 最后阐述的维度，目前理论界都没有对精神质的神经系统机制作出合理的假设。Eysenck 认为对精神质形成起重要作用的是人体内高水平的雄性激素睾丸酮、低水平的单胺氧化酶以及神经递质 5-羟色胺。精神质的人行为怪异、凶残冷酷、具有较低的社会性，多为暴力型累犯的一个重要特质。

　　Eysenck 的人格与犯罪理论解释了神经生理学对犯罪的作用，在对犯罪产生的原因方面，Eysenck 也有自己的见解。他从"为什么有些人没有犯罪?"这一角度去研究，发现了条件反射现象。如同巴甫洛夫的电击实验，Eysenck 相信多数人在一系列的尝试以后，在反社会性的越轨行为和负性强化之间形成了牢固的神经关联，因而他们作出反社会行为。还有一部分由于缺乏形成条件反射的能力，如因神经系统差异导致的外向型的人较内向型的人更难形成条件反射，或者缺乏形成关联的机会，因而这部分人在越轨行为与负性强化间形成神经关联，无法预见实施反社会行为会产生的惩罚后果。

　　(二)生物化学因素

　　有学者认为生物化学因素与犯罪行为的发生存在关联，集中表现内分泌失调说和物质代谢异常说两种观点。

　　内分泌失调说认为内分泌具有调节作用，内分泌失调会对人的外貌、体质、气质甚至智力都会产生影响。内分泌是一群特殊化的细胞组成的内分泌腺，它包括垂体、甲状腺、甲状旁腺、肾上腺、性腺、胰岛、胸腺及松果体等。这些腺体能分泌高效能的有机化学物质(激素)，经过血液循环而传递化学信息到其靶细胞、靶组织或靶器官，发挥兴奋或抑制作用。内分泌失调，如甲状腺亢进会引起人情绪不安，性腺的荷尔蒙失调会让人忧郁不安、精神过敏等，这些都会对犯罪心理的形成起作用。内分泌因素与犯罪心理形成、犯罪行为产生是否存在必然因果联系，目前并没有相关资料数据加以证实。

　　物质代谢异常说认为物质代谢异常会引起个体心理和生理的变化，犯罪行为的产生与体内物质的高低、平衡程度有关。曾有学者对躁狂型犯罪人与忧郁型犯罪人的头发进行研究，发现犯罪者体内的金属元素失去平衡，且躁狂型犯罪人体内的铜元素含量过高。很多学者对这一观点有异议，认为物质代谢异常者不一定都会犯罪，且犯罪者并不一定都是物质代谢异常者，两者不存在绝对的因果联系。

第二节　心理因素与犯罪心理的形成

心理是心理现象或者心理活动的简称，它一般是指认识、情感、意志等心理过程和能力、性格等心理特征。犯罪心理的形成是内外因素相互斗争、相互转化、共同作用的结果。犯罪行为就是在犯罪心理的支配与驱使下实施的。外部因素对个体的影响必须通过人的意识选择而起作用，也就是个体主观人格的选择对犯罪心理是否形成具有重要的作用。

一、个体人格倾向与犯罪心理的形成

人格倾向性主要表现为个体心理活动的选择性，对不同事物的不同态度和选择不同的行为模式。这里主要是探讨个体的需要、动机以及信念。

美国著名心理学家、人本主义心理学奠基人亚伯林罕·马斯洛（Abraham H. Maslow）认为①，"驱使人类的是若干始终不变的、遗传的、本能的需要。这些需要是社会的、心理的，而不仅仅是生理的"。Maslow 在 1943 年发表的《人类动机的理论》（*A Theory of Human Motivation Psychological Review*）一书中提出了"需要层次理论"。按需要的发生顺序和重要性不同，将需要由低到高分为五个层次：（1）生理需要，包括衣食住行饥渴等基本生存需要，只有这些最基本的生存需要得到基本满足后，其他的需要才能成为新的激励因素；（2）安全需要，人类对秩序、生活安定性与确定性等方面的需要，人的感受器官、效应器官、智能等主要是寻求安全的工具，Maslow 认为甚至可以把科学和人生观都看成是满足安全需要的一部分；（3）归属和爱的需要，包括对友情、爱情等爱的需要和在团体求得一席之地的归属感，这部分需要比生理需要来得细腻；（4）尊重需要，渴望自己能到他人与社会的承认，尊重需要得到满足，能使人对自己信心激昂，体会到对自己的价值；（5）自我实现的需要，这是需要的最高层次，是指个人实现自己的理想、抱负，将自我的能力发挥到最大程度，成为自己所期望的人的需要。Maslow 的"需要层次理论"提出生理需要、安全需要、归属和爱的需要属于低一级需要，层次越低则人们想满足它的冲动也最为强烈；尊重需要、自我实现的需要属于高一级的需要，它们需要通过内部因素实现且在个体发展中出现较晚，满足它们需要更多的先行条件，因而想满足的冲动也不如低一级的那么强烈。

Maslow 的"需要层次理论"提出人的需要存在一个从低级向高级发展的过程，并且在不同的时期，不同的需要会占据主导地位，这一观点在某种程度上是符合人类需要发展的一般规律的。但是这一理论带有一定机械主义的色彩，过分强调人需要的层次性，而忽视了人的主观能动性和教育等社会环境对人需要的影响。同时，该理论仅仅是在纵向关系上研究一个人不同发展时期的各种需要，而忽视了横向关系上一个人往往会在同一时间存在多种需要，而这些需要间可能会相互矛盾而导致动机的斗争。

二、犯罪人需要的特殊性

第一，犯罪人群需要层次的相对低级性。在实践中，行为人实施犯罪的需要大多为维持基本生活或追求奢华生活的物质需要、性需要、获得爱的需要、显示自我价值与能力的需

---

① ［美］弗兰克·G. 哥布尔. 第三思潮：马斯洛心理学［M］. 吕明，陈红雯译. 上海：上海译文出版社，1987：40-50.

要、征服他人的需要、报复他人或社会的需要、实现自我理想的需要等，可知其中大部分属于 Maslow 需要层次理论的低一级需要，尤其是在与财产和性相关的各类犯罪中，犯罪人更是过分地追求低级需要的满足，不能很好地调节物质追求与不断膨胀的物质欲望需要之间的关系，从而导致社会认知出现偏差，对高级需要的冲动被严重地弱化或忽视，不断强化着犯罪动机。

第二，需要内容与实现手段的反社会性。人存在需要十分正常，但需要的实现在现实中会受到主客观多方面因素的制约与束缚，人们对需要的追求不可能不受到外界因素的干扰。有些犯罪人的需要本身就与社会正常的价值观与秩序背道而驰，如将推翻社会主义制度作为追求、不劳作而获取他人的巨额财物等。这些需要违背了社会主流文化，内容具有反社会性。还有一部分犯罪人，为了满足自己的需要，采取违背道德与法律的手段，如采取无端攻击性行为。犯罪人的这种反社会性表现了罪犯在需要得不到满足、遭受挫折后作出的非理智性选择。

三、影响犯罪动机的因素

著名法学家库德里亚夫采夫在《犯罪的动机》一书中对动机下的定义为："犯罪动机，是指在社会环境和个人生活经验影响下形成的推动力，它是犯罪活动的内部直接原因，并且表达了个人对犯罪活动所指向客体的态度。"[①]可知，犯罪动机是在一定的社会环境中形成的，它是一种内心起因，能促使行为人形成犯罪的决意，是直接推动行为人实施犯罪行为的心理推动力。动机与需要之间存在一定的联系，需要是推动个体行为最深层次的动力，它的指向具有概括性；而动机则是在某种需要的驱使下，个体指向某个具体目标并意欲采取具体的行动来实现目标、满足需要时而产生的动力。总之，需要是动机产生的基础，动机是需要的具体行为表现。动机如同需要一样，也存在着层次之分，有学者将行动动机分为直接由生理方面需要转化而来的初级原发性动机、在一定环境影响下因某种高级需要激发转化而来的高级社会性动机。

犯罪动机是在主客观因素共同作用下形成的，个体一方面受到法律、道德等因素的制约，另一方面由于某种偏离状态的需要的驱动而产生反社会性的行动动机，这两方面的因素会使行为人进行强烈的思想斗争。这时，会存在某些因素对于强化犯罪动机、削弱犯罪动机、实施犯罪行为或放弃犯罪行为产生较为重大的影响。[②]

一是外界刺激的性质与力度。一般而言，现实社会中存在的刺激或者诱因大多为中性的，对大多数的人能起到积极的作用，仅对部分具有不良品质的人的心理产生消极作用。而对于消极的社会刺激与诱因，会对社会成员产生不同程度的消极作用。当外界的刺激与诱因的强度很大，则会击败个体内心法律、道德的束缚，对行为人的犯罪动机起强化作用。

二是行为人的认识能力。所谓认识能力，是指行为人能够根据自己的能力来对是否实施某一犯罪行为进行选择，对结果进行预测。当行为人认为自己能够达到目标，有能力逃避法律制裁时会强化犯罪动机，进而转化为犯罪行为。因此，只有外界刺激与诱因能够为行为人所感知时，才有可能产生犯罪动机，这时行为人自我认识能力的强弱会直接影响到犯罪动机。

---

① ［苏联］B. H. 库德里亚夫采夫. 犯罪的动机[M]. 刘光祁译. 北京：群众出版社，1992：4.
② 王娟，犯罪学概论[M]. 北京：中国政法大学出版社，2007：175-177.

三是个体的意志力。美国心理学家爱伯特·班都拉（Albert Bandara）认为，看到他人的攻击性行为得到报酬或者惩罚，会增强或者减少自身进行同样尝试的倾向，且这种结果越趋稳定，则对应的促进或者抑制作用就越明显。但是会有一部分人冲破内心的不安或者自责，继续选择实施攻击行为。这一过程中意志力的作用就是直接决定个体是否按照利弊得失的结果来选择行为。意志力强的人，哪怕权衡出实施违法犯罪的利可能大于弊，也会产生抑制犯罪的冲动而选择适法行为。一般而言，犯罪人的意志力呈现出两个极端性，即正面意志的薄弱性和反面意志的坚定性。

四是信念。信念是个体世界观、人生观、价值观和道德观的综合体，它是个体在人生成长和社会生活中逐渐形成的，是理性的产物，在总体上决定了个体与社会的融合程度。西方犯罪学家曾提出过文化冲突理论和犯罪亚文化理论，文化冲突表现出来的是一种价值观的冲突，其根本性的冲突点在于个人价值观与社会价值观的矛盾。当个体的价值观与社会价值体系产生冲突时，个体会产生抵制和反抗现行社会规则的逆反心理，从而实施违法犯罪行为。不同的信念体系下会产生不同的犯罪人类型。如在"金钱万能"的理念影响下，多出现贪财型的犯罪者，受这一信念的支配，再加上外界诱因的刺激，他们可能会实施盗窃、抢劫、诈骗、敲诈勒索等行为。又如由于政治理念、立场的不同可能会产生危害国家安全的犯罪行为。个体的生活态度在很大程度上受到信念的支配，研究并区分犯罪人信念体系的不同侧重点，对于改造犯罪人具有积极的作用。

第三节　个体人格特征与犯罪心理的形成

个体人格涉及多方面的内容，下面我们主要从性格和气质两方面来探讨个体人格与犯罪的关系。

一、性格

性格是指个体在现实的态度和行为方式中表现出来的抑制冲动和面对障碍时所具有的稳定心理倾向。性格作为一个复杂的心理构物，有着许多复杂的内容。一般而言，犯罪人的性格结构具有以下的特点：（1）性格在对社会现实方面，会表现出一种漠视，甚至敌对的态度，如对集体、公共事务漠不关心，野蛮粗鲁，自私自利，报复心强等性格特征，这类性格的人只要受到外界不良刺激或诱因的影响，就很容易形成犯罪心理，步入歧途。（2）性格的意志方面，主要看个体对自我的行为是否具有调节与控制能力。从犯意产生到实施都离不开个体意志的调控。在犯罪动机产生，确定犯罪对象的时候，犯罪人的意志表现出一种反社会性。在犯罪着手实施时，犯罪人意志一般会出现左右动摇，是否最终实施犯罪行为会引起犯罪者的思想动摇，由于犯罪人往往具有不良的意志特征，如冲动性、易受唆使性、缺乏自控力、意志薄弱等，在意志摇摆不定时犯罪人的不良意志特征会发挥作用，促使其强化犯罪心理。在犯罪行为实施时，意志则多表现出一种顽强性、坚定的目的性和积极性，但这一性格特性是与正常人的心理相区别的，它的顽强性是为了满足和实现反社会的需要和目的的。（3）性格的情绪方面，青少年由于心智发育还不健全，自我调控能力不足，他们在遇到挫折时心境变化极快，情绪不稳，易作出冲动举动。在实践中，与犯罪心理形成息息相关的消极性格有：敌对、仇视情绪，悲观情绪，愤怒、暴躁情绪等。敌对、仇视等情绪波动大、情感强烈的心理甚至可以直接引发暴力犯罪行为，造成消极的犯罪后果。（4）性格的理智方面，理智是个体在生活和学习中逐步形成的一种对事物态度和处事方式上的认识方面稳定的活动，对人的行为具有指导作用。与犯罪心理形成有关的性格有：思想偏激、认识水平低下、难辨是非善恶、过分偏执等。在青少年违法犯罪行为人上，争强好胜、无所顾忌多为他们的普遍特点。

通常不同类型的犯罪人，所表现出来的性格特征会有不同的突出点。财产型犯罪者多具有狡诈、好逸恶劳的性格特征；暴力型犯罪者多野蛮粗暴、凶狠、缺乏怜悯心与同情心；而青少年犯罪者则如上文所说，自制力弱、逞强好胜、叛逆心强等。性格是个体个性的核心，它可以引导个体遵纪守法，也可以使人违法犯罪，因此研究不同人群、不同犯罪类型犯罪人的性格特征，有针对性地对性格不良部分进行改变，这些措施将对积极预防犯罪有着重要意义。

二、气质

"气质"这一概念最早源于公元前5世纪的古希腊学者希波克拉底（Hippo Crates）的"四体液说"。Hippo Crates认为可以将人体中的体液分为由心脏分泌的血液、大脑分泌的黏液、肝分泌的黄胆汁、脾分泌的黑胆汁四种类型，并提出人的气质类型由体液的分布状况而决定。他根据哪一种体液在人体中占优势来区分人的气质，因此他将气质分为四种，体液混合物中血液占优势的多血质、体液混合物中黏液占优势的黏液质、体液混合物中黄胆汁占优势的胆汁质、体液混合物中黑胆汁占优势的抑郁质。Hippo Crates的"体液说"虽然缺乏科学根据，但是四种气质类型和"气质"这一术语却一直得到沿用。

在现代得到普遍认同的气质学说是苏俄生理学家巴甫洛夫·伊凡·彼德罗维奇提出的高级神经活动类型说。巴甫洛夫发现，大脑皮层的高级神经活动主要功能为兴奋或抑制心理过程，具有神经兴奋的强度、兴奋和抑制的均衡性、兴奋和抑制相互转化的灵活性三个基本特性。将三个特性进行不同的组合，就形成了与Hippo Crates"四体液说"相对应的四种气质类型，并且每种气质类型有着相对应的心理特征，具体如下[1]：

胆汁质—兴奋型：神经活动过程中兴奋性强、抑制性弱，具有高度的能动性和反应力，遇事有冲劲，但过于自信，情绪易激动，好出头却处事有些刻板。

多血质—活泼型：神经活动兴奋与抑制的均衡性强，相互转化灵活，故多血质的人具有高度的主动性，社交能力强，有着较高的可塑性，缺点在于耐力差，意志力薄弱，兴趣与情感变化较快。

黏液质—安静型：神经活动兴奋与抑制均衡，但转化的灵活性较低，反应性较慢，情绪兴奋点较低，感情不轻易外露，对新环境的适应能力较弱，遇事沉着冷静，勤于思考，但思维迟缓且爱墨守成规。

抑郁质—抑郁型：神经活动兴奋与抑制过程较弱，对外界反应的能动性低，情感细腻，较为敏感，过于注重内心体验，性格怯弱、孤僻。

每一种气质都有着积极与消极的因素，因此气质本身并无优劣好坏之分，不同类型的气质展现不同个体的风格与气度。以上四种气质是典型的气质类型，并非每一个个体都符合这四种气质，一般而言，个体会偏向其中某一种气质或者介于两种气质类型之间。

气质是由许多心理活动的特性交织而形成的，而气质的心理特征是区分气质类型的

---

① 张远煌. 犯罪学原理［M］. 北京：法律出版社，2008：347-348.

心理指标，它具体包括六项心理指标：感受性、耐受性、灵敏性、可塑性、情绪兴奋性、外倾性和内倾性。感受性是指个体对外界刺激的感受能力，它可以用个体产生感受所需的外界刺激的最小强度来衡量，是高级神经系统兴奋与抑制强度的重要指标。耐受性是指个体耐受外界刺激的能力，包括作用的时间和刺激的强度两个分指标。它也是神经系统强度特征的表现，具体可以从注意力集中的持续时间、对不同程度的外界刺激的承受能力、思维活动的可持久性等因素来考量。灵敏性，是指心理活动转化的速度，包括注意力转移的快慢、不同类型心理活动的转换速度等。可塑性，指个体根据外界事物变化的情况而改变自己适应性行为的灵活程度，多表现为对新环境的适用是否出现不愉快的情绪反应，可塑性强的人适用新环境的能力强，可塑性弱的人适用能力较差，会出现不愉快甚至抵触的情绪。情绪兴奋性，是指以不同的速度对微弱刺激产生情绪反应的特性，包括情绪兴奋性的强弱和情绪向外表现的强烈程度两方面。它不仅能反映个体神经系统兴奋与抑制强度，也能反映出神经系统均衡性程度。外倾性与内倾性，是指个体的心理活动、情绪反应是表现于外还是抑制于内的特性。外倾性是神经活动中兴奋过程占优势，心理活动和情绪反应都倾向于外部；内倾性是神经活动抑制过程占优势，心理活动和情绪反应都不轻易流露于外。

通过对气质的六种心理特征的分析，将其与四种传统的气质类型相联系，可得出四种典型的气质类型多具有的独特的气质心理特征。胆汁质的气质特征为感受性低而耐受性高、反应迅速但不灵活、不随意反应性强、易受外界刺激影响、可塑性低、情绪兴奋性高而抑制性差，外倾性明显；多血质的气质特征为感受性低而耐受性高、反应迅速且灵活、不随意反应性强、易受外界刺激影响、可塑性较高、情绪兴奋性高而抑制性差，外倾性明显；黏液质的气质特征为感受性低而耐受性高、不随意反应性弱、不易受外界刺激影响、可塑性较低、情绪兴奋性低而抑制性强，内倾性明显；抑郁质的气质特征为感受性高而耐受性低、反应迟缓且不灵活、不随意反应性弱、不易受外界刺激影响、可塑性较差、情绪兴奋性高且体验深刻，内倾性严重。

第四节　社会环境因素与犯罪心理的形成

犯罪心理的形成是犯罪人在原有生物学因素和心理因素的基础上，吸收外在社会环境因素并内化自己的反社会意识而形成的。社会环境构筑着社会生活的方方面面，个人生活在社会环境之中，受到一定社会环境的影响，同时又将自己的行为与思想付诸实践，影响着社会环境。然而并非所有的社会环境都能直接对个人行为产生影响，能够直接影响个人行为的社会环境只是其中的一部分，还有一部分社会环境对个人行为间接地产生影响。根据社会环境对个人行为产生影响的作用方式的不同，我们将社会环境分为两大类：第一类是指对个人行为产生普遍而间接影响的宏观社会环境，包括社会经济因素、政治因素、文化因素和法制因素；第二类是对个人行为产生直接影响的微观社会环境，它包括在个人直接交往范围内对个人产生具体而直接影响的生活条件和人际关系，如家庭因素、学校因素、社区因素和职业因素。

一、宏观社会因素与犯罪心理的形成

（一）社会经济因素

1. 社会经济制度因素

社会经济制度涵盖的内容十分宽广，其中起决定作用的是所有制形式。我国是实行社会主义公有制的国家，目前正处在改革发展的关键时期，现阶段实行的是以公有制为主体，多种所有制形式并存的多元形态的所有制。多种所有制形式并存的局面，适应了我国当前社会生产力的发展水平，有利于发展生产和激活经济局面。但是各种所有制组织有着各自独立的经济利益，形成了各自不同的利益集团，在生产、经营过程中寻求利润最大化的同时，也出现了利益冲突的复杂化，从而加剧了社会矛盾。如劳动者个体经济或者私营经济等不同经济成分经营者为了追求利润最大化以各种方式来规避、抵制国家的税收征管与监督；在多种经济成分并存并形成竞争局面时，为了维护自己的利益，维护利益冲突中的优势地位，一些经营者在争取资金、获得原料、占据市场等方面有可能通过非法手段来实现自己的目的，在这种利益的驱动下，犯罪尤其是经济犯罪和职务犯罪得以滋生。

2. 社会分配制度因素

与以公有制为主体，多种所有制经济并存的所有制经济体制相适应的是，我国目前实行的以按劳分配为主体，多种分配方式并存的分配制度。由于每个人在智力、能力、技术、经验等方面存在着差异，因而向社会提供的劳动质量、获得的劳动报酬存在着合理的差距。收入差距的拉大，在很大程度上扩大了贫富差距，资本逐渐向少部分人集中的同时，与之对应的是低收入群体规模的不断加大。收入分配的差异极大地挫伤了大多数劳动者的劳动积极性，在某种程度上弱化了诚实劳动原则，贫富差距悬殊，使得社会信任出现危机，社会心理失去平衡，极易滋生仇富心理，造成反社会倾向。同时，由于我国社会保障体系还不完善，对与民生息息相关的医疗、就业等方面的社会保障还不能起到较为有力的作用，这样一部分相对贫困的社会低收入群体在遇到被辞退等相关问题时，就可能会产生各种心理障碍和情绪压抑，在一定情况下可能转化为犯罪心理，或者采取暴力等过激手段激化矛盾，加剧冲突，严重的有可能转变为暴力性的报复案件。

3. 市场经济的负效应

市场经济以利益为导向，鼓励竞争，市场经济的繁荣发展使得很多人滋生了对金钱、财富的盲目崇拜和疯狂追求，在利益的驱使下，为获得最大化利益而实施违法犯罪行为。在激烈的竞争下，社会人员的就业面临着极大挑战，就业形势的严峻给待就业人员的经济和精神带来了双层重压，过重的压力可能诱发心理障碍和精神疾病，从而导致犯罪行为的发生。

（二）政治因素

所谓政治，就是围绕权力的产生、分配、使用等为基本构成，其精髓在于权力，基本内涵是政治是经济的集中表现。政治与犯罪之间存在着异常密切的联系，如我国现行刑法中规定的"危害国家安全罪"一章，有关"黑社会组织犯罪""恐怖组织犯罪"等犯罪行为，都蕴涵着政治的因素。因政治因素引发的犯罪心理形成主要表现在以下两个因素上：

1. 阶级因素与犯罪

在过去的研究中，认为阶级斗争是社会矛盾的极端反映，统治阶级把危害本阶级利益的应受刑罚惩罚的行为规定为犯罪，因而犯罪是阶级斗争的一种反映和结果。我国为社会主义国家，在我国消灭了剥削阶级和剥削制度以后，认为尽管阶级斗争在一定范围内还将长期存在，但阶级斗争已经不是社会的主要矛盾。阶级斗争减弱了，可在我国社会阶级利益集团存在一个个的两极分化，且分化的差距在逐步拉大。如"先富人群"与"绝对贫困人群"、"城市白领阶层"与"农民、工人阶层"等。我国的执政党作为代表最广大人民根本利益的政党，在本质上与国民间并不存在根本利益的冲突，但是执政党若不能从根本上协调和解决好我国阶级分化的趋势，很可能会激发不同社会阶层间的冲突和矛盾，这将会成为产生犯罪问题的一个广泛而又深刻的社会原因。

2. 政治体制因素与犯罪

权力关系是社会制度建立与运行的核心，权力的分配与行使必须严格按照相关的政治法律制度来运行，并建立与之相应的有效制约与监督机制。我国实行的是以中国共产党领导的多党合作制度，权力实行的主体是人民。这一制度对于增强社会控制，减少犯罪并抑制犯罪动机有着积极的作用。但现阶段我国政治体制存在着一定弊端，那就是权力过分集中以及权力的不到位。一方面，权力的过分集中容易滋生腐败，导致国家权力对社会的过度干预，从而在一定程度上激发社会矛盾，强化犯罪动机。我国在依法治国，建设社会主义法治国家的过程中，同以腐败为代表的权力腐化进行了艰苦卓绝的斗争，并建立了一套权力制约与监督体制。但是近年来，反腐倡廉斗争虽取得了不小的成效，但权力腐化现象并不没能得到根除。从权力制约机制方面分析，来自自身内部的制约与监督，可能是最无力的约束和监督。另一方面，权力控制的不到位，对一些领域缺乏有效的社会管理。如对流动人口缺乏全国系统有效的管理，则可能导致对农民工等流动务工人员的合法权益无法进行有效的保护，加之这部分人属于社会弱势群体，其自身的法律意识和维权意识淡薄，在其合法权益得不到有力维护时，有可能产生心理失衡，引发犯罪事件。

（三）文化因素

文化是社会所共有的产品，包括语言、知识、物质对象和价值观等。人类生活在文化之中，能够通过文化来寻求自身的发展与进步。然而当一个社会发生社会变迁之时，必将引发社会结构、社会秩序的变化。社会变迁会引发文化因冲突而陷入无序的状态，引起人们社会价值和道德观念的紊乱。社会的无序，文化的冲突，人际关系的失调都将加剧社会矛盾和导致犯罪行为的发生。

近年来，我国正在逐步建立和完善社会主义市场经济体制，社会生产方式正发生着巨大的变革。我国正处于由传统的农业产品经济向现代工业商品经济转型的社会变迁之中，社会正从封闭转为开放。与此相适应的是，在社会变迁之时，各种西方文化不断涌入，文化冲突和价值标准的变化十分凸显。社会的巨大变迁影响着每一个社会成员的价值观念和社会行为，一些社会成员往往因文化失调而产生适应社会生活的障碍，从而导致行为的越轨与犯罪。

1. 文化冲突理论

主张文化冲突理论的主要代表人是塞林(Thorsten Sellin)，他认为犯罪是各社会集团间不同文化规范相互冲突的结果。对我国而言，从纵向角度看，中国传统文化与现代文化存在着冲突。中国传统文化中仁、义、礼、智的思想体系，孝、悌、忠、信的道德礼教，勤劳、正直、克己、宽容等民族品德都对预防犯罪有着积极的作用。但是对于犯罪而言，传统文化也有着其消极的一面。如封建社会中愚昧腐朽文化的因素，封建落后的意识、封建专制、特权思想、帮会意识、封建迷信思想、男尊女卑思想等都可能对强化犯罪心理的形成、诱发和促使犯罪的发生起推动作用。从横向角度看，可以分为两个方面的文化冲突：一是中国多民族的特点使得不同民族、地区存在不同文化的冲突。宗教信仰、民族习惯的巨大差异使得中国处于多元文化并存的状态，多种不同的社会规范和价值观念向人们的行为准则提出了挑战，尽管目前我国实行了民族区域自治制度，在很大程度上缓解了文化冲突，但不同民族的文化冲突依然存在。当文化冲突激化时，若不能进行正确的引导与缓冲，则可能使得不同文化区域的人们在思想和行为上出现失控，直接诱发犯罪行为。二是中西文化的差异与冲突。马克思曾指出："古往今来每个民族都在某些方面优越于其他民族①。"世界各民族文化的相互影响、相互促进，推动着世界文化的发展与繁荣。我国自实行改革开放以来，西方文化大量传入，对我国传统文化带来了前所未有的冲击，对我国的政治、经济、社会结构以及人们的价值观念、生活方式都产生了巨大影响。对于西方文化，我们不应全盘接受也不能一味地排斥，而应取其精华，去其糟粕，在保持本民族优秀文化的基础上，吸收西方文化的精华部分，清除传统文化中的不利于社会进步的文化因素，以促进本国文化的发展。然而随着西方文化的传入，其不良文化成分如拜金主义和极端的个人主义也对我国部分民众产生了影响，使得他们的思想、道德、价值观念发生变异。他们对传统文化中艰苦奋斗、勤劳等美德嗤之以鼻，而对经济与物质条件的追求产生极大欲望，把追求金钱和享乐当作人生目的，一味的追求享受、盲目攀比；而极端的个人主义则使得他们过分的追求个人目标，完全忽视了集体主义的价值观。当这些颓废腐朽文化所引起的不切实际的私欲得不到社会满足时，会转化为对社会的不满情绪，增强犯罪心理的形成，在一定条件下，他们极有可能突破社会道德与法律的约束而走上犯罪的道路。

2. 犯罪亚文化对犯罪心理形成的影响

亚文化是针对主文化而言的。所谓主文化，即主体文化，指的是一个社会中公众认同和遵循的价值标准、行为规范、生活方式等文化现象，它与国情民俗和时代紧密相连，标志着社会的文明程度。② 亚文化是指在特定社会结构中，由个体互动而产生的特定生活方式和各种文化价值观念。它代表某一群体中不同于主文化的特定的文化价值观念和行为模式。③ 生活在亚文化中的群体一方面享受着主导文明的因素，另一方面同时也保持着某些独特的行为模式和价值观念。犯罪亚文化将犯罪视为功能性的或者工具性的，认为犯罪行为与守法行为一样都是为了达到习俗的目标，因此，犯罪的主要问题不在于犯罪目的，而在于它所使用的非法手段。科恩从心理分析的观点出发，认为是社会分层所形成的社会结构本身促成了某一阶层的青少年的违法犯罪行为方式。青少年的违法犯罪与成年人不同，他们形成了自己的"文化"，一种与主导文化想脱离的独立的文化，犯罪不仅是一种可以实现自己目标的且为其群体接受的方式，而且是值得赞赏的，他们的违法犯罪行为并不是为了获取物质财富或者达到经济目的，而旨在谋求同龄人中的地位与声望。因为处于社会下层的青少年由于没有相应的社会经济地位，被居于社会主流地位的中产阶级排斥在社会生活的许多领域之外，而亚文化则能为这些社会地位受挫的社会下层青少年提供能够达到的地位标准。

由此可知，犯罪亚文化对青少年行为的影响主要表现为：一方面，犯罪亚文化群体具有明显的反社会性，往往表现为他们对社会主流的价值标准和行为模式持恶意和敌对的态度。且这种敌对态度由于寻求和加入具有相同思想和处境的同伴群体而得到进一步的加强。并且

① 马克思恩格斯全集[M].第2卷.北京：人民出版社，1957：194.
② 王娟.犯罪学概论[M].北京：中国政法大学出版社，2007：145.
③ 熊云武.犯罪心理学[M].北京：北京大学出版社，2012：82.

犯罪亚群体一般有固定的结构、约定俗成的规则、犯罪的非语言符号、禁忌等亚文化因素，这些既是群体成员识别与沟通的符号与方式，更是一种宣泄自身反社会性的标志。另一方面，犯罪亚文化在青少年群体中强化了一种群体"义气"，成员间可以为了群体的利益而放弃个人的需求，寻求所谓的"侠义精神"。这就使得他们的越轨行为在群体中上升为一种"英雄"的行径，满足犯罪亚群体的集体认同感和心理归属感，并成为这个越轨群体得以维系并一致对外的心理和精神支柱。同时这种群体的文化能够帮助他们减轻犯罪感，在心理上给予其"安全感"，认为通过群体的力量可以逃避法律的惩罚，或者通过使用亚文化为其违法犯罪行为找到合法化的理由。

（四）法制因素

法律是对犯罪行为进行控制与惩治的重要工具，因而法律的制定、实施与遵守等环节与犯罪心理的形成有着密切的联系。

在立法上，要求对法律预期目标的设置要符合实际。也就是法律设置的目标必须切合实际，而不能脱离实际。若法律设置的成本过高，行为人在权衡遵守法律前后的利益大小之后，会按照自己原有的标准去选择最为有利的方式来保护自己，这就可能会引起对原有社会规则所形成的秩序的破坏，从而造成社会混乱。在法律的实施上，要坚持有法可依、有法必依、执法必严、违法必究的原则，维护法律的权威和民众对法律的信任感。有法不依、执法不严将极大地损害民众对法律的信心，从而难以形成有效的法律禁忌，法治意识也难以得到全面普及。一旦离开法律的权威，犯罪人的犯罪心理将得到进一步的强化，滋生出大量犯罪现象。另外，刑罚的执行方式与执行力度也会对犯罪人产生重大影响。经过刑罚的犯罪行为人往往会被社会贴上罪犯的标签，人们对他们进行异样的评价，都将影响犯罪人正常回归社会。当今社会，累犯、惯犯等现象较为普遍。因而，关于刑罚的适用，首先不能对犯罪失之过宽，否则会强化犯罪人原有的犯罪心理，还可能会引发其他原具有犯罪倾向的人受此影响而实施犯罪；其次，在可能的情况下，更多地考虑刑法之外的其他社会控制手段来惩罚犯罪行为人，在非用刑罚不可时，应更多地注重对犯罪人的教育与感化，重视对刑满释放人员的帮教工作，建立一套有效的社会防控体系，真正达到刑罚执行的目的。

二、微观环境与犯罪心理的形成

微观环境主要是指与个体生活、学习和工作直接相关的环境，它对犯罪人犯罪心理的形成具有最直接、最具决定性的作用。

（一）家庭环境因素

基于婚姻与血缘关系建立起来的家庭，是个体走向社会生活之前的第一个社会化场所。家庭，是个体开始形成其基本的物质和心理需求结构的场所，也是其开始探寻自身社会价值准则和行为模式的内化过程的场所。因此，个体与家庭的关系最为密切。正因为如此，家庭的氛围、组成状况、社会经济地位等因素都会对子女个体人格的形成过程产生至关重要的作用。家庭不能发挥其正常的职能时则可能导致子女身心健康出现不同程度的障碍，甚至最终走上犯罪的道路。

1. 家庭结构、状况与关系

结构缺陷家庭是指因死亡、分居、离婚、遗弃、入狱等原因造成的父母双亡或者单亲家庭，或者有继父、继母的家庭。这类家庭家庭结构破裂且趋于小型化，与传统家庭相比，其帮助、保护和监督功能正在弱化。由于在此类家庭中，青少年无法享受到正常的家庭温暖，使得其过早的在心理上缺失了来自父母的关爱与引导，严重阻碍其身心的健康成长，他们一旦受到社会不良风气的影响就极易走上违法犯罪道路。家庭状况是指家庭人员的组成，如独生子女、多子女、非婚生子女等家庭，还包括家庭的经济状况，如贫困家庭和生活优越家庭。家庭人员的组成不同，会导致父母对子女的教育方式的不同，对独生子女的过分溺爱，或者对多子女的厚此薄彼的关爱都会对青少年的心理产生不利影响。而家庭经济状况，尤其是经济贫困家庭，由于父母无稳定的收入，为了忙于生计往往会忽视对子女的教育问题，因贫困而导致辍学的现象较多。一方面，贫困家庭的孩子过早的步入社会，加之社会技能、文化教育等条件的缺失，使得这类青少年极易在受到诱惑或者迫于生计等情况下误入歧途；而另一方面，由于从小生活条件优越，一些"富二代"们遇事焦躁，无法接受挫折，因寻求刺激等行为而引发犯罪的事件在近几年也屡见不鲜。家庭人际关系引发犯罪心理的形成主要存在于那些家庭成员间的人际关系障碍所造成的不和睦家庭、情感冷漠家庭以及与邻里关系不和而受到孤立的家庭中。这类"问题"家庭会给青少年的人际交往和心理造成沟通障碍和人格缺陷。以不和睦家庭中的家庭暴力为例，若家庭成员间整天争吵不休，习惯依靠暴力来解决问题，这种矛盾处理方式无疑会给青少年一个错误的思维定式，即用暴力来解决问题，也会使他们在与他人的交往中形成用暴力来处理的思维，在心理上易形成凶暴粗鲁、自控力差、易冲动且做事不计后果的性格，这些青少年一旦遇上犯罪诱因，形成犯罪心理，则会转为暴力型犯罪。

2. 父母越轨与家庭教育

一般认为，父母犯罪，则其子女犯罪的几率要大于一般守法者。人们对此形成了两种不同的解释。第一种解释认为这种联系反映了父母与子女间固有的遗传因素，且这种解释更适合持续性的犯罪行为。第二种解释则认为是父母对子女的反社会性行为的塑造。总之，父母对子女的行为具有模范与指示作用，越轨父母不能为其子女树立规范的社会行为和守法的榜样，加上社会大众对罪犯贴上的标签，使得罪犯子女难以获得正常的社会化的过程，可能会因此而形成犯罪心理来寻求自身的一种社会"重视"。

家庭教育方式的缺失主要是包括溺爱、纵容、护短、歧视、虐待、放任不管、管教过严、期望不当等教育态度与方式。溺爱、纵容、护短的教养模式会使得青少年养成任性、以自我为中心的性格，他们无法形成社会所期待的性格取向，也不利于融入社会，参与竞争。有可能在无法满足欲望的情况下，出现过激行为而造成违法犯罪。在歧视、虐待、放任不管的教养模式下成长的青少年，因与父母缺乏情感交流，心灵得不到慰藉，可能出现性格孤僻冷漠、敏感多疑、缺乏同情心与责任感等心理障碍和人格缺陷。他们在受到外界犯罪诱因后进而形成犯罪心理。在管教过严与期望不当环境下成长的青少年，由于受到来自长辈过多的关注与期待，会产生极大的心理压力，一旦超过他们的心理承受能力，就会产生逃避与逆反心理。他们可能会与父母尖锐对立，甚至作出极端之举而误入歧途。

（二）学校教育因素

学校是青少年第二个主要的社会化机构，它对学生的主要作用在于在传授知识与技能的同时引导学生树立正确的世界观、价值观、人生观。学校教育出现缺失会严重影响学生价值观、人生观的形成，导致犯罪的发生。影响犯罪心理形成的学校因素主要有以下几个方面：

1. 学校教育内容的不完善

在现有应试教育体制模式下，大多数学校为了追求升学率，将学生成绩的好坏作为评价学生好坏的主要甚至是唯一标准，一味地重智育而轻德育，在给学生带来沉重的学业压力的同时也束缚着学生个性的发展，这就使得学校的教育过于片面。在这种教育体制下，学习成绩差的学生经常受到来自家长、学校、社会的责难，其自尊心和自信心受到严重的挫伤，对家庭与学校失去了信赖感，对学校与家庭产生强烈的抵触情绪和逆反心理，进而出现逃学、滋事等行为，这群学业不优被忽视的学生极易在与不良群体或者已越轨的同龄人交往的影响下发生社会脱轨行为，步入歧途。

心理教育、法制教育和生理教育的相对滞后为犯罪心理的形成埋下了不良的隐患。第一，学校教育期的学生正处在生理发育和心理逐步成熟的关键时期，繁重的课业负担和多元的社会变化给他们的心理带来了困惑与迷惘，一部分学生心理承受能力不强，面对压力不懂得如何对外宣泄和排解，然而学校又缺乏心理素质方面的教育与引导，使得这部分学生的心理压力长期得不到排解，严重的最终会形成偏执、自卑、多疑等不良心理，引发性格畸变。这是一种潜在的隐患，心理教育的缺失并不能直接导致犯罪心理的形成，但长期扭曲的不良的个性在某种刺激或者引诱下就很容易引起违法甚至犯罪行为。第二，法律具有威慑力，可以在一定程度上遏制犯罪的发生，目前我国大部分中、小学校对法制教育都流于形式，空洞说教，缺乏说服力，致使很多学生的法律意识极为淡薄，对一些社会行为不能作出是与非的正确判断，易产生越轨行为。第三，中国传统思想对生理方面的知识往往讳莫如深，导致在中国两性知识教育一直是一个被忽视的领域，这对正步入青春期的在校学生是极为不利的。学校对生理知识教育的缺失，更加人为的加强了青少年对性知识的神秘感，使得不少青少年在两性关系上出现越轨与失足现象。

2. 学校教育态度与方法不当

学校教育态度与教育方法的不当是造成学生在社会化过程中出现心理障碍和人格缺陷的重要原因。不当最为突出的表现就是淘汰式教育和惩罚式教育。淘汰式教育表现为许多学校将学生分为快班、慢班或者实验班、普通班，不同的班级配备不同经验的老师，学生享受不同的待遇。这样明显的分群提升了快班或者实验班学生的心理上的优越感，也加深了学习成绩较弱的学生的自卑感。然而学校把过多的关注力都放在优等生的培养上，对于逃学等"问题学生"则多采取责难、放任自流等冷漠态度，缺乏关爱的这部分学生容易产生厌学、叛逆等情绪，严重者会在叛逆情绪的支配下形成犯罪心理，实施反社会的行为。惩罚式教育。惩罚式教育包括体罚但不仅仅指体罚，体罚所带来的诸多负面效应使得其在某些学校教育中虽然存在，但已退出主体舞台。这里提出的惩罚式教育主要是指学校在面对成绩较差或者有违规行为的学生时，过于注重用惩罚所产生的威慑作用，而缺乏必要的关爱、教育与引导，不能从根源上帮助违规学生回归到正常的社会化过程中来。过于严苛的惩罚会打击学生的自信心，尤其是当众处罚可能会挫伤学生的自尊心，这些都可能引起学生对学校、老师、同学的的仇视心理。

3. 不正之风作用下校园群体的影响

美国犯罪学家萨瑟兰于1939年提出了差别交往理论，他认为在社会化生活中，人都会受到遵从与越轨的双重影响，这一影响在个人的思想上开展斗争，哪一方面思想占据上风，就会引导人的行为。也就是如果越轨思想的社会强度超过了遵从化的强度，行为人就会实施越轨行为。学校作为社会的一部分，是青少年主要的社会生活场所。校园不可能完全符合大众的期待，使得每个受教者都成为适格的社会成员。由于性格、爱好或者行为方式的不同，校园内存在着各种不同的小群体。受不良社会风气的影响，尤其是社会黑势力行为模式对校园的影响，使得其中也会有一小部分不良品行的小群体。他们一方面以在校青少年学生为主要侵害对象，另一方面又招募在校学生来实施违法甚至犯罪行为。在受到学校正确价值观念和道德观念教育的同时，受教者也可能受到校园不良品行群体成员的影响，当社会认知不成熟的青少年因为好奇等原因而盲目地认同和学习违法犯罪行为时，长期不良文化的影响会使学生产生人格障碍，滋生畸形心理，极易走上犯罪的道路。

（三）社区因素

社区，通常是指在一定的地理区域内所形成的相互交互、相互联系的具有同质性的社会群体及活动区域。社区是个人、群体与社会发生联系的纽带，它的地理位置、经济水平、文化氛围、道德风气以及社区成员构成都对生活在社区内的成员产生影响。社区按照其地理学位置分为两大类——城市社区和农村社区，对犯罪心理形成产生影响的社区因素主要有以下几种情况：

1. 城市社区

城市化的高速发展，一方面表现为带动了城市经济的繁荣，另一方面暴露出一个问题，即城市社区的犯罪率明显高于农村。所以，探究城市社区引发犯罪心理形成的因素对预防犯罪有重要意义。

（1）地域范围有限，人口密度大且活动集中。现代城市的地域面积有限，汇集了来自不同地区、不同领域、不同文化背景的人员，人口密度大，这样的城市社区现实一方面使人们由于快节奏的生活与工作压力而容易产生摩擦与冲突，在疲惫、烦躁等负面情绪的影响下，小冲突也有可能发展为犯罪；另一方面庞大的人口基数，形色各异的人物背景，使得城市社区内人际关系比较疏远，不易建立良好的社区防控体系，使得犯罪行为易于被诱发、实施和隐匿。

（2）社会竞争激烈。随着城市商品经济的日益活跃，城市生活社会化的提高，社会分工也日趋明显，社会竞争也日趋激烈。由于竞争以及职业性质等带来的贫富差距也在不断拉大，城市社会分层现象开始凸显。激烈的竞争、贫富的差距引起部分城市社区居民心理失衡，对社会不公正感激增，从而产生反社会的畸形心理实施犯罪。

（3）新的社会控制机制尚不完善。城市社区的空间结构日益开放，与之增大的是人们生活的自由度，城市社区的功能与管理相较于以前发生了很大的变化。加之在经济带动下，城市的财物和信息出现高度集中化且快速流动，大量的非城市人口涌到经济较为发达的城市，人口流动性也在不断加大。城市社区的人员构成以及各种管理设施都较以前复杂，传统的社会控制功能减弱了，而新的社会控制机制又尚不完善，这些都使得犯罪目标和侵害对象相对集中的城市社区成为了犯罪高发之地。

（4）居住环境具有独立性。城市社区空间环境狭小，呈现单居化、杂居化和高层化三个特征。电梯、楼道等密闭空间的大量存在，邻里之间彼此缺乏沟通，这些因素都为犯罪分子提供了犯罪的可乘之机，也强化了犯罪分子的作案动机，因而在城市社区中盗窃犯罪频发。

社会生态学派的学者认为犯罪的产生与城市的住房情况、人口流动率、贫富差距等因素相关，他们运用精确的统计方法和现代化的科技手段来研究城市犯罪产生的原因，提出了相对剥削理论和城市化理论。"相对剥削理论"的提出者是美国犯罪学家朱迪斯·布劳（Judith Blau）和彼得·布劳（Peter Blau）。他们将犯罪的产生归因于生活在富人周边的贫民认为自己的贫穷是由富人剥夺财富所致，因而产生一种社会不公正感，进而趋向用犯罪手段去夺回原本应属于自己的财物。后来理查德·布洛克（Richard Block）提出城市化理论，认为城市犯罪的频发是因城市化所带来的失业率等社会不稳定因素所致。然而对于此观点，不少犯罪学家持怀疑态度。

2. 农村社区

农村社区一般解释为聚居在一定地域范围内的农村居民在农业生产方式基础上所组成的社会生活共同体。相较于城市，农村的地域广阔，人口密度较小，且为熟人社会，人际关系相对宽松，从客观上而言，农村社区的犯罪诱因比城市社区少。但是农村社区有其自身独特的犯罪诱因。

(1)农村经济相对落后，村民的文化程度普遍偏低，法制观念淡薄，社会接触面相对狭窄，因而在应对和处理家庭、邻里、农业生产等矛盾时容易发生一些随机性较强的激情性犯罪，如打架斗殴、故意伤害、寻衅滋事等犯罪。

(2)农村社区相对而言地广人稀，社会控制功能较弱，社区内部村民联系较为频繁，但是不同的村落间协作和联系随着地域的距离而逐步递减，加之村民的犯罪预防意识等十分缺乏，为犯罪分子提供了有利条件，导致农村的盗窃案件和拐卖人口案件较多。

(3)近年来城乡差距拉大，农民的收入偏低，大量的农民进城务工或经商，也使得农村内部以及不同村落之间的贫富差距加大，这就会冲击农村封闭、和谐的传统氛围，打破农村居民的心理平衡，不少人因此铤而走险，实施违法犯罪行为。

(四)职业因素

与犯罪心理形成有关的职业因素可以分为无职业和有职业两种类型。无职业人员主要是指下岗人员、农村的富余劳动力和步入社会需要就业的人员。这三类人群有着庞大的基数，若长期处于闲置状态则会演变为社会的不稳定因素。无业人员大多经济窘迫，生活缺乏保障，容易产生悲观失望的消极情绪，这种心理状态极易受到外界不良因素的影响，转化为对社会不满的情绪，甚至是敌对情绪，进而转变为犯罪心理，实施报复社会的行为。如美国社会学家罗伯特·默顿(Robert. K. Merton)提出了"社会失范理论"，他认为犯罪是由于部分社会成员不能通过合法的手段与方式来取得与他人同等的社会地位和物质财富，因而产生沮丧或者嫉妒心理，通过非法手段去实现目标的结果。

有职业人员在经济和生活上有着一定的保障，其形成犯罪心理主要是与其所从事的职业诱因相关。职业可以为犯罪提供机会，如职务犯罪就是国家机关工作人员利用职务而以权谋私，滥用职权，收受贿赂等行为；职业可以为犯罪获取便利条件，如利用对工作环境的熟悉产生窃取单位财产的犯罪心理等；职业可以为犯罪提供相应的技能，如计算机技术人员利用其熟练的计算机技术产生实施计算机犯罪的心理。职业性质与犯罪率的高低并没有必然的联系，影响有职业人员形成犯罪心理的多为工作环境。工作单位内部纪律严明、管理机构健全、企业文化良好、人际关系和谐都是阻碍犯罪心理形成的因素。

第五节　犯罪心理的形成是多种因素综合相互作用的结果

一、传统犯罪学理论的缺陷

前文从生物学因素、心理因素和社会环境因素三大方面来分析了犯罪心理形成的原因，学者们提出了侧重点各异的犯罪学理论。但仅仅注重其中某一因素而忽视其他因素作用的观点是有失偏颇的。如犯罪生物学原因论者认为犯罪行为的产生是由生物学因素所决定，Lombroso 的"天生犯罪人"理论、Kretschmer 和 Sheldon 的"体型说"、Jacobs 的"染色体异常论"等学说，都夸大了生物学因素的作用，忽视甚至无视心理因素、社会因素的作用，因而具有片面性。着眼于社会客观环境的犯罪社会学派的学者对社会环境因素中可能影响犯罪心理产生的因素进行细致研究，如对社会政治、社会经济、文化冲突、家庭、学校、社区职业因素，他们认为犯罪行为的产生是由各种社会因素引起的。但是犯罪社会学派的观点也存在着缺陷。如社会异常论和相对剥夺理论都只关注社会环境中的社会财富、社会地位的不平衡因素，将犯罪产生研究的对象重点放在社会中下阶层。这样的研究成果在方法论上存在忽视其他因素的问题；在研究对象上，过于注重以中下层阶层为研究对象，而不是将研究对象放眼整个社会各阶层，存在着一定的局限性。

二、当代整体论倾向的犯罪学理论——"整合理论"

认识到从单个因素研究犯罪形成存在的缺陷后，20世纪70年代以来，西方许多犯罪学家对多种传统的犯罪学理论进行整合，如将犯罪生物学理论、心理学理论、社会学理论进行整合，或者将部分社会学理论进行整合，通过吸取各观点间的精华形成新的犯罪学理论，即"整合理论"。比较有代表性的整合理论有：

（1）生物社会学理论。这一理论最早被提出是在克拉伦斯·雷·杰弗利（Clarence Ray Jeffery）的《通过环境设计预防犯罪》一书中，他提出生物遗传对个体行为的学习模式起着重要的作用，由于生物学因素的不同，部分个体会主动学习反社会的行为进而实施犯罪行为，而另一部分人会通过学习而达到正常的社会化，社会环境对个体生物特性的影响是微弱的，从这方面来预防犯罪则需要设计一种不利于犯罪行为学习与实施的环境来进行有效的干预。其后Jeffery将生物学、心理学、社会学理论进行科际整合，形成了"生物社会学理论"。这一理论的基本观点是犯罪是遗传、人格以及环境等因素相互作用的结果。即人天生由于生物遗传和心理学影响而具有某些可能难以正常社会化的障碍特性，这些特性与社会环境进行的社会化程度无关。但是后天的学习与环境的作用会对个体的生物化学系统进行影响与反馈，对个体行为进行后天环境建设。个体与环境之间的相互作用，造成了个体的差异性，一部分人出现反社会的犯罪行为，而大部分人则正常的社会化，不会出现违法犯罪行为。

（2）社会学整合理论。社会学整合理论就是将犯罪的社会学的各种理论进行整合而形成的。美国犯罪学家约瑟夫·威斯（Joseph Weis）认为个体在社会中的地位与境况同个体的种族、性别、职业和经济状况等因素相关，受这些因素的影响，个体在进行社会化的过程中会遇到许多人生的选择，进而表现为个体的行为选择。Weis吸收了社会控制理论中的沃尔特·雷克利斯（Walter Cade Reckless）"遏制理论"，即社会存在多种行为选择和犯罪的诱因，当外部遏制犯罪的力量较弱时，则必须加强内部遏制的力量，否则社会控制的弱化就易引发犯罪行为。同时社会学整合理论也吸收了罗伯特·默顿（Robert. K. Merton）提出的"社会失范理论"，即社会文化价值观与经济结构不平等之间的矛盾促发犯罪。Weis认为在一个收入低、生活环境杂乱且社会化机构各项功能都薄弱的社会环境中，由于该区域原本犯罪率就高于其他区域，因而青少年接触到的违法犯罪现象机会的几率也将提高，易受到不良环境和犯罪群体的影响，因而在这种环境下成长的选择违法犯罪的道路的青少年人数也会变多。学者德尔伯特·埃利奥特（Delbert Elliot）则从社会解组和社会控制的角度出发，认为社会对个体的制约程度对犯罪行为的产生有重大影响。社会制约较弱的个体，尤其是内心的紧张感可能驱使其去寻求一种与正常青少年不同的行为模式的青少年，当他们受到青少年犯罪团体的吸引则会逐渐依附于该团体而实施犯罪行为。多伦斯·桑伯瑞（Terence Thornberry）综合了

Weis 和 Elliot 的理论，认为青少年犯罪是多种因素相互作用的结果，并且不同时期起作用的因素的重点不同：孩童时期的父母家庭因素、青少年时期的学校因素、成年时期的个人因素，如职业因素、婚姻家庭因素。

三、当代个体论倾向的犯罪学理论——"生命历程理论"

生命历程理论的研究重点在于个体因时代和社会因素而造成的生命轨迹的差异，以及个体在其整个生命过程中所表现出来的特定的行为持续性与变迁性。生命历程理论的主要代表人物是美国社会学家额尔登（Elder），其在 *Children of the Great Depression* 一书中阐述到，生命历程由生命轨道和转换点两个部分组成，它是个体在成长过程中一系列相对稳定但又各异的生活状态相互连接的生活轨道。生命轨道反映的是个体生活态度的持续性，而转换点反映的则是个体生命的变迁与转折。Elder 认为生命历程理论建立在四个最基本的理论主张上①：第一，生命的发展和变迁应该是贯穿个体生命的全过程，而非某个特定阶段。以往众多犯罪学家都将研究针对于生命历程的某一静态模型阶段，如青少年犯罪。Elder 认为生命的整个历程就是一个从子宫到坟墓的持续性过程，尽管成年以后个体发展与变迁的速度会下降，但仍会影响犯罪行为发展，应从整体生命历程来研究个体的犯罪行为。第二，生命轨道是多维度的，而非单维度的。即个体的生命轨道受到生理学、心理学、社会学三种轨道的影响。这三种轨道是相互交叉、密切联系的，并非独立存在。如生理轨道的转变会影响个体的心理和行为模式，同样社会环境的变迁也会影响个体的心理和行为活动。第三，个体发展受到社会和历史环境的制约。通过第三节社会环境因素与犯罪心理形成可以知道，个体的社会化发展受到了政治、经济、文化、法制因素等宏观社会环境影响，同时也受到家庭、学校、社区、职业等微观社会环境的影响，个体生命的发展与行为模式的选择都受到这些因素的制约。第四，在制定防范措施与项目时，需要考虑个体发展阶段的共性以及个体在不同生命发展阶段认知程度和社会化程度的差异。

生命历程理论与传统犯罪学理论相比，对犯罪学研究最有发展价值的是它独特的研究视角，即从犯罪行为的稳定性和变迁的角度来解释犯罪现象。生命历程理论已经成为当今社会科学界的主流理论典范之一，时至今日，它主要可以分为三大类：主要解释犯罪持续性和稳定性的自我控制理论；主要解释犯罪持续性或变迁的相关理论；主要解释犯罪持续性和变迁的年龄序列非正式控制理论。

（1）犯罪的持续性与稳定性——自我控制理论。自我控制理论的代表人物是高特弗雷德森（Gottfredson）和赫希（Hirschi），他们认为预测个体犯罪最直接最重要的变量是个体的自我控制能力，自我控制低是导致犯罪最根本的原因，自我控制在本质上是个体在具有不同价值的行为中进行选择的过程，而犯罪就是低自我控制的人被情绪困扰或者短期利益诱惑而作出非理性的选择的越轨行为。他们主张自我控制形成并发展于幼儿时期，并且在 8~10 岁基本定型，但是自我控制的形成不是生理因素作用的结果，而是社会因素影响的结果，尤其是家庭和学校因素。自我控制理论的学者研究出自我控制的发展历程，认为个体在婴儿时期在与父母的交互行为中就有获得初级控制的愿望，在学前儿童阶段，受到父母传达的行为与结果的联系以及积极的自我评价的驱使，3~4 岁的儿童初级控制发展呈现上升的态势。此时由于儿童接触事物的增长，随之会产生情绪上的窘迫感，开始体验一些消极的自我评价，这是

---

① 曹立群，任昕. 犯罪学［M］. 北京：中国人民大学出版社，2008：45-47.

个体尝试着用适当的次级控制策略来减少消极情绪的影响。Adam 等研究者曾针对儿童自我控制的稳定性进行了长达 20 年的追踪观察，发现个体在 3~4 岁所测得的自控水平与 15~25 岁之后测得的自控水平呈强正相关，从而证明个体自控能力的发展具有稳定性。Campas 等学者通过对青少年自控能力的研究发现，在青少年阶段，个体初级控制和次级控制能力都会得到提高，但是次级控制能力会达到一个短暂的高原期。Peng 和 Lachman 对成年人自控的研究发现，成年阶段个体初级控制能力保持稳定，次级控制能力会继续提升。通过一连串的实证研究，自我控制理论的学者认为个体自我控制能力具有稳定性，因此自我控制程度的高低决定了犯罪发生几率的高低。自我控制能力越低的人，实施犯罪的可能性就越高，所以自我控制是影响犯罪的最主要的变量。在对犯罪行为的变迁问题上，Gottfredson 和 Hirschi 承认个体在不同生命阶段其犯罪行为存在差异，但是他们认为这种差异的产生最终是由于个体自我控制能力的差异决定的，而非社会和文化因素的影响。

（2）犯罪的持续或变迁。对这一领域研究最主要的代表人物是帕特森（Patterson）和莫菲特（Moffitt）。Patterson 和他的同事将犯罪者分为两大类，早期开始者（early onset）和后期开始者（late onset）。对于早期开始者，Patterson 认为他们的行为的反社会性在孩童时期就表现出来，并一直持续到成年，呈现出犯罪的持续性。早期开始者犯罪行为的产生与家庭环境和家庭成员间的劣性互动息息相关，它不是自我控制程度的缺失，而是通过劣性互动所习得的。而对于后期开始者，他们在青少年时期参与犯罪，在成年后不再犯罪，呈现的是犯罪的变迁性。青少年时期参与犯罪的原因大多是劣性的社会互动的结果，即犯罪团伙对青少年的不良影响的结果。后期开始者的家庭对子女的控制力较早期开始者强，但较正常家庭控制程度要弱。青少年阶段的个体在个性和社会意识上均不稳定，容易受到外界不良因素的刺激和诱惑，过多的劣性社会互动会引导这部分青少年步入歧途。但当后期开始者成年后，开始意识到犯罪行为所付出的代价要远远高于青少年时期，早期受到的正常社会化的熏陶可能引导他们最终步入正常社会化的轨道。

Moffitt 的理论与 Patterson 有相似之处，他也将个体的犯罪分为两种类型，一类是生命过程持续型群体，一类是少年限制型群体。Moffitt 认为生命过程持续型群体的犯罪频率与个体年龄之间不存在任何关系，这一群体从生到死一直表现出反社会性的行为，他们的显著特征就是生命历程中犯罪行为的稳定性与持续性。影响犯罪行为稳定性与持续性的因素有两个，一个是个体自身因神经心理缺陷（psychological deficits）而具有的反社会倾向，使得其容易犯罪，如神经系统发展滞后而导致个体婴幼儿时期身心发展滞后，出现自我认知和自我控制能力的发展障碍；另一个是因个体自小所开始的反社会性行为带来一系列负面的链式反应，如教育中断、正常社会关系崩溃等，进而强化了他们的犯罪心理。但总体而言，这类群体在社会总人口中所占的比例很小。在对少年限制型群体的阐述上，Moffitt 也将这类群体定义为到青少年时期才参与犯罪，但在成年后又会终止犯罪行为的群体，他们的突出特征是犯罪行为的变迁。Moffitt 将这类群体实施的越轨犯罪行为归因于在青少年阶段成长和发育遇到了挫折，他将它称为"成熟间隙"（maturity gap）。也就是青少年阶段，个体的生理和心理趋于成熟，这一现象在现代社会更加明显，但是他们所受到的重视与享有的权利却没有达到成年人那样的标准，因而他们选择通过模仿生命持续者的犯罪行为来宣泄内心的压力，宣示自身的独立来引起他人的重视。所以当他们步入成年后，开始享受到一定的权利、获得一定的社会地位后，那种通过犯罪来宣泄的方式会逐渐退出他们的生活，加上世界观、道德观的形成，懂得犯罪所要付出的巨大代价也能减弱他们内心犯罪的欲望。因此少年限制型群体在成年后会终止犯罪。

（3）犯罪的持续性和变迁——年龄序列非正式控制理论。这一理论的代表人物是桑普森（Sampson）和劳博（Laub）。他们试图在 Hirschi 社会控制理论的基础上从个体犯罪行为的角度去研究犯罪的持续性和变迁。他们认为个体在不同的生命阶段，社会控制机构起着不同程度的控制作用。孩童时期，家庭是个体最重要的控制机构，若父母对年幼的子女加强管教，注重沟通，则子女犯罪的可能性会大大降低；少年时期，学校和同龄伙伴成为最重要的社会控制机构，教师的教育以及惩罚方式、同学的认同度都会对少年的心理和行为产生重大影响；成年后，婚姻与职业则成为最重要的控制机构，婚姻的不和谐、工作的不顺畅都可能引发犯罪行为。不同生命阶段社会控制程度的强弱直接影响个体的行为选择，但是早期越轨与犯罪行为会产生负面的反应，给个体教育、人际关系以及就业带来不利的影响，部分个体在这些负面因素的积累下消沉下去，一直实施犯罪行为而导致个体犯罪持续性的出现。然而在生命的进程中，还存在着转换点，一些重大的转换点可以改变长期犯罪者的生活轨道。如长期无业者获得了一份工作，通过工作与工作环境可能改变个体反社会的一面，提高个体与社会群体联系的纽带；又如婚姻，能增加个体的责任感与个体对家的一种温暖的感受，可以帮助长期犯罪者逐渐脱离犯罪团体，适应正常化的生活。Sampson 和 Laub 同时强调，犯罪模式和犯罪潜在的原因在生命的不同阶段不是固定不变的，那些影响犯罪变迁的转换点可能是由不同的独立变量引起的，可能是由相似变量以不同的方式交互作用而引起的，它受到个体早期行为的影响，但却不由早期行为的特性所决定。

总之，生命历程理论与以往的理论相比，最大的贡献在于它从动态这一研究犯罪行为的全新理论视角去看待在整个生命过程，包括婴幼儿时期、童年、青少年以及成年时期个体或者个体间犯罪行为的稳定性和变迁，以及家庭、学校、社区、职业等社会环境因素的变迁对个体犯罪轨迹的影响。但是生命历程理论目前还并不成熟，在犯罪的起因、发展、终止问题的研究上，其理论体系内部存在着不同，甚至有相互对立的一面。如自我控制理论过分强调自我控制程度，而忽视了个体在不同生命阶段犯罪行为的变化；Patterson 就不认可自我控制理论，他认为个体犯罪的轨道具有持续性或者变迁的特点，这种特点表现在部分群体犯罪具有持续性，而另一部分群体的犯罪则表现为变迁；而 Sampson 和 Laub 的年龄序列非正式控制理论则认为个体犯罪行为既具有持续性，又具有变迁的特点。如何用实证研究去解决生命历程理论中不同理论观点间存在的争议点，如何去整合和发展现有的理论，是生命历程理论继续发展急需解决的问题。

第八章　犯罪心理形成的动态分析

第一节　犯罪心理的形成

一、犯罪心理形成的基本模式

从个体犯罪的实际情况来看，犯罪心理的形成过程存在着不同的模式，主要包括渐变模式、突变模式和机遇模式等。

(一)渐变模式

这是一种最为典型、最为常见的犯罪心理形成模式，适合于大多数案例。其特点是：个体犯罪心理的形成经历了由量的积累到质的飞跃过程，具有渐进性；由部分质变到整体质变，具有渗透性；由朦胧的犯罪意向到形成清晰犯罪心理的过程，具有自觉性；从产生不良欲求到形成犯罪决意，具有明显的预谋性。这种犯罪模式可分为两种类型：

1. 原发型渐变模式

原发型渐变模式是指从少年期起，即形成不良品德，通过不良交往和违法尝试，逐渐发展成犯罪心理的类型。这类人社会化过程不完全或经历了错误的社会化(逆向社会化)，形成了不良人格，始犯年龄早，犯罪恶习深，教育改造难度大。

2. 继发型渐变模式

这类人早期无劣迹，社会化过程无明显缺陷，已经得到社会承认，视为合格的社会成员，甚至被信任重用而颇有成就。但在其人生经历的某一阶段，由于经不起金钱、美色等的诱惑，或受到错误思想的腐蚀，渐渐腐化堕落而形成犯罪心理，走上犯罪道路。在其渐变过程中，原有的隐而不现的人格缺陷成为渐变的突破口，暴露出其社会化过程的不完全，种下了日后堕落的祸根。继发型渐变模式，由于始犯年龄晚，恶习不深，心理上光明面反差较大，因而教育改造的可能性也要大一些，但其中一部分人因渐变时间长，已演变为惯犯、累犯或罪行十分严重，犯罪心理相当稳定，教育改造就非常困难。

(二)突变模式

这种模式是指犯罪人事先并无劣迹和预谋，因突然发生对个人至关重要的情况，或受环境、气氛的影响而迅速萌发犯罪心理，产生犯罪行为。这种犯罪心理形成的模式，行为人从产生犯罪意向到发生犯罪行为，时间短、过程迅速，具有突发性；行为人一般无预谋，对事变的发生缺乏预见；犯罪心理的形成与突然发生的情况有关，具有情境性；行为人不能适应情况的突然变化，认知范围狭窄，意志薄弱，不能自控，情绪性非常明显。这种模式的犯罪虽有一定的偶然性，但是如果进行深层次分析就会发现，其犯罪心理的形成与行为人早已形成的心理品质方面的缺陷有很大关系，主要表现为个人社会化水平低，不足以应付(或不能适应)那些突发情况。因此可以说，内部心理原因仍然是突发式犯罪发生的根据。当然，如果不遇到此种突发情况，也可能不至于发生犯罪行为。这种犯罪模式可分为三种类型：

1. 由人际冲突引起的突变模式

这种突变模式最为常见。例如，因恶语相加发生口角冲突，因财产纠纷矛盾激化，因婚姻恋爱反目成仇等。由于情况发生突然，行为人事先缺乏思想准备，且对方又不肯妥协退让，致使其难以适应，矛盾冲突急剧升级，在不能自我控制的情况下，采取了不正当或不合理的暴力行为，加害于对方而构成犯罪。例如，犯罪人崔某，男，24岁，性情急躁、脾气暴躁，平时不注意自身修养，遇事易冲动，常有丧失理智的行为出现。有一天，崔某在家中要求父亲为他联系购买建造婚房所需要的木材时，态度相当蛮横。看着他那蛮不讲理的霸道样，大姐实在忍不住，就说了几句同情父亲的话，却招来杀身之祸。崔某觉得姐姐冒犯他，这对一向暴躁、任性的他是不能"容忍"的。他冲过去抓住姐姐的头发，用拳头朝姐姐头部猛打，当场将她打瘫在床上。父亲见状奋力将崔某拉出房外，他又从父亲手中挣脱，再次冲入房内，抓住姐姐的腿脚，从床上拖到地上，边喊"打死你"，边用脚猛踩、猛踢姐姐的胸腹部。母亲见崔某将姐姐往死里打，就上前扑在女儿身上，用自己的身体保护女儿。如果崔某在此刻面对伟大的母爱有所震慑，或者念及以往姐姐曾经对自己有过关怀而良心发现，或者在这过程中能有一点儿法律意识而有所收敛，事情也不致糟糕到如此不可收拾的地步。可是，膨胀着的暴躁使他忘了手足之情，泯灭良心和道德。残忍、暴虐充塞着崔某的整个身心。他冲破母亲的阻拦，再次冲入房内，将已被打瘫在地惨叫救命的姐姐，又一阵雨点般的拳打脚踢。姐姐被打得奄奄一息，脸色苍白、口吐血水，连声呼救叫痛不已。父亲见女儿生命垂危，便夺门而出，准备去喊救护车。两眼充满杀机的崔某又拦住父亲的去路，并威胁着不让喊叫。最后在邻居的帮助下，姐姐才被送往医院抢救，但因胸、腹部受到反复打击，肝脏、脾脏严重破裂，造成出血性休克，抢救无效，于当日死亡。

2. 由回避危险引起的突变模式

即由于在突发性冲突中，受害一方防卫过当而造成的人身侵害行为，或由于紧急避险超过必要限度，或由于应付假想的紧急危险(实际并不存在)而造成的人身伤害、财产损害这一类犯罪行为。这几种情况之所以产生犯罪，主要是因为行为人在认知方面发生困难，举止失错而造成的，另有一种在职务上、业务上负有特定责任不适宜紧急避险的人(如消防警察不能在火灾中紧急避险)逃避其应负的责任而触犯刑律，则属于缺乏责任心、义务感而渎职的品德缺陷。

3. 由特定气氛引起的突变模式

在社会生活中，常有一些特定的环境与气氛，容易使在场者产生情绪感染引起心理连动。行为人由于年轻气盛，缺乏辨别是非和自我调节控制能力，情不自禁地卷入事态而萌发犯罪心理，造成犯罪。例如足球场上的暴力事件，街头暴力事件，闹事和不符合法律规定的示威游行、骚乱等。当然，也有一些犯罪人是趁火打劫，借闹事之机抢劫财物、调戏妇女、实施报复等犯罪行为，则属于受自身犯罪心理驱使的机会性犯罪。

(三)机遇模式

这种犯罪心理形成模式，是指行为人在接触有利于实施犯罪的机遇之前，并没有犯罪意图，只是在接触了这种机遇后，才逐渐产生犯罪心理，或突然起意而犯罪。在这种模式中，犯罪机遇的出现，是诱发行为人产生犯罪动机，实施犯罪行为的关键。至于那些早有犯罪意图，乘机实施犯罪者，则不过使其犯罪意图提前实施，不应列入机遇性的犯罪模式。这种犯罪模式可分为两种类型：

1. 机会性的犯罪模式

所谓犯罪机会，是指易于实施犯罪又不易被发觉的时间与条件。犯罪机会一般具有特别性(即对于某种犯罪的实施有利)、偶然性(出乎行为人预料)与瞬间性(时间短暂)的特征。少数犯罪机会也具有持续性，在行为人面前多次出现，则将给行为人以更大的诱惑与刺激，具体说来，金钱外露，是抢夺的机会；屋外放物或室内无人，是窃盗的机会；财会制度不严，是贪污的机会；委托他人保管财物，是侵占的机会；女工单独上下夜班，路途偏僻昏暗，是强奸的机会，等等。这类机会犯罪人事前虽无犯罪意图，但多数属于品德不良者，在遇到犯罪机会时经不起诱惑而萌发犯罪动机，进而实施犯罪行为。

2. 境遇性的犯罪模式

所谓犯罪境遇，是指出现了诱发、促进犯罪行为发生的环境和机遇，此种境遇的出现，具有行为人预料或计划之外的偶然性、突发性和巧合性。行为人在此种境遇中发生犯罪行为，境遇的作用不可忽视，换言之，若无此种境遇，则犯罪行为有可能不发生，境遇性犯罪模式又可分为以下几种类型：

(1)刺激型。在发生争执后，被害人以刺激性语言煽起了加害行为(如说："你不杀我不是男子汉。")，行为人不堪忍受刺激而加害。

(2)胁迫型。行为人受人威胁利诱，或处于从属关系不得不实施犯罪。

(3)从众型。行为人因偶然机会参与一群人或团伙的活动，事先并不知道要去犯罪，临时发现有人起意犯罪，其他人均赞成，受环境与气氛影响不得不从众行事。

二、犯罪心理形成的过程

这里所谈的犯罪心理形成的过程，主要指上面介绍的"渐变模式"过程，因为这种模式符合绝大多数故意犯罪的犯罪人犯罪心理形成的过程，所以需要做专门介绍。

关于犯罪心理形成过程的机制问题，理论界做过许多研究，提出过许多观点，在第六章犯罪心理机制做了比较全面的介绍。其中比较有代表性的当属内外化机制理论。该理论认为，从主体吸收客观外界的消极影响到形成犯罪心理的过程和规律，是犯罪心理的内化机制；从犯罪心理的整合到发动犯罪行为的过程和规律，是犯罪心理的外化机制。内外化过程的两个阶段不能截然分开，是互相衔接、渗透和互相作用的。

下面就对犯罪心理形成的内化机制作重点介绍。所谓内化，就是个体经由言语、模仿、学习、实践等中介，将客观现实转化为主观映象，逐渐形成思想意识的过程。个体犯罪心理的内化过程一般要经历以下阶段：

1. 不良的交往与模仿

在犯罪人特别是青少年犯罪人中，绝大多数人之所以走上犯罪道路，都是从不良的交往和模仿开始的，这是犯罪心理形成的基础。调查统计表明，在不良少年的周围，大多有一个不良环境，在这个环境中，往往有一个或几个坏榜样，通过密切的接触和交往，观察与模仿，给不良少年以加速下滑的影响。不良少年的观察模仿有的是主动的，也有的是被动的。如在不良团伙中，团伙成员的恶习相互感染，相互传习，一般都是主动观察模仿的结果；而在一些教唆学习过程中，被教唆者最初处于被动地位，在那些恶习较深的教唆者的指导下学习不良言行，后来逐渐产生认同感，形成不良心理。在不良的交往和模仿过程中，榜样的"威信"、可接近性、吸引力与感染力十分重要，同时，也和模仿者本人的愿望、观念及实际利益有关。

2. 个体对消极社会信息的选择

一个人在社会生活中会面临大量的社会信息，这些信息中既有积极的，也有消极的。一个人怎样选择，是选择积极的正面的信息还是选择消极的负面信息，这与个人原有的知识结构和心理品质有关。社会上绝大多数人都是在积极吸收和选择那些有利于个人成长和社会发展的积极信息，从而顺利实现社会化过程；那些具有个性缺陷和不良心理品质的人，则对于社会环境中的消极信息具有高度的敏感性和选择性。消极的社会信息与个体原有的不良心理相吻合，产生共鸣，被主体优先感知、记忆，并引起联想和思维加工，从而使原来的不良心理进一步恶化，甚至演变成犯罪心理，导致犯罪行为的产生。

个体消极不良的心理品质不仅影响对外界信息的选择，而且也影响对外界信息的加工方式。具有错误认知模式和价值体系的人，对外界信息的加工方式也与众不同。他们甚至可以把黑的看成白的，把不合理的说成合理的，从而心安理得地去实施违法犯罪行为。

3. 形成不健全人格

在心理学中，一般将全体社会成员划分为健全人格与不健全人格两大类。健全人格就是社会化程度较高或基本上达到社会化要求的人格，它能较好地适应社会生活，行为方式与社会规范相一致。健全人格者在社会成员中占大多数。不健全人格是经历了不完全社会化或错误社会化而形成的不成熟人格、矛盾冲突人格和反社会人格。其主要表现是：(1)价值取向偏离，甚至与社会整体利益相悖。(2)认知水平低，思维偏激，是非、善恶判断力差。(3)需求层次低，欲望强烈，且不善于通过合乎规范的途径予以满足。(4)道德和法律意识淡漠，由于受反社会不良文化影响，不尊重社会道德与法律，行为既不受良心谴责，对刑罚惩罚也没有恐惧反应。(5)品德不良，由自私、缺乏同情心、行为不端发展到冷酷无情、粗野肆虐，恶习难改。(6)缺乏高级情感体验，道德感、理智感、美感水平低；常常被消极不良的情绪体验占据心头，且缺乏必要的情绪调节控制能力，甚至任其宣泄而对他人和社会造成伤害。(7)缺乏必要的建设能力，具有不利于社会的消极能力、破坏能力。(8)自我意识的缺陷，不能客观地评价与调节自我。要么过于贬低自己，产生自卑感，进而自暴自弃；要么过高评价自己，自高自大，不可一世。

反社会人格是不健全人格的极端表现，是指一部分人在犯罪集团或其他腐朽思想、不良文化的影响下，完全接受了与社会规范背道而驰的反社会观念，养成了恶劣的生活习惯，与正常的社会生活格格不入。

不健全人格是产生违法犯罪的心理基础，虽然不健全人格尚不能称之为犯罪心理，但它存在着向犯罪方向蜕变的可能性。在形成不健全人格的基础上，经过道德上的"下滑"和违法行为的尝试，产生犯罪意向，最后在特定的情境诱因的刺激下，产生犯罪行为。

4. 尝试获得体验

在个体犯罪心理形成过程中，通过初步尝试违法犯罪行为，并获得成功体验，是十分关键的一个阶段。个体在接受了消极的社会影响之后，在不良团伙内部，由于团体成员之间的心理互动，相互感染，往往就会尝试违法犯罪行为，并获得犯罪体验。例如，一个从未偷过别人东西的学生，被犯罪团伙头目看中，并对其进行拉拢、引诱、教唆，向他传授扒窃技术，然后带他到公共汽车上实习。该学生在偷窃的过程中扮演一个小偷的角色，这种角色的扮演过程，使他产生各种体验，如偷窃过程中的恐惧、侥幸心理，得手后的喜悦、满足感，在犯罪群体中得到其他犯罪成员的肯定评价等，所有这些都将进一步强化其消极不良心理。

可以说，个体一旦做了违法尝试，获得犯罪体验，强化犯罪需求，进入"欲罢不能"的状态，便由一般的品德不良向犯罪心理的发展跨出了决定性的一步。

从心理学意义上讲，个体的违法尝试获得体验，之所以促进了犯罪心理的形成，是一种自我强化过程。自我强化，是指个体自己对自己的思想或行为持肯定的态度与评价，从而使这种思想或行为得到加强。在个体犯罪心理的形成过程中，自我强化起着非常重要的作用。个体对自己的初次违法犯罪行为，不仅没有罪恶感，反而持赞赏肯定的态度，有一种愉悦的体验，增强了自我效能感，这无疑会巩固和加强其不良心理，并迅速向形成犯罪心理的方面迈进。

5. 犯罪意向萌发

犯罪意向萌发，是一个人由不健全人格，经过违法尝试，转而形成犯罪心理的标志。在心理学上，意向是人的活动动机的最初阶段，是一种未被明确意识的活动动机。在意向状态下，行为人常感到一种莫名的力量在吸引着他，躁动不安，但动机模糊，目的不明。犯罪意向就是由不良需要引起的违法犯罪的冲动、意图或行为倾向。在犯罪意向状态下，行为人只有某种犯罪意图或冲动，尚未形成明确的犯罪动机，也缺少行动计划，时常发生一些违反道德准则的行为和轻微违法行为。但是，只要产生了犯罪意向，就表明个体心理发生了质的变化，行为人已不再是被动地对他人进行学习与模仿，而是要独立地登上犯罪活动的舞台，扮演主角。他们由自发的偶尔发生不良行为的模糊状态，进入了自觉的违法行为倾向状态，也就是实施犯罪行为前的准备状态。正是在这种意义上，我们说，犯罪意向的萌发，是犯罪心理形成的标志。

在犯罪心理的内外化机制理论中，犯罪意向是内化过程的结束，标志着犯罪心理的形成；同时又是外化过程的开始，它在一定的诱因刺激下，很快转变为犯罪动机，进而推动犯罪行为的产生。

第二节 犯罪行为的发生

犯罪行为是在犯罪心理的影响或支配下实施的，由犯罪心理到发动犯罪行为，是一个外化过程。但是，一个人产生了犯罪心理并不一定必然会外化为犯罪行为，犯罪行为的发生除了需要犯罪心理外，还需要有适宜的犯罪情境。而且，在犯罪行为发生过程中，犯罪人与被害人之间始终进行着心理互动。

一、犯罪情境

美国著名犯罪学家萨瑟兰等认为，犯罪行为的直接决定因素是人与情境的复合体。客观情境对犯罪行为来讲是很重要的，因为它提供了犯罪行为发生的机会。所谓犯罪情境，是指被犯罪人感知和清晰意识到的、对发生犯罪行为有直接影响的具体环境。

犯罪情境不同于犯罪环境。犯罪环境是一个范围较广的概念，是指那些影响人形成犯罪心理、发生犯罪行为的各种不良因素的总和；犯罪情境只是犯罪环境中的一部分，特指那些与犯罪行为的发生直接有关的事物，而且只与当前时刻相联系。例如，一个儿童从小生活在父母不和睦的家庭里。父亲常常在外面酗酒，然后回到家趁着酒兴，毒打妻子，有时也毒打孩子。待儿童长至少年，在一次父亲醉酒后回家毒打妻子时，该少年满腔怒火，把父亲杀掉了。本案中，长期不良的家庭环境是一个犯罪环境，对于形成少年杀父的犯罪心理有极大影响。而当时父亲醉酒后毒打妻子是一个犯罪情境，这一情境直接诱发了少年杀父的心理，所以，犯罪情境具有强烈的诱发性。

犯罪情境与犯罪机遇也不尽相同。犯罪机遇是指有利于进行犯罪活动的各种环境条件的有机结合。一般情况下，有了有利于犯罪实施的时间、地点，还要有合适的犯罪对象，此时才能认为存在着犯罪机遇。而犯罪情境是一种"中性"的环境，它仅仅是犯罪人进行犯罪决策和实施犯罪行为的具体环境，其中既有有利于犯罪行为实施的因素，也有不利于犯罪行为实施的因素。可见，犯罪机遇是专指犯罪情境中有利于作出犯罪决定和实施犯罪行为的那部分犯罪情境。

一般来说，犯罪情境包括以下几个方面：

1. 侵害对象

侵害对象的存在是一个非常重要的犯罪情境，对于犯罪恶习较深的惯犯、累犯，他们会主动去寻找侵害对象，制造犯罪情境；而那些初犯和偶犯，则主要受现场中自然存在的侵害对象的影响而诱发犯罪动机，实施犯罪行为。侵害对象既包括人也包括物。当然，人和物的存在并不必然导致犯罪人犯罪动机的产生，但却起着诱发、强化犯罪动机的作用。例如，路边有一辆未锁的自行车，偏僻的小巷中有一妙龄少女独行，旅途中遇上一位携带巨款的采购员，这些对象对于一个已经形成犯罪心理的个体来说无疑是刺激他犯罪的强烈诱因。由于自我约束机制的弱化，就会产生侵害或占有欲望，萌发盗窃、强奸、抢劫等犯罪动机，从而导致犯罪行为的发生。

2. 现场条件

现场条件主要指犯罪行为实施现场的时间、空间、物质环境等因素。如城市盗窃犯常常选上下班家中无人时进屋偷盗，农村窃贼则选择偏僻的独家独院；扒窃犯多在公共场所作案，抢劫犯则多选择荒郊野地、偏僻小巷作案。犯罪人选择现场的原则是既有利于达到犯罪目的，又能确保自身安全，逃避惩罚。

3. 现场气氛

犯罪现场的气氛如何，影响着犯罪人是否产生心理压力及其程度。如某犯罪人对一女工实施抢劫，该女工不反抗，使犯罪人不仅没有心理压力，反而更激起强奸该女工的犯罪动机；如果该女工拼力反抗，奋力搏斗，大声喊叫，则对犯罪人产生强大的心理压力，其结果可能是终止犯罪行为逃离现场，也可能触发杀害该女工的犯罪动机。在群体犯罪中，现场气氛可能导致群体成员之间情绪的相互感染，使群体犯罪动机迅速形成。例如，球迷暴力事件，街头斗殴事件，轮奸集团犯罪等，均与现场气氛有关。现场中其他人的存在对现场气氛影响很大。例如，同案犯的存在，由于罪责扩散、从众等群体心理效应，使犯罪人的恐惧感、紧张感、罪责感减轻，犯罪动机不断增强，就会发生后果严重的团伙犯罪。在公共场所发生的案件，如果周围目击者勇敢地站出来制止犯罪人的非法行为，则会使犯罪人产生心理压力，致使犯罪动机弱化，放弃侵害行为；如果目击者无动于衷，只在一旁观看而不加制止，或者表现出恐惧、惊慌等情绪，则会助长犯罪人的嚣张气焰，使其犯罪动机增强，明目张胆、有恃无恐地实施犯罪行为。

需要注意的是，以上犯罪情境的三个方面往往不是孤立地起作用，而是形成一个有机整体，对犯罪人发生作用。

二、犯罪行为发生的过程

(一)预谋型犯罪行为的发生过程

预谋型犯罪行为的发生过程是一种基本的、典型的犯罪行为发生模式。这种模式从犯罪动机的形成，到作案的准备，到实施犯罪，都是犯罪人有意识、有计划、有目的的活动，犯罪行为自始至终都处于犯罪人的意志控制之下。这种模式分为两种情况：一种是犯罪人积极主动地选择行为，不仅犯罪行为需要意志努力才能完成，而且其犯罪动机、犯罪决意的形成，也是意志努力的结果，是犯罪人主动的选择；另一种是犯罪人被动地选择行为，是在被威胁、胁迫、要挟、引诱，或处于从属关系及其他利害关系的情况下，不得不选择犯罪行为。在后一种情况下，虽然个体犯罪动机的形成是外力强加的，但犯罪动机的确立仍然是有意识的，犯罪行为的准备、实施仍然需要有预谋和意志活动的参与。共同犯罪中的从犯，不少属于这种情况。

预谋型犯罪行为的发生过程有以下特点：

1. 犯罪动机强烈、明确、具体

这种模式的犯罪行为大多是由强烈、明确、具体的犯罪动机支配的。首先，犯罪动机不是无意识的，犯罪人能够强烈地感受到，如不能满足，就无法获得心理平衡。即便是被动地选择犯罪行为，虽然其动机强度较弱，但仍然被强烈地意识到了。其次，犯罪动机的内容是明确的，是财产动机、报复动机、性欲动机，还是其他方面的动机，都十分明确。最后，如何实现犯罪动机，无论是方式还是对象都是具体的。

2. 情境因素特别是受害人因素与犯罪行为的相关性较小

一般说来，预谋型犯罪行为总是由犯罪人先形成犯罪动机，而后积极创设或寻觅、发现犯罪情境，以实现犯罪动机。如某强奸犯，怀着强奸的目的，夜闯民宅，实施强奸，这种犯罪情境是行为人有意识地通过寻觅而形成的。在这种犯罪中，情境中的因素对犯罪行为的发生只有一定的相关性，没有必然的联系。而犯罪动机的形成则几乎看不到情境的影响，因为犯罪动机的形成在前，适宜犯罪的情境的出现在后。

3. 由犯罪心理的形成到犯罪行为的发生往往经过较为清晰的阶段

一般情况下，犯罪人的预谋型犯罪行为，往往经过下面几个阶段：心理冲突和思想斗争——产生犯罪动机，明确作案目的——制定作案计划——进行作案准备(准备作案工具，选择作案对象和路线、地点，甚至进行演练)——实施犯罪。虽然不排除有的犯罪并不完全具备这样几个阶段，有的可能缺少某一环节，有的可能出现曲折或反复，但大多数经过预谋的犯罪行为的发生，基本上都经历了这样几个较为清晰的阶段。

(二)无预谋的犯罪行为的发生过程

这种模式是指犯罪人实施的犯罪行为不是出于事先预谋，未经过明显的意志活动，而是个体在外部诱因刺激下产生的应答性反应。其特点是：第一，这种应答性行为是自动化的，带有"反射"的性质。这种反应有的是个体先天的本能冲动引起的，有的是变态的行为反应，有的则是习惯化、定型化了的行为反应。这种应答性反应引起的犯罪，具有情境性、突发性的特点，行为人当时大脑的活动往往处于浑浊状态或亢进状态，对自己的行为性质缺乏理智的思索。第二，刺激情境的出现对这种犯罪行为的产生具有重要作用。在这种犯罪行为中，刺激情境的出现并非行为人刻意追求、寻觅的结果，而是刺激情境的出现与行为人头脑中已有的动力定型建立了联系，诱发行为人产生了相应的行为反应。这种行为反应常常是在无意识动机支配下完成的，如定势、习惯等。第三，反应性行为的出现，没有或只有短促的心理过程。有些反应性行为没有经过有意识的心理活动过程，只要某种情境一出现，就导致个体出现相应的行为反应；有些反应性行为只有极短促的心理过程，以至于从个体外部行为表现来看，几乎难以看出其心理变化，如应激反应。个体遇到紧急情况出现行为反应之前，只是略微迟疑，大脑的行为指令的出现几乎是自动化的，根本不可能经过利弊权衡、思想斗争的心理活动过程。

无预谋的犯罪行为的发生一般表现为以下几种情况：

1. 防卫反应和避险反应

人类具有自我防御和趋利避害的本能反应，当个体的人身、财物的安全受到威胁时，个体会本能地进行防卫或避险。防卫行为和避险行为在一定限度内，是法律所允许的，因而不应视为犯罪行为。但如果超过了一定限度，造成了不应出现的后果，则构成了犯罪。防卫行为和避险行为都不是事先有预谋、有准备的，而是一种反应性行为。

2. 应激反应和激情反应

在应激状态下，客观条件不允许个体进行周密的心理选择和思考，必须作出迅速的反应。这种反应的模式基本上是受个体趋利避害的本能和平时形成的反应动力定型支配的。在激情状态下，个体由于愤怒、恐怖、嫉妒以及怨恨等情绪达到极点，思维活动往往难以正常进行，大脑由某种强烈的冲动意念所支配，血液涌动加快，浑身聚集了大量能量，必须加以宣泄，否则心理难以获得平衡，身体机能的平衡也会受到破坏。这种激情宣泄的行为极易造成破坏性的严重后果而构成犯罪。

3. 习惯性行为

习惯是个人后天习得的，是经过反复的刺激与反应的联结之后形成的相对稳定的动力定型。一个人一旦形成了某种习惯，当外界出现相同或相似的刺激时，他们不需作出特别的意志努力，就会出现相同的行为反应，所以习惯性行为带有自动化性质。在很多情况下，一些人在自己不良习惯的驱使下，会不自觉地实施违法犯罪行为。例如，许多从小养成偷窃习惯的人，尽管自己努力悔改，但一旦遇到合适的偷窃对象，就不由自主地产生了偷窃行为。习惯性违法犯罪行为除了盗窃之外，较常见的还有赌博、吸毒、伤害、诈骗、性犯罪等。

4. 变态反应

变态反应是犯罪人在变态心理支配下所出现的行为反应。变态心理作为一种病态现象，其行为反应机制是异常的、自动化的和难以控制的。如露阴癖者，他们虽然知道自己的行为性质和后果，但一遇适宜的情境和对象，便忍不住有露阴的行为发生。

需要说明的是，上述关于无预谋犯罪行为发生的几种情况，由于不是按同一标准划分的，因而难免存在一定的交叉和重叠。如习惯性行为与激情反应行为，就有一定的重叠，因为个体对外部刺激产生的激情反应与其平时形成的行为习惯是有关系的。

第三节　犯罪心理的发展变化

个体犯罪心理形成之后，并不是一成不变的，由于影响犯罪人犯罪心理形成的主体内外因素的影响，犯罪心理会不断发生变化。这种发展变化主要从以下两方面表现出来：一是犯罪人在犯罪行为发生前后的不同阶段，表现出不同的心理特点；二是犯罪人的犯罪心理，可能由于犯罪行为的不断得逞而恶性发展，也可能由于其他因素的作用而良性转化。即犯罪心理的发展变化，包括犯罪心理的增强与减弱，量变与质变，其发展方向有良性转化和恶性发展两个方向。

在第五章中，我们分析了影响犯罪心理形成的主体内外因素，这些因素有机结合、相互作用，也同样影响着犯罪人犯罪心理的发展变化。如果外界的积极因素增强，内在的反社会因素弱化，犯罪心理就会受到抑制甚至消失，促成犯罪心理的良性转化。如果外界的消极因素增强，内在的反社会因素强化，犯罪心理就得以巩固和恶性膨胀，导致犯罪心理的恶性发展。

一、犯罪人在犯罪不同阶段的心理特点

（一）犯罪前的心理状态

1. 自我辩解心理

在实施犯罪行为之前，犯罪人内心充满了矛盾冲突。为了克服内心冲突，减轻心理紧张，犯罪人往往会为自己将要实施的犯罪行为采取各种形式进行自我辩解。犯罪人在犯罪前采取的自我辩解方式主要有合理化、比拟、投射、补偿等。

（1）合理化。犯罪人在即将进行犯罪活动之前，常常用一些似是而非的理由来粉饰自己的不光彩行为，以求得内心平静。例如，盗窃犯常以"自私是人的本性"、"上等人有人送礼，中等人托人走后门，下等人没有门，不偷活不成"等为理由为自己的盗窃行为辩解；许多少年犯罪人认为逃学、旷课、吸毒等是自己的事，没伤着别人，认为打架斗殴只是解决问题的一种方式，以此求得内心世界的平衡；很多贪官在受贿之前，总是这样想——"我替别人办事了，别人送些礼以示感谢，也属人之常情"，以这种看似合理的理由为自己的非法行为辩解，心安理得地收受贿赂。犯罪人在进行犯罪活动之前，往往就是这样用他自认为合理的理由为自己的非法行为辩解，使其"合理化"，以消除内心的恐惧和紧张，使自己心安理得地去实施犯罪行为。

（2）比拟。就是犯罪人把自己的犯罪行为与社会历史上和现实生活中有价值或有名的人或团体的行为相比较，从而提高自己的自信心，以便从容地、理直气壮地实施犯罪行为。例如，某些青少年犯罪人把自己比做历史上或文艺作品中的某个英雄人物；把犯罪团伙结盟比做"桃园三结义"；闯荡江湖的流窜犯把自己比做某文艺作品中的"侠客"；把暴力集团、流氓集团的头目比做"英雄好汉"等。这种错误的比拟使人丧失了罪恶感，增强了与法律抗衡的胆量，使犯罪分子无所顾忌地实施危害社会的行为。

（3）投射。是指犯罪人将自己的观点、欲望、态度、性格特点等反射到别人身上，认为别人也与自己一样，也就是所谓的"以小人之心度君子之腹"。例如，强奸犯在犯罪之前认为被害人愿意同自己发生性行为；杀人犯把自己的杀人行为归咎于对方的挑衅，从而打消对被害人的怜悯、同情态度，消除犹豫不决和良心谴责，决意实施犯罪。

（4）补偿。有的犯罪人由于自己有生理缺陷，社会经济条件差，受教育程度低等原因，在社会交往中常常受挫。为了挽回自尊，往往采取一些过激行为来弥补自己的缺陷。例如，贫穷家庭出身的青少年更有可能通过犯罪行为追求昂贵的衣着和慷慨的气派；受人歧视的少女往往通过滥交朋友、卖淫等获取华丽的穿戴，从而在同伴中炫耀自己；因其貌不扬而失恋的青年，用硫酸泼洒异性的衣服、面部，对异性进行伤害，以求得补偿等。

以上心理防御机制在犯罪行为人实施犯罪行为的过程中，或犯罪行为结束后也常用来消除自己的惊慌、不安、紧张、恐惧等情绪。

2. 犯罪决意状态

犯罪人在实施犯罪行为前，往往都要经过激烈的动机斗争。在确立了犯罪目的之后，要制定周密的计划，考虑采取何种犯罪方式，准备作案工具等，同时还要在心理上为自己树立作案成功的信心，这就是犯罪决意状态。形成犯罪决意，一般是在犯罪动机产生之后、犯罪行为实施之前的一段时间。犯罪决意持续时间的长短，计划是否周密，不同的犯罪者存在着个别差异。预谋型犯罪人犯罪前常常要经过缜密思考和准备，其犯罪决意时间较长；机遇型犯罪人的犯罪决意与犯罪机遇的出现有密切关系，因此时间较短，没有预谋犯那样完整周密的计划；冲动型犯罪人的犯罪决意时间更短，在强烈的外界刺激作用下，行为人情绪难以自控，意识范围狭窄，根本不可能有太长时间考虑，因此他们的犯罪决意是由外界的强烈刺激和内部的强烈情绪体验相互作用而产生的。例如，一个盗窃汽车的预谋犯，在作案之前就会对作案的对象和方式、作案工具、理想的作案时间、作案的路线以及作案后如何销赃灭迹、逃避打击等有关问题，作一系列的设想、推理、预测，最后选定那种他认为既不会被发现又能达到目的的最好方式。同时，一再鼓励自己，树立信心。这就是犯罪意向状态。

3. 等待犯罪时机的焦虑状态

犯罪决意形成后，一切准备就绪，就等待犯罪时机的到来。在等待中，犯罪人往往有一种焦虑心态，担心自己的计划暴露，担心实施犯罪过程中会遇到麻烦，担心目的是否能达到等。此时，犯罪人常常有一些异常的情绪和行为表现，尤其是初犯更为明显。例如，一起系列麻醉抢劫案的犯罪人李某，从地摊上花花绿绿的杂志中发现了一种用药将人麻醉后抢劫钱财的"致富妙招"以后，急不可耐地跑到药店，以睡不着觉为由，买了一瓶这种药，当夜就拿自己做实验，发现很灵。于是，他携带药片住进饭店。晚上，当浑身酒气的中年人进屋后，他把药片放进水里溶解后端给这位中年人。此时，他坐立不安，神色慌张，但那醉醺醺的中年人喝完药倒头便睡，一会儿就鼾声如雷。李某小心翼翼地从那人鼓囊囊的衣兜里掏出一沓钱，慌不择路地溜出饭店。此后李某又流窜四省十多个城市，用相同的手法作案十多起后被抓获归案。在李某第一次犯罪前的行为失态中，如果遇上一个经验丰富的人，是完全可能识别出来他的犯罪目的并加以制止的。但他遇上了一个醉汉，使他轻而易举得手，胆子越来越大，以至于疯狂地作案多起才被抓获。

（二）犯罪过程中的心理状态

犯罪行为一方面是一种危害他人、危害社会且必定要受到惩罚的行为，但另一方面，通过犯罪行为的实施又将满足犯罪人的各种非法欲望和变态心理。因此，犯罪行为人在进行犯罪行为过程中，心情不可能完全平静、坦然，总是或多或少地存在兴奋、紧张、恐惧等各种各样的心理，尤其是情绪上的变化是很大的。

犯罪行为人在犯罪过程中的心理状态又因其犯罪经历和犯罪形式的不同而表现出很大的差异。一般而言，初犯的紧张、恐惧较为明显，在实施犯罪行为时由于心里格外紧张，害怕被人发现、被人抓住，对能否实现犯罪目的没有把握，所以注意力过于集中，注意范围狭窄，在犯罪现场容易留下作案痕迹；而累犯、惯犯的紧张、恐惧表现就不那么明显，由于多次作案，对犯罪结果的预计比初犯更有把握，且具有一定的反侦查手段和能力，作案时不慌不忙，遇到意外收获时的得意忘形、作案中的沉着冷静等都与初犯有很大的不同；一般大案要案均系累犯或惯犯所为，由于作案人目无法纪，无所顾忌，因此作案时更显心狠手辣、冷酷残暴、毫无怜悯、同情之心，紧张、恐惧也抛至脑后，更显得冷漠、麻木。如果犯罪人在作案过程中，遇到被害人反抗、犯罪同伙退缩时，就容易产生愤怒情绪，变得凶狠残暴、伤人毁物，甚至因此而杀人。

一般而言，犯罪人在开始实施犯罪行为时，伴随着紧张、恐惧还会产生一种异常兴奋感，但随着犯罪的进行逐渐平静下来，思考怎样逃避侦查、销毁罪证。在某种情境的刺激下，犯罪人也可能沉静下来，恢复正常的理智和情感，中止犯罪。如杀人犯在杀人犯罪过程中，对被害人产生同情，将其送进医院，本人去自首等。

(三)犯罪后的心理状态

犯罪行为结束后，犯罪人的情绪和行为都会出现一些较为明显的表现，这对于侦查破案是有帮助的。

1. 情绪表现

(1)不安、恐慌。多数犯罪人，尤其是初犯和大案要案的犯罪人，作案以后都会产生不安和恐慌的情绪。有的对自己所实施的犯罪后果感到吃惊，有的终日惶惶不安，甚至产生幻觉，总是觉得有人在监视自己，或脑海中时时浮现被害人遇害前的惨状，无法摆脱。

(2)得意、满足。犯罪行为实施后，由于作案既遂，犯罪目的达到，犯罪人心理上产生一种极大的满足感，尤其是有意外收获的犯罪人，甚至得意洋洋。比如，犯罪过程中发现了意想不到的大量金银财宝，犯罪人甚至会感到惊喜，忘乎所以，这种情绪状态将会极大增强其犯罪心理，使其恶性发展。

(3)麻木。有的犯罪人在犯罪时处于高度兴奋状态，实施犯罪后往往迅速趋向抑制，反应灵敏度大大下降，精神处于极度松弛状态。尤其是一些大案要案犯罪人和冲动性犯罪人，面对严重的犯罪后果，处于"激情性休克状态"，麻木不仁，毫无表情，也无任何行动。

(4)罪恶感。这是个人在观念或行为上与其道德标准、价值观念发生冲突时产生的有罪和羞耻的心理体验。有些犯罪人在实施犯罪后，恢复理智，良心发现，萌生罪恶感，出现新的心理冲突，感到苦恼。有的即使在意识水平上看不出来，也会出现被噩梦魇住之类的情况。初犯的罪恶感最为强烈，惯犯、累犯的罪恶感较弱。

2. 行为表现

(1)试探。犯罪人实施犯罪后迅速逃离现场，但心理上却无法摆脱现场。他们往往表现出对案件的发展和侦破十分关心，有时甚至故作姿态，参与议论案情，痛斥犯罪人。有的甚至一再跑到现场观察，对报纸、广播等新闻媒体变得敏感起来。这些反常表现可以给破案提供线索。

(2)其他反常行为。犯罪人作案后，为了掩饰自己惊恐不安的心理，往往有一些反常的行为表现。例如，一反常态地积极工作；突然变得老实、守纪律；不敢在公开场合露面，很少与人接触；有的人却是反常地暴露自己，过去是勤俭节约的模范，现在却大肆挥霍浪费，过去循规蹈矩，作风俭朴，现在却公开出入色情场所等。

总之，犯罪人在犯罪整个过程中，不同阶段就有不同的心理和行为表现，如果我们提高警惕，注意观察，就可以很好地预防和制止犯罪行为的发生，也可以帮助我们迅速侦破犯罪案件。

二、犯罪心理的良性转化

(一)犯罪心理良性转化的概念

所谓犯罪心理良性转化，是指在犯罪心理形成后，犯罪人在外部因素的积极影响下，经过思想斗争，改变其错误认识，或使其情绪反应、意志品质、个性特征等方面发生积极的变化，犯罪心理逐渐减弱或消除，或者处于暂时性抑制状态，从而使其犯罪心理结构向积极方向转化。犯罪心理良性转化，可能发生在犯罪行为实施前，也可能发生于犯罪行为的准备、实施过程中，甚至可能存在于犯罪活动结束后。

（二）犯罪心理良性转化的条件

犯罪心理的良性转化，并非是影响犯罪心理形成的主体内外因素简单相加的结果，而是通过两者的有机结合形成一种良性动态系统的结果。其转化的实现需要具备以下基本条件①：

1. 产生内部的心理矛盾

经过教育、规劝，或受到某一事件的启发，犯罪人头脑中积极心理的被发掘，而消极心理的被抑制。如理智感、道德感增强，还顾及自己的名誉、前途、事业、家庭，有同情心、怜悯心，对犯罪后果产生悔恨、内疚感，同时其非法欲望、错误观念、不良行为习惯等受到抑制等。同时，在犯罪人心理上出现对立面的斗争，产生心理冲突和良性转化的动力，使犯罪心理体系出现薄弱环节和突破口，这样在进一步的教育帮助下，就很容易实现犯罪心理的良性转化。

2. 具有良好的心理状态

犯罪心理良性转化的实现，需要犯罪人经常处在积极的内心体验之中，而不是经常处在因需要得不到满足所带来的挫折和压抑状态之中。

3. 出现促进犯罪心理良性转化的积极的、系统的动因

推动犯罪心理良性转化的动因不能只是单一的，必须是复合的。既要有积极的外因（如良好的社会风气、法制健全并得以有效执行、正确的舆论导向、科学适宜的教育开导规劝、有利的人际交往和积极的榜样等），也要激发和调动犯罪人的内因（如道德感、责任感、良知、同情心、怜悯心等）；既要有意识、观念上的动力，又要有物质、文化生活的保证；既要控制犯罪需要，又要满足合理需要，培植高尚需求。系统动因的综合作用，才能推动犯罪心理的良性转化。

4. 遵循转化规律

犯罪心理的良性转化，应在犯罪人心理结构（知、情、意、行）的各个方面同时下工夫，引起个性品质的整体改善。同时，犯罪心理的良性转化也要遵循量变到质变的规律。积极心理因素的增强，消极心理因素的削弱，是一个漫长的量变过程；量变一定程度后，犯罪心理明显减弱甚至消除，良性转化的实现，就实现了质变。因此，帮教工作者对犯罪人要善于疏导，不能强制硬压，要循序渐进，不能操之过急。教育改造犯罪人是一个灵魂重新塑造的过程，不可能一蹴而就。

（三）犯罪心理良性转化的类型

犯罪心理良性转化一般有以下三种类型：

1. 渐进型

通过强有力的教育规劝、积极的环境影响和犯罪人的主观努力，使犯罪人认识到违法犯罪的危害性，罪责感恢复，并有一定的悔改决心和表现，犯罪心理得到一定程度的抑制。但这种良性变化只是初步的和不彻底的，犯罪人改恶从善的态度会动摇、不坚决，甚至还会实施一些轻微的违法违纪行为，但这只是前进道路上的波折，总的趋势是向好的方面发展。这

① 罗大华. 犯罪心理学［M］. 北京：中国政法大学出版社，1999：135-136.

是比较普遍的情况，大多数犯罪人犯罪心理良性转化都体现为这种类型。

2. 顿悟型

通过某一事件的震撼和启发，使犯罪人对自己违法犯罪行为的性质及危害猛然醒悟，并以很强的意志力克服自己的不良意识和行为习惯，从此终止犯罪，改恶从善，重新做人。这种类型在恶习不深的初犯和偶犯中时有发生。

3. 反复型

一些犯罪人认识到自己的错误，也有改好的愿望和表现，但由于恶习深，意志薄弱，以致在良性转化进程中经常出现反复，时好时坏，但经过教育均有所悔悟，能继续努力改正错误和恶习，经过时间的推移和几次反复后，终于改好。许多有一定犯罪经历的犯罪人大多属于这种类型。

三、犯罪心理的恶性发展

(一)犯罪心理恶性发展的概念

所谓犯罪心理恶性发展，是指在主体内外因素的作用下，在犯罪活动中，犯罪人的犯罪心理更加稳固和牢固化的过程。这种现象可能发生在长期预谋、考虑某种犯罪活动的人中，但更多地表现在多次进行犯罪活动的累犯和惯犯的犯罪活动中。从初次犯罪满足犯罪欲求，到再次实施犯罪和再次满足犯罪欲求，是这类犯罪人的基本心理轨迹和行为模式。

一般而言，犯罪心理从形成到恶性发展的过程，也就是从初犯到累犯、惯犯的变化过程，从从犯到主犯的变化过程。犯罪心理恶性发展的结果，是使犯罪人形成较为顽固的犯罪动力定型。这种犯罪动力定型既包括犯罪行为方面的，也包括犯罪心理方面的。

(二)犯罪心理恶性发展的条件

1. 不良诱因刺激

不良诱因有很多，如被害人的引诱、挑逗、侮辱，同伙的拉拢、胁迫、教唆，以及适合于犯罪的机遇、情境等。由于不良诱因的反复刺激，使主体原有的不良心理进一步恶变，如错误认识、不良情绪状态和反社会意识产生，侥幸、冒险心理增强，不良欲求恶性膨胀，自我意识水平降低，等等。同时，主体因此产生心理紧张和内心焦虑。为了满足欲求，消除紧张，犯罪动机便产生，并实施犯罪行为。

2. 非法欲望的满足

大多数故意犯罪是一种获利行为，它能使犯罪人获得财物，发泄性欲，获得地位升迁，释放被压抑的情绪，摆脱不快感受，满足畸形的精神需求。这些欲望的满足，一方面强化了原有的犯罪心理，另一方面又刺激犯罪人产生新的犯罪欲望、犯罪动机。胃口越来越大，非法欲望恶性膨胀，驱使犯罪人变本加厉地实施新的更加严重的犯罪行为，以致由初犯演变为累犯、惯犯。一般情况下，在受到打击之前，犯罪人不会轻易自动停止作案。

(三)犯罪心理恶性发展的特征

1. 犯罪的自觉性和主动性增强

犯罪心理在最初形成中，犯罪人往往要经历激烈的动机斗争，这种动机斗争主要集中在犯罪成功的诱惑与良知的冲突，以及权衡犯罪的利弊得失，动机斗争的焦点是作案还是不作案。而且犯罪人犯罪心理的形成和犯罪行为的发生在很大程度上是受情境诱发、他人教唆或胁迫，有一定的情境性和被动性。但犯罪人一旦作案成功、非法欲望得到满足、尝到甜头后，其犯罪心理得到强化，由原来"别人要我犯罪"转变为"我想犯罪"、"我要犯罪"。此时，犯罪人会主动寻求机会、制造机会犯罪，主动策划犯罪，犯罪的自觉性、主动性增强，犯罪次数增多，犯罪的社会危害性更大。

2. 个人欲望急剧膨胀

初次犯罪活动的成功，满足了犯罪人的个人欲望，获得了快慰感觉和成功体验后，便进一步刺激了新的更为强烈的个人欲望的产生，使个人欲望急剧膨胀，变得贪婪，并驱使犯罪人变本加厉地实施犯罪行为，于是形成欲望—满足欲望—新的欲望的产生的恶性循环。

3. 作案经验更加丰富

经验总是在活动中不断总结、提炼的，犯罪经验的获得也是如此。一般说来，初犯谈不上有什么作案经验，但是经过多次作案后，其犯罪经验在不断积累中得到了丰富，提高了作案技巧和逃避侦查的能力，在选择作案时机和作案手段，作案中自我控制、自我保护、伪装现场，作案后逃逸、销赃、毁灭罪证、制定攻守同盟等方面变得更为老练、狡猾，更具伪装性和欺骗性。

4. 犯罪活动向多方向发展

由于犯罪人的个人欲望的膨胀，作案经验的丰富，作案技巧的提高，犯罪主动性、冒险性的增强，以及同伙的影响，促使犯罪人从单一犯罪向多方向犯罪发展。从犯罪单面手发展为犯罪多面手，成为五毒俱全的累犯、职业犯。犯罪活动向多方向发展，说明犯罪人由开始单一犯罪需要和动机发展成多种犯罪需要和动机；由较弱的犯罪意识发展成较强的犯罪意识；由犯罪经验的单一和不足发展成犯罪经验的多样和丰富，其结果必然是加大了犯罪的社会危害性。

5. 反社会心理增强

许多犯罪人初次犯罪，只是为了满足某个具体欲求，而当他们因犯罪受到社会舆论的谴责和司法机关的打击后，便逐渐意识到自己已经处于社会的对立面，于是开始仇恨社会，有的甚至形成了一套反动思想、观念和意识，在以后的犯罪活动中，常有意把矛头指向社会公共目标和无辜群众。反社会心理的增强，会使其犯罪行为的破坏性更大。

6. 犯罪人格的形成

所谓犯罪人格，通常是指某人已形成与犯罪活动有关的倾向或心理特征。主要表现为：低级的兴趣、爱好、需要；不良的行为习惯；极端任性、自私和多疑；易冲动、愤怒、多愁善感；行为不择手段；性格怪僻、暴戾；对社会不满乃至仇恨的态度等。当人一旦形成了犯罪人格，其犯罪行为的发生则属必然。由于犯罪人格驱使，他们会反复地实施犯罪行为达到犯罪动力定型的程度。于是，一些人开始以犯罪为常业，把犯罪所得作为生活主要来源，或把犯罪活动作为满足自己精神需要的手段，有的成为惯犯、职业犯。对这种人，一般的说服教育、改造都难以奏效。因此，在公安基础工作中，要加强对有劣迹、有违法犯罪前科的人的特别监控，尤其对已有两次以上违法犯罪记录者，更要掌握其动向，包括他的经济来源、家庭情况，以及交往和业余爱好等，从而有效地预防和打击重新犯罪、恶性犯罪。

(四) 犯罪心理恶性发展的阶段

根据对大量犯罪案例的研究，可将犯罪心理恶性发展分为以下三个阶段：①

1. 定型化阶段

通过反复进行犯罪活动，使犯罪心理得到强化，犯罪行为已不再是偶尔进行的情境性活

---

① 罗大华. 犯罪心理学 [M]. 北京：中国政法大学出版社，1999：135-136.

动，而是相对稳定、巩固的自觉行为，成为犯罪人生活中不可缺少的一部分。此阶段的显著特点是犯罪意识定型化、犯罪方向定型化、犯罪行为定型化。

2. 个性化阶段

经过定型化阶段，犯罪心理由人格的一部分逐渐成为其个性心理的主导因素，形成鲜明的犯罪人格。或者说，犯罪人个性心理结构逐渐被犯罪心理吞噬、取代、同化。此阶段的显著特点是牢固的反社会意识，畸变的需要结构，典型的犯罪性格，犯罪行为的习惯性、连续性、狡诈性、残忍性。

3. 职业化阶段

在此阶段，犯罪行为已成为犯罪人生活的基本内容和生活的意义。此阶段的显著特点是犯罪人以犯罪收入作为主要生活来源；犯罪行为向多方向发展；组织犯罪集团，有严密的组织分工，成员有公开职业作掩护。

第九章 犯罪动机

第一节 需要与动机

一、需要概述

(一)需要的含义

需要，是指个体和社会生活所必需的因素在个体头脑中的反映。需要的产生是由于个体内部生理或心理存在着某种缺乏或不平衡状态。

人类在社会生活中，早期为维持生存和延续后代，形成了最初的需要。人为了生存就要满足他的生理的需要。例如，饿了就需要食物；冷了就需要衣服；累了就需要休息；为了传宗接代，就需要恋爱、婚姻。人为了生存和发展还必然产生社会需求。例如，通过劳动，创造财富，改善生存条件；通过人际交往，沟通信息，交流感情，相互协作。人的这些生理需求和社会需求反映在个体的头脑中，就形成了他的需要。随着人类社会生活的日益进步，为了提高物质文化水平，逐步形成了高级的物质需要和精神需要。人有生理需求和社会需求，即需要，就必然去追求、去争取、去努力。因此，需要是积极性的源泉，是人的思想活动的基本动力。

(二)需要的种类

人的需要是多种多样的，可以按照不同的标准对它们进行分类。最常见的是采用二分法把各种不同的需要归属于两大类。例如，需要可以分为生物性(生理性)需要与社会性需要，或原发性需要与继发性需要，或外部性需要与内部性需要，或物质性需要与心理性(精神性)需要等等。最近几十年对西方和我国产生重要影响的，是美国著名心理学家马斯洛提出的需要层次理论。

需要层次理论是研究人的需要结构的一种理论，是美国心理学家马斯洛所首创的。他在1943年发表的《人类动机的理论》一书中提出了需要层次论。这种理论的构成根据三个基本假设：(1)人要生存，他的需要能够影响他的行为。只有未满足的需要能够影响行为，满足了的需要不能充当激励工具；(2)人的需要按重要性和层次性排成一定的次序，从基本的(如食物和住房)到复杂的(如自我实现)；(3)当人的某一级的需要得到最低限度满足后，才会追求高一级的需要，如此逐级上升，成为推动继续努力的内在动力。马斯洛把人的需要归纳为以下五大类：①

1. 生理上的需要

---

① [美]亚伯拉罕·马斯洛. 动机与人格[M]. 许金声等译，北京：中国人民大学出版社：2007，16-30.

生理上的需要是人们最原始、最基本的需要，如吃饭、穿衣、住宅、医疗等。若不满足，则有生命危险。这就是说，它是最强烈的不可避免的最底层需要，也是推动人们行动的强大动力。显然，这种生理需要具有自我和种族保护的意义，以饥渴为主，是人类个体为了生存而必不可少的需要。当一个人存在多种需要时，例如同时缺乏食物、安全和爱情，总是缺乏食物的饥饿需要占有最大的优势，这说明当一个人为生理需要所控制时，那么其他一切需要都被推到幕后。

2. 安全的需要

安全的需要要求劳动安全、职业安全、生活稳定、希望免于灾难、希望未来有保障等，具体表现在：(1)物质上的：如操作安全、劳动保护和保健待遇等；(2)经济上的：如失业、意外事故、养老等；(3)心理上的：希望解除严酷监督的威胁、希望免受不公正待遇，工作有应付能力和信心。安全需要比生理需要较高一级，当生理需要得到满足以后就要保障这种需要。每一个在现实中生活的人，都会产生安全感的欲望、自由的欲望、防御实力的欲望。

3. 社交的需要

社交的需要也叫归属与爱的需要，是指个人渴望得到家庭、团体、朋友、同事的关怀爱护和理解，是对友情、信任、温暖、爱情的需要。社交的需要比生理和安全需要更细微、更难捉摸。它包括：(1)社交欲，希望和同事保持友谊与忠诚的伙伴关系，希望得到互爱等；(2)归属感，希望有所归属，成为团体的一员，在个人有困难时能互相帮助，希望有熟识的友人能倾吐心里话、说说意见，甚至发发牢骚。爱不单是指两性间的爱，它是广义的，体现在互相信任、深深理解和相互给予上，包括给予和接受爱。社交的需要与个人性格、经历、生活区域、民族、生活习惯、宗教信仰等都有关系，这种需要是难以察悟，无法度量的。

4. 尊重的需要

尊重的需要可分为自尊、他尊和权力欲三类，包括自我尊重、自我评价以及尊重别人。与自尊有关的，如自尊心、自信心，对独立、知识、成就、能力的需要等。尊重的需要也可以如此划分：(1)渴望实力、成就、适应性和面向世界的自信心、渴望独立与自由；(2)渴望名誉与声望。声望是来自别人的尊重、受人赏识、注意或欣赏。满足自我尊重的需要导致自信、价值与能力体验、力量及适应性增强等多方面的感觉，而阻挠这些需要将产生自卑感、虚弱感和无能感。基于这种需要，愿意把工作做得更好，希望受到别人重视，借以自我炫耀，指望有成长的机会、有出头的可能。显然，尊重的需要很少能够得到完全的满足，但基本的满足就可产生推动力。这种需要一旦成为推动力，就将会令人具有持久的干劲。

5. 自我实现的需要

自我实现的需要是最高等级的需要。满足这种需要就要求完成与自己能力相称的工作，最充分地发挥自己的潜在能力，成为所期望的人物。这是一种创造的需要。有自我实现需要的人，似乎在竭尽所能，使自己趋于完美。自我实现意味着充分地、活跃地、忘我地、集中全力、全神贯注地体验生活。成就感与成长欲不同，成就感追求一定的理想，往往废寝忘食地工作，把工作当成一种创作活动，希望为人们解决重大课题，从而完全实现自己的抱负。

在马斯洛看来，人类价值体系存在两类不同的需要：一类是沿生物谱系上升方向逐渐变弱的本能或冲动，称为低级需要或生理需要；一类是随生物进化而逐渐显现的潜能或需要，称为高级需要。人都潜藏着这五种不同层次的需要，但在不同的时期表现出来的各种需要的迫切程度是不同的。人的最迫切的需要才是激励人行动的主要原因和动力。人的需要是从外部得来的满足逐渐向内在得到的满足转化。在高层次的需要充分出现之前，低层次的需要必须得到适当的满足。低层次的需要基本得到满足以后，它的激励作用就会降低，其优势地位将不再保持下去，高层次的需要会取代它成为推动行为的主要原因。有的需要一经满足，便不能成为激发人们行为的起因，于是被其他需要取而代之。这五种需要不可能完全满足，愈到上层，满足的百分比愈少。任何一种需要并不因为下一个高层次需要的发展而消失，各层次的需要相互依赖与重叠，高层次的需要发展后，低层次的需要仍然存在，只是对行为影响的比重减轻而已。高层次的需要比低层次的需要具有更大的价值。热情是由高层次的需要激发的。人的最高需要即自我实现就是以最有效和最完整的方式表现他自己的潜力，惟有此才能使人得到高峰体验。

（三）犯罪人的需要特征

犯罪人的需要是多种多样的，相对于非犯罪人群，犯罪人在需要方面具有某些趋同的特征：

1. 需要层次的相对低级性

满足物质或性需要，固然是个体得以发展和延续的基础，但这种需要的满足应当以为追求更高级需要创造条件为目的并在满足方式和满足程度上受高级需要的调控。然而，在与财产和性密切相关的各类犯罪中，犯罪人身上存在着一种较为普遍的不良需要倾向：过分追求低级需要的满足，视"吃、喝、玩、乐"为人生需要的全部内容，对高级需要的冲动被严重弱化或抑制，并由此导致社会认知内容的偏理性和情境体验的庸俗性。与需要层次的相对低级性相适应，在行为倾向上表现为对与追求"吃、喝、玩、乐"相抵触的行为准则持排斥或否定态度，对大众文化的吸收，倾向于获取低级、庸俗或淫秽的信息。行为人内心的充实与平衡主要取决于物质或性需要的满足程度。

2. 需要结构的不平衡性

这种不平衡性除了各需求层次之间的不平衡外，还表现为行为人对某一层次中的某种需要过分强烈，如过分追求自尊和自己在小团体中的地位与威望，过分寻求自我发展等。由于个别需要的恶性膨胀，行为人的思维活动往往集中于如何满足这种需要上面，而对满足需要的手段的正当性、合法性缺乏应有的考虑，对行为的后果缺乏应有的预见性。

3. 需要内容的反社会性

犯罪人的反社会性，是指犯罪者人格呈现出的与社会规范和伦理准则相悖的品质或倾向。反社会性与亲社会性相反，是一种恶的、破坏性的人格品质，它是犯罪人选择反社会行为（包括犯罪行为）的内部驱动力，因而又称"主观恶性"或人身危险性。犯罪行为是犯罪人具有严重反社会性的外部呈现和外在标志。反社会性的需要就层次结构而言，属于高层次的精神需要，但其性质与社会秩序的正常化完全相逆。如追求极端个人主义和无政府主义，谋求反对、破坏社会制度，推翻国家政权等。由于这类需要本身的反社会性，注定了满足需要的手段的非法性。

4. 挫折反应的非理智性

在现实生活中，任何需要的满足都要受到主客观多方面因素的制约。当满足需要的行动遭遇障碍或受到干扰时，就会产生挫折心理。作为一种普遍的社会心理现象，挫折本身不具有致罪性，关键在于个体遭受挫折后的反应方式。这也正是犯罪人与非犯罪人之间的一个重要区别。恢复心理平衡的挫折反应方式本来是多种多样的，但对犯罪人而言，他之所以成为犯罪人，无不是选择非理智反应方式的结果。①

二、动机概述

(一)动机的概念

动机是为实现一定的目的激励人们行动的内在原因。人从事任何活动都有一定的原因，这个原因就是人的行为动机。动机可以是有意识的，也可能是无意识的。它能产生一股动力，引起人们的行动，维持这种行动朝向一定目标，并且能强化人的行动，因此在国外也被称为驱动力。

(二)动机的形成

1. 需要是动机形成的基础

人的动机是在需要的基础上形成的。当人们感到生理上或心理上存在着某种缺失或不足时，就会产生需要。一旦有了需要，人们就会设法满足这个需要。只要外界环境中存在着能满足个体需要的对象，个体活动的动机就可能出现。

但是，并非任何需要都可以转化为动机。只有需要达到一定的强度后，才会转化为相应的动机。当需要的强度较弱时，人们只能模糊地意识到它的存在，这种需要叫意向。由于意向不能为人们清晰地意识到，因而难以推动人们的活动，形成活动的动机。当需要的强度达到一定的程度时，就能为人们清晰地意识到，这种需要叫愿望。只有当人们具有一定的愿望时，才能形成动机。当然，个体的愿望要转化为动机，还要有诱因的作用，否则，只能停留在大脑里。

2. 诱因是动机形成的外部条件

诱因，是指能满足个体需要的外部刺激物。想买衣服的人，看到商场陈列的服装，就可能产生购买的动机，商场里的服装就是购买活动的诱因。诱因使个体的需要指向具体的目标，从而引发个体的活动。因此，诱因是引起相应动机的外部条件。

诱因分为正诱因和负诱因。正诱因，是指能使个体因趋近它而满足需要的刺激物。例如，儿童被同伴群体接纳，可以满足其归属与爱的需要。在这里，同伴群体的作用就是一种正诱因。负诱因，是指能使个体因回避它而满足需要的刺激物。例如，考试对一个成绩不好的学生往往意味着自尊心的伤害，因此，他们往往采取种种方式以逃避考试，以维护自己的自尊心。在这里，考试作用就成了负诱因。

已形成的动机推动了个体的活动，而活动的结果又反过来影响随后的动机。

(三)影响动机形成的因素

1. 价值观

价值观是由个体评价事物的价值标准所构成的观念系统。个体的兴趣、信念、理想是价值观的几种主要表现形式。

价值观是在个体需要的基础上形成的，是个体需要系统的反映。人们的需要是各种各样的，一方面，需要本身有强弱之分；另一方面，在社会生活中，只有一部分需要能够满足，有时，满足某种需要是以抑制其他需要为前提的。这样，个体就逐渐形成了各种需要按强弱的程度组成的一个需要系统。这个需要系统为个体所意识到，就成为一定的观念系统，即价值观。价值观从整体上控制着人们对事物价值的评价。价值观一旦形成，就具有很大的稳定

---

① 张远煌. 犯罪学原理[M]. 北京：法律出版社，2008：332-334.

性。它对需要具有重要的调节作用。它可以抑制或延缓一些需要，同时激活或强化另一些需要，从而影响个体的动机。

2. 情绪

情绪是个体对需要是否满足而产生的愉快或不愉快的体验。当需要得到满足，个体就会出现高兴、快乐等积极情绪；如果需要得不到满足或需要的满足一再受到阻碍，就会产生悲痛、愤怒、恐惧等消极情绪。

情绪对已有的需要有放大的作用。愉快的情绪加强已有的需要，大大提高个体活动的积极性；而不愉快的情绪则削弱已有的需要，抑制个体活动的积极性，降低活动的效率。

3. 认知

一项活动是否值得做？成功的把握有多大？对这些问题的认知直接影响着个体的动机。因此，认知是影响个体动机的重要因素。心理学在这方面进行了大量的研究。

J. W. 阿特金森认为，诱因能否引起个体的行为动机，关键在于个体对行为的价值和成功的概率的估计。对行为价值的估计叫效价，对成功概率的估计叫期望。他提出：行为动机是效价与期望的乘积。这种估计是主观的，但个体对行为的效价和期望估计越高，其动机的强度就越大。B. 韦纳认为，个体的期望大小与个体对成败的归因有关。每个人都力求解释自己的行为，分析行为结果的原因，这种认知活动就是归因。个体对成败的归因直接影响行为动机的强度。如果将行为结果的成败归因于内部的、可以控制的因素（如努力程度、方法），则会增强相应的动机；如果将成败归因于外部的或不可控制的因素（如运气、难度等），则会削弱相应的动机。A. 班杜拉提出，个体的期望大小与其自我效能感有关。自我效能感是个体根据以往的经验，对自己从事该活动的能力进行的估计，这种估计是主观的。自我效能感强的人喜欢富有挑战性的工作，遇到困难能坚持不懈，情绪饱满；自我效能感弱的人则相反。

4. 行为的结果

动机作用产生的行为，其结果对动机本身产生一定的影响。首先，行为结果的成败对动机有重要影响。成功的结果会增强自己的信心，提高自我效能感，从而加强已有的动机；相反，失败的结果则会削弱已有的动机。其次，行为结果的及时反馈对动机有重要影响。一般而言，及时知晓行为的结果既能使个体发现自己的成功和进步，增强活动的热情，又能发现自己的不足，以调整自己的行为。如果个体不能及时知晓行为的结果，则行为结果的反馈作用就会减弱或消失。最后，他人对行为结果的评价对动机有重要影响。表扬和奖励等正面评价对已有动机有强化作用，批评与惩罚则对已有动机有削弱作用。

(四)动机、需要与行为

需要和动机是有区别的。需要是人积极性的基础和根源，动机是推动人们活动的直接原因。人类的各种行为都是在动机的作用下，向着某一目标进行的。而人的动机又是由于某种欲求或需要引起的。但不是所有的需要都能转化为动机，需要转化为动机必须满足以下两个条件：

1. 需要必须有一定的强度

就是说，某种需要必须成为个体的强烈愿望，迫切要求得到满足。如果需要不迫切，则不足以促使人去行动以满足这个需要。

2. 需要转化为动机还要有适当的客观条件

即诱因的刺激，它既包括物质的刺激也包括社会性的刺激。有了客观的诱因才能促使人们去追求它、得到它，以满足某种需要；相反，需要就无法转化为动机。例如，人处荒岛，很想与他人交往，但荒岛缺乏交往的对象(诱因)，这种需要就无法转化为动机。

可见，人的行为动机是由主观需要和客观条件共同制约决定的。按心理学所揭示的规律，欲求或需要引起动机，动机支配着人们的行为。当人们产生某种需要时，心理上就会产生不安与紧张的情绪，成为一种内在的驱动力，即动机，它驱使人选择目标，并进行实现目标的活动，以满足需要。需要满足后，人的心理紧张消除，然后又有新的需要产生，再引起新的行为，这样周而复始，循环往复。

第二节 犯罪动机

一、犯罪动机

(一)犯罪动机的含义

犯罪动机，是指推动个体实施犯罪行为的内心动因，是个体反社会需要(犯罪需要)的具体表现。反社会需要是一系列主客观犯罪原因因素相互作用的结果。反社会需要的产生也就是犯罪动机的形成。这种动机的存在，一旦遇到适宜的外部刺激，就会外化为犯罪行为。而犯罪行为得逞，又发生反馈作用，转过来又强化其反社会需要，从而进一步强化犯罪动机，促使犯罪行为在更高水平上重复进行。

(二)犯罪动机的功能

从犯罪动机与犯罪行为的关系来看，犯罪动机有以下功能：

1. 始动功能

亦称激发犯罪的功能。始动功能是一切动机的首要职能。犯罪动机对犯罪行为首先起的是始动、起动的唤起作用。犯罪行为正是受犯罪动机的激发而产生。犯罪动机是犯罪人行动的内部原动力，是主观上的直接原因，犯罪行为是犯罪动机推动的结果。作为动力，就有强弱的不同。当犯罪动机初始萌芽，处于微弱状态时，还不足以引发和推动犯罪。如果发展到犯罪决意形成阶段，说明犯罪动机已经发展到一定的强烈程度，并确立与实现犯罪动机相应的犯罪目的、手段、方法和步骤。在一定的客观条件出现时即付诸实施，不论是预谋故意还是突然故意，都是由一定强度的犯罪动机所激发，所不同者，预谋故意的犯罪动机有一个由弱到强的渐进过程，而突然故意的犯罪动机是在情境的强烈刺激下一刹那间形成，几乎同时进入决意，立即引发犯罪行为。激情犯罪就属后者。犯罪行为危害后果的严重程度，除了取决于犯罪人的犯罪技能外，与犯罪动机的强度成正比。

2. 定向功能

犯罪动机在激发犯罪的同时也赋予这种心理活动以定向的功能。所谓定向，就是确定行动方向。动机引发的行为不是盲目的，而是有一定的目标指向。从刑法意义上讲，动机按其推动行为朝向的方向，大体分为两种：一般行为动机和犯罪动机。如果动机引发的行为指向的不是刑法保护的、禁止侵害的社会关系时，这种动机就是一般行为动机。相反，如果指向刑法保护的、禁止侵害的社会关系时，因其具有刑事违法性而成为犯罪动机。

3. 维持功能

犯罪动机在犯罪行为的全过程中还起着维持行为继续进行的作用。不论是在预备、着手还是实行的过程中，犯罪行为都是在犯罪动机的维持下坚持进行。如果在这些过程中犯罪动机减弱或消失，就会出现犯罪意志的动摇或犯罪中止。因此，有人将犯罪动机比喻为犯罪行为的内在生命。关于动机的维持职能，心理学界曾做过许多实验，得出有力例证。苏联著名心理学家马努依连科做过如下实验：学龄前儿童很难较长时间保持同一姿势而一点不动。如果根据某种对儿童有意义的动机提出要求，比如在节目中扮演某个角色，要求长时间保持不动的姿势，那么儿童就能耐心地坚持，比没有意义的动机的情况下长 3~4 倍。虽然这是对一般行为动机功能所做的实验，但犯罪动机毕竟也是人的行为动机，不同于一般行为动机之处是它带有社会危害性。动机的维持职能在犯罪动机中仍然明显存在并有重要作用。

4. 强化功能

犯罪动机的强化功能，是指其在犯罪过程中强化犯罪意志的作用。在犯罪过程中，犯罪人可能因外部原因受阻甚至引起动摇。只要犯罪动机没有减弱或消失，只要犯罪人还意识到自己为什么而行动时，犯罪动机的激励和推动作用就会使犯罪意志得到强化，使犯罪人自觉调整行动，克服障碍，达到最终实现的目的。

(三)犯罪动机的分类

根据不同标准，对犯罪动机可以作不同的分类，常见的有：

(1)根据犯罪动机形成的特点，可以将犯罪动机分为情境性犯罪动机和预谋性犯罪动机。前者是在情境因素的作用下，在较短的时间内迅速形成的犯罪动机。对于犯罪者来说，由于事先没有思考、准备，所以这类犯罪动机在很大程度上，是由于具体的行为情境和犯罪人当时的心理状态决定的。预谋性犯罪动机则是在较长时间内通过多次的思考形成的犯罪动机。这类犯罪动机的显著特点是，它的酝酿形成和付诸实现具有较长的时间。

(2)按照犯罪人对犯罪动机意识到的水平划分，可以分为意识到的犯罪动机和未被意识到的犯罪动机。前者是犯罪人明确认识到其内容的犯罪动机。大多数犯罪动机都属于意识到的犯罪动机。后者是犯罪人没有意识到它的存在及其内容的犯罪动机。通常认为，激烈冲突下的犯罪行为的动机、犯罪人不能解释其原因的犯罪行为的动机都是未被意识到的犯罪动机。

(3)根据犯罪动机的作用力，可以将犯罪动机区分为主导性犯罪动机和从属性犯罪动机。前者是指在犯罪人动机体系中比较强烈和稳定的犯罪动机，这种动机在犯罪行为的实施中起主要作用。后者则是指在犯罪人动机体系中比较微弱和易变的犯罪动机。从属性犯罪动机在犯罪行为过程中居于从属的、次要的地位。

(4)根据犯罪动机的内容，可以将犯罪动机分为贪利动机、报复动机、性动机、恐惧动机、好奇动机等。①

(四)犯罪动机与犯罪目的的关系

犯罪目的，是指犯罪人希望通过实施犯罪行为达到某种危害社会结果的心理态度，也就是犯罪结果在犯罪人主观上的表现。例如，某人在实施盗窃行为时，就有非法占有公私财物的目的；实施故意杀人行为时，就有非法剥夺他人生命的目的。出于直接故意犯罪的主观方面都包含犯罪目的的内容，因而法律对犯罪目的一般不作明文规定。

犯罪目的与犯罪动机二者既具有密切联系又有区别。它们的密切联系表现在：

(1)二者都是犯罪人实施犯罪行为过程中存在的主观心理活动，它们的形成和作用都反映行为人的主观恶性程度及行为的社会危害性程度。

---

① 刘邦惠. 犯罪心理学[M]. 北京：科学出版社，2009：113-114.

（2）犯罪目的以犯罪动机为前提和基础，犯罪目的源于犯罪动机，犯罪动机促使犯罪目的的形成。

（3）二者有时表现为直接的联系，即它们所反映的需要是一致的，如出于贪利动机实施以非法占有为目的的侵犯财产犯罪等。

犯罪目的与犯罪动机又是有区别，不容混淆的，这主要表现为：

（1）从内容、性质和作用上看，犯罪动机是表现人为什么要犯罪的内心起因，比较抽象，起的是推动犯罪实施的作用；犯罪目的则是实施犯罪行为所追求的客观犯罪结果在主观上的反映，起的是为犯罪定向、确定目标和侵害程度的引导、指挥作用，它比较具体，已经指向具体犯罪对象和客体。

（2）一种犯罪的犯罪目的相同，而且除复杂客体犯罪以外，一般是一罪一个犯罪目的；同种犯罪的动机则往往因人、因具体情况而异，一罪可有不同的犯罪动机。例如，盗窃罪的目的都是希望非法占有公私财物结果发生的心理态度，但从犯罪动机上看，有的犯罪人是出于想追求腐化的生活，有的是迫于一时的生活困难，有的是为了偿还赌债，有的甚至是出于报复的心理。

（3）一种犯罪动机可以导致几个不同的犯罪目的。例如，出于报复的动机，可以导致行为人去追求伤害他人健康、剥夺他人生命或者毁坏他人财产等不同的犯罪目的；一种犯罪目的也可以同时为多种犯罪动机所推动，例如，故意杀人而追求剥夺他人生命的目的，可以是基于仇恨与图财两种犯罪动机的混合作用。

（4）犯罪动机与犯罪目的在一些情况下所反映的需要并不一致。例如，实施从根本上危害国家安全的分裂国家的犯罪行为，犯罪动机主要反映行为人物质的、经济的需要，而犯罪目的即分裂国家则主要反映了行为人精神的、政治的需要。

（5）一般来说，二者在定罪量刑中的作用有所不同，犯罪目的的作用偏重于影响定罪，犯罪动机的作用偏重于影响量刑。

二、犯罪动机的形成

犯罪动机的形成是内外因相互作用的结果。但犯罪人的需要和外在犯罪诱因在各种动机的形成过程中所起的作用是不同的，因此犯罪动机的形成一般通过三种途径，即犯罪人的需要促使形成犯罪动机、犯罪诱因引起犯罪动机和需要与诱因共同作用形成犯罪动机。

（一）一定的需要强度促使形成犯罪动机

在现实生活中，相当多的犯罪动机是犯罪人需要的直接体现，犯罪人的需要是引起这部分犯罪动机的直接原因。一般来说，犯罪人的需要可以表现为不同的强度水平。最初的、萌芽状态的需要，仅仅使犯罪人产生不安感，由于强度微弱，所表达的信息模糊，所以还不足以在犯罪人的意识中明显的反映出来。处于这种状态的没有分化的、不明显的犯罪人的需要，就称为犯罪意向。随着犯罪人的需要强度的增加，其需要的内容逐步被个人所意识到，这时犯罪意向转化为犯罪愿望（在这里犯罪愿望是被犯罪人明显意识到其内容并企图加以实现的需要），它总是指向于未来的能够满足犯罪人需要的对象。当犯罪愿望进一步加强，所指向的对象能够激起犯罪人的犯罪行为时，反映这种对象的形象或观念，就构成了犯罪活动的动机。因此，犯罪动机就是引起犯罪人进行某种犯罪活动、指引这种活动满足犯罪人需要的愿望。总之，犯罪者需要的愿望，若与不良刺激、目标或诱因相结合，或由于认识水平低下或认识错误，选择了不法手段去实现这些愿望，就会形成犯罪动机，进而实施犯罪行为。

(二)外部诱因引起犯罪动机

尽管犯罪动机有相当大一部分是在犯罪人需要的基础上形成的，但还有一小部分犯罪动机的形成主要是由外部诱因引起的。有时，个人并无某种需要，但是由于外在的刺激或情境因素作用，也会引起犯罪动机，从而促成个人的犯罪活动。在这里犯罪动机是犯罪人对适合于进行犯罪行为的诱因所作出的心理反应。在司法实践中，个人因一定情境的刺激，可以即刻产生犯罪动机立即进行犯罪行为，激情犯罪大多属于这种情况。正如苏联犯罪学家斯·塔拉鲁欣所说："犯罪动机可以由形形色色的原因引起。一些动机是由个人以前的不良道德造成的，这首先取决于内在因素；另一些动机在相当大程度上是由客观形成的外在情况引起并具有景遇的性质。"①

(三)内在需要与外在诱因交互作用形成犯罪动机

犯罪人的需要产生有一个过程，在需要产生初期，需要本身并不强烈，犯罪人还不知道具体需要是什么和怎样才能满足需要，仅有一定的犯罪意向。而在此时环境中出现犯罪诱因，这一诱因就会对犯罪意向起到一种刺激作用，从而使犯罪意向变得明晰，进一步就会形成犯罪动机。这里犯罪动机的形成过程实际上是内部需要和外在诱因相互作用的结果。

一般来说，犯罪动机是在犯罪者的需要和外部刺激(目标或诱因)的基础上产生的。但在实际生活中，个体行为的动机常常不止一个，往往同时存在着各种不同动机。在各种动机之间，会产生一种心理冲突，这就是动机斗争。在个体身上，复杂和多样的动机，以一定的相互联系构成某种动机体系。各种不同的动机所具有的地位和作用往往是不一样的。一些动机比较强烈和稳定，另一些动机则比较微弱而不稳定。我们通常把个体身上最强烈、最稳定的动机，称作主动机或优势动机；较微弱而不稳定的动机，称作辅助动机或非主导动机。显然，主导动机对个体行为具有更大的刺激作用。在其他因素大致相同的条件下，个体往往采取与主导动机相吻合的意志行动。

主导动机和非主导动机是相对的，表现在个体身上，不是固定不变的，而是随着个体所处情境的变化而变化，主导动机和非主导动机是可以改变和转化的。

犯罪动机的最终形成，就是主导动机和非主导动机冲突、斗争的结果。这种动机冲突或动机斗争，既表现在犯罪预备过程中，也表现在犯罪实施的过程中，以及在犯罪结束以后。非主导动机，又称为反对动机，犯罪者往往慑于法律的威严、道德的谴责；或恐名誉地位的丧失及对被害人的同情等，会产生强度不一的反对动机。一般来说，在初犯中，这种动机斗争尤为强烈。违法犯罪者的动机斗争结果，取决于两种动机的强弱程度，如果反对动机成为主导动机，则犯罪动机就会受到抑制趋于消失，而当主导动机是不良的反社会动机时，个人欲求十分强烈，犯罪动机就会逐渐形成或加强。

在司法实践中，常见的影响犯罪的动机冲突的因素主要有两方面：

1. 外部情境的刺激

如当有外部情境因素与犯罪人原来的观察、设想不一致，或者突然产生意想不到的变化时，就会导致犯罪动机之间的冲突。

2. 行为人的内部情绪变化

例如，被害人的正义表现使犯罪人良心发现时，就会产生内心冲突。犯罪动机冲突的模式，也与一般心理冲突模式相同。主要有三种：(1)双趋式冲突，即在两种犯罪利益不能同

---

① [苏]斯·塔拉鲁欣. 犯罪行为的社会心理特征[M]. 北京：国际文化出版公司，1987：44.

时获取时产生的冲突。例如，既想从事盗窃活动，又想从事诈骗活动，但无法同时进行两种活动时，犯罪人就会产生动机冲突。只能选择其中之一加以实施。一般来说，这种动机冲突较少发生。(2)双避式冲突，即在两种活动都很难避免时发生的动机冲突。例如，犯罪人既不想去杀害威胁他的人，又不堪忍受对方的欺负、折磨，在这种情况下，就会产生动机冲突。(3)趋避式冲突，即在想犯罪又怕犯罪不顺利或犯罪后受惩罚时产生的动机冲突，这是最为常见的犯罪人的动机冲突形式。①

三、犯罪动机的转化

(一)犯罪动机转化的类型

犯罪动机的转化，是指在准备、实施犯罪行为以及犯罪后的过程中，犯罪动机在不同方面发生的变化。犯罪动机的转化主要表现为以下几种类型：

1. 表现在不同时间阶段的动机转化

在准备、实施同一犯罪行为直至犯罪行为结束的不同时间阶段，都可以发生犯罪动机的转化。在犯罪动机的形成阶段有一个动机斗争过程，有的犯罪者在犯罪实施以前还要进行计划准备活动，在这个过程中，由于内外因素的影响，使犯罪者在确定主导犯罪动机以及是否实施犯罪等方面产生激烈的内心冲突，可能使犯罪动机转化。在犯罪实施过程中，由于犯罪情境各因素的变化，也会引起犯罪人的动机冲突，特别是在继续进行犯罪与放弃犯罪实施，继续原来的犯罪与进行新的犯罪，采用缓和的犯罪手段与采用残忍的犯罪手段等方面的心理冲突，会引起犯罪动机的不同转化。在犯罪实施以后，由于犯罪经历、犯罪后的各种因素的变化等影响，也会引起犯罪动机的转化，特别是在逃避惩罚与投案自首、弥补犯罪后果与继续犯罪等方面的内心冲突，也会引起犯罪动机的不同转化。②

2. 表现为不同发展方向的动机转化

这主要是在准备、实施犯罪过程中，发生的所谓犯罪动机的良性转化和恶性转化。犯罪动机的良性转化，是指在准备、实施犯罪的过程中，由于内外因素的影响，使犯罪人放弃犯罪动机，停止犯罪行为或者减轻犯罪动机的反社会性，实施危害性较小的犯罪行为的情况。促使犯罪动机良性转化的条件有：(1)外界的积极影响，如党的政策感召，刑罚的威慑力，社会、家庭、亲友的规劝教育等；(2)犯罪人自身的积极因素，如主体的犯罪心理结构尚不完善、不巩固，主体尚未完全丧失道德观念，主体对荣誉、前途、家庭的一定程度的正确认识及对刑罚的恐惧感等。犯罪动机的良性转化，标志着主体犯罪心理结构的解体。犯罪动机的恶性转化，是指在准备、实施犯罪的过程中，由于内外因素的影响，使犯罪动机的反社会性增强和产生了更为严重的犯罪行为。犯罪动机的恶性发展是犯罪心理恶性发展的重要标志。

(二)影响犯罪动机转化的因素

犯罪动机的转化与犯罪人实施犯罪时所处的犯罪情境有很大的关系。犯罪情境是由人(犯罪人、被害人、执法者以及其他在场人员)、物、事件、时间、地点等因素构成的。当犯罪情境的各种构成要素都有利于犯罪的实施，产生推动犯罪行为实施的力量，或者推动犯罪行为实施的力量大于阻止犯罪行为实施的力量时，就会促使犯罪人迅速实施犯罪，或者实

---

① 梅传强. 犯罪心理学[M]. 北京：法律出版社，2010：76-78.
② 刘邦惠. 犯罪心理学[M]. 北京：科学出版社，2009：119.

施更为严重的犯罪；反之，当犯罪情境的各种构成要素都不利于犯罪的实施，产生阻止犯罪行为实施的力量，或者阻止犯罪行为实施的力量大于推动犯罪行为实施的力量时，就有可能促使犯罪动机向良性方向转化。

犯罪动机的转化，通常是犯罪人在犯罪动机形成后，由于各种主客观因素变化及其相互作用所带来的结果。这些主体因素和客观因素一般包括以下内容：①

1. 影响犯罪动机转化的主体因素

（1）生理状况的变化

一个人处于健康状态还是病理状态，对心理和行为都是有影响的。犯罪人在实施犯罪行为时，如遇疾病突发、精力不济，就可能放弃犯罪动机而停止作案。

（2）个性的影响

违法犯罪人的个性，容易促使犯罪动机的转化。如在情绪特征方面，恐惧情绪的产生，既可以形成犯罪动机的恶性转化，又可以形成犯罪动机的良性转化，它具有双向性的作用。

（3）犯罪人经验的影响

犯罪人有无犯罪经验，有何种犯罪经验，对犯罪动机转化的影响是明显的。不同犯罪经验使犯罪人面临作案现场的情境变化，会作出不同反应。惯犯富有犯罪经验，大胆残忍，通常不会轻易停止作案，较难发生良性转化的情形。初犯缺少犯罪经验，遇到犯罪阻碍时，就可能停止作案；由于反社会个性还未完全定型，看到被害人十分痛苦时，也可能会产生恻隐之心，出现良性转化。

（4）共同作案人的变化

与同伙一起预谋犯罪，但在临到计划的作案时间，发现同伙未出现，犯罪人一人可能感到胆怯而放弃犯罪动机，也可能更加激发其情绪，加剧犯罪动机（包括转移犯罪动机）。

2. 影响犯罪动机转化的客观因素

（1）环境的变化

犯罪人作案总是选择有利于犯罪的具体环境。但环境是会变化的，在实施犯罪时，当变化了的环境使犯罪人感到难以下手或迫使其作出新的考虑时，也会影响犯罪动机的转移。

（2）目标的变化

犯罪人总是在选择了犯罪目标后，再去实施犯罪行为。但目标是会发生变化的。在实施犯罪的现场，犯罪人发现目标变化了，会影响到犯罪动机的转化。

（3）犯罪工具、手段的变化

很多预谋犯罪，在犯罪预备时发现犯罪工具失灵或缺少，考虑到原计划的犯罪手段难以实施，会造成犯罪动机暂时消失或转移到新的犯罪动机上。

（4）被害人的态度变化

被害人的态度的变化也会对犯罪人产生重大影响。被害人的反抗，对犯罪人可能起到抑制犯罪动机的作用；相反，被害人的怯懦，则会对犯罪人起到助长犯罪动机的作用。

（5）突发的障碍因素

客观条件和因素是处在发展变化中的。对犯罪分子来说，在作案时会产生突发的障碍因素，这主要来自于不能预见到的客观情况的变化。如犯罪分子在僻静处，对单身妇女实施抢劫，突然有人骑车过来，或者是附近出现了警车，听到了鸣叫声，都会影响犯罪动机的

① 邱国梁. 犯罪与司法心理学[M]. 北京：中国检察出版社，1998：125-127.

转化。

上述影响犯罪动机转化的主体因素和客观因素，不是单向的、个别的发生作用的，而是交叉的、同时发生相互作用的。犯罪动机的转化，是新的动机冲突的结果，这种新的动机冲突的过程，既可以延续一段时间，也可以表现为瞬间性。

四、犯罪动机的特殊形式

(一)不明显的犯罪动机

犯罪动机虽然错综复杂，但也有一定的范围，就一般情况来说，各种犯罪都存在着特定的犯罪动机，不至于相混淆。但这只是就一般情形而言，对于一些特殊的个别犯罪来说，存在着一些犯罪行为与所出现的动机不相符合的情况，如犯罪人故意伤害其心爱的人，或杀害其向来崇敬的人，在该类情形中，犯罪人出现的犯罪动机难以理解，这就是所谓犯罪动机不明显的问题。对于这种情况，无法从一般犯罪动机的观点予以说明，只能从犯罪人的人格特征方面予以整体考察。从已有的相关研究来看，容易出现不明显犯罪动机的犯罪人主要有以下两种：

1. 少年犯

由于心理未成熟的原因，少年犯所实施的犯罪往往在思想上欠考虑。我们常常可以看到，少年犯罪中所出现的犯罪动机在成年人犯罪中很难发现。因此对于少年犯罪的动机，不能依照成年者实施犯罪所出现的动机观点予以理解，应当从少年人心智尚未成熟的这一人格特点的角度进行理解，否则就难以认清犯罪的真正动机。

根据我国台湾学者蔡墩铭的研究，与成人犯罪相比，少年犯罪中常常表现出下列特有的动机：①

(1)好奇动机。少年由于血气方刚，富有冒险性，再加上社会见识不广，容易因好奇而表现出一些大胆的行为，并因此构成犯罪。

(2)娱乐动机。少年常热衷于娱乐活动，即使该娱乐活动会给他人造成伤害，也在所不惜。只求自己欢乐而不顾他人权益，这在成人犯罪中也不乏其例，但这种情况在少年犯罪中较多，故值得研究者注意。

(3)自我显示的动机。少年容易表现出虚荣心，或想出人头地，但因受客观条件的限制，使其难以达到相应的目的。自我显示欲望极强的少年，一旦认为其无法以合法行为表现自己时，为了满足自我表现的需要，会使其以实施犯罪行为来达到自我显示的目的。

(4)寻求刺激的动机。部分少年往往不甘寂寞，为调节自己的单调生活，不免外出设法寻找刺激。在寻找刺激的过程中，极易惹事，因而构成犯罪。由于被禁止的行为对少年来说往往富有刺激性，因此少年为满足其寻找刺激的需要时极可能实施犯罪行为。

(5)要求独立的动机。随着少年成长会表现出需求独立自主的心理特点，对于少年的这种要求，若父母一味压制，则少年为满足这种需要，可能会实施犯罪行为。

我国学者邱国梁等人的研究表明，青少年的犯罪动机除了具有犯罪动机的普遍性以外，还具有下列特殊性：

(1)犯罪动机的产生极易为外界刺激(诱因)引起。从青少年犯罪动机的产生方式来看，很容易受动机的驱使，这与青少年极易受暗示、喜欢模仿的特点有关。这种形成犯罪动机的

---

① 蔡墩铭. 犯罪心理学[M]. 台湾：黎明文化事业公司，1979：165-166.

方式表明，这类青少年犯罪动机具有直观性、勃发性，不是事先计划、经过预谋的。这些违法犯罪青少年，在平时不一定已形成坏的习惯，但在外界诱因作用下，由于青少年情绪和情感、意志方面的弱点，迅速产生了犯罪动机，突然导致犯罪行为。

（2）犯罪动机易变化、不稳定。青少年犯罪动机在实施过程中具有易变性。一方面，在作案过程中，遇到情境的变化，如碰到阻力或障碍，往往情绪一激动，就会促使犯罪动机发生转化；另一方面，在作案过程中，犯罪动机不稳定，能偷则偷、可抢则抢，遇到异性则出现流氓行为。不少违法犯罪青少年在犯罪动机的实施过程中，一遇到挫折，还会产生攻击无辜人的举动。这种犯罪动机的变化、转移，从动机斗争过程来看，往往是短暂的，而且这种动机斗争的过程有时也是模糊的、不明显的。

（3）产生恶性转化的情况较多。青少年的犯罪动机不但容易转化，而且向恶性转化的情况较多。从违法犯罪青少年心理特征来看，认识的偏见和固执，情绪和意志的冲动性、性格方面的冒险性、人生观中的个人主义，都是促使犯罪动机产生恶性转化的消极因素。

（4）犯罪动机具有强烈的情绪性和情感性。青少年犯罪动机的强烈情绪性和情感性表现为以下几个方面：第一，情绪和情感本身成为动机因素，直接起着驱使犯罪行为的作用；第二，青少年犯罪动机在实施过程中，带有浓厚的情感和情绪色彩；第三，青少年犯罪动机的变化和转移，容易受到情绪和情感的影响。青少年犯罪的这些特征，与青少年情绪和情感的特点是分不开的。

（5）犯罪动机的未被意识到的特征比较显著。从青少年犯罪动机的特征来看，未被意识到的特征要比中、老年人犯罪动机显著，这是青少年的意识水平还不够高的表现。有些青少年犯罪，从犯罪动机来分析，含有未被意识到的成分，或者开始是属于未被意识到的动机，随后才发展成为意识到的动机。

2. 精神病犯罪人

精神病发作中的作为，无动机可言，但精神病人并非都是在心神丧失状态中实施了犯罪行为，虽然有犯罪动机出现，但因其属于异常人格，犯罪动机不同于正常人。一般来说，精神病人在犯罪活动中常常表现出以下几种动机特征：

（1）缺乏作案动机或犯罪动机。他们的许多违法犯罪行为是由意识和意志障碍引起的，是精神处于异常状态的结果。

（2）作案动机的奇特性。许多精神病犯罪人的犯罪动机常常使正常人难以理解，主要表现为不合逻辑，动机与行为极不相称，或者动机不是对客观世界的真实反映，而是在脱离现实的幻觉、妄想的基础上产生的。

（3）动机所指向目标的不确定性。他们作案大多缺乏明确的目标，犯罪行为侵犯的对象往往是个人附近或眼前的人或物，被害人则往往是亲属、朋友等。

（4）动机缺乏利己性。精神病犯罪者的违法犯罪行为是其病态心理的反应，他们的行动并不是为了获取什么利益而进行。同时，在违法犯罪活动之后，他们也不加掩饰，缺乏逃跑等行为，被捕后也能如实交代，并表示悔恨。

（5）动机具有冲动性或无意识性。精神病犯罪人的情绪极不稳定，他们易激怒，很细小的刺激就有可能引起暴怒发作，容易在一时的冲动之下进行危害社会的行为，在冲动产生与行为实施之间缺乏思考的过程，甚至本人也不知道为什么会产生违法犯罪行为。①

---

① 梅传强. 犯罪心理学[M]. 北京：法律出版社，2010：82-83.

(二)激情犯罪的动机

1. 激情犯罪的概念

所谓激情，在心理学意义上，它是一种强烈情感的表现形态，当人在外界强烈的刺激下，由于认识范围缩小，内控能力减弱，不能正确评价自己行为的意义和后果，从而产生具有突发性、短暂性和难以抑制性等特点的行为。

激情犯罪，是指行为人由于受到某种不良刺激，处于消极的激情状态，大脑皮层瞬时产生"意识狭隘"现象，从而产生犯罪动机和犯罪目的，实施触犯刑法的行为。简而言之，就是行为人在激情造成的非理性状态下实施的犯罪行为。激情犯罪分为突发型和蓄发型两种类型。突发型激情犯罪，一般是指犯罪人与被害人素昧平生，并无前冤后怨，只是由于当场事件的强烈刺激，引起双方对立意向冲突，犯罪人在心理失衡的激情状态下实施的犯罪行为。蓄发型激情犯罪，一般是指犯罪人与被害人彼此相识，已积累了较长时间的恩怨，但在某一事件的强烈刺激下，积怨瞬间爆发，犯罪人在情绪失控的激情状态下实施的犯罪行为。激情犯罪在西方犯罪学中被认为是一种"挫折攻击型"犯罪，其含义是指人在受到强烈刺激和挫折后，由于情绪异常激动而产生行为的异常冲动。

2. 激情犯罪的动机特征

根据我国学者邱国梁先生的研究，激情犯罪动机具有以下特征：

（1）激情犯罪动机是一瞬间动机。一般而言，激情犯罪没有明确的预谋，这种动机也并非预先确定的，它只是在偶然的、意外的争执或矛盾激化过程中发生的。激情犯罪动机的产生不经过复杂的动机斗争和冲突过程，从内心情绪的激动到外部行为的发生时间很短。

（2）激情犯罪的动机具有一定的无意识性。因为激情的特征就在于意识控制的松弛，说话可能语无伦次，思维可能逻辑混乱，而动作更不受意识的支配。值得注意的是，激情并非完全不能控制，在激情状态下只是意识水平降低而不是完全无意识；否则，激情犯罪就没有承担刑事责任的理由了。

（3）激情犯罪动机导致的犯罪行为具有严重的破坏性和危害性。因为激情犯罪动机是一种短暂的、爆发性的动机，在一时冲动之下，容易放纵自己的行为，往往不顾及行为后果，产生诸如故意杀人、故意伤害等严重后果。

（4）激情犯罪动机在青少年违法犯罪者中容易发生。因为青少年时期正是激情高涨期，有的青少年在激情犯罪动机的支配下，常因一言不合或微小矛盾就会挥拳就打，拔刀就刺，心狠手辣，不计后果。

（5）激情犯罪动机导致的犯罪行为结束后，行为人往往会产生后悔心理。因为激情犯罪产生时，主体缺乏慎重思考，当实施犯罪行为后，一旦理智恢复正常，思前想后，容易懊悔不已。①

总的来说，激情犯罪动机比一般犯罪动机更难预测和防范，在激情犯罪动机下实施的犯罪行为往往具有更为严重的社会危害性。因此，犯罪心理学对这方面问题的研究是任重而道远。

① 邱国梁. 犯罪动机论[M]. 北京：法律出版社，1988：164-165.

第十章　人格与犯罪

第一节　人格概述

一、人格的含义

人格(personality)也叫个性，这个概念源于拉西语 *Persona*，当时是指演员在舞台上戴的面具，与我们今天戏剧舞台上不同角色的脸谱相类似。后来心理学借用这个术语，用来说明每个人在人生舞台上各自扮演的角色及其不同于他人的精神面貌。

究竟什么是人格？人格心理学家阿尔波特认为：人格是个人适应环境的独特的身心体系；艾森克认为：人格是决定个人适应环境的个人性格、气质、能力和生理特征；卡特尔认为：人格是可以用来预测个人在一定情况下所作行为反应的特质。马克思认为：人的本质并不是单个人所固有的抽象物，实际上，它是一切社会关系的总和。从这种意义上说，人格的本质就是人的社会性。人若脱离了社会，不与他人交往，也就谈不到个性，初生婴儿只能算是个体，还没有个性。个性乃是个体社会化的结果，人际关系的结晶。所以，人的个性就是具有不同素质基础的人，在不尽相同的社会环境中所形成的意识倾向性和比较稳定的个性心理特征的总和。个性是社会学、人类学、教育学等诸多学科研究的对象，心理学只是从意识倾向和个性心理特殊方面去研究它。

我国现在的许多心理学教材把人格定义为：一个人的整体精神面貌，即具有一定倾向性的心理特征的总和。人格的结构是多层次、多方面的，由复杂的心理特征的独特结合构成的整体。目前我国的心理学教材中对人格的定义有一种综合的倾向，既注意人格的综合机能，又注意其独特性，如"人格是构成一个人的思想、情感及行为的特有综合模式，这个独特模式包含了一个人区别于他人的稳定而统一的心理品质"。①

二、人格类型论与特质论

人格有着十分复杂的心理结构，长期以来各国学者往往从不同的角度来研究人格，提出了各种各样的人格理论，其中最有代表性的就是人格类型论和特质论。

(一)人格类型论

人格类型是根据一定的标准，把某一群具有相似人格的人归为一类，划分成类型。类型是一群人与另一群人相区别的特性。

1. 生物学类型论

(1)克雷奇默的类型论。德国精神医学家克雷奇默根据临床观察总结，将人的体型分为

---

①　刘邦惠. 犯罪心理学[M]. 北京：科学出版社，2004：127.

肥胖型、瘦长型、健壮型和畸异型四类，人的体型不同，气质也不同，患精神病的可能也不同。划分体型的指标主要包括身高、体重、骨骼、肌肉、脂肪、皮肤、毛发、腺体及身体各部位的长度和周围的幅度、颜面和头型等。依据这些标准，各种类型的特征为：肥胖型：身材矮胖，圆肩阔胸，躯干尤其是腹部堆积大量的脂肪；瘦长型：瘦高纤弱，体重轻，身体各部分幅度小，皮肤缺乏血色，腹部脂肪少；健壮型：骨骼匀称，肌肉发达，肩宽，胸肌突出；畸异型：身体各部分比例不协调，属于发育异常的情形。

克雷奇默发现，在狂躁症患者中，肥胖型占多数，瘦长型和健壮型较少；在精神分裂患者中，瘦长型、健壮型和畸异型较多，而肥胖型较少。克雷奇默还将体型与气质联系起来。他认为，狂躁症和精神分裂症患者的行为，其轻度的症候就是气质的表现。这些气质特点，在精神病发病前，或者在患者的近亲属中可以很容易观察到。因此，在某种程度上可以说，狂躁症患者具有狂躁性气质，精神分裂症患者具有分裂性气质。后来，克雷奇默专门探讨了健壮型体型与黏着性气质的相关关系，这种气质与癫痫症患者的症状是一致的，也可以称之为癫痫性气质。

（2）气质类型学说。气质，主要是指那些与生俱来的心理特征和行为特征，即那些由遗传和生理决定的心理特征和行为特征。气质实际上是指人格中最稳定、早年就表现出来的、受遗传和生理影响较大而受文化和教养影响较小的那些层面，类似于日常生活中的脾气、性情、秉性。

气质类型学说来源于古希腊医生希波克拉底的体液说。他认为人体内有四种液体，即血液、黏液、黄疸汁和黑胆汁，不同的人体内占优势的体液不同。后来，古罗马医生盖伦进一步提出了人的四种气质类型，即胆汁质、多血质、黏液质和抑郁质。

胆汁质的的人又称为兴奋型，属于兴奋而热烈的类型。他们感受性低而耐受性、敏捷性、可塑性均较强；不随意的反应高，反应的不随意性占优势；反应速度快但不灵活；情绪兴奋性高，抑制能力差；外倾性明显。在日常生活中，胆汁质的人常有精力旺盛、不易疲倦，但易冲动、自制力差、性情急躁、办事粗心等行为表现。多血质的人表现出这样的特点：容易形成有朝气、热情、活泼、爱交际、有同情心、思想灵活等品质；也容易出现变化无常、粗枝大叶、浮躁、缺乏一贯性等特点。这种人活泼、好动、敏感、反应迅速、喜欢与人交往、注意力容易转移、兴趣和情感易变换等。黏液质的人安静稳重、踏实肯干、沉默寡言、自制力强、外柔内刚，但这种人反应迟钝，缺乏主动性和灵活性，缺乏生气。抑郁质的人一般表现为：行为孤僻、不太合群、观察细致、非常敏感、表情忸怩、多愁善感、行动迟缓、优柔寡断，具有明显的内倾性。

用四种体液来解释人的类型，用现代眼光看，是缺乏科学依据的。但四种类型的用语一直沿用至今，原因是这四种类型的划分为人们认识自己和他人提供了便利，而这种划分在相当程度上也确实是有效的。

2. 心理学类型

（1）内外向人格。在心理学的类型中，以瑞士心理学家荣格所提出的内——外向人格类型最为著名。与弗洛伊德不同，荣格认为，凡是来自本能的力量均可称为"力比多"，既可以是性方面的，也可以是非性方面的。他根据力比多流动的方向划分人的性格类型，认为力比多的活动倾向于外部环境的人，是外向型的；力比多的活动倾向于内部环境的人是内向型的，表现了一种对客体的否定关系。

外向型的人重视外在世界。这样的人活跃、开朗、自信、勇于进取，爱社交，对周围的一切事物都很感兴趣，容易适应环境的变化。

内向型的人重视主观世界。这样的人好沉思、善内省，孤僻、缺乏自信、易害羞、冷漠、寡言，常常自我欣赏并陶醉在其中，较难适应环境的变化。

外向型和内向型是个体在反应特有情境时的两种态度或方式。荣格认为，没有纯粹的内向型或外向型的人。实际生活中，绝大多数人都是二者兼有，只是某一方面相对占优势。

（2）场独立性——场依存性人格。美国心理学家威特金等人采用身体顺应测验、棒框测验、镶嵌图测验等方法研究人的知觉，在他们的一系列研究中发现了认知方式的个体差异，即场独立性——场依存性的差异，这种差异主要表现在人对外部环境（"场"）的不同依赖程度上。

威特金长期在美国新泽西州普林斯顿教育测验服务社心理学研究部工作，他早年从事知觉个别差异研究，以后研究场依存性问题。威特金等人在研究知觉时发现，有些人很难从视野中离析出知觉单元，有些人较易从视野中离析出知觉单元。他根据场的理论，将人划分为场依存性和场独立性两种类型。场依存性的人，比较容易受当时环境中的其他事物的影响，很难离析出知觉单元；场独立性的人，比较少受知觉当时的情境影响，比较易于离析出知觉单元。许多研究表明，大多数人处于场依存性和场独立性之间，或多或少地处于中间状态。因此，大多数人是相对场依存性的人或相对场独立性的人，但为了表述上的简明，也称之为场依存性的人或场独立性的人。场依存性和场独立性是认知方式中的一个主要的方面，也是研究的最多的方面。威特金指出，场依存性的人和场独立性的人，是按照两种对立的信息加工方式工作的，场依存性的人，倾向于以外在参照作为信息加工的依据；场独立性的人，倾向于更多地利用内在参照。① 需要说明的是，场独立性和场依存性这两种人格特点，并不能说孰优孰劣。在某些方面场独立性的人占有优势；而在另一些方面则可能是场依存性的人占有优势。

（3）价值观类型论。价值观的人格类型的主要代表人物是德国著名心理学家斯普兰格，他曾任莱比锡大学和柏林大学的教授。他认为，人以固有的气质为基础，同时也受文化的影响。他在《生活方式》一书中提出，社会生活有六个基本的领域（理论、经济、审美、社会、权力和宗教），人会对这六个基本领域中的某一领域产生特殊的兴趣和价值观。据此，他将人的性格分为以下六种类型：

①理论型的人。该类型的人以追求真理为目的，能冷静客观的观察事物，关心理论性问题，力图根据事物的体系来评价事物的价值，碰到实际问题时往往束手无策。他们对实用和功利缺乏兴趣。多数理论家和哲学家属于这种类型。

②经济型的人。该类型的人总是以经济的观点看待一切事物，以经济价值为上，根据功利主义来评价人和事物的价值和本质，以获取财产为生活目的。实业家大多属于这种类型。

③审美型的人。该类型的人以美为最高人生意义，不大关心实际生活，总是从美的角度来评价事物的价值。以自我完善和自我欣赏为生活目的。艺术家属于这种类型。

④社会类型的人。该类型的人重视爱，有献身精神，有志于增进社会和他人的福利。努力为社会服务的慈善、卫生和教育工作者属于这种类型。

⑤权力型的人。该类型的人重视权力，并努力去获得权力，有强烈的支配和命令别人的欲望，不愿被人所支配。

---

① 叶奕乾. 现代人格心理学[M]. 上海：上海教育出版社，2005：69-70.

⑥宗教型的人。该类型的人坚信宗教，有信仰，信奉上帝，富有同情心，以慈悲为怀。爱人爱物为目的的神学家属于这种类型。奥尔波特指出，每个人或多或少地具有这六种价值倾向，并不表示真有这六种价值类型的人存在。①

斯普兰格指出，以上六种类型是理想模式，具体的个人通常是主要倾向于一种类型并兼有其他类型的特点。

（二）人格特质论

1. 奥尔波特的特质论

美国心理学家奥尔波特以个别的人格特质为单位，用逻辑与语义的分析方法，把特质界定为个性的"心理结构"，是个人所具有的神经特性，具有支配个人行为的能力，使个人在变化的环境中给以步调一致的反应。由于有特质，使人在不同情况下的适应行为和表现行为具有一致性。与此同时，具有不同特质的人，即使对同一个刺激物，反应也会不同。例如，一个具有友好特质的人和一个具有怀疑特质的人对陌生人的反应是很不同的。奥尔波特认为，特质是概括的，它不只是和少数的刺激或反应相联系。一个特质联结着许许多多的刺激和反应，使个体行为产生广泛的一致性，使行为具有跨情境性和持久性。但是，特质又具有焦点性，即它与现实的某些特殊场合联系着，只有在特殊的场合和人群中才会表现出来。他将人的特质分为以下三类：

（1）主要特质。主要特质，是指足以代表个人最独特个性的特质。例如只用"吝啬"二字就足以代表某人的性格，而且所有认识他的人，都公认他真的吝啬。吝啬就是此人的主要特质。小说或戏剧的中心人物，往往被作者以夸张的手法，特别凸显其性格者，就是主要特质。对一般人来说，具有主要特质的人并不多。

（2）中心特质。中心特质，是指代表个人性格的几方面的特征。中心特质是构成人格特质的核心部分。每个人的中心特质，为5~7个。如诚实、勤奋、乐观、开朗等形容词，就是人们在评论别人时常用的，这就是其所指者的中心特质。

（3）次要特质。次要特质，是指代表个人只有在某些情境下表现的性格特征。有些人虽然喜欢高谈阔论，但在陌生人面前则沉默寡言。单从陌生情境看他的性格表现，就只能说沉默寡言是他的次要特质。② 次要特质仅在特定的情境中表现出来，不是人格的决定因素。

2. 卡特尔的人格特质

卡特尔是在英国成长的美国伊利诺伊大学心理学教授，他是用因素分析法研究人格特质的著名代表。他同意奥尔波特的看法，认为人格中有共同特质和个别特质，但认为奥尔波特列举的特质太多、太繁，于是把1万多个形容人格特质的词归类为171个，然后用统计方法归并为35个特质群，卡特尔称之表面特质。表面特质是可直接观察的个体行为的外在表现，不是人格的本质。为探究人格的基本特质，卡特尔运用因素分析法对35个表面特质进一步加以分析，获得16个根源特质。表面特质和根源特质是有层次的，前者是表面的，可直接观察的，后者是内蕴的、本质的、隐藏在表面特质后面和人格结构的内层，只能通过表面特质去推知和发现。

3. "大五"人格

20世纪90年代，一些人格心理学家在主要人格特质上达成共识。他们虽然在某些方面

---

① 刘邦惠. 犯罪心理学[M]. 北京：科学出版社，2004：127.

② 张春兴. 现代心理学[M]. 上海：上海人民出版社，2005：343.

还有分歧，但在许许多多方面取得了一致的意见，认为人格中存在五个主要的独立因素，形成著名的"大五"人格模型。这五个因素是：

（1）外倾性：好交际对不好交际，爱娱乐对严肃，感情丰富对含蓄；表现出热情、社交、果断、活跃、冒险、乐观等特点。

（2）神经质或情绪稳定性：烦恼对平静，不安全感对安全感，自怜对自我满意，包括焦虑、敌对、压抑、自我意识、冲动、脆弱等特质。

（3）开放性：富于想象对务实，寻求变化对遵守惯例，自主对顺从。具有想象、审美、情感丰富、求异、创造、智慧等特征。

（4）随和性：热心对无情，信赖对怀疑，乐于助人对不合作。包括信任、利他、直率、谦虚、移情等品质。

（5）尽责性：有序对无序，谨慎细心对粗心大意，自律对意志薄弱。包括胜任、公正、条理、尽职、成就、自律、谨慎、克制等特点。

研究者继续研究，许多结论是与"大五"模型相一致的，但也有些研究结论不相一致。例如，1987年特来根和沃勒建议将评价因素引入人格结构，首先提出七大人格模型，增加正价和负价。正价代表老练、机智、勤劳多产；负价代表心胸狭窄、自负和凶暴。阿赫顿等人把与诚实有关的因素作为第六个因素。研究者也发现，并不是所有的研究结果都与"大五"模型结构相符合。他们中有的发现三个或四个因素，有的甚至发现七个因素。大多数研究者发现，"大五"模型并不包括评价因素，如果加进两个评价因素，就成为"大七"。中国学者研究发现，中国人的人格结构由七个因素组成，即外向性、善良、情绪性、才干、人际关系、行事风格和处世态度，他们还研制了中国人人格量表。① 总的来说，无论是"大五"模型还是"大七"模型的研究都为特质心理学带来了无限活力，同时也激起了人们对人格研究的热情，这也必将推动人格理论研究的日益成熟和完善。

第二节 犯 罪 人 格

一、犯罪人格概述

最早将人格的概念引入犯罪学的是美国心理学家塞缪尔·约克尔森和斯塔顿·萨姆诺，他们认为精神病人具有不同于常人的思维方式和行为方式，特别容易从事反社会行为，由此揭开了利用人格概念进行犯罪学研究的新篇章。② 那么，什么是犯罪人格？对此，学者观点尚不一致。我国有学者将犯罪人格定义为：犯罪人格是指犯罪人群所持有的稳定而独特的反社会心理特征的总称，它是一种反社会人格；或犯罪人格是指犯罪人内在的相对稳定的反社会行为倾向的特定身心组织。也有学者将犯罪人格定义为：犯罪人格，是指直接导致犯罪行为生成的严重反社会且为刑事法律所否定的心理特征的总和。

上述前两种观点都认为犯罪人格只有犯罪人才具有。其实一些没有实施犯罪的人，同样具有与犯罪人一样的人格特征。如果说一个人是在实施犯罪后才具有犯罪人格，就好比说这种人格是在实施犯罪的那一刹那间最后形成了，此前的就不是犯罪人格，这显然是与人格具

---

① 叶奕乾. 现代人格心理学[M]. 上海：上海教育出版社，2005：147-148.

② 陈明华，卢建平. 比较犯罪学[M]. 北京：中国人民公安大学出版社，1992：253.

有相对稳定性存在一定矛盾的。因此，犯罪人格同样为潜在犯罪人所具有，这种人格的本质在于具有严重的反社会倾向并能导致犯罪行为的生成。

二、犯罪人格的分类

西方犯罪心理学研究者将犯罪人格划分为十种类型：

(1)条款型。稳定，适应良好，大多数是社会化的，是毒品和酒精违法者，属于中产阶级，容易管理，没有矫治的需要。

(2)安逸型。适应非常好，聪明，但是取得的成就不大，有舒适的家庭环境，较少越轨或暴力行为，需要激发他们发挥潜能。

(3)贝克型。适应差，焦虑，消极被动，退缩，有酗酒问题，在监狱中惹是生非，需要给予心理治疗或咨询。

(4)艾布尔型。富有支配欲，敌意，见机行事，不道德，接受自己，有社交能力，有高度的累犯倾向，需要给予结构性的、面对面的治疗。

(5)乔治型。没有攻击性，进行毒品和酒精犯罪，聪明，有不良家庭，接受犯罪的价值观，高度的累犯倾向，没有明显的缺陷，但是需要进行职业技能培训。

(6)德尔塔型。享乐倾向，以自我为中心，聪明，家庭关系差，监狱适应不良，高度的累犯倾向，不愿配合心理治疗。

(7)朱庇特型。大部分是黑人，焦虑，人际适应不良，家庭不稳定，在监狱中有暴力行为，但只有中等程度的累犯倾向，需要严格管理。

(8)富克斯特罗特型。富有支配欲，暴力倾向，社会文化不够，文化水平低，具有混乱的、贫困的背景，有多种犯罪记录，高度的累犯倾向，需要严格管理。

(9)查理型。富有敌意，退缩，缺乏同情心，攻击性，有多种犯罪记录，有学习和职业技能缺陷，有严重的心理健康问题，预后(是医学术语，对疾病和痊愈情况的预测)较差。

(10)豪型。智力低，成就差，焦虑，消极被动，退缩，攻击性，早年有少年犯罪和人际问题，有累犯倾向，有心理障碍。[1]

三、犯罪人格的特征

1. 社会认知的偏执性

对于各种社会现象的认知，总是自觉、不自觉地受已经形成的各种错误观念、思维定式的影响，以偏概全，以自己的主观判断代替事物的本质，从而导致对社会客观现实的歪曲反映。

2. 情感的扭曲性

缺乏罪责感和自我否定的情感。往往把自己应负的罪责推委于社会和他人，把自己看作是受害者，毫无自责和悔改之心。

3. 犯罪意志的顽固性

在进行犯罪活动中，很少有动机斗争，通常犯罪目标明确，行动果断，缺少恐惧与犹豫，具有坚持犯罪目的的畸形意志力。

4. 对惩罚的耐受性

---

① [英]Ronald Blackburn. 犯罪行为心理学[M]. 吴宗宪等译，北京：中国轻工业出版社，2000：60.

对于拘押、受审和刑罚的心理承受力强，一般的惩罚不易产生顺从行为。

5. 对教育改造的排斥性

对于司法机关的教育改造和说服教育不易产生认同感，或表面认同顺从，内心抵制排斥，阳奉阴违。由于以上的人格特征，必然导致个体对社会道德、法律规范和社会秩序的否定与蔑视。

四、犯罪人格的形成

犯罪人格作为一种反社会人格，其形成实质上是一个人格非社会化或不完全社会化的过程。犯罪心理的产生与人格社会化程度有密切关系，人格的非社会化、不完全社会化和人格社会化的缺陷孕育着犯罪心理的基础。社会化人格和反社会人格的区别，是一般人与犯罪人之间的一个重要区别。犯罪心理学家 B. A. 莫雷尔认为犯罪心理的产生始于对反社会心理的屈服，这是人格冲突的不良结局。他认为：在人格对反社会心理屈服之前，有一个等待与求助的时期，即主体在人格冲突时不甘心屈服，焦急地等待着援助和关心。可见反社会人格并不是突然形成的。导致反社会人格形成的原因，我国台湾学者杨士隆认为主要包括以下因素：①

(一)生物因素

1. 情感唤起的缺陷

研究显示，大多数反社会人格者都具有情感唤起的缺陷，他们在压力的情境中不会害怕与焦虑，并且在社会化过程中缺乏道德良心的发展。此类情感唤起的缺陷，除来自生理因素外，也可能是学习而来。

2. 追寻刺激

反社会人格者在生理上接受唤起的程度，呈现低档状态，并处于较不愉快的境界，因此极可能借追寻刺激，以强化唤起程度，增加舒适感。

3. 认识功能的缺陷

反社会人格者往往注意力不集中，在认知过程中存有迥异、缺乏理性的想法，而显现认知功能的缺陷，这可能与遗传或脑部受伤有关。

(二)家庭因素

1. 早期丧失父母及情感的剥夺

反社会人格者大多在幼年时期经历父母分居、离异的创伤，然而成为单亲子女并非是反社会人格形成的关键。父母分离前的长期失和，感情不睦，造成家庭气氛恶劣，才是反社会人格形成的重要因素。

2. 父母的拒绝与管教不一致

父母的拒绝与管教不一致是形成反社会人格的重要成因。在父母的拒绝、缺乏关爱、与子女保持距离的情形下，极易促使子女形成类似的行为形态；父母管教不一致则不易促使子女发展正确的自我认识，并且缺乏稳定的行为模式模仿，在行为形态上形成以避免惩罚为主的行为。所以这些子女较易借说谎和使用非法的方法来逃避惩罚，无法发展正面的人生方向，形成反社会人格。

3. 错误的父母行为模式及家庭互动

---

① 杨士隆. 犯罪心理学[M]. 香港：科学教育出版社，2002：95-96.

　　错误的父母行为模式与家庭互动也是形成反社会人格的重要因素。如父亲极端成功，事业有成，但为子女敬畏、害怕，保持距离；母亲则极其溺爱子女，轻浮，喜好享乐；此类父母的行为极易为维持其和谐家庭形象，而展现表面、虚伪的做法，子女在此种情况下逐渐学习到外表比事实来得重要的观念，虚伪的与人相处，从中剥削、获利，形成反社会人格的行为形态。

（三）社会文化因素

　　社会文化环境呈现社会规范失调与解组、不良的同伴行为模式，以及反社会敌对状态、社会疏离等，极易促使个人无法发展道德、良心，缺乏对他人的同情，形成具有破坏性的反社会行为形态。

第十一章　不同类型犯罪的犯罪心理

第一节　信仰型犯罪心理

信仰，是对某种主义、思想、宗教或迷信的极度信服和尊重，并以此作为信念来支配行动。信仰是一种重要的精神需要，人类信仰的形成是人类社会形成过程中产生的一种社会现象，这种社会现象的形成是人类生存的一种必然需求。

所谓信仰型犯罪，是指在非正义或反社会信仰支配下，产生的犯罪行为。这里所说的信仰，是一种错误的、反社会的信仰。信仰本身并不是犯罪，信仰自由是公民的一项基本权利。但是，如果因为信仰某种"教义"或"理论"而实施了危害社会、触犯刑法的行为，便构成了犯罪。

信仰型犯罪，在我国主要表现为政治信仰型犯罪、宗教信仰型犯罪和封建迷信信仰型犯罪。具体到我国刑法所规定的犯罪种类，信仰型犯罪主要包括危害国家安全犯罪、恐怖主义犯罪和邪教犯罪。

一、危害国家安全犯罪心理

(一)危害国家安全犯罪概述

危害国家安全犯罪，是指故意实施危害中华人民共和国的政权稳定、主权独立、领土完整、制度巩固等国家安全和重大利益的行为。

近年来，尽管以颠覆国家政权、推翻社会主义制度为目的的犯罪行为并不多见，但以分裂国家、破坏国家统一为目的的犯罪行为还有发生，尤其是间谍和为境外窃取、刺探、收买、非法提供国家秘密或情报的犯罪，在新的形势下出现了新的特点，需要给予关注。

(二)危害国家安全犯罪主体的心理特征

1. 动机特征

从动机内容来看，危害国家安全犯罪主体具有多样化的动机，其犯罪动机多源于反动的政治需要、反社会的自我实现的需要、报复社会的需要和贪婪的物质需要。从动机产生过程来看，大多数犯罪主体的犯罪动机产生有一个渐进的过程，从其犯罪动机产生到外化为犯罪行为具有较长的时间间隔。

2. 认知特征

危害国家安全犯罪主体具有突出的反社会认识，具体表现为认识具有片面性，思维狭窄，思想偏激。此外，其还具有错误的认知内容，具体表现为具有严重的享乐主义人生观和功利主义价值观。受此驱使不惜以出卖国家利益来达到个人目的。

3. 情绪情感特征

从情绪的稳定性来看，多数危害国家安全犯罪主体受过专门训练，其情绪自我控制能力较强，在作案过程中能够做到喜怒不形于色，较好地控制紧张、恐惧等消极情绪，其情绪稳定性普遍较好。从情感内容来看，危害国家安全犯罪主体具有强烈的反社会情感，具体表现为对社会的仇视与不满。

4. 意志特征

危害国家安全犯罪主体的意志活动具有明显的两极性，具体表现为积极的社会性意志薄弱，反社会和危害国家安全行为的意志顽固、坚决。其在现实生活中往往经不起物质利益的诱惑，表现出意志薄弱的一方面；另一方面，在实施危害国家安全活动的过程中，又表现出反动立场的顽固性和实施犯罪行为的坚决性。

5. 性格特征

作为危害国家安全犯罪主体，大多数人性格的内倾性较为明显，表现为孤僻、冷漠、忧郁、冷酷、多疑、虚伪、掩饰等。其在现实生活中表现为沉默寡言，不喜欢竞争，反应敏感，行为独立，与周围的人保持相对疏远的关系，善于负责和自我克制，不愿惹是生非。

(三)危害国家安全犯罪主体的行为特点

1. 智能性

在现代信息科技高速发展的今天，犯罪主体采用智能方式实施危害国家安全的犯罪活动是其行为方式的重要特征之一。其智能性主要体现在窃取情报资料、散播反动思想和言论等方面。

2. 组织性

危害国家安全的犯罪，一般是以有组织犯罪的形式实施的，其组织一般较为严密，有组织名称、职务分工、内部纪律、纲领等，成员多有共同的反动政治信仰。但在具体实施犯罪中，多煽动一般群众参与，有时通过给好处诱使外地打工或闲散人员到场参与打、砸、抢、烧等暴力犯罪行为。在某些发展间谍和窃取情报的犯罪中，某一犯罪主体不一定有组织，但背后一定有间谍或情报组织的谋划。

3. 预谋性

危害国家安全犯罪预谋性较强，犯罪主体一般在事先都有详细的犯罪计划，对作案过程、犯罪环境、反侦查手段都进行了充分的考虑和准备。特别是政治信仰型的危害国家安全的犯罪主体，他们一般都有一定的文化水平，能够认识到自己行为的严重后果和法律处罚的严厉性。因此，在实施犯罪之前，一般都要经过严密的组织和分工，从产生犯罪动机到确定犯罪目的，都是经过深思熟虑、反复策划的。他们在实施犯罪的过程中，也表现出极强的预谋性，遇到犯罪情境变化时，往往能够临危不乱、有步骤地实施反侦查和逃跑。

二、恐怖主义犯罪心理

(一)恐怖主义犯罪概述

恐怖主义是实施者对非武装人员有组织地使用暴力或以暴力相威胁，通过将一定的对象置于恐怖之中，来达到某种政治目的的行为。国际社会中某些组织或个人采取绑架、暗杀、爆炸、空中劫持、扣押人质等恐怖手段，企求实现其政治目标或某项具体要求的主张和行动。恐怖主义犯罪，是指组织、策划、领导、资助实施对人身和财产造成重大损害或制造社会恐怖气氛的暴力、威胁或危险方法，危害公共安全的行为。

(二)恐怖主义犯罪主体的心理特征

1. 动机特征

从动机内容来看，行为主体实施恐怖主义犯罪主要在政治动机推动之下。相关研究表明：几乎所有恐怖主义活动普遍具有政治诉求或者政治倾向，这些政治色彩来自于政治分歧、文化冲突、民族纷争或者宗教矛盾，恐怖主义活动是行为主体用来表达其政治利益诉求的手段。从犯罪动机发展变化来看，与一般犯罪主体相比，恐怖主义犯罪主体在作案前几乎不存在动机斗争和心理冲突；其在作案过程中，常常出现犯罪动机恶性转移的情况，即为了达到犯罪目的，不惜牺牲自己的生命，不顾伤及无辜，其中自杀式爆炸恐怖活动就是最好的证明。

2. 认知特征

恐怖主义犯罪主体在认知方面具有明显的偏执性。恐怖主义犯罪组织的建立多由地域接近的人群组成，由于受一定区域社会历史背景、文化、意识形态等内容的影响，尤其是受这些区域亚文化因素的影响，他们都容易形成与社会主流文化不一致，甚至是相反的认识，其很容易将错误的认识、反社会的认识当作真理。

3. 情绪、情感特征

恐怖主义犯罪主体在情绪方面的特征突出表现为消极情绪非常突出，具体表现为自卑、愤怒和仇恨。大多数恐怖主义犯罪主体生活于经济落后、贫困的地区，经济的贫困和文化的落后导致其自卑情绪严重。长期的贫困生活状态导致恐怖主义分子的消极情绪不断积累，当遇到外在刺激则极易引发愤怒情绪。由于对世俗社会的极端失望，恐怖主义分子易产生对强势群体及整个社会的极端仇恨。恐怖主义犯罪主体在情感方面的特征突出表现为情感严重扭曲，其普遍缺乏同情心，不会因为被害人及其家属的痛苦而产生怜悯的感情，却常常从被害人的痛苦中获得快感与满足。

4. 意志特征

恐怖主义犯罪主体的意志品质具有坚韧性特点。恐怖主义犯罪具有明显的预谋性，其都是在精心策划之下，有目的、有计划、有步骤地实施的，在犯罪的每一个环节都需要意志的参与，因为他们要在克服困难中才能实现。其不但要克服自身的恐惧感和紧张情绪，还要克服实施犯罪行为过程中遇到的各种障碍。因此，恐怖主义犯罪分子在整个犯罪过程中意志十分坚定，可谓不达目的誓不罢休。

5. 人格特征

恐怖主义犯罪主体具有偏执病态的人格特征，具体表现为容易沉溺于某种思想和信仰并受其支配，甚至非常狂热，不惜为其主张而牺牲自己或家人的利益。其固执地以自我为中心而不顾他人。在东突势力和藏独势力中不乏这一类人。此外，恐怖主义犯罪主体的负面人格特征非常突出，其缺乏利他精神，自我控制能力差，只从自己的本能需要出发考虑问题，存在着明显的利己主义个性倾向，极端自私自利，缺乏责任感，漠视他人的利益与社会的利益。

(三)恐怖主义犯罪主体的行为特点

1. 行为目的的政治性

政治性是恐怖主义犯罪的根本目的。恐怖分子通过恐怖行为制造恐怖气氛的最终目的是迫使政府在某些行为上妥协或让步。恐怖只是直接的、外显的行为，政治目的才是根本目的。

2. 行为手段的暴力性

恐怖活动基本上是采取暴力手段实施，常见的暴力手段为暗杀、劫持、绑架、爆炸、强占设施等，特别是爆炸手段，具有很强的杀伤性，给社会带来的冲击也最为强烈。虽然某些非暴力的手段也有可能产生社会恐怖的效果，但具有较大杀伤力的爆炸等暴力手段所带来的恐慌、震撼是其他手段所无法代替的。恐怖分子在考虑采取什么手段进行恐怖活动时，必然要根据某些具体情况，用最简单的办法获得最佳的效果。因此，传统的暴力手段仍将是恐怖组织的首选方式。

3. 犯罪行为的高度组织性

恐怖主义犯罪绝大多数是以共同犯罪的形式存在，高度的组织性是恐怖主义犯罪的突出特点。在恐怖主义组织内部，有严密的组织体系，既有核心筹划层，又有外围执行层，其结构严密，分工明确，形成了高度统一的组织体系。恐怖主义犯罪组织性还体现在有明确的行动纲领和目的。一切行动都围绕着纲领和目的进行。

4. 行为主体的神秘性

恐怖分子大多处于隐蔽之处，经常神出鬼没，游荡在一切可能的地区和场所，难以防范。对于处于明处的反恐力量来说，经常会被折腾得筋疲力尽。恐怖主义犯罪行为主体的神秘性增加了社会的恐慌性，这也正是恐怖主义犯罪的目的。

5. 行为后果的严重性

与一般刑事犯罪相比，恐怖主义犯罪的后果极为严重。为了制造恐怖气氛，起到强烈的精神、心理刺激作用，恐怖分子常常采取严重暴力手段，其犯罪行为破坏力强，所造成的人员伤亡和财产损失极其严重。此外，恐怖行为所造成的恐怖气氛会使无辜者处于惶恐状态，造成严重的社会动荡，使整个社会陷入没有安全感的恐惧和绝望当中。

三、邪教犯罪心理

(一)邪教犯罪概述

邪教犯罪主要是邪教的组织者和参与者在邪教信念的支配控制下，实施扰乱社会秩序、杀害他人和自己的行为。邪教是通过精神控制来达到支配教徒的目的，因此从个体意义上来说，教徒主观上对自己所实施的犯罪行为的解释与一般人不同，即依据教义赋予了神圣而特殊的意义。因此，邪教犯罪是故意犯罪，但是却与一般的故意犯罪又不完全相同。因此，对邪教徒的帮教和感化是解决邪教犯罪的主要途径之一。

(二)邪教犯罪主体的心理特征

1. 动机特征

从动机内容来看，邪教组织者的动机主要表现为自我显示动机，追求权力动机，敛财动机，满足性欲动机，政治动机和报复社会动机；邪教信徒的动机主要表现为治病强身、追求健康长寿动机，摆脱困境、寻求心理解脱动机，满足幻想、成神成仙动机，解除孤独和空虚、寻求归属感和认同感动机，独善其行、做好人动机。

2. 认识特征

邪教组织者具有明显的反社会认识特征，具体表现为：其认知内容严重扭曲，具有反社会、反人类和反科学的世界观与人生观，思维偏执、片面，对客观世界的认识具有极端个人主义、主观唯心主义和虚无主义。邪教信徒认知能力低下，其普遍文化层次较低，封建迷信思想比较严重，辨别是非能力差，易轻信邪教的歪理邪说。

3. 情感特征

邪教组织者反社会情感明显，对整个社会怀有敌视。邪教组织者具有对金钱、权力和声誉的疯狂迷恋，对信徒进行人身限制和精神控制的强烈控制欲。表面伪装成亲切、和善来欺骗教徒，实际上却是自私残暴，虚伪狂妄，奸猾狡诈。邪教信徒则表现为对教主的痴迷崇拜，具有狂热的情绪情感体验；其对现实生活冷漠，对他人甚至自己的生命持比较淡漠的情感；个别人为了实现自己的"理想"，甚至实施自杀或自焚行为，其在实施犯罪行为时表现出极端地冷酷和残忍。

4. 意志特征

邪教组织者的意志特征具有两极性的特点，一方面其社会性意志薄弱，另一方面，实施犯罪行为的意志坚强。而邪教信徒的意志特征具有顽强性的特点，甚至呈现出病态化的顽强特点，由于深受邪教思想的毒害，邪教信徒往往表现出顽强的忠心和毅力，在犯罪过程中不畏困难，甚至置自身安全和生命于不顾，为了所谓的理想和事业而勇于献身，即便失败也常常表现出破釜沉舟的果断性。

5. 人格特征

邪教组织者的人格特征主要表现为：过分以自我为中心；有极强的控制欲、权力欲或领袖欲；思维偏执；自信心强；狂妄自大；极端自私与贪婪；敏感性高且非常狡猾；充满幻想或妄想；善于掩饰和伪装；表达能力强且富于感染力，言语和行为具有较强的煽动性。邪教信徒在人格特点上往往表现为内向、怯懦、孤独、自卑、敏感、脆弱、情绪化、依赖性强、思想幼稚、易轻信他人、悲观厌世、思想叛逆、爱贪小便宜、易受暗示、交际能力差、挫折耐受力低、社会适应能力差。

(三)邪教犯罪主体的行为特点

1. 组织性

邪教组织的重要特征之一就是有组织化和秘密结社，其往往有严密的组织、细密的层级、森严的戒律清规，同时也拥有一定数量的坚定信徒。邪教组织在形成之初，一般尚未形成明确的政治目的，然而，随着其信徒的增多，组织者的政治野心逐渐滋生，从而可能发展成为具有政治性动机的犯罪组织。

2. 残忍性

邪教犯罪主体具有自成体系的信念支持和邪教的精神操纵，其作案手段往往非常残忍，在作案过程中常常不计后果。正是因为邪教的歪理邪说已经深入邪教信徒的内心，因此，与普通犯罪相比，邪教犯罪主体很少在作案过程中出现"突然悔悟"而主动放弃犯罪的情况。

3. 破坏性

邪教犯罪主体是在邪教教义的唆使或暗示下而实施犯罪的，这种邪教教义往往带有极端的反社会、反人类的特点。因此，邪教犯罪主体在犯罪过程中往往会按照邪教教义，不遗余力地去危害社会、伤害他人。邪教犯罪主体在作案之后，即便是酿成了不可挽回的严重后果，他们也不会悔悟，而且还坚信作案有理。如果不被抓获，邪教犯罪人还会继续作案，持续地危害社会。

4. 多样性

邪教犯罪主体的行为方式具有多样性的特点，其在作案过程中往往是多种行为互相交织。其具体的违法犯罪行为主要表现为：进行反动宣传和煽动；秘密聚集寻衅滋事；非法经营；奸淫妇女；诈骗钱财；蒙骗或指使、胁迫其成员实施绝食、自残、自虐或自焚、自杀等。

第二节 人身型犯罪心理

一、人身暴力犯罪心理

(一)人身暴力犯罪的概述

人身暴力犯罪广义上是指在犯罪过程中对被害人的人身使用暴力或以暴力对人身相威胁的犯罪。狭义上是指以人身攻击为直接动机的犯罪。此类犯罪大多数是由于个人的愿望受到阻碍,自身的利益受到损害,由此产生了痛苦的情绪体验,导致攻击性行为。通常行为凶狠残忍,危害后果严重。由于其社会危害的严重性,此类犯罪给被害人造成严重的伤害,被害人的肉体创伤也许很快痊愈,但是其心理创伤与恐惧感则可能要持续数月、数年甚至终生。此外,此类犯罪还会引发比较严重的社会问题,使广大群众的安全感降低,影响社会稳定和发展。

从犯罪类型来看,人身暴力犯罪中传统的类型有杀人、抢劫、强奸、伤害等,近年来,新的犯罪形式不断出现,有毁坏、劫持交通工具,爆炸,绑架等。从犯罪主体的人数变化来看,有从单人作案向团伙作案转变的趋势。很多犯罪分子组成团伙,分工明确,有些甚至有等级制度。从犯罪主体的年龄来看,青少年犯罪人居多,并呈现出低龄化的发展态势。

(二)人身暴力犯罪主体的心理特征

1. 动机特征

从动机的内容来看,人身暴力犯罪主体的犯罪动机主要表现为财物动机和报复动机。近年来,随着社会发展不平衡越来越严重,贫富差距越来越大。一些处于弱势群体的犯罪主体在温饱需要得不到满足的情况下,抑或为了追求高档次的生活,铤而走险,采用暴力手段为了谋财而害命,这一类犯罪在人身暴力犯罪案件中占据了较大比例。此外,在人身暴力犯罪案件中报复动机也比较突出。有些犯罪主体是由于婚恋中的猜疑嫉妒,而产生报复动机;有些是由于上下级关系紧张,对领导不满,而产生报复动机;有些是由于受到某种挫折、打击而产生报复动机。从报复对象来看,可能是特定的某一个体,也可能是某一类人,还可能是整个社会。近年来,出于报复社会动机而实施人身暴力犯罪的案件时有发生,如"福建南平案件"中的犯罪人郑民生出于报复社会的动机而残忍地杀害小学生;"厦门公交车纵火案"中的犯罪人陈水总所实施的暴力犯罪行为,造成多名无辜群众死伤。

2. 认知特征

人身暴力犯罪主体大多认知水平较低,知识匮乏,认识能力不强,在思维的全面性、深刻性、逻辑性和批判性等方面明显较差。因此,他们容易片面、偏激、固执地看问题,思维狭窄、单一,往往对事物形成错误的认识、反社会的认识。其对于人情世故不能冷静全面地分析。考虑事情简单,分析问题缺乏理性,对于自己认定的事情很难改变看法,不善于解决问题,极易使用暴力,产生攻击行为。

3. 情感特征

人身暴力犯罪主体具有不良的情感品质,这些不良的情感品质,在特定的情境下会诱发为暴力的破坏性行为,具体表现为:情感缺乏稳定性,表现为某种情绪和情感出现快、消失也快,喜怒无常,情感变化大,这种情感的不稳定性在外界强烈的刺激下就可能产生暴力行为;情感的范围狭窄,表现为在利己主义心理的支配下,极端自私自利,一旦遇到挫折或障碍时，便产生消极的情绪和情感，与人发生冲突，导致暴力犯罪；情感具有肤浅性，表现为情感易受事物表面现象的影响，缺乏深刻性，常常为某件小事而暴跳如雷，这种肤浅的情感极易导致一时冲动而实施暴力犯罪行为。

4. 性格特征

人身暴力犯罪主体性格负面性特点非常突出，犯罪人大多内心阴暗，道德感缺失，人生观、价值观扭曲，性格冲动，对他人的言行过于敏感，容易受到暗示，产生偏激联想，心胸狭窄，暴躁，行为鲁莽，凶残，攻击性强。对于传媒和网络，只对其中反映暴力的内容感兴趣，进而模仿，造成严重后果。

（三）人身暴力犯罪主体的行为方式及特点

人身暴力犯罪按犯罪主体的心理状态和行为手段，可分为激情式暴力犯罪和预谋式暴力犯罪两种行为方式。激情式暴力犯罪是指在伴随着强烈的激情下状态下实施的暴力犯罪行为，如激情杀人、报复伤害等。预谋式暴力犯罪是指这种暴力犯罪行为实施前，犯罪主体有明确的犯罪目标，犯罪动机以内在动机为主导，犯罪主体在作案前有预谋阶段，如报复性的凶杀、伤害案件，有预谋的故意抢劫、爆炸、劫持交通工具、妨碍社会安全秩序案件。

1. 激情式暴力犯罪主体的行为特点

（1）突发性。此类犯罪主体从犯罪心理产生到外化为犯罪行为时间间隔短，犯罪心理的产生多为受到外在刺激的影响，犯罪主体多为一时怒起，瞬间便实施犯罪行为。

（2）固执性。在激情状态下，人身暴力犯罪主体常常出现意识狭窄状况，其犯罪行为非常固执，即不达目的绝不罢休。为达到犯罪目的，犯罪主体在犯罪过程中往往能排除各种干扰，甚至对他人的劝解往往会置若罔闻。

（3）简单性。在激情状态下，犯罪主体由于一时兴起，无预谋，所以作案手段一般比较简单。

（4）疯狂性。在激情状态下，由于犯罪主体失去理智，意识狭窄，其整个心理都被激情这种消极情绪状态所笼罩。因此，行为疯狂，不顾后果。

2. 预谋式暴力犯罪主体的行为特点

（1）预谋性。此类犯罪主体从犯罪心理产生到外化为犯罪行为时间间隔较长，其作案目的明确，在作案前有比较充分的时间进行预谋和策划，其可以有计划、有选择地确定犯罪对象、时间和地点。

（2）隐蔽性。从司法实践中的实际情况来看，预谋式暴力犯罪主体多为有前科的犯罪人，其在以往的犯罪过程中积累了较为丰富的作案经验，其犯罪手段狡猾、隐蔽，反侦查能力强。

（3）残忍性。与激情式相比，预谋式暴力犯罪主体往往犯罪心理形成时间较长，犯罪心理结构比较稳固，犯罪恶习较深，多数人具有明显的反社会情感，丧失了一个正常人应该具备的同情心，可谓"冷静的残忍者"。因此，作案手段极为残忍，为了达到犯罪目的甚至牵连无辜，造成严重的社会危害。

二、性暴力犯罪心理

（一）性暴力犯罪概述

性暴力犯罪是指以暴力手段实施的性犯罪。性犯罪包括强奸，强制猥亵、侮辱妇女等。其中强奸是典型的性暴力犯罪，具体指违背妇女意志，强行发生非法的两性关系的犯罪。而

"强行"体现在以暴力手段胁迫，致使妇女不能反抗，或者受到蒙蔽不知道反抗，对女性的人身、精神进行强制，侵犯其性自由权利，造成严重后果。性犯罪不仅带来身体的伤害，还会对受害人的心灵造成难以弥补的创伤，危害性极大。

（二）性暴力犯罪主体的心理特征

1. 动机特征

与其他类型的犯罪相比，性暴力犯罪主体的动机特征比较复杂，从其动机内容来看主要包括以下几方面：（1）性欲动机。此类犯罪主体实施的性暴力犯罪是为了满足性欲。在司法实践中，主要表现为两种情况，一种情况是犯罪主体长期处于性压抑状态、性需要长期得不到满足，此类犯罪主体多为外来务工人员；另一种情况是犯罪主体的性欲较强，通过正常合法的渠道其性心理得不到满足，此类犯罪主体多为性欲亢进患者。（2）权力动机。具有此类动机的犯罪主体认为，性的快乐不在于性欲的满足，而是通过性暴力行为获得占有感、满足感、征服感和控制感。对这类人来说，性的满足不是行为的原动力，只是满足其权力欲望的工具。（3）报复动机。此类犯罪主体为了报复他人、发泄仇恨而实施性暴力犯罪，具有这种动机的犯罪主体多数在个人婚恋方面遭受过重大挫折，而其自身挫折耐受力较差，其报复对象可能是某一类具有相关特点的女性，也可能是所有女性。（4）好奇动机。具有这一动机的犯罪主体多为处在青春期的青少年，其实施性暴力犯罪主要是出于性好奇，追求性刺激。（5）变态动机。一些具有变态心理的犯罪主体实施性暴力犯罪行为是为了满足其畸形的性需要，这种人常系列犯罪，作案手段残忍，造成非常严重的社会危害。

2. 认知特征

性暴力犯罪主体的文化层次通常较低，知识有限，认知水平不高，抽象思维能力较差，对事物缺乏理智、客观、全面的思考，喜欢感官刺激而缺乏理性，对于生活中的一些诱惑，不能很好地辨别，容易受到不良文化和信息的影响，看到书刊或者影视作品中的色情场面容易受到暗示，产生犯罪心理。对于一些文化层次较高、认识能力较强的犯罪主体，他们实施性暴力犯罪，关键因素在于对性认识的反社会性。具体表现为：精神空虚，淫乱意识严重，热衷于用暴力手段来满足和发泄性欲。

3. 情绪情感特征

性暴力犯罪主体在情感方面较为冷漠、残忍，而情绪上具有冲动性、亢奋性，当犯意产生，会不顾一切，为达目的不择手段。多数行为人在实施犯罪时会受到自身本能和欲望的支配，缺乏怜悯和同情心，同时道德感扭曲，不知悔改，容易发展为惯犯和累犯。

4. 兴趣特征

性暴力犯罪主体的兴趣爱好多数与性有关，其喜好色情书刊、淫秽影视作品，经常光顾和浏览色情网站，常有性幻觉或者常出现性幻想。畸形的性兴趣是其走上性暴力犯罪道路的重要原因之一。

5. 性格特征

性暴力犯罪主体的性格特征主要表现为：行为自控力差，冲动性强，喜欢追求刺激，很难用理智克制性冲动，常采用暴力行为来满足自己的性欲；挫折耐受力低，大多有自卑感，当其遇到婚恋挫折时，很容易产生报复心理，进而实施性暴力犯罪行为；性格孤僻、偏执，与异性沟通的技能差，长期的性压抑难以通过合法渠道排解，易选择性暴力犯罪行为作为缓解性压抑的手段。

(三)性暴力犯罪主体的行为特点

从行为产生过程来看，性暴力犯罪行为一般表现为两种类型：一种是预谋型，在性欲驱使下，早有作案动机，为了达到作案目的，犯罪主体有意识地选择犯罪地点、时间和对象。累犯、惯犯作案还具有一定的规律性和习惯性。另一种是偶发型，性犯罪行为的发生没有预谋，而是在特定情境下发生的。犯罪主体是在外在刺激下，突然产生性冲动而实施犯罪行为。

从犯罪行为的诱发因素来看，不同年龄阶段的行为主体存在明显的差异性，青少年性犯罪主体易受外界因素的影响，多带有偶发性；中老年性犯罪主体多为道德败坏者，行为的预谋性强。

从行为对象来看，青少年性犯罪主体的侵害对象范围较广，老年性犯罪主体侵害对象有一定局限性，多选择幼女、少女、痴呆或存在精神障碍的妇女，这与老年的生理、心理特征相适应。

从行为的性质来看，性犯罪行为具有极大的残忍性。性犯罪行为的实施会给被害人带来严重的身心伤害，此外，有些犯罪主体在实施性犯罪的同时，还兼有抢劫、伤害、杀人等犯罪行为，造成更大的社会危害。

从行为的矫治来看，伴随着性犯罪行为的体验，性暴力犯罪主体极易形成顽固的性癖和恶习。因此，对其改造教育难度较大，其重新犯罪率较高。

第三节　财物型犯罪心理

一、盗窃、抢劫、诈骗犯罪心理

(一)盗窃犯罪心理

1. 盗窃犯的心理特征

(1)动机特征。从动机内容来看，盗窃犯的动机相对简单，主要表现为财物占有。盗窃犯往往个人不良需要恶性膨胀，而其自我心理控制能力较差，难以抵制财物的诱惑，为了非法占有财物而实施盗窃行为；也有少部分盗窃犯为了追求刺激和讲哥们义气参与盗窃，这部分人以未成年人居多，也包括偷窃癖患者。从动机产生方式来看，多数盗窃犯的犯罪动机源于个人的不良需要，以内在动机占主导，犯罪行为带有明显的预谋性；少数盗窃犯的犯罪动机源于外在刺激，以外在动机占主导，看到疏于看管的财物，临时起意，犯罪行为带有明显的偶发性和情境性。

(2)认知特征。盗窃犯通常具有比较严重的认知偏差，具体表现为：利己主义思想较为严重，自私，以自我为中心，只管自己享乐，思维简单。惯犯、累犯往往具有反社会认识，根本不考虑自己所实施的犯罪行为给他人和社会带来的危害，把自己的幸福建立在他人的痛苦之上。

(3)情绪情感特征。盗窃犯的情绪情感特征主要受犯罪经历的影响。初犯和偶犯在作案过程中往往情绪不稳定，且消极情绪比较突出。盗窃行为是一种隐蔽的行为，初犯和偶犯怕被人发现，在作案中恐惧不安，神情紧张，动作不灵活，犯罪现场较为凌乱。对累犯、惯犯而言，其情绪稳定性较强，通常会表现出非常冷静，当盗窃行为被发现时能够从容应对。累犯、惯犯在情感方面往往表现为反社会情感突出，受此驱使，其犯罪行为后果更为严重。

(4)能力特征。盗窃犯往往具备某种作案的能力和技能，其中实施入室盗窃行为的盗窃犯往往具备较强的攀爬能力和撬门压锁能力，而扒窃犯往往具有较强的观察力和动手能力。盗窃犯的犯罪能力和技术会随着作案次数和作案经验的增加而增长，一旦形成容易固着，形成动力定型，给日后的教育转化工作带来很大的困难。

(5)性格特征。从性格的内外倾角度来看，大多数盗窃犯的性格偏内向，平常的言行倾向于不外露。惯犯、累犯通常遇事冷静，甚至冷漠。此外，盗窃犯的负面性格特征比较明显，即他们中的大多数人游手好闲，好逸恶劳，在人格上表现为具有强烈的堕落性和反社会性。

2. 盗窃犯的行为特点

(1)行为方式多样性。盗窃犯的作案方式多种多样，有扒窃、撬压、撞窃、骗窃等，有流窜作案、顺手牵羊等。无论以哪种方式作案，都会留下一定的犯罪行为痕迹。

(2)行为手段技术性。盗窃犯为了确保作案成功，其手段具有一定技术性，能反映出犯罪人的职业和能力特点。

(3)作案目标和对象的特定性。在城市，盗窃犯多以居民小区、公交车、商店、工厂、宾馆、行政机关大楼、市场、医院为作案地点，主要以货币、金银首饰、有价证券、贵重物品、高档手机、机动车辆为对象。在农村多以乡镇企业或个体专业户、商店等为目标，多以钱粮、牲畜、农机具等为对象。

(二)抢劫犯罪心理

1. 抢劫犯的心理特征

(1)动机特征。大多数抢劫犯是在财物动机的驱使下实施犯罪行为，但也有极少数出于非财物动机，他们并不在意所抢财物多少，这类情况在青少年的戏谑性抢劫中较多。

(2)认知特征。抢劫犯的认知特征具有强烈的反社会性，其往往以"无毒不丈夫"、"只认钱，不认人"等扭曲的人生观和价值观对待生活。抢劫犯崇尚暴力，相信通过武力可以获得自己不良欲求的满足，在这种错误认识观念的支配下，他们胆大妄为、心狠手辣。

(3)情感特征。抢劫犯大多数性情暴躁，情绪不稳定。通常，抢劫犯喜欢用暴力的手段胁迫被害人，在行为互动中情绪体验强烈，一旦遇到被害人的反抗会引起巨大的情绪波动，或者恐惧退却，或者紧张发怒，变得更加残暴，甚至用残忍的手段攻击被害人。

(4)能力特征。从司法实践中的实际情况来看，多数抢劫犯往往为有前科的犯罪人，此外其还存在系列作案的特点。因此，其犯罪能力较强。由于多次作案，抢劫犯在犯罪过程中积累了一定的犯罪经验、掌握了一定的犯罪技能、形成了一定的反侦查能力，他们往往对犯罪方式、手段、过程进行严密、细致地分析和"设计"，不但保证成功作案，而且能够有效逃避警方的打击。

(5)性格特征。抢劫犯在性格上兴奋型、外向型特征表现得非常明显。相关研究表明，多数抢劫犯性情暴躁，情绪不稳定，行为上表现为鲁莽，喜欢攻击和冒险。

2. 抢劫犯的行为特点

(1)行为手段的多样性。不同的抢劫犯采用不同的手段实施抢劫行为，一些人采取暴力手段，为达到目的而使用攻击性行为，如殴打、捆绑、伤害等。一些人运用胁迫方法，使被害人不敢反抗，一些人使用麻醉的方法，用酒灌醉、用药物麻醉等，一些人采取诱惑的方法，色情引诱或者设置圈套利用人们贪图小利的心理实施犯罪。

(2)行为过程的凶残性。抢劫犯为了达到作案目的，作案过程极为凶残，造成严重的犯罪后果，导致被害人受到严重伤害，一些抢劫犯甚至杀人灭口，如果被害人是青年女性还会突生歹意进行强奸。如辽宁省沈阳市破获的"串联54号"案件，犯罪嫌疑人王强流窜多地，共抢劫作案60多起，已认定38起，杀死杀伤57余人，强奸妇女14人，抢劫财物折合人民币20多万元，造成了极其严重的社会危害。

（3）行为目标的选择性。尽管不同抢劫犯的作案对象存在一定的差异性，但其行为目标选择性特点较为突出。抢劫犯在作案前往往精心预谋、周密策划，其专门选择易于下手或携带数额较大钱款的目标。例如，年老体弱者、携带巨款者、单身行走的女性、出租车司机，保安设施较差的商店、银行、仓库等。

（4）行为主体的团伙性。近年来，抢劫犯为了提高作案的成功率，由单个作案逐渐呈现出团伙作案的趋势，形成稳定严密的组织，多由惯犯、累犯带头，成员稳定，行为肆无忌惮。抢劫团伙四处流窜，跨区域作案，其社会危害非常严重。

（三）诈骗犯罪心理

1. 诈骗犯的心理特征

（1）动机特征。从动机内容来看，诈骗犯的犯罪动机主要表现为财物动机，其为了非法占有财物而实施诈骗行为。就动机来源而言，诈骗犯的动机主要来自于其不良的个人需要，从诈骗犯的动机产生到外化为犯罪行为，其存在较长的时间间隔。因此，诈骗犯在作案前往往进行精细的预谋和策划。

（2）认知特征。从认知内容来看，诈骗犯的世界观、价值观与人生观出现了与社会规范相背离的趋向，其认识错误，具有强烈的利己主义思想，对金钱和物质的需求无穷无尽，当需求通过正常渠道不能满足，他们往往采取不劳而获的方法，实施诈骗。从认知水平来看，诈骗犯普遍认知水平较高。诈骗犯的思维敏捷，反应快，善于联想和想象。很多诈骗犯精通某方面的知识，其社会生活经验丰富，了解公众的社会心理。此外，诈骗犯往往具有很高的自我评价，比较自信，很多人认为自己手段高明很难被识破。

（3）情绪情感特征。诈骗犯的情绪特征突出表现为情绪稳定性好，其在行骗中情绪表现比较沉稳，善于控制自身的情绪状态，能够做到喜怒不形于色，使受害人难以通过其情绪的外在表现发现其漏洞，从而保证了其能够行骗成功。诈骗犯的反社会情感比较突出，其同情心和社会责任感普遍较差。

（4）能力特征

诈骗犯的能力特征比较突出，其主要表现为观察力、模仿力、人际交往能力和随机应变能力较强。诈骗犯善于察言观色，能够在短时间内发现被害人的心理弱点，并且及时抓住，以取得被害人的信任；诈骗犯在行骗过程中往往伪装自己，通过模仿特定的角色来达到迷惑被害人的目的；诈骗犯在作案过程中由于与被害人有面对面的交流和人际互动，其往往凭借较强的交际能力骗取被害人的信任；诈骗犯即使在作案过程中露出马脚，也能够运用较强的随机应变能力来弥补或者及时脱身。

（5）个性特征。大多数诈骗犯在个性上表现为冒险性。其往往以假乱真，敢于在大庭广众或公开场所故作姿态，夸夸其谈。从气质类型来看，多数诈骗犯为多血质，其思维的灵活性强，适应新环境的能力强，具有较强的人际交往能力。从性格上来看，多数诈骗犯性格外向，擅长交际，他们适应性、应变力、模仿力较强，善于随机应变，能够准确把握不同人的心理变化，利用人性的弱点行骗。

2. 诈骗犯的行为特点

（1）伪装性。为了达到犯罪目的诈骗犯在作案前往往精心预谋和策划，采用各种方式来掩盖自己行骗的真实意图，其常常冒充各种身份，捏造事实，自我吹嘘，诱人上当。

（2）狡猾性。与其他类型的犯罪人相比，诈骗犯普遍智商较高，相关能力较强。其善于观察了解不同受害人的心理弱点并投其所好，采取多种手段行骗。

（3）多变性。为有效实施诈骗，诈骗犯往往姓名多变、年龄多变、身份多变、地址多变。但个别案犯的行骗行为具有习惯性，总是冒充某一特定身份作案。

（4）掩饰性。为了达到犯罪目的，诈骗犯常常故弄玄虚、不着边际、夸夸其谈，以掩饰其行骗的真实意图，从而使被害人深信不疑。

（5）短暂性。诈骗犯深知自己的骗局只能在短时间内迷惑被害人。因此，其一旦行骗成功，便迅速逃之夭夭。

二、贪污、贿赂犯罪心理

（一）贪污、贿赂罪概述

贪污贿赂罪是指国家工作人员或国有单位实施的贪污、受贿等侵犯国家廉政建设制度，以及与贪污、受贿犯罪密切相关的侵犯职务廉洁性的行为。本类犯罪中犯罪主体十分复杂，一类是自然人，一类是单位。就自然人而言又包括特殊主体即必须是国家工作人员，如贪污罪、受贿罪、挪用公款罪、巨额财产来源不明罪、隐瞒境外存款罪、私分国有资产罪、私分罚没财物罪等；又包括一般主体，如行贿罪、介绍贿赂罪等。就单位来说，既有纯正的单位犯罪，如私分国有资产罪、私分罚没财物罪，也有不纯正的单位犯罪，如对单位行贿罪。

（二）贪污、贿赂犯罪主体的心理特征

1. 动机特征

从动机内容来看，大多数贪污、贿赂犯罪主体是在追求财物动机的驱使下实施犯罪行为；也有一部分犯罪主体出于补偿动机，这部分犯罪主体多数为国有企业的法人或者高管，由于体制的原因，其为企业发展作出了较大的贡献、创造了价值可观的财富，而自身的收入确有限。因此，出现心态失衡，出于补偿动机而贪污公款或收受贿赂。从动机产生的过程来看，大多数犯罪主体犯罪动机的产生和发展有一个渐进的过程，即由一开始的"小打小闹"发展为大肆收受贿赂或疯狂贪污公款。

2. 认知特征

贪污、贿赂犯罪主体在认知方面发生了较为严重的偏差，具体表现为产生错误观念和法律意识淡漠。改革开放之后，国外腐朽思想的渗透、传统文化糟粕的影响及社会不正之风的冲击，使得一些国家工作人员价值观念、道德观念、权力意识发生变化：金钱至上，崇尚享乐，私欲蔓延与膨胀。在这些错误观念的影响下，许多国家工作人员经不住诱惑，从而铤而走险走上犯罪的道路。贪污、贿赂犯罪主体或出于对法律的淡漠认识，满足个人非法欲望不惜以身试法而身陷囹圄；或出于错误的法律观念，肆意践踏法律权威，把国家赋予的权力凌驾于法律之上为个人牟利，满足扭曲的价值需求；或出于"法不责众"等不良心态，试图规避法律的制裁获取利益。

3. 情感特征

贪污、贿赂犯罪主体的情感特征突出表现为情感体验的深刻性。贪污、贿赂犯罪主体大多具有良好的文化素养，对涉及自己职务行为领域的法律法规十分了解，也深知犯罪行为一旦败露的法律后果，其在犯罪过程中及犯罪后具有深刻的消极情感体验，具体表现为恐惧、

紧张、焦虑、抑郁等。

4. 能力特征

一些从事相关职业的贪污、贿赂犯罪主体具备一定的犯罪能力，这些能力能够为其实施犯罪提供保证和支持，如财会人员利用专业技能造假帐贪污公款，证券公司的工作人员利用专业技能暗箱操作来牟取暴利，银行工作人员利用专业技能挪用公款等。

5. 性格特征

贪污、贿赂犯罪主体普遍具有明显的负面性格特征，如贪图享受、好逸恶劳、自私自利、社会责任感差等，这些负面性格特征是推动其走上犯罪道路的重要原因。

（三）贪污、贿赂犯罪主体的行为特点

1. 掩饰性

贪污、贿赂犯罪主体无论是作案前为了顺利实施非法行为，还是作案后为了掩盖犯罪事实，规避法律追诉，这一类犯罪都体现出明显的掩饰性。

2. 隐蔽性

由于贪污、贿赂犯罪涉及的领域以及受犯罪主体生活阅历、社会经验、智慧、地位的影响，犯罪主体在犯罪预备、犯罪行为实施期间及罪后都不会明显表现出紧张、惊慌、兴奋、欣喜等情感特征。因此，其行为具有隐蔽性的特征。

3. 贪婪性

贪污、贿赂犯罪主体由于个人需要恶性膨胀，自身难以控制，随着时间的推移，其私欲不断增大，受此驱使，其在行为上具有明显的贪婪性。因此，其涉案金额往往巨大，造成较为严重的社会危害性。

三、走私犯罪心理

（一）走私罪概述

走私罪，是指个人或者单位故意违反海关法规，逃避海关监管，通过各种方式运送违禁品进出口或者偷逃关税，情节严重的行为。其具体罪名有：走私武器、弹药罪；走私核材料罪；走私假币罪；走私文物罪；走私贵重金属罪；走私珍贵动物、珍贵动物制品罪；走私珍稀植物、珍稀植物制品罪；走私淫秽物品罪；走私普通货物、物品罪；走私固体废物罪。

（二）走私犯罪主体的心理特征

1. 动机特征

从动机内容来看，走私犯罪主体犯罪动机单一化特点非常突出，具体表现为贪利动机，因为走私行为能够帮助行为人在短时间内牟取暴利。从犯罪动机构成来看，走私犯罪主体的犯罪动机以内在的犯罪意图的欲求为主，即犯罪主体是在动因推动之下实施犯罪行为，其个人需要恶性膨胀，对物质和金钱的欲望过分强烈，为此，其通过实施走私犯罪来牟取暴利。

2. 认知特征

从认知水平来看，走私犯罪主体普遍认知水平较高。走私犯罪主体大多数是业务方面的行家，精通、熟悉海关业务，不少本身就是某一领域的专业人员，有些甚至是政府工作人员，其不同程度地具备法律、经济、金融、外贸、税务等专业知识。因此，对于走私犯罪的性质和危害后果有足够的认识，其表现出明显的知法犯法。从认知内容来看，走私犯罪主体存在明显的认知偏差，具体表现为人生观和价值观发生了扭曲。其为了实现享乐主义的人生目的，在错误的价值观支配下，企图通过走私行为来维持自己和家庭的高档次生活。

3. 情绪情感特征

走私犯罪主体的情绪情感特征因犯罪经历的不同而存在较大的差异性。作为初犯和偶犯,其在作案过程中情绪稳定性较差,消极情绪较为突出,且情绪控制能力较差,具体表现为紧张、恐惧,这往往是其在作案过程中露出马脚的重要原因。累犯和惯犯情绪稳定性好,在作案过程中能够较好地控制自己的情绪,可谓喜怒不形于色;其在情感方面突出表现为社会性情感缺乏,根本不考虑自己实施的走私行为对他人和社会造成的危害。

4. 能力特征

走私犯罪主体大多受过良好的教育,学历层次较高,具有较高的智商,其犯罪能力普遍较强。具体表现为:走私犯罪主体社会适应性及应变能力较强,其自认为精通业务,手法高明,轻信绝对不会出现任何法律漏洞,犯罪很难被识破,得逞的概率大,常常多次作案。

5. 性格特征

走私犯罪主体具有明显的负面性格特征,具体表现为贪婪,狡猾,奸诈,过分以自我为中心,意志品质薄弱,禁不住利益的诱惑。这些负面性格特征与其实施走私犯罪具有密切关系。

(三)走私犯罪主体的行为特征

1. 行为对象的多样性

从走私犯罪主体的行为对象来看,其具有多样性的特点,即犯罪主体所走私的物品包括武器、弹药、核材料、假币、毒品、文物、贵重物品、珍贵动物、珍稀植物、淫秽物品、普通货物、普通物品、固体废物,可谓五花八门、多种多样。

2. 行为主体身份的复杂性

走私犯罪的行为主体既包括自然人又包括单位,从自然人的情况来看,其身份非常复杂,包括从事各种经济工作的人员、国家工作人员、普通旅客、专门以走私为职业的人员;从单位来看,其包括境内外各种类型的公司、企业、事业单位、机关、团体等。

3. 行为手段的隐蔽性

走私犯罪主体从犯罪心理产生到外化为犯罪行为往往具有较长的时间间隔,犯罪主体在实施犯罪行为前多精心策划,采取种种隐蔽手段,充分利用高科技,使用传真、手机甚至通讯卫星联络,使用电子系统转移赃款,或者利用国际间的管理疏漏与空隙进行跨国犯罪。

4. 行为过程的组织性

走私犯罪大多属于有组织犯罪,团伙作案,成员间往往存在利益捆绑,组织内部分工明确,每个成员都清楚自己的任务,组织内成员通过协作来实施犯罪行为。

5. 犯罪行为的冒险性

走私犯罪主体普遍智商较高,认识能力强,其懂业务,熟悉相关的法律知识,明知自己的行为要受到法律的制裁,但是仍然铤而走险,以身试法。

第四节　网络型(智能型)犯罪心理

一、破坏型网络犯罪心理

(一)破坏型网络犯罪概述

破坏型网络犯罪是指犯罪分子未经许可擅自进入计算机系统,对系统的储存、处理、传输的数据和应用程序进行破坏。其涉嫌的犯罪包括侵入计算机系统罪、破坏计算机信息系统功能罪、破坏计算机数据和应用程序罪、制作传播破坏性程序罪。这类网络犯罪只能在网络计算机信息系统内实施，主要对象是计算机程序或数据，属于信息攻击或破坏行为。其表现行为和犯罪手段有：未经许可非法进入计算机信息系统，即我们通常所称的"黑客"行为；破坏计算机信息系统，使其功能不能正常运行，如传播计算机病毒使计算机网络处于瘫痪状态。

(二)破坏型网络犯罪主体的心理特征

1. 动机特征

从动机内容来看，破坏型网络犯罪主体的犯罪动机主要体现在以下几方面：好奇动机，具有此类动机的犯罪主体往往年龄不大，其好奇心强，受好奇心的驱使侵入网络系统；戏谑动机，这一动机也称为恶作剧动机，此类犯罪主体精神空虚、无所事事，他们认为侵入计算机网络信息系统是一件富有刺激性的、挑战性的事情，其通过开玩笑或恶作剧的方式来获取快感以满足自己寻求刺激的心理需要；报复动机，具有这种犯罪动机的犯罪主体，往往心胸狭窄、报复心强，其报复对象可能是与其有仇怨或人际冲突的单位及个人，也可能是整个社会；贪利动机，具有此种动机的犯罪主体为了追求利益而制造病毒或者侵入网络系统。

2. 认知特征

破坏型网络犯罪主体存在明显的认知偏差，其认知范围狭窄、单一，尽管其智商较高，却对自己所实施的犯罪行为缺乏足够的认识，常常把犯罪行为认为是挑战自我的一种方式。此外，其由于认知范围狭窄，在现实生活中与人发生矛盾和冲突，不能正确地归因，片面地认为是他人和社会对自己歧视和不公。因此，在报复动机驱使下实施破坏型网络犯罪行为。

3. 情绪情感特征

破坏型网络犯罪主体的消极情绪情感较为突出。一些犯罪主体由于自小得不到家庭的温暖，在学校中受到同学们的嘲笑，在社会上又遭到歧视，导致他们对现实社会悲观、失望、甚至怨恨。这些消极情绪情感使他们将现实世界的情感移植到网络世界中，试图通过虚拟的网络世界来寻找安慰。青少年渴望得到社会的重视、人们的关注，这本是正常的心理需求，可长期的压抑使他们的心理处于一种十分微妙的状态，为了在短时间内引起别人的关注，他们便在自己擅长的网络世界中"大显身手"，充分地暴露其压抑在心底的需要和欲望，完全按照自己的意愿做自己想做的事。

4. 能力特征

破坏型网络犯罪主体具备较高的计算机网络方面的知识和技能，因此，其在作案过程中表现出较强的犯罪能力，能够在较短的时间内达到犯罪目的，造成极为严重的危害后果。

5. 性格特征

从性格的内外倾角度来看，大多数破坏型网络犯罪主体性格较内向。其在现实生活中表现为孤僻，冷漠，不善言谈，人际交往能力差，难以与群体沟通和融合。无法适应现实生活，甚至处处碰壁。因此，他们总是疏离于现实与群体之外，在虚幻的网络世界中，展现自己的才能，证明自身存在的价值，满足自我实现的需要。

二、利用型网络犯罪心理

(一)利用型网络犯罪概述

利用型网络犯罪是指利用计算机网络这一特殊资源共享和信息传递系统而实施的犯罪，

即以电子数据处理设备作为作案工具的犯罪。其主要类型包括利用网络进行侵占公私财产的犯罪行为，常见的犯罪形式有电子盗窃、网上洗钱、网络诈骗；利用网络进行色情传播、赌博等活动的犯罪行为；利用网络侵犯公民的人身权利的犯罪行为，主要是用侮辱性语言、文字、图像向各电子信箱、公告板发送，对他人进行讽刺、谩骂、恐吓甚至人身攻击，或捏造事实诽谤他人。

(二)利用型网络犯罪主体的心理特征

1. 动机特征

从动机内容来看，利用型网络犯罪主体的犯罪动机主要是财物动机。随着网络技术的发展，电子商务逐渐遍及金融、财务等各个领域。网络低廉的成本、超越时空限制的经营方式和巨大的利润，吸引了无数不法分子的视线，金钱的驱动使其产生犯罪动机，并实施犯罪行为。这种情形多发生在与金融、财务有关的网络信息系统。犯罪分子利用网络实施金融诈骗、贪污、窃取和挪用公款，进行经济犯罪。有些黑客窃取国家秘密、商业秘密、侵犯知识产权或计算机信息资源，通常也与获取经济利益有关。

2. 认知特征

从认知水平来看，利用型网络犯罪主体的认知水平较高，其往往智商较高，掌握较高计算机网络知识和技能。从认知内容来看，犯罪主体明显具有错误的认知内容，具体表现为人生观及道德意识发生了严重的扭曲。网络犯罪主体具有非常突出的享乐主义人生观，其为了满足自己的享乐以及腐化生活的需要，疯狂地进行网络侵财犯罪活动；犯罪主体的道德意识是以自我为中心的，所实施的犯罪行为以满足自己的需要为目的，不考虑行为的社会危害性。

3. 情感特征

利用型网络犯罪主体具有明显的情感扭曲的特点，甚至形成了反社会情感，其往往表现为道德感、责任感欠缺，荣辱颠倒，极少对自己的行为产生愧疚感和罪恶感。

4. 能力特征

利用型网络犯罪主体具有较强的犯罪能力，其一般都具有较高的计算机及网络知识和技术。回顾至今为止的各种利用型网络犯罪案例，犯罪主体一般具有较高计算机网络技术运用水平，他们以其熟练的技术，在网络海洋中恣意冲浪，凭借其在该方面的高知识、高技术，利用网络达到自身追求的不法目的。

5. 性格特征

利用型网络犯罪主体负面性格特征非常突出，具体表现为过分以自我为中心、缺乏社会责任感，极端自私自利、缺乏爱心和同情心，对金钱具有强烈的占有欲望、个人不良需要极度膨胀。

第十二章　不同主体犯罪心理分析

第一节　青少年犯罪心理分析

青少年犯罪作为刑事犯罪的重要组成部分,其总的发展趋势是随着整个刑事犯罪的发展而发展的。目前,青少年犯罪已经成为一个严重而普遍存在的世界性社会问题,与环境污染、吸毒贩毒并称世界三大公害。青少年犯罪心理的产生及其特征与家庭、学校、社会环境、个体身心发展等有着极其密切的关系。

一、青少年犯罪概述

青少年犯罪在我国犯罪学和司法上是指 14 岁到 18 岁的未成年人和 18 岁到 25 岁的青年人犯罪。

(一)青少年犯罪的特点

1. 犯罪类型多元化

以前的青少年犯罪,犯罪手段单一,社会影响不大,以小偷小摸、打架斗殴、流氓滋事为主,现在犯罪手段多样,更趋暴力化和智能化,抢劫、诈骗、强奸、绑架、行凶杀人、吸毒贩毒等,占了所有的犯罪类型。青少年犯罪除了抢劫罪、盗窃罪、故意伤害罪、性犯罪等传统类型外,也相应地出现了相当数量的与社会经济紧密联系的犯罪,如生产、销售伪劣商品罪,非法出售发票罪,掩饰、隐瞒犯罪所得、犯罪所得收益罪等新类型犯罪。

2. 犯罪主体多层次化

文化水平低不再是主要的犯罪原因,大学生、研究生犯罪人数上升;在校生犯罪的比例增加;女性犯罪率提高,而且在团伙中的作用、对社会的影响和危害性越来越大;初犯年龄和犯罪高发年龄越来越低,有些地区 14~16 岁成为犯罪青少年的主体;犯罪青少年家庭状况各式各样。

3. 犯罪形式团伙化

青少年犯罪团伙在各个国家都有急剧增加的趋势,同伙犯罪占青少年犯罪的 70%。由于青少年处于不成熟向成熟发展的过渡时期,这期间他们的心理和生理都在发生着剧烈的变化,心理和生理都很脆弱。他们自我意识增强,具有成人感和独立意向,什么都感新鲜,但由于知识面有很大的局限性、片面性和表面性,往往分不清是非、善恶、美丑、缺乏正确的是非观、法制观和审美观,再加上来自家庭、学校、社会三方面的压力因素,极易产生逆反心理,开始放任自流,很容易受坏人的腐蚀、拉拢和引诱走上歧途。随着青少年思维能力的增强,他们对家庭普遍产生一种离心力,他们往往在父母和老师面前封闭自我,却喜欢与年龄相仿、志趣相投的伙伴在一起,渴望友情、喜爱交往,乐于结伴行事,易于形成小规模的初级社会群体。然而,由于社会疏于引导,很多青少年群体受到社会上"哥们义气"等不良风气的侵蚀，互相帮衬打气，牟取私利，逐渐发展成为犯罪团伙。例如，2001 年 3 月，我国陕西西安警方破获了一个以绑架、抢劫、伤害为手段连续作案的青少年黑社会团伙"山合社"，"山合社"自 2000 年 11 月份成立以来已累计作案 20 多起。在其章程中，共有 11 条组织结构和纲领。据其中被捕的 6 人交代，他们经常观看暴力录像，他们的组织就是模仿香港某影片成立的。

4. 犯罪动机多样化、随意化

青少年不论在心理上还是在生理上，都处于未完全成熟时期，他们的人生观、世界观也尚未完全形成，辨别是非的能力和控制自己行为的能力都相对较弱，自制力差。因此不同于成年人犯罪较强的预谋性，青少年犯罪的动机多非深思熟虑，而是具有随意性，多为临时起意，如青少年的故意伤害、聚众斗殴等犯罪多是出于因琐事一时冲动、鲁莽冲动、哥们义气而为，或出于因感情纠纷争风吃醋、逞凶斗狠的心态；而盗窃犯罪多是出于对新奇事物、高科技产品的好奇和喜爱心理，其中犯罪对象以摩托车、笔记本电脑、新型手机为主，如盗窃摩托车的犯罪动机几乎出于对摩托车的喜好和占有。

5. 犯罪手段残忍、严重化

青少年正处在成长发育阶段，生理发育很快，但心理发展却比较慢，在思想上表现为不成熟性，容易走向歧途；并且易受到外界感染、刺激，产生感情冲动，走向极端。他们或行凶杀人、严重伤害，或暴力抢劫，或实施强奸，犯罪手段比较野蛮和凶残，往往是不计后果，带有一定程度的疯狂性。抢劫、强奸、杀人、伤害四类暴力犯罪案件中，青少年犯罪约占 43.5%。据报道，上海市一名 17 岁的少女因母亲对其管教太严，竟用刀将其母亲砍杀致死。在日本，2001 年年初，神奈川县一所中学的两名学生因不满老师的耐心规劝，居然动手"修理"了 8 名老师长达 1 小时，造成 2 名老师下颚骨折，一名怀孕女教师险些流产。时隔不久，日本西北部一中学生因不满老师的训斥，放学后用一把小刀连刺老师十刀，致老师惨死刀下。

6. 犯罪方式成人化、智能化

随着科技的迅猛发展和电脑的日益普及，高科技为青少年带来了丰富的知识和多元化的文化环境，促进了青少年个性与创造性思维方式的发展乃至现代观念的形成，但存在监管缺失，不良影视作品、网络游戏中充斥着色情、暴力的内容，对青少年产生间接的教唆和潜移默化的犯罪诱导。加之青少年接受力、模仿力强，近年来青少年犯罪手段不再限于以往相对简单、单一的形式，而是逐渐显现出成人化、凶残化的发展趋势。如一名少女为报复另一少女，以实施性虐待威胁对方，迫使其与两名少年发生性关系；有的以拍摄被害人裸照的方式勒索钱财；另外还存在多起对犯罪技巧要求较高的犯罪如诈骗犯罪；青少年运用高科技手段实施的智能犯罪呈现出不断上升的态势，具体表现在伪造证件、信用卡，利用高科技手段破译和盗用他人密码窃取钱财等犯罪案件日益增多。

7. 犯罪年龄低龄化

改革开放以来，我国社会经济迅猛发展，人们的物质生活水平获得极大的提高，青少年的饮食营养日益丰富，再加上各种保健品的运用，青少年的生理发育普遍提前。然而，青少年的心理发育却远远落后于生理发育，这样就形成了青少年生理"早熟"与心理"晚熟"之间的错位。同时由于社会经济的飞速发展，青少年接触社会的途径日益广泛，再加上各种媒体、网吧等社会环境对青少年的不良影响，致使青少年犯罪的年龄向低龄层渗透，低龄化倾向十分明显。

（二）青少年的年龄特征与犯罪

青少年正处于青春发育期、心理上的断乳期，这构成了其特有的身心特征。

1. 青少年的生理发育和心理发展与犯罪

我们认为，青少年随着年龄的增长以及生理特征的发展所带来的消极影响与犯罪存在着千丝万缕的联系。青少年阶段是人的一生中生理发育最快的时期。现在，我国少年儿童的生理发育期普遍提前。据 2009 年 4 月 22 日《羊城晚报》报道的一项最新调查结果显示，我国女孩青春期发育年龄平均为 9.2 岁，比 30 年前的 12.5 岁提前 3.3 岁。男孩稍晚些。青春期少年在生理上发生显著变化，青少年的生理发展直接影响到心理的发展，但心理发展水平往往落后于其生理发展水平，因此，两者不可避免地出现了矛盾，可能使青少年陷入不安、苦恼、忧伤、矛盾的状态，而这些矛盾冲突可能成为青少年犯罪的动因。

（1）精力过剩与缺乏支配能力的矛盾。青少年青春发育期生理发育迅速，活动量增强，但心理水平的提高相对缓慢，因而缺乏调节、支配过剩精力的能力，加上有的存在厌学情绪，因此，他们精神空虚，精力过剩，往往在社会不良诱因的影响下导致违法犯罪行为。

（2）好奇心强与认识水平低的矛盾。由于青少年的生理发育逐步成熟，其身体特征逐步成年化，产生了强烈的好奇心，特别爱模仿成人，成人感增强，但心理发展特别是认知能力发展不成熟，思维片面，分不清是非，容易受骗上当，进而实施违法犯罪行为。

（3）兴奋性高与自控力差的矛盾。青少年的腺体尤其是脑垂下腺发育不成熟，因而兴奋性高，情绪波动大，激情发作快而强烈。同时，他们意志品质未成熟，自控能力不足，不能有效地调控自己的情绪冲动，因此容易发生违法犯罪行为。

（4）性机能发育成熟与性道德理念形成滞后的矛盾。青少年性机能发育成熟，第二性征出现，产生朦胧的性意识。有的开始初恋。然而，我们对青少年的性道德教育一直比较欠缺，甚至是空白，不少家长和老师不愿甚至不敢进行这方面的教育，造成青少年性道德理念远远滞后于其成熟的性机能发育，一些青少年轻率地甚至是不择手段地实施性行为，结果走上违法犯罪的道路。

2. 青少年的心理内部矛盾与犯罪

青少年从其心理发展过程来看，是人一生中能量最大、活动量最多的心理机能高效期，如从脑电波的研究来讲，青少年脑电波不论快波和慢波，都比成人活泼多变，脑细胞的代谢率也最高。所以这一时期情感丰富，情绪冲动，记忆力强，联想丰富，但自制力低、认识水平不高，随即出现了心理内部矛盾。

（1）认识与情感的矛盾。青少年情感不成熟，容易因自己的好恶产生肯定与否定的情感，好恶过于分明，对事物缺乏客观的、正确的认识。因此，其不良的情感会妨碍他们接受正确的教育，干扰认识，同时又为青少年违法者建立"帮派"提供了心理条件（如"哥们儿义气"思想），因此在青少年犯罪中，团伙犯罪占着相当的比重。

（2）情感与意志行为的矛盾。情感能成为意志行动的动力，意志又能控制人的情感。但青少年意志与情感发展得不够成熟，在情感上表现为活泼、热情、强烈而不稳定，容易激动，好感情用事，不善于用意志去控制自己的情感，其意志力也容易摇摆不定，缺乏坚持性和自制力。如果缺乏正确引导和强有力的约束，有的就可能用违法犯罪来显示自己的"勇敢"、"胆量"、"英雄行为"。

（3）独立性意向和认识能力的矛盾。青少年的身心急速发展，使他们产生强烈的成人感和独立性意向，他们虽然具备成人的生理条件，但还没有具备适应环境变化的复杂的生理机制和认识能力，认识水平低，认识狭窄、片面，缺乏独立处理问题的能力，容易被引诱而违法犯罪。

3. 青少年在社会化过程中的心理发展和客观现实的矛盾与犯罪

青少年时期在个体社会化过程中是最重要的阶段。在此阶段，能否为完成社会化打下良好的基础，成为这时期最关键的一个问题。青少年中的违法犯罪人往往在社会化过程中存在以下矛盾：

(1)辨别是非能力差与不良外界影响的矛盾。青少年在社会化的过程中，既可受到外界积极因素的影响，也可受到外界消极因素的影响，但青少年辨别是非能力差，易受到外界不良因素的影响，形成青少年社会化的缺陷，如在知识、经验与社会规范的掌握方面，处理家庭与人际关系、人际交往能力方面、社会适应方面都存在明显的不足，造成社会适应不良，并在此基础上形成犯罪心理。

(2)个人需要与客观现实可能性之间的矛盾。青少年时期是一个需要最多、消费量最大的时期。突出表现为对物质需要多而迫切，社会需要有了显著的增加，产生了追求异性的欲望。但是，由于现实可能性的限制，许多青少年的需要往往得不到满足，就会产生挫折感。在不良的社会影响下，有的为了满足自己的需要而不择手段，实施犯罪行为。

(3)理想自我与现实自我之间的矛盾。自我意识是指个体对自己以及自己与外界相互关系的意识。自我意识可分为理想自我和现实自我两部分，由于现实的自我总是落后于理想的自我，特别是对理想变成现实必须经过艰苦奋斗缺乏充分的思想准备，当理想不能实现或不能完全实现时，就会产生惊恐不安心理，就会由热望转变为失望，出现理想自我与现实自我之间的失衡感，产生自我意识的矛盾。有的青少年为了实现自我意识的统一，在外界不良因素的影响下，形成错误甚至是反社会的理想自我，并采取非法手段改变现实自我，以符合错误的理想自我，从而走上犯罪道路。

二、青少年犯罪的心理特征与行为特征

(一)心理特征

青少年的心理是一个特定年龄阶段的心理，而青少年犯罪人的犯罪心理，是少部分青少年在成长过程中受外界不良因素影响，与自身原有不良心理因素结合发生作用后产生的。具有以下特征：

1. 认知特征

(1)文化水平和认知能力低。青少年犯罪人接受系统教育的时间短，绝大多数是初中以下文化程度，文盲、半文盲比例高。对道德、法纪缺乏正确认识，不能正确地评价自己和别人的品质和行为，常常错误地把那些格调不高、轻浮浪荡的举动视为潇洒有风度。思考问题一般带有表面性、片面性、情绪性、极端化缺点，缺少全面、客观、辩证、理性的认识。

(2)受暗示性、模仿性强。容易接受外界各种不良因素的暗示，或受到不良社会环境的感染，从而走上犯罪道路。其中影视、电子游戏、报刊杂志、网络中的暴力、色情信息对他们的潜意识具有强烈的暗示作用。他们思想单纯，缺少主见和理智，因而喜欢模仿他人，特别容易模仿偶像的行为，有的就在模仿中走上了犯罪道路。

(3)好奇心强，寻求刺激。青少年对大千世界充满神奇感、新鲜感，求知与探索的欲望很强，对什么事情都想尝试和体验，有时在强烈的好奇心驱使下滋生冒险冲动，甚至产生犯罪动机，因此他们一旦受到社会不良风气影响就可能走上违法犯罪道路。

2. 情绪情感特征

（1）缺少积极的社会性情感，情感简单幼稚。缺少理智感、道德感、美感、同情心这些高级的社会性情感，即使有，多半也是扭曲的。对人只看表面，不管动机，谁给他好处，他就认定谁是好人。与同伙交往时重感情，讲义气。所谓"哥们的酒杯一端，脑袋掉了也心甘"。相反，出于良好愿望批评他，他也不能接受，甚至认为故意和他过不去，哪怕是亲生父母，也"六亲不认"。

（2）自尊与自卑共存。一方面，自尊心强。希望得到别人的认可，凡是有伤自尊的事都会引起他们的反抗，特别是学习上的失败者最容易出现偏离行为，如捣乱、逃学、嘲笑并欺负学习好的同学，以干别人不敢干的事来显示自己，通过与老师顶撞来显示自己的勇敢，通过打架来显示自己的勇猛等。另一方面，自卑感或缺陷感突出。这与青少年存在种种自身条件不足有关。在自卑感作用下，引发过度补偿动机，容易实施犯罪。

（3）情绪不稳定，突发性强。青少年犯罪人高兴时会做好事，愤怒时又十分粗暴凶狠；感动时痛下决心改恶从善，受诱惑时又忘掉诺言而不顾一切。

3. 意志特征

青少年犯罪人具有意志的两重性特点。一是顽固性。犯罪的冒险和侥幸心理突出，不达目的不罢休，甚至不顾后果，不择手段，因此犯罪心理和犯罪行为容易恶化。二是动摇和脆弱性。在改恶从善时意志薄弱，经不起诱惑，受不住打击挫折，身处逆境时容易破罐破摔，因此，重犯率高。

4. 个性特征

（1）犯罪动机特征。其表现为：一是偶发性强。在诱惑、教唆影响下或简单模仿下，就可能形成犯罪动机，动机冲突不明显、易变、不稳定。受主客观因素的影响，犯罪动机发生动摇，在不利因素影响下，犯罪动机容易恶性转化。二是情绪色彩浓。犯罪动机产生、发展变化易受情绪的左右，缺少理智，不易把握。三是未被意识性明显。自己为何犯罪，犯罪的目的是什么，有的青少年犯罪人并不十分清楚，往往跟着别人一哄而起去作案，作案后又各奔东西。

（2）人生观腐朽、颓废。青少年犯罪人要么沉溺于对物欲、性欲、表现欲的追求中，要么悲观、消沉，看不到前途和希望，生活缺少明确目标。

（3）性格不成熟，有严重缺陷。主要表现为：缺乏对崇高理想、目标的追求，精神空虚；社会责任感不强，规范约束力差；分辨力低，难以认清是非善恶；缺乏羞耻心、同情心、怜悯心等，对人冷淡，有敌意等；暴躁，挫折耐受性低，好攻击；缺少独立性，自控力弱，易受外界情境和他人的影响。

（二）行为特征

1. 盲目性和易受暗示性

许多青少年犯罪人喜欢模仿偶像的言情举动，他们的犯罪行为往往是在成人或其他传播媒介的影响下发生的，如影视、文学作品、电子游戏、网络中的一些情节，往往成为青少年犯罪人盲目模仿的对象；有的青少年犯罪人的犯罪行为是在他人的有意教唆下发生的；有的青少年犯罪人因受团伙成员的影响，同伴之间互相感染，导致犯罪行为产生。

2. 情境性

情境，是指有利于犯罪行为发生的环境或气氛。青少年认识事物不全面，容易受感染、受暗示，情绪情感易冲动、激情易爆发，这种心理特征决定了其犯罪行为的发生容易受情境的左右，当外界存在适宜的犯罪环境和条件时，极易产生犯罪动机，在犯罪动机的支配下，迅速实施犯罪行为，犯罪行为缺乏预谋和计划。情境性特征表明青少年初次犯罪多是偶发的。

3. 戏谑性

青少年犯罪人大多对正当的学习、工作失去兴趣，道德水平低下，精神空虚，无所事事，为了消磨时间或寻求刺激，他们便会产生戏谑性的犯罪行为，以侵害他人为乐，把自己的快乐建立在别人的痛苦之上，以满足自己低下的精神欲求，如寻衅滋事、盗窃、强奸等。一些青少年犯罪团伙的戏谑行为，后果更为严重。

4. 反复、多样性

青少年犯罪行为的反复性指两种情况：一是初次犯罪成功后，心理得到满足，侥幸心理得到加强，产生了继续犯罪的动机及行为。导致连锁反应，造成恶性循环。二是犯罪行为被迫中止（如被发现制止）后，由于意志薄弱，或受他人影响，重新产生犯罪动机而实施犯罪行为。犯罪行为的反复性决定了其行为的多样性。青少年犯罪人纠合在一起，互相攀比，交流作案经验、传习作案技巧，结果犯罪人可实施多种犯罪行为，由"一面手"变成"多面手"，犯罪后果更为严重，使教育改造难度加大。

5. 结伙性

一般青少年在同龄人中寻找认同和心理支持，他们或者受江湖义气的影响或者想寻找靠山，于是经常结成团伙，共同进行违法犯罪活动，由于青少年独立性差，依赖性强，意志脆弱，结伙抱团，这就决定了他们在实施犯罪时，结成团伙共同进行。从近几年青少年团伙犯罪发展趋势看，团伙作案惯做大案要案，一旦团伙中加入了劳动教养和劳动改造人员或惯犯、累犯等成员，团伙就很快从一般共同犯罪发展为有组织的犯罪团伙，甚至成为一种有极大危害的带黑社会性质的犯罪组织。

第二节 女性犯罪心理分析

随着女性社会地位的提高，女性进入到社会生活的各个领域，越来越与男性一样拥有众多自我发展机会的同时，面临着各式各样的压力和困惑。尽管女性在犯罪中的比重很低，但在发展趋势上，女性犯罪逐渐增加。一些犯罪学家认为，女性犯罪人的比例将随工业化程度的提高而上升。因此，加强女性犯罪心理研究，具有重要的现实意义。

一、女性犯罪概述

女性犯罪，就是指女性实施的犯罪。近十多年来，我国的女性犯罪比过去有了明显的变化，犯罪类型日趋多样，手段更加高明，危害越来越大。

（一）当前女性犯罪的特点

1. 女性犯罪的感情因素多

女性的情感特征是感情丰富、细腻但脆弱，情绪起伏大。这一特征以积极的形式表现出来的是女性的善良、温柔，而以消极的形式表现则是理智丧失的疯狂，特别是母爱、妻爱的扭曲更易诱发犯罪。一些年轻女性，是爱情的理想主义者，一旦在感情上发生波折，则会自暴自弃或发生暴力性犯罪行为；另外，家庭的婚变，对子女的期望过高，女性的婚外恋情，也是女性发生犯罪行为的主要感情因素。正是因为绝大多数案件的发生都与女性的情绪情感因素有关，所以女性杀人犯罪所指向的对象一般是与其有情感纠葛的亲属、朋友。而犯罪年龄上以在成年后，即在婚恋阶段的为多。

2. 大多具有恶逆变倾向，重新犯罪多

我国女性过去曾受到种种歧视，现在在许多方面仍受到不公平的待遇，许多女性仍然是当前犯罪的受害者，特别是性犯罪的受害女性，她们往往受到不公正对待，甚至非难，加上一些女性自身感情脆弱，自卑心理严重，不懂得用法律武器保护自己，而是自暴自弃，与犯罪分子同流合污，或疯狂报复男性。女性犯人受到的歧视比男性更严重，所面临的困难更大、更多，她们因婚姻、家庭和事业遭受巨大挫折，重新犯罪的多，而且犯同一类型罪的占相当大的比例。

3. 以财、性、杀伤犯罪为主，兼有其他犯罪

近年来，女性犯罪开始涉及一些以前没有或很少涉及的犯罪领域，如贪污、贿赂、抢劫、帮会、团伙、贩毒、走私等。但以侵财犯罪、经济犯罪、贪污受贿犯罪、性犯罪、暴力犯罪为主。据统计，女性侵财犯罪一般占全部女性犯罪的45%~50%，一直是女性犯罪中居首位的犯罪，其中又以盗窃、诈骗犯罪占绝大多数。近年来，女性犯罪中的贪污、受贿犯罪的发案数也明显增多，案值也越来越大。而且女性犯罪人实施经济犯罪所占的比重基本高于男性。当前女性犯罪中的性犯罪比例较高，其增长速度超过各类犯罪的增长速度，且危害非常严重，并且女性性犯罪主要集中在组织、强迫、引诱、容留、介绍卖淫和淫乱。女性杀人和伤害在女性犯罪种类中占20%左右，主要是奸情杀人、报复杀人、溺婴和残害儿童致死以及毁容等。女性杀人的主要手段已从传统的投毒方式发展为用刀或钝器袭击和砍杀。女性杀人者以26~30岁的已婚女性占绝大多数，侵害对象主要是其丈夫、子女等亲属以及邻居和熟人。此外，女性实施的毒品犯罪、拐卖人口犯罪和重婚等犯罪行为也日益增多。

4. 犯罪成员中，农村妇女所占比例较大，青少年女性犯罪日益突出

女性犯罪中，农村女性居首位，据有的地方调查，达到50%以上，有的甚至达到80%，而且呈逐年上升趋势，尤其女性暴力犯罪、女性拐卖妇女、儿童犯罪，以农村妇女居多。特别值得注意的是女性犯罪的低龄化趋势严重，犯罪形式由"依附型"向"独立型"发展。据统计，我国25岁以下的犯罪女性青少年罪犯占整个刑事案件罪犯总数的13.3%，占青少年罪犯的18.64%，占女性罪犯的54.8%，而且一些地方女性青少年犯罪的增长速度远远超过男性青少年犯罪的增长速度。女性青少年罪犯的犯罪类型主要是以追求"钱财"和"淫乱"的财产型犯罪和性犯罪。过去，女性青少年罪犯往往与男性罪犯合伙盗窃，处于从属地位。现在，女性青少年罪犯单独作案或团伙作案的案例日益增多，她们或盗窃，或抢劫，或诈骗。

5. 犯罪的危害性严重

一方面，女性犯罪多诱发其他犯罪，如女性性犯罪，通常诱发杀人、伤害等暴力犯罪。流氓团伙中有女性的，一般都同时进行盗窃、抢劫等财产犯罪。在男女混合型犯罪团伙中，往往以女犯为首犯、主犯，女犯的非法行为是团伙纠合性的基础。另一方面，女性犯罪具有腐蚀性、弥漫性。女性青少年违法犯罪受不良因素的影响是主要原因之一，有相当一部分女性犯罪是受其他女性犯罪分子的教唆、引诱、欺骗而导致的。女性犯罪性质恶劣，与女性犯罪者之间的交叉感染有极大关系。

（二）女性性别特征与犯罪

在生理上，女性的身体素质、性器官等方面与男性存在着差异，而且在女性社会化的过程中，由于人们对性别角色的不同期待，使男女两性在性格、能力、情绪情感、意志等方面

存在着较大的差异，成为女性犯罪的重要因素。

1. 女性青春期与犯罪

一般 12 岁时，女性进入青春期，在生理上趋于成熟，为性爱心理的产生提供了必要的先决条件。此时，由于她们思维不成熟，识别力和判断力差，易片面和武断，使青春期女性的性爱心理既强烈，但又不稳定。单靠自身尚不成熟的心理因素很难控制生理发育的自然需求，致使其片面追求性生理的满足，最终在两性问题上发生越轨行为并引发其他犯罪行为。另外，青春期女性的犯罪行为与物质欲望的增强有密切关系。青春期女性由于对成年人的模仿，其物质欲望越来越强，档次越来越高。但其经济能力低下，因此造成了虚荣心理与经济能力低下的矛盾，这种矛盾往往使青春期少女突破家庭的经济限制，到家庭以外寻找经济来源，从而产生相关的犯罪行为。

2. 女性的特殊生理时期与犯罪

(1) 月经期。国外学者研究认为，女性犯罪与月经有密切关系。女性在月经前和月经期间，对刺激敏感易怒，冲动性强，心情易变，难以抑制怨恨、嫉妒、绝望等消极情绪，容易发生偷窃、杀人、纵火等犯罪行为。这表明月经前期综合征是导致女性犯罪的重要原因。

(2) 生育期。处在生育期的女性具有独立意识强，神经持续兴奋，精力旺盛，需要爱抚等心理特征，生理上已完全发育成熟，欲求增加，欲求得不到能满足时易实施犯罪行为。

(3) 更年期。40~55 岁的更年期女性的绝经也会对其生理、心理产生严重的不良影响，这一时期，随着卵巢功能逐渐衰退，女性荷尔蒙分泌减少，导致更年期不适，甚至出现更年期综合征，一方面是身体受到煎熬：失眠、潮热出汗、疲乏心悸；另一方面是心力交瘁：烦躁易怒，甚至明显的精神病态。因此易与人发生冲突，攻击性强，会导致许多犯罪行为的发生。

3. 女性角色与犯罪

(1) 依附心理与自我保护能力差的矛盾。一方面，女性思想意识中形成了顽固的依附于男性的心理。她们倾向于将男性的言行权威化，易受男性的暗示，缺乏主见和掌握自己命运的能力；另一方面，女性不仅体弱，而且分辨是非的能力低，易屈从于权威，自我保护能力差。女性这种强烈的依附心理和自我保护能力低并存的特点，导致一些女性因轻信他人而盲目犯罪。

(2) 女性承受的工作和家庭压力增加。随着社会的发展，女性参与社会的机会越来越多，越来越紧张的生活节奏对女性提出了新的要求，许多女性忍受不了力所不能及的工作压力而厌弃工作。目前许多女性进入了高、新、尖行业，但是在追求事业的道路上，妇女往往要付出比男人更多的代价，承受更大的压力；与此同时，女性在家庭中承担了大部分的家务，忠实地履行母亲及妻子的义务，沉重的家庭负担使她们经常处于疲惫和紧张状态。工作与家庭的巨大压力使女性容易产生烦躁、不安及厌恶生活的情绪，有的甚至对社会、对周围的人产生敌意。生活层次越低的女性，这种心理状况越明显。因此容易出现杀人、伤害等犯罪行为。

二、女性犯罪的心理特征和行为特征

(一)心理特征

1. 认知特征

主要表现为认识范围狭窄，认识水平低。

（1）缺乏对重大社会问题的认识，甚至显得愚昧无知。犯罪女性对社会政治、经济、文化、科技、教育、法律不感兴趣，而热衷于谈论发生在身边的琐碎小事。

（2）认识、评价事物不是以道德和法律为标准，而是以自己的需要和经验为标准。

（3）思维的批判性、深刻性、逻辑性差。缺乏主见，易受暗示和盲从；不善于透过现象发现本质，容易被表面现象所迷惑；看问题带有很大的片面性，不能从多角度认识事物；认识问题缺乏逻辑连贯性，得出的结论缺乏充分的说服力，认识问题的情绪色彩浓。

2. 情绪情感特征

（1）扭曲的母爱、情爱。女性注重个人的情感生活，其中尤为看重恋爱、婚姻家庭生活，将婚姻幸福、家庭美满作为个人幸福最重要的部分。为此，女性可以承受种种艰难困苦，也可以牺牲自己的事业。但所有这些付出并非是无偿的，一旦欲求得不到满足，行为就可能丧失理智。例如，对孩子"恨铁不成钢"可能导致伤害孩子；女性大多是爱情理想主义者，当婚恋发生变故，被丈夫、恋人抛弃，可能滋生强烈的怨恨与绝望情绪，嫉妒心理爆发，报复他人，或自暴自弃而犯罪；受畸形母爱、情爱的驱使，不惜实施职务犯罪，将非法所得给予孩子、丈夫、情人。

（2）情感丰富、细腻、脆弱，易动感情。女性的情绪情感容易变化，一个极细微的动作，一句平常的话，都可能引起女性强烈的情绪情感反应。而且情绪一旦产生，女性又倾向于不断强化它，情绪长时间保持甚至加强。女性很敏感，甚至无端猜疑，容易深陷其中，不能自拔。这就导致一些女性犯罪人常常感情用事，理智难以控制情绪情感，行为受情绪情感左右。她们对别人的批评会极端反感，而对能满足自己需求的人，则视为知已，为了报答他人，可以失身，易受唆使去犯罪。

（3）情绪波动大，两极分化明显。女性的情绪反应强烈，理智判断力差，对事件的性质及可能出现的后果估计不准、不足，紧张、愤怒情绪占据其内心，从而导致行为失控。特别是在女性特殊生理时期，容易滋生烦恼、忧郁等不良情绪，在不良刺激面前，容易出现冲动性犯罪行为。另外，女性的情绪情感呈现两极分化的特征，喜怒无常，难以捉摸，有时对人和事表现出极大的热情，喜形于色，眉开眼笑，手舞足蹈，有时忽而变得冷漠，甚至仇恨、敌对，导致犯罪动机的产生和犯罪行为的实施。

3. 动机特征

（1）犯罪动机形成的恶逆变倾向，即先是受害者，后转为加害者。许多女性犯罪人犯罪前，往往是受害者，如被侮辱、强奸、拐卖，或受到丈夫虐待摧残，由于女性性格的软弱以及受封建道德的桎梏，为了脸面、名声，就消极忍受，或自暴自弃。当消极情绪累积到一定程度时，遇到适当机会，就像火山一样爆发，不顾一切，实施伤害、杀人、投毒、纵火等恶性犯罪。

（2）女性犯罪动机以官能享受、母爱情爱和报复动机为主。

①为了占有钱财。对物质生活的享受有贪婪的需求，犯罪动机表现出"有利即图"的特征。据调查，在女性犯罪人中以钱财为动机、目的的占 57.7%。[1] 女性犯罪人将赃款赃物用于吃喝玩乐的占 32.5%，购置高档物品的占 12.5%，尽力追求物质享受。[2]

②为了性生理的满足。有的女性犯罪人为了满足其强烈甚至变态的性生理欲望，性关系

① 周路．当代实证犯罪学新编——犯罪规律研究［M］．北京：人民法院出版社，2004：107．

② 康树华．当代中国犯罪主体［M］．北京：群众出版社，2004：87．

混乱，甚至发展到群宿群奸等性淫乱的地步，常采用流氓、卖淫等手段达到目的。对她们来说，卖淫，并不是因为穷，并不只是为了钱，还可解决孤单、寂寞、生理享受等问题。

③为了畸形的母爱情爱。导致女性犯罪的原因多种多样，其中感情因素，特别是母爱、情爱的扭曲容易诱发犯罪。据调查，有 45.5% 的女性罪犯的犯罪根源来自婚姻和家庭。① 有的认为孩子是自己生的，可以任意处置，于是打骂虐待孩子，构成过失伤害罪；被配偶、恋人、情人抛弃，滋生嫉妒心理，于是伤人杀人；为了给子女、丈夫、恋人、情人创造优厚的物质生活条件，有的女性利用职务之便，贪污受贿、挪用公款。据司法部门追查她们赃款的去向，用于女性个人挥霍的仅为很少部分，大部分用在子女、丈夫、恋人、情人身上。

④为了报复。女性的报复动机大多是由于客观上存在的"不法侵害"所引起的，大多具有恶逆变性质。据有关专家研究，女性攻击犯罪 85% 是出于报复动机。另据调查，女性图谋报复而犯罪的占 18.3%（而男性占 10.3%），而在实施报复犯罪中，与受害者早有矛盾的，女性为 48.3%（而男性为 34.9%），表明女性在实施报复犯罪中，作案对象多为平时所认识的，且早有矛盾纠纷的人。那么，这些女性因为什么原因报复他人呢？据调查，27.3% 是因为家庭矛盾，18.2% 是因为婚恋受挫，18.2% 是因抢劫杀人，9.1% 是因经济纠纷。②

4. 意志特征

女性犯罪人的意志具有两重性特点。一方面，在抵御诱惑和改邪归正的道路上，表现出意志薄弱，抵挡不住男性的性诱惑和金钱物质的引诱，容易上当受骗，从而实施性犯罪和财产性犯罪。即使发现自己的行为已偏离正常轨道，也因意志薄弱而对改变自己的生活遭遇缺乏自信，对别人的引诱与怂恿被动盲从。另一方面，在实施犯罪过程中，表现出顽固而执拗。这与她们认识上的缺陷和行为上的情绪性特点有关。性犯罪女性一旦发生了不正当性行为或参与了淫乱活动，就会从此堕落下去，难以改过。女性杀人犯虽然体力不如男性，但内心的狠毒会使她们具有不达目的不罢休的执拗性，直至置对方于死地。有的女性犯罪人案发后，会舍身庇护男性同案犯，自己一个人"全扛"，比男性犯罪人的意志更加顽劣。

5. 个性特征

(1) 人生观腐朽堕落，道德水平低，法制观念淡薄。①女性犯罪人追求享乐，爱虚荣，追求及时行乐，生活情趣低，信奉"不玩不乐，一生白活"，"青春不美，老了后悔"；②在道德观方面，既对是非好坏说不清楚，也容易走极端。有的封建道德观念根深蒂固，如男尊女卑的夫权思想、狭隘的贞节观念、从一而终的婚姻观念等。在家庭婚姻中，一旦出现第三者插足，或被恋人玩弄欺骗，或受到丈夫厌恶遗弃，就会产生强烈的悲愤和报复心理，或出现婚外性行为、性放荡，或实施杀人行为；而有的女性在摆脱了封建道德束缚的同时，全盘接受资产阶级道德观念，追求"性自由"、"性解放"，插足他人婚姻家庭，或群宿群奸，或卖淫；③法制观念朴素甚至淡薄。这与一些女性特别是农村女性受教育机会少、知识贫乏有关。自身受到不法侵害后，不是求助于法律，一般是先忍辱偷生，最多是求助于基层组织调解，当问题得不到解决或遭到更严重侵害时，她们就会走极端，用自己的方法解决问题，以致触犯刑律，由被害人演变为犯罪人。

(2) 需要层次低级、需要结构畸形。女性犯罪人由于知识贫乏，人生观腐朽堕落，道德水平低，因此其需要层次局限于生理需要和低级的精神需要，缺乏高级需要的调控，使低级

---

① 周路. 当代实证犯罪学新编——犯罪规律研究[M]. 北京：人民法院出版社，2004：107.
② 周路. 当代实证犯罪学新编——犯罪规律研究[M]. 北京：人民法院出版社，2004：107.

需要恶性膨胀。例如，经济犯罪女性贪图钱财，追求享乐；性犯罪女性有的是为了钱财出卖肉体，有的为了满足畸形的性需要，就玩弄异性，肆意淫乱。

（3）性情柔弱，依附性强。例如，细心、文静、温柔、顺从、忍耐、缺乏主见、富于内心体验、情绪波动大、信心不足、胆小怕事、依赖等。女性的这些性格特征，使她们在受到挫折或受伤害时，容易走上极端，有的破罐破摔，有的感情用事，实施报复。依附性特点使女性往往组成犯罪团伙作案，或同性别纠合，或女性和男性纠合结成犯罪团伙。特别是男女混合的犯罪团伙大量存在，这充分说明女性犯罪依附于男性的特点，而且在这种团伙作案中，女性的地位往往是从属性的、辅助性的、帮手的地位。

（4）自我保护能力、分辨是非的能力和掌握自己命运的能力低。女性体力不如男性，体现在犯罪类型上，女性较少实施力量型、攻击型、灵敏型的犯罪，而主要实施隐蔽性、欺骗性的犯罪，如投毒、溺杀、骗杀、遗弃等，即使在女性暴力犯罪中，也很少采用直接暴力手段，如杀人犯罪，多用诱骗、投毒手段。因部分女性能力不足，使其形成了顽固的依附于男性的心理，容易将男性言行权威化，容易受男性的暗示和诱骗，从而盲目地走上犯罪道路。

（二）行为特征

1. 冲动性

犯罪女性的情绪情感极不稳定，常感情用事，当激情产生或出现犯罪情境时，就难以控制自己，迅速产生犯罪动机，并外化为犯罪行为。特别是由于家庭矛盾激化引发的暴力犯罪，往往手段残忍。这种犯罪侵害的对象是具体而确定的，多为家庭矛盾的对立方及其密切相关的人。犯罪后，随着仇恨的消解，又产生悔恨之心。

2. 非力量型

女性的生理特征，决定了她们很少实施力量型犯罪，而是充分施展自己的女性魅力，如采用色情手段从事诈骗、盗窃、拐卖人口、流氓等犯罪。作案中，如遇到突发情况，不像男性那样负隅顽抗或盲目逃走，而是镇定并寻找逃走机会，因此较易蒙混过关。另外，女性犯罪人往往利用别人的同情心，以弱者的姿态出现，博取别人的同情，达到犯罪目的，这也是近年来常见的女性诈骗手法。值得注意的是，近年来女性暴力犯罪有增多的趋势。

3. 色情犯罪多

女性色情犯罪的增长速度超过各类犯罪的增长速度，追求性享乐和金钱是女性色情犯罪的主要原因。另外，早恋、失贞、遭强暴等不良经历是其走向色情犯罪的外部因素。

4. 隐蔽性、预谋性

犯罪学家桑戈·波拉克等人认为，女性具有与生俱来的虚伪、秘密、不坦白等性格特征，实施犯罪时，喜欢采用隐蔽、曲折或诡诈的方法。国内外司法实践表明，女性犯罪均是在长期谋划、权衡利弊、充分准备之后作案的，因此侦破难度较大。大部分女性犯罪案件都是经过较长时间才破获的。

5. 团伙作案日趋明显，犯罪形式趋向男性化

女性犯罪团伙主要有两种形式，即单纯女性组成的和男女混合型的。淫乱型、财产型团伙犯罪是女性团伙犯罪的主要类型，涉及卖淫、流氓、诈骗、抢劫、盗窃等犯罪形式。女性犯罪团伙总是与"性"和"财"紧密联系的，单一性质的犯罪团伙很少。淫乱型流氓团伙大部分为了获取钱财而去卖淫，或流氓奸宿、群宿群奸；而财产型犯罪团伙也有部分是利用色相勾引，设圈套而进行抢劫、诈骗的。女性犯罪团伙的犯罪形式逐步趋向男性化，在行为、手段、方式、犯罪情节、危害后果等客观力面趋向男性犯罪。特别是女性犯罪团伙中那些犯罪持续时间长、经验丰富、恶习深的女性犯罪人，在实施犯罪时胆大，犯罪情节恶劣，后果严重，她们不在乎道德规范，很少受到良心谴责，在畸形的性快乐和金钱利诱面前无所顾忌、不择手段，犯罪手法老练成熟。

第三节 老人犯罪心理分析

一般界定老年期是 60 岁以上。目的，不论我国还是世界，正逐渐步入老龄社会，老龄人口在整个人口中所占的比例将越来越大。

一、老人犯罪概述

所谓老人犯罪，是指 60 岁以上的人所实施的犯罪。一般来讲，在整个社会的犯罪中，老人犯罪的比例是比较低的。但随着人口老龄化现象越来越突出，老人犯罪问题也就越来越突出。因此，对老人犯罪心理进行研究很有必要。

(一)老人犯罪的特点

1. 非暴力性

由于体能逐渐萎缩、衰退，老人难以实施特别需要体力和速度快的犯罪，往往采取非暴力手段，表现为智能性、间接性、隐蔽性的特点，不易被发现，多以儿童、妇女或弱智、病残者为侵害对象，多采用诱骗、教唆、放火、盗窃、侵占、窝赃、赌博、伪造、投毒等手段进行犯罪。

2. 主要实施性犯罪和财物犯罪

据调查，1996 年老人犯罪位居第一的是性犯罪，而 2002 年财产犯罪则上升为第一位。[①]由于他们不可能像青少年那样产生爆发性的冲动和进行暴力性犯罪，所以老人的性犯罪不像青少年那样具有强暴性特点，他们大多是以猥亵幼女或痴呆妇女，或利用特权，或以要挟手段等猥亵妇女。有的则表现为观看色情录像、报刊和嫖娼等性违法行为。这些都说明老人犯罪具有体衰欲不减的特征。此外，在拜金主义思潮的影响下，为了图钱财参与盗窃、赌博或诈骗的较突出，特别是一些老干部晚节不保，走上贪污、受贿经济犯罪的现象比较严重．出现所谓"59 岁犯罪现象"。

3. 因家庭矛盾激化导致的暴力犯罪增多

现代家庭结构面临着巨大冲击，原来的祖孙三代的典型家庭被三口的核心家庭所替代，老人生活孤单。有些老人虽然与子女一起生活，但是却比过去的家庭少了一些忍让。因此由于家庭关系恶化导致老人犯罪的案例增多，而犯罪侵害的对象多为家庭矛盾的直接方或家中的孩子。

(二)老年人年龄特征与犯罪

一个人进入老年朗，生理、心理上会发生很大变化。比如，身体衰退，感官功能下降，记忆力衰退，反应迟缓，耳聋眼花，运动机能下降等。另外，进入老年期，许多人不再承担社会职务，其社会角色也发生了变化，因此，出现了其特有的年龄特征。老年期的年龄特征与犯罪的关系主要表现为：

1. 社会适应不良与犯罪

---

① 周路．当代实证犯罪学新编——犯罪规律研究[M]．北京：人民法院出版社，2004：118.

对离退休不适应，在许多老年人心目中，以前工作是自己生活的重心，在工作中受到他人的尊重，得到社会的认可，在社会交往中得到乐趣，在家庭中自己又是主要的经济、精神支柱。但是，当他们离退休后，生活失去重心，个人价值难以体现。对生活方式不适应，由一个社会重要角色转换成家庭角色，从家庭的重要角色转换成家庭的次要角色（经济来源上），从事简单体力劳动而无其他技能的老年男性，离退休时间早，又不能安于家务，无法找到正常的生活乐趣。对经济收入变化不适应，有的老年人还出现经济收入下降，生活困难。因此，许多老年人在心理上无法接受这种角色转换，无法适应这种生活，有的人可能从其他活动中寻找生活意义，消耗剩余精力，一些人就可能走上犯罪道路。

2. 家庭角色适应不良与犯罪

（1）父子（女）、母子（女）关系与犯罪。随着社会角色的变化，老年人在家庭中的核心地位和主导地位逐渐发生动摇，作为家长的形象开始发生变化。某些低素质的子女看到父母既不能给家庭带来收入，又需他们负担老人的生活费用，于是对父母亲的态度逐渐恶劣。而父母一生辛苦为子女，到头来反遭子女厌恶，感到灰心丧气，因而产生绝望情绪，就可能进行报复性犯罪行为。

（2）夫妻关系、婆媳关系与犯罪。离开工作岗位后，老年人易滋生失落感，使他们尤其是老年男性更加忧郁沮丧，情绪不稳定，使夫妻间产生沟通障碍，出现摩擦和矛盾，于是引发一些犯罪行为。随着人们思想观念的转变，传统意义上的"大家庭"越来越少，而婆媳关系也产生了变化，公婆的地位一落千丈，缺乏孝心的媳妇更是冷嘲热讽，白眼相向。许多老年人不堪忍受，便采用犯罪行为以泄心中不满，有的则以自杀的方式进行抗议。

（3）性心理障碍与犯罪。人到老年后，仍具有一定的性能力、性欲望，特别是老年男性保持时间更长，但由于家庭变故多（如丧偶），因而有些老年人（尤其是男性老年人）的性要求得不到正当的满足，有的表现为人格变异，丧失生活兴趣，家庭矛盾加剧等；有的则观看色情录像、色情报刊等。近年来也出现了老年嫖娼等行为，甚至发展为奸淫幼女，觊觎媳妇等行为，由此而产生一系列与性有关的违法犯罪行为。

二、老人犯罪的心理特征与行为特征

（一）心理特征

1. 认知特征

首先，老年人的感知觉和记忆能力衰退。这使老年人一般不能进行智能犯罪，犯罪过程比较简单。其次，思维活动趋于偏狭固执。因而常不能正确感知和认识事物，易出现猜疑心理，容易在这种被害猜疑心理的驱使下实施报复性行为。再次，易产生一些错误认识。如有的以年老为由，倚老卖老，什么愿望都想满足；有的因未能给子女创造良好生活条件，就产生愧对子女的心态，于是通过不正当手段获取不义之财，以补偿这种愧疚感。

2. 情绪情感特征

老年期常被看作人生的第二个危险期，在情绪情感上突出表现为情绪不稳定和强烈的负性情绪情感。

（1）情绪不稳定。容易产生情绪回归现象，一些老年男性遇到挫折时，就会失去已经形成的成年人的那种克制和理智，变得像儿童那样任性、固执和冲动，怨天尤人、随意责怪他人，缺乏宽容、通融态度，因小事而激起不可调和的矛盾冲突，出现攻击性的言语和行为，有的构成了犯罪。

(2)消极情绪明显。由于老年人身心衰退和生活环境的改变，会产生许多新的需要，如得到子女的关心和老伴的理解、安慰以及社会的尊重等。由于主客观原因，有些需要又难以得到满足，于是便产生孤独、郁闷、紧张、焦虑、嫉妒、敌视、绝望等消极情绪情感，加上老年人适应环境的能力和应变能力的降低，难以通过自身的心理调节来缓解这些消极情绪情感，从而容易使消极情绪情感累积，情绪情感体验强烈而深刻，产生了强烈的挫折感和绝望感，并引发攻击性犯罪行为。

(3)负性情感突出。主要表现为自负和无责任感。自负心态即老是强调自己的贡献，不甘心退出工作或劳动角色，似乎遭社会抛弃，对社会不满。有的产生自我解除社会责任感，为所欲为，以填补内心的空虚，如实施聚众闹事、扰乱社会秩序等犯罪。

3. 意志特征

老年犯罪人具有意志薄弱的特征，表现为控制能力低下，固执，不正确的观念、不良行为方式、不良行为习惯难以改变，具有顽固性，因而使老年犯罪人难以改造矫正。

4. 动机特征

老年犯罪人的犯罪动机主要是"为钱财"和"为性满足"。因此，导致老年犯罪主要是侵财型、经济型犯罪和性犯罪。

此外，嫉妒、报复与包庇、纵容等动机也比较突出。嫉妒、报复动机导致老年人容易实施投毒、纵火犯罪，在包庇、纵容动机驱使下实施包庇与窝藏犯罪。

5. 人格特征

(1)敏感多疑。老年人由于认知能力减退，不容易弄清周围所发生的事情，同时由于经济地位、抵抗能力等的下降，往往产生强烈的自我防御倾向，因而常常把自己弄不清楚的事情往坏的、不利于自己的方向去猜想，甚至产生幻觉、妄想，如听觉幻觉、被害妄想、中毒妄想，而且妄想的对象多为家人或亲属，与经济、财产有关的问题在妄想中占多数。这容易导致家庭人际关系紧张，矛盾加剧，从而发生老年人的防御性犯罪行为。

(2)抑郁保守。因老年人健康状态不良、丧偶、经济收入减少、失去社会联系等因素，使他们心情抑郁，没有精神，失去希望，不安、焦躁、易怒。随着老年人记忆力和学习能力减退，他们往往讨厌新奇的东西，偏爱旧的习惯、想法。这种心理常使他们出现强烈的心理失衡，轻者慨叹今不如昔，重则会情绪爆发，伤人毁物，造成严重后果。

(3)自我中心。由于身心衰退，社会地位产生变化，子女对其冷落，造成部分老年人有严重的自我中心倾向，并以任性、固执的形式表现出来，他们时刻关心自己的生活与安全，唯恐受到侵害，固执地维护着自己的日常起居习惯和交际方式，这种固执态度往往引起家庭矛盾，造成人际关系紧张，而导致犯罪行为产生。

(4)中毒精神病。不少老年人进入老年期前，已养成饮酒的习惯，进入老年期后，为了逃避现实，饮酒更甚。长期饮酒，很容易引起慢性酒精中毒，最后发展为中毒精神病，因而，常不能适应社会，甚至实施犯罪行为。因而，台湾有学者把酗酒犯罪列为老人犯罪类型中的第二位。

(二)行为特征

1. 非暴力性

由于老年人身体衰弱，运动机能下降，因此他们实施的犯罪多为非暴力性犯罪，如伪造、诈骗、侮辱、赌博、奸幼等。由于老年人的社会经验丰富，对不同人的性格特征也较为了解。因此，有些犯罪活动，虽然老年犯罪人无法实施，但他们通过教唆、策划，甚至主谋、幕后操纵等方式来借助他人达到自己的犯罪目的。因此国外学者称之为"软弱的犯罪"。

2. 独立性

老人犯罪绝大多数独立进行，很少有结伙犯罪的现象。这是由于他们感到和他人一同作案暴露的机会多，容易被抓获和带出，加上老年人特有的敏感多疑，不相信他人，因此他们作案时往往独立进行。

3. 反复性

由于老年人固执己见，已经形成的行为习惯不易改变，一旦其犯罪行为得逞，则容易重犯，并再次使用原有的犯罪行为方式，即使经过监狱改造，效果也不明显，再犯的可能性较大。

第四节　变态者犯罪心理分析

一、人格障碍与犯罪行为

有研究发现，在罪犯中，表现出人格障碍的比例非常高，这提示人格障碍的研究对犯罪预防的意义。

(一)人格障碍的概念及特征

1. 人格障碍的概念

人格障碍又称变态人格、病态人格或人格异常，它是一种人格在发展和结构上明显偏离正常，以致不适应正常社会生活的异常人格。人格障碍是一种人格发展的内在不协调，主要是道德、情感、动机和意志行为活动等方面活动发展不协调的异常，一般不伴有认知过程障碍和智力障碍。由于这种内在不协调，使人格障碍者常常在估计社会环境形势对自己的要求、评定自己的行为方式、处理人际关系以及对周围环境的刺激作出恰当的反应等方面都出现严重的偏差。因此，他们在现实生活、工作中，常与周围人甚至亲人发生冲突，对工作缺乏责任感和义务感，经常玩忽职守，甚至超越社会伦理、道德规范，作出扰乱他人或危害社会的行为。

2. 人格障碍的特征

人格障碍的特征十分复杂，各国学者看法不尽统一。英国精神病学家概括了人格障碍的两个基本特征：第一，"无情"或"不爱"，对别人缺乏感情、冷酷无情；第二，"冲动"，行为具有冲动性，缺乏深思熟虑和明确的动机。人格障碍者的特征主要有以下几方面：

(1)人格障碍一般从人的幼年开始，青壮年时较为突出。如系男性，人格偏离会更早发生。一般在幼年期、少年期开始出现各种异常表现，但这些迹象常被忽视。到了青春期各种异常外在表现明显地显露出来，即使觉察可往往人格障碍已经形成，很难纠正，形成人格定型化。

(2)一般无意识障碍，无智力缺陷。思维的逻辑性、连贯性无异常状态，无妄想。日常生活能自理，表面上也能从事正常的学习、工作。但有时对事物判断不明，分析不准，权衡得失缺乏理智。

(3)情感不稳定，有严重的情感障碍。主要表现为情感反应异常，易于高涨或低落，且肤浅、表面化，对人冷摸，缺乏爱和忠诚，缺乏人与人之间的和谐、融洽和感情交流。情感易走极端，大起大落，其行为往往缺乏目的性、完整性、程序性，常常受偶发动机支配。

（4）意志失控，自制力差。行为的动机和目的不明确，易受感情冲动和本能欲望所驱使，行为缺乏目的性、计划性、完整性。明知自己的行为将会对他人和自己造成损害，却难以克制，以付诸行动为心理满足，不顾忌其他，反社会型、冲动型、性变态等人格障碍的违法犯罪，都与意志失控有关。

（5）对其自身人格缺陷缺乏自知力，不能从挫折甚至惩罚中吸取教训。

（6）不能适应社会环境，与周围的人格格不入。与亲人、同事、领导等周围的人很难相处，爱猜疑、嫉妒、报复，个性结构畸形发展。

（7）人格偏离具有相对稳定性，矫正困难，药物治疗、环境影响、教育措施等对其收效其微。

总之，人格障碍不是精神病的异常，它不具有中枢神经系统活动的紊乱和其他器官的功能障碍，也无明显的病理过程。所以它既不是精神病的初期，也不是轻型的精神病，而是处于正常人与精神病人之间的一种人格类型。

（二）人格障碍的类型

人格障碍的表现十分复杂，目前尚无一致的分类方法。主要有以下几种类型：

1. 反社会型人格障碍

又称"无情型"、"悖德狂"，其主要特征是：信仰、言行等常与社会规范不相适应，固执己见，并具有反复发生的持久危害行为；无责任感、极端自私、冷酷无情、刻薄残忍；有异常的攻击性，常责备他人；耐受力差，容易冲动；屡犯错误，屡教不改。此种人的违法犯罪行为多为偷窃、抢劫、斗殴、伤害、交通违章等，也有进行危害国家安全犯罪的，在犯罪人群中占有较高比例。

2. 冲动型人格障碍

又称"爆发型"，表现为易怒、情绪不稳定、控制力差。此种人格导致伤人、杀人、毁物、侵犯人身权利等违法犯罪行为。

3. 分裂型人格障碍

表现为孤僻、沉默寡言、情感淡漠、言行古怪，表现为"社会性退缩"，缺乏知己。此种人格是介于精神分裂和正常人格之间的人格类型，不少人后来患上精神分裂症。此种人常会引发各种违法犯罪活动。

4. 偏执型人格障碍

又称"妄想型"、"狂信型"、"诡辩型"。其特点是固执、刚愎、敏感多疑、嫉妒、敌意、心胸狭隘、极端自信，有的成为"诉讼癖"。此种人常会发生攻击行为。

5. 情感高涨或低落型人格障碍

表现为持续性情绪低落、忧郁、焦虑，甚至引起厌世；也可持续性情绪高涨，狂喜狂怒，失去控制甚至毁物伤人。有时二者交替出现，喜怒无常，情感极不稳定。

6. 依赖型人格障碍

表现为意志不坚定、缺乏自信、生活能力低、顺从和依赖、多愁善感、焦虑、抑郁，在社交中表现为退缩或沉默、患者时有自伤、自杀行为。长时间的抑郁，可转变为突然的攻击、破坏行为。

7. 强迫型人格障碍

表现为常有不安全感和不完善感，过分自我关注，苛求自己；责任感过强，墨守成规、拘谨、优柔寡断；常顾虑小事而忽略大事，苛求别人，妨碍别人的自由。易犯强迫性神经症，多见于男性，且多发生在从事精确计算、秩序性强的工作人员之中。

8. 表演型人格障碍

又称"癔病型"。表现为以自我为中心，常以夸张、过分做作和戏剧性的行为引人注意；要求别人过多；对人情意肤浅，情感易变、易激动；有高度的幻想性；性心理发育不成熟、性冷淡或过分敏感。易发生癔病。多见于女性。

9. 轻佻型人格障碍

其特点是举止轻浮，缺乏羞耻、名誉、怜悯、同情等高尚情感，说谎，以使人上当为乐趣，虚荣心强，为讨人喜欢，可干出低级下流的事情。多有财产犯罪和性犯罪，犯罪行为难以矫正。多见于女性。

10. 怪癖型人格障碍

此种人有一种顽固的异常的嗜好，这种嗜好常常是违背法律和社会公德的，有些有严重的危害性。这是一种常见的以病理性冲动或病理念向为特点的行为障碍，表现为无明显合理动机，行为反复出现。主要包括：(1)偷窃癖(病理性偷窃)。其特点是具有反复出现，不可遏制的偷窃冲动和行为。偷窃的目的不是因为偷窃物对行为人有使用价值或经济价值。恰恰相反，所偷窃的物品常常是没有价值和毫无用处的，如旧鞋、口杯等。得手后又常把偷窃物弃置不用或放回原处，或丢掉、藏匿。反复偷窃，屡教不改。偷窃无计划，事后又后悔，有羞愧感。常单独作案。这种人身体、精神健康，社会适应性良好，多见于女性。(2)纵火癖。具有纵火癖的纵火者反复产生不可抗拒的纵火冲动和行为，其纵火目的不是为了政治、社会原因，也不是出于报复，而是为了得到心理满足，他们对火和其他燃烧物有一定的持续专注，对消防队员灭火有异常兴趣。他们知道后果严重但不能克制纵火冲动。这种犯罪国外有报道，国内少见。

(三)人格障碍的产生原因

人格障碍形成的原因和机制，目前尚未明确。一般认为是由于先天遗传因素，如现代流行病学的调查证明了人格障碍的发生率与血缘关系有着密切联系，以及后天成长过程中环境作用的结果。心理学中具有代表性的通常有以下观点：

1. 心理动力学派的观点

心理动力学家认为，人格障碍产生于亲子关系的失调。例如，边缘型人格障碍者是儿童期的某个阶段由于学习与母亲分离时出现偏差，而导致的自我感不确定。同样，人格障碍也源于自我功能的削弱，当自我不能正确发挥功能时，人格就会出现某方面的异常。例如，依赖型的人格障碍源于自我放弃对他人的决定功能，强迫型人格障碍则因其把自我的能量都转化为对外物特性的知觉。

2. 行为主义学派的观点

行为主义学派不认同人格障碍这一概念，因而将其描述为"若干类可以习得可以改变的行为"。认为这些行为都是技能的习得或者习得失败，以及强化和模仿的结果。如表演型人格障碍是由于父母对孩子发脾气的纵容，依赖型人格障碍是出于在儿童期特立独行不断受到父母的惩罚而形成的障碍。

3. 认知学派的观点

认知理论认为，我们的思想、情绪和行为都是由内在的图示来组织的，这是我们脑中所具有的关于生活各个领域的信息结构。人格障碍是图示中歪曲和夸张了的产物，这些错误的图示被结构化并存储在认知过程中，以至于人们难以认识到自己行为的错误。例如，强迫型人格障碍怀有"我不得不无情地鞭策自己和他人"、"我每件事都必须做得完美"的认知信念，当事情不完美时，强迫型人格者就会因此而内疚和生气，因此导致了持续的紧张、痛苦和自发的重复行为。

4. 神经科学学派的观点

随着神经科学研究的不断深入，人们再一次发现心理和行为的生物性基础。临床上发现有些大脑受损或神经系统出现障碍的人，可出现人格障碍的现象。调查证明，人格障碍的发生率与血缘关系有着密切联系。即血缘关系越近，发生率越高。

总之，人格的变异的原因是多方面的，既有幼儿阶段父母培养教育方式的影响，也受个体认知特征的影响，是遗传、环境和教育等多因素相互作用的结果。

（四）人格障碍者违法犯罪的特点

西方一些学者认为，在一般人口中人格障碍者的比例并不多，大约为 0.2%~2%，但罪犯中的人格障碍的比例却相当高。国外的调查表明，人格障碍在监狱罪犯中普遍存在。有研究发现，在加拿大两个监狱中，39%的罪犯符合反社会型人格障碍的标准，边缘型人格障碍、自恋型人格障碍在有反社会行为的人中也很普遍。还有研究发现，人格障碍比精神病带来的暴力危险更大，被诊断有人格障碍的犯罪人在释放后重新犯罪的比率较高。从我国公安司法实践看，偏执型、悖德狂型、偷窃狂等人格障碍的犯罪率较以前突出，青少年中人格障碍的犯罪率也有所增多。

人格障碍者犯罪与正常人犯罪相比，具有以下几个明显的特点：

（1）作案前一般没有预谋或较少预谋，缺乏目的性、计划性，常人难以理解。人格障碍者对作案时间、地点、环境一般很少选择，手法不甚隐蔽。除纵火狂具此特点外，一些破坏性的犯罪，如损坏公物、航标、路标、交通设施、文物古迹等的犯罪也具有这一特点。

（2）作案中一般缺乏自我保护意识，手段不隐蔽，现场留有较多痕迹和线索。

（3）实施犯罪活动时一般单独进行，胆大妄为。单独作案并不是出于保护自身安全或羞耻之心，而是缺乏与人合作的意识，对周围的人抱有敌意，甚至无法与人共处。

（4）作案手段的相对稳定。人格障碍者犯罪的时间、地点、手段等都有相对的稳定性，有特定范围，构成系列性案件。如从侵害对象看，有的多为残害妇女；有的专偷一种物品。分裂型人格障碍、偏执型人格障碍、反社会型人格障碍等都具有上述特点。

（5）犯罪行为没有明确的动机和目的，或动机和目的都比较模糊，偶发冲动性强。一是动机不合逻辑；二是动机不是对客观世界的真实反映；三是动机指向的目标不确定；四是动机具有明显的冲动性，有时有无意识性。如纵火狂不能控制自身强烈的纵火冲动，以纵火为最大满足，无其他目的。

（6）犯罪心理难以改造。人格障碍者犯罪难以矫正和改造，预后不良，惯犯、累犯多。这种人的犯罪行为由于长期多次反复，形成动力定型，加上他们对惩罚缺乏痛苦体验，所以矫治很难，如果环境不良，方法不当，还可能更加复杂化。只能够通过心理治疗矫正人格，才可能使情况出现改观。但人格矫正也是心理治疗中十分困难的一项工作。

人格障碍者犯罪的共同特点是：能理解或辨认自己行为的错误或违法性，也未完全丧失自控能力，事后往往能采取自我保护措施或进行辩护。因此，应具有一定的责任能力。

（五）反社会人格与犯罪

在人格障碍的各个类型中，反社会型人格是最易于发生违法犯罪行为的一种障碍，因此也引起了理论界的广泛关注和探讨。

1. 反社会人格的概念

反社会人格是人格异常类型中的一种，是指个体与社会道德及行为准则相悖的稳固的态度以及与之相适应的习以为常的行为方式。具有反社会人格的人不管在什么环境下，都只顾自己，不顾他人，行为完全由冲动的欲望驱使，为达到个人目的不择手段、不顾后果，无情无义且妄自尊大，被称作悖德狂、"道德白痴"。

反社会人格是个体从事反社会行为的内在机制之一，它常常成为犯罪人实施犯罪，尤其是暴力型犯罪的人格动力。当个体的反社会人格与适当的客观条件发生作用时，便可能形成犯罪意识，在适当的犯罪机遇条件下，就会发生社会规范所不能容忍的"无视任何道德规范和法律规范"的犯罪行为。这种人格引发的严重暴力犯罪对社会具有极大的破坏性和危害性。具有反社会人格的人为数不多，大约不足人口的1%。但是他们扰乱社会和给别人带来的麻烦，却远远超过其他人数的比例。

2. 反社会人格障碍的基本特征

社会心理学家在研究反社会人格障碍的基本特征时，得出如下共识：反社会人格障碍是在非道德的和冲动的人们中间长期观察而发现的一种反社会的行为模式。这些非道德的和冲动的个体通常不能延迟满足或者有效地应付现状，并在人际关系方面表现出自我陶醉。这种变异的模式始于童年时期，并且一直持续到成年。它涉及广泛的行为领域，包括学校、职业和人际关系。其基本特征可以概括为以下几点：

（1）冒险意象大于恐惧意象；

（2）对社会上不允许的事情抱有尝试企图；

（3）用玩世不恭的态度对待充满情感的劝诫；

（4）热衷于营造一些为社会所否定的行为，即便当他们意识到行为的结果时，也是如此；

（5）具有"皮质不成熟"的迹象，但是大脑机能失调的现象并不明显；

（6）倾向于选择那些寻找感官刺激和激情的行为。

3. 具有反社会人格的犯罪人的特征

"反社会人格"引发犯罪并非什么新鲜话题。早在19世纪末，就有犯罪学家研究并详细描述过这类犯罪人，他们将其称为"异常犯罪人"。意大利犯罪学家加罗法洛的《犯罪学》（1885年）对此作了一番描述："当你在近处观察他们时，你会怀疑他们是否有灵魂。他们留给你的印象是如此麻木、颓丧和本性凶残……他们的道德麻木可以从他们当众描述犯罪时的厚颜无耻观察出来。坦白的谋杀犯可以毫无顾忌地描述他们犯罪的最可怕细节，而对于他们使受害人家属蒙受的耻辱和痛苦则表现出十足的冷漠。没有什么会触动他们，也没有什么能使他们洗手不干。他们的特点之一是无法抑制某种愿望，他们只能被欲望所驱使。当他们渴望什么东西时，什么事情也无法阻止他们。凶狠、嫉妒、傲慢、敏感和过分的拘泥……虚荣永远是他们突出的标志，他们没有一丝悔恨的迹象。然而，他们绝不是白痴。他们将会结婚、生儿育女，却在一个晴朗的早晨，突然地抛弃妻子和孩子，令全家和邻居迷惑不解地消失掉。他们不具有真正的悔恨，不惧怕刑罚，而是希望、盼望这种刑罚。"①

研究者提出了十余种界定反社会人格障碍犯罪的本质特征，概括起来有以下几点：

---

① ［意］加罗法洛. 犯罪学［M］. 耿伟，王新译，储槐植校，北京：中国大百科全书出版社，1996：84-89.

（1）一般从幼年即表现出种种不良行为习惯，成为"问题儿童"或"犯罪倾向儿童"。反社会人格者，在幼年就会表现出逃学、说谎、偷窃、破坏公物、吸毒、离家出走等不良行为记录，有前科劣迹。在成年期还会发展为贩毒、杀人等暴力犯罪行为。

（2）缺乏自我约束力，无道德感和罪责感。具有反社会人格的犯罪人被专家诊断为悖德狂或道德迟缓，他们道德良心的发展具有严重的缺陷，严重地曲解了道德规范和社会行为准则，缺乏自我约束力，难以以社会道德规范约束和评价自己的行为，在实施犯罪行为时，道德麻木，毫无紧张感和焦虑感，实施犯罪后也毫无悔意，缺乏罪责感。

（3）以自我为中心，行为冲动、随意。具有反社会人格的犯罪人，社会性情感发展欠成熟，挫折耐受力低，无法延缓需要；以自我为中心，行为冲动、随意、缺乏自制力，为满足欲望而为所欲为；意志力薄弱，难以适应正常的社会生活，不能自我控制情绪的冲击，放任自己，欲求无边，即使明知不对，仍任意为之，容易发展成为惯犯、累犯。具有反社会人格的犯罪人在实施犯罪行为时，只考虑能否满足自己的需要，从不考虑自己的需要和行为是否为社会规范所允许和客观上有无实现的可能性，实施犯罪行为前欠缺动机斗争。

（4）情感冷漠，不能正常与人相处。具有反社会人格的犯罪人，情感冷漠，不能建立和维持正常的感情关系和人际关系。这种人自私自利，个人满足是他们生活中的最高要求，他们对人情冷暖并无兴趣，更无真情实意可言，他们在情感上冷漠自私，对人情无动于衷，始终不能被感化，甚至忘恩负义，不择手段地满足自己；他们从不设身处地为别人着想，个人从不主动做出任何一点的牺牲和让步。

（5）犯罪的可能性大，成为累犯、惯犯的居多。据国外的研究，在罪犯中具有反社会人格的约占1/3，占初犯的10%～20%，占累犯或惯犯的半数以上。犯罪后感受不到良心的谴责和罪恶感，对痛苦的反应不强，而且往往"犯罪成瘾"，反复发生持久性危害行为，不容易接受教育和改造。因此他们成为社会预防重新犯罪的重点和难点。

二、性变态与犯罪行为

在多种变态心理类型中，性变态与犯罪的相关性非常高。有的性变态与犯罪，特别是与色情系列杀人犯罪等系列犯罪的联系密切，社会危害性及侦破难度极大。因此，正确识别不同类型性变态及其产生原因、研究性变态者心理特点、行为特征及犯罪特点，对于及时预防、控制和惩治性变态犯罪具有重要的意义。

（一）性变态的概念及特征

性变态是指对引不起常人性兴奋的物体或情景有强烈的性兴奋感，或者采用与常人不同的异常性行为方式满足性欲或有变换自身性别的强烈欲望。性交态是变态心理的一种具体表现形式，也称为性欲倒错或性心理障碍。性变态与生殖没有直接关系，而是在寻求性满足对象或者满足方式上与常人不同，是一种违反了一定的社会习俗而获得性满足的行为。

性变态具有以下特征：第一，性欲的唤起与正常人不同；第二，性对象的选择与正常人不同；第三，性满足的方式与正常人不同。性变态者一般不能以正常的性行为取代他们的性变态行为，因为性变态行为是为了满足其特殊心理需要的一种性活动方式，是由性心理变态引起的。性变态行为一般是反复发生的，并已达到相当严重的程度，成为性变态者唯一的性活动方式。

（二）性变态的类型

依据精神病学的标准，性变态主要分为性转换与性欲倒错两类。性转换也叫"易性癖"，属于性别认同障碍，是指个体具有与自身生物性别相反的性别认同或性别感。这类人不喜欢自己的真正性别，具有强烈的要求改变自己的自然性别的变态心理与行为。他们多为年轻人，喜好模仿异性，并以异性自居，常迫切做易性手术，往往伴有同性恋行为。性欲倒错是指性行为的对象或唤起方式与正常人不同，发生倒错。

性欲倒错可分两类：一是性对象倒错；二是性方式紊乱。

1. 性对象倒错

正常性爱都是指向成熟异性的，性对象倒错则是把不正常的对象作为性满足对象，如把物品、动物、尸体或未成年的儿童等当作性爱的对象。主要有恋物癖、恋童癖、恋尸癖、恋兽癖、乱伦癖等几种类型。

(1) 恋物癖。指通过性的标志物等非生命物件，而不是性行为本身获得性满足。恋物癖所恋的对象不仅仅包括异性穿戴的物品，如女性的内衣、鞋袜等，而且还包括异性身体的某一部分，如头发、手、足、臀等部位。恋异性身体某部分的，又称偏爱癖或器官偏爱癖，是恋物癖的极端类型，他们对异性本身或其性器官没有兴趣，而是把性欲集中于异性躯体的某部分。恋物癖常常通过对这些物品和器官的玩弄、啃咬等方式激起性兴奋和性想象，获得性满足，因此恋物癖也常常伴有施虐行为。

(2) 恋童癖。是以儿童为对象获得性满足的一种性变态。表现为对成熟的异性不感兴趣，只以未成年的儿童为满足性欲的对象。受害者年龄多在 10~17 岁之间，也有小至 3 岁以下的。恋童癖可分为三种类型：第一，固定型。对成年女性不感兴趣，只愿与儿童交往，并且只有在与儿童交往时才觉得舒心。一般选择较熟悉的儿童，如邻居、朋友乃至亲戚的孩子。其方式多为先以玩具或食物诱惑获得被害人信任，进而才发生有关性方面的接触。第二，回归型。能与他人建立良好的人际关系，有过正常的异性恋史，甚至已结婚成家。但当家庭、学习、工作等方面出现压力或遇到重大精神刺激后，使出现了不成熟的性表达方式，选择儿童作为依恋的对象。较常选择不熟悉的儿童，其行为带有冲动性。第三，攻击型。由于各种原因而存在一种攻击心理，想借助于折磨儿童发泄出来。他们往往用各种残忍和险恶的手段来蹂躏儿童的性器官，还强迫儿童满足他们的性要求，伴有施虐行为。

(3) 恋尸癖。俗称"奸尸"，是把死人当作性行为的对象，与尸体性交成为屡用的、偏爱的甚至是唯一的满足性欲的方式，属于一种性质严重的犯罪行为。一部分恋尸癖者与尸体性交后，进一步损毁尸体，如将阴部剜割，肢解躯体，在肢解过程中有性快感，称之为恋尸性施虐癖。国外报道恋尸癖多见于医院太平间与殡仪馆人员。我国少见，但从报道的案例显示恋尸癖者多采用掘墓奸淫女尸的方式。

(4) 恋兽癖。又称兽奸，以动物为性满足对象，一般以家畜如牛、羊、犬、猪等为对象，引起性冲动，获得性满足。多发生于少年，以男性占绝大多数，且大多数是精神发育不全者。

(5) 乱伦癖。指家庭近亲成员之间的性生活，其心理变态表现为以有血缘关系的近亲属为性欲对象，如兄弟姐妹之间、母子、父女之间。

2. 性方式紊乱

正常的性行为方式是以两性性器官为主体的性交方式，不用性器官而进行的性欲活动，以达到性欲满足的，属于性变态之列。主要有窥淫癖(窥阴癖)、露阴癖、摩擦癖、施虐癖、受虐癖和异装癖等几种类型。

(1) 窥淫癖(窥阴癖)。以各种方式窥视异性裸体、阴部来获得性满足。其性兴奋和性满足来自于窥视对象及偷窥的情景和危险体验。窥视的对象可能是单独活动的异性、异性身体隐私部位、在一起有亲密行为的夫妻、情侣等，而偷窥情境中被发现和受惩罚的风险越大，紧张感越强，越能引起窥淫癖的兴奋。窥淫癖常见于公共厕所、公共浴室等地方，手段隐秘，如在墙上挖洞，从门缝里偷看，或于夜间站在高处偷看，有的借助于反光镜、望远镜，也有的装扮成女子混入女浴室或女厕所。他们在窥淫时常伴有手淫，但与女性受害者较少有进一步的性接触或暴力侵犯行为。

（2）露阴癖。以裸露自己的性器官来获得性满足。露阴癖者常常选择僻静人稀的场所突然向人裸露自己的生殖器或臀部，有的伴有手淫或自然射精，行为怪异，容易识别。例如，在露阴时伴以紧张的咳嗽声或在夜晚以突然打亮手电筒照射自己的生殖器官等方式引起异性的注意。其性兴奋和满足的程度决定于其露阴部时女性被害人的表现，突然的惊恐、尖叫、怒骂等强烈的情绪反应会引起露阴癖者的极大满足，相反如果被害人表现出镇定、漠然、有视无睹、不屑一顾等反应，对其行为不予理会时，露阴癖者则难以获得性满足。露阴癖一般没有性暴力行为，不直接侵犯女性身体。

（3）摩擦癖。喜欢在人多的公共场所，如公共汽车、广场、游泳馆等，通过紧随和贴近女性并与女性身体的碰触和摩擦而达到性兴奋和满足，即使在众目睽睽之下也难以抑制其摩擦的冲动。有的会伴以手淫或射精。与女性受害人的接触仅限于摩擦而较少发生进一步的攻击性行为。

（4）施虐癖。这是指以对异性虐待，造成其肉体痛苦而产生性兴奋和性快感，又称施虐淫。施虐淫通过极为残忍的手段甚至是导致死亡的伤害行为，获得和增强其性兴奋和性快感。如有的以手拧、脚踢、牙咬、鞭抽、针扎、火烙、刀割等方式虐待对方，被虐待者的呻吟、哭喊、哀求以及流血、伤残等被伤害的状况，都是增强其性兴奋和性快感的因素。被虐待者越痛苦，施虐者兴奋性越高。施虐癖者往往不易控制自己的冲动，因而极易发展为系列杀人犯。

（5）受虐癖。此类型与性施虐癖正好是两种内容相反的性心理、性行为变态，它以受到异性对象对自己身体的摧残为性满足。多见于女性。

（6）异装癖。以异性的衣着反复装扮自己而达到性满足。其心理背景是"异性化"。以男性居多。

性变态行为是习惯性的、癖好性行为，个人对此行为有特别的爱好，乐此不疲，刻意追求。仅仅几次异常性行为者，不能认为是性变态。

（三）性变态产生的原因

对于性变态产生的原因，曾引起心理学、精神病学等多学科的探讨，在心理学理论中较具代表性的有以下四种理论观点：

1. 心理动力学派的观点

弗洛伊德认为成年人的性变态是他们儿童期性经历的再现或延伸，是现实生活中面临困境或遭受挫折导致心理发展的退行。当个体所面临的困境和挫折超过了他们的应变能力，便不自觉地退行到幼年期，用已被忘却的幼年性取乐方式来暂时缓解成年的心理困难，宣泄成年人的性欲，因此表现出性变态行为。心理动力学理论家们普遍认为性变态者不具备解决和控制自己基本本我冲动的能力，施虐狂是儿童期混乱的冲动和攻击性冲动的延续，受虐狂可以被看作是把最初的强大、具威胁性形象的攻击性冲动重新指向了自我。

阿德勒认为性变态的攻击行为来自于对自卑感的过度补偿。人们通过追求优越感来补偿自己的自卑感，当个体对自身能力、生理素质、社会地位等方面的缺陷深感自卑，通过对异性实施伤害来发泄被压抑的紧张和焦虑，在控制和伤害异性的过程中显现与证明自己的优越感。

2. 行为主义学派的观点

性变态是反应性条件作用的结果。在这个过程中，早期的性经历(特别是手淫)与一种非常规的性刺激成对出现，这种刺激后来成了性唤起的辨别性刺激。行为主义者强调第一次性体验对性倾向的作用，第一次性体验如果产生非常强烈的效应，那么那时所采取的行为方式就有可能在今后成为一种模式。例如，一个孩子因为一件女性的内衣而经历了性唤起，那么这种经历有可能导致其形成恋物癖。在施虐狂和受虐狂中，性、攻击行为和疼痛体验都与强烈的性唤起有关。

社会学习理论认为，性变态是后天习得的行为，他们特别强调儿童期家庭和周围环境的影响，幼年时父母错误的教养方式及周围环境的不利影响。如父母喜欢让孩子穿异性服装易导致异装癖、对异性子女的虐待可导致异性癖等。

3. 认知学派的观点

认知观点认为，尽管人们天生具有一种性驱力，但用何种方式表达则取决于其在儿童期形成的态度，许多儿童期的性尝试超越了正常行为的界限。例如，一个男孩向女孩暴露他的身体时，女孩表现出了好奇或是愉快，这就会形成一种态度，即女孩喜欢他裸露、他可以通过这种方法引起注意，这种态度会使他在成年期重复这种裸露行为，以此形成露阴癖。

4. 神经心理学派的观点

中枢神经系统部分地控制了性唤起，所以性变态可能与神经递质的功能失调有关。例如，有证据表明，性欲倒错伴随有 5-羟色胺的新陈代谢变化。在欧美国家，抗雄性激素已被广泛用于屡次犯罪的性罪犯，以降低其性唤起。

除了心理学的分析和探讨，生物学在生理因素、社会学在社会文化因素等方面都作了不同程度分析。目前医学界和心理学界的学者普遍认为性变态的产生是在先天素质的基础上，由于性心理发育障碍和后天的环境影响相互作用的结果。

(四)色情变态系列杀人犯罪的心理特征与行为特征

色情变态系列杀人犯罪是指犯罪人在性变态心理的驱使下，在一定时期内连续实施的杀害多人的一种严重暴力犯罪行为，即人们通常所说的色情系列杀人、施虐色情系列杀人、淫乐系列杀人，是性虐待狂的一种，也是最为严重的一种暴力犯罪。恋物癖、施虐癖、恋童癖、恋尸癖等性变态类型，极具暴力攻击倾向，他们并非单纯追求紧张、危险等特异情景的刺激，而是以变异的方式追求特定的性兴奋对象，同时还常常以暴力手段与被害人发生实质性的性交行为，制造系列杀人犯罪，是色情系列杀人犯罪的重点防范人口。

1. 心理特征

(1)认知特征。第一，认知范围狭窄。只关注能引起性兴奋和性幻想的情景和事物，对与色情有关的内容有异常浓厚的兴趣，缺乏对更广泛的生活内容的认知。第二，计划性、预谋性较强，犯罪计划周密。因此，侦破难度较大，破案周期长。

(2)情绪情感特征。第一，情绪的冲动性强。在异常性兴奋、性冲动和犯罪欲望的驱使下，一旦有适当时机，就烦躁不安，为了缓解紧张情绪，便迫不及待地实施犯罪。第二，情感具有明显的两极性。犯罪人对被害人冷酷无情、刻薄残忍，毫无怜悯和同情心。但对家人却充满爱意和保护之情。第三，缺乏羞耻感、愧疚感、罪责感。色情杀人狂对实施的种种骇人听闻的恶劣行径丝毫不觉得后悔，缺乏焦虑，相反，自得其乐，反而为自己辩解，如被害人故意引诱他，或被害人不是好人等。他们没有常态心理状态下性犯罪者作案中、作案后的惊慌、恐惧心理。作案时从容镇定，作案后无异常反应，有的还写日记记录作案经过和感受，供以后回味。因缺乏罪责感，被抓获后往往容易交代问题。

（3）犯罪动机特征。色情系列杀人犯罪是在性变态心理的驱使下实施的犯罪，色情变态杀人狂与被害人之间不存在报复、图财、奸情等常见的、明显的动机，也不同于常态人通常意义上的满足性欲与心理平衡。因此，有人称此类案件是"没有动机的案件"。但实际上，性变态确是此类犯罪的心理动力。当性变态者以虐杀被害人的方式来获得变异的性心理体验和性满足时，虐杀被害人就成为其难以改变的性行为方式或伴随方式，反复实施，难以自动停止，构成了色情变态系列杀人犯罪，因此性变态就成为其系列杀人犯罪所特有的心理动力和心理基础。在此类犯罪案件中，犯罪人不是通过一般正常人的性行为方式或性行为对象满足欲望，而是通过强奸、杀人、残害被害人尸体或性征部他的器官等虐杀被害人的方式激起性兴奋、满足性欲，表现出了明显的性变态特征。

（4）人格特征。第一，偏执型人格。表现为冷酷无情、主观、固执、敏感多疑、缺少友谊。第二，双重人格。犯罪人一方面作案时丧心病狂，但另一方面在平时也温文尔雅，受到好评，有的还取得成就。案发后，这种特点使人们对犯罪人的表现难以置信。第三，性格内向。表现为沉默寡言，甚至表现出女人性格，如害羞等。

2. 行为特征

（1）犯罪手段残忍。根据犯罪手法的不同一般将色情变态系列杀人犯罪分为四种：一是只杀不奸淫。这种犯罪人往往使用钝器、锐器和枪击等方式，先杀死或伤害被害者，然后残忍地将其切割撕裂。有的甚至把被害人的性器官或身体的其他部分切下来隐藏在某处，以供日后欣赏。他们用这样伤害或毁尸的行为作为满足性欲的正常方式的替代行为，从中获得性快感。二是先奸淫再杀害。这种犯罪人是利用强奸的性交过程达到兴奋的精神状态，由此激发异常变态的嗜虐心理与暴力行为，最后在伤害与杀人行为中获得性兴奋高潮。三是先杀害再奸尸。这种犯罪人实际上是恋尸癖兼杀人癖，有些还伴有恋物癖，多数有严重的性欲冲动障碍，通过伤害和杀人唤起性欲，以奸尸达到性高潮。四是先奸杀后食肉。也称为食肉癖，但是这种犯罪并不是单纯吃死人肉，而是伴有色情犯罪的食肉癖。他们通过杀人唤起性兴奋，在食人肉饮人血中达到性高潮和性满足。这是性变态中最极端最恶劣的犯罪行为。

（2）犯罪目的异常性。一般的性犯罪，犯罪人通过暴力威胁或伤害逼迫被害人与之发生性关系，其目的是满足性交的欲望，暴力只是他实现目的的手段，而杀人是为了灭口，以逃避惩罚。但是色情杀人狂使用暴力杀人甚至是肢解、残害尸体的目的是为了满足其变态的性快感和性高潮。

（3）在熟悉的环境中选择陌生的异性为侵害对象，无特定目标。被害人常常会在年龄、外表、行为习惯、生活状态或社会身份等方面具有一定的共向特征，既可能是犯罪人熟悉的人也可能是陌生人。有研究者认为色情系列杀人犯选择在熟悉的环境作案既是为了方便作案、不暴露，同时也体现了其某些人格特征，如在人际交往能力、自信心、环境控制力等方面的不足。

（4）难以自制，系列作案。犯罪人为了满足其变态的性心理，采用了变态的行为方式作案，作案中获得了变态的性体验，其变态的性心理得到了正性的强化，于是，驱使犯罪人连续作案，难以自制。

（5）作案有预谋有计划，有自我保护的意识和能力。犯罪人只在性心理方面存在障碍，在思维和智能方面与常人无区别，因此，为提高作案成功率，犯罪人常进行精心策划和设计，实施反侦查。

（五）性变态者其他违法犯罪的心理特征与行为特征

除了实施系列杀人犯罪等严重暴力犯罪外，在性变态心理的驱动下，性变态者也会实施盗窃、纵火、流氓等其他违法犯罪活动。

1. 心理特征

（1）动机变异，目的异常。性变态者的犯罪行为往往缺乏相应的犯罪动机，而是以满足性快感而实施犯罪。如恋物癖者偷窃女性的内衣裤，只是为了收藏、欣赏或者自己穿着以获得性快感。他们的性行为是偏离了常人常规范围的怪癖方式和手段，并不是以达到性交为目的，而是基于满足一种强烈的行为意向的需要。纵火癖则是在实施纵火犯罪时体验到了强烈的性快感，并因此多次实施纵火犯罪。

（2）自知有罪，但又难以自拔。有的性心理变态者对自己的怪癖行为难以理解和解释，被抓获后比较容易交代问题，对犯罪过程能较清楚地陈述。

2. 行为特征

性变态有一般并不丧失或没有完全丧失辨认和控制自己行为的能力，只是突出地表现为性心理和性行为的异常。因此，其违法犯罪行为不同于其他类型的变态心理违法犯罪的特点，主要表现在：

（1）一般都是有预谋、有计划。往往会采取某些掩饰罪行或逃避打击的手段反侦查，并确保罪行的顺利实施。如选择偏僻、易于逃脱的地点作案，或者事先"踩点"，如戴手套、蒙面、自带作案工具等。

（2）在被害人的选择上具有随机性、不确定性。如摩擦癖者通常在公交车或公共泳场等地随机选择被害人，尾随并与之发生身体的摩擦和接触。露阴癖者则选择只要有异性在场的情景下露阴，而不确切选择某一类固定类型的异性。

（3）能预知行为发生的后果，被发现后立即逃离现场。当犯罪行为即将被发现或因干扰而不能顺利实施犯罪时，能够快速逃离现场。

（4）有一定的较为固定的行为模式并系列作案。往往以某些怪怪癖、残暴的行为方式宣泄、满足性欲，通常表现为瘾癖类的犯罪，并形成固定的人格类型。

三、精神病与犯罪行为

精神病人具有妄想、癫狂、行为失控等特征，常常表现出各种离奇、荒诞甚至是危害严重的行为。

（一）精神病的概念、特征及原因

1. 精神病的概念

精神病是以精神活动紊乱或失调为主要表现的一类疾病。人的心理活动包括认知、情感、意志和个性，在正常情况下，人的心理活动的各个方面彼此密切联系、相互协调一致。但由于内外各种因素的影响，破坏了这种协调统一，就会引起认识、情感、意志等不同程度的异常和紊乱，失去个性的统一性、连续性、独特性，引起相互间的沟通障碍，从而导致精神疾病。精神病人的病理心理主要表现在：严重的意识障碍，病理性幻觉、妄想与思维逻辑障碍，严重的精神运动性兴奋与强制性行为。在这些病理心理的控制下，患者往往失去了辨别能力和自我控制能力。

2. 精神病人的特征

(1)不能正确地反映客观现实。不能客观地评价周围事物，以病态信念歪曲现实，常出现各种妄想，如经常无根据地确信别人要迫害自己。

(2)不能适应日常生活和工作。如不能料理家庭生活，明显地妨碍工作、学习的正常进行。

(3)人际沟通出现障碍。沟通的前提是语言和行为本身的统一性和条理性。精神病患者的不正常语言、行动，别人无法理解，而他人正常的语言、行动，患者也无法明白，这是精神病的重要特点。

3. 精神病产生的原因

精神病是最严重的一种精神疾病和障碍。导致精神病的原因是多方面的，主要有先天遗传和后天环境因素的剧烈刺激所致。

(1)生物学因素。包括遗传、病理、躯体等因素。采用家语调查方法发现，精神分裂症、躁狂症等疾病患者的亲属中，同样疾病的患病率远高于一般人群。与患者的血缘关系越近，患病率也越高，同卵双生子的同病率最高。躯体因素是各种器质性精神病的主要致病因素，尤其是症状性精神病，躯体疾病常为导致精神障碍的直接原因，有时随着原发躯体疾病的痊愈或好转，精神症状也随之消失。导致精神病的躯体因素较多见的有感染、中毒、躯体疾患和外伤。国外有学者在生物化学方面对精神病的发病原因和机制作了许多研究，随着分子生物学技术在医学领域的应用、精神药理学、中枢神经介质研究的深入开展，对精神病的物质基础的发病机制等研究已取得了不少的成果。如证明偏执型精神病的发病可能与多巴胺功能亢进有关，躁狂症和抑郁症与人脑内 5-羟色胺含量有关。

(2)心理学因素。与精神病形成有关的心理学因素主要包括病前个性特征和应对人生重大事件的应激反应。构成刺激并使人发生应激的社会生活和个人生活的变化，一般称为应激生活事件，有消极和积极之分。不论消极还是积极性事件，都有可能造成应激而导致精神病。生活事件能否导致精神病关键在于人能否适应生活事件的发生并与个体病前的人格特征相互作用。研究发现，消极性事件比积极性事件更有可能造成应激而导致精神病。消极生活事件包括失恋、离婚、亲人亡故、自然灾害等意外事故，应激性生活事件与精神分裂症、躁狂症、抑郁症、心因性精神病关系密切。在个体病前性格倾向性上，一般认为，精神分裂症患者病前多倾向于内向性格，躁狂抑郁症患者病前多倾向于外向性格。

(二)精神病的类型与犯罪行为

1. 精神分裂症的危害行为

精神分裂症是一种最常见的精神病，是一种以思维、知觉、情感严重失调及举止异常和社会性退缩为标志的精神病。精神分裂症的症状多种多样，其主要症状有五种：妄想、幻觉、言语混乱、行为无序或紧张及关于言语和目的指向性行为的衰退的消极性症状。

按照临床表现的不同特点可以分为紧张型、解组型(青春型)、单纯型、妄想型四类。

(1)紧张型。其显著特点是运动行为障碍，在极端兴奋与萎缩之间更替。在兴奋期，患者会突然间说话或大叫，来回走动，冲动而无节制，会出现伤害自己和他人的行为。在萎缩木僵期，患者不言不语、不吃不喝，常能保持木僵姿势数小时或数天。患者在两种状态之间转化，容易破坏物品、伤害他人造成危害后果。

(2)解组型，又称青春型。以年轻人发病居多，主要症状为人格丧失，系统的完整性呈现解体现象。主要表现为孤僻，情绪不稳定，常无缘无故大笑，幼稚愚蠢，行为混乱，兴奋躁动。这一类精神分裂症，性色彩强，男性患者出现猥亵、强奸等违法行为，女性患者容易被人强奸，但是较少出现杀人等严重案情，在情绪激动时也可冲动伤人。

（3）单纯型。多发在青春期，发病缓慢，不易引起人们的注意，多数被学校和家长误以为是不求上进、偷懒。早期患者出现失眠、头昏、乏力、注意力涣散、精神萎靡等症状，以后性格逐渐发生变化、情感淡漠、思维贫乏、意志欠缺与孤独退缩，对任何事情均无兴趣，常常出错。严重时患者与外界完全隔离，但是很少伴有幻觉、妄想、离奇行为等。这一类精神分裂症较少发生危害社会的行为，但是也有少数涉及偷窃、侮辱妇女、无动机杀人等。

（4）妄想型。以迫害妄想、夸大妄想或嫉妒妄想为主要症状，常伴有幻觉、思维障碍、情感障碍等。发病初期，患者敏感、多疑，总是怀疑有人在背后议论或不信任自己。然后妄想所联系的范围越来越广，总觉得周围发生的一切都与自己有关，受夸大、嫉妒、钟情、疑病、被害等妄想支配，可能发生各种严重的危害行为。

2. 癫痫精神病的危害行为

癫痫精神病，俗称"羊角风"，是一个含义宽泛的概念，它涉及了一系列的障碍，有意识障碍、情绪与人格障碍、智能障碍、精神病性状态，但主要特征在于各种障碍的周期发作。癫痫可以在一生中的任何时间发病，病人在记忆、焦虑和抑郁等方面表现出严重的心理损伤，记忆力降低、焦虑和抑郁值较高。

癫痫精神病导致危害或违法行为相当常见，由于情绪控制能力差，易发生情绪爆发，在与周围人发生冲突时，常导致对方死伤或者器物损坏。最常见的是伤害凶杀，其次是盗窃和性侵犯。有学者调查发现：癫痫患者有 14% 有危害社会的行为。在我国近年司法精神鉴定刑事案件中，癫痫精神病违法犯罪者仅次于精神分裂、精神发育迟缓和癔症。

3. 情感性精神病的危害行为

情感性精神病又称躁狂抑郁症，是以情感异常为主要特征的一种精神病，情感或者表现得十分高涨，或者显得异常低沉、抑郁，分为躁狂症、抑郁症、躁郁症。躁狂症主要表现为情感高涨、思维敏捷、言语动作增多，自我控制能力减弱。抑郁症主要表现为情感低落、思维迟钝、动作行为减少。躁郁症主要表现为间歇性的情绪高涨和情绪低落，在间歇期恢复到正常，可以治愈，发病多在青壮年期。当躁狂症出现时，病人往往眉飞色舞，内心充满喜悦和自信，思维敏捷、联想迅速、口若悬河，注意力转移快，精力旺盛，显得十分忙碌。此类型是由于性欲亢进的结果，因此容易与他人发生性关系，形成滥交现象和性侵犯。常见财产性犯罪、纵火、伤害等犯罪类型。当抑郁症状出现时，病人情感低落，思维迟钝，动作减少，终日愁眉苦脸，心事重重，消极悲观，常见于谋杀及自杀的案件。谋杀案件中，以在自杀前杀害自己家庭成员最为常见。

4. 妄想性精神病的危害行为

妄想性精神病，也叫做偏执性精神病，是一种以妄想为主要症状的内源性精神病。这种精神病的妄想是独立产生和存在的，患者除妄想以外没有其他幻觉或者明显的精神异常。换言之，在不涉及妄想的情况下，患者基本与正常人无异。这种精神病人的性格偏执，表现为固执、主观、敏感、多疑、自我评价过高，与周围发生冲突时，经常归咎于他人，感叹"怀才不遇"，怨天尤人，人际关系不好。往往借助幻想来逃避现实。

妄想性精神病的意志行为受妄想影响和支配，歪曲现实，失去正常的辨别能力，往往导致伤害、杀人、诬告等各种危害行为。如在被害妄想的支配下，患者感到自己受到生命威胁时，很可能对妄想对象采取报复和攻击行为。再如在嫉妒妄想的支配下，往往怀疑自己的配偶有外遇，于是对配偶及妄想的对象采取凶杀行为等。这类人的妄想对象是固定的，采取报复行为之前，做好各种充分的准备和周密的考虑，被害者常常缺乏防范意识，所以后果较为严重。

5. 心因性精神病的危害行为

心因性精神病又称反应性精神病，是指由于超强或严重持久的精神刺激所引起的精神异常。引起这种精神病的直接原因是各类精神创伤，如亲人的突然死亡或者其他沉痛的意外事件，生活、工作、家庭中的纠纷、挫折、矛盾冲突等，自然灾害与战争的突然来临。反应性精神障碍一般可以治愈，也很少复发。这类患者在发病期会出现意识障碍，由此可以出现某些危害行为。

6. 器质性精神病的危害行为

器质性精神病主要指由于颅脑受到外伤后器质受到损害而直接或间接引起的精神异常。这种器质性损伤可以伴有各种类型的精神障碍，出现与其他精神病类型类似的危害行为。

（三）精神病人犯罪行为的特点

虽然精神病与犯罪行为没有必然联系，但从司法实践看，精神病发作时的杀人、毁物、纵火等严重危害社会治安的案件时有发生。我国司法鉴定资料表明：精神病患者作案的凶案占 55%，在各种性犯罪中所占的比率高于 40%。这种行为的主要特点有：

1. 作案的动机荒诞离奇

精神病人作案往往没有明显的作案动机或目的，即使能找到一些动机，但也与所引起的后果的严重性非常不相称，如杀害他人的，与被害人较少有怨仇；实施盗窃不是为了经济目的，且这种偷窃与他们的身份和当时的经济状况很不相称。

2. 作案的手段极其残忍

精神病人杀人方式奇特、手段凶残，成功率高。其在杀人后常有明显的"过剩杀人"倾向，将人杀死后继续给予伤害，方式奇特，有悖常理。如一男性精神分裂症患者，半夜无故将老母砍杀数刀致死后又将头颅割下。

3. 被害人常常是至亲

精神病患者尤其是精神分裂症患者的行为和生活多是受到家人的监管和照顾，而较少和外界接触，在被害妄想、嫉妒妄想及幻觉等精神病症状影响下，其暴力行为常常指向家人、配偶。

4. 作案缺乏预谋和计划性

如在幻觉、妄想等支配下而犯罪意识顿起，较少有蓄谋过程，仅有一小部分偏执型精神病患者，可有"蓄谋"杀人的情况，貌似故意杀人但其心理实质是对现实的认知发生了精神病理性歪曲，丧失了对现实事件的辨认能力，因此，其"故意"不是其真正的本意。

5. 作案过程往往缺乏自我保护

精神病患者因在幻觉、妄想等精神病理症状影响下，不能理性地客观地认知周围事物，认为受害人"该杀"，因此作案明目张胆，或案前即扬言杀人，或光天化日下公开杀人，杀人后又多滞留现场或主动投案，有的有不同程度的"保护性"，但是很肤浅、幼稚。

有的间歇性精神病人在犯病时作案，作案后症状很快得以缓解，但随着症状的缓解，正常思维的恢复，会意识到问题的严重性而不敢正视，对自己的危害行为不知所措，甚至对案情添枝加叶或对自己的行为避重就轻，造成一种明显的"保护性"或"伪装"的假象。对此情况应区别于正常人犯罪后为逃避打击所进行的伪装。

6. 精神病人作案往往是单独作案

由于精神病人缺乏作案的主观意图，因而二人以上的合谋行为极其罕见，多是单独一人所为。

7. 作案后对惩罚多无畏惧

据资料表明，约有86%的凶杀精神病人作案后无逃脱企图。他们无所畏惧，到处讲自自己杀了人。对拘捕也无紧张、恐惧情绪，审讯时往往直言不讳，毫无隐瞒。这是与正常人作案后心理状态很不相同的地方。当然也有潜逃、畏罪自杀、自我防御的，但往往计划不周，隐藏不密，甚至不久又回到原住所或作案地点，很容易被抓获。

第五节　流动人口犯罪心理分析

改革开放以来，流动人口的大量出现，一方面为流入地、流出地的社会经济发展作出了巨大贡献；另一方面，也带来了流动人口的高犯罪率，成为影响我国城市治安的最大因素。流动人口犯罪有其复杂的主客观原因，同时，他们的犯罪心理和犯罪行为又不同于本地人犯罪。因此，开展流动人口犯罪心理研究对于预防和控制流动人口犯罪，稳定城市社会治安有着重要意义。

一、流动人口犯罪概述

流动人口，在2000年全国第五次人口普查中称为外来人口，是指现住地与户口登记地不一致的人。具体是指那些现居住在本市半年以上，但其户口登记在外省市的人口；或现居住在本市不足半年但其离开户口登记地半年以上的外省市的人口。流动人口中绝大多数是青壮年农民，"80后"、"90后"是主体，35岁以下的占80%。

目前，全国流动人口数量达1.4亿，超过了全国人口总数的10%，约占农村劳动力的30%。2008年，广东省流动人口已近3000万，居全国之首。在沿海一些发达城市，流动人口的数量甚至超过本地人口的数量。

(一)流动人口犯罪的特征

中国城市化进程伴随的流动人口犯罪的增多是社会犯罪率上升的一个重要原因。而流动人口犯罪问题根本上是进城农民犯罪问题。据调查，广东省的重大刑事案件70%以上是流动人口所为。在一些流动人口聚居地区和繁华复杂场所，流动人口犯罪比例高达90%以上。当前流动人口犯罪的主要特点为：

(1)在违法犯罪人数中所占的比例越来越大。

(2)犯罪人年龄以青少年、中年占绝大多数，老年罪犯极少。

(3)财产犯罪居首位，并集中表现为盗窃和抢劫犯罪；居第二位的是杀伤犯罪；性犯罪、经济犯罪和危害公共安全犯罪也占有一定比例。

(4)出于谨慎行事的考虑，越来越多的犯罪人选择单独犯罪的形式，即便有犯罪同伙，大部分也是同乡关系，犯罪同伙绝大多数是临时纠合而来。

(5)在他们实施的暴力犯罪中，抢劫、伤害、强奸犯罪居前三位。犯罪手段主要是从充斥暴力、色情内容的传媒中习得的。

(6)绝大多数犯罪人选择的作案地点集中或较集中，主要在街道里巷和工厂企业。

(7)犯罪主要以陌生的个人为侵害对象，犯罪的侵害对象更具随意性和不可预知性。

(8)流窜犯罪的趋势明显，侦破难度很大。

(二)流动人口的消极社会心理对其犯罪的影响

事实证明，流动人口作为整体而言，属于犯罪的易感人群，这与流动人口固有的特殊心理因素，以及因环境的改变引起的心理变化有关。具体表现在以下几个方面：①

(1)强烈的求利欲望和相对低下的自身素质之间的矛盾，使流动人们"欲求不满"的心理状态十分强烈，从而引发犯罪。在流动人口的众多追求中，追求财富自然成了他们诸欲求中的主流。"广东遍是金，随地可淘金"、"东南西北中，发财到广东"，成了他们追求财富的最真实写照。然而，犯罪心理学理论指出：利益决定着需要的倾向，反社会的利益把需要引向反社会目的，最终产生犯罪心理，导致犯罪行为。因此，私人利益，容易成为犯罪心理的动力因素与指向目标。私人利益的性质和方向与人自身的整体素质高低有密切关系。一般来说，素质越低的人，越轨的可能性就大。流动人口整体素质低下，这本身就是其社会化的障碍。有专家指出：文化落后地区人群犯罪活动更趋凶残、野蛮。正如人们常说的"没有文化，胆子更大"。

(2)文化冲突的加剧，是导致流动人口犯罪的重要因素。流动人口离开了农村，却又不能立即融入城市，而成为一批"边缘人"。处于多元价值规范包围之中的流动人口，一方面承受着文化冲突带来的困惑，而显得多少有些无所适从，由此，欲望便失去了约束；但同时又会发现这些相互对立的规范又恰恰为他们的行为提供了合理化的借口，他们可以从多种规范中选择一种或几种来证明自己要求的正当性或是来论证不利于自己的环境或他人是如何地不规范、不合法。文化冲突导致他们的行为失去了原有规范的束缚，评价善恶的标准也失去了统一的尺度，各种危害社会、损害他人正当权益的行为也会得到某种规范的赞许或辩护，由此引发越轨和犯罪。

(3)盲目从众，对困难和挫折心理准备不足，易滋生逆反心理和报复社会的情绪。绝大多数流动人口外出打工具有极大的盲目性和赶潮式的集中性，成千上万的农民工突然流向一城一地，结果造成农民工过剩。同时，他们一想到外出打工，总是对情况估计得过于乐观，真遇到一些意外事情的时候，他们就茫然无措，便有被命运捉弄和被社会遗弃的失落感、挫折感，很难正确对待和处理，违法犯罪现象便不可避免地在他们之中发生和增多。

(4)因社会化过程中断，失去正常的教育、管理和监督，行为的自发性和随意性增强，极易偏离社会规范。事实证明，外在的监督和管理在很大程度上影响着一个人的犯罪遏制能力。流动人口在流出地主要靠地缘和血缘的监督控制，接受传统伦理道德的教育熏陶，不敢有任何越轨行为。外出以后，这些制约因素难以发挥作用。而有的流入地政府职能部门和用人单位又没有把这部分人纳入有效教育管理范围，加上流动人口自我管理、自我约束的意识和能力较差。此时，人性中本能欲望和兽性的一面便肆无忌惮地发挥作用并支配他们的思想和行为，在"他乡出丑不丢人"的思想作用下，逐步演变成危害会治安的犯罪行为。

(5)城乡社会生活的强烈反差，使流动人口头脑中的"等贵贱，均贫富"、"不患寡而患不均"的绝对平均主义思想成为其犯罪的深层次心理因素。流动人口原来在居住地过的是一种日出而作、日落而息、限于满足生理和生存低层次生活，他们知足常乐、心态平衡。但当

① 宋晓明，董晓薇，张赛宜，吴兴民．犯罪心理学(第三版)[M]，北京：中国人民公安大学出版社，2009：128-129.

他们流入城市后，城市的富足和高消费对他们起着消费示范效应的作用，刺激他们不正常的消费欲望。高消费的欲望和低水平的现实之间构成了一对突出的矛盾，于是产生强烈的"相对剥夺感"和对社会缺乏公正的不满情绪，一些流动人口就此进行盲目发泄，由此引发犯罪。

（6）乡土观念重，"归属和爱"需要强烈，因归宿不当，或被犯罪分子利用，在不知不觉中走上犯罪道路。流动人口因受血缘和地缘关系的影响和制约，其人际关系带有明显的血缘、地缘特点，因而进城农民多以血缘、地缘结群，具有一定的团体性和帮派性。由于缺乏正确的教育和引导，很容易滋生不良情绪，实施越轨行为。所以，有些犯罪分子便利用他们的这种结群、归宿心理，施以小恩小惠，拉拢引诱他们加入帮团，然后灌输反社会意识，传授犯罪方法，教唆从事犯罪活动。

（7）不平等的社会待遇，使进城农民工产生"临时雇用心理"、"打工心理"、"捞足了就走"的想法，在对立情绪、报复心理支配下，实施犯罪。不可否认，城市中有排斥、歧视、欺侮流动人口的现象，导致流动人口对城市人滋生矛盾对立情绪。这种情绪的极端表现为：无法达到对"美"的拥有时，也要恶意毁掉他人对"美"的拥有，从而造成流动人口仇视城市文明的反社会心理。而且现实中侵犯流动人口合法权益的现象十分严重，如乱收费；管理方法简单粗暴，甚至采取非法手段；工作条件、生活条件极差；随意解雇工人，强迫加班加点劳动，克扣、拖欠工资；等等。因而对抗报复心理越来越严重，由此引发各种纠纷、罢工闹事，甚至导致恶性刑事案件的发生。不少城市经常发生因雇主克扣雇工工资或打骂体罚等人格侮辱所导致的雇工杀死雇主的案件。

二、流动人口犯罪的心理特征与行为特征

（一）心理特征

1. 认知特征

流动人口的整体文化素质较低，而占流动人口主体的农民工的文化素质则更低。较低的文化素质影响着流动人口犯罪认知特征。调查发现，有相当一部分犯罪的流动人员对自己的犯罪行为没有一个清晰的认识或在认识上有偏差。

（1）法制观念淡薄。大部分流动犯罪人不了解法律，对于案发后可能出现的刑罚后果考虑不足，甚至很少考虑，法律的威慑力得不到发挥，行为就更加不计后果，结果因不知法、不懂法造成不守法的现象频频发生。

他们法制观念淡薄主要表现为：①对行为违法性缺乏认知。有的农民工在实施犯罪时，不能认识到其行为是违法行为。一些做法在城市里会受到法律惩罚，但按照一些农村习惯和风俗则很正常，或即使构成违法也很少受到法律追究，用当地的风俗习惯处理了事。毋庸置疑，有的风俗习惯有悖法律法规，但不少流动人口对此并不知晓。因此，在城市中，当合法权益受到不法侵害时，他们往往以在家乡形成的道德标准和行为方式来认识和处理。有的在报复心理的驱使下实施了报复行为，他们认为这是理所当然的，或只认为是不好的，不认为是犯罪。②对违法后果严重性估计不足。一些流动人口在实施违法活动时，虽然认识到其行为是违法的，但却认识不到其违法行为的严重后果；或者虽然认识到其行为是违法行为，但是对其行为可能造成的严重后果却采取放任态度。例如，偷盗通信电缆，变卖其中铜丝的犯罪人，在作案时往往不能意识到其行为所造成的严重损失；偷盗建筑工地用来固定脚手架扣件的犯罪人往往意识不到其行为会给建筑工人的生命安全带来极大威胁。

(2)低犯罪代价、高犯罪收益的错误认知。① 犯罪心理学认为，犯罪动机的确立，要经过动机斗争，要反复权衡犯罪的利弊得失。之所以选择犯罪动机而舍弃别的动机，是受"利益"的驱使。也就是说，当犯罪比从事其他合法行为带来的利益更大，而只需付出较小的代价时，行为人就会选择犯罪。选择犯罪的概率，与犯罪利益成正比，与犯罪代价成反比。对于处于困境中的流动人口来说，他们在决定是否犯罪时，一方面，认为犯罪能带来巨大利益（如经济物质利益、精神利益和性欲利益），能极大地满足自己的需要；另一方面，认为犯罪可以不负或少负代价。因为他们来去无踪影，匿名感强，被发现、逮捕、定罪的可能性小，名誉上、精神上、经济上不受或少受损失，因而侥幸心理强，认为值得冒险。而且认为即使被发现定罪处罚，自己舍弃或可能舍弃的利益和代价不大，或者即使舍弃也不足为惜。因此，他们以身试法的可能性极大。正如一名抢劫犯交代的："我没文化，也无技术，在城里找不到工作，赚不到钱。抢劫后，一方面可以补贴家用，另一方面被逮着住监了之后可以在那里学点技术，出来了政府还能帮着找份工作。"在他看来，犯罪无丝毫代价，反而有利可图，所以他犯罪是必然的。

(3)私了方式比法律更有效的错误认知。流动人口作为城市中的弱势群体，他们的权益常常被侵害，如被拖欠工资等。然而，此时他们却不愿意诉诸法律来维护权益。为什么呢？除法制观念淡薄、知识经验缺乏等因素外，还因为他们觉得法律是城里人、富人们玩的，离自己太遥远。对他们来说，采用法律手段成本太高，结局难以预料，如要缴费、程序多、周期长等。有时在地方保护主义、司法腐败干预下，自己有理也会败诉，对法律的公正性缺乏信任。因此，他们觉得法律手段不方便，甚至对自己无用，自然就没有依法办事的意识和自觉性。宁愿采取自己觉得是"短、平、快"的方式解决问题，包括恐吓、绑架、抢劫、盗窃、伤害等手段，结果构成了犯罪。

2. 情绪情感特征

(1)被剥夺感。被剥夺感包括相对被剥夺感和绝对被剥夺感。相对剥夺理论认为，下层阶级成员由于他们的种族和阶级地位，不能通过合法方式取得自己所期望的财富，同时他们又居住于富人也定居其间的城市，亲眼目睹了富人的富有，由此最终形成了不公平与不满意感。他们感到被剥夺，从而不信任这个造就了社会不公和阻塞了他们合法的发展机会的社会。经常的沮丧，产生了处于压抑状态下的攻击、敌意，他们正义性地感到愤怒，终于以暴力和犯罪的方式爆发，以释放他们的敌意。流动人口进入城市以后，面对城市中的财富分配不公，把城市比较富裕的人作为参照群体，就会产生相对剥夺感，引起他们的不满。国内学者认为，贫富悬殊引起的相对贫穷感，也会引起大量的财产犯罪和暴力犯罪。

除了相对剥夺以外，流动人口在城市还经受着绝对剥夺。进入20世纪90年代以来，包括流动人口在内的社会弱势群体所占有的社会资源越来越少，基本上是20%的富人占据了80%的社会财富，而另外80%的穷人却只占有20%的社会财富。这当然不公平。此外流动人口的工资涨幅小，而随着物价上涨，流动人口的实际收入是在下降的，也处于一种绝对剥夺的境地。据劳动和社会保障部2004年《关于民工短缺的调查报告》显示：珠三角地区12年来月工资只提高了68元。不少企业，特别是"三来一补"等劳动密集型加工企业常常以最低工资作为员工的底薪，加班也不按标准支付加班工资。

---

① 宋晓明. 进城农民的消极社会心理对犯罪的影响及对策[J]. 重庆大学学报(社会科学版)，2001(1).

　　流动人口把绝对剥夺与相对剥夺叠加在一起，更加强化了其被剥夺的心理。有学者认为，当一个人觉得自己从呱呱坠地那一刻起就被剥夺、觉得自己已无路可走的时候，那么，只要受到某种刺激，他就很可能在一气之下破罐子破摔。①

　　(2)仇视心态。由于中国城乡对立的户籍制度的存在，许多流动人口虽然生活在城市，但是相对于城市人而言，他们是"外来"的，是天生的二等公民。这种先赋性的社会不平等使得20世纪90年代以来的中国社会处于一种断裂的状态②。在断裂的社会中，流动人口的权利得不到保障，经常受到城市人的歧视。而且在断裂的社会中，流动人口向上流动的机会极其缺乏，其被剥夺心理就容易转化为仇视心理。当他们在城市里产生被剥夺感和被排斥感时，便会对"主流社会"产生刻骨的敌意和仇恨。正如有学者认为，当今中国所发生的大量犯罪是贫穷对富裕的报复，是乡村对城市的报复，是落后对先进的报复，是落后地区对发达地区的报复。③

　　(3)漠视生命。这种漠视既表现为对他人生命的漠视，也表现为对自己生命的漠视。有的犯罪人作案的目的就是伤害他人或剥夺其生命，自然采用对生命构成直接威胁的暴力手段；有些犯罪人作案虽然是为了钱财、为了发泄性欲，但如果遇到被害人反抗，犯罪动机也会恶性发展，甚至杀人灭口、毁尸灭迹，或者干脆趁人不备先杀人再越货。例如，2004年曾在深圳非常猖獗的"拍头党"，就是不顾他人生命安全的一类。"拍头党"作案都是从后面突然下手卡脖子，用凶器猛砸被害人头部，将其打倒在地后又猛踢、踩头部或者拉住头发将被害人的头使劲撞地，受此打击，被害人很快昏迷，杀人简直如同踩死蚂蚁那样平静。再如，2004年发生的轰动一时的香港凤凰卫视前副主席周一男"灭门"惨案，除犯罪人漠视他人生命外，也表现出对自己生命的漠视。破案后，主犯罗某非常平静地认为"总要为做的事付出代价"、"杀人是要偿命的"，于是欣然受死。

　　3. 意志特征

　　主要表现为冒险、侥幸和从众。在冒险、侥幸和从众心理影响下，流动人口作案显得胆大妄为，不计后果。

　　(1)冒险。流动人口普遍文化水平低，法制观念淡薄，"内在遏制系统"缺失，加上外在约束力缺乏甚至丧失，在强烈的发财欲望支配下，以及在通过合法手段仍然欲求得不到满足时，很可能不顾一切，冒险一试。因为他们对于生存的恐惧远远大于对于不安全感的恐慌。用人们常说的"没有文化，胆子更大"来说明流动人口犯罪的冒险性是最好不过的了。据调查，这类犯罪人对"只要能弄到钱，即使犯罪也无所谓"持完全同意和部分同意态度的占有较高比例，这既是他们反社会心理的表现，也是冒险心理的反映。

　　(2)侥幸。作案侥幸心理主要来自于流动人口的流动性和匿名感强，容易逃避打击。因此，流动人口犯罪中一直存在"逃跑容易，打击困难"的现象。加上年轻力壮的男性流动人口在实施暴力犯罪方面具有天然的优势，可以和任何群体相抗衡，具有绝对的竞争力，所谓的"暴力最强者说了算"会进一步强化其侥幸心理。

　　(3)从众。从众心理的最大特点是流动人口缺乏个人应有的判断力和自控力。表现在：

　　①　潘多拉. 仇视心理可能会演变成疯狂的暴行[J]. 中国国情国力，2001(6).

　　②　孙立平. 断裂——20世纪90年代以来的中国社会[M]. 北京：社会科学文献出版社，2003：1.

　　③　仲大军. 二元结构对中国社会的影响[A]. 2001年中国社会形势与预测[C]. 北京：社会科学文献出版社，2001：208.

一方面，他们外出时随大流的比较多，造成求职者过剩，有的无业可就，无事可干，违法犯罪的可能性增大；另一方面，到了流入地，受强烈的乡土观念影响，流动人口往往以血缘、地缘结伙，甚至形成有明显地域特色的帮派，如果缺乏引导，特别是受有违法犯罪企图的同乡的拉拢、教唆，很容易在相互间不良情绪感染下，一哄而起，实施违法犯罪。

4. 个性特征

(1)犯罪动机特征。流动人口犯罪动机以获取钱财和发泄性欲为主。

①获取钱财。这是流动人口犯罪的主要动机。流动人口是基于经济的动机，抱着"求生存，谋发展"的目的流入城市的。反映出他们作案的目的性非常明确。2002 年，在对外来人口犯罪的主要动机进行的调查中发现，为了钱财犯罪的将近 80%，比当地人口犯罪高出十多个百分点。其中，生活尚可，但因想过更好的生活而进行财产犯罪的占了 44.3%，因为生活困难而犯罪的占了 36.2%。① 这反映出外来犯罪人对生活的要求已不仅仅停留在生存层面，而是为了更高的目标追求，因此，财产犯罪仍可能是其主要的犯罪类型。

②发泄性欲。近年来，流动人口实施性犯罪的比例在增长，而且在发案类型中排在财产犯罪、杀伤犯罪之后，位列第二。② 反映出外来犯罪人利用性犯罪来满足其生理需求的倾向，对此应该引起重视。

(2)个性心理特征。流动人口犯罪以青壮年男性为主，他们的个性心理特征主要体现为：①吃苦耐劳，好胜心强；②心理承受力差，自控力弱，适应能力和竞争能力不强；③攀比，嫉妒，任性，放纵；④家庭责任感强(以壮年男性最突出)。

(二)行为特征

1. 男性犯罪居多

在有犯罪行为的流动人口中，男女性别比例的差异表现得极为明显。2002 年广州市公安局对全国 7 个省 8 个市 9876 名在押的流动人口犯罪嫌疑人的调查发现，男性犯罪嫌疑人占总人数的 83.4%。这与整个犯罪人群性别比例分布相似。

2. 侵财型犯罪为主

在流动人口流动的原因中，外出赚钱是第一位的。当通过合法渠道不能赚到钱时，一些流动人口就转而采取非法的渠道来获取财富。据广州市 1999 年的调查结果显示，在查获的流动人口犯罪人中，85%以上实施的是侵犯财产权利的犯罪案件。

3. 犯罪凶残性与暴力性

流动人口实施犯罪时，大多不计后果，只图一时之快，犯罪手段残暴，危害性大。持凶器作案的多，实施抢劫、凶杀、绑架、爆炸、强奸等恶性犯罪。即使为了非法占有他人钱财，往往也采用暴力或以暴力相威胁达到目的。有时甚至在一宗案件中，连续采用多种暴力手段。

4. 发案高峰的周期性

调查显示，流动人口犯罪比本地人犯罪更注重对作案时间的选择。从季节看，由于其犯罪主体的流动性决定了犯罪高峰的周期性。一个发案高峰是夏天。夏季，街面活动的人员衣物单薄，财物外露，形成"两抢"犯罪高发期。另外，夏季是农忙时节，一些外出的农民需回家收种作物，趁机作案，既可获取钱财后回家，又容易逃避惩罚。另一个发案高峰是在春

---

① 周路. 当代实证犯罪学新编——犯罪规律研究[M]. 北京：人民法院出版社，2004：152.

② 周路. 当代实证犯罪学新编——犯罪规律研究[M]. 北京：人民法院出版社，2004：152.

节前。很多外出农民工都要回家过年，在囊中羞涩，"无颜再见江东父老"的窘迫下，也容易铤而走险，趁机捞一把回家。从具体时段看，他们比本地犯罪人更倾向于选择在夜间至凌晨这一时段作案。因为夜晚作案更安全，成功率高；而白天大多要做工。

第六节　不同经历犯罪人心理分析

根据犯罪经历的不同，可将犯罪人分为初犯、累犯和惯犯。从初犯到累犯、惯犯，是个体犯罪心理恶性发展的过程。犯罪经历不同的犯罪人，其心理特征和行为特征也有很大差异。研究不同犯罪经历的犯罪人心理，对于侦查、定罪量刑、教育改造等工作都有重要意义。

一、初犯的犯罪心理

(一)初犯的概念

初犯，即第一次犯罪的人。犯罪心理学所讲的初犯与刑法学中的初犯有所不同。在刑法学中，初犯是第一次犯罪并达到了犯罪构成要件的人。犯罪心理学中所讲的初犯，可以是第一次受刑事处罚的人；也可以是虽有犯罪行为，但未达到刑事处罚条件的人，如未达到刑事责任年龄的犯罪人。按年龄，可将初犯分为未成年初犯和成年初犯和女性初犯。

(二)初犯的心理特征

有人以明尼苏达多项人格测试(MMPI)对某监狱中在押财产型男犯700人(18~55岁)进行了心理测试，结果表明，初犯的平均年龄小于屡犯(累犯、再犯)的平均年龄。有学者指出：初犯年龄的关键期是从十一二岁到十四五岁的少年期，而十四五岁到十七八岁的青春初期是初犯高峰期。初犯的年龄阶段随着社会生活的发展与提高呈现提前化的趋势。[①] 初犯的心理特点表现为：

1. 动机斗争激烈，犯罪决意慎重

犯罪是一种反社会行为，大多数初犯在实施犯罪行为前会产生激烈的动机斗争，并经过一段时间的权衡利弊后才作出犯罪决定。在犯罪预备阶段，他们受个体不正当需求的驱使想作案，但想到罪行败露后，会影响个人的前途、名誉、地位，连累亲属，给家庭造成不幸，就不敢贸然行事。这种作案与否的心理冲突，就是初犯犯罪前动机斗争的焦点。

动机斗争表现为趋避冲突，即欲趋之又避之。一方面，犯罪人产生了某种需要，当这种需要无法通过正当途径得到满足时，便产生了以非法手段予以满足的心理冲动；另一方面，犯罪人也知道犯罪行为的后果和应承担的法律责任，对犯罪后果的担忧及对法律惩罚的恐惧就成为抑制犯罪冲动的因素。犯罪人的动机斗争就表现为犯罪的冲动和抑制因素的相互斗争和衡量对比。当犯罪冲动占优势时，犯罪动机就产生。对初犯来说，想作案又怕被抓获受到法律制裁，不作案需要又不能得到满足，这种作案还是不作案的动机斗争围绕着他，使他吃不香、睡不安，甚至感到十分痛苦。当初犯的作案动机与不作案动机近乎势均力敌时，就会在两种动机之间犹豫不决，处于一种矛盾心理状态中。

犯罪决意，是指犯罪人作出实施犯罪行为的最后决定的过程。因犯罪性质、犯罪机遇、侵犯对象及犯罪人心理品质的差异，犯罪决意有不同的表现。一般表现为三种基本形式，即

---

①　肖兴政，郝志伦.犯罪心理学[M].成都：四川大学出版社，2004：165.

预谋型犯罪决意、机会型犯罪故意和冲动型犯罪决意。当犯罪人产生犯罪动机，确立犯罪目的后，就进入犯罪决意阶段，最后决定是否实施犯罪。作出犯罪决定后，犯罪人的内心紧张就有一定程度的减弱，使其产生轻松等体验。

初犯在决定是否犯罪前，会考虑许多内外因素。除了意识到其犯罪动机和目的、犯罪行为带来的利益和造成的法律后果以及罪恶感外，还要考虑外部客观条件是否有利于作案。由于初犯的主观恶性程度不深，道德感尚存，加上缺乏作案经验，因此，他们在这些因素间难以权衡，长时间难以作出是否犯罪的决定。

当然，犯罪类型不同，犯罪决意的慎重程度和时间长短会有差别。例如，预谋犯的犯罪决意往往是经过深思熟虑后确定的，决意时间较长；而机会犯和冲动犯的犯罪决意就没有经过多少考虑，决意时间较短，甚至是在瞬间完成的。

2. 意志薄弱

意志薄弱主要表现为果断性、自觉性、坚定性和自制力差。初犯的果断性差，主要表现在实施犯罪前优柔寡断，无休止的动机斗争。他们对于自己应采取哪种抉择进行反复权衡，动摇不定，犹豫不决，高度紧张和恐惧的心理常常使他们难以下手。初犯的自觉性差，主要表现为盲从和武断。盲从就是盲目接受他人的暗示或影响。这主要反映在未成年初犯身上，他们往往没有主见，不了解自己行为的后果，因此极易受他人的影响或恐吓，也极易轻信他人。武断就是盲目拒绝他人的意见或劝告，对自己的决定则自信不疑，往往不顾主客观条件是否具备而一意孤行。初犯的坚定性差，主要表现为动摇或刚愎执拗。动摇也主要反映在未成年初犯身上，他们对犯罪目的常常不太明确，在犯罪预备过程中，因遇到困难或挫折就会产生动摇，暂时停止犯罪预备。刚愎执拗主要反映在成年初犯身上，他们固执己见，自以为是。初犯的自制力差，主要表现为抑制力弱，冲动鲁莽。特别是未成年初犯，往往只因微小刺激就会产生强烈的情绪冲动，并导致犯罪行为的发生。他们感情用事，不能有效地控制自己的情绪，很难从过去的经历中吸取教训。在错误观念支配下，对反社会行为有强烈的固执倾向，甘冒风险。

3. 犯罪经验缺乏，犯罪技能不高

初犯因为是第一次作案，缺乏犯罪经验，在犯罪计划的制订、作案工具和作案手段的选择、作案时机的把握、作案现场的破坏、伪装以及临场发挥等方面缺乏经验。为了做到万无一失，他们的犯罪计划一般较为详细，但想象和猜测的成分居多，其周密性、实用性不强，漏洞不少，到现场后因自控力差导致过度恐惧，往往会打乱原计划，使犯罪行为慌乱无序。犯罪技能不高，主要表现为破坏障碍物方法单一，多采用暴力；破坏部位选择不恰当；破坏客体时用力技巧性差等。因而在现场往往留下较多的痕迹物证。

4. 作案中紧张心理突出

犯罪行为发生的过程，往往是危险万状，有时还伴随着你死我活的激烈冲突，需要犯罪人注意力高度集中、胆大心细、意志坚定。初犯由于缺少作案经验，技能技巧不高，面临着各种困难和被发现抓获的危险，因此，在作案中往往显得过度紧张。这种心理状态可能使犯罪人放弃犯罪动机，中止犯罪；也可能使初犯丧失自控能力，显露出其原始野蛮的本性，犯罪手段凶狠残暴，使犯罪的社会危害性更为严重。

5. 作案后恐惧心理、悔恨心理明显

初犯作案前后终日惶恐不安，总觉得自己的破绽已被发现，处处有人注意或监视自己，大有"风声鹤唳"、"草木皆兵"之感，必然会引起一系列身心反应，心神不宁，对公安机关的侦破活动特别关心，对外界舆论和群众的反应过度敏感，常有反常行为(如反常的积极，反常的俭朴，行为活动反常的有规律，记忆反常的清晰准确等)。一般说，所犯罪行越严重，现场破绽越多，破案声势越大，心理素质越差的人，其恐惧感就越强，反常行为也越明显。悔恨心理是人在反省了自己的错误行为后，道德感复苏的一种表现。悔恨心理是人的不良心理、行为得以改善的基础。初犯之所以犯罪往往受多方面因素的影响，有的甚至是客观外界因素起主要作用，如受到胁迫、教唆、引诱、挑逗等。但他们大多尚有一定的责任感、道德感和法律意识。他们犯罪后，看到自己行为所造成的危害，良心发现和道德感恢复，常会产生一定程度的悔恨心理，如自责、内疚、悔恨。在这种心理支配下，有的会对自己的犯罪行为后果加以补救，减轻犯罪给被害人造成的痛苦，如将受害人送医院抢救，将非法所得钱财变相归还等；有的会投案自首，悔过自新。但应看到，初犯的这种心理是不稳定和不彻底的，如果我们能及时捕捉到这种心理轨迹，并给予正确的教育诱导，则会使其悔恨心理外化为实际的悔过行为。否则，这种悔恨心理很可能一闪即逝，很快为其作案带来的刺激和成功体验所替代，导致其犯罪心理恶性发展。

6. 受处罚后容易产生自暴自弃思想

初犯，尤其是未成年初犯受到处罚后，容易产生悲观情绪，认为自己反正犯了罪，面子已经丢尽，失去了悔改的勇气，萌生自暴自弃、破罐破摔的思想，这一思想状态实际上是未成年初犯怀疑自己不能重新自立于社会的自卑感和强大的挫折感对其自尊心、虚荣心的冲击而产生的。因此，对于初犯特别是未成年初犯的处罚应根据不同情况，区别对待，特别要注意贯彻教育、感化、挽救的方针，避免因处罚方式的简单和畸重导致其自暴自弃思想的产生。

7. 未定型的不良个性

一些未成年初犯之所以犯罪，是因为他们形成了某些不良的个性品质，如有的道德认识水平低，法制观念淡薄；有的形成了不健康的生活方式和思想观念；有的沾有不良行为习惯；有的冲动、粗暴。但这种表现往往只是其个性结构中的一个方面，可能在其他方面与社会要求并不相悖。例如，有的爱冲动、讲义气，但也有正义感；有的虚荣心重，但工作也踏实认真；有的仅是在某些特定情境中表现消极，而在多数情况下则表现积极。这表明未成年初犯个性品质尚未定型。因此，在教育改造中，我们一方面要矫正其不良的个性品质；另一方面，要发掘和培养其积极的个性品质，增强其改恶从善的自觉性和自信心。

(三)初犯的行为特征

1. 未成年初犯的行为特征

未成年初犯是指11岁至18岁第一次犯罪的人。其行为特征表现为：

(1)预谋性差、偶发性强。未成年初犯认识能力差，判断力、控制力弱，容易被客观的诱因直接引起的欲望所驱使，犯罪动机简单，往往是在犯罪目的不明确，缺乏深思熟虑，没有预谋或预谋不充分的情况下，一时冲动，偶然实施犯罪的，具有明显的情境性和冲动性、盲目性和随意性。

人在未成年时期由于神经系统的兴奋与抑制过程不平衡，容易在外界刺激的作用下出现兴奋状态，并且这一时期的自控能力比较差。未成年人不能冷静地对待周围事物，特别是一些结伙成员，开始只是为了一起游逛，或在一起瞎闹，当他们偶然遇到某一特定条件、某一作案对象时，就一哄而起，共同实施犯罪行为。

思维的片面性和表面性，是造成未成年初犯犯罪预谋性差、犯罪偶发性强的心理因素。

特别是未成年初犯思维缺乏抽象、概括和分析能力，对事物缺乏深刻认识。因此，在思维的深刻性、逻辑性、批判性方向与成年人相比存在明显差异，容易轻率地决定自己的行动。

正因为未成年初犯具有预谋性差、偶发性强的特点，因此，犯罪手段比较简单，作案工具原始，随机使用随手携带的工具或顺手抄起的石头、木棍等进行犯罪。他们实施犯罪行为时，往往表现出紧张、匆忙、盲动、孤注一掷的行为特点。出于好奇、尝试、自我表现或寻求刺激等动机实施犯罪行为的初犯，犯罪决意形成迅速，但消失的也快，因而表现多不坚决，易受外界影响，变化大，易动摇，犯罪未遂或犯罪中止的情况较多。

（2）模仿性强。未成年人善于模仿自己感兴趣的人的动作行为。模仿在未成年初犯的犯罪活动中所起的作用很突出。一方面，由于未成年人生理、心理发育不成熟，精神、物质、性方面的需要非常强烈，自己又缺乏满足这些需要的合理方法和手段；另一方面，未成年人的社会化发展不成熟，辨别是非和自控能力较弱，而模仿能力较强。因此，当宣传报道、电影电视、文艺作品中出现新的犯罪方式和手段便可能在他们中间迅速蔓延开来。

（3）团伙作案突出。随着自我意识的发展，未成年人的独立意识不断加强，群集的要求特别强烈。他们希望在社交中求得友谊，求得别人的理解，能为群体所接受。正是在这种心理的作用下，导致一些未成年人在脱离家庭管教和学校教育后，在社会上寻求支持、庇护，以满足其自尊感和安全感。未成年犯罪人就是在这种心理基础上纠合在一起，组成团伙的。他们的纠合比较简单，成员大都是一些原来观点相似，居住相邻，打扮相仿，趣味相投的人。在团伙中，他们互相感染，互相模仿，胆大妄为地实施犯罪行为。

2. 成年初犯的行为特征

成年初犯是指18岁至60岁第一次犯罪的人。其行为特征表现为：

（1）预谋性强，计划周密。成年人具备了对事物作出独立判断的知识和经验，思维活动具有独立性、全面性特征。他们面对社会上的诱惑、压力、失败、挫折，能做到深入分析，独立判断，三思而行。加上成年人的大脑皮层神经活动过程已趋平衡，情绪变得稳定、含蓄，意志力增强，理智能较好地控制、调节自己的情绪活动和行为反应，因而成年人很少像未成年人那样因一时冲动而走向犯罪。即便犯罪，也是经过反复的思想斗争和权衡利弊后，有理智、有预谋、有计划地进行，较少出现情绪型、冲动型、情境型的犯罪。因此，他们犯罪目的明确，犯意坚决，有一定的预见性，应变能力强，受阻的可能性小，犯罪既遂的多，侦破难度较大。

（2）独立性强，一般单独作案。由于成年人有主见，自我意识强，因此，他们较少因为模仿别人而犯罪，多是按照自己的意图去实施犯罪。由于自制力强，在犯罪中较少相互感染。为尽可能缩小知情面，保证安全，因而一般单独作案。

二、累犯的犯罪心理

（一）累犯的概念及特征

累犯是重新犯罪人中的一个重要类别，是指因犯罪而受到一定的刑罚处罚，刑罚执行完毕或者赦免以后，在法定期限内又犯一定之罪的犯罪人。我国《刑法》规定，累犯是指因犯罪受过有期徒刑以上刑罚的犯罪行为人，刑罚执行完毕或赦免之后，在5年以内再犯应当判处有期徒刑以上刑罚的故意犯罪。我国《刑法》还规定，在刑罚执行完毕或赦免以后的危害国家安全犯罪、恐怖活动犯罪、黑社会性质的组织犯罪的犯罪行为人，在任何时候再犯上述任一类罪的，都以累犯论处。累犯应当从重处罚，但是过失犯罪和不满十八周岁的人犯罪的除外。

累犯与初犯和再犯相比，其有初犯没有的、比再犯更为全面的犯罪经验，这些经验主要体现在四个方面：作案的经验、诉讼的经验、被监禁的经验、重返社会的经验。

关于当前累犯的特征，有研究者作了大规模调查，调查结果显示：① 近年来，累犯变化情况比较平稳，1999 年累犯在全部罪犯中的比重为 7.03%，2002 年为 7.07%。如果从每年重新犯罪群体的角度看，因重新犯罪在周期方面以 5 年内最为集中，所以，累犯是比较突出的，1999 年为 70.2%，2002 年为 73.8%。

累犯群体构成有以下特点：

(1)在性别方面，以男性为主，但女性所占比重有所上升。1999 年和 2002 年男性在累犯中分别占 98.72% 和 94.48%。

(2)在年龄方面，25～35 岁是累犯的高发年龄，35～45 岁的累犯有增多的趋势，14～25 岁的青少年累犯人数开始下降。

(3)在被捕前户籍方面，累犯以非农户口为主，且比例有增加趋势。

(4)在被捕前的职业和身份方面，较为多见的是务工农民、城市无照做小生意的、城市个体、城市散工、城市无业人员，此五种情况占 75% 以上。

当前累犯的再犯罪特征有：

(1)在犯罪性质方面，以谋取经济收益、暴力滋扰社会、暴力攻击人身的犯罪为主，其中，谋取经济收益的犯罪和暴力滋扰社会的犯罪有上升趋势，而且，谋取经济收益的犯罪倾向于暴力性和高风险性。

(2)预谋犯罪突出，但随机性的偶发犯罪上升。犯罪动机的随机性趋势使预防累犯难度更大。

(3)一般说来，累犯再次犯罪的手段应该更加激烈，但在总体上，其暴力犯罪色彩并不突出，而且有一定程度的降低。

(4)对共同犯罪形式的组合倾向降低，表明累犯开始转向个人犯罪。累犯的共同犯罪、集团犯罪的情况开始减少，而且累犯在共同犯罪中的非主要作用明显。

(二)累犯的心理特征

1. 敌意心理

敌意心理是一种与愤怒相联系的情绪状态，包括对他人的厌恶、轻蔑和不信任。这种心理产生于其认知中的极度偏见，累犯对自己受到的刑罚惩罚产生错误的认识，认为自己无罪判罪，轻罪重判，甚至是受到打击报复等，加之在监狱的服刑中，由于监狱管理的需要和条件限制，使其不良需要受到限制，或者正当需要得不到满足，或者因违反监规纪律受到处罚，常把自己的敌意指向监狱干警或其他罪犯。累犯由于服刑时间相对较长，对长期的监狱管理服刑生活比较厌烦，导致其产生抗拒心理，进而发展到敌意心理，而且敌意心理比较严重。累犯内心有强烈的不平衡感，处于失衡状态，因而形成不认同、不接受的抵触情绪，即使内心服气，表面也要表示不服的逆反心理。这些人难以接受正面教育，并拒绝和排斥政治学习、思想改造等政治性活动，较顽固地坚持自己畸形的取舍心理状态。

2. 偏执心理

偏执心理在累犯中表现为下列特点：

---

① 周路．当代实证犯罪学新编——犯罪规律研究[M]．北京：人民法院出版社，2004：419-423.

（1）过分敏感、多疑和警觉。对周围人缺乏基本的信任，对他人的善意也经常误解为敌意和轻视，具有过高的自我保护心理。正常人都具有自我保护心理，累犯的这种自我保护心理极强，已经超出正常的自我保护心理，他们多数对别人信心不够，不会轻易吐露自己的心声，经过调查，多数罪犯认为自己最大的需要就是减刑、早日回家。在这种目的的驱使下，他们认为彻底表露出他们真实的想法并不会给他们带来好处，而对自己最有利的方式就是戴着面具做人，彻底压抑自己的真实想法，让干警或者其他罪犯看不清自己的真面目，凡事都会朝着对自己最有利的方向去做，进而日复一日产生了极强的保护心理。在平时的接触中他们只会表现出自己优良的一面，这一点在累犯的心理测试上表现极为明显，据统计，大约24.6%的累犯在进行心理测试时慌值高，导致心理测试无效。

（2）心胸狭隘、固执己见。不仅对别人已有的过错耿耿于怀，而且听不进他人善意的批评和帮助，往往拒人于千里之外。做事斤斤计较，多数累犯认为自己不再适应社会，社会也不会再接纳自己，在重新犯罪之前已经产生这种想法，第二次或更多次的服刑，这种不适应社会的心理更加加深。

（3）狂妄自大，自命不凡。这从累犯的重新犯罪上就可表现出来，过高估计自己的能力。即便做事失败，也总会找出自身以外的原因。过分自信，做事往往以自我为中心，忽略他人的想法。

3. 抑郁、消极心理

累犯这方面的突出特点就是对生活失去信心，对社会失去信心，经常吐露出即便自己重新再走向社会，自己的选择还是再犯罪。从累犯的构成上看，以犯抢劫罪和盗窃罪居多，这说明他们在重新走入社会后疯狂地追求物质利益，在再次进入监狱以后，这种追求物质利益的希望破灭以后，在相当一段时间内，自己没有机会完成这种目的，进而导致抑郁、消极心理的产生。消极改造，甚至对关系自己切身利益的事情也漠不关心，不考虑自己的将来。消极的人生观、宿命论造成累犯价值观的畸变。把人的一切想象成为命该如此，两次或更多次的服刑都是命里注定的，甚至把重新犯罪说成了天意。在服刑过程中，认为监狱不会重用他们，会对他们"另眼相看"，认为他们是罪犯这个群体中特殊的一部分，是很难改造的一部分。长时间这种心理情绪的积累也成了矫治他们的一个难点，一种障碍。

累犯由于受到错误的人生观、价值观的支配，因而在感知外在事物时，总是根据自己以往的经验来评价和认知，唯利是图、自私自利、损人利己、弱肉强食等消极的心理品质以及在以往犯罪中得到的不良经验，都不可能在服刑过程中烟消云散，仍然会影响他们的改造心理，形成认识上的狭隘性、情感上的扭曲变化。

4. 犯罪心理形成的自觉性和主动性

几乎所有的故意犯罪都是自觉主动的行为，但不同经历的犯罪人其犯罪心理形成的自觉性和主动性是不同的。累犯犯罪心理的形成有较强的自觉性和主动性，因为他们既了解犯罪的后果，也承担过因犯罪所引起的法律责任，但却再次铤而走险实施犯罪，而且累犯在作案之前，往往动机更为明确，准备更为充分，作案过程更为有条不紊。

5. 强烈的反社会意识

因为累犯受到过司法机关的打击和舆论的谴责，因而他们常常对政府、公安机关乃至整个社会存在一种敌视、对抗的心理。例如，他们对犯罪较少的恐惧悔罪心理，对再次被捕常常满不在乎；在审判和关押期间，想方设法对付审讯，蒙骗法庭，对自己罪行的危害性轻描淡写，把犯罪的原因合理化，把责任推给别人乃至整个社会，毫无自责意识；在改造期间，消极对抗，有的甚至向初犯传授犯罪和反侦查经验；被释放后，不能正确对待因自己的犯罪经历给自己在生活、就业等方面造成的困难，反而把这些困难归咎于社会，认为是社会对他不公；许多累犯抱着一种"狱内损失狱外补"的补偿心理，出狱后不久就变本加厉地进行新的犯罪活动。

6. 典型的犯罪性格

累犯典型的性格特征是顽固、偏执。这表现为他们虽然有了被惩罚的经历，但不吸取教训，仍然顽固地选择犯罪道路。他们固执地遵循犯罪信条，不顾一切地猎取他人的财产或以暴力方式发泄自己过剩的精力，不愿从事正当的职业，不愿过普通人的平淡生活。

（三）累犯的行为特征

1. 谨慎性、狡诈性

由于累犯不止一次以身试法，积累了较丰富的作案经验和体会，具备熟练的作案技能。但他们也畏惧刑罚的打击，不愿轻易地被抓获。因此，在作案前，对于作案时间、地点、对象以及作案后如何掩盖罪证等都经过精心策划；作案时作案手段狡猾多变，行为谨慎；作案后往往认真回顾作案的每一个细节，对于其中可能暴露自己的细节，在下一次作案时就会倍加注意。

2. 流窜、团伙性

一些累犯为逃避打击，常常流窜各地，行踪不定，甲地作案，乙地销赃，奔走于铁路、公路交通沿线，藏身于各大城市之中。在流窜的过程中，往往与其他犯罪人结成犯罪团伙，制造一些大、要案。有的在狱中就有意物色对象，寻找伙伴，传授技艺，出狱后结伙作案。

3. 疯狂、残忍性

累犯由于受过司法机关的打击，对社会、国家极端仇视，因而再次实施犯罪时，具有疯狂报复的特点。一旦遇到干扰或有可能暴露，他们便设法排除或灭迹，手段极端残忍，人性逐渐丧失，嗜杀成性。他们不仅频繁作案，而且敢于作大案和恶性案件。

三、惯犯的犯罪心理

（一）惯犯的概念及其特征

所谓惯犯，是指反复实施同类犯罪，已形成犯罪恶习的犯罪行为人。

关于当前惯犯的特征，有研究者的调查结果显示：① 在总数方面，惯犯在罪犯总数和重新犯罪人总数中的比重是上升的。1999 年，惯犯在当年新入狱罪犯中的比重为 6.86%，在重新犯罪人中的比重为 55.13%；2002 年分别上升为 7.47% 和 59.77%。

惯犯群体构成有以下特点：

（1）在性别方面，男性是主体，而女性数量略有上升。1999 年和 2002 年，男性在惯犯中的比重分别为 95.7% 和 95.1%。

（2）在年龄方面，25~35 岁是惯犯的高峰年龄，35 岁以后惯犯形成的可能性越来越小。

（3）在被捕前户籍方面，惯犯中以非农户口占多数，但属于农村户口的有所增加。

（4）在被捕前的职业和身份方面，在惯犯中比较突出的是务工农民和城市无照做小生意的、城市个体和城市散工。表明惯犯在这些群体中产生的可能性较大。

当前惯犯的犯罪特征有：

---

① 周路. 当代实证犯罪学新编——犯罪规律研究[M]. 北京：人民法院出版社，2004：428-433.

（1）在犯罪类型方面，相对比较集中，表现为财产和杀伤犯罪为主。1999年和2002年，惯犯实施的财产犯罪分别占比为85.71%和85.95%，实施的杀伤犯罪分别为9.09%和10.78%。

（2）犯罪呈现非暴力化倾向。1999年和2002年，未实施暴力或暴力相威胁的在惯犯中分别占72.93%和68.11%。

（3）预谋犯罪明显。1999年和2002年，惯犯犯罪动机属于早已形成的分别为71%和54.29%。预谋犯罪既可以使犯罪人最大限度地获取利益和逃避惩罚，也是惯犯在犯罪心理定型方面的表现之一。

（4）作案目标带有较大程度的随机性。1999年和2002年，作案目标属于临时确定的在所有重新犯罪人中分别占55.33%和61.88%。

（5）刑满释放人员回归社会后短期内成为惯犯的可能性较大。惯犯在1年内再犯的可能性最大。

（6）相对于逃避法律制裁来讲，惯犯犯罪更注重作案的成功率。犯罪前采取准备行为（观察目标、踩道探路等）的所占比重高于犯罪后采取逃避法律制裁行为（破坏伪造现场、制造假现场等）的比重；作案前的准备投入也超过犯罪后逃避法律制裁的准备投入。

（二）惯犯的心理特征

1. 低级的、生理性的需要占主要地位

贪婪的物欲、畸变的性欲、低级的交往需要等成为其需要结构中的主要部分，起着主导作用。他们的贪婪畸变的物欲、性欲等低级需要在无数次的作案中得以满足、强化而膨胀，一个目标达成了，新的需要目标在前一次的满足中又出现了，于是需要结构受到破坏，出现了心理状态的不平衡。为了解决这种不平衡，一旦无正当途径解决，便冲破社会对他们的羁绊（道德和法律的约束）重新犯罪。惯犯有满足其需要的犯罪体验和成功的经验，获得满足的途径无疑还是犯罪。这样，他们的各种低级需要不断在犯罪中得到满足乃至膨胀，需要结构畸形，其动物性多于人性，生理性多于社会性。尊重和尊敬的需要、友谊的需要乃至安全的需要对他们来说是多余的，可有可无的。

2. 犯罪动机斗争渐趋弱化

惯犯由于反复实施同类犯罪行为，因此，初次犯罪时表现出的激烈动机斗争在以后的犯罪中已日益弱化。随着犯罪次数的增多，犯罪行为的定型，在其实施犯罪行为时，已经感觉不到动机斗争的痕迹，而表现为果断、干脆、毫不犹豫。但当其准备实施一种新的、难度较大的犯罪行为时，仍然有些紧张、慌乱，趋利避害的本能使他们不得不权衡利弊，只是这种动机斗争已不是犯罪与不犯罪的斗争，而是表现为何时作案、怎样作案的斗争。因此，惯犯作案时并不能完全做到毫无顾忌，只是动机斗争不明显，以及动机斗争的内容发生了转移。另外，调查显示，成本与收益的犯罪经济化心理在惯犯中越来越突出，试图获得更大的收益是他们再次犯罪的主要心理动因，即在权衡成本和收益的动机斗争中，他们更看重收益，对可能付出的代价考虑得少。这促使他们在利益和诱惑面前，用不着过多考虑，就能很容易地确定犯罪动机。

3. 犯罪心理形成的自动性和反射性

与累犯相比惯犯犯罪心理形成的自觉性和主动性更强，甚至带有自动的、反射的性质，只要一遇适宜的作案时机，就能激活其犯罪的冲动。

4. 顽固的反社会意识

惯犯因其人生观、价值观、道德观的消极，甚至反动。因此，其反社会意识更为强烈，表现在两个方面：一方面，惯犯的反社会意识具有顽固性。许多惯犯多次受到处罚，但仍不思悔改，反而更加猖狂地进行犯罪活动。犯罪行为对于惯犯而言，已不是一时冲动的结果，也不只是为了满足一时一事的暂时需要，而是一种顽固的行为习惯，成为其生活方式之一；另一方面，惯犯大多具有自己的一套与社会公众意识完全背道而驰的犯罪哲学，表现在他们对于犯罪无丝毫羞耻之心，反而认为犯罪有理，并在自己的犯罪哲学基础上，把某些犯罪视为自己的常业。

5. 消极的、受到歪曲的情绪情感特征

惯犯对犯罪较少甚至没有畏惧和负罪感，在犯罪前后的情绪活动较稳定。作案前，不像初犯时那样紧张、激动，而是处于较为平静的情绪状态，并伴随着欲望即将得到满足的兴奋，其外部表现无太多、太明显的反常现象；作案中，能对自己的情绪进行调整和控制，因而表现得沉着、老练，当出现意外情况时，虽慌不乱，能够随机应变；作案后，表现得若无其事，能像平时一样生活，甚至轻松愉快，有一种满足感，没有初犯时的后怕和心神不宁感，更不会有负疚之感。

惯犯缺乏高级的社会情感，他们没有高尚的道德情感，其内心充满了怨恨；他们没有正常的同情心、友谊感，对别人和社会极为冷漠，甚至把自己的乐趣建立在别人的痛苦之上。

6. 意志活动的两重性

意志活动的两重性表现为，强烈的冒险心理、犯罪冲动与薄弱的犯罪抑制力。但比较之下，惯犯在意志活动中的两极性品质，比累犯更为突出。其表现是，善于捕捉作案时机，并对作案计划有周密的考虑；在犯罪意向形成过程中，犯罪的冲动极为强烈，如果不实施犯罪行为，就会感到十分焦躁，坐立不安，相反，由良心、道德、羞耻感、同情心、荣誉感等组成的抑制犯罪的心理防线却极为薄弱，根本不足以阻止犯罪动机的形成；在作案过程中，会全力以赴，不达目的不罢休，即使遇到障碍，也会想方设法予以排除，极少出现中止的情况。所以对于惯犯而言，犯罪心理结构恶性发展程度越来越深，在犯罪道路上越滑越远，在改邪归正的道路上，越来越缺乏毅力和决心，良性转化的可能性越来越小。

7. 典型的犯罪性格

惯犯的性格内倾性比较明显。有的学者认为，只有性格比较内倾的初犯才容易沦为惯犯。其理由是，他们的孤僻、忧郁，与社会联系面狭窄等特点，有利于长期作案而不被外界注意。犯罪正是充分适宜和体现内倾型性格的"职业"。并且这种"职业"又使个体的性格不断趋于内倾并逐渐使之完善，形成一种犯罪内倾型的性格。这种内倾型的犯罪性格主要表现为：(1)劳动观念淡薄，寄生、剥削思想严重，不爱惜劳动成果，贪图享受，挥霍财物；(2)极端自私，缺少自尊心和羞耻心，自以为是，过分自信、固执、自暴自弃；(3)同伙之间是相互利用、相互猜疑、相互倾轧的关系；(4)对被害人残暴无情，心狠手辣，无怜悯、同情心理；(5)对他人缺乏热情、信任，交际狭窄、孤僻；(6)隐藏愤怒、敌视、怨恨，有被压抑感和反抗的需要，把罪过归咎于社会。[①]

(三)惯犯的行为特征

1. 习惯性

---

① 宋晓明，董晓薇，张赛宜，吴兴民．犯罪心理学(第三版)[M]．北京：中国人民公安大学出版社，2009：149.

表现为只要出现合适的诱因和时机就会立即实施犯罪行为，而不需要或较少需要动机斗争。这一行为特征反过来又进一步强化了其原有的犯罪心理，不断地把他们的犯罪行为推向更严重、更危险的阶段。

2. 类似性

由于惯犯长时间、反复地从事同一类型的犯罪活动，因而他们在实施犯罪的方式、手段和技术上都会形成某种特殊的习惯，具有一贯性和类似性。这种类似性一般表现为：习惯用语、习惯动作、作案时间、作案环境、作案工具和伪装破坏现场等方面具有雷同的特点。这种作案的类似性使他们每作一次案便增加了一次暴露自己的机会，往往能给案件的侦破工作提供有利的线索，侦查人员可以利用惯犯的作案类似性开展破案活动，也可以借此深挖余罪。

3. 狡诈性

惯犯由于多次反复实施同类犯罪，掌握了丰富的作案经验和反侦查手段。他们作案计划周密，作案的对象、时间、地点都经过精心安排，有应付紧急意外情况的方案。从这点看，惯犯比累犯更为狡诈。虽然其犯罪行为有一定的规律可循，但由于惯犯有狡诈性特点，侦破工作仍有较大难度。

4. 连续性和周期性

由于惯犯的犯罪行为已成为一种习惯性的经常行为，惯犯经常在短时间内连续作案。一般来说，他们只要发现犯罪机会，就会立即自动产生犯罪动机，进而着手实施犯罪。有时，集团性犯罪惯犯由于犯罪现场气氛的渲染以及某些单独性犯罪惯犯在某种兴奋情绪的影响下，可以在一次犯罪活动中实施多种犯罪行为。惯犯作案大多有周期性，在某一段时间，他们频繁作案，有时又会销声匿迹、偃旗息鼓一些时日。其周期性特点受犯罪人需要满足程度和社会治安大气候的影响。

5. 残忍性

惯犯出于多次作案，从而使自己受得冷酷无情，对被害人毫无怜悯心、同情心。作案时心狠手毒，不择手段地达到自己的犯罪目的。

第十三章　群体犯罪心理

第一节　群体犯罪的立法概念

群体犯罪作为一种犯罪现象，可以从不同角度予以定义。在立法上，可以概略理解为刑法总则中规定的共同犯罪的特定表现形式。具体来讲，刑事法意义上的群体犯罪符合刑法总则关于共同犯罪规定的所有要件，但是排除了共同犯罪中人数过少的情况(比如2~3人共同犯罪)，同时增加了某些缺乏共同犯罪故意的特例情况。在这一定义的基础上，司法实践以及刑事法研究通常将群体犯罪按照以下四个类型予以划分：

1. 一般共同犯罪

共同犯罪在我国刑法中有明确的定义，是指两人以上共同故意实施的犯罪。共同犯罪是群体犯罪的基本形式，刑法学中将其划分为一般共同犯罪和特殊共同犯罪两种类型，团伙犯罪和有组织犯罪为特殊共同犯罪。对一般共同犯罪并无专门定义，但是从共同犯罪定义与分类的逻辑结构中可以自然推导出，凡是共同犯罪中不符合团伙犯罪与有组织犯罪特征的就是一般共同犯罪。

2. 团伙犯罪

团伙犯罪是一个在20世纪末我国司法实践中随着青少年犯罪的日渐增加而逐渐建立起来的概念。团伙是一种由朋辈关系构成的结构松散的组织形式，一般出现在年龄相近、兴趣相似的青少年当中，如同学、邻里。

团伙并不是贬义词，青少年当中的许多小圈子或朋友关系都可以称为团伙。只不过我们经常使用团伙犯罪的概念，才使团伙概念具有特殊符号意义。团伙犯罪是以团伙为组织形式实施的群体犯罪。团伙犯罪体现了团伙所具有的组织形态、活动方式、作案手段上的特点。一般而言，团伙犯罪的目的比较模糊，也经常变换；其组织形态也不太稳定。在犯罪活动中，其角色和分工也具有较大随意性。犯罪意向往往是由犯罪机遇激发，既可能是事先通谋的，也可能是没有事先预谋的。

3. 有组织犯罪

有组织犯罪在刑法上一般定义为以犯罪为目的的群体所实施的有计划、有分工的犯罪。这种犯罪具有特定组织形态，即结构严密，具有实质性的社会心理学意义的群体。这类群体的形成往往与经济利益有关，从事犯罪活动并从犯罪活动中获得收益是该群体的主要目的。传统意义上的有组织犯罪是以帮派形式为代表的犯罪。从我国刑法规定看，有组织犯罪分为两种基本结构形态——犯罪集团实施的犯罪和黑社会性质组织实施的犯罪，这两者对社会稳定均具有极大危害性。

从犯罪行为来看，我国目前存在的有组织犯罪的主要类型有：(1)走私与贩毒犯罪组织；(2)独霸一方的流氓、恶势力犯罪组织；(3)以贩卖人口为盈利方式的犯罪组织；(4)

开设赌场、强迫妇女卖淫的犯罪组织；（5）制造、贩卖淫秽书刊、视听制品和非法出版物的犯罪组织；（6）盗窃、窝赃、销赃的犯罪组织。另外，国际范围内目前存在的有组织犯罪的主要类型有：（1）供应各种非法的物品与服务。如开设赌场、妓院、放高利贷、毒品走私等。（2）运用合法身份从事非法活动。如垄断与操纵市场，在行贿、拉拢敲诈、逃税等。（3）专门从事绑架、聚众斗殴等暴力行为。

4. 集群犯罪

集群犯罪，又称群集犯罪、聚众犯罪或集群行为犯罪，是指一种人们在激烈的互动中自发产生的，无指导、无明确目的的，不受正常社会规范约束的，由众多人狂热行为导致的犯罪行为。

集群犯罪是群体犯罪的一种特殊形态。在集群犯罪中，犯罪人多为乌合之众，绝大多数犯罪人无组织联系，一旦犯罪事件结束，便作鸟兽散；在犯罪行为中，多数成员之间也无预谋，而是由偶然事件诱发，其行为具有明显情境性与情绪色彩。

集群犯罪因其参与者并非都具有共同的罪过、动机、目的，故不全属于共同犯罪。但根据我国刑法分则的规定，聚众犯罪仅在以下两种情况下属于共同犯罪：一是对聚众活动的首要分子和其他积极参加者或多次参加者均以犯罪论处；二是只对聚众活动中的首要分子按犯罪论处，但首要分子为两人以上。

第二节　群体犯罪心理的概念

一、群体犯罪心理概念的设定

我国犯罪心理学研究领域对群体犯罪心理一个较常用的定义是由罗大华作出的：犯罪群体或落后群体、副文化群体中个体与群体的意向、动机与目的互相影响而形成的适合犯罪的共同心理倾向①。逻辑上，群体犯罪心理是与个体犯罪心理相对应的概念，而这一对概念的定义与界限又可以直观地附着于群体/个体这对单复数概念，即群体（犯罪）体现群体（犯罪）心理，个体（犯罪）体现个体（犯罪）心理。这一分野看似简单，但在实践中却会出现交叠不清的状况，而当这种交叠状况出现时，特定的犯罪心理是作为个人犯罪心理还是群体犯罪心理予以分析，理解，就涉及群体犯罪心理研究的范畴问题。这里以两个假想情境举例说明。

假想情境一：在一起多人参与的拐卖妇女团伙犯罪中，多名犯罪人并无特别的个人关系，而单纯因谋利目的而纠合一气成为一个犯罪群体，各自按照明确分工实施了拐卖，运送，拘禁，贩卖的行为，成立共同犯罪行为。但是，站在每一个个体犯罪人的角度，由于实际犯罪行为的相对独立性，在考察犯罪心理时会发现其基本的动机，目的，态度均与那些实施不需要团体协作的普通个人犯罪的犯罪人无异。如果说身处一个"犯罪群体"对其心理活动有什么影响的话，无非是其认识到这一共同犯罪群体的存在使其犯罪谋利的企图成为可能，从而基于功利主义的考量达成了实施共同犯罪的决意。而这种功利主义考量在逻辑结构上与个人犯罪时犯罪人选择侵害对象或对象物，事前"踩点"以确保犯罪成功等个体性的心理活动没有实质区别。

假想情境二：一名失学青少年由于家庭与社会原因选择加入一个以暴力和寻衅滋事为基

---

① 罗大华・犯罪心理学［M］．北京：中国政法大学出版社，2007：366.

本特征的青少年不良团伙。在该团伙中耳濡目染，习得了团伙成员好勇斗狠的作风，并认为自己初来乍到，必须"干出点大事来立威"才能在团伙中立足。于是某日在街头无端对一路人实施殴打，至其全身多处重伤。犯罪人是自己一人决意实施犯罪的，团伙其他成员并未参与，也未对其实施具有实质意义的教唆。因此在立法定义上属于个人犯罪。但是，在探讨犯罪心理形成原因时，我们不能不强调其身处不良团伙这一特定因素。在犯罪人犯罪动机的产生上，团伙内部的暴力亚文化，团伙成员之间充满暴力倾向的心理暗示，以及在追求团伙认同过程中对团伙行为准则的自觉内化都有不可忽视的影响。而上述因素均为典型的群体性心理机制。换句话说，在本情境中，犯罪人独自一人实施的暴力犯罪背后的心理机制与他在其他场合下参与其团伙的聚众斗殴背后的心理机制没有实质区别。

上述两个假想情境的用意是指出立法对群体犯罪作出的定义与在行为学研究中关注的群体性心理并非天然契合。现实中可能出现群体犯罪为个体性心理所推动以及个体犯罪以群体性心理为基础的情况。有鉴于此，笔者认为对于"群体犯罪心理"的界定有必要考量定义视角这一因素，从而确立两个不同的"群体犯罪心理"概念范畴。

二、基于不同视角的群体犯罪心理概念

（一）立法视角的群体犯罪心理概念

站在立法视角，群体犯罪心理即群体犯罪参与者在实施群体犯罪时所抱持的动机、目的、态度以及心理倾向。这一概念立足于行为的外在表现形式，并以这一外在表现形式为出发点追溯犯罪动机，目的和心理倾向产生的根源及机制。这一概念范畴所研究的群体犯罪心理，并不强调其必然的心理学上的群体属性，而只强调某一犯罪心理状态对立法认定的群体犯罪行为的附着性。我国目前主流的犯罪心理学研究在涉及群体犯罪心理的讨论一般来说是应用的这一概念。

（二）行为学视角的群体犯罪心理概念

在行为学视角下，群体犯罪心理则指代在群体环境设定下独有的可以引发犯罪动机、目的、态度或倾向的社会心理机制与过程。这一概念是立足于心理学内在的理论逻辑结构，强调了群体性心理区别于个体性心理的一些基本属性，尤其关注从社会心理学视角对在群体、集群环境下个人与周围社会环境的互动而形成的一些独特心理机制的考察与分析。显然，这一概念的内涵与外延之设定是独立于立法上的群体犯罪的类型体系的。这一独立性目前尚未得到国内犯罪心理学研究的充分重视。

三、行为学视角下群体犯罪心理类型

为了能对行为学视角下的群体犯罪心理进行准确分类，需要引入一个概念：群体同一（group identity）①。所谓群体同一，指的是个人对于自己与自己所处的群体之间的关系的认知、理解以及所保持的心理态度的总和，换句话说，群体同一代表了个人在多大程度上将自己看作某个群体的一分子，以及在多大程度上用群体的情绪、意志、诉求与规范体系来替代其个人的情绪、意志、诉求与规范体系。显然，群体同一是群体心理的基础，没有特定程度的群体同一，也就不会出现群体心理了。

---

① 或可译为群体身份，但是这里强调的是作为一个群体在自我意识以及自我规范的趋同，因此笔者认为译作群体同一更能表达其内在含义。

群体同一在不同情境下可以表现出不同的形态，其差异主要体现在外显性、稳定性、结构性三个方面。其中外显性指某一群体同一在多大程度上为行为人所认识并体现于其行为模式的变化；稳定性指该群体同一可以维持某一特定形态的时间长短，而结构性则主要考察在群体中各成员的群体同一是否具有体现特定社会化分工的结构性差异。

在本章所涉及的不同群体心理类型划分主要就是基于上述三方面的差异。在其基础上，可以划分为以下三个类型：

（1）情境群体犯罪心理：产生这一类型群体心理的群体之同一是基于临时型的，往往是表象性的社会化特性产生的，比如无组织的聚众哄抢参与人群或群体性事件中临时聚集的闹事人群等。这类群体犯罪心理的特点就是具有群体同一的外显性（比如"法不责众"中自认为"众"的心理同一，或者"官逼民反"中自认为"民"的心理同一）。但是这类群体犯罪心理缺乏稳定性，因此在特定情境消失后往往无法维持群体同一，同时也不具有结构性，意即在群体同一中没有明显的角色分工，也没有一个成体系的行为准则与行为控制机制。体现在具体行为中，这类群体心理支撑的犯罪行为往往"一哄而起"，但缺乏明显而统一的目的，在发展过程中群体意识会不可避免地发生行为分化，或出现超出最初群体合意的不可控行为，或在一定时间后逐渐失去群体凝聚力而瓦解。

（2）亚文化群体犯罪心理：所谓亚文化，是基于特定的社会身份或族群所属而形成的，不同于主流文化的，为其成员共有的独特信念，价值观与行为规范体系。在犯罪心理学语境中特指由于其边缘性与颠覆性而不为主流文化与道德观体系所接受的文化体系。体现这一类型群体心理的群体之同一基于一个相对成型的价值观而产生。这一社会化特征一般具有反社会内核而不见容于主流社会文化，比如以"哥们义气"或"同乡情谊"为纽带的街头暴力团伙，以及聚集在特定场所吸食毒品并实施涉毒犯罪的瘾君子群体。这类群体犯罪心理与情境群体犯罪心理具有同样的外显性特点，但又有情境群体所不具有的相对稳定性。这是由于可以构筑亚文化的价值观本身的形成就需要一定时间，而一旦形成后就对外界影响有较高抗力，轻易不会发生变化。由于其稳定性的特点，受亚文化群体犯罪心理影响的犯罪行为往往类型相对固定并在群体内部重复出现。不过，这一类型群体犯罪心理同样不具有结构性，具体表现为其群体意识更多是以相对简单、直白的表达方式显现，而缺乏一个成熟、具有普遍操作性的行为规范体系，另外群体内部也只有非常粗略的角色分工（比如青少年团伙往往只有一个相对固定的领导，一个界限模糊的核心成员群体和一个流动性极大的外围成员群体）。应注意的是，亚文化群体因其稳定性而具有了进一步演化的可能。如果一个亚文化犯罪群体经过一定时间没有自然消亡的话，一般会出现内部组织的结晶化（crystallizing）和价值观的体系化。当这一情况出现时，亚文化群体就已进化为亚社会群体并形成相应的亚社会群体犯罪心理。

（3）亚社会群体犯罪心理：亚社会群体犯罪心理是基于一个具有与主流社会价值观体系同样水平的完整性的反社会价值观体系而产生的。这一类型的群体犯罪心理往往是由前述的亚文化群体犯罪心理演化而来，因此其群体同一具有与后者类似的外显性、稳定性，但又具有后者所不具备的结构性。其结构性的具体体现是群体内角色分工，行为规范体系以及行为控制机制上往往形成一种与主流社会以道德指向为轴的镜像性逆反，比如具有严格分工和组织结构的黑社会性质犯罪团伙，在其内部会发现可以全面支持其反社会、犯罪活动的道德、伦理体系以及与主流社会司法系统功能相类似的地下执法机制。

这里使用"亚社会"一词对其进行概括，主要是因为这类具备完善社会结构形态的群体已经超越了单纯文化存在的范畴，而具有了作为社会组织基本特征的功利性目的，并以这一功利性目的取代了群体同一表达目的而成为其群体行为动机的第一性基础。甚至出现群体同一表达由群体目的降格为群体实现功利性目的之手段的情况。这种情况与现代企业管理中的"企业文化"概念非常相似。企业对"企业文化"、"员工归属感"这类群体心理效应的需要是纯功利性的，是为了实现企业高效率运营这一目的而采取的手段。企业文化不可能脱离企业盈利目的而独立存在。在亚社会群体心理支撑的犯罪群体中，同样存在这样的"手段—目的"关系。传统帮派用于维持和表达群体同一的成员身份观念和价值体系不再是超越一切的终极目的，而不过是有组织犯罪团伙领导群体用以控制普通成员，实现其企业化犯罪实体高效运转的手段。另外，亚社会群体还具有了另一个社会化组织常见的特性，即允许在与组织功利目的不相违背的前提下的差异化个人同一的存在。与亚文化群体一味否定个人特性，要求全体成员无条件接受群体同一不同，亚社会群体仅将群体同一看做实现其组织目的的手段之一，而当一定程度的个体差异有益于这一组织目的时，作为手段同样被允许存在。正因为如此，在一些具备"企业化"特征的黑社会性质犯罪组织中，会出现一定程度的成员多样化并允许成员以组织利益为依托实现其个人目的。

亚社会群体犯罪心理由于同时具备外显性，稳定性和结构性，在其基础上展开的犯罪行为往往目的明确，犯意坚决而不为主流社会的强烈谴责而转移，同时组织性与复杂性的增加也客观地增大了其社会危害性与对其进行犯罪防控的难度。

四、不同视角下群体犯罪心理分类体系之间的相互关系

上述群体犯罪心理的行为学角度分类与基于立法的群体犯罪分类有一定的对应关系，比如情境性群体犯罪心理多出现于集群犯罪，亚文化群体犯罪心理多出现于团伙犯罪，而亚社会群体犯罪心理则在有组织犯罪以及黑社会性质犯罪中最为常见。但是由于两种分类的立足点不同，不可以简单地认为前者各分类的心理就必然是后者各分类的行为的内在基础。例如，在集群犯罪中，往往会出现抱持特定目的的煽动、组织者，而支持这些个人行为的犯罪心理并不具有情境性群体犯罪心理的典型特征而更多具有个人性的印记。再比如，在一些典型的有组织犯罪案例中，由机会主义的图利心态所驱动的参与者并不一定拥有共同的价值观体系，其反社会行为也未必受特定的亚社会道德规范的约束，甚至其在共同犯罪中的角色分工也更多的是职能性的，而不是社会性的。

应当注意的是，与从行为学视角进行的定义相比，从立法视角对群体犯罪的定义与分类对于纯理论的犯罪心理学研究的参考意义大于指导意义，原因有二：第一，基于其结果导向的考察范式，刑法本身并不对实施犯罪行为者人数的潜在因果影响予以过多关注，刑法研究常用的对群体犯罪的定义用语笼统，内涵模糊，外延重叠。这样的概念体系并不适合直接应用于犯罪心理学的实证主义归因研究。第二，出于指导定罪量刑的实践性要求，刑法学研究中通用的群体犯罪分类在很大程度上是描述性的，更多关注不同群体犯罪类型的刑事责任分配而不会充分考察群体聚合的内在形成机制。如果将这一分类体系直接应用于犯罪心理学分析的话，会出现同一类型群体表现出迥然不同的群体心理，而同样的群体心理又在跨类别的群体中出现的矛盾局面。

当然，作为一门应用科学，对犯罪心理学的研究最终需要在现行立法框架内发挥其指导实践的作用，因此也不能只强调纯理论的行为学分类而完全无视刑法对群体犯罪的实务性分类。鉴于此，本章在讨论群体犯罪心理内在因果机制时将围绕行为学角度的群体犯罪心理的

分类展开，而在应用性的实例分析时则以立法分类为脉络。

五、群体犯罪心理与群体心理研究

为理解群体犯罪心理提供支撑的理论框架主要来自心理学中社会心理学的研究方向。与传统心理学不同，社会心理学关注社会化互动环境对个人思想，情感与行为的显意识与潜意识的影响。不过无论传统心理学还是社会心理学都不会刻意在犯罪心理研究与一般性（非犯罪）心理研究之间画一道绝对的界限。从纯理论视角看，为心理学所关注的任何一种心理机制都有与特定环境因素结合而引发犯罪动机与犯罪情绪的潜在倾向。诚然，某些异常心理机制引发犯罪动机与犯罪情绪的概率要远远高于其他一般性心理机制，但是很多情况下，同样的心理机制在不同环境因素下会引发守法与违法两类完全不同的行为。"犯罪"这一明显具有价值判断色彩的限定语不具备在概念上将人类心理活动的某一领域独立地划分出来的能力。因此人为地将视角限定在"犯罪心理"无异于研究上的画地为牢，影响我们对犯罪原因及内在机制的全面、客观理解。

犯罪心理与一般性心理的这种界限模糊性在群体心理中表现尤为明显。那些维系街头暴力团伙内部凝聚力，为其暴力侵害行为提供支持的心理机制，在合适的环境下，同样可以用于维系具有守法目的的青少年团体（如体育运动团队，青少年志愿者等）的内部凝聚力，并为其成员的集体主义行为提供强有力的心理支持。而在国际有组织犯罪发展研究中观察到的现代黑帮所谓"公司化"、"企业化"运作，除了组织结构与经营模式变化以外，另一个很重要的方面其实就是在黑帮内部管理中借鉴了在现代企业管理中广泛应用并取得成功的群体心理塑造机制，以强化对组织成员的行为控制。管理心理学在其理论核心就是社会心理学，在现代企业管理中可以用来成功地对员工合法生产行为施加影响的那些心理机制，大多属于群体心理的范畴。而同样的群体心理影响技巧，一旦施加于黑帮这类反社会环境，就会催生，强化和维持各种以黑帮的名义实施的严重违法犯罪行为。

有鉴于此，典型的群体心理研究范式不会刻意将一般性的群体心理研究与群体犯罪心理研究割裂开来，而是重点关注在特定群体心理模型下会出现的认知、情绪与行为趋势。这种认知、情绪与行为趋势，放诸守法环境之下，可能会催生类似英雄主义、自我牺牲行为、危机中的自发性互助，以及基于荣誉感的守法等正面情绪与行为。但是同样的认知、情绪与行为趋势，一旦与反社会环境因素接触，也会催生诸如聚众闹事，群体恐慌性骚乱，种族仇恨情绪，以及族群暴力冲突等负面情绪与行为。总的来说，相比个体心理，群体心理具有更强的中介性质，往往不直接指向某种具体行为表达而只是对已经具备特定方向的情绪与行为倾向施加固化、强化、维持等影响。因此对群体心理的研究也更多关注其对特定情绪与行为趋势的各种催化效应。在这一领域的研究成果就是对这些催化效应的作用原理的细化与标准化描述，只需将其与适当的反社会群体情境相结合，就可以推演出群体犯罪心理的产生与作用机制。

第三节　群体犯罪心理的特点

在对群体犯罪心理的认识与分析上，同样可以从外在表现形式与内在作用机制两个角度着眼。从外在表现形式着眼总结出的特征是描述性的，这些特征本身并不决定犯罪心理群体性质的存在与否，但有助于方便地识别群体犯罪心理。而从内在作用机制着眼总结出的特征是要件性的，缺少这些特征就无法产生群体犯罪心理，因此对于这些特征的认识有助于我们准确地理解群体犯罪心理及其与特定犯罪行为的因果关系。

一、群体犯罪心理的描述性特征

根据马皑的总结，群体犯罪心理在外在表现上有以下四个特征①：

（1）相同性：包括第一，欲望与行为目的的基本相同；第二，对事物认知与态度的基本相同；第三，群体成员之间情感与性情的趋同性。有的学者将这一特征表述为融合性②。

（2）互补性：具体表现为第一，成员个性的差异、互补性；第二，犯罪动机的差异、互补性；第三，成员心理创伤的差异与代偿性③。

（3）压力性：这一特征也可以被表述为强制性，即群体成员的行为会受到来自群体其他成员以及群体权威人物的正式或非正式压力④。

（4）互动性：这一特征强调群体犯罪心理是来自与群体成员之间的不同层次与不同形式的社会互动，而非孤立个人的内省与反射。

二、群体犯罪心理的要件性特征

作为群体犯罪心理的存在与否的判断依据，其最基础的要件性特征就是群体同一（group identity）对个人同一（personal identity）的替代，表现为由于身处特定群体而导致个体的自我意识，自我认知以及自我行为调节由最初的基于个体特性与个体诉求转向基于群体社会特性与群体诉求。而进一步的考察可以发现，群体同一对个人同一的替代需要在四个不同层面展开，由此形成群体犯罪心理的以下四个要件性特征。

（1）一致的群体社会身份认知：这是群体同一的最基础层面，即对于自身所属群体的社会定位，社会特征，以及与其他社会群体关系上的一致认知，并由此引申出对于内群体（ingroup）和外群体（outgroup）界限的明确划分。比如在街头暴力团伙的日常行为模式中，以特定而相对统一的衣着风格，纹身饰物或暗语手势来区分不同的团伙、帮派就是这一群体社会身份认知的外显与下意识放大。

（2）一致的群体目的认知：在完成由个体身份认知向群体社会身份认知的转换后，群体成员还必须完成从个体目的认知向群体目的认知的转换，这是群体同一在与社会互动中得以表达的必要条件。一个在群体中仍然保持其独立个人目的认知的个体之行为由于无法与群体心理的倾向性保持一致，即使在群体中行事，也难以说受到群体犯罪心理的实质性影响，那么要对在此情境下所为行为进行有实质意义的归因考察，就无法适用对群体犯罪心理的解读。

（3）群体内行为规范与角色分工共识：这是群体同一的实践层面，即群体身份认知与群体目的的潜在影响对个人的具体行为决意发生决定性影响。应注意群体行为规范与群体角色

---

① 马皑·论群体犯罪心理[J]. 政法论坛，1990(6).

② 罗大华，何为民. 犯罪心理学[M]. 北京：中国政法大学出版社，2012：400.

③ 笔者认为在对这一特征的表述上存在缺陷，尤其是对于第一个特征，相同性，之间的明显存在的矛盾对立统一关系语焉不详，没有具体分析在群体成员间心理上的趋同融合与差异互补是如何统一于群体行为的外在表达的。

④ 参见注4。

分工可以表现出不同程度的复杂度与结构性，比如在情境群体犯罪心理起作用的聚众集群行为中，对群体的可接受行为只有一个模糊的指向，比如"闹"或者"起哄"，角色分工中也往往只有"登高一呼者"与"响应之众"的简单分野且极不固定。而在高度结晶化的亚社会犯罪群体如黑社会团体及恐怖主义组织中，群体行为规范则会十分具体，如森严的等级制度，明确的令行禁止要求以及对"违纪"的惩罚机制等都普遍存在并对群体成员行为产生实质影响，同时群体成员对高度细化而稳定的内部角色分工也表现出极高的认同。

（4）群体情绪与态度分享：这是群体同一的外在表达方式，同时也为群体心理影响个人行为起潜意识层面的支持、放大、反馈作用。随着群体稳定性和结构性的增强，群体情绪与态度分享的内容会趋向具体，强度会趋向提高。比如在受亚文化群体心理影响的街头团伙内部，成员间会分享一些概括的"享乐"、"好勇斗狠"或"愤世嫉俗"等情绪与态度，但这类情绪与态度的表达比较随意，而且在具体指向上也并不统一。而在受亚社会群体心理影响的黑社会组织内部，则会广泛分享类似"荣誉感"、"反抗权威""派别忠诚"等高指向性和高强度的情绪与态度。

第四节　群体犯罪心理现象论

一、群体犯罪心理现象论与原因论

在群体心理研究中，一部分着重于现象论，试图全面识别并描述各种群体心理效应的外在表现形式及存在形态；另一部分则聚焦原因论，致力于对其内在机制的系统化解读。作为前者的成果，学者从群体心理这一笼统的概念中分离出为数众多的群体心理现象，全面勾勒出这一独特而复杂的社会现象的不同方面。而后者的成果则是提出了一系列具有理论说服力和实证信度的社会心理学理论，解释了群体犯罪心理的生成原因以及发展演化机制。

现象论研究与原因论研究互为依托，互相渗透，不可截然分开。但是鉴于其视角不同，对理解与分析群体心理的作用也有差异，在学习时不宜混淆。因此，本章将其分开在两个部分加以介绍。当前部分将重点介绍属于现象论范畴的群体心理诸形态与群体心理效应，而在下一部分则集中介绍属于原因论范畴的一系列对群体犯罪心理具有解释力的社会心理学理论。

二、群体犯罪心理现象

在群体心理领域最早进行系统理论表述的社会心理学著作是法国学者古斯塔夫·勒庞1895年出版的《乌合之众：大众心理研究》①。在书中，勒庞第一次描述了"个人在群体影响下，思想和感觉中道德约束与文明方式突然消失，原始冲动，幼稚行为和犯罪倾向的突然爆发"的这一独特现象并提出了初步的心理学解读。从勒庞开始，群体心理成为社会心理学的一个重要研究方向。学者通过长期实证观察与分析，指出群体心理是一个多层次、多方面、多形态的复合结构体，其内部组成包含多个各自独立存在的心理学现象，而这些心理学现象之间的结合，互补与互动共同决定群体心理的具体表现形式。总结在这一领域的研究，相关学者有较全面论述的与群体心理关系密切的心理学现象主要有以下这些：

① ［法］古斯塔夫·勒庞. 乌合之众：大众心理研究［M］. 冯克利译. 北京：中央编译出版社，2000.

(一)从众心理(Mindset of Crowd)

从众心理是学者对群体心理现象进行近距离观察后最早被识别出来并得到详细描述的心理效应之一。勒庞称之为"群体精神统一性的心理学规律"①。具体表现为个人在群体环境下丧失个人所通常具备的理性与责任能力,转而陷入一种对群体共同意志与行为的"无意识"和"无理性"跟从状态②。从众心理是在群体心理现象领域最早提出的概念。随着对群体心理研究的深入,早期的从众心理理论假设受到学者从概念合理性与实证信度等多个角度的批判。一些新发展出的理论对从众心理的核心成分,包括"自我的迷失","群体无意识"与"群体无理性"都进行了不同程度的解构,并按照一些新发展出来的理论框架进行了重新解读。在当代群体心理研究的主流领域,已经不再强调对从众心理进行单独的、整体性的理论建构,而是对从这一概念中剥离出来的多个独立的子概念进行分析。在这一意义上讲,从众心理已经只是一个笼统的称谓,用以统领群体心理研究的对象,而不具再有独立的学术意义。

(二)去个性化(Deindividuation)

现代社会心理学使用去个性化这一概念来指代会导致行为脱离个人与社会标准的自我个性意识的消泯。其典型例子就是在骚乱中的一名匿名参与者会倾向于对警察使用暴力,而一个已被辨认出身份的参与者则不会倾向于这样做。这一概念最早在勒庞的著作中就有提及,勒庞将他作为群体心理的一个重要表现,认为当个人的个性为群体的集体意志所统治后,个人在群体中会表现出"意见一致,情绪化以及理智削弱"。

去个性化概念的焦点在于个人身处人群中后的低身份辨识度,亦即匿名性的作用机制。早期的去个性化理论普遍认为自我意识以及责任感消泯是其典型后果并进而影响个人行为③。而其后的一些学者则重点关注了匿名性导致的"自我的迷失"并将其作为支撑去个性化现象的核心心理学机制④。

到20世纪末,传统去个性化理论的一些观念受到了批判。有学者指出很多历史事件证据以及个案研究都表明,去个性化理论所主张的(自我迷失)心理机制在群体聚集时并未发生⑤。还有学者认为,匿名性对行为的影响并不是一成不变的。匿名的实际效果要取决于个人与其所处的社会化情境之间的互动,也只有在这一互动的情境之中,我们才能真正理解匿名的实际效果⑥。

在去个性化研究中提出的最新观点认为,群体融入以及匿名性会给人带来认知上的改变

① [法]古斯塔夫·勒庞. 乌合之众:大众心理研究[M]. 冯克利译. 北京:中央编译出版社,2000:13.

② [法]古斯塔夫·勒庞. 乌合之众:大众心理研究[M]. 冯克利译. 北京:中央编译出版社,2000:82.

③ Philip G. Zimbardo. The human choice:Individuation, reason, and order versus deindividuation, impulse, and chaos, in *Nebraska Symposium on Motivation*[M], Lincoln, Nebraska, U.S.A.:University of Nebraska Press, 1969.

④ Edward Diener·The absence of self-awareness and self-regulation in group members [J], *The Psychology of Group Influence*, 1980.

⑤ Clark McPhail. *The myth of the madding crowd*[M], New York, U.S.A.:Aldine de Gruyter, 1991.

⑥ Stephen D. Reicher, Russell Spears & Tom Postmes. A social identity model of deindividuation phenomena [J], *European Review of Social Psychology*, 1995, 6(1).

并影响个人身份与社会身份之间的相对显著性。但是这些因素并不会造成去个性化理论所主张的自我的迷失，而是强化了社会身份之于个人身份的相对显著性，从而导致对自我及他人的社会化观念上的去人格化。由于在匿名群体中个人可识别度的降低，群体作为一个单一主体的认知努力得到放大，强化了群体成员间共有的社会身份的显著性。作为这一进程的后果，个人会倾向于通过共享的群体特征来看待自身与他人，其行为也就会相应地受这一群体特征的影响①。也就是说，在骚乱中一名匿名参与者之所以会倾向于对警察施暴，并不是他自我意识的迷失或陷入了一种狂暴的"群体无意识"，而是因为在骚乱的情境中，他的个人身份辨识度降低，使他更加倾向于以一个群体性的身份，即"骚乱参与者"的身份来考察自己。而由于骚乱群体的最显著社会化特征就是反权威与反秩序行为，这名个人就会倾向于实施反权威与反秩序的行为，比如袭警。

(三)去人格化(Depersonalization)

去人格化是在社会心理学领域的自我归类理论(self-categorization theory)中的一个重要概念。该理论是由心理学家约翰·特纳(John Turner)主导提出的②。该理论回答的一个重要问题对于群体心理的形成具有重要意义：是什么因素导致个人将自己定义为 A 群体，而非 B 群体的成员？在自我归类理论中，去人格化描述了个人自我定型的过程(process of self-stereotyping)。在这一过程中，由于某一社会归类的显著性以及随之而来的对这一社会归类的凸显，个人认为自身与同属一个社会归类的其他内群体成员具有了互换性(同质化)，并且淡化互相之间的个体化差异。而且个人会以群体特征为根据来自我定型。个人会进而将自己的行为与信念建筑在具有显著性的内群体的规范、目的与需要之上。去人格化概念是对从众心理中"自我迷失"概念的进一步修正。特纳强调，基于去人格化过程，成为在群体中的个人并没有出现"自我的迷失"，而只是将自我以群体成员身份为基点进行了重新定位。一个去人格化的自我，或者一个社会群体化的身份，在有效性和重要性上丝毫不逊于人格化的自我。同时，个人并没有失去理性以及行为的自我约束；正相反，个人会依内群体的准则合理行事并约束自己的行为。

(四)权威服从(Obedience to Authority)

权威服从心理在社会心理学中是一个独立而重要的概念，并不从属于群体心理。但是鉴于群体心理研究中所涉及的群体中很多都具有社会化的权力结构，其中不可避免存在的权威人物就会对群体其他成员的行为选择施加影响。对权威服从心理的理解可以帮助我们更全面地理解群体心理。

权威服从作为一种人类行为，特指"个人对于来自权威人物的明确指令或命令作出屈从的社会化行为影响机制"。权威服从行为之所以引起社会心理学家的关注是因为大量实证研究发现对来自权威的命令的服从往往独立于命令的内容，而单纯基于权威的存在。换言之，来自权威的命令可以使个人作出在没有权威的命令时不可能作出的行为。对权威服从心理的研究发现主要来自心理学实验的实证观察。其中最著名，也最具影响力的两个实验是斯坦利·米尔格拉姆(Stanley Milgram)的"电击(服从)实验"(1963)和菲利普·津巴多(Philip G.

---

① Tom Postmes, Russell Spears & Martin Lea. Breaching or building social boundaries? SIDE-effects of computer-mediated communication [J], *Communication Research*, 1998, 25(6).

② John C. Turner. *Rediscovering the Social Group: Self-Categorization Theory* [M], Oxford, UK: Basil Blackwell, 1987.

Zimbardo)的"斯坦福监狱实验"(1973)①。两个实验都得出了基本一致的结论，就是在结构化的社会环境下，人类服从权威趋势远高于理性允许的程度。

(五)同侪压力(Peer Pressure)

同侪压力是另外一个在社会心理学中独立而重要的概念。与权威服从类似，同侪压力同样描述了个人行为选择受社会化的外在影响的一种机制，所不同的是，这种影响的来源不是社会结构中与个人处于垂直关系的权威，而是与个人处于平行关系的其他社会成员。同侪压力可以来自同类群体成员，也可以来自非群体性的旁观者或者独立个体。不过其发挥作用最显著的环境显然是在群体内部。通过同侪压力，群体可以影响个人的态度，价值以及行为选择，使其与群体行为规范相一致。

同侪压力发挥作用的群体可以是具有明确群体界定的正规化组织，如政党、团体等，也可以是没有被正式界定的社会群体，如族群，青少年团伙等。一般认为同侪压力对行为发挥作用最显著的阶段是青少年。对同侪群体的顺从可以在青少年的时尚、审美、意识形态，以及价值观等多方面显示出来。同时，同侪压力往往会与青少年的违法、犯罪及其他冒险行为密切联系。在实践中，青少年团伙的共同犯罪行为往往在很大程度上是同侪压力的后果。

(六)群体心理暗示与易受暗示性(Suggestibility)

易受暗示性是一种个人的心理特性，具有这种心理特性的个人倾向于接受他人的暗示并以该暗示为基础行事。心理学一般观念认为，处于高度情绪化的个人会倾向于接受他人的意见，因此具有较高的易受暗示性。易受暗示性主要是作为一种临床心理学概念而被研究的。但是在研究人群互动，聚众行为，以及群体思维等群体心理学现象时，往往将易受暗示性作为概念性基础之一来进行系统化理论表述。

易受暗示性在解释群体共同目的以及群体行为规范的形成与内化方面尤其具有指导意义。根据美国心理学家拉尔夫·特纳(Ralph Turner)和刘易斯·基里安(Lewis Killian)对情境群体共同行为规范形成过程的描述②，群体共同规范的最初形态就是群体的一些积极参与者所表现出的某些独特而受关注的行为，在群体对其没有作出负面反应的情况下，这些成员就取得了对群体的正统领导地位并继续以其行为影响众人，其追随者迅速固化为群体的核心并以其意见感染其他成员。由于个人在身处群体后的服从倾向，一个看似"主流"并在人群中不断重复传播的观念体系很快就为群体大多数所接受。这一观念体系初步成型后，又由于群体成员的积极行为回应而不断加强而最终成为群体的共同行为规范。不难看出，在这一过程中，个人的易受暗示性对于群体规范的传播与固化起到了不可忽视的催化作用。

---

① 在米尔格拉姆的电击实验中，实验参与者被组织者要求在一个"惩罚与学习"的研究中对实为演员的研究对象实施不断增强的电击。尽管演员扮演的被电击者不断表现出受电击后的痛苦与受伤的迹象而令参与者感到不安，在组织者的鼓励与指令下，多数参与者还是选择了服从指令，不断提高电击的强度。而在津巴多的监狱实验中，被随机分派扮演监狱看守和犯人的斯坦福大学学生在虚拟的监狱环境下迅速陷入一种激烈而富对抗性的冲突之中。在扮演"监狱长"的津巴多的指令下，扮演看守的大学生迅速转变角色，使用不断升级的暴力手段来压制犯人的"反抗"。局面以超出预期的速度失控，以致津巴多不得不在6天后提前中断了实验。

② Ralph H. Turner & Lewis M. Killian. *Collective Behavior* [M], Englewood Cliffs, U. S. A.: Prentice-Hall, 1972.

第五节 群体犯罪心理原因论

一、群体犯罪心理原因论研究与理论发展

相对于现象论研究在特定心理学领域的专注，对于群体犯罪心理进行系统化解释的原因论研究的视野更加广阔，往往会涉及个体心理学、社会心理学、社会学等多个领域的研究成果。这是因为群体心理现象与具体群体（犯罪）行为的关系是复杂、多维而动态的，因此在建构一个可以解释、描述和预测特定心理现象与特定行为之间的因果关系的理论框架时，多因子整合性视角是必然的选择。同时，这里介绍的很多理论的提出并不仅仅针对群体（犯罪）心理，而是可以对犯罪行为进行具有普遍意义的解释，但其作为成熟理论的普遍指导性，使其与群体（犯罪）心理这一特殊范畴具有逻辑上的兼容性，只要将前面提到的诸群体心理效应整合到其体系中就可以自然而然地为群体犯罪行为作出有说服力的解释。当然，无论这些理论的原始立论基于哪个学科领域，要合理地解释群体（犯罪）心理对行为的独特影响力，这些立论都必须接受社会心理学的一个基本命题，即个人的思想、情绪与行为会受到其身处的社会化互动环境的深刻影响。

二、涉及群体犯罪心理的主要理论与学说

（一）社会学习理论（social learning theory）

社会学习理论认为个人行为来源于在一个社会化情境中的学习。社会学习理论的重要倡导者是美国心理学家阿尔伯特·班杜拉（Albert Bandura）①，认为个人，尤其是青少年，从其生活环境中学习获得社会化承认的最佳行为策略。社会化行为的学习主要是通过经验强化既有行为以及观察模仿他人的行为，另外来自环境的对行为的奖励与惩罚以及个人基于主体经验与目的对环境因素的认知也会影响行为的学习。

社会学习理论在犯罪学领域的重要响应者是由 Edwin Sutherland 提出的差异接触理论（differential association theory）②。该理论认同行为是社会化环境下学习的后果这一观点，对越轨行为学习的内在机制及内容进行了细致而系统的描述。根据这一理论，行为的学习发生于亲密个人社交群体间的意见交流过程，其内容包括行为的动机，目的，合理化以及对行为的态度。在一个以犯罪为其主要社会化基础的环境下，个人会逐步学习并接受犯罪行为。差异接触理论是作为关于犯罪的一般性理论提出的，并不仅仅针对群体犯罪，但是这一理论对犯罪行为的来源的解释显然有助于理解群体环境下个人行为的变化趋势。在特定群体环境下，个人尤其是青少年会被其群体有意识或无意识地置于社会化学习的有利地位，从而比在非群体环境下更为迅速而有效地学习为群体所认可的行为。同时，这种学习的内容不仅是具体行为，还包括与行为密切相关的群体目的、群体价值观等。

（二）亚文化理论（subculture theory）

根据美国犯罪学家阿尔伯特·柯恩（Albert K. Cohen）提出的亚文化理论③，亚文化群体

---

① Albert Bandura. *Social Learning Theory*[M], Englewood Cliffs, U. S. A. : Prentice-Hall, 1977.

② Edwin H. Sutherland, Donald R. Cressey & David F. Luckenbill. *Principles of Criminology* (11th Edition)[M], Lanham, U. S. A. : General Hall, 1992.

③ Albert K. Cohen. *Delinquent Boys*[M], Glencoe, U. S. A. : The Free Press. 1955.

的出现，是由于具有共同社会身份定位（多数为弱势或负面标签）和共同的生活经历（多数为负面的）的青少年在通过主流文化导向追求成功和社会承认过程中受到排斥后，出于心理生存需要（psychological survival needs）而逐步相互聚拢，相互提供社会化认可，对其原有社会身份进行解构与重新诠释进而塑造出一个在特定小环境下得到社会承认的共同社会身份①，再依此为依据，结合其所处环境的特定生存需要，发展出一个与主流文化相对立的价值观体系，用来支持和指导群体成员的行为。从其核心理论表述可以很容易地发现，亚文化理论与特定类型的群体心理有着天然的密切关联性从而具有极强的解释力。

（三）中和技巧理论（techniques of neutralization）

美国犯罪学家格勒仕哈姆·塞克斯（Gresham M. Sykes）与大卫·玛兹阿（David Matza）在他们提出的中和技巧理论中②，对青少年群体的价值观特征表述提出了不同于柯恩的意见，认为其不是必然地与主流文化对立并放弃主流意义上的社会承认，而是可以在很多方面接受主流价值观，但是在主流行为规范的"灰色领域"，运用"中和技巧"对一些特定行为进行带有双重标准的诠释，使得其违法行为也可以获得与主流价值观相容的社会承认。在此，对这些中和技巧的掌握及交流，本身也可以成为亚文化群体获得其社会同一的途径。

中和技巧的一个重要特点是其逻辑表达的不合理性。因此如果没有其他可以导致理性辨识能力削弱的辅助因素，中和技巧并不能为越轨行为提供稳定的支持，从而限制了其影响范围。在相关犯罪学研究中最常提及的辅助因素的就是青少年本身理性思维能力的缺陷。这也是中和技巧理论主要适用于青少年犯罪的重要原因。除此之外，我们还应看到，在群体环境中，易受暗示性，权威服从以及同侪压力等心理机制也都具有削弱理性辨识能力的效果，从而为中和技巧的应用提供了适合的土壤。因此中和技巧在群体环境中对越轨行为提供支持的作用会远远高于个体环境。

（四）标签理论（labeling theory）

标签理论关注个人的自我身份认同与行为受到被社会主体用来对个人进行描述与归类的符号化表达的影响的内在机制。根据标签理论的一个重要观点，一些已经被社会类型化的犯罪行为会产生特定的标签，用来描述与归类涉及这类犯罪行为的个体。而一旦为这类标签所覆盖，个体的行为也会受到标签所内在的行为期待所影响。个人的行为会倾向于与标签所表达的社会行为期待相一致。

标签理论在其理论传统上属于犯罪社会学范畴。但是其关于社会化符号对于这类符号所指向的社会群体的行为的潜在影响这一观点包含了大量的社会心理学成分。

在群体心理研究中，一个不可忽视的方面就是特定群体的聚合源于其明显的共同社会化特征。而当细化到群体犯罪心理研究时，这一共同社会化特征往往带有非常强烈的标签化意味，比如在描述黑社会群体成员时常用的"古惑仔"，"大哥"，"小弟"等标志性用语，就具有极强的符号化特征，往往包含了丰富的行为预期。而黑社会成员的行为往往也会与这些符号化的行为期待"不谋而合"。

根据标签理论，青少年以及社会弱势群体最容易为负面标签影响到其行为模式的选择。

---

① 比如某个响亮的帮派名称，或者模仿电影中被美化的黑帮分子身份。这些共同身份尽管为主流文化所不容，但是在特定语境下也可以为青少年带来社会认可以及社会化成功地位。

② Gresham M. Sykes & David Matza. Techniques of neutralization: A theory of delinquency [J], *American Sociological Review*, 1957, 22(6).

而在群体犯罪中，有相当比例的集群犯罪的主体是青少年及社会弱势群体，而团伙犯罪更是青少年犯罪的专有类型。标签理论对于犯罪行为因果关系的解读无疑为我们理解特定群体犯罪提供了一个独到的视角。

第六节　各类型群体犯罪的心理机制实例分析

这一部分所要进行的是针对群体犯罪的几种具体表现形式进行群体犯罪心理机制的分析。如前所述，这一部分的分析是以从立法对群体犯罪进行的分类为脉络进行的。也就是说下文所分析的不同类型的群体，其类型内不必然体现同一类型的群体心理机制，类型间也不必然表现出群体心理机制的差异。因此这里的分析将遵循实事求是的原则，既讨论特定类型中普遍存在的群体心理机制，也讨论存在非典型群体心理机制的情况。

一、集群犯罪心理机制

集群犯罪的主要特点是突发性、短暂性和松散性。事先并无紧密联系的人群由于特定原因而在短时间内突然聚集成众并实施了参与者基于其个人意志与情绪无可能实施的行为，例如突发意外引起的聚众哄抢或由群体性事件恶化发展而来的骚乱及打砸抢犯罪行为。

对集群犯罪早期的研究往往强调其行为的无目的性甚至随意性，但是在对集群性事件的实证研究逐渐积累细化后，有学者提出不同意见，认为集群性事件其实并非完全随机与无目的，只是由于人群的松散联结没有足够的时间产生有效的行为控制机制，参与者只能遵循一个概括的共同意志行事，并不可避免地对这一共同意志作出多样化解读，进而表现出行为的无序性和盲目性。但是从宏观上看，人群的行动仍然具有可以观察到的大致指向性。

支撑集群犯罪的心理机制一般为情景群体心理，即人群聚集后，形成一个与现场情境呼应的暂时性的社会同一，并由于群体心理的催化效应而实施了外在行为表达。但是这一社会同一并不稳定，在外在表达期间或表达完成后就迅速瓦解。另外在集群犯罪期间，群体内部既无明确角色分工，也无有效的成员行为控制机制。因此集群犯罪在实施中往往是在一个笼统的集体犯罪意图之下的群体成员的自行其是，场面混乱，过程与结果均极不可控。

集群犯罪中最常见的群体心理效应包括从众心理、易受暗示性、去个性化以及去人格化。

易受暗示性在集群犯罪中的主要作用是弱化群体成员的独立思维、辨别能力，而对群体中任何不具实质信度的信息轻易接受并以之为依据作出行为选择。比如在大规模骚乱行为中，一般观念认为参与者是基于"法不责众"的心态而作出理性得失判断而决定参与。但是实际上在很多骚乱的案例中，由于监控措施的存在以及执法机构的迅速反应，依靠人数众多来逃脱惩罚并不是一个合理的假设，但大量骚乱的参与者在事发之初依然会一厢情愿或试探性地表达出"法不责众"的想法。如果人群可以保持理智判断能力的话，在执法机关作出反应后这一想法就会迅速消失，骚乱就会被遏止于萌芽状态。但是由于人群环境下个人的易受暗示性，一些不切实际的想法就在群体成员的互动中不断增强，最终出现一大群抱持毫无根据的"法不责众"幻想参与闹事的个体。

去人格化在集群犯罪中的主要作用是使事前并无联系的个体在人群中迅速找到适合于外在表达的社会同一，从而在短时间内由"路人甲乙丙丁"凝聚成一个具有概括共同身份的群体。比如在近年来多次发生的因强制拆迁引发的群体性事件中的群体，最初往往只是为数不多的牵涉切身利益而具有强烈诉求的个体以及大量的围观群众。这些围观群众本身各怀目的，并不具有以反强拆的原始诉求参与"闹事"的意愿。但是在群众的聚集过程中，在各自意见表达中会有明显的"求同存异"的趋势，很快最初的核心个体的反强拆角色表达会迅速与人群中的其他具有近似逻辑的角色诉求发生融合，最后往往演变成一个"反枉法，反侵权"之类的可以在现场最大多数人中取得共鸣的角色诉求，而众人各异的社会身份在人群环境下也会迅速向这一共同角色转变，最后现场的个人就完全放弃各自原来的个人角色，而接受了"被不当公权力行使侵犯了或将被侵犯切身利益的老百姓"这一共同角色。这一过程与上面讲到的易受暗示性共同作用，往往会在人群中产生一种远远高于现场实际情况的"被侵害感"，从而引发规模远大于有关部门预期的群体性抗议与骚乱①。

去个性化在集群犯罪中的主要作用则是在群体同一替代个人同一后，进一步用群体目的与群体行为规范代替个人目的与个人行为规范。在最新发展的对去个性化效应的表述中，否定了传统去个性化概念认为个人在群体中必然会表现出责任感消泯及无理性行为的单向性判断，而是强调个人行为会因为群体同一的不同表达而出现不同的变化趋势。在集群犯罪的情境下，由于群体同一必然表现出反权威和反社会倾向，与之相适应的去个性化进程也就相应地推动反权威与反社会目的，并以强调反秩序的行为规范来对人群的行动实施概括性的指引。这样人群的行为模式就自然而然地会以暴力、破坏和混乱为标志。

在集群犯罪中出现的去人格化与去个性化一般都具有爆发性、概括性和短暂性的特点。即个人在人群的高强度情绪化沟通中迅速失去个人特征而附着于群体特征并以群体目的指导其行为。但是这种群体目的并不是经过深思熟虑提出，所以极其概括且往往缺乏合理性。而在特定情境消失后，群体目的也迅速解体，不再具有凝聚群体的功效。

一般认为在集群犯罪中普遍存在的从众心理效应作为一个较早提出的概念，其具体效果基本可以为去个性化和去人格化这两个新提出的概念所涵盖，这里就不再赘述。

应注意到，在集群犯罪中并不是只存在情境群体犯罪心理而排斥其他犯罪心理机制。在特定情况下，也会出现以其他犯罪心理类型为支撑的行为。

第一种特例是可能存在以亚文化群体甚至亚社会群体为核心，裹挟情境群体的集群犯罪情况。比如特定街头团伙在实施其犯罪意图时，为对抗执法、逃避抓捕或毁灭罪证，而有意识地在围观群众中催化特定的反秩序社会同一，从而出现大量"不明真相"的群众参与其中，共同对抗司法机关的集群犯罪局面。这里的团伙成员的行为背后的心理机制显然具有远超越情境群体犯罪心理的稳定性与结构性。与之类似的情况还有一些分裂势力支持的恐怖主义团伙煽动大量不明真相群众实施的暴力打砸抢烧骚乱活动。

第二种特例是集群犯罪中的一些参与者具有与群体主体截然不同的个人性目的，不仅没有接受情境群体的群体同一，反而保持了其个人的身份认知，行为目的及行为规范，而只是利用情境群体作为其实施满足个人目的犯罪的便利条件。比如在群体性事件中经常出现的趁乱劫财和人身伤害行为。应注意，在有些集群犯罪中，有针对性的侵害乃是群体同一表达的题中之义，于是犯罪人群会在情境群体心理的推动下参与针对特定财产和人身的犯罪，比如在一些群体性事件中出现的毁坏警车，冲击政府机关及攻击执法人员等情况。但是在另一些

① 显然，这里之所以出现有关部门对突然出现的大量群众聚集感到措手不及就是因为在事前可能进行的对策评估中，只考虑到了切身利益相关的群体，而没有考虑到在去人格化效应下大量没有直接利益诉求的"无关群众"的"不合常理"的加入。

集群犯罪中并没有出现针对特定财产或人身的攻击性诉求，那么当出现与群体诉求明显不符的犯罪行为时，就不能一概地认为是受到情境群体心理的影响。比如在近几年因中日钓鱼岛领土争端引发的反日游行中，针对日系汽车和日资企业的过激暴力行为可以认为是在情境群体心理推动下出现的集群犯罪表现。但是在一些个案中，出现了打砸哄抢明显无日资背景的沿街店铺的行为，这种与情境群体心理完全不符的行为就不应作为群体犯罪心理的表现加以理解，而应理解为具备个体犯罪心理（谋财犯罪）的个人利用群体事件造成的便利条件实施的个人性犯罪①。对这两类不同犯罪心理状态的区分，在考察行为人主观恶性以确定刑事责任时具有重要的意义。

二、团伙犯罪中的群体犯罪心理机制

在存在形态上，团伙犯罪明显区别于集群犯罪。前者具有后者所不具备的持续性及重复性。与集群犯罪群体在短时间不加选择地大量聚集相比，团伙犯罪群体的形成需要一个较长的过程，同时其成员往往在一些社会属性上具有高度共性（如地域、种族、社会经济地位、特定社会标签等），并会以这些共性为标准，限制新成员的吸收。在特定语境中，团伙犯罪会与有组织犯罪出现重叠，比如街头团伙在组织结构相对稳定后开始利用其组织能力及社区控制力进行贩毒、组织卖淫、走私以及欺行霸市等具有明显黑社会特征、有组织性的犯罪活动。这是这些群体的聚合类型从亚文化群体向亚社会群体的自然进化结果。在欧美关于青少年犯罪团伙（juvenile gang）的实证研究中对这一过程有系统的分析与描述。鉴于本章在下一部分有专门论述，为便于区分，这里将只讨论团伙犯罪中不涉及有组织犯罪/黑社会性质犯罪的部分。

在此讨论的团伙犯罪以街头青少年帮派为基本存在形式，主要受到亚文化群体心理的影响。如前所述，亚文化群体心理具有外显性与稳定性的特点，其外显性是因为亚文化群体需要通过对其社会同一的外在表达取得其所追求的社会认可，而其稳定性则保证了这一社会认可不会由于某些临时性情境的消失而失去意义。

在亚文化群体心理中，可以看到几乎所有的重要群体心理现象的影响，包括易受暗示性、去人格化、去个性化、权威服从心理，以及同侪压力。

易受暗示性对亚文化群体成员的影响类似其在情境群体中的作用，即在群体意见交流中降低成员个体的理性判断与自主辨识能力，从而使得一些在逻辑上经不起推敲的价值取向可以为全体成员接受。在亚文化群体的内部沟通中，常常使用一些形式简单，朗朗上口的表达方法来对其价值观与行为规范进行概括，比如"有福同享，有难同当"，"劫富济贫"等。这类表达方法正是充分利用了群体成员的易受暗示性，通过模式化地不断重复将一些模棱两可的观点固化为绝对真理，实现了对理性判断的规避。

去人格化与去个性化对亚文化群体成员的影响机制与其在情境群体中的影响相比，具有渐进性、具体性和持续性特点。亚文化群体成员间的相互识别与聚拢往往是基于一些结构性社会特征，比如共同的社会经济地位，共同的族群文化背景，或共同的社会标签。这些特征不会因特定情境的产生，消灭而发生改变，以之为基础的群体同一就具有了超越情境持续存在的可能。同时亚文化群体同一的发展过程中，凡是不具有群体的结构性特征的个体都会被

---

① 这里对上述行为的"个人性"限定是纯粹的心理学限定，与立法上对这类行为的限定及归类完全无关。

排除在外，而不至于像情境群体那样成分过于复杂。因此以亚文化特征为基础的群体同一一旦形成，不但不会轻易消失，反而会随着同质化群体成员的增加而不断固化和符号化。司法实践中，青少年团伙分子不会轻易对其违法行为表示后悔，有时甚至会在受到法律制裁后仍表达出对其基于群体同一的违法行为的高度认同，就是这种持续而牢固的群体同一作用的表现。而对亚文化群体的去个性化的作用过程的观察可以发现，替代个人目的与个人行为准则的群体目的与行为规范因为在群体同一形成的过程中有充分的时间被反复推敲和提炼而具有远高于情境群体的具体性。比如很多具有一定规模的青少年团伙会有成员共同认可的群体宗旨与信条，有意识为成员规定统一风格的着装或饰物佩戴，同时团伙对成员的行为保持有效控制，使团伙有一定的统一行动能力，而不像集群犯罪那样一盘散沙。

权威服从心理在情境群体中并不常见，因为情境群体的生成时间过短，无法产生有意义的权力结构，也就不存在可以对普通成员产生心理影响的权威。而亚文化群体由于要经历一个较长的时间过程，就不可避免地会出现核心成员影响力的沉淀累积，逐渐产生为群体公认的领导层，核心层与外围成员的分化。在这样一个权力结构中，领导者对所有成员，以及核心成员对外围成员，都具有权威性的身份符号，也就会诱发权威服从心理。在权威服从心理影响下，成员的易受暗示性进一步增强，同时也会更加迅速的放弃个体同一，接受群体同一。

同侪压力对群体成员行为的影响与权威服从心理类似，都是会增强易受暗示性，加速去人格化与去个性化。但是权威服从心理是垂直起作用，而同侪压力则是平行起作用。在群体中，身份平等的成员间尽管不存在权威效力，但是由于个体本身对群体的依恋性，导致个人会为了不被其所在群体中其他成员排斥而下意识地抑制任何与群体潜在的意见冲突或行为差异，从而更加容易地放弃个人同一，接受群体同一。

团伙犯罪作为青少年帮派的独有犯罪形式，在绝大多数情况下都是基于亚文化群体犯罪心理产生的。但是应注意帮派本身会存在演变和异化的可能性。这一演变过程主要表现为群体组织结构的结晶化（crystalization）和群体意识形态的体系化。这一演变本身是亚文化不断成熟的必然要求，但是当其达到一定程度，就会由量变到质变，发生类型上的转化。而这种转化的产物就是亚社会群体及作为其主要表现形式的黑社会性质有组织犯罪。

三、有组织犯罪与黑社会组织犯罪心理机制

立法上所定义的有组织犯罪或集团犯罪有两个主要来源，一个是基于违法犯罪机会环境而产生的犯罪企业，比如在毒品生产集散地形成的专业贩毒集团；而另一个则是由街头帮派演变而来的黑社会组织，比如由意大利西西里移民帮派发展而来的美国黑手党。这两者间并无绝对界限，因为违法犯罪机会环境往往与催生街头帮派的社会环境共存，前者引发系统化的功利性犯罪目的，而后者则培养规模化犯罪不可缺少的组织结构。而有组织犯罪必须两者兼备才有生存空间，不同来源的有组织犯罪形态的区别不过是系统化功利性犯罪目的与有利于大规模犯罪的组织结构的出现孰先孰后而已。

有组织犯罪，尤其是具有黑社会性质的有组织犯罪，其群体犯罪心理的典型基础是亚社会群体心理。这种群体性心理机制演化自亚文化群体心理，而又与其有实质性差异。亚文化群体与亚社会群体从外在形态上看，都是具有相似社会化特征的个体聚合为一个相对稳定的群体并保持与主流社会不兼容的价值观体系，其行为都具有明确的共同目的和一定的协调分工。但是这两者间在群体内在凝聚力来源上差异明显：前者的群体凝聚机制是一元化的，完

全围绕群体同一的表达。功利的犯罪目的相对群体同一处于明显的第二性地位。而后者的群体凝聚力则具有多元性，往往是群体同一表达目的与功利性目的并存，互为依托。在特定发展阶段甚至会出现群体同一表达降为第二性，成为功利性目的之实现手段的情况。

具体来讲，典型的街头团伙并不以实施特定犯罪为其存在的最终目的，而是更多通过聚合成帮派并以帮派的名义实施犯罪来获得对其群体身份的期待中的社会化评价。其犯罪动机与决意往往是松散地围绕着帮派的身份维持及表达诉求而形成，例如与其他团伙因互相看不顺眼而引发的毫无功利性意义的斗殴①，为了群体吃喝玩乐而实施的小偷小摸②等。与此同时，帮派的日常行为模式中还包括了大量与犯罪无关，而纯粹为了维持与彰显帮派身份，维系帮派内部关系而进行的符号化群体活动，如帮派内部聚会，帮派共享的暗语、服饰，以及高度仪式化的"入会礼"、"结拜礼"等。另外，当群体同一表达与犯罪目的出现冲突时，亚文化群体会牺牲犯罪目的而维护群体同一。

而与之相对照，典型意义上的有组织犯罪或黑社会组织，在共同的团伙身份之外，还会拥有一个相当明晰的、独立于团伙身份表达以外的组织性目的，比如历史上天地会、洪门等地下帮派所宣称的"反清复明"之反政权目的，又比如黑手党组织以企业化手法从事非法活动所追求的盈利目的。尽管这类犯罪组织成员对自身群体的认知可以追溯其起源到早期的帮派团伙，但传统帮派身份的符号化意义要么在其现代形态中极度淡化，要么被利用为强化内部凝聚力，规制成员行为的组织化工具，服务于其功利性目的，而不再具有如在早期团伙犯罪群体中那样的核心地位。

应当注意的是，正如"企业文化"不是一个企业存在的必要条件，由于一个独立的谋利性目的的存在，群体犯罪心理也并非有组织犯罪不可或缺的要素。在一些结构相对简单、成员数量相对较少，而牟利动机极其明显的有组织犯罪中，成员完全可以基于纯个人性的功利目的，在不受任何群体心理效应影响的情况下结合为犯罪组织并为了实现各自个人目的而接受犯罪组织一定程度的行为控制。这与劳动者基于个人目的与企业签订雇佣合同并接受其行为约束一样，是不需要群体心理在其中起作用的。但是，必须承认，一个有着"企业文化"的企业会拥有对于员工超出经济利益之外的控制能力。同理，得到亚社会群体心理支持的有组织犯罪也可以获得类似的成员控制优势，考虑到其所面对的其他犯罪集团的竞争以及司法机关的打击等"恶劣生存环境"，一个能实际发挥影响的亚社会群体心理往往可以极大地增强犯罪组织生存能力。

前文所述的在亚文化群体心理机制中存在的各种群体心理效应在亚社会群体心理环境下发挥类似的作用：用群体同一取代成员的个人同一，促使成员接受群体的价值观与行为规范体系，保证成员的行为符合群体行为规范的要求。不过在亚社会群体环境下，会更加强调利用正式行为控制手段对成员行为的严格控制，比如森严的等级制度，详尽的内部规章制度，及严苛的违规惩罚机制。这与亚文化群体内部主要依靠非正式行为控制成员行为是有明显不同的。究其原因，在亚文化群体中，群体同一表达就是其终极目的，也是成员群体行为的最

---

①　这类斗殴的核心动机往往是为了"惩罚"对方对自己帮派的"不敬"。而这种"不敬"态度一般并不针对团伙成员个人身份，而是针对团伙的集体身份。由此引发的斗殴在本质上就是一种群体同一的激烈外在表达形式。

②　这类侵财犯罪行为一方面是为了满足帮派团伙日常活动与生存的需要，同时还往往会被冠以"劫富济贫"之类的托辞，间接地为团伙成员带来其期待的诸如"侠义"、"抗争"之类的社会化评价。

深层动机。而违反群体行为规范的举动本身就是对群体同一表达的直接否定。换句话说，亚文化群体的特点决定了其群体成员的遵守规范行为有极高的自发性，只需要同侪压力以及荣誉感等非正式行为控制机制实施一定的引导和规制就可以了。而在亚社会群体中，由于其非法利益导向的价值观背离了主流社会普遍接受的价值观体系，如何使其为群体成员所接受就成为一个问题。

另外，同主流社会中的社会组织一样，由于存在一个独立的功利性目的，就必然存在个人利益和群体利益之间的潜在矛盾，因个人目的而背离群体目的的违规行为就成为可能，即使是接受了亚社会群体价值观的群体成员也不再必然自发地遵守以群体目的为导向的群体行为规范。因此就必须通过严格的正式行为控制机制压制个人目的，维持群体同一，以达成群体功利目的的顺利实现。各种群体心理技巧在应用上会达成类似"洗脑"的效果，其目的就是使组织中明显缺乏合理性的规范体系得到组织成员的无条件接受。在黑社会组织中，对违规帮会成员动辄使用肉刑甚至剥夺生命作为惩戒，而且其裁判与执行程序毫无公正性可言。为了能够得到多数成员的无条件支持，会有目的地运用群体心理技巧对成员的意见施加影响。这其中最常见的技巧包括反复使用"祖宗家法"、"礼义忠孝"观念之类的心理暗示性表达，利用森严的等级制度制造并强化服从权威心理，以及以"帮派荣誉"为名义的群体同一表达，加速并强化去人格化的过程。

从某种意义上讲，亚社会群体心理与亚文化群体心理相比较是带有虚伪性和欺骗性的。在亚社会群体中，对于群体心理的应用不是自发的，而是有意识、有目的的。居于群体结构顶端的领导层明确意识到群体的第一性其实是犯罪的功利性目的而非群体同一表达，但是为了保证群体的行动效率，又必须强化群体同一表达目的作为控制普通群体成员的手段。同时，群体的领导层成员本身却往往并不受群体心理的影响，而可以保持其完全独立的个人同一与个人目的。可以说，当一个亚文化群体进化成为亚社会群体之后，群体的领导层往往会从普通成员群体中游离出来，而不再共有不可分的群体同一，相应的，其很多行为也就不应再以同样性质的群体心理来予以理解和分析了。

亚社会群体心理这种虚伪性和欺骗性最典型的例子是一种非典型的有组织犯罪，即邪教现象。各类邪教教众的行为具有非常典型的群体性心理特点：个人特性的迷失，群体目的代替个人目的，对群体身份表达的高度热情，以及对群体行为规范的狂热信守。同时一个比较成熟的，有跨地区覆盖能力的邪教组织必然具有完整的组织结构以及明确的功利性目的，且身居领导层的少数个人往往表现出与普通教众完全不同的心理状态，这些都符合亚社会群体的基本特征。亚社会群体心理的虚伪性和欺骗性的集中表现为以下几个方面：首先，属于领导层的个人往往保持与教众群体目的明显不符的功利性目的，比如敛财，玩弄女性，或攫取政治权力等。其次，在主导群体行为规范并利用其维持对教众的严密行为控制的同时，这些领导者自己往往不受这一行为规范的约束，比如一边要教众节俭以为教派作贡献，自己却大肆挥霍教产。最后，这些领导层成员往往有意识地使用大量带有欺骗性质的群体心理技巧来保持教众的群体狂热状态，为其功利性目的服务。在司法实践中，往往将带有邪教背景的大规模教众聚集事件作为集群犯罪加以理解。但是通过对其运作机制的分析我们可以看到，这类群体犯罪行为与通常的群体性事件有着天壤之别。在这些案例中，群体的行动背后得到严密组织结构的支撑，群体成员的言行有严格的规范，而且具有高度统一的目的性。这些都是基于临时聚集人群的普通群体性事件所不具备的群体犯罪心理特征。究其原因，就因为这类教众聚集事件中的个人行为其实是以亚社会群体犯罪心理而非情境群体犯罪心理为基础的。

四、一般共同犯罪中的群体犯罪心理机制

在立法定义上，所谓一般共同犯罪就是共同犯罪中不具有集群犯罪，团伙犯罪和有组织犯罪特征的那些个案。从外在表现形式上说，就是由多名没有明显团伙帮派或犯罪组织从属关系的个体在共同犯意的基础上实施的共同犯罪。在表面上，这一群体犯罪形态排除了主要适用于上述三种群体犯罪类型的情境群体心理、亚文化群体心理以及亚社会群体心理的存在，而应该由一种为其所独有的群体心理来加以理解。但是如前所述，上述三种立法角度的典型群体犯罪与本章重点论及的三种群体心理类型并没有一一对应的适用关系。在特定共同犯罪形态中到底存在这三种群体心理的哪一种，甚至到底是否存在群体心理，都必须具体情况具体分析。对于一般共同犯罪的心理机制，会存在两种情况：一是涉案个体完全是基于个体性的犯罪心理进行分工合作而实施的共同犯罪，因此也就没有群体心理可言；二是涉案个体确实是受到某种类型的群体犯罪心理影响而实施的不法侵害。这里涉及的群体犯罪心理必然属于本章前面讨论的三种群体心理中的一种。至于是哪一种，则需要具体情况具体分析。

（一）不存在群体心理的一般共同犯罪

群体心理的基本特征是群体同一代替个体同一，群体的共同目的取代个人目的。如果个人在共同犯罪过程中仍然保持独立个体意识，并且犯罪参与者各自实现其个人目的，则可以认为这一犯罪中并不存在群体心理的影响，而无非是复数个人互为条件，实施了基于各自个人性犯罪心理的共同犯罪。在此考察群体心理没有任何意义。比如一个包括了介绍人，斡旋人和多名受贿人的共同受贿犯罪，参与者各自保持并实现了明确的个人牟利目的，而且这一目的本身并没有上升成为共同犯罪人的集体意志与目的。那么在这一共同犯罪中就不存在群体犯罪心理，只存在个体犯罪心理。

（二）以情境群体心理为基础的一般共同犯罪

在作为一般共同犯罪基础的群体心理中，最常见的是情境群体心理。情境群体心理尽管是集群犯罪的最主要心理机制，其产生却并非必然以"人数众多"为条件。正如俗语所言，"三人成众"，只要个人意识可以被一个多数意识所压制，群体心理就有产生的土壤，所以理论上群体心理的出现只需要一个 2 比 1 多数，亦即 3 人的互动即可。情境群体心理与另外两种群体心理的最基本区别在于其临时性。因此其所支持的共同犯罪也只能是临时起意。在特定情境中，潜在的共同犯罪人有了社会角色的融合，从而迅速产生一个群体同一，并迅速实现对个人意志的压制，最终在群体目的的推动下实施了个体独自不可能实施的共同犯罪。这种类型共同犯罪的典型例子就是由数个犯罪人临时起意实施的轮奸犯罪。在这些案例中，共同犯罪人事先并不必然有很深的交往，往往就是由于特定情境，比如一起饮酒作乐，而纠合在一起。在众人的互动中，由于互相间的暗示和同侪压力，迅速形成一个以"好哥们"为基本特征的群体同一，进而发展出"一起找乐子"的概括目的。而作为这类情境群体的一个通常行为规范就是要对互相间的越轨企图表示支持，否则就是"不给面子"。而当潜在性受害人进入视野后，群体众人往往会在意见沟通中反复互相暗示受害人的"挑逗"或"自愿"，由于群体较高的易受暗示性，这一明显缺乏合理性基础的假定往往会被最终接受。最终，众人在群体心理作用下，由试探到鼓励，再到强烈的侵害决意，最终共同实施了犯罪行为。

（三）一般共同犯罪的亚文化或亚社会群体心理基础

通常情况下，在亚文化群体心理或亚社会群体心理基础上实施的共同犯罪是难以被归类进入一般共同犯罪的，原因很简单，这两类群体心理均以特定的群体类型为依托，前者主要

表现为青少年帮派，后者则主要表现为黑社会组织，顺利成章的，其犯罪就会被纳入团伙犯罪或有组织犯罪。不过，由于群体心理与共同犯罪类型间并没有严格的一一对应关系，因此就不可避免的有特例出现。

以亚文化群体心理为基础而不属于团伙犯罪的特例的出现是因为亚文化群体并不是只有青少年帮派这一种形式。当其他类型的亚文化群体基于其独特群体同一表达目的而共同实施了以该目的为导向的犯罪，其犯罪形态就只能归类为一般共同犯罪而非团伙犯罪。在我国，由于社会文化的多元化尚不充分，亚文化群体通过公共渠道表达其群体目的的现象尚不多见，而以犯罪这类激烈手段表达群体目的的例子就更少。近年来时有发生的爱狗人士为解救即将被屠宰的犬只而拦截正常合法营运的运狗车，并与车主及执勤民警发生对峙可以看成是这类亚文化群体心理驱动的越轨行为之雏形。在这些个案中，除了群体的行为尚未达到犯罪的程度之外，已经具备了受亚文化群体心理影响的全部要素：首先，这一救犬行动并非临时起意，救犬群体的共同身份也维持了相当长时间，显然不能将其理解为情境群体，而是个体爱狗者基于爱犬救犬这一共同群体特征而形成的亚文化群体。在这一群体环境下，个人的背景，个性为群体的共同身份"救犬爱心人士"所替代，并以"一切为了救犬"作为这一群体同一下的行为规范基本原则。在拦截运狗车事件中，该群体成员群情激奋，一方面不惜违反交通和治安相关法规，另一方面为了能救下车中的狗群而不惜慷慨解囊。其中成员间对动物的超出正常程度的关心显然是群体易受暗示性的后果。同时在整个事件过程中群体成员协调一致的拦车，救犬行为体现了去个性化和去人格化后，个人服从群体目的与行为规范的群体心理特质。在国外近年来多有公益团体成员为其团体的诉求而采取有预谋和可重复的过激行为而触犯刑法的事件发生，甚至因此而出现了所谓"环保恐怖主义"的非正式犯罪类型。这种类型的群体犯罪，在归类上属于一般共同犯罪，却毫无疑问是以亚文化群体心理为基础的。

与亚文化群体心理相比，以亚社会群体心理为基础而不属于有组织犯罪的特例就更加少见。这是因为亚社会群体犯罪心理中，明确的犯罪功利目的是一个核心特质，在这一心理支撑下实施的犯罪几乎不例外地会具备有组织犯罪的特点。对这一普遍规律的背反只会出现在一种情况之下，就是亚社会群体的形成最初是为了一个非犯罪的功利性目的，而这一亚社会群体由于某种原因而发生了异化，实施了其最初目的之外的犯罪行为。这种近乎"意外"的组织性犯罪行为显然不符合典型的有组织犯罪的定义，也显然不同于团伙犯罪，而只能采用一般共同犯罪或其他立法定义规定之。一个典型例子就是单位犯罪。单位是一个具有合法功利性目的的社会化组织，具有完整的组织结构，价值观体系和行为规范。所以单位员工群体就带有明显的亚社会群体性质。法人犯罪区别于单位组织中复数个人实施的共同犯罪除了刑法罪种上的限制以外，其行为学特征主要在于单位犯罪是以所有员工群体的共同意志为导向实施的犯罪，并且在实施中依托了单位本身的组织结构与决策机制。换言之，单位犯罪与非单位共同犯罪的区别就在于单位是否为一种"犯罪文化"所渗透，并受这种犯罪文化影响而实施了特定共同犯罪行为。这种犯罪文化就是异化后具有了违法功利性目的的亚社会群体的内部群体心理机制的表现形式。在这一亚社会群体心理机制下，单位可以通过曲解其价值观体系而为犯罪目的的提供合理化解释以取得员工的认可，并利用单位本身的组织结构和规范机制来推动单位员工对群体犯罪行为的参与。而员工在权威服从，同侪压力，以及易受暗示性心理的影响下，往往难以抗拒单位的群体犯罪目的而最终放弃个人的守法意志。在刑法中规定有专门的单位犯罪，但是作为群体犯罪的一种特殊形式，单位犯罪无法被归入基于立法的类型化群体犯罪的任何一种，而只能在概念上等同于一种特殊的一般共同犯罪。这在一定程度上反映了这一群体犯罪归类体系的不严密性。而在基于群体犯罪心理分类的分析中，这一特定类型的群体犯罪毫无疑问是受到亚社会群体犯罪心理影响的。

第十四章　不同罪过者的犯罪心理

我国刑法根据犯罪分子实施犯罪行为的主观罪过形式，把犯罪分为故意和过失两种，故意犯罪与过失犯罪在犯罪分子主观心理上显然不同，前者侧重于主观恶性，后者侧重于犯罪人格。我们在犯罪心理学中不仅要研究故意犯罪的心理，也要研究过失犯罪的心理。

第一节　故意犯罪心理

按刑事一体化的构架，故意犯罪心理可从刑法视角分为间接故意的犯罪心理和直接故意的犯罪心理。考虑到二者主观恶性的细微差异，拟在"直接故意的犯罪心理"部分图示一般的犯罪心理过程路径，而在"间接故意的犯罪心理"分别展开"知、情、意"的具体内容。

一、直接故意的犯罪心理

在直接故意犯罪中，犯罪行为是围绕犯罪目的而展开，是为了实现犯罪目的的。因此，整个犯罪行为的生成和进行过程，是行为人有意识地蔑视法律的规定，在犯罪动机的驱使下，通过认识、感情和意志等心理活动的作用而完成的。具体来讲，通过感觉器官和理性思维，认识犯罪对象的属性、认识客观条件及其变化规律、认识自身情况以及与客观方面的关系、分析犯罪行为的进程以及实现犯罪目的的可能性和必备条件等；通过意志活动选择犯罪手段、作案方式，确立犯罪目标，随时调整行为以符合犯罪目的的需要，在整个犯罪过程（从犯罪预备、实行着手，到既遂）中，克服困难，排除障碍，保证最终实现犯罪目的；通过情绪情感活动，增加活动力量，激发与犯罪目的相符的行为，减弱和抑制与犯罪目的不相符的行为。同时，在犯罪手段、方式的选择上，又要受到行为人心理特征（特别是性格特征）的影响和制约。例如，同样是财产犯罪，聪明狡猾的人最有可能实施诈骗，胆大鲁莽的人最可能实施抢夺、抢劫，而有一定技能的人则可能实施盗窃；同样是杀人犯罪，胆汁质的人容易因义愤而激情杀人，或者容易采用直接的、面对面的暴力杀人，而黏液质的人则可能采取间接的、隐蔽的、非暴力的方式杀人。故意犯罪的心理过程可示为图14-1。

二、间接故意的犯罪心理

在间接故意犯罪中，行为人虽然从事和追求的是另一目的行为（既可能是犯罪目的行为，也可能是非犯罪目的行为）或者非目的行为，对于自己行为可能发生的危害结果已经有所认识（预见），但是，在感情上放任这种结果的发生，在意志上不采取任何避免行动，而是持有一种听之任之、放任不管的不负责任的心理。这种心理由于可能会导致严重危害社会的结果发生，对法律所保护的社会关系构成了严重威胁，所以为法律所不能容忍。一旦因为此种不负责任的心理导致了严重危害社会的结果发生时，法律理所当然要对这种心理进行否定和谴责，并追究行为人的刑事责任。可见，间接故意犯罪虽然没有明确的犯罪目的，但犯

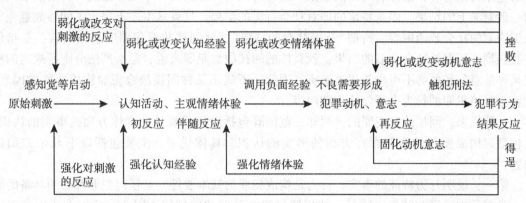

（图示说明：因以犯罪心理过程为主线，未论及调用正面认知经验和情绪体验，抑制犯罪动机的正常健康心理。）

图 14-1　犯罪心理过程

罪行为的发生仍然是在行为人的心理活动支配下进行的，是受到行为人心理活动的调节和控制的。即犯罪行为是否生成，行为人完全有意识、有能力控制；犯罪行为的进行并没有违背行为人的意志，而是符合其心理活动规律的。一句话，行为人完全有可能避免和防止危害结果的发生，但他却有意识地放弃了对危害结果发生的避免行为，而是将心理活动指向其他方向，这种心理实质上是一种对法律的蔑视态度。正因为如此，行为人才具有较过失犯罪更重的主观罪过，这也是行为人承担刑事责任的心理基础。

（一）间接故意犯罪的认识因素

辩证唯物主义认为，认识是行为主体对客观事物的能动反映。所谓能动性是指行为主体与客体之间不仅是反映和被反映的关系，而且是改造和被改造的关系。人类的活动之所以能达到预期的结果，就体现了认识的这种能动作用。正如恩格斯所说："自由不在于幻想中摆脱自然规律而独立，而在于认识这些规律，从而能够有计划地使自然规律为一定的目的服务。"①可见，认识是人们从事一切活动所不可缺少的先决条件。间接故意犯罪作为行为人所实施的一种危害社会的行为，同样是以一定的认识为前提的，如果没有这一认识前提，就无所谓犯罪。

在间接故意犯罪中，其认识因素所包含的内容主要包括认识范围和认识程度两个方面的内容。所谓认识范围是指间接故意犯罪"明知"的域限究竟有多广，所谓认识程度是指行为人对自己的行为发生危害社会结果的可靠性判断究竟有多大。只有把握了这两个主要矛盾，才能对间接故意犯罪的认识因素有个较全面的了解。

1. 间接故意犯罪的认识范围

行为主体明知自己的行为会发生危害社会的结果，这是我国刑法对一切故意犯罪在认识方面的集中概括，也是间接故意犯罪成立的两个基本要素。一个人，尽管其行为在客观存在上能够发生危害社会的结果，但若他本人在行为时并不知道自己的行为会发生这种结果，那就排除了间接故意犯罪的存在"明知"，即明确的认识。明确地认识到自己的行为会发生危害社会的结果，这是我国刑法对故意犯罪的认识因素之特定内容的限定。它作为间接故意犯

---

① 马克思恩格斯文集(第9卷)[M]. 北京：人民出版社，2009：120.

罪的基本特征之一，意味着间接故意犯罪的行为人所认识到的，不是自己的行为所能够产生的一般意义上的结果，而是特定的即对社会有害的结果。这就从本质上揭示了间接故意犯罪认识因素的社会政治内容。所谓"危害社会的结果"，就间接故意犯罪的总体而言，是指侵害我国刑法所保护社会关系的结果；就具体的间接故意犯罪来说，是指刑法分则所规定的构成某种故意犯罪所必不可少的损害事实。因此，不属于某种间接故意犯罪构成要件的因素，也就不是该犯罪的行为人所要认识的内容。

一般说来，间接故意犯罪的。明知。范围既包括对构成要件的客体方面的事实的认识，也包括对构成要件的客观存在方面的事实的认识。具体说来，主要包括以下几个方面的内容：

第一，说明行为特征的事实。行为是构成犯罪的基本要件，是任何犯罪都必须具备的要素。没有行为就没有结果，这是一切犯罪过程必经的共同规律。因此，行为人认识危害结果，必须首先认识造成该结果的行为。如果行为人连行为本身都没有，那么，要认识到行为的结果就无从谈起。一般说来，决定间接故意犯罪行为特征的主要因素有如下几个方面：(1)行为的性质。行为人认识自己行为的性质，就是明知自己要做什么或正在干什么。例如，明知自己杀人行为的人便具有杀人的故意，明知自己伤害行为的人便具有伤害的故意。事实上，行为人只有认识到自己行为的性质，才能认识到该行为所产生的危害结果，如果行为人对自己行为的实际性质缺乏认识，便无法认识其行为会发生的结果。例如，某甲在招待客人时，误将砒霜当成白糖放入咖啡中，客人饮用后当即死亡。在这里，某甲显然就没有意识到其行为的实际性质，即把杀人行为视为待客行为，所以也没有认识到客人死亡的结果，当然不具有犯罪故意。(2)行为的方式。行为的方式是指行为人在实施犯罪的过程中其客观外在行为的表现形式。对间接故意犯罪来说，认识行为方式是"明知"的必要内容，也是认识结果的社会危害的特定性质的前提。例如，在直接故意杀人的场合，行为人是刻意追求造成他人死亡的危害结果发生，因此，其行为方式就非常强烈、积极。而在间接故意杀人的场合，行为人在放任意志的支配下，就不会采取直接故意杀人那样强烈、积极的方式，因此，行为人对行为方式的认识有时候对决定故意的性质具有较大的作用。(3)行为的手段。行为的手段是犯罪构成的选择要件。当行为手段成为某种犯罪的必备要件时，该罪的故意也包括认识其行为手段的特定形式。如果行为人对该种行为手段没有认识，也会影响其对行为结果及其性质的认识。例如暴力干涉婚姻自由罪，暴力手段就是该罪的构成要件。比如，某甲在干涉其女儿某乙的婚事时，大声责骂，气得摔东西，当时其女儿心力交瘁突然晕倒，恰好某甲摔茶杯时砸在某乙的头上。由于某甲行为时没有认识到其对某乙的人身采取暴力手段，茶杯将某乙砸伤纯属意料之外，所以不能认定某甲构成暴力干涉婚姻自由罪，某甲不具有对暴力手段的认识，便不具有该罪的故意。(4)行为时的特定环境。当行为只有在某种特定环境下才能发生危害社会的结果时，行为人如果缺乏对行为时已经存在的该特定环境的认识，也就排除了他对其行为会发生危害社会的结果的认识。例如，某甲在打猎时，看见一只野兔在不远处奔跑，举枪射击，结果没有打着野兔，却把正在深草中割草的牧童打死了。在这个案件中，如果甲不知道有人在深草中割草，那么就没有认识到自己的行为会发生他人死亡的结果，因而对他的行为所发生的死亡结果就不具有"明知"。但是，如果他在开枪时知道有人在割草，那他对自己的行为会发生他人死亡的结果就具备了"明知"的因素。

第二，说明行为结果的事实。行为结果是一个外延极广的概念，如果要求行为人认识结果的一切事实特征，几乎是不可能的。因此，刑法上要求犯罪故意所认识的结果，只能是认识结果的某些特征，而不是全部特征。例如杀人罪的故意应该认识其行为是在非法剥夺他人的生命，而不一定要求行为人认识到被害人什么时候死亡、怎样死亡，等等。也许由于行为人应认识的结果只能是构成要件所要求的结果。因此，关于犯罪结果是否为一切犯罪故意应该认识的内容就成为一个有所争议的问题。关于这个问题，刑法学界历来有两种不同的主张：一是区别说。其认为犯罪构成有两类，一类是结果犯的实质犯罪构成，以犯罪结果为构成要件，其故意应该认识犯罪结果，另一类是举止犯的形式犯罪构成，不以犯罪结果为构成要件，其故意无须认识犯罪结果。这种观点受国外影响很大，几乎成为通说。二是统一说。其认为不论是实质的犯罪构成，还是形式犯罪构成，犯罪故意的成立都要认识其行为的犯罪结果。根据我国现行刑法规定的"明知自己的行为会发生危害社会的结果"的立法精神，不言而喻，行为结果应该是每一犯罪故意必不可少的认识内容。认为犯罪故意可以脱离对行为结果的认识而独立存在，是缺乏法律根据的。在理论上来确切说明并合理解释这一命题的关键在于注意认识结果与实际结果的差别。如前所述，犯罪故意所揭示的是行为人的一种心理态度，行为人对行为结果的认识是其主观心理活动。某些犯罪的结果虽然是无形的，或者是无须证实的，如侮辱、诽谤罪，等等，但并不意味着行为人对其行为的结果没有认识。即便在未遂犯罪中，行为人的故意也是以认识到其行为的结果为前提的。事实上，未发生某种结果，不等于行为人没有认识到这种结果，也不能说明该种行为不会发生危害结果。只是由于行为时的某种情况，未使行为人认识的结果转化为客观现实罢了。可见，行为主体对"危害社会结果"的明知，就是对自己的行为即将引起的客观事物的某种变化的认识。认识结果是主观的表现形态，是先于实际结果产生的，实际结果是客观的外化形态，是后于认识结果产生的，不能将二者混为一谈。这不仅证明行为犯的"结果"是犯罪故意的认识内容，也证明犯罪未遂的故意同样应以对犯罪结果的认识为前提。应当说明，间接故意犯罪的认识内容是否包括量刑的加重情节，特别是加重结果，这在刑法学界是有争议的。一是肯定说，认为犯罪故意的成立必须认识加重结果。中国学者王觐认为，"犯罪主观要件之认识，包含构成犯罪事实之认识与犯罪加重事实之认识之二种"。[1] 日本学者也指出："对加刑减刑的事由，因属于构成要件，有必要加以认识"。[2] 二是否定说，认为犯罪故意只需认识基本构成的结果，不需认识加重结果。原联邦德国刑法第 11 条第 2 项指出："故意之犯罪，兼指实现之犯罪构成事实，其行为出于故意而由行为所致之特别结果只以过失为已足之情形而言"。[3] 我国刑法学界的通说也认为，行为人对故意犯罪的基本结果应有认识，而对加重结果无须认识，但应有过失。我们认为，加重结果是否为间接故意犯罪的认识内容，应当根据间接故意犯罪的主观心理过程来分析。一般说来，在间接故意犯罪场合，行为人对自己的行为必然或可能发生的危害结果所持的是一种听之任之的容忍态度，在这种主观心理状态支配下，不管发生的是构成本罪的基本结果，还是加重的结果，行为人都应有所认识。因为，不论发生什么样的危害结果，都没有违背行为人的意愿。也即是说，都在行为人的预料之中。因此，对于某些由加重结果构成的间接故意犯罪，加重的结果应当成为其认识的基本内容之一。

第三，说明行为与结果之间因果关系的特征。根据罪责自负的原则，行为人只有认识到某种危害结果是由自己的行为引起的，才能令其对该结果承担故意的罪责。如果行为人没有

---

① 王觐. 中华刑法论[M]. 北京：中国方正出版社，2005：122.

② ［日］福田平，大塚仁. 日本刑法总论讲义[M]. 李乔等译. 沈阳：辽宁人民出版社，1986.

③ 王作富. 中国刑法适用[M]. 北京：中国人民公安大学出版社，1987：200.

认识到自己的行为与危害结果之间的因果关系，就等于行为人没有认识到其行为的结果，当然不能构成故意。在社会实践中，人的行为之所以能达到预期的效果，就在于已往的知识和经验，使行为人认识到一定的行为将会引起一定的结果，从而形成因果关系的观念。行为人的活动正是根据已知的因果联系的事实，在头脑中形成实现行为结果的思想蓝图。意识不仅预先规定了活动的目标，而且为实现这一目标规定了因果过程和活动方式。这种主观意识的目的性与计划性，就是法律要求人们认识行为结果及行为与结果之间的因果关系的理论依据。犯罪故意要求行为人所认识的因果关系是指某一犯罪构成所规定的客观行为与特定结果之间的关系。例如，杀人故意应该认识到自己的行为与他人死亡结果之间的因果关系。伤害故意应该认识到自己的行为与他人伤害结果之间的因果关系。行为人对因果关系的认识核心表现在其行为指向的具体目标会发生某种特定的变化，不要求行为人详细认识因果关系发展的具体过程和全部情况。例如，某甲用匕首连续刺杀某乙，将某乙刺死。只要某甲认识到其用匕首会杀害某乙这一因果趋向，便构成了故意杀人，至于某甲是否认识到究竟是哪一刀将某乙刺死，对杀人故意的成立不产生任何影响。认识到因果关系的发展趋向，是犯罪故意认识的基本内容，如果行为人在行为过程中没有认识到某种危害结果与自己行为之间的因果关系，行为人对该结果不负故意的罪责。例如，甲开枪打乙子弹偏离方向，不料打中乙身边的丙，致丙重伤。由于某甲没有认识到其开枪行为与某丙重伤之间的因果关系，所以，对伤害某丙无故意心理，这是不言自明的。

第四，说明犯罪客体的事实。所谓犯罪客体是指我国刑法保护的为犯罪行为所侵犯的社会关系。诸如人民民主专政的政权和社会主义市场经济秩序、公民的人身权利和民主权利，等等。每一种犯罪都是对刑法所保护的社会关系的具体侵犯，因此，行为人要成立某一具体的犯罪故意，就必然认识到自己的行为是指向哪一种具体的社会关系，或者说他们知道自己要侵犯的是社会关系的哪一方面、哪一具体部分。例如，故意杀人行为人明知自己要侵犯的是他人的生命，故意伤害行为人明知自己要侵犯的是他人的身体健康，等等。反之，如果行为人没有认识到自己的行为侵犯了刑法所保护的社会关系的某一方面的具体内容，就不能成立哪一方面的犯罪故意。例如，故意伤害致人死亡的行为人只认识到自己行为侵犯了他人的健康，而对行为侵犯到他人生命这一点没有认识，所以他们主观上只有伤害的故意而不具有杀人的故意，对他们只能追究故意伤害致人死亡的刑事责任。由此表明，对行为所要侵犯的具体社会关系的认识，也是成立具体犯罪故意所必备的因素。综上所述，间接故意犯罪对结果事实的明知主要包括对说明行为、行为结果、行为与结果之间的因果关系以及行为客体等事实的认识。不过，这些因素不是各自独立的，而是互相影响的，需要综合分析才能得出正确的结论。各种犯罪的具体要件不同，各种犯罪的故意的认识内容也不一致，确定某种犯罪故意的认识内容，只能以该罪构成要件规定或要求的事实为根据。

2. 间接故意犯罪的认识程度

间接故意犯罪的认识程度，是指行为主体对自己的行为能否导致的危害结果发生的可靠性判断。这种可靠性既包括行为人对危害结果的可能性认识，也包括行为人对危害结果的必然性认识。从我国现行的刑法理论来看，一般说来，对于间接故意犯罪的可能性认识没有异议，但对于其必然性认识却存在着正反两方面的争讼。概括起来，主要有肯定说和否定说两种主张。否定派的观点是我国目前绝大多数专家和学者所赞许的观点，这种观点直接继承了前苏联刑法学界对于间接故意犯罪的认识程度的看法。他们认为，行为主体明知自己的行为必然发生危害社会的结果，并放任这一结果的发生，实质已不是间接故意犯罪，而是直接故意犯罪。因为在行为人预见到危害结果必然发生的情况下，想放任也是放任不了的。例如，特拉伊宁认为："只要不希望发生，但有意识放任发生的结果必然要发生，就不能再说是可能的故意。"①又如，由高铭暄教授主编的高等学校法学试用教材《刑法学》也认为："行为人虽不希望危害结果的发生，但明知结果必然发生，则仍是直接故意。"肯定派的观点是从我国现行刑事立法的规定出发的，他们认为，间接故意犯罪与直接故意犯罪一样，不仅可以预见危害结果发生的可能性，而且也可以预见危害结果发生的必然性。其理由是：（1）我国刑法第 14 条明文规定，"明知自己的行为会发生危害社会结果"是故意犯罪的认识基础，这里的"会"所指的必然性和可能性，对于直接故意犯罪和间接故意犯罪都无例外地适用。（2）直接故意犯罪和间接故意犯罪的区别不是以认识因素而是以意志因素来划分的，用行为人的认识程度来推论行为人的意志倾向是不可靠的。因为否定说的观点只有结论，没有分析，且其结论缺乏心理学基础，违背了人的心理活动规律，所以不能令人信服。尽管就刑法理论来说，间接故意犯罪不是一般意义上的故意行为，而带有其特有的社会政治色彩和法律意义，但无论如何，间接故意犯罪的主观罪过不能脱离一般心理学意义而存在，任何背离人的心理活动规律的说法无疑都是非科学的。本书认为间接故意犯罪也包括必须性的认识的理由如下：

第一，从我国刑事立法的规定来看，"明知自己的行为会发生危害的结果"，这是一切故意犯罪成立的共同前提，无论行为人是放任或是希望危害结果的发生，都是明知自己的行为会发生危害社会的结果。既然"会"包括"必然会"和"可能会"两种情况，那么它们当然同样一起适用于"希望"或者"放任"两种意志状态。相反的，我国现行刑法关于过失犯罪的规定则明确使用了"可能发生危害社会的结果"的表述，这就说明立法者是有意识地将"会"与"可能"加以区别的。因此，这里的"会"不论作何解释，对于直接故意犯罪和间接故意犯罪来说都应当是一致的，而不应当有所区别。

第二，从人的整个心理活动的全部过程来看，在人的心理活动中，认识虽然是心理过程的前提和基础，但人的主观能动性是通过行为主体的意志活动表现出来的。意志活动对人的认识活动和情感活动，不仅具有控制作用，而且还具有调节和定向作用。因此，在人的心理活动中，更多的是意志而不是认识在起决定性的作用。就故意犯罪来说，行为主体的主观罪过同样是由意志因素而不是认识因素决定的。因此，凡是行为人对危害结果的发生，抱的是希望的态度，尽管他明知的是可能性，仍然构成直接故意犯罪；同样，凡是行为人对危害结果的发生，持的是纵容的态度，即便他明知这一结果必然发生，也只能构成间接故意犯罪。如果将行为人的认识程度也作为划分直接故意和间接故意犯罪的标准的话，那么就不仅违背了法律划分罪过形式的本旨，而且在逻辑上也犯了同时并用两个标准进行划分的错误。在某种情况下，行为人虽不追求，但完全可能纵容某种危害结果必然发生。那种认为只要行为人明知结果发生的必然性，便只能是希望结果发生，是不符合行为人的心理实际的。行为人的心理态度对某一结果是纵容，便不可能同时对该结果又是希望。纵容意志与希望意志互不相容，也无法混淆。在现实生活中，纵容某种结果的心理态度是屡见不鲜的，不仅仅限于犯罪。例如，某甲与其子(10 岁)在回家的途中，被几个歹徒劫住。歹徒以其儿子的生命安全威胁某甲，勒令他去炸毁某银行。某甲明知其不炸银行，其子必然死亡。但为了国家利益，

---

① ［前苏联］H. 特拉伊宁. 犯罪构成的一般学说［M］. 薛秉忠等译. 北京：中国人民大学出版社，1958：169.

他没炸银行而去公安机关报案，对其儿子的生命安全采取了纵容态度。在本案中，很显然，仅仅因为某甲纵容其子必然死亡的结果便说某甲希望儿子死亡是荒唐的。纵容就是纵容，不能等同于希望，即便纵容必然发生的结果，也同样不能改变其行为的性质。

第三，从法律对罪过心理的谴责来看，罪过是行为主体应受道义和法律谴责的一种心理过程。而在对危害结果的认识和决意这两个要素中，认识因素并不包含这种应受谴责的性质，只有意志才包含这种性质。因为行为人的罪过并不在于他是否认识到了自己行为的危害结果，而在于他认识到了这种结果，却仍然有意纵容这种结果的发生。倘若他没有纵容这种结果的发生，那么无论他具有什么样的认识，也丝毫不会受到法律的谴责。

第四，从行为人的情感因素来考察，认为间接故意犯罪在认识程度上不能有必然性认识的说法也是错误的，因为人的整个心理活动过程，并非只包括认识和意志两个因素，而包括知、情、意三个因素。在间接故意犯罪中，行为主体对危害结果采取何种意志倾向，并不取决于其认识程度如何，而取决于他对危害结果所抱的情感状态如何。情感是人们对于客观事物所抱的好恶倾向，正是这种不同的好恶倾向而不是认识程度推动了行为人去采取不同的意志行动。因此，用行为人的认识程度来推论其意志倾向，无疑是不可靠的。

(二)间接故意犯罪的情感因素

马克思主义认为，人类社会发展到何种程度，人类的认识也就达到什么程度。在对间接故意犯罪心理的研究上也同样反映了这一事实。在罪过理论的发展过程中，刑法理论对罪过心理的探讨也经历了几个不同的发展阶段。在前资本主义时期，官能心理学使人们把罪过心理只限于认识因素。18世纪以后，意志心理学的兴起为意志因素成为罪过心理的决定要素提供了理论根据。20世纪60年代以来，以往被传统心理学所忽视的情感心理引起心理学家们的重视，并初步形成情绪心理学。于是，情感因素与间接故意犯罪心理的关系就再一次历史地摆到了每一个刑法理论工作者的面前。

从目前世界各国的立法来看，有关心理犯罪概念和心理模式都基本上是建立在古典心理学和意志自由论的基础上的。它们认为，行为的心理模式是可以分割开来观察的知和意的简单组合。这种理论带有其本身无法克服的缺陷。其缺陷之一就是，这种理论主要是用静态的方法在观察人们的心理活动，而缺乏对人的合理活动过程的动态研究。当然，静态的研究方法就今天来看也不是毫无价值，但这种静态的研究忽视了对人的心理过程全方位、立体的考察，过于静止与片面，因此，其方法本身就带有形而上学的缺陷。其缺陷之二就是，当古典心理学与刑法上的罪过理论产生联系时，排除了情感这样一个重要的心理因素。例如，巴西刑法典第24条即规定，"激动或感情冲动"，"不能免除刑事责任"。这就是说，情感因素对罪过心理之有无不产生任何影响，对刑事责任之轻重亦毫无关系。

随着情感心理研究的不断发展，有些刑法学者冲破"法不管情"的传统罪过体系，充分肯定了情感因素对罪过心理的作用与影响，并试图将情感作为罪过心理的第三要素。某些国家的刑事立法也较为明显地反映出情感免除罪过心理的倾向。例如，匈牙利刑法指出："防卫人之行为如系由于恐怖或可谅解的刺激致超过正当防卫之限度者，亦不予处罚。"如果说这一规定尚把情感因素视为个别情况的免责条件，那么，西班牙刑法第8条第10项明确规定："由于无法克服之恐惧所造成的相等或更大之伤害"，与意外事件、正当防卫同为免除刑事责任的事项。这无异于说明，情感因素对罪过心理起着举足轻重的作用。马克思曾经说过："情欲是人强烈地追求自己的对象的本质力量。"①列宁也曾经指出:"没有人的感情,就从来不会有也不可能有人对真理的追求。"②可见,情感因素在人的意志活动中占据着至关重要的地位。间接故意犯罪作为一种犯罪行为,是行为主体在其意志支配下所实施的,在这种行为过程中贯穿有犯罪人本身的情感因素,是毋庸置疑的。这是因为,犯罪心理活动如同人的其他心理活动一样,在行为人实施犯罪活动的统一的心理过程中,除了认识和意志两个因素之外,还有情感因素的存在,情感因素对行为主体的认识以及行为人的意志不可能不产生这样或那样的影响。

前苏联心理学家捷普洛夫曾经给情感下了这样一个定义:"一个人对于自己所认识的或所操作的事物所持的态度的体验。"恩格斯也曾经说过:"犯罪是蔑视社会秩序最极端最明显的表现。"③这就说明,犯罪作为在人的主观意志支配下实施的行为,是行为人的反社会情感达到最极端最明显的表现,也即是说,行为人之所以犯罪,是由于反社会的情感已经达到了登峰造极的地步。在我们的现实生活中,大量的事实告诉我们,在间接故意犯罪中,犯罪的情感对于犯罪人强化自己或调节自己的犯罪意志是有着重要的作用的。然而令人遗憾的是,由于长期以来刑法理论界受"法不管情"的影响太深,以致在对故意犯罪进行研究的时候,总是注重认识和决意,而对行为人实施故意犯罪具有很大影响的情感因素却没有引起应有的注意。

现代心理科学认为,情感在人的心理活动中,并非是消极与被动的,虽然在某些地方,它对人的活动不产生任何影响,但是在有的情况下,情感往往对认识和意志产生重大的影响乃至决定作用。例如,当人们对某一事物感兴趣的时候,就会引起他们积极的意志行动,反之,对某一事物感到厌恶,就会引起消极的意志行动;当人们被某一事物所吸引,就会忽视对其他事物的注意;当人们处于紧张的情绪中,认识能力就会大大削弱,控制能力也会大大下降,甚至会完全丧失认识和意志。比如人在极度愤怒时,可能将其应有的认识忘得一干二净;在极其恐惧的情况下,可能丧失意志选择的可能性。可见,在人心理活动过程中,如果不考虑情感因素,就不能如实地反映人的真实心理活动。间接故意犯罪的罪过心理是行为人一般心理活动规律在刑法上的反映。它不仅应当包括犯罪认识的犯罪意志,还应当包括犯罪情感。尤其是在间接故意犯罪情况下,注意加强对犯罪情感的研究对于揭示行为人的罪过心理状况更具有非常重要的实际价值。例如,从下面这个案例中,我们就会发现情感因素对于犯罪定性所起的重要作用。这是一个来自前苏联的案例,其案情是:有一座楼房正在修建,公民依万诺夫和谢敏诺夫两个人同在一个用粗麻绳系在十层楼的房顶旁的脚手架上工作,公民罗曼诺夫(系依万诺夫的仇人)企图害死依万诺夫,为了这个目的而割断了捆着脚手架的绳索,结果两个工人都跌下来摔死了。对于公民谢敏诺夫的死亡,被告人是触犯了直接故意杀人罪还是间接故意杀人罪,长期以来,无论是在前苏联还是在我国,法学界一直没有形成一致的观点。其原因就在于争议的双方各执一词,要么强调认识因素,要么强调意志因素,而忽视了对行为人整个心理过程的考察。而在本案中,要正确地解决好案件的定性问题,除了要对被告人的犯罪认识和犯罪意志进行考察外,还需要分析行为人所抱的情感状态。从该案来看,被告罗曼诺夫对公民依万诺夫的死亡应负直接故意杀人的罪责,而对公民谢敏诺夫

---

① 马克思.1844年经济学—哲学手稿[M].北京:人民出版社,1979:122.
② 列宁全集(第20卷)[M].北京:人民出版社,1972:255.
③ 列宁全集(第20卷)[M].北京:人民出版社,1972:255.

的死亡不负直接故意杀人的罪责。因为从情感因素来看，虽然被告人对公民谢敏诺夫的死亡结果的发生也有必然性的认识，但是从感情上来说被告人并不是希望这一后果发生，只是为了不错过杀死仇人的机会，才在意志上对这种后果的发生采取了纵容的态度。因此，被告对谢敏诺夫的死亡应负间接故意杀人罪责。可见，抛开人的情感因素，直接由认识因素来推导行为人的意志行动是不妥的。因为人的意志并不取决于认识程度如何，而是取决于行为人对危害结果所抱的情感状态如何。在间接故意犯罪中，注意对犯罪人情感因素的考察，不仅有助于案件的定性，而且还有助于查明行为人实施犯罪的思想动机。例如，医生张某在给一个病人做手术时，发现该病人原来是自己的情敌，遂起报复之念谎称自己头晕，故意草率完成手术。他知道对手术这样马虎了事很可能会造成该病人伤残或死亡的危害结果，而自己却放任了这种结果的发生，后来该病人果然因手术质量不好而死亡。在本案中，被告人张某对于该病人的死亡应负间接故意杀人的罪责是显然的。因为被告人知道自己做手术马虎了事很可能造成该病人的伤残或死亡的结果发生，而竟然有意纵容了这一后果的发生，因此，被告的主观罪过已远远超出了医疗事故的范畴，构成了间接故意犯罪。本案的被告为何要纵容被害人死亡的结果发生呢？这与他在实施这一犯罪过程中的情感因素有很大关系，由于该案的被害人是张某的情敌，出于人类所固有的反感情绪和妒忌心理，驱使被告人纵容了这一死亡结果的发生。可见妒忌和反感情绪的产生是导致本案的危害结果发生的主要动因。在间接故意犯罪的场合，情感因素除了以上两种作用之外，还有助于司法工作人员在定罪时分清此罪与彼罪的界限。因为情感因素在人的心理活动中对于意志因素具有能动的调节和定向作用，也就是说，在什么样的情感状态支配下就会产生什么样的意志行动。所以，在间接故意犯罪中，正确地把握行为人当时的主观情感状态，对于定罪量刑具有重要的意义。例如，汽车驾驶员宋某，一日开车在公路上行驶，见前面100公尺左右有一老人挑着担子走来，样子很吃力，坐在驾驶室的朋友提醒他要注意。宋一边按喇叭，一边减速，一边打拐方向盘，可是那老人慌得很，宋往左拐，他也往左躲；宋往右拐，他也往右拐。车快近前时，宋某见老人是他父亲的仇人，于是心想："你躲得开就躲，躲不开轧死路中间活该，按交通规则你自己负责，我没责任。"便照样减速朝路中线前进，结果那老人因年老眼花，挑着重担，一时心慌，果真被轧死在路中间。在本案中，原审法院以间接故意杀人罪判决，被告宋某不服以定罪不当为理，上诉于二审法院，认为自己构成的是交通肇事罪而不是故意杀人罪。二审法院审理后，驳回上诉，维持了原判。因为在本案中行为人没有刻意追求被害人死亡的主观罪过，所以定直接故意杀人没有根据。在本案中，区分是故意还是过失的关键要看行为人在实施这一犯罪过程中的情感因素。我们不妨将本案发生的全过程分为前后两个阶段来考察。被告人在未看到被害人之前，从情感上来说，对被害人死亡的发生是持否定态度的，因为被告人为了防止这一后果的发生采取了一定的防范措施，如按喇叭、减速、打拐方向盘等一系列动作都可说明这一点。然而在被告人看到被害人是他父亲的仇人后，情感因素就发生了变化，由原来的尽力避免转化为有意纵容，正是在后一种情感的支配下，导致被害人死亡的悲剧发生。因此，对该案的被告人应认定为间接故意杀人而不能作交通肇事处理。由此可见，对于本案的定性，情感因素起了很大的帮助作用。

（三）间接故意犯罪的意志因素

现代心理科学认为，意志是行为主体为实现某种预期目的而自觉地调节自己的行为去克服困难的心理过程，是内部意向欲求向外部客观现实的转化。意志是人认识活动具有主体性的重要心理机制，是人的主观能动性的集中体现。这种能动性的表现主要有定向、调节和控制三种功能。在现实的、具体的认识活动中，意志的这三种功能之间既有明确分工，又有密切配合，是人有机统一的整体。间接故意犯罪中行为人的心理过程同样具有意志活动，而且也同样具有定向、控制和调节三种功能，只不过这种意志功能所起的是负功能效应。因为，间接故意犯罪的行为主体不是通过排除各种认识因素和情感因素的影响去选择有利于社会、有益于人民的行为来满足自己的主观欲求，而是通过选择有害于社会的犯罪行为来满足个人的需要，这正是法律对这种犯罪进行惩罚所体现出来的对行为意志抉择的否定评价。在间接故意犯罪中，行为人在意志上一般所表现出来的都是一种纵容的态度。即在主观上虽不是强烈希望、刻意追求某一危害的发生。但也不是根本不希望而努力避免这种结果的发生，而是对自己的行为可能或必然造成的危害后果抱着一种放纵、容忍的态度。依据间接故意犯罪意志的不同表现，我们可以将其归纳为以下三个方面的特征。

第一，心存侥幸。其特征是：行为主体明知结果有可能发生虽不刻意追求，但也不设法避免，企图碰碰运气，构成这种心理特征的条件有二：主体只能认识到可能性和主体不希望结果发生。前者是行为人心存侥幸的认识基础，后者是行为人心存侥幸的情感基础。在心存侥幸的意志状态下，行为人的心理过程似乎与有认识的过失相近，其实它们是有区别的，首先从认识上来看，前者是明知结果发生的可能性，后者只是预见结果发生的可能性，两者在认识程度上是不同的。其次，从情感上来看，前者对结果发生所持的情感是"模棱两可"的，而后者从根本上就是否定的。再次从发生的依据来看，前者的侥幸是建立在毫无根据的碰运气的基础上的，而后者则是建立在一定的主观条件的基础上的。

第二，铤而走险。其特征是：行为主体明知结果必然发生；他虽然不是在努力追求这种结果的发生，但为了实现其他目的又不得不实施这一犯罪行为。形成这种意志特征有以下三个条件：（1）明知危害结果发生的必然性；（2）不是努力追求这种结果发生；（3）基于其他目的又必须实施这一行为。这是三个必然要引起激烈冲突的构成条件，豁出去是消除这种冲突唯一有效的选择。例如，村民王某被村干部奸污后，到乡里告状，反被认为是诬告，遭到关押。她又数次上告于法院，依然不被重视。为了让司法机关能来了解自己的遭遇，她便有意在公共场所张贴标语，造成了极坏的影响。在这里，王某就是明知自己的行为必然要导致危害社会的结果发生的，但从情感上来分析，她的确又不是希望这种结果发生的否则就构成煽动颠覆国家政权罪了。其所以实施这种行为是因为她想达到伸冤的目的，又无路可寻。因此，在这种迫不得已的情况下，行为人所采取的行动，恰恰不是希望这一结果的发生，而是有意纵容了这种结果的发生，所以在司法实践中，不加分析地将类似的案件划入直接故意犯罪是不妥的。

第三，激情爆发。其特征是：行为主体因情感受到强烈刺激、情绪激昂，犯罪意念迸然爆发，虽然他明知行为的性质及其危害结果，但对于自己究竟要追求什么样的结果很不明确。感情的突发性和认识的朦胧性是促使这种意志特征形成的两个主要条件。应当指出，这里所讲的激情爆发并不是广义上的，而是必须具备上述特征的狭义的激情爆发。否则，便不属于间接故意犯罪。例如，某甲听说其妻与邻居某乙通奸怒不可遏，便持刀冲进某乙家，一面挥刀向某乙头部连续猛砍，一面大声吼道："老子今天宰了你。"在该案中，某甲的行为虽然也是在激情爆发的场合实施的，但他对自己行为追求的结果是清楚的，即要杀死某乙，故不属于间接故意犯罪。但如果某甲行凶时有人前来劝阻，某甲愤怒之中将他也砍伤，这后一行为缺乏明确的目的性，则符合间接故意犯罪意志特征的复杂性。因此，在司法实践中，遇到类似的情况，一定要从行为人的主观心理机制的各个方面进行分析，方能分清罪与非罪、此罪与彼罪的界限。

从意志因素来对间接故意犯罪的解释是不够科学、严谨的。例如，有的学者将其意志状态解释成"行为人在当时的情况下，对危害社会的结果是否真的要发生，是处于一种不能肯定的状态之中。他虽不希望这种结果发生，但又不设法防止，而是采取听之任之，漠不关心的态度"。在此基础上，持该种观点的学者还进一步指出："过于自信的过失犯罪与间接故意犯罪的相同之点是：第一，二者都预见到自己的行为的危害结果，而且都只预见到危害结果发生的可能性；第二，二者对危害结果的态度，都是不希望它发生。"①然而，我们不能把犯罪人纵容自己行为所发生的危害结果看成是他对危害结果发生的漠不关心，更不能认为这种纵容发生的结果是行为主体所不希望发生的。

一方面，间接故意犯罪的意志因素绝不像目前法学界某些学者所解释的那样认为危害结果是否发生与己无关，因而表现出一种事不关己、高高挂起的漠不关心的态度，也不是某些学者所解释的中立态度。因为犯罪人明知这种危害结果可能由自己的行为所导致发生，如果不加以防范，自己就要因此承担刑事责任，所以他们不可能对此漠不关心、无动于衷的。事实上，行为人在认识到危害结果发生的可能性时，总是有所考虑的。是放纵这种结果发生呢，还是防止这种结果发生呢？在行为人决意实施之前不可能没有一个内心权衡的过程。而当他们经过内心权衡后，决意实施可能引起该结果发生的行为时，就表明他们已经胆敢冒着触犯法律的危险，有意放纵、放任这种结果的发生。可见，在间接故意犯罪场合的这种意志状态，已不是漠不关心所能解释清楚的。一般说来，漠不关心指的是那种事不关己、高高挂起，明知不对也不闻不问的心理状态，例如，当公共利益或他人利益正遭受不法侵害或处于某种危害状态，只考虑自身的利益而袖手旁观，不予援救，坐视公共利益或他人利益受到损害。无疑，这种漠视他人利益的态度从道义上来说是应受谴责的，但只要本人没有特定的义务，刑法就不能加以否定，由此不难看出，将间接故意犯罪的意志因素解释为对危害结果漠不关心的态度是不合理的。

另一方面，间接故意犯罪的意志状态也不同于过于自信的过失犯罪的意志状态，并不像某些学者所说的那样，都是不希望危害结果的发生。如前所述，在间接故意犯罪这种情况下，行为人虽然不是希望自己的行为发生危害社会的结果，但经过内心权衡利害得失以后决意实施可能引起某种危害结果发生的行为，从而足以表明这种结果的发生是符合行为人的本意的，怎么能说他不希望这种结果发生呢？如果行为人不希望自己的行为发生危害结果，那么他就会在这种不希望的意志支配和调节下，采取措施和手段积极避免这种结果发生，而不是放纵、放任其发生。而在这种情况下，只是由于行为人过于自信，所采用的措施和手段不力，才导致了危害结果的发生，所以我们认定他对自己的行为所发生的后果是不希望的，只能追究过失犯罪的刑事责任。但在纵容自己行为发生危害结果的情况下，行为人既没有任何理由轻信危害结果不致发生，而且自始至终都没有采取任何防范措施和手段，由此说明他并非不希望这种结果的发生，而是自觉地默认、容许其发生，通过以上分析，我们可以看到，对危害结果发生的纵容与不希望，是两种完成任务全不同的心理态度，反映了行为人不同的意志选择，因而前者构成故意犯罪，后者构成过失犯罪，如果我们将二者混为一谈不仅在理论上难以准确地划清故意和过失两种不同性质的犯罪，而且在实践中也会对实际工作带来不利影响。

---

①　高铭暄. 刑法学［M］. 北京：法律出版社，1982：150.

第二节　过失犯罪心理

一、过失犯罪心理概述

在过失犯罪中，行为人虽然对危害结果持否定态度，但由于自己在认识上疏忽大意，或者在意识上过于自信、在意志上轻信能够避免，以至于出现行为选择错误，最终使危害结果得以发生。这充分表明了犯罪行为的生成是由于行为人的心理缺陷（要么是认识缺陷，要么是性格缺陷或者意志缺陷）造成的，这种心理缺陷实质上都是人格缺陷的表现；而这种人格缺陷由于可能导致危害社会的结果发生，对法律所保护的社会关系构成威胁，因此，是为刑法所否定的。如果不具有这些人格缺陷，行为人是完全能够避免危害结果的发生，犯罪行为也就不会生成；因此，若只要排除这些人格缺陷，行为人就可以避免危害结果的发生，那么，这些人格缺陷就是刑法认为不应该具有的，一旦行为人具有这些人格缺陷，且因为这些人格缺陷而导致犯罪行为的生成，那么，行为人就应该为自己的人格缺陷承担刑事责任。因为人格缺陷已经转化为现实的客观事实。当然，从心理机制看，疏忽大意的过失和过于自信的过失在形成机制上是有区别的：疏忽大意的过失主要表现为在心理上缺乏必要的注意机制和认识活动，这实质上也是一种不负责任的心理缺陷；在行为上没有认真履行法律或者职务和业务要求应负的注意义务，而行为上不尽注意义务的原因又是由于对法律的轻视心理造成的；因此，疏忽大意过失犯罪承担刑事责任的实质根据就在于行为人的缺陷心理（这种缺陷心理就是疏忽大意过失的犯罪心理），即行为人对法律的轻视态度。而过于自信的过失，主要表现为意识和意志的缺陷，行为人对自己的能力和客观有利条件估计过高，而对不利条件和现实困难估计不足，这说明在认识上是有缺陷的；在具体行为中，意志运用不当，措施不力，以致于未能避免危害结果的发生；也就是说，危害结果的发生，是行为人不应有的心理缺陷造成的，具体表现为知、情、意没有协调统一，没有发挥正常的辨认和调控功能。可见，在故意犯罪中，犯罪主体的犯罪动机和对法律的蔑视态度是其犯罪心理的具体表现；在过失犯罪中，犯罪主体的人格缺陷（犯罪人格）和对法律的轻视态度，则是其承担刑事责任的主观依据，因此，犯罪动机和犯罪人格是犯罪心理的核心内容。

二、过失犯罪的心理分析

（一）过失犯罪心理，就是驱使行为人实施过失犯罪行为的各种心理现象

唯物主义认为，人的心理是反映客观现实的人脑的活动。列宁说，心理的东西、意识等等是物质（即物理的东西）的最高产物，是叫作人脑的这样一块特别复杂的物质的机能。

我们的感觉、我们的意识只是外部世界的映象。人的心理对客观现实的正确而真实的反映，则是人的心理反映的一般特点。正是这个特点，才使得人们能够认识现实及其客观规律，并且在以后的理论和实践中证明和运用这些规律。列宁指出，在唯物主义者看来，人类实践的"成功"证明着我们的表象和我们所感知的事物的客观本性的符合。然而，在人们具体的认识过程中，人的心理对客观现实时常会出现错误的或不真实的反映，这就是，人的心理反映不符合客观事物的本来面目。这不仅在我们的日常生活中，而且在我们的工作和事业中都有很多例子得到证明。过失犯罪的心理反映，则是完全属于行为人主观上对客观实际情况的错误的和片面的反映。

过失犯罪心理对客观现实的错误反映与人的一般心理及故意犯罪心理中出现的对客观现实的错误反映不同。后者，虽然主体尽了自己最大的努力，力求正确而真实地反映客观现实，以达到自己行为的目的，但由于各种主、客观条件的限制，使这种正确、真实的反映成为不可能，终于导致对客观现实的错误的反映；而过失犯罪心理则不然，它对客观现实的正确而真实的反映，在主、客观方面本来都具有可能性，而只是由于行为人疏忽大意或过于自信，才导致对客观现实的错误的反映，从实质上说，它是由于行为人对危害结果之应有注意的缺乏，违反了自己的注意义务所致。疏忽大意的过失，行为人本来应当预见自己的行为可能发生危害社会的结果，但由于疏忽大意而没有能够预见，以致发生了危害结果．对行为人的心理进行分析，行为人之所以对危害结果疏忽大意，就在于行为人对自己的行为马马虎虎，草率粗心，对危害结果没有引起注意和重视，采取了严重不负责任的态度。过于自信的过失，行为人虽然预见到危害结果发生的可能性，但由于采取了掉以轻心的态度，轻信危害结果不致会发生或者能够避免，而不采取有效的防范措施，最终导致了危害结果的发生。从行为人的心理活动来看，行为人对危害结果发生的危险虽然有所注意，但缺乏足够的注意和重视。无论疏忽大意的过失犯罪或过于自信的过失犯罪的发生，均在于行为人应有注意的缺乏。一是对危害结果发生的可能性未予注意，一是虽知有危害结果发生的危险性但仍未予足够的注意。因此，对危害结果之注意的缺乏，不失为过失犯罪心理的本质特征。

(二)过失犯罪，就是行为人对危害结果之注意义务的违反

注意，就是人的心理活动对一定客体的指向和集中。所谓指向，就是在一定时间或特定的情景中，心理活动有选择地朝向一定客体而离开其余的客体；所谓集中，是指心理活动集中于注意的客体，以达到一定的清晰和完善的程度，在大脑中获得最完全的反映，从而提高心理活动感性的、理性的或运动的积极水平。注意的功能和作用，首先在于它的选择性和集中性，就是选择那些对我们主体有意义的、符合需要的、与眼前活动目的相一致的客体，而对其他事物加以回避；保证心理活动集中于客体，从而获得特别清晰的反映。其次在于它的保持性，即把反映所注意的对象较长时间地保留在大脑中，直到完成任务，达到目的为止。再次就是它的监督性和调节性，如果注意一时出现不集中的现象，大脑可以自觉地加以监督和调节，使注意力保持集中。然而，如果在我们的工作和活动中缺乏注意，即心理活动没有指向和集中到自己工作和活动任务的对象上，或者离开了自己工作和活动任务的对象，那么注意的功能和作用便不能发挥，对自己的工作和活动及其可能发生的结果就不可能有清晰、完善的认识，对客观实际情况就难免会作出错误的反应，如果行为人所从事的工作和活动具有某种危险性，那么行为人对危险结果的发生也就难以预料和避免。

根据注意之有无目的和有无意志努力，我们可以把注意分为不随意注意、随意注意和随意后注意。不随意注意，也叫无意注意，是指事先没有预定的目的，也不需作意志努力的注意，它不被人的意识所控制。如别人大声说话而引起的我们的注意，就是不随意注意。对一些危害结果出现较快的过失犯罪，不随意注意的缺乏起着重要的作用。比如某些过失杀人、过失伤害等犯罪，由于危害结果的发生比较迅速，有的甚至只是一瞬间的事情，行为人对危害结果的发生很难加以有目的的注意和控制；但根据行为人的注意能力，在当时的情况下，行为人对这种危害结果发生的可能应当引起注意并及时加以避免，而行为人没有能这样做，这种注意的缺乏即属于不随意注意的缺乏。随意注意，也叫有意注意，即有预定的目标，必要时还需作一定的意志努力的注意。它总是与人们自觉地执行某项活动和任务联系在一起的。对容易发生危险的工作和活动，则要求行为人有较高程度的随意注意。违反这种注意义

务而导致严重危害结果的发生，如失火，过失决水，过失爆炸，过失破坏易燃、易爆设备、交通设备等犯罪，即属于随意注意的缺乏。随意后注意，又叫习惯注意，是指从事某项活动，本来没有兴趣，需要一定的意志努力才能保持其注意力，但经过一段时间以后，便逐渐产生了直接的兴趣，而不需意志努力就能保持自己的注意。这种注意已成为习惯，即使无意识活动，也能知觉即将到来的刺激。如驾驶员每次开车前对车前有无行人的注意，就属于随意后注意。长期从事容易发生危险的工作和活动的人，则要求对危险结果发生的可能性养成习惯注意。对这种注意义务的违反而构成的过失犯罪，如交通肇事、厂矿重大责任事故、过失泄露国家机密等犯罪，即属于习惯注意的缺乏。在过失犯罪中，行为人对危害结果之注意义务的违反，必须是能注意而缺乏注意。而能否注意，除客观条件外，还取决于行为人的注意能力。也就是说，有注意能力的人，在应当注意的情况下，对危害结果未予适当的注意而导致危险结果的发生，才构成过失犯罪。所谓注意能力，即引起和集中注意的能力，它是人的个性能力的一种。注意与人的高级神经活动有着至为密切的关系，巴甫洛夫创立了注意的最适宜兴奋灶学说，A. A. 乌赫托姆斯基创立了注意的优势兴奋灶学说，来解释注意的生理机制。注意能力和人的其他能力一样，是在个体自然素质的基础上通过后天良好的社会条件和实践活动形成的，而后天的社会条件和实践活动对人的注意能力起着决定性的作用。由于自然素质和后天环境及实践活动的差异，各人注意能力的形成也不相同。有的学者根据人的高级神经活动类型和人的个性特点，把人分为细心的人、疏忽大意的人和分心的人。细心的人易于引起和集中注意，对问题的分析判断全面而深刻；疏忽大意的人则不善于把注意集中在对象上，表现于判断和结论的片面性；而分心的人，其注意受外部情景所控制，意志调节力极其微弱。从犯罪心理学研究的角度看，对人的注意能力进行这样的划分，在分析行为人的个性特征及过失犯罪的预测、预防等方面是有意义的，但对于确定行为人的过失责任则意义甚微，因为危害结果一旦发生，我们就不能以行为人是细心的人、疏忽大意的人或分心的人来评定行为人的刑事责任。

从另一个角度，我们可以把人的注意能力分为一般注意能力和特殊注意能力。所谓一般注意能力，是指社会一般成员所共同具有的注意能力。根据个体的年龄、发育状况、社会实践和社会教育等，只要具备了社会绝大多数成员所具有的注意水平，就应视为具备了一般注意能力。在过失犯罪中，根据当时的实际情况，只要危害结果为一般人所能注意并加以预见和避免的，而行为人已具备一般注意能力，对危害结果的发生却未加预见和避免，行为人则应负过失责任。我们在评价行为人的注意能力时，首先应该根据行为人的个人情况分析其注意能力水平，然后参照一般注意能力的标准，来判断行为人对危害结果的发生是否违反了注意义务。

所谓特殊注意能力，是指具有专门知识、经验或者受过专门训练的人在某一方面所具有的特殊的注意能力。这种注意能力不是为一般人所共同具有的，而为某些人所特有。如汽车驾驶员，由于专门知识的学习和长期职业的锻炼，对汽车性能、路上行人及各种动静、道路情况和各种标志的注意能力就大大优于一般人；长期操作易燃易爆设备的人，对设备危险的注意能力也为一般人所不及。因此，在一认定过失犯罪的时候，对危害结果注意义务的违反，除了考察行为人的一般注意能力之外，对具有特殊注意能力的人还应当予以特殊考察。有些危害结果的发生，对于一般人来说，无力予以注意并加以预见和避免，不能认为是违反了注意义务，而是意外事件；但对于具有特殊注意能力的人，完全可以加以预见和避免，则可认为违反了注意义务，应当负过失责任。

(三)过失犯罪心理，应该与故意犯罪和意外事件区分开来

故意犯罪心理与过失犯罪心理的区别主要在于：故意犯罪(不论是直接故意或间接故意)，行为人对危害结果有着足够的注意且明知会发生，而采取了希望或放任的态度，危害结果的发生一般都在行为人的料想之中；过失犯罪中，行为人对危害结果缺乏应有的注意，采取了严重不负责任的态度，其危害结果的发生都在行为人的意料之外。

意外事件与过失犯罪在心理上的区别主要是：意外事件中行为人对危害结果的发生不可能预见，或者虽有预见但无法抗拒和避免，其危害结果的发生不在于行为人之缺乏注意，而在于行为人之无能为力；过失犯罪则不同，行为人对危害结果不仅可以预见，而且可以采取措施予以防止和避免，但由于行为人对危害结果缺乏应有的注意，导致了危害结果的发生。而从心理机制看，疏忽大意的过失主要表现为在心理上缺乏必要的注意机制和认识活动，这实质上也是一种不负责任的心理缺陷，是行为人对法律的轻视态度；而过于自信的过失，主要表现为意识和意志的缺陷，行为人对自己的能力和客观有利条件估计过高，而对不利条件和现实困难估计不足，这说明在认识上是有缺陷的，在具体行为中，意志运用不当，措施不力，以致于未能避免危害结果的发生，也就是说，危害结果的发生，是行为人不应有的心理缺陷造成的，具体表现为知、情、意没有协调统一，没有发挥正常的辨认和调控功能。

第十五章　侦查心理

刑事侦查是指享有侦查权的国家机关在办理刑事案件过程中，为收集犯罪证据，揭露和证实犯罪，查获犯罪嫌疑人依法所进行的专门调查活动。侦查活动是侦查机关在犯罪行为发生后，为发现线索、弄清案情、获取犯罪证据而进行的一系列专门调查活动。侦查破案一般都要经过现场勘查、分析判断案情、制订侦查计划、摸底排查、调查证据、缉拿犯罪嫌疑人等过程。在这一系列活动中，存在着大量的心理学问题，包括犯罪人心理、侦查人员心理、知情人及其他有关人员心理等。本章着重对侦查中涉及的，与犯罪人、被害人、知情人等人员相关的心理问题作一介绍。

第一节　侦查心理概述

一、侦查心理的概念

在侦查活动中，所触及的对象是犯罪人或者犯罪嫌疑人，以及其他同案件有关联的人员，因此整个侦查过程都离不开人的活动。无论是犯罪人的犯罪行为活动也好，还是侦查人员的侦查破案活动也好，其本质上都是人的心理活动的产物，都要受到其内在心理活动状况的制约。在案件侦查过程中，侦查破案所必经的现场勘查、案情分析、摸排调查、获取证据、缉拿案犯等过程，都存在着许多与涉案人员相关的心理学问题，而对这些问题的研究都直接影响着侦查破案效能的提高。

侦查心理是指在侦查活动中，侦查人员、犯罪人及其他诉讼关系人的心理活动特点与规律。侦查心理有广义和狭义之分，广义的侦查心理是指与侦查活动有关的所有人员的心理，包括侦查人员心理、犯罪人心理、被害人心理、知情人心理、证人心理和审讯心理等。狭义的侦查心理仅指侦查人员心理，认为除侦查人员以外的其他人员的心理问题，应归入其他心理学应用分支或者单独成为一个分支进行研究。

笔者认为，如果取广义的侦查心理，将审讯心理也包括其中，似乎有范围过宽之嫌。因为一旦将犯罪嫌疑人缉拿归案后，一般意义上的侦查活动就已经告一段落。对于被抓获的犯罪嫌疑人而言，其人身已处于侦查机关的控制之下，这时侦查机关所要做的工作无非是核实证据和扩大侦查战果，提取诉讼问题，与严格意义上的侦查并没有太大关系。如果取狭义的侦查心理，将侦查心理只简单地归结为侦查人员心理，其意义不大。因为研究侦查心理的目的，主要就是要有利于侦查破案，如果对有关涉案人员的心理不作相应研究，于提高破案效能并无多大帮助。有鉴于此，本书取的是中等意义上的侦查心理，即包括侦查人员心理、犯罪人心理、被害人心理、知情人与证人心理。

二、侦查心理的特点

在刑事侦查活动中，各诉讼关系人出于各自不同的目的，随着侦查进展的变化，都会有不同的心理表现。由于在侦查过程中所涉及的人员比较复杂，包括侦查人员、犯罪人、被害人、证人等，因而也构成了极其复杂的心理活动空间。侦查活动中各相关人员的心理活动，通常具有以下几个特点。

(一)复杂性

在侦查活动中，侦查人员、犯罪人、被害人及其他知情人，由于他们每个人所处的立场不同，与案件的利害关系不同，决定了他们之间的关系及其复杂性，既有相对立的一面，同时又有相互依赖的一面。前者如侦查人员与犯罪人心理特征的对立性，侦查人员期待早日发现犯罪线索、获取犯罪证据，并将犯罪人缉拿归案；而犯罪人则是想方设法地逃避侦查，阻碍侦查人员的调查活动。后者如侦查人员与被害人、证人之间，他们的心理特点则存在着一定的依赖关系，被害人有着较大的期望侦查人员尽早破案的依赖心理，而侦查人员则对证人有着较大的期待作证心理。因每个人的处境不同，又决定着他们的心理特点会随着时间的推移而发生较大变化，如证人的心理，他们的心理则非常微妙，可能会因自己的处世观念、与案件利害关系的不同而时刻发生变化，某些证人存在着自愿作证心理，而另一些证人则可能存在着拒绝作证的心理等。

(二)对抗性

这种对抗性主要表现在侦查与反侦查心理活动的较量上。在侦查人员和犯罪人之间的这场猫捉老鼠游戏中，他们之间的对抗，既是一场斗智斗勇的心智较量，同时也是一场你死我活的斗争。侦查人员总是想方设法地根据现场环境情况，分析犯罪人的作案动机和目的、个人基本情况和个性心理特点、作案手段方法等，并以此为依据去寻找、查获犯罪人。而犯罪人为了达到既要犯罪，又要逃避侦查打击的目的，则总是根据自己所知悉的反侦查经验，分析侦查人员的基本思维模式、可能采取的侦查措施等，并据此采取有针对性的防范对策，以干扰侦查视线、逃避侦查打击。侦查人员和犯罪人之间的这种对抗性，从犯罪的预备、实施，直到犯罪人被抓获归案，都一直持续着。

(三)主动性

侦查人员和犯罪人之间的这种侦查与反侦查的心理较量，除具有鲜明的对抗性外，也具有明显的主动性特点。就侦查方而言，犯罪线索和证据不可能自己主动送上门来，必须要靠侦查人员积极主动地去寻找线索，通过摸底排查、调查访问以及采取其他公开或秘密的侦查措施后，才会发现并获取证据，最终确定犯罪嫌疑人并将其缉拿归案。这样的侦查活动，不但要求侦查人员在主观上要积极主动，而且还要求侦查人员有强烈的进攻意识，唯有如此，才能突破重重障碍，查清案情，将犯罪人绳之以法。就犯罪方而言，犯罪人作案后并不甘于束手就擒，而是要想方设法采取各种措施掩盖犯罪行径，逃避侦查打击。如制造没有作案时间的假象、在犯罪现场上不留下痕迹物证或者对现场进行清扫或重新布置等。虽然犯罪人的这些反侦查活动都是出于防御的需要，但这种防御并不完全是消极被动的，也同样具有积极主动的一面，所谓进攻就是最好的防御，便是如此。犯罪人案前精心策划、积极准备，案中破坏或清理犯罪现场，案后逃匿等，都是这种积极主动防御的表现。

三、研究侦查心理的意义

对犯罪心理的研究并不是随意的无的放矢，而是根据同犯罪作斗争形势的发展，应提高侦查破案效能的需要而产生的。具体来说，研究侦查心理的意义主要表现在以下几方面。

(一)研究侦查心理是同现代犯罪作斗争的需要

随着社会的发展和科技的进步，科学技术不仅可以用来作为与犯罪作斗争的手段和工具，同样也可以成为犯罪人实施犯罪和逃避侦查打击的有效手段。在较为原始的传统社会中，犯罪类型和手段通常都比较单一，侦查破案的手段方法也基本局限于较为简单的思维模式和技术水平。而在生产力不断发展，科学技术水平日益提高的现代社会，犯罪类型和犯罪手段方法已完全超越了传统的犯罪形式，表现出智能化、现代化的趋势。这些利用现代科学技术，甚至高科技手段所进行的犯罪，则是传统侦查思维模式、侦查手段方法所难以应付的。为适应打击现代犯罪的需要，也对侦查行为方式提出了更高的要求，需要从研究犯罪人及相关人员的心理入手，运用现代科学技术，寻找新的侦查破案手段、方法。

(二)研究侦查心理是推进侦查工作科学化的基础之一

研究侦查心理的目的，就是为了给侦查工作提供犯罪嫌疑人及其他相关人员的心理活动规律，以及这些心理规律的性质、特点和发生、发展变化过程，以揭示犯罪活动中不同人员的心理奥秘，并提出相应的心理对策。通过对犯罪嫌疑人心理发展规律的研究，将其成果运用于侦查破案当中，帮助侦查人员刻画犯罪嫌疑人及各相关人员的心理特点，制定相应的侦查谋略和方法，推进侦查工作的科学化。从实践看，也只有根据犯罪人及相关人员的心理发展变化规律去制定侦查措施，才能使侦查工作变被动为主动，变消极为积极，有效打击各种犯罪。

(三)研究侦查心理是提高侦查人员基本素质的重要途径之一

因侦查工作的特殊性，决定了侦查人员在心理素质上必须要有一定的标准和要求。对侦查心理的研究，可以为选拔和培养侦查人员良好的心理素质提供心理学依据和实施方案，以适应侦查工作的需要。同时，侦查人员掌握了一定的侦查心理知识后，不但可以用于同犯罪作斗争，也可用于调整自身的心理活动，提高侦查工作效率。有了良好的心理品质，也可以在广大群众中树立良好的形象，并得到他们的支持和拥护。

第二节 犯罪现场的心理分析

刑事案件发生后，侦查机关之所以首先要对犯罪现场进行勘查，其目的就是要尽可能多地获取与犯罪有关的信息材料，这是侦查破案的基础。在犯罪现场上，除了遗留有能为我们提供犯罪信息的物态痕迹物证，还不可避免地遗留有能反映犯罪人心理特征的非物态痕迹，即心理痕迹。前者如反映犯罪人身高、体态、衣着、随身携带物等特征的痕迹物品；后者如反映犯罪人作案动机和目的、职业与习惯特征、心理因素等的痕迹物品或现场现象。现场上所反映出的这些与犯罪有关的心理痕迹，正是我们对犯罪过程和犯罪人进行分析的依据，也是现场勘查的心理依据，它对侦查机关准确地划定侦查方向和范围，采取正确的侦查措施有着极为重要的意义。

一、犯罪现场的心理痕迹

犯罪分子作案后，通常都会在犯罪现场上留下两种痕迹，一是客观性的物态痕迹，即那些在客观上为人们看得见、摸得着的痕迹，如手印、脚印、血迹以及作为犯罪工具的刀、斧等。二是抽象性的心理痕迹，即那些人们看不见、摸不着，但又能为人们所感知的痕迹，如犯罪人的性格特征、作案的动机和目的等。在侦查破案中，侦查人员根据案发现场所发现的痕迹、物证或者某些现场现象，即可判明案件性质、作案动机和目的以及犯罪分子的个体特征等，并以此为依据查明犯罪人。就侦查而言，刻画案犯脸谱特征是侦查破案的基本条件，但有时候通过现场痕迹物证并不能准确地刻画案犯脸谱、难以弄清犯罪人的有关情况，这时就需要另辟蹊径，用心理分析的方法，对现场痕迹、物证或者某些现场现象进行整理加工，描绘现场痕迹产生时犯罪人的心理状态，由此刻画出案犯的心理特征，为判断和识别犯罪人提供重要依据。因此，心理痕迹是进行犯罪现场心理分析的基本依据，对侦查机关发现犯罪线索、识别犯罪人有着极其重要的作用。

心理痕迹是相对于物态痕迹而言的，是指通过犯罪现场现象及其痕迹、物品上所折射出来的犯罪人的心理活动特征和个性品质。换句话说，心理痕迹就是犯罪人在实施犯罪过程中，通过其现场行为所表现出来的某些心理特点。犯罪人的心理特点本身是无形的，它只能通过犯罪行为间接地反映在现场痕迹、物品或者现场现象中，侦查人员也只能通过对这些痕迹、物品或现象的分析，才能间接地感受到。

从心理学的角度看，每个人的心理特点都具有一定的独特性和稳定性。当某个人在决定实施某种行为时，支配其行为的心理活动、心理状态都会从其行为本身或者行为结果中表现出来。当犯罪人实施某种犯罪活动时，其当时的心理特点也必然会在其犯罪行为中表现出来，侦查人员通过对反映其行为结果的犯罪现场进行勘查、分析，明确其行为活动，进而揭示其实施犯罪行为时的心理特点。一般来说，犯罪现场上有什么样的犯罪痕迹，就会有什么样的心理状态与之相适应，物态痕迹和心理痕迹的这种一致性，就为我们客观地分析犯罪心理特点提供了可能或依据。

二、心理痕迹与物态痕迹的关系①

心理痕迹与物态痕迹是相伴而生的，犯罪现场上有什么样的物态痕迹，就有反映犯罪人心理特征的心理痕迹与之相对应。就心理痕迹与物态痕迹的关系而言，它们二者之间既有联系又有区别。

心理痕迹与物态痕迹的联系主要表现在两方面：

第一，物态痕迹是心理痕迹的载体，心理痕迹依附于物态痕迹而存在。心理痕迹是看不见摸不着的，只能为侦查人员所感知。而对于像犯罪动机、目的，犯罪人心理个性特征等心理痕迹的感受，都是建立在对现场痕迹、物品和现场现象的细心观察基础上，并对其进行综合分析而得来的。因此，心理痕迹不能独立于物态痕迹而存在，它只能以物态痕迹为载体并附着于物态痕迹之上，离开了物态痕迹的心理痕迹是不存在的。

第二，心理痕迹和物态痕迹可以相互印证和补充。心理痕迹和物态痕迹都是来自于同一犯罪现场，它们共同反映与犯罪有关的信息。物态痕迹透析着犯罪人的心理痕迹，而心理痕迹又间接地告知我们，现场上的物态痕迹是犯罪人在什么状态下，以什么样的方式留下的，因此心理痕迹可以在一定程度上弥补我们对物态痕迹认识的不足。一般情况下，心理痕迹与物态痕迹所反映的信息应当是一致的，如二者发生矛盾，则告诫我们需要对现场进行从新认识，要么现场上存在着某种伪装未识破，要么对现场的分析判断出现了偏差。为此，就需要侦查人员对现场进行重新勘查，以发现勘查中的不足或遗漏，或者对心理痕迹进行重新分

---

① 张保平. 犯罪心理学[M]. 中国人民公安大学出版社，2006：322.

析，找出产生矛盾的原因，以确保案情分析的准确性。

心理痕迹与物态痕迹的区别主要在于：

第一，两种痕迹的形态不同。物态痕迹是以物理形态存在的，具有客观性，通过人的感官或者仪器可以直接观察到。心理痕迹则依附于物态痕迹而存在，具有抽象性和时间性，它本身是看不见摸不着的，只能通过心理分析而获得。

第二，两种痕迹的作用不同。物态痕迹可以直接说明犯罪事实，证明犯罪人，在诉讼中可以作为证据使用。心理痕迹是依据物态痕迹予以分析加工的结果，本身具有推测性，它的作用只是为进一步获取物态痕迹创造条件，为发现犯罪嫌疑人提供线索资料，其本身并无证据意义。

第三，获取两种痕迹所依赖的条件不同。物态痕迹的获取更多地需要依靠感觉器官和仪器设备，需要侦查人员具有较强的观察能力和较高的物证技术水平。心理痕迹的获取更多的依赖于对犯罪规律和犯罪人心理特征的熟悉，需要侦查人员具有较强的心理分析能力和较高的理性思维素质。

三、犯罪现场心理分析的内容

犯罪现场是犯罪人实施犯罪后留下的犯罪遗址，在这样的遗址上会留下许多与犯罪和犯罪人有关的痕迹，这些痕迹就是侦查人员进行案情分析的依据。在案情分析中，除了根据现场物态痕迹反映出的有关信息，对案件基本情况如犯罪时间、地点、案件性质等作出分析判断外，还需要根据现场心理痕迹所反映的有关信息，对与犯罪行为人心理活动有关的情况作出必要的分析判断，以便为后期的侦查工作指明方向。犯罪现场所折射的心理痕迹内容是较全面的，需要分析的犯罪人心理特征也非常广泛。具体来说，需要分析的犯罪人心理特征大体可包括三方面，即犯罪人个性特征、犯罪人活动特征和犯罪人心理状态。

(一)对犯罪个性特征的分析

由于心理痕迹是犯罪人的心理特征和个性品质在犯罪现场及其痕迹物品上的折射，因此，罪犯人的个性特征在犯罪现场中常常会有所反映。从心理学角度看，一个人的个性特征与该人的行为方式密切相关，而行为方式在某种程度上又是其个性习惯特征的反映。犯罪现场是犯罪行为人的活动遗址，因此只要对遗留于犯罪现场上的痕迹物品进行仔细观察分析，即可判断出该犯罪人的各种心理特点和个性品质。只要犯罪人作了案，就必然会在现场上留下蛛丝马迹和可供心理分析的依据，而这些依据又可以成为表明犯罪人特定身份的标签，从而成为发现和确认犯罪嫌疑人的重要依据。具体而言，犯罪个性特征主要包括犯罪动机和目的，智力水平、情绪特点和个性品质等，对它们的判断也是建立在对现场心理痕迹的仔细观察分析基础上的。

1. 犯罪动机和目的

犯罪行为是在犯罪动机的驱使下进行的，犯罪动机则是在某种需求的基础上产生的，这种需求就是犯罪的直接原因。犯罪现场是犯罪行为活动后的遗址，是对犯罪人实施犯罪活动情况的真实记载，因此，通过对反映犯罪活动情况的现场痕迹物证的分析，便可以了解到犯罪人的需求与动机特征。除此之外，推断犯罪动机，还可从犯罪的侵害对象、作案手段方法、案发现场的环境情况和被害人的社会背景等方面进行分析。一般来说，动机与行为在方向上是一致的，有什么样的动机，就会有什么样的行为活动与之相对应。根据犯罪现场的痕迹、物品和现场现象可以推断出犯罪人在现场上的活动情况，同样，根据犯罪现场所折射出的心理痕迹，也可以反映出犯罪人实施犯罪时的心理状态和犯罪动机。如因私仇报复而杀人的犯罪案件，由于犯罪人的杀人动机是报仇雪恨，是因与被害人的这种仇恨关系达到了不可调和的程度才心生杀人念头的，因此，在杀人现场上就必然会表现出一种泄恨的心理状态。如犯罪人是用刀、匕首等锐器杀人的，那么在死者身上就可能出现多处致命伤、打斗伤，对被害人进行折磨、侮辱的痕迹等，而现场现象所折射出的这种泄恨的心理痕迹，正是我们据以推断犯罪人报复杀人动机的依据所在。因此，对犯罪动机的判断，可以根据现场痕迹、物品和现场现象所反映出的某些心理痕迹特征来确定。

一种行为可以出自多种动机，但目的往往只有一个，如杀人案件，犯罪的动机可能是出于报复雪恨、图财害命或奸情矛盾等，但目的只有一个，即剥夺被害人的性命。所以犯罪目的在一般案件中往往都比较明显，根据犯罪人侵害的目标对象及其所造成的后果，基本上就可以确定其犯罪目的。并且，通过对犯罪人作案目标的深入分析，还可进一步透视犯罪人的心理世界。

2. 犯罪智能条件

犯罪智能水平与犯罪人的知识水平、犯罪经验密切相关。一般来说，犯罪人智能水平的高低，往往反映在其对作案手段方法的选择和反侦查措施的运用上，而这些都可以从现场痕迹、物品的遗留情况，痕迹物品之间的关系，现场物品的变动情况和现场现象中反映出来。如犯罪人进入室内盗窃，却并未在现场上留下手印、脚印痕迹，作案后还对现场进行了清理，不留下任何可资侦查机关利用的犯罪痕迹，这便是犯罪人具有较强反侦查经验的表现。又如犯罪人实施爆炸犯罪时，采用遥控引爆，或者自制定时装置引爆，使得侦查机关难以发现其行踪，这些便是犯罪人具有较高爆破知识水平的表现。因此，根据犯罪人作案时所选择的作案方法手段是否恰当，是否巧妙，所设想的逃避侦查打击的思维模式是否新颖，就可以较为准确地推断出犯罪人智能水平的高低。

3. 个人情绪和意志特征

犯罪人从产生犯意到实施犯罪，通常要过两关：一是来自于内在阻力的心理生理关，二是来自于外在阻力的犯罪现场关。犯罪人能否过这两关，往往与犯罪人的情绪状况和犯罪意志密切相关，也决定着犯罪人能否最终将犯罪意图付诸行动。

就内在的心理关而言，犯罪人都明白，实施犯罪就会受到法律的追究，一旦罪行败露，等待自己的将是严厉的法律惩处，因此，能否承受这样的心理压力将直接关系到其作案的决心。只有犯罪人犯罪意志坚决，下定了作案的决心后，才可能将犯罪意图付诸实施。当犯罪人下定了作案的决心并将其付诸实施过程中，其作案目标的确定，犯罪工具的准备和犯罪手段方法的选择，尤其是反侦查措施的运用等，除了与犯罪意志密切相关外，还与犯罪人的情绪状况密不可分。一般来说，犯罪人犯罪意志坚决，除了会去作一些小的、低强度的犯罪案件外，也敢于去作一些大案、要案；犯罪人的个人情绪稳定，决定了其作案时会保持心理平静，行动不慌不忙，遇到阻碍会冷静思考。因此，对于那些犯罪意志坚决，情绪沉稳的犯罪人来说，他们从犯罪预谋到实施的各个阶段，都会提前做好充分的准备工作，除了能顺利实施犯罪外，还能对犯罪现场作必要的处理，以掩饰犯罪或阻碍侦查。

就外在犯罪现场关而言，如何破坏障碍进入现场或者如何制服被害人的抗拒，除了与犯罪人的意志是否坚决有关外，还与犯罪人自身的生理条件密切相关。犯罪人的性别特征和身体素质的好坏，往往决定着其犯罪类型的选择。一般来说，女性由其性别和天生的体力条件较弱所决定，往往会选择那些低强度的或带有诱惑性质的犯罪，如扒窃、盗窃、诈骗、性方面的犯罪等。对男性而言，身体素质较差的犯罪人，往往选择那些低体力强度的犯罪；而身体素质较好的犯罪人，除偶尔选择低体力强度的犯罪外，大多会选择高体力强度的犯罪，如绑架、杀人、抢劫、爆炸等严重犯罪。由此可见，犯罪人的生理条件，往往也是制约其犯罪情绪和犯罪意志的重要因素，身体素质越好的犯罪人，其在犯罪现场上的活动就愈冷静沉着，破坏障碍物的能力也越强，也敢于作一些高强度或高难度的犯罪。

总之，犯罪人的个人情绪和意志决定其心理素质的好坏，实施犯罪所需要克服的困难愈大，说明其犯罪的意志愈坚定。犯罪人在现场所留下的痕迹物品越少，所选择的犯罪手段方法越巧妙，所运用的反侦查措施越恰当，说明其心理素质越好，个人情绪也越稳定、沉着，反之亦然。

(二)对犯罪活动特征的分析

活动是指人们为达到某种目的而采取的有意识的行为动作的总和。由于人们的活动是为了实现一定目的而进行的一系列动作的组合，而动作既是组成活动的基本单位，也是一个人实现其心理活动的外化表现，并按照主体的意识去执行、运作。由动作的属性所决定，活动也是人的心理活动的外化表现，并按照主体的意志去执行。正因为人们的行为活动是其心理活动的外在反映，并受其意识支配决定，所以，通过人的行为活动可以观察到某些与行为活动紧密相关的生理心理特征，如生理条件、技能与习惯特征、知情条件等。

1. 犯罪生理条件

生理特征是指人作为一个生物体所具有的专有特征，包括性别、身高、体态、年龄、体质状况、生理功能、痼癖动作等。犯罪生理条件则指犯罪人在实施某一犯罪活动时，所必须具备的基本生理特征条件。由于犯罪人侵入特定空间实施犯罪活动时，必然会在现场上有所走动，要么触碰或移动某些物品，留下或者拿走某些物品，要么利用工具破坏某些障碍物或者对被害人实施侵害等，由此在现场上也就会留下与犯罪人生理条件和行为活动相适应的痕迹、物品和现场现象。这些痕迹、物品和现场现象也不是孤立存在的，也是在特定环境条件下对犯罪人生理条件的一种反映。正因如此，使得我们可以从犯罪侵害客体的空间、体积、重量、数量和遗留痕迹中，分析出犯罪人的某些生理条件，如犯罪人的性别、身高、体态、体质、生理缺陷、痼癖动作等。例如根据现场留下的鞋印长度即可确定犯罪人的身高；根据鞋印长度和鞋底花纹形状，即可确定犯罪人的性别；根据被搬动物品的体积重量，即可大致推断犯罪人的体力状况和人数等。

2. 犯罪技能与职业特征

由于人的行为是由一系列动作组成的，行为能否顺利完成，取决于个人动作、技能的掌握和熟练程度。一般而言，从事某一职业的人由于其有目的、有计划地长时间从事类似的动作，往往就掌握了这种动作的规律，由此形成一种自然的、习惯的、熟练的动力定型，使其行为动作成为一种自动化了的行为模式。由于类似的动作已经自动化了，一旦有刺激物作用于有机体，条件反射便自动出现，即使是在一些非职业性的活动中，只要是类似的行为动作出现，也会不自觉地按照其固有的习惯性动作去进行。相比而言，那些未从事某一职业的人员，因没有掌握该动作的规律特点，在操作技巧上自然就显得较为生疏，熟练程度也较低。因其行为没有形成一种稳定的动力定型，同一动作在不同的场合下，其操作技能可能就会有不同的表现。

就犯罪分子来说，因犯罪现场情况的特殊性，为使作案成功，他们总是会力图使用最快的速度、最好的技能，在最短的时间内完成该种犯罪活动。因此，通过对犯罪现场痕迹的分析，可以了解犯罪人对某种活动的操作熟练程度，进而分析其职业特点。同时，一个人在长期的活动中所形成的动作技巧，在他从事犯罪活动时，这些已经自动化了的行为方式是他的意识所控制不了的，因此根据犯罪的这种动作技巧，可以确定其特定身份。比如伪造护照、证件、印章等行为，从其伪造技术方法、工艺精细度和仿真程度，就可分析出犯罪人的特殊技能水平，是否是这方面的专业技术人员。

另外，由于人的动作技能水平也反映了其现场心理状态的稳定性，因此我们在分析犯罪人动作技能的同时，还可分析其犯罪经验和经历。比如可以根据犯罪现场遗留的痕迹物证的多少，作案目标的选择是否准确，对作案工具的操作是否熟练，破坏障碍物的方法是否巧妙等，可以分析是初犯、惯犯还是流窜犯作案。

3. 犯罪行为习惯特征

习惯是人们在不断地重复或练习过程中逐渐稳定下来的，并变成某种定型化的行为模式。由于人的行为习惯具有定型化的特点，因而具有相对稳定性。当人们养成了某种习惯后，只要在相似的环境条件下，这种习惯性活动就会自然而然地出现和完成，因此我们可以通过人们在无意中暴露出来的某些习惯性活动，特别是生理习性，分析其行为习惯。犯罪活动也是如此，一些惯犯由于经常进行某种犯罪活动，往往会在作案时间、对象、出入路线的选择上，在作案工具的使用和作案手段、方法的运用上，以及对现场的伪装破坏等方面形成定型，从而在不同的案件中，留下相同或相似的痕迹特征。只要我们对现场痕迹、物品进行仔细观察分析，就可以获知犯罪人的某些行为习惯。

4. 知情条件

知情条件是指犯罪人作案时，对被害人或被侵害客体的了解程度以及对现场环境情况的熟悉程度。由于犯罪人对被害人和被侵害客体的了解程度，直接决定其是否实施犯罪的决心，而对现场的熟悉程度又直接影响其作案时的心理状态与行为活动状况，因此，根据案犯作案后留下的现场痕迹、物品和现场现象，常常就可以窥见其知情条件。

一般来说，如果犯罪人对现场情况比较熟悉，那么他们作案时因心中有数，不会有心慌意乱的情况出现。由此他们在实施犯罪时，作案时间就会选择得比较恰当，因犯罪行为目标指向明确，现场上也不会出现乱翻乱动的凌乱现象。相反，如果犯罪人对现场情况不熟悉，因心中无底，作案时就容易出现心浮气躁的现象，除了犯罪时间选择得不太恰当外，在现场上因乱翻乱动而造成的凌乱现象也会非常明显。因此，从现场的凌乱程度，行为目标指向是否明确，可以推断出犯罪人是否熟悉现场情况。

另外，对于杀人、抢劫、绑架、强奸等侵害客体直接为被害人的案件，犯罪分子与被害人是否熟悉以及对被害人个人背景的知情程度，往往决定着其犯罪行为的种类以及作案时的心理与行为活动情况。对此，可以从现场痕迹、物品和现场现象所反映的情况，结合对被害人、知情人调查了解的情况，综合分析其知情条件。如犯罪分子实施抢劫时，是否指明索要某种物品，抢劫时是否慌乱，采用了什么样的威胁语言等，根据这些情况即可判明其是否知情以及知情程度等。

（三）对犯罪人心理状态的分析

犯罪分子为了达到顺利实施犯罪的目的，作案前都会做不同程度的准备工作，但在具体实施犯罪过程中，由于心理和生理上的特点及客观条件的制约，尽管自认为案前准备充分，行动志在必得，但在犯罪现场这种特殊的环境下，往往又会心生恐惧，产生一种由恐惧、忧虑与喜悦等情绪交织的精神状态。在这种矛盾的情绪状态下，如果犯罪人心理承受力弱，在现场就会出现心理慌乱，情绪不稳定的状况，那么在现场往往就会留下较多的痕迹物证，如现场凌乱，翻动痕迹明显，物品丢三落四等。相反，如果犯罪人心理承受力强，在现场上就会表现出冷静沉着，情绪稳定的状况，那么就会出现现场痕迹较少，物品翻动不明显等特征。前者说明犯罪人恐惧心理较强，作案不老练，情绪慌乱，多半是缺乏作案经验的初犯或偶犯；后者则说明犯罪人心理承受力强，作案时恐惧心理减弱，作案老练，情绪稳定，同时也说明其作案经验丰富，多半是惯犯或知情的犯罪人。

同样，犯罪人作案后，根据其伪造或伪装现场痕迹的情况，也可分析其心理状态。犯罪分子由于做贼心虚，其心理活动总是处于紧张状态，既要实施犯罪同时又害怕受到法律的制裁，常常就会对现场痕迹、物品进行伪装，企图通过制造假象的方式以逃避侦查打击。犯罪分子由于其犯罪经验的不同，反侦查能力的强弱不同，其伪装现场的情况也会出现较大差别，据此也可以窥见其作案时的心理状态。

一般来说，对于惯犯、流窜犯或反侦查能力较强的犯罪人，由于他们案前在如何减少自我暴露与迷惑侦查方面作了较为充分的准备，除了作案后要对现场进行精心布置外，往往作案时就会在痕迹物品方面进行伪装，以免把自己与现场联系起来，从而达到逃避侦查打击的目的。如实施盗窃犯罪时，犯罪人故意小脚穿大鞋以免留下自己的真实鞋印；戴手套作案以免触摸物品时留下手印；明知物品所在位置，却在盗窃成功后故意对现场进行乱翻乱动，造成现场凌乱的假象等，由此造成犯罪人身高特征被夸大，内盗变成外盗的特征，从而达到迷惑侦查人员的目的。像这种情况，则是犯罪人作案时情绪沉稳而不慌乱，畏罪而不恐惧，自信心较强的心理表现。相反，对于那些初犯或反侦查能力较弱的犯罪人，因他们案前缺乏准备，只是根据电视电影上所学的一些反侦查知识，作案后临时对现场进行草率布置，或者对痕迹做些简单的处理（如对可能留下脚印的地方进行擦拭清扫）。那么现场上除了会留下其作案时的真实痕迹外，也同时留下了其处理后的痕迹，使人一眼就看出了其处理现场的过程和方法，反而造成一种聪明反被聪明误的结果。像这种伪装痕迹的出现，除了反映其畏罪和恐惧心理外，也是一种预感失败的自我表现。

总之，由于人类心理结构具有多层次、多侧面的特点，在它们之间又存在着错综复杂的联系和制约关系，因此，当犯罪人在现场留下种种痕迹物证时，这些痕迹物证能从多方面反映出犯罪人的心理特点。根据这些心理特点，可以勾画出犯罪人的人格特征，从而为侦查人员确定侦查方向和范围，发现犯罪嫌疑人提供依据。

第三节　犯罪人的反侦查心理

犯罪与侦查本身就是一对矛盾体，二者的关系犹如一场猫捉老鼠的游戏。就侦查一方而言，总是要千方百计地获取犯罪线索和证据，以确定和证实犯罪人；而作为犯罪一方，为了达到掩盖犯罪和逃避侦查打击的目的，则会采取各种反侦查措施，想方设法地制造假象，以阻止侦查的顺利进行。反侦查心理是犯罪人在整个犯罪阶段乃至侦查阶段都具有的一种重要心理活动，通过对它的研究，对于侦查机关查破案件，抓获犯罪嫌疑人有着极其重要的意义。

一、反侦查心理概述

（一）反侦查心理的概念

反侦查心理是犯罪人在已有犯罪心理结构的支配下，出于防御的需要，在犯罪和侦查各阶段中出现的逃避、对抗侦查的心理活动。反侦查活动是犯罪人在反侦查心理倾向的支配下，有目的、有计划地实施的各种逃避侦查打击的行为，是反侦查心理的外在表现。理解反侦查心理的内涵，应注意以下几点：

1. 反侦查心理源于犯罪人自我保护的需要

实施了犯罪的人都知道，自己的犯罪行径一旦败露，等待自己的将是法律的惩处，而侦查人员的侦查活动及其结果，则是决定其是否受到法律制裁的关键。因此，犯罪人都会密切注视侦查人员的侦查活动，并采用各种手段方法来干扰或影响侦查活动，以期逃脱法律的追究。所以，反侦查心理的产生，来源于犯罪人既想达到犯罪目的，又期望逃脱法律制裁的心理需求，而这种需求则是人的一种自我保护的本能性反应。

2. 反侦查行为与犯罪行为相伴而生

一般而言，大多数犯罪人都有控制自我的能力，在实施犯罪前都会自然地想到行为发生后的法律后果，为了避免这种不良后果的产生，他们在实施犯罪行为时就会刻意地避免留下各种不利的证据，以期达到隐蔽自己，逃避侦查打击的目的。因此，反侦查行为与犯罪行为是融为一体的，在犯罪时间、地点和犯罪手段方法的选择上，都贯穿着犯罪人的反侦查心理。

3. 反侦查活动除犯罪人外，还可借助他人而实施

反侦查活动既可由犯罪人自己实施，也可能是其他人为帮助犯罪人逃避侦查打击而实施。如犯罪人的亲人、朋友、同伙等通过作伪证、隐匿赃物、销毁罪证等方式，来阻碍或者干扰侦查人员的侦查活动。借助他人的力量来实施反侦查，相比犯罪人自己的反侦查行为，具有更大的隐蔽性和迷惑性。

4. 反侦查心理贯穿于犯罪活动的始终

犯罪分子从产生犯意和确立犯罪动机之时起，就会一边策划实施犯罪的方法，一边又想着掩盖犯罪动机和行为的手段。犯罪人在犯罪的预备、犯罪的实施和犯罪后逃避侦查打击的各阶段，他们都会想方设法地实施反侦查。只要是在犯罪行为前后出现的，以逃避法律制裁为目的的各种活动，都是受犯罪人侦查心理支配的反侦查行为。

(二)反侦查心理的类型①

犯罪人的反侦查心理是多种多样的，根据不同的标准可对其作不同的分类。具体可将其分为：

1. 依事前有无准备的不同，可分为激情型和预谋型反侦查心理

前者是指犯罪行为人开始并没有犯罪意向，只是在当时的特殊环境下突生犯罪意念并即时地付诸于行动，犯罪发生后又因害怕受到法律追究而产生反侦查心理，临时性地采取各种反侦查措施以阻扰侦查活动。后者是指犯罪行为人在实施犯罪前，就已经产生了反侦查心理，就对犯罪过程进行了精心策划，想好了既要达到犯罪目的又能掩盖犯罪行为的方法手段，以阻碍或迷惑侦查活动。两者的区别在于，激情型反侦查心理是在犯罪实施以后才产生的，而预谋型反侦查心理在犯罪实施以前就已经产生了。

2. 依犯罪人主观心理状态的不同，可分为进攻型和逃避型反侦查心理

前者是指犯罪人在实施犯罪前，为防止作案后犯罪事实败露而产生的反侦查心理对策。这是犯罪人采取积极主动进攻的方式，根据侦查人员查破案件的基本思维方式和获取证据的

---

① 宋晓明. 犯罪心理学[M]. 北京：中国人民公安大学出版社，2009：487.

基本方法，作案前精心策划犯罪的每一细节，采取有针对性的反侦查措施以阻碍或迷惑侦查，从而达到既要实施犯罪又不会被发现的目的；后者是指犯罪人在实施犯罪后，为逃避法律追究而产生的反侦查心理对策。这是犯罪人采取消极被动的防御方式，在作案后因害怕被发现或查获，被动性地采取一些补救性的反侦查措施，以达到逃避侦查打击的目的。

3. 依犯罪阶段的不同，可分为预谋阶段、实施阶段和后续阶段的反侦查心理

预谋阶段的反侦查心理是指犯罪行为发生以前，还处于犯罪策划时期的犯罪人的反侦查心理。这个时期犯罪人的头脑都比较冷静，他们会根据自己所获得的反侦查知识，设想一些掩盖犯罪的手段方法，如制造没有作案时间、不在犯罪现场的假象等；实施阶段的反侦查心理是指犯罪人在犯罪现场实施犯罪活动时的反侦查心理。这个时期犯罪人在心理上大都处于一种恐惧、焦虑和兴奋的矛盾状态，他们会根据现场情况，采取措施破坏障碍物、抹掉犯罪痕迹、带走作案工具等；后续阶段的反侦查心理是指犯罪完成后，犯罪行为人采取措施逃避侦查打击的反侦查心理。这期间犯罪人大都处于一种惶恐、焦虑的心理状态，他们会采取审供、逃跑、销毁赃证等方法以对抗侦查。

4. 依反侦查手段方式的不同，可分为掩盖型、破坏型和伪造型反侦查心理

掩盖型反侦查心理是指犯罪人在实施犯罪时，采取制造不具备作案条件的方式以掩盖犯罪事实的反侦查心理。如故意制造不具备作案的时间条件、体貌特征条件、特殊技能条件等，以此达到不被怀疑的目的；破坏型反侦查心理是指犯罪人通过破坏或者毁灭犯罪现场的方式，以阻碍侦查的反侦查心理。如实施杀人后将尸体搬到野外焚毁或者将尸体掩埋，造成死不见尸的事实状况，以此达到阻碍侦查的目的；伪造型反侦查心理是指犯罪人作案后，通过对犯罪现场的伪装或伪造，以误导或者迷惑侦查的反侦查心理。如犯罪人在家中将被害人按入水缸溺死后，再将死者抛入河流中，造成被害人是不幸淹死的假象，以达到迷惑侦查的目的。

除了上述几种主要的分类外，还可依犯罪案件的性质不同而分为盗窃、抢劫、杀人、强奸、走私等犯罪的反侦查心理；依犯罪人的组织形态不同而分为个体犯罪的反侦查心理和有组织犯罪的反侦查心理；依犯罪主体性别不同而分为男性犯罪反侦查心理和女性犯罪反侦查心理等。

(三)反侦查心理的特点

从侦查的实际情况看，大部分案件的犯罪人所采取的反侦查措施都是在作案以后进行的，在案前就预谋实施反侦查的案件，毕竟是少数。对于那些在案前就预谋实施反侦查的犯罪人来说，他们在犯罪的预谋和实施阶段，大多已经开始了一些干扰侦查视线的反侦查活动，特别是在犯罪的准备阶段，采取何种反侦查手段，更是其预谋的主要内容之一。近年来，随着犯罪智能化程度的提高，犯罪人所采取的反侦查手段也在不断地翻新，其反侦查心理也发生了极大变化。与其他犯罪心理相比，犯罪人的反侦查心理通常有以下几个特点：

1. 反侦查心理是犯罪心理的延续

反侦查心理与犯罪心理二者系同本之木、同源之水，是一个问题的两个方面。犯罪心理是产生反侦查心理的基础，而反侦查心理则是犯罪心理的另一种表现形式，是在犯罪心理的基础上形成和发展起来的。反侦查心理与犯罪心理一样，与个体的认知结构、智能水平、个性特点有着密切联系，甚至是被他们所决定的。

2. 反侦查心理是犯罪人防御心理的本能表现

就犯罪人而言，如果实施犯罪后很快就被侦查机关发现，那将是一件极其愚蠢而又得不

偿失的事情，只有既要达到犯罪目的而又不被侦查机关发现和抓获，这样的犯罪才有意义。为了不被侦查机关发现或抓获，犯罪人时刻保持相应的防御心理是必须的，而进攻往往就是最好的防御，反侦查心理正是这种主动防御心理的表现。毫无疑问，反侦查的心理依据来源于犯罪个体的防御需要，在这些犯罪人心目中既要想通过犯罪以满足自己的需要，又要想极力避免受到法律的惩处，因此在实施犯罪的同时或者在案后受到怀疑时，便要采取某些反侦查措施，以达到自我保护的目的。犯罪人的防御心理有不同的表现形式：从防御心理形成的时机看，有预谋性的防御心理和补救性的防御心理。前者是指在犯罪准备过程中，就有了反侦查的心理准备和措施准备，后者是指犯罪前没有做充分的反侦查准备，犯罪后才在对抗侦查心理的支配下，采取一些补救措施；根据防御心理及其外在表现的主动性，有退行性的防御心理和进攻性的防御心理。前者是以被动、消极的防御为特征，外部表现大多是逃避，后者则是以主动、积极的防御为特征，如串供、伪装积极等方式。我们在谈论反侦查心理时，一般是指这种主动性的防御，而在时机上，则可能是有预谋的，也可能是补救性的。

3. 反侦查心理是犯罪人对抗心理的一种表现形式

反侦查的心理依据还来源于犯罪人对抗侦查的需要，他们藐视侦查机关的破案能力，自认为作案手段高明，只要事先策划周密，侦查机关就拿不到关键性证据，就可以免受法律惩罚。这些犯罪人在作案前，大多会通过各种渠道了解侦查机关查破案件的手段方法，并采取相应的反制措施，以达到案后不被怀疑或者受到怀疑后，也因无法获得关键性证据而免除法律制裁。因此，这种反侦查心理是犯罪人主动进攻的一种心理表现，他们采取以攻为守的策略，先行了解侦查机关查破案件的方法手段，然后再研究反侦查对策，并将其运用到犯罪过程中。这种对抗侦查的心理一旦被运用于反侦查，则常常给侦查机关的侦破工作带来极大困难。

二、犯罪人获得反侦查手段的基本途径

犯罪人反侦查手段的获取，除了极少数是靠自己想象或者摸索出来的以外，大部分都是通过各种途径学习仿效而来的。具体来说，犯罪人获取反侦查手段的途径主要来源于以下几个方面。

(一)犯罪人作案经验的积累与摸索

犯罪人在经过多次犯罪后，往往他们都会对自己过去所作过的案子进行回忆思考，尤其是那些惯犯、累犯就更是如此。他们在对自己作案经历进行回忆的同时，都会对过去的案件不断地进行反思，总结其成功的经验和失败的教训，特别是在失败的案例上更是反复思索，寻找失败的原因。在这种不断地总结与反思中，慢慢体会或探索反侦查经验。

(二)传播媒介对犯罪手段和反侦查手段的描述

从侦查实践看，犯罪分子特别是初犯获取反侦查手段的渠道，大多是从所谓的犯罪文学、电影或者犯罪新闻的报道中获取的。现在许多犯罪文学、电影中有关犯罪手段和反侦查行为方式的细节描述，往往都间接地成了教唆犯罪的教材，特别是港台、欧美文学书籍、电影的描述就更是如此。另外，在国内外一些新闻媒体报道中，有关犯罪分子反侦查手段的特别报道，就更是成了现成的反面教材，对国内的犯罪分子而言，简直就是活生生的教科书，其反侦查手段就成了他们竞相模仿的经典，甚至在此基础上作进一步的升级。因此，那些过多地描写犯罪情节的影视书刊、新闻报道等，是犯罪分子获得反侦查手段的重要来源。另外，大量境外黑社会组织的犯罪手段和反侦查手段技巧的传入，也与传播媒介密切相关。

（三）犯罪成员间的相互探讨与传授

某些未改造好的刑满释放人员或者有相当作案经验的犯罪分子，为了组成犯罪团伙以扩大犯罪规模，他们也招募犯罪成员或者招收弟子，并向其传授犯罪的经验和方法。从现实情况看，有许多初犯，其反侦查的手段方法就是从未改造好的刑满释放人员和某些有相当犯罪经验的教唆犯那里学来的。另外，有些惯犯、累犯在被关押期间，便与其他犯罪人员相互交流犯罪经验，切磋犯罪技艺和反侦查手段方法，出狱之后便疯狂作案，报复社会。

（四）现代科学技术的广泛应用

随着社会的进步和发展，许多现代科学技术成果都进入了人们的生活视线，特别是已进入信息时代的今天，各种电子技术都被广泛地运用于人们的日常生活。在这一过程中，某些现代科技手段也不可避免地被一些嗅觉灵敏的犯罪分子所利用，从而促进其反侦查手段的"更新换代"，如利用现代通信设备"遥控"作案，利用信用卡作案等。特别需要指出的是，在近年来较为常见的跨国犯罪中，其作案手段大都与现代科技手段的运用有关，如走私、贩毒、制毒、伪造护照等犯罪，现代通讯、交通及其他科技成果被广泛应用，都为有效打击这些犯罪制造了更多障碍，极大地增大了侦查机关查破案件的难度。

三、反侦查心理的表现形式

犯罪人的反侦查心理集中地体现在其反侦查的手段方法上，并通过现场现象和痕迹物品之间的关系，间接地表现出来。从侦查实际情况看，犯罪人常见的反侦查手段有：

（一）掩盖作案时间

确定犯罪人的作案时间，是侦查过程中排查犯罪嫌疑人的重要依据。因此，犯罪人为了逃避侦查打击，常常会在作案时间上动脑筋，采取各种手段掩盖其真实的作案时间，以此蒙蔽侦查视线。其掩盖犯罪时间的方法通常有：

1. 案前预谋、制造没有作案时间的假象

制造没有作案时间的假象，这是大部分犯罪分子逃避侦查打击的最常用办法。他们事前精心策划，积极准备，巧妙利用人们的某些常识性判断，以掩饰其作案时间。其中最常见的方法有以下几种：

（1）长途奔袭，异地远距离作案。即犯罪分子利用现代化交通工具长途奔袭，在远离自己的日常居住地、工作地实施犯罪，整个犯罪过程在较短时间内完成后，又迅速赶回其居住地、工作地，从而使人难以察觉。采用这种方法掩盖犯罪时间，犯罪分子除了要充分利用现代化高速交通工具，在来去路线和时间点上作精确计算外，还要故意将自己的某些行动暴露在一些不知情的人员面前，以利用他们来证明自己没有作案时间。

（2）幕后操纵。即犯罪分子在实施犯罪时不出现在犯罪现场，而是扮演幕后操作的角色，如雇凶杀人或利用他人实施犯罪等，即是幕后操纵的典型。

（3）冒名顶替。即犯罪分子实施犯罪时，故意在现场上留下某些能表明他人身份的证据材料，如留下他人所有的物品、假冒他人的外号等，以达到嫁祸于人，转移侦查视线的目的。

（4）出示假证。犯罪分子为证明自己没有作案时间，故意出示一些能够证明一定时间的物品，如车船票、电影票等，而这些物品所标明的时间，正好与案发时间重合或接近，由此制造案发时自己在别处，没有作案时间的假象。

2. 案中利用物品，推迟案发时间

就是在实施犯罪过程中，利用某些物品的特性，故意造成案发时间往后推移的假象，使得侦查机关难以确定其真实的作案时间。最常见的方法有：撕去现场日历，造成缺失日历所标明时间内被害人还活着的假象；在现场上故意留下推迟犯罪时间的字条，造成该字条所标明时间范围内被害人还活着的假象；利用定时装置引爆炸弹，造成案发时间往后推移，从而难以确定犯罪人安放炸弹的时间点；在被害人食物、饮料、生活用水中投放毒物，在随后一段时间内被害人中毒死亡，从而造成投毒时间难以确定的结果等。

3. 案后串供，相互包庇

即犯罪人作了案以后，又怕被侦查机关察觉而露出破绽，于是相互商量如何保持统一口径，以便在日后侦查机关询问时，能相互印证，提供没有作案时间的人证材料。

(二)破坏和伪造犯罪现场

从某种意义上说，犯罪现场就是犯罪的信息库，是侦查机关发现犯罪人踪迹的关键场所，因此犯罪人总会想方设法地对犯罪现场予以破坏。特别是那些有相当反侦查经验的犯罪人，为逃避侦查打击，总会竭尽全力地对犯罪现场进行伪装，以蒙蔽侦查视线。其破坏或伪造现场的方法主要有：

1. 清理现场痕迹物证，割断与案件的关系

有些犯罪人从电影、电视或者侦探小说中获知，侦查机关查找犯罪人，很多时候都是根据现场痕迹物证与作案人的关联性来进行的，因此他们在作案后总是对现场痕迹物证进行清理，如清扫血迹、足迹等，以达到割断自己与犯罪现场的关系，逃避侦查打击的的目的。

2. 伪装现场，扰乱侦查视线

某些有一定反侦查经验的犯罪人，作案后故意对现场进行重新布置，制造某种假象，以扰乱侦查视线，误导侦查思维。常见的有：

(1)杀人案中将他杀伪装成自杀或不幸事件。如杀人后将死者抛入水中，伪装成溺水死亡；将受害人勒死后又套上绳索上吊，伪装成自杀；用电将受害人杀害后，将其伪装成不慎触电死亡等。

(2)盗窃案中，将内盗伪装成外盗。如熟悉本单位仓库管理情况的内部职工，在盗窃了本单位仓库里的物品后，故意将现场搞乱、留下许多反映外来人作案的痕迹，以此扰乱侦查视线。

(3)伪造现场，将监守自盗伪装成外盗。如某单位仓库管理员在盗卖了自己管理的仓库物品后，故意设计制造一个假的盗窃现场，谎称发生了盗窃案件，而被盗窃物品正好是其早已盗卖的物品，企图逃避法律制裁。

3. 移动现场，隐匿犯罪线索

这种情况多见于杀人案件中的移尸、抛尸案件，而这时的犯罪现场又有了第一现场与第二现场、第三现场之分。如犯罪人在家里将受害人杀害后，为割断被害人与犯罪现场的关系，偷偷将尸体抛入江河中，或者抛尸郊外，或者将尸体肢解后分别抛入野外，以达到逃避侦查打击的目的。

(三)伪装犯罪动机和目的

根据现场勘查和调查访问情况，准确判断犯罪动机和目的，是侦查机关摸底排查犯罪嫌疑人的基础。有的犯罪人为了逃避侦查打击，作案后故意对现场痕迹物品进行清理或者重新布置，企图通过伪装犯罪动机目的的方式，以转移侦查视线。常见的情况是将此犯罪动机目的伪装成彼犯罪动机目的，如将奸情杀人伪装成图财害命、将仇杀伪装成抢劫杀人等。

(四)伪装个体形象特征

这种情况在杀人、盗窃、抢劫等案件中较为常见，也是犯罪人经常采用的一种反侦查手段。犯罪人伪装个体形象特征的目的，就是企图通过个体形象特征的改变，以误导侦查，进而达到逃避侦查打击的目的。其伪装个体形象特征的方法主要有以下几种。

1. 伪装体貌特征

伪装体貌特征的方法主要有三种方式：一是通过化装，让人无法辨别其真实体貌特征。如蒙面或戴假面具作案，描画、粘贴胡须作案等便是如此，这种情况在抢劫案件中较为常见。二是通过伪装现场痕迹，以改变体貌特征。如在现场作案时，故意小脚穿大鞋、女人穿男式鞋等便是如此，这种情况在盗窃案件中较为常见；三是通过衣着打扮，以改变体貌特征。如男扮女装或女扮男装、青年人装扮为中年人等即是如此，这种情况在抢劫、诈骗案件中较为常见。

2. 伪装语言特征

主要有改变说话腔调和改变说话方言两种情况。前者是改变语音习惯，让人无法通过语音识别其身份。如说话时故意压低嗓门，平时说话嗓门较粗，作案时则变得尖声细气，男人作案时故意模仿女人的声音等；后者是改变方言习惯，让人无法通过说话方言识别其身份。如平时说普通话，作案时改说地方话，或者平时说地方话，作案时则改说普通话，或者平时说本地方言，作案时改说外地方言等。

3. 伪装行为习惯特征

就是作案时隐匿平时的行为动作习惯，改用自己不常用或者其他人常用的行为习惯，以此达到蒙蔽侦查人员的目的。如犯罪分子本身是右撇子，但作案时却故意用左手做事，将自己伪装成左撇子。又如犯罪分子本身不是瘸子，但作案时在现场上故意跛脚行走，将自己伪装成瘸子等。

(五)处理赃证

赃证是证明犯罪的关键证据，所以赃证的处理，是犯罪人对抗侦查的重要手段，处理的对象，一是赃物，二是犯罪的工具或其他罪证。处理的方法：一是销售、毁灭、遗弃、掩埋、藏匿或者改变其存在形态；二是张冠李戴，嫁祸他人。

(六)伪装积极

有些犯罪人自恃作案隐蔽，案发后为不引起怀疑而故意伪装成协作破案的治安积极分子。这种伪装积极的反常举动，是犯罪人在作案时采取的反侦查手段的继续。犯罪人通过伪装积极参与协助破案的工作，其目的在于：一方面为侦查人员提供某些破案线索，以便对侦查进行误导；另一方面，可以随时了解破案的进程，以便采取进一步的应对措施。

(七)串供和谎供

案发后，犯罪人意识到自己的危险，于是便与人串联，编造口供，动员自己的同伙或者不明真相的群众向公安机关提供虚假证言，证言的内容大多是用于证明自己没有作案时间和作案动机。有的犯罪人则是在自己受到审查讯问时，编造口供，或避重就轻，或编造情节，企图蒙混过关。

第四节 调查访问心理

调查访问是公安机关侦查破案的一项重要侦查措施，也是发现犯罪线索和证据的重要手段。调查访问的对象主要是受害人、证人及其他知情人。为了做好调查访问工作，让被访问人如实提供所知道的有关情况，有必要了解调查访问对象的心理特点和调查访问中的其他心理问题。

一、被害人心理

(一)被害人心理倾向

一般来说，被害人通常都具有较为强烈的自我保护、自我防卫意识和要求严惩犯罪人的双重心理倾向。这两种心理倾向有时是矛盾对立的，有时又是统一的。当这两种心理倾向处于一致状态时，被害人会积极地配合侦查机关的工作，主动向侦查安机关提供线索、证据和材料，使得自己从被侵害所造成的巨大痛苦和失衡中解脱出来，达到保护自己、惩处罪犯的目的。但是，如果这两种心理倾向处于矛盾对立状态时，那么被害人往往就会出现一些反常表现，主要是他们在经过权衡利弊后，认为控告、惩治犯罪人并不足以达到自我保护的目的，甚至会扩大对自己的侵害时，就可能会采取一些不利于侦查破案的举措。如一些强奸犯罪的被害人，虽然内心也具有仇恨和惩办犯罪人的愿望，但为了保护自己的名誉不受进一步损害，反而宁可忍受痛苦，也不愿配合侦查机关的工作，甚至有的被害人在受害后忍气吞声，拒不报案甚或私了，从而招致更多的侵害。在这种情况下，其内心中存在着既要保护自己，又要惩处犯罪人的心理冲突。这种情况在财产犯罪，特别是诈骗犯罪的被害人中较普遍地存在。有的被害人处于强烈的自我保护的心理，还会有另外一些反常表现，如有的因自己与犯罪人有着人身依附或其他利害关系，不仅不去追究犯罪人的罪责，反而加以隐瞒和包庇；有的由于不相信公安机关能保护自己，惩处犯罪人，于是便铤而走险亲手报复犯罪人；有的虽然配合公安机关工作，但出于强烈的报复情绪，故意渲染或故意忽略某些情节。因此，被害人的任何心理和行为表现，都是其对自己和犯罪人的两种心理倾向和态度相互斗争的结果，这决定了他在接受调查时所持的态度和表现，这是作为侦查人员所不可忽视的。

(二)被害人在接受调查时的心理特点

被害人受到侵害后，各种担心、忧虑、愤恨等情绪交织在一起，其心理状况异常复杂。因每个被害人的个性特点不同，所受伤害的程度不同，其心理状况也各不相同，他们接受调查时的心理特点也不一样。一般来说，被害人在接受调查时，主要有以下几种心理特点：

1. 紧张与恐惧心理

犯罪常常是在受害人毫无精神准备的情况下发生的，这种突发事件往往使受害人不知所措，精神恐惧、内心慌乱失措，失去正常的感知能力，所以对现场情况无法正确感知，甚至出现错觉、幻觉，而这种慌乱、恐惧的情绪状态往往持续较长时间，以至在接受询问时，心情仍无法稳定，对受害事实、经过仍无法准确回忆。在这种情况下，虽然受害人愿意揭露犯罪事实，配合调查，其对受害经过的描述与事实仍可能会有某些出入。所以，对受害人的陈述要进行认真客观的分析。

2. 激愤与仇恨心理

受害人由于受到犯罪人的无端攻击，使得他们在精神上、肉体上、财产上受到不同程度的侵害和损失，所以他们内心中对犯罪行为和犯罪人是极端气愤和仇恨的。这使得他们在陈述时，常常带有浓厚的情绪色彩，有的会由于激愤和仇恨而夸大事实，把事情说得如何可怕，凶手如何残忍，行为如何粗暴，情节如何恶劣，添枝加叶，夸大其词。

3. 忧郁与不安心理

有的受害人不仅受到了犯罪行为的直接侵害，同时还可能受到更大的威胁、恐吓，有的不仅受到财产损失和人身伤害，名誉也受到损害，因而受害人大多背负沉重的心理压力。如有的受害人为保全自己名誉，不愿说出自己受害的事实和情节；有的受害人受到亲友的不法侵害，却囿于亲情不愿揭发；有的受害人对能否破案心存疑虑，甚至不相信公安机关能公平执法，因而对调查访问态度冷漠，不愿合作；也有的受害人因与犯罪人有某种牵连，不肯如实陈述或者自觉心中有愧，不敢向公安机关如实交代问题，等等。

4. 期待救助保护心理

受害人在与犯罪分子的斗争中，是处于权益被侵害的弱者地位，他们受到侵害时的孤立无援处境，在其回忆起当时的场景状况时仍会感到恐惧不安。因此，受害人大多有强烈的要求援助保护的愿望，这种心态在接受询问时仍会有较强的表现。

二、证人心理

通常情况下，证人是指除当事人以外的了解案件情况的知情人。从侦查角度看，证人情况往往比较复杂，可以作证的人的范围也较为广泛，凡是直接或间接了解案情的人，如被害人的亲属、好友、犯罪同案人及其他知情人都可能成为证人。正因为证人的情况复杂，也因其证言对于证实犯罪的重要性，所以证人的心理也较为复杂多变。

(一)证人心理倾向

通常情况下，证人因其与案件的关系不同，尤其是与案件当事人的关系不同，他们的作证心理也有着很大差别。一般来说，作为证人的知情人可分为与案件有利害关系和无利害关系两种情况，因其与案件的相关性不同，其作证的心理倾向通常有三种情况：

1. 主动作证心理倾向

这类证人基本上都是与案件没有任何利害关系的知情人，他们大多处于嫉恶扬善的正义感，对受害人的同情心，或者出于维护国家法纪和社会道德的责任感，愿意配合侦查机关而主动作证。对于这种社会责任感较强，又与案件没有利害关系的证人，他们一般都会较为客观地提供证言，把他们所知道的所见所闻如实地告诉侦查机关。当然，也有的人因出于对犯罪人的愤恨，为使犯罪人受到严厉处罚而故意夸大某些情节，这点也应引起注意。

2. 不愿作证心理倾向

不愿作证心理倾向又称拒绝作证心理倾向。这类证人通常有两种情况：一是虽与案件没有利害关系，但出于明哲保身而不愿作证。这样的人，他们大多是因胆小怕事，缺乏正义感和社会责任感，要么把犯罪看做是与己无关的事，要么害怕受到牵连和报复，因而不愿作证。这种奉行明哲保身路线的人，往往借故推辞不愿接受询问，即使接受询问，多半也都吞吞吐吐，不愿配合。二是因与案件有利害关系而不愿作证。这类知情人因了解许多内幕情况，所以除了能证明其他人是否有犯罪事实外，自己在某种程度上也涉及其中，或者自己在案件中也存在着某些错误和污点，也就是通常所说的"污点证人"。这些人由于自身的主客观原因，在侦查机关需要其证明某人、某事的事实情况时，便采取回避态度——拒绝作证，因而给侦查工作带来一定难度。为了有效地解决这一问题，让每一位证人都能如实作证，就必须对他们不愿作证的原因及心理状态认真进行研究，找出能有效地促使其作证的手段和方法。

3. 伪证心理倾向

有少数证人出于与犯罪人或被害人的利害关系而提供虚假证言，他们要么夸大犯罪事实，要么虚构犯罪事实，或者隐瞒犯罪事实，其心理动力方面的原因比较复杂。他们之所以要做伪证，其原因大致有这么几种情况：（1）因与当事人有私仇恩怨，出于报复目的，便扩大或者歪曲事实；（2）与犯罪人或者犯罪行为有某种牵连，出于自我保护的需要而故意包庇、袒护、隐瞒犯罪事实或者情节；（3）与犯罪人有某种身份或经济关系，为使犯罪人免受惩处而作伪证；（4）因受到威胁、恫吓等，为保全自己而提供虚假证言；（5）因对犯罪人产生恻隐之心，觉得其可怜，便故意淡化犯罪情节；（6）出于哥们儿义气包庇罪犯或者因被人收买而作伪证等。

（二）证人在接受调查时的心理特点

1. 积极配合心理

对于那些正义感和社会责任感较强，本身与案件又没有任何利害关系的知情人，其内心深处天然就有着一种愿意作证的心理倾向，因此他们在接受调查时，往往都比较坦然，表现出一种愿意配合的心理。在向他们调查了解有关情况时，大多数人都会应侦查机关的要求，实事求是地陈述他们所知道的有关情况。但在这其中也有两种倾向：一是有的人因出于对犯罪的怨恨，希望其受到法律的严处而有意无意地夸大某些与犯罪有关的情节；二是有些人因产生恻隐之心或者对犯罪人的怜悯，而有意无意地淡化某些与犯罪有关的情节。

2. 逃避犹豫心理

对于那些有不愿作证心理倾向的证人，在接受调查时，往往都表现出一种明显的逃避犹豫心理。当侦查机关向他们调查了解有关情况时，要么借故推脱，不与侦查人员见面；要么接受调查时，说话吞吐，这也不知那也记不清，不愿把所知道的有关情况如实告诉侦查人员。对于这种情况，侦查人员就应想方设法找出原因，看是因胆小怕事、明哲保身而不愿作证，还是因与案件有着某种牵连关系而不愿作证。只有把原因找准了，才能有针对性地与其交流，解除其顾虑，促其转变观念，从而积极配合调查。

3. 紧张害怕心理

某些知情人因本身与案件有某种牵连关系，或者事前受到威胁、恫吓，心理负担沉重，在接受调查时，往往会表现出一种明显的紧张害怕心理。一方面他们与案件存在某种关系，如与被查对象是同学、亲友等关系，或者自己对其犯罪行为间接地起过胁从作用，担心自己可能会受到牵连而紧张害怕；另一方面是事前受到威胁、恫吓，担心自己作证的事万一被人知道，以后可能遭到报复而感到紧张害怕。

4. 畏罪恐惧心理

这些证人之所以产生畏罪恐惧心理，多半是因为他们与案件有着利害关系所致。有的是因他们自己就涉及犯罪，怕事情败露后自己也因此而受到法律制裁；有的是害怕作证后，因侦查机关不注意保密而让被查对象及其同伙、亲属知道而遭到报复等。除上述因素外，再加上他们自己本身就缺乏正义感和社会责任感，胆小怕事等因素的综合影响，因而产生畏罪恐惧心理。

三、影响证人证言和被害人陈述可靠性的因素

证人证言和被害人陈述的可靠性，依赖于调查访问对象的感知、记忆、陈述三方面的状态和能力。

（一）感知

证人提供的证言和被害人的陈述是以其感知事实为基础的，而感知的效果如何，则受个

体生理心理因素和当时环境的影响。

从环境因素来说，诸如时间长短、光线明暗、距离远近、气温高低以及噪音、地形等存在于个体之外的因素，对个体感知的效果都有影响。如感知者与感知对象距离过远，则可能无法感知或者感知不完全。就个体生理因素而言，感知对象的特点对个体的感知也有影响，如具有新鲜感的刺激物较容易引起人的感知。在考察外表环境因素对个人感知的影响时，应当注意，人的感受性是有限度的，人的感觉器官只能对适宜的刺激发生反应，而对超过阈限值的事物则无法感知。具体来说，影响感知的个体生理心理因素主要有以下几方面：

（1）机体状态。个体感官有缺陷的人不能正确感知客观事物。但即使具有正常感官的人，如果机体过度疲劳或处于患病状态，也易破坏心理的稳定性，从而感知不可能或不完全。

（2）情绪。感知者在感知时有顾忌、不安、恐惧、惊愕等消极情绪时，就可能无法对感知对象作出清晰和完全的感知。如感知者在受到强烈惊愕、威胁时就会产生比实际刺激效果更强烈的反应，这种现象叫惊吓效应。由于惊吓效应，受惊吓的人的陈述常有夸大或错误。当然能否产生惊吓效应，也与个体的个性有关，通常胆小怯懦的人容易受到惊吓而使感知失真。

（3）知识和经验。人们往往以自己的知识和经验去理解发生的事情，所以人们对熟悉的事物更容易感知。同样，亲历案情的人对熟悉的部分容易感知，而对不熟悉的部分则不容易感知或感知不准确。

（4）注意中心作用。人们在一定时间内感知外界事物时，只能有少数注意中心，处于注意中心的事物感知得清晰，而在注意中心之外的事物则感知不到。一个人的注意中心与他的兴趣、爱好及切身利益有关，符合他的兴趣、爱好及与其切身利益有重大关系的容易成为注意中心，具有显著特征的事物容易成为注意中心而被感知。

（5）适应。即感知器官在刺激持续作用下所产生的感受性提高或降低的变化。不同人的适应能力会有些差异，但无论是谁，适应总需要一个过程，如从亮处走进暗处，起初几乎什么也看不见，经过对弱光的感受性的逐步提高，视觉器官才慢慢适应亮度的变化。适应对感知的这种影响是需要侦查人员注意的现象。

在个体主客观因素影响下，个人的感知还有出现偏差的可能，甚至会出现错觉、幻觉、如在惊慌状态下，把草绳看成毒蛇，把在暗处挂的衣服看成一个人，等等。

(二)记忆

记忆的能力对于证人证言和被害人陈述的可靠性有重要影响，侦查人员应当重视分析这种影响。影响记忆的因素主要有以下几方面：

（1）感知。一般来说，一次感知的信息容易淡忘，多次感知的信息因印象深刻而不易遗忘，其记忆也较为可靠。

（2）时间。人们的记忆受提取信息与接受这种信息的时间长短的影响。一般人对最近发生的事件记忆较深刻，较早以前发生的事件容易淡忘，因此证人或被害人的陈述距案件发生的时间愈近，其可靠性愈强。但如果关于某事物的信息连续多次地被人感知，第一印象在人的记忆中同样是较深刻的。

（3）情绪。情绪愉快或不愉快的经历易于记忆，枯燥的经历易于遗忘，但是情绪过度的抑制和兴奋，会妨碍当时的感知、记忆。所以证人或被害人在经历犯罪事实时过度兴奋、紧张或恐惧，感知就会受到影响，事后的回忆也难以准确。

(4)年龄。一般情况下，儿童长于机械记忆，成年人长于意义记忆，老年人记忆衰退，难以记忆新材料，但对青少年时代的经历往往记忆犹新。

(5)感知后的活动。如果证人或被害人在经历了案件事实后又转到了别的事务中去，那么他所感知的案件事实，可能在他的记忆中部分地或者在某些一般特征上发生遗忘或混淆。

(6)职业训练。个体所接受的职业训练对记忆力有较大影响，所从事职业的内容往往影响其记忆力的偏好，如电话员善于记忆数字，司机善于记忆地点和交通标志，画家善于记图形和相貌，等等。

(7)记忆时的主观状态。如果证人或被害人在感知案件事实开始后不久为某种需要，自己提出记住他的任务，那么这种记忆就可能比较完整和准确。

上述因素对不同的人的记忆的影响，程度是不同的。因为，不同的人的记忆存在着个别差异，这是需要对有关人员进行调查访问时加以考察的。

(三)陈述

陈述是被访问者通过语言叙述，把他感知过并记住的事实表达出来。所以陈述的表现形式是语言。体态、表情和动作，虽然有助于理解其陈述，但不能代替陈述，因为我们正是通过对方的陈述获知案件的真相和原始状态的。不过需要明白的一点是，由于种种因素的影响，被访问者的陈述有时也不符合事实。影响陈述的因素主要包括以下几方面：

1. 认知

被访问者如果在陈述时掺入了主观想象的成分或自己的理解，则会使其陈述带上主观色彩，从而影响陈述的可靠性。

2. 暗示

被访问者由于受到各种暗示的影响，导致其陈述失真的情况是较为多见的。证人和受害人最易受到的暗示有以下几种：

(1)带暗示性的询问。这种询问可导致被询问人作出不恰当的陈述。因此，如何排除带暗示性的询问，是侦查人员应注意的问题。此外，询问前，证人、受害人的社会生活经验也具有暗示意义，从而影响其陈述的可靠性。

(2)自由交谈的暗示。犯罪案件的发生，常成为人们闲谈的话题材料。证人在被询问之前，有些人就与他人交谈过案情，在这种情况下，证人的陈述难免会有意无意地受到他人的影响。

(3)讨论的暗示。如果证人参加了关于案情的讨论，那么参加讨论的人的观点、讨论的结果都会对他产生暗示的影响。

(4)流言的暗示。流言可能出于捏造，也可能出于辗转相传中被歪曲，因此流言缺乏可靠性。但由于流言往往迎合人们的心理，富于刺激性，故易于引起人们的注意。如果证人或受害人听到了关于案件的流言，就可能使自己亲身感知的案件事实变得模糊起来而不自觉地附和流言，从而使证言可靠性大受影响。

3. 再现障碍

当证人或受害人出现再现障碍时，会使正常陈述发生困难。再现障碍的出现与陈述者当时的情绪状态有关，而陈述者的情绪又可能受环境的影响，如有些证人不习惯询问时的严肃气氛，或心存疑虑，或陈述时过于疲劳、紧张，都可能导致再现障碍的出现。对于出现再现障碍的人，不能施加压力，要缓和其情绪，或者先行休息，待抑制解除后再继续陈述。

4. 被询问人的态度和倾向

被询问人对犯罪人和犯罪行为的态度和倾向，对其陈述的可靠性有很大影响。如果被询问人希望犯罪人受到更严厉的惩罚，就可能出现夸大犯罪事实和情节的倾向；如果被询问人对犯罪人同情，甚至与犯罪人有过相似的处境或认为犯罪有理，其陈述就可能有利于犯罪人。

第十六章 审讯心理

讯问犯罪嫌疑人是刑事案件侦查的一个必经程序，也是侦查人员和审讯人员为查明案件事实、揭露案件真相必须做好的一项工作。在审讯过程中，讯问人员所采用的讯问方法是否恰当，能否准确洞悉嫌疑人的内心世界，直接关系到审讯工作的成败。讯问活动是以直接讯问犯罪嫌疑人为中心环节展开的，嫌疑人都知道讯问的结果对自己将意味着什么，因而面对讯问也都会产生一系列的复杂心理活动。讯问活动实际上也是侦查讯问人员与犯罪嫌疑人的一种心理交锋，谁能准确洞悉对方的心理动态，谁就将处于主动地位。因此，研究审讯过程中犯罪嫌疑人的心理活动及其变化规律，对侦查人员制定正确的讯问计划，选择适当的讯问策略和方法，有着极其重要的意义。

第一节 犯罪嫌疑人的一般心理特点与行为表现

在整个审讯阶段，犯罪嫌疑人的心理活动是极其复杂多变的，始终指向如何对抗审讯，为自己开脱罪责上。在审讯中，他们往往既想交待罪行，争取宽大处理，但又不甘心就这样轻易地坦白交待；既有害怕受到惩罚的恐惧心理，又存在一定的侥幸逃脱心理。因此，在审讯中，犯罪嫌疑人的心理是非常矛盾的，其心理活动也复杂多变，随着审讯的进程而不断变化，在拒供与招供之间游移不定。那么，细致研究犯罪嫌疑人在这一阶段的心理特点及其行为表现，洞察其心理变化过程，为侦查讯问人员采用适当的讯问策略与方法，攻克其心理防线提供客观、科学的心理学依据，就显得尤为必要。

一、犯罪嫌疑人的一般心理特征

犯罪嫌疑人在审讯中的一般心理特征，是指犯罪嫌疑人面对侦查讯问人员的讯问时所表现出来的一种最普遍，最稳定的心理特点。当犯罪嫌疑人被采取强制措施后，其人身自由受到限制，犯罪行为已暴露，犯罪事实也部分或全部被侦查机关所掌握，将要面临的就是如何接受法律的制裁。所有这一切，必然会对犯罪嫌疑人产生巨大的心理冲击，只是因每个个体的犯罪经历、罪行性质、个性心理的不同，这种冲击的程度有所不同而已。因此，不同的犯罪嫌疑人虽然其心理受冲击的程度各异，但出于期望逃避罪责，减轻惩罚这一基本目的，也必然会表现出一些共同的心理特征。这些心理特征大体可概括为以下几种：

(一)畏罪心理

畏罪心理是犯罪嫌疑人害怕罪行暴露后会受到刑罚惩罚而产的一种恐惧心理，它在初犯或偶犯中表现得最为明显。这种心理是由犯罪者个人内心的罪责感和外部侦查机关的威慑力量，尤其是法律和道德以及审讯环境中的威严氛围作用下，使案犯受到强烈心理刺激而形成的。这种案犯由于害怕自己一旦受到惩处，其名誉、地位、前途受到损害，甚至牵连到其他人，于是在审讯中会表现出明显的逃避罪责、隐瞒事实的行为。这种畏罪心理在审讯中最明显的表现形式就是交待问题时避重就轻，或者在交待了一些鸡毛蒜皮的事情后，就表示说清楚了，等等。总体而言，畏罪心理在审讯过程中的主要表现形式就是趋利避害，交待问题时不管是避重就轻，还是拒不交待，都会围绕着"如何减轻罪责"来进行。一般来说，审讯时他们最初都表现为拼命抵抗，或低头不语、装聋做哑，或者避重就轻、死不认账等，不到万不得已绝不交待罪行。这种犯罪嫌疑人在心理上一般都会经历"由怕到拒，由抗到认"的这么一个变化过程。因为他们深知，一旦自己的罪行被揭露，就将受到法律的制裁，自己的一切也将为此断送，为此必将产生因害怕受惩处而拒不交待，实在抵赖不下去了，才会像挤牙膏似的断断续续地交待问题。对于那些有畏罪心理的犯罪人，审讯中最主要的工作就是要让其正确认识到自己的罪行与应受处罚之间的关系，减轻其心理压力，促使其交待问题。

(二)侥幸心理

侥幸心理是犯罪人自认为作案手段隐蔽，没什么证据落在侦查机关手中，只要回答问题时考虑周到、拼命抵赖，就可以逃避处罚或者减轻罪责所持有的一种心理状态。犯罪嫌疑人产生侥幸心理，一般出于两种情况：一是盲目型侥幸，即行为人自认为手段高明，作案时没留下破绽，侦查机关在作案现场上不可能收集到有用的证据材料，只要自己不承认，侦查机关就拿他没办法。二是理智型侥幸，即某些犯罪嫌疑人经过回顾作案经过，分析了罪证、案情和初审情况之后所产生的一种侥幸心理，这种侥幸心理的产生比前者更顽固、更难消除。

侥幸心理的一般表现情况是：初审时似乎态度较好，表面比较配合，但言语中却表现为竭力试探审讯人员对其作案证据的掌握情况，为后面有计划的抗拒做准备；或者在开始审讯时，表现为以守为攻，要么拼命辩解、要么矢口否认；或者有意寻找审讯人员问话中的漏洞，抓住一点不断纠缠；或者沉默不语、令人奈何不得。

自以为聪明是犯罪嫌疑人产生侥幸心理的根源，而侥幸心理的存在则是嫌疑人拒不交待罪行的主要心理障碍之一。对持有侥幸心理的嫌疑人，只要其谎言被戳穿，其对抗审讯的心理防线就会崩溃，因此，审讯人员在讯问中适时地出示一点证据则是打消其侥幸心理的关键所在。从审讯实践看，一旦犯罪嫌疑人的侥幸心理消除了，那么他们也就会很快地交待问题了。当然，作为审讯人员也要注意，对于持有侥幸心理的犯罪嫌疑人一旦其心理防线崩溃，有些人可能会由此出现恐慌情绪，进而出现思维紊乱或者言语障碍，如表现出神情恍惚、手足无措、冒汗和脸色发白、肌肉颤抖等，或者语无伦次、对指控一概承认或一概否认等。一旦出现这种情况，常使审讯工作难以进行，这时就需要缓和审讯气氛，放松审讯节奏，待对方情绪稳定后再审讯。

(三)抗拒心理

从审讯的实际情况看，犯罪嫌疑人抗拒心理的产生主要有三种情况：一是在侥幸心理基础上产生的抗拒心理，这种情况与侥幸心理的表现有许多相似之处。犯罪嫌疑人自认为侦查机关没有掌握到自己犯罪的真凭实据，只要拒不交待，侦查机关就拿自己没办法，就可以蒙混过关。二是在绝望情绪支配下产生的抗拒心理。这种犯罪人自知罪孽深重、难逃法网，于是在求生欲望支配下做垂死挣扎。他们的基本想法是，即使坦白交待也难以宽大处理，不如对抗审讯，以拒不交待做筹码来换取求生的交换条件，如予以特别宽大处理，则交待罪行甚至揭发他人，否则就抗拒到底，即便死也可以拖延时日，或者保护了其他未暴露的犯罪分子。三是在仇视心理支配下产生的抗拒心理。犯罪人出于对现行社会的仇视或者政治偏见的支配下，产生对抗情绪，当然也有的是因为审讯人员方法不当而损害了对方的人格或自尊，因而表现出对立情绪，从而抗拒审讯。

在外部表现形式上，犯罪嫌疑人抗拒心理主要表现为：或者沉默不语，顽强拒供；或者不回答主题而言他，东拉西扯地谈些无关话题；或者强词夺理，胡搅蛮缠；或者故作痛苦悲伤状，以博取审讯人员的同情；或者故意乱供、搪塞、顶撞审讯人员等。出现上述情形后，常使审讯陷入僵局，这时审讯人员就要注意控制自己的情绪，分析其抗拒的原因，以此有效地控制审讯的氛围和进程。

（四）防御心理

防御戒备心理是犯罪嫌疑人接受审讯时较为常见的一种心理现象，在审讯中主要表现为言语谨慎、字斟字酌，沉默寡言，行为乖巧。这种人心理防范意识极强，他们深知言多语失的道理，因而处处设防，小心戒备，唯恐自己的言行出现破绽。对持有防御心理的人，他们为了达到逃避或减轻罪责的目的，也会想方设法地对审讯人员进行观察，并用自己的言行去影响审讯人员。其方法主要有以下三种：

一是博取同情。这是犯罪嫌疑人对付审讯的常见策略方法。其常见形式主要有，如痛苦流涕，鸣冤叫屈；强调客观原因，自己则是被迫所为；不主动认罪，一味强调自己的光荣历史；强调自己一旦受到处罚将带来的家庭不幸等。其目的就是为了得到审讯人员的同情，致使审讯活动适可而止，或者使审讯人员对其供述作出有利于他们的判断。

二是骗取信任。有的犯罪嫌疑人在审讯中通过一定方式误导审讯人员，因轻信其供述而产生判断错误。他们常采用的方法主要有，比如无中生有，虚构情节；故意答非所问，转移话题；转嫁罪责，开脱自己；让审讯人员对检举者产生怀疑，以便自己脱身；投其所好，根据审讯人员的喜好故意乱供；避重就轻，只供从犯不供主犯，等等。其目的就是采用假装配合或者态度老实的办法，骗取信任，以此扰乱审讯人员的思维活动，错误信任其供述。

三是动摇对方意志。有的犯罪嫌疑人在审讯中，故意采取以硬碰硬或者以柔克刚的办法，动摇审讯人员的意志，从而达到蒙混过关，拒不供认的目的。其方法主要有：语言刺激——如采用反诘反问的办法，故意给审讯人员制造难题，你不是要我供述吗？那你先回答我的问题。或者故意用语言挑动审讯人员发火，以诱使其丧失理智，从而使审讯陷入僵局。胡搅蛮缠——有的犯罪嫌疑人在审讯中，抓住审讯人员在问话或者态度上的漏洞，指责发难，使审讯活动难以进行。消极抵抗——有的犯罪嫌疑人以沉默进行抵抗，不管审讯人员怎么问，就是默不作声，以此消灭审讯人员的意志，进而导致审讯人员的不理智行为或者审讯活动陷入僵局。

（五）犹豫心理

这种心理是犯罪嫌疑人在畏罪心理，侥幸心理和抗拒心理交替作用下产生的一种矛盾心理。在审讯中，犯罪嫌疑人在经历了激烈的矛盾冲突和思想斗争之后，其内心活动常处于"招供"和"拒供"之间摇摆不定，犹豫不决的状态。受侥幸心理和拒供心理的影响，一般不会轻易主动、如实地交待罪行，总会想方设法隐瞒罪行，企图蒙混过关。而在畏罪心理的作用下，又担心其犯罪事实一旦被侦查机关掌握，自己便失去了"坦白从宽，抗拒从严"的机会。在讯问形势不太明朗的审讯初期，既怕在侦查机关还没有完全掌握其犯罪事实的情况下，因主动交待而过早过多地暴露罪行，造成吃亏的结果，但又怕自己错误估计形势，因抗拒而罪加一等。在对待团伙问题上，既相信"哥儿们义气"、"攻守同盟"，为此而沉默不语，拒不交待，但同时又担心团伙的其他成员坦白交待，出卖自己，使自己失去了主动交待，"坦白从宽"的机会。这种犹豫心理，在审讯过程中，在犯罪嫌疑人的言语或者神态中，都会有所表露。

二、犯罪嫌疑人的心理变化过程①

不同的犯罪嫌疑人，由于其个性特征不同、犯罪经历和罪恶程度不同，因而在审讯中所表现出的心理特点也不尽相同，即便是同一个人，在审讯的不同阶段，其心理变化也不相同。从审讯的实际情况看，一开始就彻底交待罪行或者顽抗到底的犯罪嫌疑人极为少见，他们大都经历了一个由"拒"到"供"的过程。这一变化过程，大体可分为四个阶段，即试探摸底阶段、对抗相持阶段、动摇反复阶段和交待供述阶段。当然，这四个阶段的划分也是相对的，并非固定不变，而且各个阶段之间也没有明确的固定界限。

（一）试探摸底阶段

审讯之初，由于犯罪嫌疑人已处于隔离状态，他们对案情进展、罪证暴露情况、同伙情况等都无法知晓，因而产生烦躁情绪。在这种焦虑不安心理的驱使下，在与审讯人员的接触中，便会试探性地了解侦查机关对自己罪证的掌握情况，并细心观察审讯人员的个性特点和讯问风格，以便制定应对策略。这一阶段，他们在回答审讯人员的问话中，常会表现出以下特点：

1. 投石问路、试探虚实

在讯问初期，犯罪嫌疑人为了了解讯问人员对案件情况和事实证据的掌握程度，大多会作出些投石问路的举动。如故作无辜状，大叫冤屈，向审讯人员索要证据；有的则故作谄媚状，交待问题时谎供、乱供，编造事实情节，以观察审讯人员的反应；有的则故意提供虚假的人证、物证材料，试探审讯人员掌握证据的情况；有的则故意刁难或刺激审讯人员，试探审讯人员是否老练，知识水平高低等。总之，在审讯时，他们会采取各种措施，试探审讯人员的讯问策略与方法，审讯人员掌握证据和案件事实的情况，以此判断自己的处境，以便确定应付讯问的对策。

2. 保持沉默，以静制动

有的犯罪嫌疑人在审讯初期，因对自己的处境和审讯形势不甚了解，出于自我防御的本能反应，则采取以静制动的策略来应付审讯。在审讯之初他们始终沉默不语，不回答审讯人员提出的任何问题，即使回答也是少言寡语，轻描淡写地作些开脱式回答，不做任何争论，而内心里则细心观察审讯人员的讯问风格和言语表现，暗记问话内容，以静观的态度对付审讯。其目的就是通过静观的方式，来观察判断审讯形势，为后面制定应对措施打下基础。

3. 以攻为守，占据主动

有的犯罪嫌疑人在审讯之初，则采取扰乱审讯秩序的方式，以破坏讯问攻势。如在讯问初期先保持沉默或少言寡语，任讯问人员怎么问，就是不回答或者不正面回答问题，言语极少，借此寻找反击的机会。一旦发现讯问人员问话中的漏洞或者破绽，便抓住不放，拼命纠缠狡辩，以达扰乱审讯之目的。有的则假装老实，故意乱供，编造事实情节，以观察审讯人员的反应，从而判断审讯人员对案件事实情况和证据材料的把握程度，然后再调整思路，以沉默或冤枉等形式来抗拒审讯。要么沉默不语，要么索要证据，并声称侦查机关乱怀疑，无据乱抓人等，从而使审讯陷入僵局。

（二）对抗相持阶段

经过初审之后，犯罪嫌疑人对审讯人员的审讯风格和问话内容、经验老到程度均有所了

---

① 张保平. 犯罪心理学[M]. 北京：中国人民公安大学出版社，2003：357.

解，自认为"心中有底"，其对抗意识在接下来的讯问中便开始上升。这时他们的态度已不像初审时那样紧张或恐惧了，已有了一定的反审讯对策和心理准备，心中早已想好了对方可能提出的问话内容和应对办法。那么在接下来的审讯中，他们对审讯人员的问话，常常会有以下表现：

1. 百般抵赖，狡辩否认

当犯罪嫌疑人在初次审讯中感觉侦查机关并没有完全掌握其犯罪证据时，便会采取坚决否认的策略来应对讯问，即便审讯人员拿出了证据，也百般抵赖和狡辩，想方设法为自己开脱。他们认定"只要不开口，神仙难下手"的训条，认为只要自己不说、不招供，侦查机关就拿不出真凭实据，也就难以定罪。

2. 谎供乱供，误导讯问

当犯罪嫌疑人感觉审讯人员已经掌握了自己的犯罪事实和证据后，仍然会挣扎对抗，不愿老实交待。即使交待，也会故意乱供谎供，在供述过程中有意夹杂一些虚假情节或事实，让审讯人员真假难辨，难以弄清事实真相。或者在一些无关紧要的细枝末节上纠缠不清，以此引开审讯人员的注意力，从而掩盖其主要犯罪事实。

3. 避重就轻，交小隐大

随着审讯的深入，当犯罪嫌疑人发现自己难以逃脱罪责，抵赖无用时，他们便会改变策略，交小隐大，以达减轻处罚之目的。这时他们仍然深信"坦白从宽，牢底坐穿；抗拒从严，回家过年"这一所谓的至理名言，但表面上则表现出一副愿意悔罪交待的假象。这时他们有了一些"老实合作"的表现，对那些被发现了的犯罪事实如实交待，而未被发现的重大犯罪则坚决不交待，死不认账。

（三）动摇反复阶段

经过多次审讯后，犯罪嫌疑人的抗拒心理在审讯人员的强大攻势面前已开始瓦解，其心理防线已开始动摇崩溃，"招"与"不招"的矛盾斗争开始急剧上升。一方面，随着与审讯人员的多次正面交锋，犯罪事实逐渐被大量证据所证实，犯罪嫌疑人也发现自己所筑防御体系中的破绽越来越多，甚至难以挽回败局，便又萌生认罪交待的念头；另一方面，畏罪心理又使得他们担心一旦交待罪行，又怕罪责难当。于是其内心活动在"招供"与"拒供"之间摇摆不定，矛盾痛苦之极。一般而言，这一阶段犯罪嫌疑人的情绪会有以下表现：

1. 情绪反复，焦虑不安

由于犯罪嫌疑人的心理防线已逐渐被摧毁，据以对抗的底气也即将丧失殆尽，内心深处对"抗拒"的把握也开始动摇。这时因继续"抗拒"的阵脚已乱，有的犯罪嫌疑人便会表现出一种忧心忡忡、坐立不安的情绪反应；有的则表现得情绪低落、寝食难安；而有的则是言语吞吐、表情畏缩。所有这一切，实质都是因为其心虚，在"招"与"不招"，"招"多少，如何"招"这一问题上纠缠不清、摇摆不定的情绪反应。

2. 心绪紊乱，言语矛盾

在前述的对抗阶段，许多犯罪嫌疑人都会采用"乱供"、"谎供"这样的方法来抗拒审讯，试图借此扰乱审讯人员的讯问思路。当他们的虚假供述被一一揭穿，其犯罪事实难以掩盖时，面对审讯人员的强大攻势，便开始担心前面对抗审讯可能会招致的不利后果，其内心也更加焦虑和恐惧。由于急火攻心，思维也开始出现混乱，有些人的表情便会出现时而紧张时而舒缓、时而忧愁时而微笑、时而摇头时而低头的现象；有些人说话则会出现前言不搭后语、语气不连贯、自言自语、吞吞吐吐的状况。这些矛盾现象，都是其心理紧张，思维紊乱，阵脚已乱的表现。

3. 行为紧张，反应异常

随着审讯的深入，案情逐渐明朗，当犯罪嫌疑人刻意隐瞒的罪行在诸多证据面前被一一揭穿时，他们常常会因此而感到震惊和绝望，而这种绝望情绪，则会通过其难以控制的体表语言暴露无余。如有的人会因此而出现双手发抖、面部抽搐、脸色发白、额头和手心冒汗等；有的人则会表现出一种惊恐状，或者低头不语；还有的会表现出一种瞠目结舌、语无伦次的现象。所有这些，都是其心理防线已彻底崩溃，但又"心有不甘"的异常反应。在审讯过程中，当犯罪嫌疑人出现上述几种心理状态时，其行为表情已告诉审讯人员，火候已到，对方即将开口交待问题。

(四)认罪交待阶段

由于继续顽抗的精神意志已被消耗殆尽，再也提不起抵抗的勇气，剩下的只有颓废的精神和低落的情绪，深感只有认罪招供才是唯一出路。为此，他们便逐渐打消了抗拒的念头，慢慢进入认罪交待阶段。但由于招供心理不彻底，加之受畏罪心理的影响，也会有所反复，出现交待不彻底的情况。在认罪交待阶段，犯罪嫌疑人一般会出现以下两种表现：

1. 如释重负感

在"认罪伏法，坦白交待"心理的驱使下，由于这时的供述已不需要绞尽脑汁编造谎言开脱罪责，也不用察言观色小心设防，心理负担减轻了，在心灵上便产生了一种如释重负的轻松感。但在畏罪心理的支配下，这时侥幸心理和抗拒心理仍在起作用，因此也会出现交待不彻底或者避重就轻的情况。但毕竟已经交待了罪行，在情绪上多少都会出现一种轻松的感觉，如目光呆滞、面带微笑、长舒一口气等。

2. 认罪悔恨感

有些犯罪嫌疑人在交待过程中或者交待完毕以后，会表现出唉声叹气、无可奈何、痛哭流涕等"悔不当初"的神情，这是一种"大势已去"的心理表现。他们在认罪交待后，一想到将要面临的法律惩处，就感到害怕和恐惧，不由自主地表现出其忧伤和悔恨的神情。虽然这一阶段犯罪嫌疑人已经开始交待罪行，但我们要明白，在现实审讯过程中，一开始就主动彻底交待罪行的犯罪嫌疑人少之又少。对大部分犯罪嫌疑人而言，尽管已经开始交待罪行，但这毕竟是被迫的，即使交待也会心存侥幸，尤其面对即将来临的刑罚惩处，也都心存畏惧，因此大多不会彻底投降。在交待过程中，犯罪嫌疑人出现能少供就少供，有证就供，无证不供的现象也就在所难免。

三、犯罪嫌疑人的行为表现

在行为心理学看来，人的行为活动是其内在心理活动的外在表现，通过对个人行为活动的细心观察和分析，往往可以洞察其内心世界。但要明白一点，由"行为"洞察"心理"在非对抗性环境下是有较为可靠基础的，但在审讯这种对抗性环境中，则变得非常复杂。在审讯这种特殊环境中，犯罪嫌疑人为了逃避打击，他们会以各种真真假假的行为来蒙蔽讯问人员，让其产生错觉，从而蒙混过关。所以，面对犯罪嫌疑人的各种行为表象，讯问人员决不可以根据某一行为表象就轻易下结论，而应把诸多行为表象结合起来综合考虑，方可对其心理动态作出较为准确的分析判断。具体而言，反映心理活动的行为表象，按其表现形式不同可将其分为三种，即言词语言、体态语言和情绪语言。它们可以不同的表象，从某一个侧面反映出行为人的心理动态。

（一）言词语言反应

言词语言即有声语言，在某种特殊情况下也包括作为替代语言的少数动作，如点头表示"是"，摇头表示"否"等。言词语言反应除了包括说话内容外，还包括说话时的语调、语速、音高和清晰度等语音特征。在审讯中，犯罪嫌疑人说话时的心理特征以及是否说真话，其语言反应是不一样的，主要表现有：

1. 回答提问的时间间隔

一般来说，在审讯这种特殊环境下，犯罪嫌疑人对讯问人员提出的问题能够立即作出回答，说明他们在该问题上没有什么防备，基本可以确定其回答问题的真实性。当然，对一些教条式的提问应当除外，如姓名、籍贯、社会关系、来这里做什么等问题，因犯罪嫌疑人对这些太过熟悉，早就已经编制了一整套对付的办法，他们对这些问题是否立即作出回答，并不能判断其回答是否真实。

如果犯罪嫌疑人对讯问人员的提问迟疑不答，或者思考了一会儿再作回答，则表明他们的回答存在着欺骗的可能性，即说假话的可能性极大。其原因就在于，如果心底坦荡，对于一个直接、明确的问题作出回答，并不需要作过长时间的考虑，而迟疑回答或者思考了一会儿再作回答，则表明犯罪嫌疑人在该问题上有所顾虑或防范，需要时间来编造一个自认为合理的虚假回答。

2. 回答问题是否直接、简明

在审讯过程中，当讯问人员直接问到有关犯罪的问题时，如果犯罪嫌疑人能直接正面的回答问题，没有任何迟疑或犹豫，表明他们在该问题上没有什么防范，基本上可以确定其回答是诚实的。相反，如果犯罪嫌疑人对提问躲躲闪闪，不作正面回答或者绕圈子，企图引开话题或者用另一个回答来回避正题，则说明该问题对犯罪嫌疑人太敏感，不愿提及或正视，他们的回答是编造的谎言。

如果犯罪嫌疑人除了直接正面回答问题外，在语气上也表现得较为简洁明快，没有明显的掩饰或迟疑，则其说真话的可能性极大。尤其是对一些突发性提问，能毫不迟疑地直接回答，没有任何犹豫或吃惊的表现，则更能说明其回答的真实性。其道理在于，如果犯罪嫌疑人对讯问人员的提问如实回答，是不会有任何顾虑的，也不会出现心理紧张或恐惧等现象的，那么在语气上自然会表现得简洁明快。相反，如果犯罪嫌疑人说假话，则不可能如此简洁明快，即使回答也会表现得犹豫不决，吞吞吐吐。

3. 回答问题的用词习惯

语言习惯不仅能表现出一个人的个性特征，同时还可以透视出一个人的心理状况。因此，有时被讯问人顺口而出的一些语言用词，比经过认真思考后的内容更能说明问题。通常性的语言用词习惯有以下几种较为普遍的特征：

（1）说话时多用第一人称"我"，这是一种自我意识很强且过于自信的表现，由此可以看出说话人自我显示欲很强的性格特点。

（2）借别人的话来表达自己的意思，这是一种自我扩大欲显示的性格特点。当说话人感觉自己力量不足时，便要借助别人的力量，来说明自己的正确性。如为说明拿"回扣"的合法性，说话人往往会说，某某领导也是这么说的，以此表明自己所说的分量或正确性。

（3）表现相互关系的恭维语。在社会生活中，恭维语是维护良好的人际关系的润滑剂，而有些人故意使用一些过度的恭维语，则往往是为了达到某种目的或企图。这种恭维语也经常反映在审讯过程中，有的犯罪嫌疑人为了达到某种目的，而有意向讯问人员传递恭维语。

如：你年龄不大，却有很高的水平、很高的人品，等等，用恭维语来换取对他的"好感"，或达到其他的目的。

（4）表现思考状态的思考语。思考语是表达人在思考时的语言状态，它反映说话人为了达到语言连贯性和意识表达的准确性，在当即不能表达，需要慎重思考的情况下，而选用的一种掩饰性语言。常用的"呃"、"啊"、"唔"、"这个……"、"但是"，等等，这些就是所说的"思考语"。在审讯过程中出现"思考语"，表明对方的回答是在极其慎重的情况下的表示，而不是随意的。

（5）双方谈话的"附和语"。这是表示对所表达的意思表示赞同的语言，其目的是要让对方知道，我正在专心听你说话，以消除对方的顾虑。

4. 说话时的语气

人的表情和情感，除了通过脸上表现出来，还可以通过说话时的语气来表现，这就是"语气"的魅力，它不但能增强说话的感染力，表达说话者的内心情感，还能表达其言外之意。语气包括语速、声调和语音节奏，在审讯这一特殊环境中，被讯问人说话时语速的快慢、声调的高低和节奏的顿挫变化，与其所受刺激的大小和由此而引发的心理变化密切相关。在审讯中，当被讯问人心理处于平静状态时，其说话的速度通常都比较平稳，语速适中；而当讯问的主题忽然涉及被讯问人犯罪的关键问题时，其说话的速度会不自觉地放慢起来，甚至有时会让人觉得好像不会说话一般，这是因突然间的心理紧张而引起的反应；在被讯问人心理处于激动状态时，其说话的速度会忽然加快，而当其烦恼不安或恐惧的时候，说话的速度会表现得异乎寻常的快。

声调是"语气"的另一特征，它的高低变化也能反应出说话人的心理变化。就心理状态而言，当被讯问人内心激动时，其声调往往很高；内心处于不安状态时，其声调也会异乎寻常的高；当他们经过百般狡赖，仍无法掩盖其犯罪事实时，其声调则会变得越来越低。

语言节奏，这是"语气"的又一特征，它主要通过说话时的抑扬顿挫表现出来，有时语言节奏也反映出说话人的心理活动节奏。当说话人处在理直气壮的时候，其说话的节奏感很强，相反，心理有某种压力时，其说话则会慢慢吞吞变得毫无节奏。

在讯问中细心观察被讯问人语气的变化情况，即可大致判断他们回答问题时所处的心理状态，进而分析其说话的真假。

5. 记忆力的好坏

在审讯中，有些被讯问人在回答问题之前有所迟疑，提出"我记不清了"、"让我想想"之类的话时，多半都带有一定的掩饰成分。其目的就是拖延时间考虑如何编造谎言以应对审讯，要么是极力回忆以前审讯中类似问题是怎么回答的，以求能够自圆其说，保持回答问题的连贯性；要么是装着对问题认真思考的样子以掩饰其实质性罪行。如果经过短时间的回忆后，以一种小心翼翼的方式回答问题，则说谎的可能性极大。其道理就在于，如果实事求是地回答问题，无须极力回忆便可作答，如果是说谎，则会小心翼翼地作答以防止前后供述矛盾或出现漏洞。

6. 吐字的清晰度

一般而言，如实供述的犯罪嫌疑人在回答问题时，说话不但态度直截了当，而且吐字情绪，表达也比较清楚。相反，说谎话的犯罪嫌疑人往往说话含糊不清或声音时高时低，语气和声调变化不定。这是由于他们在回答问题时心理紧张、害怕、恐惧等原因造成的。在犯罪嫌疑人供述过程中，吐字的清晰度及相应的表情往往代表着不同的的心理特征。

（1）在回答问题时，被讯问人的语音出现颤抖、说话减少、语调较轻、叙述停顿较多、反应迟钝，这是一种极端紧张的表现。讯问人员对这种表现应注意分析是属于正常还是非正常的紧张。就审讯来说，本身就是一个紧张的过程，这属于正常的紧张。另一种则是由于被讯问人说谎和思想矛盾引起的，则属于非正常的紧张。由于被讯问人心理和生理上的某些原因，若属非正常的紧张，那么他们的眼神则不敢正视讯问人员；思想矛盾时则只盯着一个地方看，并且会出现动作单调、坐立不安、说话声音小、速度慢、结巴颤抖等情况。

（2）回答问题时，被讯问人说话突然减少，语调生硬，这是一种不满意的表情。除了讯问人员出现了某种失误外，就是出现了与被讯问人自身利益相关的问题，这是一种畏罪心理的反应。

（3）在讯问过程中，被讯问人说话的声音抖动得厉害、说话含糊不清、语无伦次、有时还会出现哭喊，这是一种恐惧的表情。这种心理状态对审讯是不利的，这时讯问人员应放慢讯问速度，缓和情绪，注意在自由交谈中发现矛盾。

7. 对刺激性语言的反应

如实供述与抗拒说谎的犯罪嫌疑人，在对待涉及案件性质或者核心内容的一些敏感性、刺激性词汇，其反应是不一样的。一般来说，如实招供的犯罪嫌疑人，对于像抢劫、杀人、强奸、盗窃等涉及案件实质的刺激性词汇，大都敢于正确面对，低头认罪或悔罪的表情比较明显。而抗拒说谎的犯罪嫌疑人，对于这些涉及案件实质的敏感性词汇，则大多采取回避或狡辩、否认的态度，而且情绪也表现得较为紧张。

（二）体态语言反应

在审讯这种特殊的环境下，被讯问人身体上每个部位的某些细微变化，也是受心理紧张或放松、害怕与恐惧、心跳快慢等因素的影响，自觉或不自觉地表现出来的行为反应。这些肢体动作反应，也代表着丰富的心理变化内容，仔细观察被讯问人头、手、脚等身体部位的姿态或体态变化，往往也可窥见其内心密码。这种因身体部位变化所反映出来的心理变化，在心理学上又称之为体态语言或肢体语言。

1. 头部的变化①

头部的变化主要是在讯问过程中，被讯问人头部姿态、位置或朝向的变化，以及这些变化所表现出来的心理特征。

（1）头部前倾或后仰。从头部的"体态语言"来看，头向后微仰、两眼半闭，这是一种优势心理的信号。如审讯中被讯问人出现这种姿态，讯问人员就应迅速摸清对方定势心理的活动脉搏，找其弱点，打乱对方的定势心理防线；与此相反，头向前微低、两眼微上视，这是一种胆怯的心理表现。如被讯问人出现这种姿态，讯问人员就需要用开导性语言，使其放下顾虑，促使对方交代罪行。

（2）歪头。将头从一侧倾斜到另一侧，无论向左或向右歪头，都表明对方对讯问人员提出的问题产生了某种兴趣，这时如继续引导或开导，就有可能让对方交代罪行。

（3）摇头。摇头一般是表示反对或否定，在讯问人员和被讯问人的交锋中，如被讯问人表示摇头，则表明他们对讯问人员所说的内容表示反对或者不信任。这种动作有时还是对方经过激烈的心理斗争后产生的一种不自觉的外部反应，摇头便是这种"持反对态度"的下意识的反应。

---

① 吴克利. 贪污贿赂犯罪侦查谋略与技巧［M］. 北京：中国检察出版社，2008：47.

（4）点头。点头一般是表示赞同，点头动作的快慢、强弱，表示赞同的程度。在讯问人员和被讯问人的交流中，如被讯问人能不断的表示点头赞同，这就是讯问成功的基础，讯问人员则需要继续抓住对方的心理脉搏，促进其供述动机的产生。

2. 上肢的变化①

上肢包括人的手和手臂部位，它们所处的姿态和某些行为动作，也是行为人心理状态的外在表现，仔细观察研究其变化情况，也可窥视其内心秘密。

（1）双臂交叉于胸前。这种姿态后面的潜台词，是一种预防信号，同时也是一种消极态度的表现。当被讯问人听到不喜欢或者对其有威胁性的言词时，常常就会将双臂交叉起来。如果被讯问人将双臂紧紧地交叉于胸前，并且双手紧握，这就暗示着一种很强的抗拒心理。如果被讯问人略微变换上述的姿势，双臂交叉并将手掌放开，然后双手握住两只胳膊，这就等于告诉讯问人员，他是不会轻易交代的。审讯中出现这种情况，说明讯问人员的审讯方法不对路，应当改变讯问思路。

（2）手搓后颈。这是一种自我谴责的信号。当被讯问人将手放到后颈部位，轻轻地来回搓动，这是一种知道犯了错误而又不知所措，表现出一片茫然的心理反应。审讯中如果被讯问人出现这种动作，则说明讯问人员审讯方法对路，所投放的信息已起作用。

（3）搓手掌。这是一种因紧张而急切期待答案的心理表现。当被讯问人对讯问人员提出的某些问题或发出的某种信息感到意外或惊恐，对以后可能产生的不确定性结果感到紧张，常常就会不自觉的双手互搓手掌以缓解心理压力。这是一种情急之下的思考，急切期待答案的心理表现。当讯问人员看到对方的这种手势时，则应注意控制不该说的话，防止对方摸底。

（4）十指交叉。这是一种焦虑、沮丧的心理反应，有时也是一种敌对情绪的反应。当讯问人员看到对方的这种手势时，可暂时停止问话，待对方紧紧交叉的十指自动打开，心理上开始缓和后，再进一步提问。

（5）塔尖式手势。行为人双手合十，左右手指相互挨着，指尖朝上或朝外呈塔尖状，这种手势显示了一种高傲的心理状态。在审讯中，如果被讯问人出现这种手势，则是其拥有某种优势地位的表现，而这种高傲姿态的出现，又进一步地支持了他们的抗拒心理。对于这种不利于审讯的心理状态，讯问人员应设法立即予以消除。

（6）双手插兜、拇指伸出。这是一种自负的心理信号，这种手势同人的性格和社会地位有着一定的联系。从性格上看，这是属于外向型，自认为有社会地位，有钱有势所表现出来的高傲态度。审讯时如被讯问人出现这种姿态，在问话方式上则应注意"张弛结合"，利用矛盾揭露谎言、攻其锐气，当锐气消磨掉了，也就到了其该交代问题的时候了。

3. 下肢和脚部的变化②

下肢和脚部的变化主要是指人的大小腿和脚部所处的姿态及其相应的行为动作。行为人的某些心理特征，也可通过这些固有的习惯性肢体动作表现出来。通过对人体腿脚姿态动作的仔细观察分析，也可窥见行为人的某些心理特征。

（1）双腿底位交叉、双脚相别。这是一种控制消极思维外流，控制紧张情绪和恐惧心理的姿势。行为人在摆出这种姿态的时候，常常还把紧握的双拳放在膝盖上，或者用手紧紧抓

---

① 吴克利. 贪污贿赂犯罪侦查谋略与技巧[M]. 北京：中国检察出版社，2008：47-48.
② 吴克利. 贪污贿赂犯罪侦查谋略与技巧[M]. 北京：中国检察出版社，2008：48.

住椅子的扶手。当被讯问人保持这种姿态时，其紧张、恐惧情绪已表露无遗，这时讯问人员就应适当缓和现场气氛，消除对方的紧张或恐惧情绪，采取自由交谈等方式，利用有效的证据，使其坦白交代。

（2）大腿交叉、小腿相别。这一动作表明对方虽然认真倾听、神态庄重，但他"入耳"并没有"入心"。根据正常的心理状态，此时对方正在想着和自己利害关系比较大的，或者交代后的后果和今后的退路等问题。这时讯问人员应注意使用引导型的语言。

（3）摇足抖腿。这是一种焦躁不安、不耐烦或是为了摆脱紧张感的表现。审讯中对方表现出这种姿态时，讯问人员就应注意发现对方出现这种动作的原因。有时被讯问人说谎的时候，也会出现这样的姿态，其原因就在于说谎而心绪不宁，心里烦躁。

（4）脚部的动作。由于人们平时都是穿着鞋的，因此观察脚部动作，主要是看脚尖的指向。一般而言，一个人脚尖的朝向便是人感兴趣的方向，一个人往什么地方去，首先是脚尖指出的方向。比如在写字楼等电梯的时候，有些人站在两个电梯中间，而脚尖却指向其中一个电梯，这说明他已经准备上那个电梯了。审讯时，如果被讯问人的脚尖指向讯问人员，说明他暂时愿意与讯问人员交谈，如果脚尖立起或者脚尖指向别处，那就是对讯问人员不感兴趣的一种信号。

4. 坐姿的变化①

在审讯过程中，被讯问人都是坐着接受讯问人员问话的，而坐姿依据每个人的心理特点不同，其表现也各不相同。虽然审讯时大都要求被讯问人以正坐的姿式坐着，但有时随着被讯问人员的心理变化，他们也会下意识地发生坐姿的变化，而不同的坐姿常常会反映出不同的心理状态。在审讯中，经常发现被讯问人员将左腿交叠在右腿上，双手交叉放在左腿根部两侧，这种坐姿表明，这类人此时带有很强的优势心理和自信心。另一种坐姿是将两腿和两脚的后跟紧紧地并拢，双手端正地放于两膝盖上，这是一种顺从的姿态，表明被讯问人愿意接受审讯人员的问话。相反，两腿和两脚的后跟紧紧地并排靠在一起，双手交叉放于大腿两侧，这是一种反感、厌烦的心理表现，说明对方不愿意接受问话或交流。还有一种坐姿，行为人忽然将两腿的距离分开，两只手没有固定的搁放处，这表明其心理活动处于激动状态。与其相反，当行为人自然地将身体半躺而坐，双手自然下垂于两腿之间，这表明其心理活动处于平静状态。

通常在对犯罪嫌疑人进行审讯时，首先进入审讯室的应该是讯问人员，被讯问对象大多在其后进入审讯室，而被讯问对象往椅子上坐下的瞬间动作，常常也能反映出此人此时的心理状态。

当被讯问对象进入审讯室后猛然坐下，并表现出极其随意的态度，这一动作本身即意味着此人内心深处隐藏着极大的不安，随意的态度只是刻意作出来给人看的。行为人之所以出摆出这种姿态，是由于他不愿让对方识破自己此时抑制心理或紧张心情，尤其是面对讯问，更是如此；相反，那些舒适而深深地坐入椅内姿态，则表现出此人有很强的心理优势，一种无所畏惧的心理表现；此外，还有一些人，他们小心翼翼地坐在椅子的前半部，这是一种紧张心理的表现，因害怕或恐惧，则以小心谨慎的姿态来保持外表的平静。当这种坐态逐渐向后移位，变成身体靠在椅背，两腿伸出的姿势，则说明其心理逐渐处于平静状态，内心开始由紧张变得平静。

---

① 吴克利著. 贪污贿赂犯罪侦查谋略与技巧[M]. 北京：中国检察出版社，2008：48-49.

(三)情绪语言反应

反应一个人情绪特征的莫过于面部信息特征,包括眼、眉、脸等部位的细微变化,它们都可以从不同侧面自觉或不自觉的反映出行为人的情绪特征,进而洞悉其心理变化。我们通常所讲的讯问人员在审讯中,要善于察言观色,就是指要善于从被讯问人面部的细微变化中,洞察其心理变化,进而做到知己知彼,百战百胜。情绪其实也是一种语言,是一种无声的语言,它的变化也是对行为人心理特征的一种反应。人的情绪反应主要包括眼、眉、嘴和脸部特征的变化,这些细微变化也都代表着一定的情绪内容。

1. 视线的变化

在审讯过程中,细心观察被讯问人眼睛视线的变化,常常可以从中发现许多心理信息。被讯问人眼睛视线变化的内容主要包括注意力和视线高低两方面。

(1)注视讯问人员的时间。根据观察,在审讯中被讯问人用眼睛注视讯问人员的时间与说话时间的比例平均占全部说话时间的$1/3 \sim 2/3$,如果高于这个平均值,则表明被讯问人对涉及的内容感兴趣,愿意谈这部分内容。其原因就在于被讯问人觉得这部分内容对他利多弊少;如果低于这个平均值,则表明被讯问人隐藏了实情,或有恐惧心理和敌对情绪,他不敢正视审讯人员,故意避开对方的眼睛,此时应设法判断对方隐藏了什么具体实情,由此也能看出被讯问人对什么感兴趣、对什么不感兴趣;如果注视审讯人员的时间在$1/3 \sim 2/3$,则表明被讯问人心理平静,审讯人员的讯问语言和内容对其刺激强度不够,需要改变讯问力度和速度。

(2)视线的高低。当被讯问人的眼睛始终注视着讯问人员的眼和嘴之间回答问题时,说明被讯问人的心态平静或漫不经心,这一情况表明其所交代的,并不是最重要的问题;如用眼睛注视审讯人员的眼和头顶回答问题,则表明其心态是严肃认真的,态度较为坚定;如用眼睛看着审讯人员的眼和胸部之间回答问题,显示出对讯问人员的信任和好感,这正是讯问得以成功的基础。

2. 眼神的变化①

心理学家告诉我们,人内心的隐秘、情感的流露,总是自觉或不自觉地在人的眼神中流露出来。也有人说:"只要你送我一个眼神,我就会知道你想的是什么、你想说什么。"在中国汉语中表达"看"这一意思的词汇就非常丰富:看、瞧、观、望、扫、览、盼、顾、眺、瞟、瞪、盯、窥、睹、睁、眯、眨等都是对"看"这一动作的不同描述。在审讯中学会了观察"眼神"的含义,它就能帮助讯问人员看透被讯问人心灵深处的奥秘,这是语言本身所无法代替的。

在审讯中,讯问人员与被讯问人双方目光交锋时,所流露出的各种眼神并不是随便表现出来的,而是其复杂的心理反应在大脑支配下,通过主观意识的集合后才注入其眼睛,出现不同的神态反应的结果。而这些不同的眼神,都代表着行为人对对方的态度,同时又借此捕捉对方对自己的态度。如:互相正视,表示坦诚;互相瞪视,表示敌意、仇恨;斜眼扫一下,表示藐视、鄙夷、憎恨、逼视;不住上下打量对方,表示挑衅;低眉偷觑,表示困窘心虚;注目正视,表示尊敬、关注;白人一眼,表示反感;双目大睁或面面相视,表示吃惊、突然;不停眨眼,表示疑问、思考;眯着眼看表示不高兴或者轻视,如此等等。一般而言,通过目光常常可以看出对方的内心"密码",识别其真假"心里话"。除了上述眼神所代表的

---

① 吴克利. 贪污贿赂犯罪侦查谋略与技巧[M]. 北京:中国检察出版社,2008:44-45.

明显含义外，以下几种眼神，应特别注意：

(1)眼睛闪烁不定。这是一种精神不稳定的反应。当被讯问人出现这种眼神时，往往意味着他们的心理状态正处于交罪和畏罪时的矛盾关键状态。

(2)眼神呆滞。这是一种精神即将崩溃的反应。此时的被讯问人往往用眼睛盯着一个地方看，即便有所移动也显得呆滞，这是由于心理紧张和思想矛盾交织造成的。当然，有时人的大脑在急剧思考时也会使眼睛反应呆滞，这时回答问题处于应付状态，讲话的声音也比较轻，速度也比较慢。讯问时如果被讯问人出现眼神呆滞的情况，则应注意掌握讯问的节奏，使用某些关键性的刺激语言，促使其向着积极的方向发展。

(3)眼睛转动较快。这是一种索求的眼神。这时被讯问人的心理状态多半是猜疑，说明他一定在关心着什么问题，并且这个问题与他有着某种关系。如果讯问人员不能及时判断这种情况，则可能会把一些不该告诉对方的话，在不知不觉中透露给对方，给审讯带来不必要的麻烦。

(4)眼睛睁大。这是一种激动的表情。被讯问人的激动有着真激动和假激动两种情况，真激动是与被讯问人竭力狡辩或否认某种事实相伴而产生的，假激动则是为了否认和狡辩、纠缠一些无关紧要问题，以达到破坏审讯和搅乱事实真相的目的。真激动除了眼睛睁大外，往往还伴随着颤抖、发怒等与激动相关的表情。

(5)瞳孔的扩大。这是一种满足与兴奋的表情，说明心情兴奋，对某种事态的反应迎合了自己的心理要求，或者满足了对某种情景的追求，达成了共识，产生了内在的心理亢奋，刺激了瞳孔的变化。如赌徒在拿好牌时，判断肯定能赢钱的时候，就会因心情兴奋，而出现瞳孔扩大的情况。

(6)瞳孔的缩小。这是一种心理压力大，有敌对情绪的表情。如果被讯问人出现这种情况，讯问人员就要注意改变问话的节奏，以转移对抗情绪，并找出敌对情绪的原因，对症下药。

3. 眉毛的变化

眉毛的细微变化也与人的心理状况密切相关，虽然没有眼睛眼神那么丰富多彩，但通过对眉毛变化的细心观察，也可洞察行为人的心理特征。具体有如下几种情况：

(1)眉毛紧锁(有时伴有抿嘴咬牙)。这种表情属于紧张的表情。被讯问人这种紧张情绪的产生，通常有两种情形：一种是讯问气氛的自然紧张；另一种是被讯问人说谎，思想矛盾，讯问人员的提问触及了要害问题。这两种紧张情况只有通过比较，结合现场审讯的氛围，细心观察才能分清。如果是因被讯问人的谎言被戳穿而出现的眉毛紧锁，则应趁热打铁、迫使其丢掉幻想、老实招供认罪。

(2)眉毛上耸。这是一种惊恐、激动的表情，是受特种语言环境的刺激而产生的恐慌表情。其表现是竭力否认自己的罪行；为自己或别人的犯罪事实进行狡辩；或为了自己受冤屈而辩解。当然，上述情况还要根据被讯问人所处的环境和外来信息的刺激，将其与整个审讯过程中所反映的规律特点进行比较才能确定。

(3)眉毛下拉。这是在眼的配合下表现出来的恐慌、思考表情。通常在谎言被揭穿的瞬间，被讯问人容易出现这种眉毛下拉的表情，此时的审讯则应加快讯问速度，不给对方思考的余地。

(4)双眉舒展。这是一种轻松的表情。当讯问人员与被讯问人经过激烈的交锋，被讯问人交代了自己的问题后，出现的轻松表现。对此应注意两个要素：一是必须经过紧张的交锋；二是被讯问人交代了罪行，两者缺一不可，这是从心理学角度来分析的。但是，被讯问人交代的彻底程度如何，还要具体分析其面部肌肉的放松程度和血色的正常程度，姿势恢复的自然程度等。

（5）双眉微皱。这是一种不满情绪的表现。在正常情况下，被讯问人认为处理不公正，其正当要求没有得到满足时，常出现这种表情，这种情绪发展下去便是对抗情绪。看到这种情况，讯问人员应主动控制这种情绪的变化。如果在初审中，被讯问人出现不满情绪，那么这时讯问人员的教育和询问对其就没有多大效果。因此，作为一名优秀的侦查讯问人员，在审讯过程中，应主动控制被讯问人的情绪变化，避免对立情绪、不满情绪的产生。

4. 嘴唇的变化

在审讯这一特殊环境中，被讯问人在不说话的情况下，其嘴唇出现的某些细微变化或者下意识动作，往往是其复杂心理的外在表露。嘴唇的不同变化，往往代表着不同的心理状态，对此进行细心观察分析，则可窥视行为人的心理状况。

（1）嘴唇颤动，是内心激动的反应。被讯问人的嘴唇颤动，其内心状态是非常激动的，大多是为了否认自己的罪行，为自己或别人的犯罪事实进行狡辩。

（2）嘴唇上提，是藐视的反应。被讯问人嘴唇上提，表明其蔑视或看不起讯问人员。对这种情况讯问人员可采用两种极端的方法，打击其嚣张气焰。一是给"下马威"，用言语对其震慑，使其端正态度；二是用卑谦之词给其"戴高帽子"，使其认识到自己的这种嚣张态度是否用错了地方。

（3）嘴唇前伸，是询问的反应。被讯问人出现这种表情，说明其不完全明白讯问人员提出这一问题的真正意思是什么。

（4）嘴唇不住地上下接触，是思考的反应。如果被讯问人出现这种表情，那么讯问人员此时就应送上"关键性"的语言，让其思考顺着讯问人员的思路往下走。

（5）舔嘴唇，是恐惧的反应。出现这种心理状态是不利于讯问的。因为伴随恐惧情绪而产生的戒备心理带有极强的防御性，此时讯问人员应及时放慢讯问节奏，让其情绪缓和一下，在自由的交谈中发现其供述矛盾。

（6）咬嘴唇，是猜疑的反应。出现这种情况，说明被讯问人一定在关心着什么，并且该问题与其有着很大的关系。如果讯问人员没有弄清对方所关心的问题，就不要轻意透露与案情有关的情况，以免给后面的讯问带来不必要的麻烦。

5. 脸部的变化

脸部的变化包括面部表情、面部肌肉和脸色的变化，这些变化都与人的情绪状况密切相关，是其内在心理状况的直接表露。对行为人的脸部变化情况进行细心观察分析，可直接窥视其内在心理活动。

（1）面部表情。面部表情是人的内在心理活动的外部表现，也是思想情感的外部表现，是一种传递"心理活动"的媒介。但是，人的面部表情既可以说实话也可以说谎话，而且常常在同一时间里既说实话又说谎话。在审讯中，被讯问人也常常利用面部表情来作为掩饰和伪装其真实思想和犯罪事实的"假面具"。

一般而言，面部表情可提供两类信息：一是被讯问人想让讯问人员知道的信息；二是被讯问人想隐瞒的信息。那么应如何通过面部表情来发现被讯问人的心理活动呢？人的面部表情动作具有二重性，即可控的虚假表情和不可控的真实表情。可控的面部表情是指行为人为了掩盖真实的心理状况而刻意伪装出来的表情，这种人为控制的表情由于不是其内在情感的真实反应，则必然会出现某些不自然的状况；不可控的面部表情是属于一种情不自禁的、下意识的表情，是行为人生理上的自然反应的表情。

那么，如何判断行为人面部表情是否真实呢？我们要知道，一个人要想通过控制面部表情来隐瞒真实的内在情绪并不容易，其面部表情与真实感受之间常常难以和谐，容易被人看出隐瞒的痕迹。其原因就在于，当情绪发生时，生理上所发生的某些变化是自然而然的，而且往往来得极快，人无法加以控制，只能被动地加以感受。如果人为地要隐瞒自己的真实感情的时候，那么其面部表情也会明显地表现出来。例如，在掩饰恐惧的情绪时装出愤怒的样子来，因真实的恐惧所自然产生的面部肌肉动作和因伪装所控制的面部肌肉动作的变化趋向常常会发生矛盾或冲突。具体来说，产生恐惧时眉毛会不自觉地抬起，而在伪装愤怒时却必须将眉毛往下压。

（2）脸色的变化。被讯问人从抗拒到认罪，都要经过复杂的心理斗争过程，这种复杂的心理活动，往往会通过脸色的细微变化表现出来。脸色的变化是很复杂的，再通过眼、嘴和面部肌肉的配合，更是细微莫测，尽管如此，我们还是可以从这些复杂细微的变化中找到某些规律。比如，脸色发红往往是隐藏在心底的秘密被人发现或识破后，出现的一种尴尬、羞愧、腼腆的表情。当然，在观察被讯问人的反应时，还要注意时间、环境、事件、关键语的变化对脸色变化的影响等。

（3）面部肌肉的变化。组成面部表情的肌肉是多种多样的，各肌肉块的功能作用也各不相同，而有些面部肌肉既是反应行为人心理活动的晴雨表，又可以作为测量其是否说谎的可靠依据。其原因就在于，伪装出来的表情不可能使其面部肌肉正常的运动，当它们正常运动起来的时候，要想加以控制，也是不太可能的。这些极难人为控制的面部肌肉，只有在人感受到某种情绪的情况下，才会自然地有所动作。比如某些人虽然不能故意地把嘴角往下拉，但在感到悲伤、忧愁的时候，其嘴角则会自动下拉。因为这一类的肌肉难以用意志加以控制，所以情绪心理学家把它称为"可靠肌肉"。又如人们在害怕、恐慌、着急、担忧自己的事情败露时，其眉毛也会奇特地扬起来，这种面部肌肉动作是两类动作的混合结果，也是极难随意做出的。当人产生这些情绪的时候，上眼皮会抬起并拉紧，引起眉毛的变化和面部肌肉表情动作来加强"语气"信号。此外，脸上专门有一块肌肉可以把眉毛往下拉，而且是拉在一起，达尔文把它称为"困难肌肉"，一旦遇到困难、危险、难解的问题、搬起重物等，这种肌肉便开始出现了。在讯问的时候，应注意这种肌肉的变化。

第二节 犯罪嫌疑人的拒供心理及其矫正

审讯阶段，犯罪嫌疑人在畏罪心理和求生欲望的驱使下，通常都不会轻易低头认罪，抗拒则成为常态。从侦查讯问人员审讯的角度而言，要想使犯罪嫌疑人认罪伏法，就必须采取措施，消除其拒供心理。

一、拒供心理及其影响因素

拒供心理是指支配犯罪嫌疑人抗拒审讯，抵赖狡辩，拒不如实交代犯罪事实的心理意向。在讯问中，犯罪嫌疑人"拒供"的表现形式是多种多样的，可能是不供，或者谎供、乱供，甚至是翻供、悔供等。在审讯阶段，已身处囹圄、自由尽失的犯罪嫌疑人，面对环境的突变，罪行即将被揭露而要受到的法律惩处，以及可能由此而出现的工作、家庭、社会地位的变故等，必然引起心理上的恐惧和焦虑。此时虽有负罪或者悔罪感，但在趋利避害这一动物般的本能的驱使下，抗拒的心理随即产生。犯罪嫌疑人拒供心理的产生，受多重因素的影响。由于每个人的性格特点、心理状态以及所处社会环境的不同，其拒供心理的强弱、持续时间的长短以及表现形式都不一样。一般来说，影响犯罪嫌疑人拒供心理形成的因素主要有以下几种：

（一）罪责状况对拒供心理的影响

罪责状况是指犯罪嫌疑人有罪、无罪以及罪轻、罪重的状况。"畏罪"是每个身陷囹圄之人所共有的普遍心理，面对高悬的刑罚惩处，谁都会为之感到恐惧、担忧。在这种恐惧、担忧心理的支配下，尽管每个犯罪嫌疑人的罪责状况不同，但在求生或者逃避罪责这种本能欲望的驱使下，必然产生拒供心理。当然，由于每个犯罪嫌疑人罪责大小的不同，将要面对法律惩处的严厉程度不同，影响其拒供心理的强弱和应对审讯的态度也不完全一样。一般来说，对于那些有罪或者罪重的犯罪嫌疑人，出于对将要来临的严重刑罚的惧怕，必然产生较强的抗拒心理，尤其是那些可能面对极刑处罚的犯罪嫌疑人，其抗拒心理就更是严重。而无罪或者罪行较轻的犯罪嫌疑人，在法律的威慑下，也会因心虚而产生畏罪心理，从而产生对抗情绪，只是其抗拒心理相对要轻一些而已。

（二）社会处境对拒供心理的影响

由于每个人在特定的社会阶层或团体中所处的位置不同，以及职业、受教育程度等的不同，其所扮演的社会角色以及由此而形成的价值观和行为模式也不一样。每个人的价值观和行为模式都是在其所处的社会环境中逐渐形成的，即使其所处社会环境发生了变化，其业已形成的固有价值观和行为模式也难以在短期内发生变化。对于那些已身处囹圄的犯罪嫌疑人，虽然其所处的社会环境发生了根本性变化，此时已扮演着"阶下囚"的角色，但在其固有价值观和行为模式的影响下，必然产生相应的"不甘心"心理。一般来说，其所处社会环境的反差越大，其"不甘心"的心理就越严重，拒供心理也更加强烈。比如那些罪责深重的重犯、位高权重的要犯、有资深犯罪经历的惯犯、自以为犯罪手段高明而被揭露的犯罪嫌疑人等，当他们被拘捕后，出于对昔日的美好回忆和未来的恐惧，其"不甘心"的心理尤其强烈，总会千方百计地拒供，以企图逃避或减轻法律的惩处。

（三）个性特点对拒供心理的影响

每个人的个性心理特点不同，其对待罪责的态度也是不一样的。一般而言，性格坦率豪爽、口直心快，或者性格内向、怯懦老实、善于克制自己的人，其拒供心理都不太牢固，决心不强、拒供持续的时间也相对较短，讯问时比较容易转变思想；对于那些平时处世圆滑、善于察言观色的人，其拒供心理则比较强，审讯中容易见风使舵，拼命抵赖；而那些性格阴险、为人狡诈、私欲心强的人，其拒供心理最为坚决，持续的时间也相对较长。

（四）反审讯经验对拒供心理的影响

犯罪嫌疑人的反审讯经验直接影响其拒供心理的强弱，尤其是那些曾经受到过刑事打击的人，其拒供心理就更为强烈。一般来说，初犯、偶犯都有较强的畏罪心理，虽然有着强烈的拒供心理，但因缺乏反审讯经验，审讯中因心慌意乱、自乱阵脚，其拒供心理比较容易被攻破；对于那些曾经受到过侦查打击，特别是二进宫、三进宫的屡犯惯犯，尽管其内心也充满了紧张与恐惧，但毕竟有着反审讯的切身经历，其拒供心理则极为强烈，讯问时大都能稳住自己的阵脚，沉着应付，不会轻易交代。

二、犯罪嫌疑人常见的拒供心理及其矫正

在审讯中，犯罪嫌疑人最常见的拒供心理主要有畏罪心理、侥幸心理和对抗心理，而其他的心理，如犹豫心理、悲观心理、戒备心理等，都是在这几个基本心理基础上派生而来的。就侦查讯问人员而言，审讯工作就是一场攻心战，能否让犯罪嫌疑人如实招供，关键就在于能否准确地抓住对方的心理特征，有针对性地采取攻心措施，令其转变观念，端正态度。

(一)畏罪心理及其矫正

畏罪心理是犯罪嫌疑人因惧怕罪行被揭露而受到刑罚处罚的一种心理状态。这种心理是由其罪责感和法律的威慑力以及审讯现场的威严气氛，给犯罪嫌疑人造成巨大精神压力而产生的。畏罪心理的产生受两方面因素的影响：

一是来源于犯罪嫌疑人自身罪责感的影响，这是内因。罪责感是犯罪嫌疑人对所犯罪行产生的自我谴责并由此将要承担法律责任的一种情感，它与善恶、良心等道德评价密切相关，普遍存在于犯罪行为人的心理活动中。在罪责感的作用下，常使人出现忧郁、恐惧、焦虑、畏罪与绝望的情绪反应。如果罪责感所产生的压力适度，在畏罪、良知、道德感等积极因素的作用下，它可能成为促使犯罪嫌疑人如实供罪的积极心理因素；相反，如果罪责感产生的压力太大，犯罪嫌疑人则会因此产生畏罪、胆怯、绝望情绪，它则可能成为犯罪嫌疑人交罪供述的心理障碍。

二是来自于法律的威慑力和审讯现场的恐惧气氛的影响，这是外因。犯罪嫌疑人因害怕罪行败露而受到法律的惩罚，并由此带来个人名誉、社会地位的损失以及亲人、家庭所受牵连等，再加上对审讯场所威严气氛的切身感受，在这些外在因素的共同作用下，极易产生恐惧、绝望的心理障碍，并由此滋生强烈的逃避或者减轻法律惩处的欲望。在这种欲望的驱使下，便会想方设法地拒绝交代罪行，并在"不交代就无法定罪"，"坦白从宽，牢底坐穿；抗拒从严，回家过年"等错误观念的支配下，拒不交代罪行。

1. 畏罪心理的主要表现形式

畏罪心理是由于心生害怕，不敢正视现实而产生的。在审讯场所这一特殊环境中，面对侦查讯问人员的不断讯问，这种心理则常常从犯罪嫌疑人的言语、行为活动和表情中流露出现。其表现形式主要有以下几种：

(1)暴躁情绪。这主要表现为情绪冲动，言词强烈，不时流露出闪烁其词、语气不坚定的迹象。这其实是一种外强中干、底气不足的表现，其目的就是企图以外在的强硬言行来掩盖内心的紧张不安。

(2)绝望情绪。这主要表现为表情紧张、烦躁，手脚发抖，语无伦次，偶尔有歇斯底里的迹象。这是因压力过大，无法掩饰其内心恐慌而表现出来的情绪状况。

(3)抵抗情绪。这种情绪有两种表现形式：一是公开抗拒。对讯问中涉及的罪行或关键情节，要么矢口否认、百般抵赖，要么编造谎言，避重就轻；二是软抵抗。表面态度良好，但是却"内紧外松"，要么供小藏大，要么小心狡辩，其实质是企图以外在的表面坦诚、态度谦和，掩盖内在的抗拒心理。

2. 畏罪心理的矫正措施

畏罪心理是犯罪嫌疑人如实交代罪行的心理障碍，在审讯中如果措施得当，也可能将其变为坦白认罪的心理动力。矫正畏罪心理的措施主要有：

(1)政策攻心，适度加减压。依犯罪嫌疑人具体情况不同，在审讯中适度地加压或减压，巧妙利用这一心理特征的正面因素，常常有利于其交代罪行。对于那些狡猾奸诈，态度恶劣，以拒供、谎供来对抗审讯的犯罪嫌疑人，可采取适度"加压"的办法，以严厉的训斥打掉其嚣张气焰，结合适当的政策引导，必要时利用证据巧妙提醒，迫使其端正态度，寻求出路；对于那些因罪责感压力过大而拒供的犯罪嫌疑人，则可采取疏导"减压"的办法，以政策的感召力，结合典型案例的正面教育，让其在"坦白"与"抗拒"、"从宽"与"从严"之间权衡，在两害相权取其轻的心理驱动下，选择一条从宽道路。

(2)耐心教育，唤醒良知。具有畏罪心理的犯罪嫌疑人大都不敢面对罪行败露后所带来的不利后果。在教育过程中，首先要让其懂得法律政策，在此基础上再对其进行耐心教育，让其懂得做人的基本道理，令其"设身处地"反省自己的犯罪行为，给社会、他人甚至自己带来的危害，唤醒其做人的良知和社会责任感，激起其敢于承担责任的勇气，从而克服畏罪心理障碍，如实坦白交代罪行。

(3)含而不露，巧用证据。对于有畏罪心理的犯罪嫌疑人，在决定如实交代罪行之前，都有一个"犹豫"过程。为了促使其如实交供，打消其"不交代就无法定罪"、"越交代处罚就越重"的错误观念就显得尤为必要。通过必要的证据提示、点破，让其认识到侦查机关是掌握了真凭实据的，即使不交代也同样可以依据证据对其定罪判刑，抗拒只能给自己带来更为不利的后果，以促使其度过"犹豫"难关，真正走向坦白交罪。

(二)侥幸心理及其矫正

侥幸心理是犯罪人自认为作案手段隐蔽，幻想能够逃避罪责的一种自信心理状态。犯罪嫌疑人的侥幸心理是在犯罪时就已经形成了的，审讯中的侥幸心理无非是在此基础上的继续和发展。这种心理的形成，主要居于以下原因：犯罪人认为自己作案手段高明，行动诡秘，现场上没有留下任何痕迹物证，侦查机关没有掌握其作案证据，只要自己不供认，就不能对其定案治罪；或者是盲目相信其同伙不会招供、知情人不会揭发；或者是自恃有"保护伞"，幻想获取外力的干扰和庇护等。当然，过于相信自己的反审讯经验，由此产生的对抗自信，也是重要原因。他们错误地认为，侦查机关没有掌握到关键证据，只要自己拒不供述，就拿他没办法。

1. 侥幸心理的主要表现形式

犯罪嫌疑人的侥幸心理来源于对自己作案手段方法不会被发现的自信和对侦查机关侦破能力的藐视。在审讯中，这种自负心理也常常从犯罪嫌疑人的言行和表情中流露出来。其表现形式主要有以下几种：

(1)少言寡语、守口如瓶。犯罪嫌疑人坚信侦查机关没有掌握到其犯罪的关键证据，只要不说就拿他没办法。因此，面对讯问人员的发问，除了如姓名、籍贯等最基本的信息资料外，凡是涉及与案件有关的情况，都一概不回答。整个讯问过程，都不与讯问人员正面交锋，大多保持一种沉默状态。

(2)投石问路、试探摸底。主要表现为情绪稳定，表情冷静，对讯问人员的提问不作正面回答，而常常反诘发问，试图以此来了解对方的情况，比如讯问人员是否老练、掌握着多少证据方面的情况等。

(3)以守为攻、顽强狡辩。主要表现为情绪稍显冲动，言语强硬，对讯问人员的提问，要么矢口否认，动不动就要求拿出证据来；要么就大打嘴巴仗，抓住讯问人员言词中的一点漏洞，就无理纠缠。

（4）避重就轻、谎供乱拱。主要表现为在涉及与犯罪有关的问题时，对细枝末节的次要问题多少还谈一些，但对重大问题则避而不谈，或者坚决否认。当穷途末路无法抵赖时，则又故意编造谎言以应对讯问，想方设法为自己开脱。

（5）小心谨慎、字斟句酌。回答问题时情绪稳定，表情严肃，说话缓慢，谨小慎微。对讯问人员的提问，往往是不予回答或者不置可否，回答提问时的每句话都不是随意的，而是经过考虑后的回应，语气坚定。

2. 侥幸心理的矫正措施

自信和幻想是抱有侥幸心理犯罪嫌疑人拒供的心理底线，在审讯中如果善于巧用计谋，讯问手段措施得当，则可击溃其自信，消除其幻想，迫使其不得不如实交代罪行。矫正自信心理的措施主要有：

（1）吃透案情，摸清幻想。虽然犯罪嫌疑人产生侥幸心理的原因多种多样，但其根本原因还在于心存幻想和盲目自信。那么，摸清犯罪嫌疑人的底细，找出他们在哪些问题上存在幻想，其产生幻想的原因是什么，这是消除其幻想和自信的关键所在。为此，就需要讯问人员从分析案情入手，从犯罪的动机、预谋和实施，到发现与拘捕嫌疑人的全过程，甚至包括犯罪嫌疑人的社会背景、思想动态等方面进行细致分析，摸清其幻想所在，有针对性地采取措施击破其幻想。

（2）发现矛盾，利用矛盾。讯问人员在审讯过程中，要注意发现嫌疑人供述中所出现的前后不一致之处，或者其同伙在相同问题供述中所存在的不一致之处，然后对这些矛盾点加以利用，诱使其充分表演，当到了其不能自圆其说之时，就不得不如实交代罪行了。

（3）利用证据，适时出示。犯罪嫌疑人产生侥幸心理的重要原因之一是自恃作案手段高明隐蔽，侦查机关没有掌握或者未完全掌握其犯罪证据。因此，他们在讯问中最敏感和最害怕的就是证据，这是其底线。从侦查讯问的角度看，如果讯问人员将掌握了的证据和盘托出，就很可能形成犯罪嫌疑人对出示了证据之处就老实交代、未出示证据之处则不交代的不利局面。因此，在审讯中，讯问人员要充分利用证据的价值，适时点破，让其意识到侦查机关确有证据，但又不知道到底掌握了哪些证据，由此放弃幻想，如实交代罪行。

（三）对抗心理及其矫正

对抗心理又称抗拒心理，是犯罪嫌疑人对侦查讯问人员、侦查机关、政府和社会的不满与敌视，而表现出的一种对立心理。产生对抗心理的原因很多，主要可分为四类：一是反社会情绪。对现行政府和制度不满，有强烈的反社会意识。这多见于政治犯罪案件和严重暴力犯罪方面的犯罪嫌疑人以及普通刑事犯罪案件中的屡犯、惯犯，他们长期形成的反政府、反社会意识使得他们本来就具有与政府和侦查机关相对立的情绪。二是不懂法、不知法。因愚昧无知，不知道或者不认为自己的行为是犯罪的，认为是侦查机关冤枉了他，因而产生对立情绪。三是对执法机关和人员的偏见与不满。有的犯罪嫌疑人认为执法机关处理问题不当、不公正，对自己被囚禁、被审查产生不满情绪。有的犯罪嫌疑人是因讯问人员的言词或行为不当，认为自己的自尊受到伤害，因而产生抵触情绪。四是以抗拒求生存。有的犯罪嫌疑人自知罪行严重，难逃刑法的严惩，便干脆死不交代，企图以交代作为减轻处罚或者生存的筹码。

1. 对抗心理的主要表现

在侦查讯问中，犯罪嫌疑人的对抗心理，主要表现形式有两种：一是公开对抗。具体表现为：行为暴躁、蛮横、缺乏理性，甚至不顾法律的威严公开对立、出言不逊、挖苦讽刺、发泄不满情绪等。二是消极对抗。具体表现为：以冷漠、不说话相对抗，故作懒散、漫不经心，对讯问人员的问话或者不予理睬或者答非所问。

2. 对抗心理的矫正措施

具有对抗心理特征的犯罪嫌疑人，因其与讯问人员的冲突而常常使讯问陷入僵局，对此讯问人员应冷静对待。矫正对抗心理的措施主要有：

（1）分析成因，区别对待。犯罪嫌疑人产生对抗心理的原因是多种多样的，应根据不同情况，区别对待。对于持有反政府、反社会意识的犯罪嫌疑人，应从政治和法律的角度，对其错误观念进行驳斥，规劝其悬崖勒马；对于因愚昧无知而有罪不知罪，有罪不认罪的犯罪嫌疑人，应从加强法制教育角度入手，与其讲道理，促使其认罪伏法；对于因公安机关及其工作人员方法不当而引起的对抗情绪，应实事求是地承认工作中的不当之处，以诚恳态度与其加强心理交流，必要时更换讯问人。

（2）沉着冷静，以理服人。这要求侦查讯问人员在讯问中要时刻保持沉着、冷静、耐心的态度，不因犯罪嫌疑人的对抗情绪激烈、态度蛮横而感情用事，始终坚持依法、有理、有节、有利的策略，以事实和证据为依据，沉着应对。当犯罪嫌疑人以冷漠、不说话对抗时，也仍然耐心地对其进行政策法律教育，以事实唤醒其良知。当犯罪嫌疑人锋芒毕露时，则以柔克刚、避其锋芒，选择时机适时反击。以理服人要求讯问人员要以讲事实、摆道理的方法教育和讯问犯罪嫌疑人，使其明辨是非善恶的界限，认识犯罪的危害，看到坦白从宽，改恶从善的前途。

（3）实事求是，公正对待。对于因司法机关指控不实或认为自己无罪而产生对抗心理的犯罪嫌疑人，讯问人员应在全面查证的基础上，实事求是，公正对待。对那些经查实无罪的，应当立即释放，并做好相应善后工作；经查确实有罪的，则应做好政策法律教育工作，促使其认罪伏法。

第三节　犯罪心理与讯问艺术

讯问是一种特殊的心理交流形式，它是在犯罪嫌疑人的人身自由受到限制的情况下，讯问人员与被讯问人之间的一场心理交锋。当事人双方在这场特殊的问答过程中，既暗藏着你死我活的心理较量，又充满着艺术般的语言对垒，而审讯工作的成功与否，很大程度上则取决于讯问人员的问话艺术。

一、审讯现场的心理较量

审讯不同于拳击，它更讲究斗智，是讯问人员与犯罪嫌疑人之间的一场心理较量。在审讯中，犯罪嫌疑人通常是不会轻易招供认罪的，大多要经历一个由"拒供"到"供认"的心理变化过程。一方面，讯问人员在审讯中所表现出来的心理状态及其给犯罪嫌疑人造成的影响，决定着犯罪嫌疑人"拒供"心理的强弱变化。另一方面，讯问人员能否采取措施弱化其"拒供"心理，促使其"供认"心理的产生，则直接决定着犯罪嫌疑人最终是否如实供述其犯罪事实。

讯问本身就是一场与犯罪嫌疑对象进行心理对决的攻坚战，不管其交罪与否，都是双方心理较量的结果。对讯问人员来说，要想在这场较量中取胜，除了事前有着相当的心理准备外，还必须有着丰富的审讯经验，及时发现犯罪嫌疑人"供认"心理的产生及其变化，因势利导，才能令其就范，如实交代罪行。

（一）讯问人员的心理要求

在与犯罪嫌疑人交锋时，讯问人员应当有什么样的心理准备，这是取得讯问成功的基础。审讯活动跟打仗一样，要打有准备之仗，事先准备是否充分，直接关系到审讯工作的成败。就讯问人员来说，在初次讯问之前，应做好以下准备工作。

1. 吃透案情，树立必胜信心

不同类型的案件，因其特点和与犯罪对象的关系不同，它们对相关嫌疑人产生的心理影响也不相同，这就要求讯问人员要有针对性地采取不同的对策和方法，根据案件的特点及其与嫌疑对象的关系，把握案件的基本脉搏和本质。犯罪嫌疑人与案件事实的关系，是靠侦查人员掌握的证据来确定的，掌握的证据越多，就越能证明这种关系的存在。从本质上讲，审讯活动实际上也是为证明这一关系的存在与否服务的，能够证明犯罪嫌疑人有罪的证据，只有嫌疑人自己最清楚，所以在很多时候侦查人员还需要向嫌疑对象要证据。至于需要什么样证据、怎样去要，只有在对案情非常熟悉的情况下，才知道要什么不要什么、什么是客观事实、什么是谎言。因此，熟悉案情是树立必胜信心的前提，唯有如此才能做到心中有数，才能驾驭全局。

讯问不仅仅是一场讯问人员与犯罪嫌疑人之间的心智较量，实质上也是一场你死我活的心理战。不同类型的犯罪嫌疑人，他们都有着不同的智商和个性特点，为了逃避法律的惩处，总会想尽办法与讯问人员相对抗。因此，讯问工作不可能一帆风顺，其中充满了艰辛与曲折，它不仅考验着讯问人员的审讯经验、讯问策略和方法，更需要讯问人员树立必胜的信心和坚忍不拔的精神，方可在心理上处于上风，具备驾驭全局的心智。

2. 保持良好形象与权威

在初次讯问时，讯问人员给犯罪嫌疑人的第一印象，往往直接影响着讯问工作的成败。讯问人员在与犯罪嫌疑人的无数次交锋中，如果始终保持着良好的仪表和风度，以理服人的讯问方法和原则，那么就会给对方一种敬畏感，并在其心理上建立权威和信誉。相反，如果讯问人员在犯罪嫌疑人心目中的形象是语无伦次、狐假虎威，那么就会受到对方的藐视，就不可能心服口服地向讯问人员交代自己的犯罪事实。因此，树立良好的形象和权威，是讯问取胜的重要因素之一。

3. 拥有主动攻击心理

拥有主动攻击心理，这是讯问人员必须具备的心理状态，也是讯问活动的特点和任务的需要。之所以要求讯问人员拥有主动攻击的心理状态，这是由侦查活动的主动性和被查对象的被动性决定的。在侦查实践中我们可以看到，犯罪行为人作案以后，只要司法机关不去找他，他是不会主动去找司法机关的（除个别投案自首的例外），这就是被查对象的被动性。被讯问对象为什么要采取被动的、消极的方法来对抗讯问？其原因就在于他们以前所暴露出来的与犯罪有关的信息，只能是某一件案件的某一个部分，或者是某一部分中的某些情节，而不可能把全部的犯罪事实都暴露出来。同样，他们在被拘捕接受讯问时，也不可能把以前所有的犯罪事实都供述出来，往往是讯问人员知道多少就说多少，能隐瞒的就隐瞒，以严密的防守状态来对抗讯问。所以，根据犯罪嫌疑人在讯问活动中的特点，讯问人员必须主动发起进攻，不主动就等于放弃了讯问。因此，为了深挖犯罪，讯问人员必须时刻保持良好的攻击状态，顺藤摸瓜扩大案件线索，直到查明全部的犯罪事实为止。

（二）犯罪嫌疑人供认心理及其形成

供认心理是指犯罪嫌疑人如实供述案件事实真相的心理意愿。犯罪嫌疑人由"拒供"到"供认"的心理变化，是经过多次交锋后，讯问人员在心理上战胜被讯问人，令其彻底折服的结果。犯罪嫌疑人由拒到供的心理转变，不但受多种因素的影响，而且也经历了一个艰难的心理斗争过程。

1. 影响供认心理产生的因素

影响犯罪嫌疑人供认心理产生的因素很多，而最根本的核心因素是其"拒供"心理防线的崩溃，由此引起抵抗意识的削弱，进而产生争取"宽大"欲望的结果。促使犯罪嫌疑人供认心理产生的因素具体包括：

（1）因"拒供"心理防线瓦解而产生。犯罪嫌疑人在特殊环境下与讯问人员的多次较量中，面对强大的心理攻势和紧追不舍的讯问，尤其是在确凿的证据面前，其心理防线开始崩溃，从而产生供认心理意向。产生供认意向的心理因素又大致可分为两种情况：一是在讯问人员的政策攻心、步步追问下，尤其是在出示了相关的证据后，自知罪行已无法隐瞒，编造的谎言再也无法自圆其说时，其对抗讯问的心理防御体系已然崩溃，供认的心理便开始萌生。二是在讯问人员的强大攻势下，其侥幸心理和对抗意志逐步瓦解，自知如果继续对抗只能使自己处于更加不利的地位，由此产生争取"从宽"的心理，供认心理也随之萌生。

（2）因情绪、情感转变而产生。经过讯问人员的说服和感化，那些持对立抵触心理的犯罪嫌疑人、有悲观绝望心理的犯罪嫌疑人，其消极情绪会得到一定程度的转变，会对讯问人员的教育、感化和挽救有所体验，甚至出于对讯问人员的感恩戴德，作为回报而产生供认心理。也有一些犯罪嫌疑人，在讯问中意志薄弱、心理承受能力较差，对受审阶段的紧张、压抑、焦虑等消极情绪的煎熬难以忍受，急于摆脱窘境而产生供认心理。

（3）因抵抗意志的消磨而产生。随着讯问工作的步步深入和确凿有力证据的出示，犯罪嫌疑人的犯罪事实也逐渐被揭露，他们对抗讯问的心理压力也越来越重，而其侥幸、对立等消极心理及其心理防御体系却层层被瓦解，对抗审讯的意志也越来越弱，不得不转向供述以求获得宽大。

2. 供认心理的形成过程

供认心理的产生是犯罪嫌疑人趋利避害动机所激发的，其形成过程充满了矛盾和动摇、甚至反复。供认心理的形成一般可划分为以下五个阶段：

（1）萌发阶段。绝大多数犯罪嫌疑人在被拘捕后，面对陌生而令人畏惧的羁押环境和步步紧逼的讯问攻势，都会为了逃避或减轻法律的惩罚，而在讯问中产生拒供心理。随着讯问的不断深入，犯罪嫌疑人或是因罪行败露、慑于法律威力而无法抗拒；或是因讯问人员的讯问攻势太强，心理难以承受；或者是因受到讯问人员的教育感召、良心发现、有所悔悟等，因而开始产生放弃对抗、供认罪行的心理冲动，但其供认意向并不坚决，尚处于萌发阶段。

（2）明确阶段。犯罪嫌疑人的供认意向萌发后，其内心也处于极度矛盾中，包括会不断地在"拒供"与"供认"之间作利弊权衡，在道德、良心、价值与法律间作徘徊，内心动荡不安。如果此时讯问人员能继续对其施加压力，加大讯问力度，加强政策的感召力，其"坦白交代、争取从宽"的意识便会更加明朗，其供认心理便进入明确阶段。

（3）定型阶段。定型阶段又称供述决意阶段。犯罪嫌疑人的供认心理进入明确阶段后，并不意味着他们就会如实供述，受趋利避害心理的影响，他们仍然处于犹豫不决和观望中。这时讯问人员应抓住时机，趁热打铁，创造有利于犯罪嫌疑人供述的讯问情景，彻底消除其供述心理障碍，促使其如实供述罪行。

（4）实施阶段。这是犯罪嫌疑人供认心理成熟，开始供述罪行的阶段。但这个阶段犯罪嫌疑人的供认心理也并不是一直都十分稳定的。犯罪嫌疑人供述时，虽然其心理压力得到了暂时的缓解，但毕竟供述将意味着什么，其不利结果他们也非常清楚。因此在供述过程中，其供述心理还会有所反复动摇，在供述时会出现少供、漏供、瞒供的现象。此时讯问人员一定要继续保持良好的讯问攻势和清醒的头脑，促使其彻底招供。

（5）消退阶段。犯罪嫌疑人在供述罪行后会有轻松的心理体验，前一阶段的审讯所带来的紧张和焦虑得到了暂时的缓解。但一想到将要承受的法律惩罚，一些犯罪嫌疑人又会产生后悔心理，甚至会产生悔供、翻供的冲动。所以讯问人员不要因为犯罪嫌疑人已经供述罪行，就感到大功告成，而要根据犯罪嫌疑人的心理状态，继续对其进行政策教育和影响、促使其彻底认罪。

二、讯问的基本策略

讯问是一种斗智斗勇的心理较量，既要方法得当，又要讲究策略。讯问具有很强的时间性，应根据案件的具体情况和被讯问人的心理特点，灵活运用讯问策略。实践中常用的讯问策略有以下几种：

（一）政策攻心，分化瓦解

政策攻心就是运用法律和有关政策，针对犯罪嫌疑人的特点，进行说理斗争，运用政策和法律的威力，从心理上征服他们，使其弃旧图新，彻底交代罪行。"惩办与宽大相结合"，"坦白从宽，抗拒从严"等一系列刑事政策，对犯罪嫌疑人来说，既有震慑力，又有感召力，是对他们进行分化瓦解，促其坦白悔罪，改恶从善的有利武器。进行政策攻心，要注意以下几点：

1. 注意选择有利时机

一般来说，犯罪嫌疑人在不到山穷水尽的时候，给他讲政策，让其坦白交代，是不会有多大效果的。因此，讯问人员只有通过审讯，经多次交锋使其反审讯伎俩濒临破灭时，再向其阐明政策，晓以利害，才能收到较好的效果。不要在每次讯问时都泛泛地进行"坦白从宽、抗拒从严"的说教，这不仅浪费口舌，而且还会给被讯问人造成警方软弱无能，有求于他的感觉，助长其抗拒的气焰。

2. 要因人而异，"对症下药"

由于每个犯罪嫌疑人的社会经历、犯罪原因、罪行轻重、思想性格等都各不相同，他们在被讯问中的思想活动和心理状态也多种多样，因此，讯问人员要细致研究被讯问人的思想情况和心理特征，摸准其症结所在，抓住关键性问题，有的放矢地进行教育，才能收到良好效果。

3. 讲话要注意分寸

进行政策攻心，不能言过其实，更不能"许愿"、"打包票"。讲从宽或者从严，都不能离开法律的规定，更不能采用引供、诱供、骗供和逼供的方法进行讯问，否则，不仅有损于法律和政策的严肃性，也会使讯问工作脱离实事求是的轨道，造成不应有的困难和影响。

4. 要与其他教育相结合

在进行政策攻心时，还应注意同法制教育、形势教育、家属和亲友的规劝结合起来，以充分发挥政策的威力。

5. 正确区分抗拒与辩护的界限

事实是正确区分抗拒和正当辩护的唯一标准。对于抗拒者，要予以揭露和驳斥，而对于正当辩护者，则不能视为"抗拒"而横加指责。

（二）反复讯问、发现矛盾

一般来讲，通过对犯罪嫌疑人的一次讯问，就期望其如实交代全部犯罪事实是不可能的，其原因就在于犯罪嫌疑人都不同程度地存在着侥幸、畏罪心理，都幻想着如何逃避或者减轻处罚。因此，在讯问中虽然做好初次讯问工作非常重要，但做好复审工作，通过对犯罪嫌疑人的多次反复讯问，深挖犯罪就显得极其必要。反复讯问就是在初次讯问的基础上，根据犯罪嫌疑人每次交代或者供述的情况，寻找其本人在同一问题上供述的不一致之处，或者与其同伙在同一问题上供述的不一致之处，从中发现矛盾，并作为迫使其如实交代问题的利器。

在初次讯问中，犯罪嫌疑人大多在心理上处于惊恐和混乱状态，有的人因作案太多，甚至不清楚自己因哪件事犯了而被拘捕，有的人虽然知道被拘捕的原因，但并不清楚侦查机关掌握了哪些证据，因此，在讯问中大多极力否认自己有罪，或者避重就轻地谈些次要问题，或者寻风摸底地研究讯问人员的言谈举止和问话语气。为了达到让被讯问人彻底坦白交代的目的，复讯就显得非常重要。利用反复讯问、发现矛盾这一讯问策略，应注意以下几点：

1. 讯问是心理较量，应讲究提问艺术

无论是初次讯问还是再次反复讯问，都要注意提问的方式，切忌直接提问。提问时不能太直接，而要做到含而不露，使对方认识到我们肯定掌握了他的犯罪证据，但又不知道掌握了哪些证据、多少证据。这样做的目的，就是要让对方不知道我方的底细，始终处于一种猜测状态，当其心烦意乱了，也就到了该如实交代问题的时候了。唯有如此，讯问工作才能始终处于主动地位。

2. 注意从细枝末节中，发现矛盾点

反复讯问要以初次讯问为基础，让犯罪嫌疑人交代与犯罪有关的情况。由于被讯问人总想着如何逃避或者减轻法律制裁，不可避免地会编造谎言以应对审讯，但因其不知道侦查机关掌握了多少证据、哪些证据，因此在每次讯问后都会回忆上一次讯问的供述情况，看哪些地方有漏洞，然后又在下一次的供述中改口弥补。为此，在其说谎的地方，则必然会出现这次供述和上次供述不相一致的地方，这些不一致之处，可能就是矛盾点，要予以发现，以便作为迫其交代问题的利器。如果是团伙案件，其同伙对同一问题的供述中所出现的不一致之处，也是需要引起注意的矛盾点，需特别留意。

3. 研究矛盾，寻找突破点

对讯问中所发现的供述不一致之处，要认真细致的研究分析，看其是因表述不一致而引起的还是因理解有误，或者因同伙之间相互推卸责任而引起的，或者就是因说谎而引起的。如果是因说谎而引起的不一致，那就是我们需要寻找的真正的矛盾点，而这些矛盾点，就是可以用来揭露谎言，迫使其不得不交代问题的突破点。

（三）利用矛盾，各个击破

利用矛盾，各个击破，是抓住被讯问人供述中出现的或者同案人供述中出现的种种矛盾，用以动摇和瓦解其顽抗思想，迫使其如实交代罪行的策略。在讯问中，编造谎言、以假乱真是犯罪嫌疑人对付审讯的惯用伎俩。这种伎俩的致命弱点就是与事实不符，前后矛盾，漏洞百出。讯问人员应当认真细致地研究分析犯罪嫌疑人的供述，注意发现口供和其他证据之间、前后供述之间、同案人口供之间是否存在矛盾。发现了矛盾，还要认真分析研究，适时加以利用。应用这一策略时，应注意以下几个要点：

1. 允许被讯问人敞开供述

讯问中发现了被讯问人供述中的矛盾，不要急于批驳，而应让其把话说完，让其充分表演暴露，然后再抓住供述中的一系列矛盾，由浅入深，连续揭发，深追细问，使其不能自圆其说，促其缴械投降。但注意不要一下子把矛盾都抛出去，要留有余地，作为再次组织讯问时的武器。

2. 适时使用证据，揭穿谎言

在使用证据时应注意，不要把证据和盘托出，而是蜻蜓点水似的点破一下，让其知道我们手中有证据，至于到底有哪些证据、有多少证据，对方又不得而知。

3. 耐心教育，消除对立情绪

当被讯问人在被揭穿矛盾而理屈词穷，无法辩解，但又不愿马上交代问题时，讯问人员一方面要严肃批驳其不老实态度，另一方面还要结合政策攻心，以解除其顾虑心理和对立情绪，给他悔过的机会，促其交代罪行。

4. 分化瓦解，各个击破

在结伙作案或集团作案的案件中，由于各成员在共同犯罪中的地位不同，往往存在着某些利害冲突或矛盾，讯问人员应当利用犯罪人之间的这些矛盾和冲突，进行分化瓦解，各个击破。

运用"利用矛盾，各个击破"这一策略，关键在于抓准矛盾，即抓住那些确实不合情理的，与各种证据材料有重大出入的，无法狡辩的主要矛盾点。这就要求讯问人员要认真分析产生各种矛盾的原因，对于有意编造而出现的矛盾，要进行揭露和批驳，促其老实交代问题；对偶尔记错或说错的问题，要让其改正，不应苛刻指责；对表面看来是矛盾，实际上不是矛盾，只要把情况说清楚就可以了。

（四）虚实结合，迂回进攻

虚实结合，迂回进攻的讯问策略，是讯问人员暂时回避主要问题，而从一般问题入手，从侧面由远而近，由表及里的提出与核心问题有某种关联的事物，待时机成熟后，再直取核心问题的讯问方式。采取这种策略的要点，就是先泛泛地向被讯问人问一些非核心问题，其中也有意识地夹杂一些与核心问题有某种联系但又不明显的问题，使其精神不至于过度紧张，从而取得被讯问人的某些真实陈述。当这些侧面讯问的问题一经真实陈述，以后再接触核心问题时，被讯问人就无法继续掩盖与说谎，只好如实交代。当被讯问人在这些侧面问题上说谎时，必然会产生矛盾，讯问人员就可以利用矛盾进行揭露。

虚实结合，迂回进攻的讯问策略，一般适用于以下几种情况：一是在掌握的证据材料不多的情况下；二是在讯问罪行重大、畏罪心理严重的对象时；三是在讯问警觉性强、力图回避要害问题的惯犯、流窜犯时；四是对拘捕前没有经过正面讯问的犯罪嫌疑人。采用这种策略时应当注意：提哪些问题，事先应当做好准备；所问的问题要准确具体，被讯问人没有回旋的余地；每个问题要有内在的逻辑关系，要为突破核心问题服务，并能自然地导致对核心问题的讯问。

（五）出其不意，重点突破

出其不意，重点突破的讯问策略，是在被讯问人意料不到的情况下，或针对被讯问人没有防御的问题而突然进行讯问，使其防不胜防，全线崩溃，进而突破全案的一种讯问方式。

这种讯问策略一般适用于以下两种情况：

1. 被讯问人受到突如其来的传唤或拘捕

由于被讯问人突然受到传唤或拘捕，往往不了解侦查人员到底发现了他的什么问题，掌握了哪些证据材料，因而在思想上处于惊恐和混乱状态，来不及周密思考如何对付审讯。这时，如果选准突破口抓紧时机进行审讯，往往就可以收到满意的效果。

2. 被讯问人存在着意想不到或毫无准备的问题

一般来说，被讯问人总是挖空心思来对付审讯的。他对讯问人员可能问及什么问题，掌握哪些材料，心中都有个大致的估计和分析。估计到的地方，必然会层层设防；估计不到的，必然难以准备。讯问人员经过分析研究，选准被讯问人没有想到、没有准备的问题，并以此为突破口，出其不意地发起进攻，就抓住了被讯问人的薄弱环节，使其措手不及，不得不交代自己的罪行。遇到上述两种情况时，关键在于把握时机和选准突破口。时机不当或突破口不准，就失去了使用这一策略的意义。

三、提问的基本方式

审讯是讯问人员和犯罪嫌疑人面对面的交谈过程，这不但是双方心智的交锋与对决，而且也是一场你死我活的斗争。虽然审讯都是以一种"一问一答"的方式进行着，但讯问人员的提问方式是否妥当、是否艺术，则直接关系着对方能否如实交代问题的关键。就提问的基本方式而言，总的原则是"提问不能太直接，要含而不露"。使对方摸不清我方的底牌，不知道我们掌握了多少证据或者将其拘捕的真实原因，始终处于一种猜测、臆想的心理状态，让其自乱阵脚。依犯罪嫌疑人的具体情况不同，审讯中常用的提问方式主要可分为以下几种：

(一)侦查式提问

侦查式提问是以摸清对方虚实底细、心理状态、认罪态度等情况为目的的提问方式，多用于初讯或者追讯新问题时。例如："你知道为什么把你叫到这儿来吗？""这几天想得怎样了？""你知道为什么传讯你吗？"等。

(二)迂回式提问

这是先扫清外围，即先易后难、先次后主、先一般问题后核心问题的提问方式。实践中，可以将案件中的每宗犯罪事实分解为有机联系、互为因果的若干问题，按事物的逻辑顺序，由易到难逐个追问，逐个攻破，使其逐层供述，达到攻下要害问题的目的。如需要讯问的核心问题是"9月26日晚被讯问人到哪去了？干了些什么？"但为了避免因直接讯问而暴露我们的意图，则先迂回性地问其最近的活动情况，都干了些什么，和哪些人在一起。如：你最近都在干些什么，实事求是地讲清楚？和谁在一起？然后再进一步：把今年6月到10月这期间的活动情况都老实交代清楚？都跟谁在一起？这样的提问，其中就包含了9月26日的活动情况，然后再围绕核心问题层层追问。

(三)命题式提问

这是为从被讯问人的陈述中发现矛盾或线索，以及为准确判断案情而提出总的题目或具体问题，要对方做系统陈述的提问方式。例如："你先谈谈你都做了哪些违法的事？"所提问题一般比较笼统，被讯问人有更多的陈述机会。

(四)跳跃式提问

这是为跳过被讯问人的防线，攻其不备，在掌握确凿证据情况下，打破问话常规，直攻对方没有准备的问题或薄弱环节的提问方式。比如针对很久以前发生的某起犯罪事件，我们已掌握了犯罪证据，就可以此为依据进行跳跃式提问。如"某某案子，就没有你的分儿，你以为我们不知道？"

（五）揭露式提问

这是揭露犯罪嫌疑人某一具体犯罪事实或情节，打击其嚣张气焰，消除其侥幸心理的提问方式。比如"最近发生的某某案子，难道就跟你没有关系？""某某事件发生时，你在哪里？你以为我们不知道"。

（六）疏导式提问

这是一种宣讲政策，晓以利害，激发良知的提问方式。这种方式是用政策和事实启发犯罪嫌疑人醒悟，或者发出某种信息，从而使被讯问人感到罪已经败露，不交代不行了。比如"你考虑过你的孩子和老婆没有，你会给他们带来什么？"此外，还有质问式、指令式、批驳式、递进式、综合式的提问等。所有这些，均应根据案情、被讯问人的特点、心理变化以及审讯中的不同情景分别采用。

四、使用证据的基本方法

从本质上讲，审讯是侦查人员和犯罪嫌疑人之间的一场心理较量，被讯问人总想极力掩盖、否认罪行，以达到逃避法律制裁的目的，而侦查讯问人员则期望通过被讯问人的如实供述，不但要查清本案的犯罪事实，而且还要深挖余罪，扩大战果。讯问中为了迫使被讯问人认罪服法，自然离不开证据的运用，但使用证据也要讲究艺术，否则非但达不到预期的效果，还会使审讯工作陷入被动。一般而言，讯问中使用证据主要有三个目的：一是要迫使被讯问人如实交代本案的犯罪事实；二是要深挖余罪，迫使其交代除本案以外的其他犯罪事实，包括与其他人共同作案的犯罪事实；三是检举揭发其他人的犯罪事实或线索。要达到这样的预期效果，在讯问中就必须根据被讯问人的心理动态，巧妙地利用证据，以揭露其抗拒的心理态度，打消其侥幸心理的存在基础，唯有如此才能让其从心底里折服，不得不彻底坦白交代罪行。在讯问中要想充分发挥证据的最大价值，除了要求证据本身必须真实以外，还必须艺术性地运用证据，其技巧和方法是否恰到好处，直接关系到证据的运用效果。一般来说，证据的正确运用必须注意以下几方面的问题：

（一）要把握好使用证据的时机

在讯问中要使被讯问人交代罪行，就必须攻破其心理防线，消除其侥幸心理，促使其供认心理的形成。虽然被讯问人有了供认的念头，但毕竟供认后所带来的结果都是其所不愿面对的，因此这种供认的念头都处于一种摇摆不定的状态，随时都可能发生改变。出示证据的目的就是要使被讯问人彻底交代罪行，但如果时机把握不当，就有可能收不到良好的效果，甚至带来某些负面影响。因此，讯问人员出示证据的时机把握极其重要，不但要善于捕捉出示证据的时机，而且还要善于创造条件，为正确使用证据奠定基础。实践中当出现以下状况时，便是使用证据的有利时机：

（1）被讯问人思想动摇，话到嘴边留半句时；

（2）被讯问人露出了马脚，尚未作出周密防御时；

（3）被讯问人口供自相矛盾，不能自圆其说时；

（4）被讯问人反审讯伎俩被识破，内心空虚，犹豫徘徊或软磨硬泡时；

（5）被讯问人的伪供被揭穿或驳倒，阵脚紊乱时；

（6）被讯问人赖以拒供的思想或心理受到强烈冲击，出现心理危机时；

（7）被讯问人虽已开始交代，但却避重就轻，有意试探时；

（8）被讯问人自认手段高明，对政策教育无动于衷，对抗审讯时。

当出现上述几种情况时，被讯问人要么处于心理防线崩溃，供认心理开始形成时期，要么其拒供心理处于顶峰时期，这正是使用证据的关键点。若是前者，出示证据可以促其供认心理的最终形成，从而彻底交代罪行。如果是后者，则可突破其抗拒的心理防线，令其阵脚大乱，不得不低头认罪。

（二）掌握好使用证据的方法

使用证据应讲究方法，方法不当，仍然难以奏效。具体应如何使用证据，要根据占有证据的情况和被讯问人的特点，区别对待，分别采用不同的方法。

1. 直接使用证据

包括口头宣示，当面出示实物、照片，播放录音录像等，这种方法对被讯问人的思想威胁大、效果好。在直接出示证据后，即令被讯问人立即作出回答，不给其喘气周旋的机会。

2. 间接使用证据

即针对要揭露和讯问的犯罪事实，从侧面揭露出与犯罪有关的片断情节，使被讯问人觉察到我方已掌握了其犯罪证据，从而不得不如实交代。这种方法有利于探明被讯问人的态度，有利于掩护证据材料的来源和不暴露我方掌握证据的全貌。不足之处是，其震慑作用不如直接使用证据那么大。

3. 及时、点滴地使用证据

在被讯问人表现吞吞吐吐，欲言又止，尚未痛下决心全部交代时，及时使用点滴证据材料揭露和证实某一点滴事实，可以促使被讯问人作出全面如实的交代。这种方法可以起到"化瘀畅流"的作用。

4. 连续使用证据

即选好几份可靠的证据材料连续使用，直至打开缺口为止。具体做法是：使用一份证据，推动被讯问人交代一些问题；再使用一份证据，再推动其交代一些问题；这样连续不断地一个又一个使用证据，直至迫使被讯问人交代出全部犯罪事实。这种方法适用于掌握证据材料充分确凿，被讯问人拒供心理比较严重的案件。

5. 包围使用证据

即围绕讯问的中心问题，先将周围有连锁关系的若干问题逐一攻下，然后再使用证据，突破中心问题。

6. 含蓄使用证据

即根据被讯问人的嫌疑情况，以一定证据为后盾，含沙射影地发出某一证据信息，从中发现线索和判断案情。这种传达信息的方法配合含蓄探索式的发问，往往可以收到事半功倍的效果。

（三）使用证据的注意事项

使用证据直接关系到审讯工作的成败，为了充分发挥证据的作用，讯问中必须注意以下几点：

（1）使用的证据必须已查证属实，并且是依法获取的。

（2）使用证据不能泄露侦查工作的秘密。

（3）使用证据必须注意保护检举人和控告人。

第十七章 审判心理

基于犯罪心理的刑法及刑事司法是国外犯罪预防与预测机制的有机统一体，它有利于科学践行刑事立法与司法、犯罪心理、侦查心理与审判心理的辩证统一。

第一节 刑事一体化视野中的犯罪心理学

刑事一体化是指刑事立法、刑事司法、刑事科学三方面及其内部各方协调一致，形成有机统一的完整系统。在刑事一体化的视野中，犯罪心理学在关于"犯罪"这一基本概念上，应当与处于规范地位的刑法学保持一致。犯罪心理学是刑事科学的基础理论学科和应用学科，同时，由于其独特的学科性质、研究视角和研究方法，使其在一体化的刑事科学中，具有不可替代的地位和作用。

一、刑事一体化的含义

关于刑事一体化的含义，目前学术界大致有三种观点：有的学者认为，所谓刑事一体化是指刑事立法一体化，要求刑事立法者在立法时确保各刑事法律之间的协调一致，避免不一致甚至矛盾的规定。有的学者认为，刑事一体化是指刑事司法一体化，即要求公安机关、人民检察院、人民法院、监狱等部门分工明确、各司其责、互相配合，共同完成揭露犯罪、打击犯罪、惩罚犯罪、改造罪犯的任务。还有的学者认为，所谓刑事一体化，是指刑事科学的一体化，要求各刑事学科之间协调一致、互相联系，形成一个完整的刑事科学体系。在刑事立法、刑事司法、刑事科学的相互关系上，应当说，刑事立法是刑事司法的基础和依据，刑事司法是刑事立法的目的和体现；刑事司法是对立法的正确性的检验，同时就其在实践中所遇到的问题，又向刑事立法提出要求，导致刑事法律的制定、修改或者废除。刑事科学为刑事立法、刑事司法提供理论指导，其研究成果又推动了刑事法律的修改和完善，丰富和改进刑事司法工作的手段和方法，从而提高办案质量；刑事立法、刑事司法中遇到的问题，又需要刑事科学的进一步研究，司法活动中的经验和案例丰富了刑事科学的内容。因此，刑事科学、刑事立法、刑事司法这三者是相互促进，密切联系，不可分割的。

据此可总结为，所谓刑事一体化，是指刑事立法、刑事司法、刑事科学三个方面及其内部各方协调一致，形成有机统一的完整系统，以确保刑事立法的不断完善和司法活动产生最佳的效应，使刑事科学紧密地为刑事立法与刑事司法的实践服务。刑事一体化应当既包括刑事立法一体化、刑事司法一体化和刑事科学一体化，又包括三者之间的一体化。

二、刑事科学一体化的构想

参考国内外学者的有关著作，以系统科学为指导，一体化的刑事科学体系可用下表来表示：

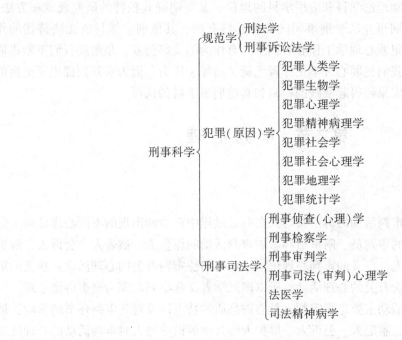

这种一体化的刑事科学，具有如系统那样所具有的整体性、层次性、结构性、动态性与开放性等特点。应当说明的是，以上图示只是为一体化的刑事科学的学科体系的粗略勾画，并未包含所有的刑事学科。

三、犯罪心理学在刑事一体化中的作用

犯罪心理学在一体化的刑事科学中处于基础理论学科和应用学科地位，然而，由于犯罪心理学学科性质、研究视角与研究方法的特殊性，其对刑事科学的建设，对于刑事立法、刑事司法以及对社会都起着重要的、独特的作用，是其他任何一门刑事学科都无法取代的。

(一)犯罪心理学对刑事立法的作用

犯罪心理学对刑事立法也具有其独特的作用。例如，通过对犯罪人犯罪心理的形成、发展和变化规律的系统分析，为刑事立法者对刑事责任年龄、刑事责任能力作出准确的、科学的界定；通过对犯罪人犯罪动机、犯罪目的的分析，为立法者界定犯罪动机和犯罪目的在犯罪构成中的地位提供了理论依据。总之，犯罪心理学以其不同于其他刑事学科的研究方法所获得的研究成果，可为刑事立法提供一种理论依据。

(二)犯罪心理学的研究对刑事司法发挥着重要的作用

在刑事司法领域，犯罪心理学通过对犯罪人实施犯罪行为的心理形成、发展和变化规律、在不同情境中的心理状态以及不同类型犯罪人的心理特点和行为特征的研究，可为公安、检察、法院、监狱等部门的工作人员提供揭露和惩治犯罪以及改造罪犯等犯罪对策的心理学依据和方法，以增强他们在犯罪对策方面的业务能力。20余年来，与犯罪心理学密切相联系的刑事司法心理学、侦查心理学、审讯心理学、检察心理学、刑事审判心理学、罪犯心理学、罪犯改造心理学、罪犯心理矫治学等学科在我国的相继建立，足以说明犯罪心理学对刑事司法的作用。

总之，在构建刑事一体化的学科体系的过程中，犯罪心理学应当准确定位，即既要明确

其在刑事科学中处于基础理论学科和应用学科的地位，又要明确其独特的研究视觉和方法，从而为刑事科学建设、刑事立法、刑事司法发挥其特有的、其他刑事学科所无法替代的作用。这种定位，使我们犯罪心理学工作者看到了大有作为的美好前景，是激励我们不断进取的动力；这种定位，对我们犯罪心理学工作者无疑又增加了压力，因为对我们提出了更高的要求，要求我们的研究成果经得起实践的检验和其他刑事学科的认可。

第二节 审判心理

一、概述

审判心理，指参加审判活动的诉讼参与人在诉讼过程中产生和出现的不同心理活动。诉讼参与人包括主持审判的审判员、陪审员和参加审判活动的原告人、被告人、公诉人、辩护人、证人及其他有关的人。广义的审判心理包括一切与司法审判有关的心理活动；狭义的审判心理只限于与刑事诉讼有关的心理活动，所以国外学者又称审判心理为刑事诉讼心理。

诉讼参与人的心理活动主要是指审判人员心理品质的特点以及对各审判环节的影响，被告人的法庭心理，证人、鉴定人、公诉人、辩护人等其他诉讼参与人对审判活动的心理反应以及相互影响过程。

研究审判心理的学科称为审判心理学，是法律心理学中的一个分支。这一学科向来被视为犯罪学与犯罪心理学的延伸。在它未成为一门独立学科之前，犯罪心理学的一些著作对于审判心理多有论述。1893 年，奥地利犯罪学家 H. 格罗斯所著《预审推事手册》，可称为审判心理的早期著作。约在 1910 年，德国学者最先以审判心理学的名义发表著作，如赖西尔著的《审判心理学论》、K. 马尔比著的《审判心理学概要》。意大利约在 1920 年才有审判心理学专著出现，其中以阿尔塔维拉所著的《审判心理学》较为著名。第二次世界大战后，欧洲研究审判心理的代表作有格拉斯培尔盖著的《刑事程序心理学》(1950)、布劳等著的《法庭心理学》(1962)等。美国和苏联学者多称审判心理学为司法心理学或法庭心理学。G. 舒伯特著的《司法行为》(1964)，集中反映了美国有关审判心理的研究成果。苏联 A. B. 杜洛夫著的《司法心理学》(1975)和 B. M. 瓦西里耶夫著的《法律心理学》(1974)也涉及许多审判心理方面的内容。日本森武夫在其所著的《犯罪心理学入门》(1978)一书中以专章论及供述与审判心理。

二、中国古代审判心理思想研究综述

中国古代审判心理思想研究至今还是一块待垦的处女地，仅以西周的审判心理思想来拾遗钩沉。

(一) 刑罚的社会心理思想

西周统治者在"天"为我用、"德"唯我行的"慎罚"的司法审判活动中，就特别注意到了人的主导作用和刑罚的社会心理效应。首先，渲染"天罚"的威慑作用，禁人犯罪，所谓"殷人尊神，率民以事神，先鬼而后礼，先罚而后赏"(《礼记·丧礼》)。殷王假托天意实施刑罚，即所谓行"天罚"。其次，强调"人罚"的心理效应。西周统治者认识到"弗永远念天威，越我民罔尤违，惟人"(《尚书》)。

（二）审讯中的心理思想

司法官在审讯过程中与罪犯直接交锋，得到犯罪狱辞，弄清犯罪事实。整个过程中司法官的心理活动与审判的顺利进展有着重要的关系。

1. 用"情讯，察其情，求之法

《周礼·司寇》载：小司寇"以五刑听万民之狱讼，附于刑，用情讯之"。"情"指情理，"讯"是问，即按照情理进行讯问而得到犯罪事实的狱辞，故贾公彦解释，"情讯"者"以因所犯罪附于五刑，恐有枉滥，故用情实问之，使得其实"。这种"情讯"法充满司法人员的情感因素，而情感是人们对于事物肯定或否定的心理反应，它往往呈现强烈的意向性，又从两个端极反应，即积极的情感和消极的情感。审讯中最重要的是防止消极情感的出现，造成犯人勿辞、乱供、诬告等现象；重视以积极情感造成一个好的情境，使犯人承认犯罪动机和犯罪事实，从而得到真实狱辞。同时司法官通过罪犯的心理变化察其真实，《周礼·司寇》记载：西周司法官运用了"以五声听狱讼，求民情"的方法，一曰辞听，二曰色听，三曰气听，四曰耳听，五曰目听。辞听指"观其出言，不直则烦"，即司法官审查犯人说话是否合乎情理，理亏者往往辞语矛盾，无逻辑性，这样曲直可见。色听指"观其颜色、不直则报然"，即司法官细察犯人讲话时神色是否从容，有罪者心虚胆怯，往往神情紧张，并且形于色，这样幽明可探。气听指"观其气息，不直则喘"，即司法官善听犯人，刑讯时气息，有罪者心情烦乱、气喘不平，这样是非可定。耳听指司法官"观其听聆，不直则惑"，即司法官发现犯人言辞中是否有疑，有罪者内心紧张，则视听失常，这样真伪可知。目听指司法官"观其眸子，不直则能然"，即司法官注意从犯人的眼神中窥察真情，因为内心复杂理亏有罪者，眼光失神，从中可辨罪与非罪。这就是西周司法官通过观察掌握讼诉当事人的心理活动规律，求得并证实狱辞，确定罪与非罪的一种方法。诚然，西周五声审判法属于唯心主义的审判体系，但内含丰富的心理学知识，当是长期司法实践经验的总结，有值得肯定的地方。

2. 核实狱辞要存"明清之心"

司法官听取供词时要保持一种良好的心境，"阁不中听狱之两辞，无或私家于狱之两辞"（《尚书·吕刑》），一定要心存公允，不听一面之词，因为单词具有片面性，会给审判带来危害性；只有兼听两造之词，并且剔去饰词成分，才能克服讼诉当事人因各见其偏、各执其是、各掩其非的心理带来的审判差错。并且，为了求得狱辞的可靠性，还要"简孚有众"，指供词需与众人验证、核实，即使细小的情节也要这样，不被众人验证、核实的供词不能作为定罪科刑的根据。西周时期，这种审判心理思想已开始运用于司法审判的实践中。

3. 刑讯求狱辞

现存先秦文献所载刑讯的情况，语焉不详，但从"明刑耻之"一类记载中，隐约可以窥见西周已经使用刑讯。据《礼记·月令》记载，"西周时期，在仲春之月，命有司省图圉，去桎梏，毋肆掠"，孔颖达注"掠"为"捶治人也"。可见西周已有刑讯求口供的做法。从理论上看，刑讯法的出现是"人判法"时代的必然产物。周代是中国历史上由"神权法"或曰"神判法"发展到"人判法"的过渡时期，"神判法"已不盛行，而比较重视人在司法过程中的作用。可见，西周时期产生"捶楚之下，何求而不得"的审讯心理是合乎历史发展规律的。

（三）证据认定的心理思想

西周实行"人判法"，以证据定罪成为审判中势在必行的法规。司法官怎样认定证据？如何确认证据的证明力？

1. 证据的认定

《尚书·吕刑》主张司法官在审判中要"明清于狱辞","无简不听"。就是审判中要仔细核对、验证口供，用可信的口供，同时兼重证据，提高审判质量。西周时期，司法官已开始使用人证、物证、书证和盟誓等类证据，并确认其具有证明力。《周礼·司徒》规定"凡民讼以地比正之"。《周礼·司寇》规定"凡属责（债）者，以其地傅而听其辞"。此类"地比"和"地傅"均属人证。"凡有责（债）者，有判书以治"，"以两剂禁民讼"，"凡以财狱讼者，正之以傅别、约剂"。（《周礼·司寇》）其中"判书"、"两剂"、"傅别、约剂"均指书证。毋庸置疑，西周司法官认定这些相当于后来的证人证言、契约文书之类的证据是科学的。

2. 证据的证明力认定

实在性或可靠性的证据以及其证明力的大小是定罪科刑的重要基础。实践中一时是非难辨的纠纷，如无可靠、直接之证据，狱辞难辨、判决难下。因此，让知其内情的邻居（地比、地傅）做证，"以地之比邻知其是非者共正断其讼。"（《周礼·司徒》疏）甚至对受主人生前之托追讨债务之类的案件，也"以附近而知这件事的人来作证"。（林尹《周礼今注今译》）同时，司法官也特别注意到"地虽相近有不知者，则不能为证，乃不受其辞而不治也"。（《周礼·司寇》疏）就是防止不知内情者作伪证。另外在西周的司法审判中还大量运用"民约"、"地约"之类的证据。这类证据大多是关于人民征税、迁移、买卖、赊欠、和解以及土地分配、使用方面的契约、合同，司法官认定其具有证明力，因为当时人民"彼此有辩而皆至于公"，订立契约，并且书于"丹图"，藏于官府，它是反映事实真相的无可弄假的依据，因而具有很强的客观实在性和可靠性。西周铜器铭文也证实了这点，一经签订契约就确立了土地财产的所有权，而且"其子子孙孙永宝用"，以后因此发生纠纷诉讼于官府时，司法官取约于官府，就能发现"抵冒"，防止"偏信"，而且可以直接处刑，即"若有讼者，则洱而辟藏，其不信者服墨刑"（《周礼·司寇》）。

3. 确认"盟诅"（盟誓）的特别证明力

西周时期以盟诅作为证据，虽带有神判法的痕迹，但是司法官有意识地借用"无形"的力量，造成一种心理强制力，迫使对方尊重客观事实。因此，凡立誓必十分严肃，有狱讼者无论进行"合意誓"（关于交换方面的盟誓）或"强迫誓"（一方违约承担法律责任后的重新盟誓）时，都要将誓言载于策，存于官，而且要有担保人。对于违背盟誓的行为，司法官可以不需审判直接用刑，小事违誓当墨或鞭，大事违誓当杀。西周时期重视盟誓的特别证明力，是基于以下两个心理因素：一是借助"天"的威慑力，利用人们畏"天罚"的心理，使之不敢随便"听此盟诅"，一旦立誓就要信守誓言，违背誓言理应受罚，使它与人证、物证一样，具有特别证明力，在讼诉中若以盟誓为证，则讼平而民心服矣。二是司法官利用了诉讼当事人避害趋利的心理，发挥特殊证据的特殊作用。

（四）定罪的心理思想

定罪科刑是审判全过程中的一个极其重要的阶段，是司法官最后认定罪与非罪、罪大罪小，从而相应适用刑罚的过程，因此，司法官的心理活动极为重要。

1. 原情定罪

西周时期司法官要明了故意、过失罪过心理，区别对待犯罪。西周审判定罪时要区别不同的犯罪心理动机。区别制以刑。如果属过失犯罪、偶然犯罪，即使是大罪也从宽；反之，虽属轻罪，但是惯犯、故意犯罪则从重。很明显，西周时期将行刑罚，"必明'犯意'"（罪过心理）。以后发展为"春秋之听狱也，必本其事而原其志，志邪者不待成，首恶者罪特重，本直者其论轻"（《春秋繁露·精华》）。

2. "议罪"

西周时期虽然强调对官吏"惟威惟虐、大放王命"行为的制裁(《尚书·康诰》),但统治阶级享有"八辟之议"的法律特权。《周礼·司寇》记载:"以八辟丽邦法,附刑罚,一曰议亲之辟,二曰议故之辟,三曰议贤之辟,四曰议能之辟,五曰议功之辟,六曰议贵之辟,七曰议勤之辟,八曰议宾之辟。"对于亲、故、贤、能、功、贵、勤、宾八种人,"有罪当议,议及其罪,乃附邦法,而附于刑罚"。

3. "中"罚思想

《尚书·吕刑》反复强调刑罚要"中","咸中有庆"。"中"指适用刑罚不偏不倚,要求司法官不因喜、怒、哀、乐、爱、憎、欲等情感而移法。即要求司法官在审判活动中注意自己情感的调节,以意识制约、调节情感,"发乎情止乎礼义"(《诗经》卷一),使司法官在审判中保持符合周礼的"中"态,使司法官审判行为理智化。为了形成好的审判作风、精神状态,特别提醒审判官时刻预防易犯的五种过错:"五过之疵,惟官、惟反、惟内、惟货、惟来。"(《尚书·吕刑》)防止司法官因顺权势、报恩怨、受女人影响、受贿赂、受请托而枉法、任意出入罪。并且明确了司法官因此移法的法律责任——"其罪惟均",即以所出入之罪罪之。以此调节司法官的审判心理,树立不因权枉法、不因钱而曲法、不因情而坏法的心理品质,正确对待法与权、法与钱、法与情的关系。这点至今仍不失为元鉴。

4. 罪疑从赦

西周时期对于"疑罪",采取疑罪从宽的做法。《尚书·吕刑》记载:"五刑不简,正于五罚,五罚不服,正于五过。"即证据确凿者行五刑,有罪证据与无罪证据互相否定难以定罪者,减等按五罚规定处理;行五罚有疑问者,减等按五过规定处理。

三、审判心理各论

(一)证人的心理特征

1. 记忆

证人就其所了解的案件情况向公安司法机关陈述的整个过程都有记忆的参与。记忆痕迹和其他现场证据一样也会被破坏和污损。目击证人看犯罪嫌疑人的照片,会增加以后再次看照片时指认该人为罪犯的可能性。这种现象称为无意识迁移。目击证人可能把别的场合看到的人,无意识地迁移到目击辨认中,把该人指认为罪犯。德芬贝奇(Deffenbacher)等的实验也证实,间隔时间1周,20%的被试会错误地指认1周前在照片上看到的人为罪犯。在司法实践中,证人要经过警察、检察官、法官等多次询问。多次的询问影响证人的记忆。证人会把每次询问后得到的反馈信息与原来的事件的记忆整合在一起,重构记忆,从而有可能影响证言的准确性。很多实验研究证实了重构记忆的存在。

2. 情绪

心理学家对证人的情绪状态是否影响证言的准确性颇感兴趣。证人在不同的情绪状态下,对案件的记忆也不相同。最为典型的是"武器中心效应"。武器中心效应是指当罪犯持有武器时,目击证人注意的焦点是武器而非罪犯。目击证人看到武器后可能产生恐惧,这种恐惧使证人注意的焦点转为武器,而不是犯罪人的其他细节。情绪状态能唤醒证人对中心信息的记忆,而抑制了证人对与中心信息无关细节的记忆。所以,证人在应激状态时,其记忆能力不如在一般情景下。很多实验证实了武器中心效应的存在。

3. 自信心

传统观点认为，证人的自信心越高，其证言的可信度也越高。最新的研究发现，自信心与证言的准确性没有必然的关系。施波雷（Sporer）等的元分析发现，当在全体参加实验的被试中考虑自信心与准确性的关系时，二者关系显著为 0.28，当在作出选择的被试中考虑自信心与准确性的关系时，二者关系显著为 0.37。说明自信心与准确性之间存在着某些调节变量。近几年的实验研究发现，提高目击证人的自信水平，确实能提高证人辨认的准确性，提高其证言的可信性。布赛依（Busey）将被试分为 2 组，观看同一段录像，第一组被试看录像的房间光线较暗，第二组观看录像的房间光线要好得多，看完录像后，被试从一组照片中辨认录像出现的人物。第一组的辨认错误率显著高于第二组。由于所处的环境的光线不同，被试辨认的自信有了影响，处于光线好的环境下总是能够让被试更加确信自己对人物相貌的记忆；而处于环境不好的情况下，即使能够看清人物的脸部，也会由于不自信而发生错误。在目击证人辨认研究中，反馈对证人的辨认的信心也有重要的影响。路厄斯（Luus）和维尔斯（Wells）对 136 个目击证人的研究发现，反馈对目击证人的自信心有显著的影响。维尔斯和布拉德菲尔德（Bradfield）研究发现，得到肯定反馈的证人比得到否定反馈的证人和没有得到任何反馈的证人自信得多，肯定反馈大大提高目击证人的信心。

（二）法官的心理特征

1. 法官在审查起诉到开庭审判前准备阶段的心理活动

在审查起诉阶段，法官要根据刑诉法的规定，对检察院起诉书中进行全面审查。经审查，认为全部符合起诉条件时，心理上主审法官会对检察院的这次起诉工作给予肯定性评价，并会流露出满意、愉快的情绪，自信心十足地集中精力做好庭审前的准备工作；行动上，立即同意收案、填写《案件受理通知书》，经阅卷，果断地提交合议庭、审委会讨论，并力主及早开庭。如经审查，认为案件事实不清，或证据不足，或二者兼而有之，在建议公诉机关撤回起诉补足侦查又被拒绝时，就会对检察院此次起诉工作作出否定性的评价，不满情绪油然而生，进而采取冷漠态度，甚至产生厌倦情绪。也有的法官对不符合条件而起诉到法院的公诉案件，采取轻蔑的态度，这都是不良心理的反应。法官自受理案件至开庭前准备工作完毕，由于不同情景的刺激，也会产生一定的心理活动和情绪反应。对事实清楚、供证一致的，法官在完成拟制庭审提纲、庭审前其他工作时，内心充满自信力，个别年轻法官甚至在走路时也哼着歌曲，轻松情绪溢于言表；如被告拒供、翻供，甚至扬言"闹法庭"、"玩绝活"，资浅法官会情绪紧张，甚至产生无所适从的畏难情绪。然而，作为经验丰富的法官，却会冷静、沉着，大有"小小河沟翻不了船"的大将风度，并及时谋出应对良策。资深法官们也十分注意在庭审前不时地调节自己的情绪，使心境处于最佳状态，认真做好庭审前的准备工作，为顺利庭审打好基础。

2. 法官在开庭审理阶段的心理活动

在庭审中，由于各诉讼主体的诉讼地位、作用不同，与案件裁判结果利害关系不同，其心理活动和外在表现形式不同，对法官的感官刺激强弱不同，法官的心理活动和外在表现也就不同。庭审中，法官自身产生的进行诉讼活动的内驱力，是查明案情、核实证据，依法作出公正判决，保护人民，惩罚罪犯，以求得公众肯定性评价，也尽到法官的职责。庭审中，绝大多数案件，被告对犯罪事实供认不讳，证据也确实充分，辩论也不激烈，庭审进行得顺利。宣判后，被告人服判不上诉。此时此刻，法官会产生愉快的情绪，享受到成功的深刻体验和轻松的感觉。有的案件，庭审前，主审法官审查起诉书、主要证据复印件等材料，或原审判决书、证据材料后，倾向于可定罪判刑或维持原判。然而，庭审中突然出现重大的变化，结果被告被宣判无罪。法官开始是茫然，接着是惊喜，最后是感叹不已。庭审中，当被告人罪行特别严重、情节特别恶劣，对法官的刺激也会特别强烈，会产生无比憎恨的情绪，决心严惩罪犯的心理活动。庭审中，有的被告人在充分确凿的证据面前，拒不认罪、无理狡辩时，法官会对其产生卑视心理；如被告人故意挑衅，也会使法官因愤怒而失态。庭审中，也会由于供证矛盾，一时难以通过质证来确证，或由于证人证词内容大变化，或由于鉴定人鉴定结论不肯定、否定，或被害人提出过分要求，作为法官也会因经验不足而徬徨、急躁和抱怨。在行动上表现为指责、训斥、挖苦等不良反应。庭审中，最能引起情绪波澜壮阔发展的多发生在公诉人和辩护人的法庭辩论中。两者均熟悉法律，并从不同角度维护法律尊严，这种攻防态势是正常的。如政治、业务、心理素质不良，也可以做出出格的事，说出出格的话，引起轩然大波和心理活动的剧烈反应，引起法官心理情绪的波动。当然，庭审中，被害人有条不紊的陈述，在犯罪起因中又无过错，也容易引起法官强烈的同情心，增强严惩罪犯的正义感。

3. 执行裁判阶段中法官的心理活动

在执行阶段，因为刑罚的执行机关不同，对法官的心理活动的影响也不同。凡由公安机关和监狱负责执行的，法官依法交付执行后，审判工作任务完成，即会产生一种轻松愉快的感觉。对死刑立即执行，在死刑执行命令下达后，法官都会有一种为民除害的情绪体验。对罚金刑、没收财产刑，一般执行比较顺利。有时也会遇到被告人、被告人亲属的无理阻挠。此时，能使法官产生对抗心理；当被告人因天灾人祸在执行罚金确实有困难时，或确属无力交纳时，面对其亲属乞求目光，法官也会产生恻隐之心，提醒被告人写出减、缓、免的申请，并依法裁定减、缓、免；当明知被告人有执行能力而隐匿、转移财产时，法官也会作出激愤情绪反应。有的被害人或亲属在执行中，又提出过分的要求时，经法官说服教育后仍不通情达理放弃过分要求的，法官也会产生反感情绪。在刑罚执行中或执行完毕，被判刑的人认为自己的行为不构成犯罪，或认为量刑畸重，提出无罪申诉或要求减轻刑罚处罚时，也容易刺激法官产生情况各异的心理反应。如原审时，案件事实清楚，证据确实充分，量刑得当，程序合法，手续完备齐全，法官会很自信，心情平静，泰然处置；如原主审法官对再审后的裁判结果心中无底，便产生复杂的心理：怕改判、怕丢面子、怕影响政绩、怕影响提拔、怕追究……从而产生畏难、甚至抵触情绪；如原审中有故意枉法裁判、贪赃卖法行为，再审必定改判无疑，法官会产生恐惧心理和畏罪感；对合议庭讨论或审委会研究的案件，一般会有"法不责众"的"安全感"，极少会因改判而引起心理上的巨大波动。法官在执行中，如遇到围攻、殴打、死伤的情景，会立即激起激情。如处理不当，会伤及无辜，授人把柄，造成被动局面，也会挫伤法官和司法警察的积极性和主观能动性。

（三）被告人的法庭心理。

刑事案件的审判过程是法院依据事实确定被告人是否犯罪，依照法律确定对犯罪人是否适用刑罚和适用什么刑罚的过程。因而在被告人心目中，庭审阶段很自然地被视为决定自身命运和前途的关键时刻。在审判过程中，被告人由于受到趋利避害这个基本活动倾向的制约，他们往往制订种种防御计划，以求逃避罪责或减轻刑罚。这是畏罪被告人的共同心理特征。被告人能否如实供述，还取决于下列因素：（1）被告人个性心理结构中社会心理缺陷的总和。被告人原有的道德、法纪观念等意识形态方面的谬误，影响着他们对自身罪行的评价。是否意识到自己同社会的矛盾、是否产生悔罪心理、是否与审讯人员达成对话渠道等决定了被告人能否如实供述。（2）被告人同审判机关交往的经验。一般说来，初次受审的被告人，不免产生惊恐与不安，且缺乏完整的防御计划。往往重复预审过程中的交代而不取轻易翻供。同审判机关有过多次交往的被告人，对付审判的经验主要表现为注意观察审判人员所掌握的案件证据以及对证据所作的判断。他们的供述总是依证据的掌握程度和审讯人员判断的正确与否而作转移。(3)审判过程中各种交往关系的影响。包括审判员的讯问技巧、公诉人指控证人证言是否确凿是否可靠、辩护人的辩护发言是否有力等。(4)公开审判时的情境及被告人的适应程度。被告人在庭审时的心理状态往往随着诉讼活动的进展对其是否有利而发生变化，但因其性格不同，表现各异。易于冲动的人显露出激烈的情绪，性格深沉的人则能保持镇静。有罪被告人在其防御计划失败，自知难逃刑罚时，多半难以维持镇静而转向激动。当法庭出示证据时，被告人神态变化较为明显。有些被告人眼见处境不利时，可能产生对审判人员、公诉人和证人的报复心理，出现受挫后的攻击行为。在辩护人发言前，被告人多半感到孤立无援。辩护人的发言和有利反证的出现增添了被告人为自己辩护的勇气。集团犯罪案件公开审理时，由于某个被告人抗拒审判，同案人之间原有的思想联系可能恢复而形成共同防御。

第十八章 犯罪心理预测与预防

任何犯罪心理的形成都是一个逐渐发展变化的过程，在此过程中会受到各种主客观因素的影响，犯罪心理的这一特点为犯罪心理预测提供了可能。犯罪心理学研究的最终目的是为了有效预防犯罪，因而在犯罪心理预测基础上，还要有针对性地开展犯罪心理预防。

第一节 犯罪心理预测

一、犯罪心理预测概述

(一)犯罪心理预测的概念

犯罪心理预测，即对犯罪心理形成、发展变化趋势的科学性预见。它是运用心理学的理论和方法，依据犯罪心理形成、发展规律，参考以往经验，采用观察访谈等手段，广泛收集有关资料和统计数据，通过科学分析和技术处理，对一定范围内个体犯罪心理的形成、外化及其变化发展趋势所作的科学估计和推断。

犯罪心理预测以心理学，特别是犯罪心理学研究成果为依据，综合运用心理学、统计学、社会学、逻辑学等其他相关学科的方法进行预测。犯罪心理预测是犯罪心理预防的基础，只有科学的犯罪心理预测，才能把握未来犯罪心理的发生机制，才能为犯罪心理预防提供可靠信息，才能有效预防犯罪。

根据不同的标准，可以将犯罪心理预测分为不同的类型。按照地域标准，可分为全国性预测和地区性预测；按照时间标准，可分为短期预测、中期预测和长期预测；按照犯罪主体标准，可分为青少年犯罪心理预测、女性犯罪心理预测、老年犯罪心理预测等；按照犯罪类型标准，可分为暴力犯罪心理预测和非暴力犯罪心理预测。目前，各国犯罪心理预测普遍集中于两个方面的目标：一是对特定个体犯罪可能性的预测，二是对总体犯罪变化状况的预测。

(二)犯罪心理预测的历史与现状

犯罪预测的研究在国外有较长的历史，最早尝试犯罪心理预测的是美国犯罪精神病学家希利，他于 1915 年运用追踪研究的方法，对犯罪者未来的发展动向作了科学化的测定。1928 年美国芝加哥大学社会学教授伯吉斯发表了对三处矫正院和监狱各一千名假释犯罪人的调查，就刑满释放和假释人员是否重新犯罪进行了研究，提出了再犯的预测。1930 年美国哈佛大学格卢克夫妇发表了其于 1917—1920 年对麻州矫正院 510 名假释的男性青年的调查结果，制成再犯预测表，其后又作了十年追踪调查，分别于 1937 年及 1949 年发表了调查成果。格卢克还于 1934 年对 500 名女性犯罪人进行了调查研究，并对其进行了再犯预测。英国的威尔金斯与麦汉姆教授合作对一少年矫正机关的 720 名少年进行了出院后的再犯研究。1936 年日本的吉道修夫开始采用点分数法对再犯进行研究，馆泽德宏于 1954 年开始采用"格卢克式"的犯罪早期预测。1957—1958 年，日本最高法院事务总局曾组织开展大规模的少年犯审判后的再犯预测。1960—1969 年，日本法务综合研究所组织进行过格卢克式的早期预测，还作过追踪实验的再犯预测。犯罪心理预测成为国际社会共同关注的议题，则是在 1950 年第 12 届国际刑法及监狱会议，以及同年召开的第二届国际犯罪学会议的正式倡议以后。

当前，随着心理科学和其他科学技术的发展，国外在犯罪心理预测的技术和方法上都有了很大的改进。如横断研究与追踪研究相结合；把社会环境因素、生物因素与生理因素结合起来分析；广泛应用数理统计和计算机技术等。尽管如此，目前国外犯罪心理预测仍处于尝试阶段，特别是初犯预测很不理想，很难准确地测定出违法犯罪的发生概率。

我国的犯罪心理预测工作起步较晚。如天津市政法部门等十多个单位，曾对 1982—1983 年 6 月经法院判决的刑事案件进行调查研究，对 1300 名罪犯进行了随机抽样调查，提出了未来几年犯罪发展的趋势预测及控制犯罪的措施建议，取得了较好的社会效果。我国台湾地区的路君约教授曾采用明尼苏达多相人格测验表对 344 名成人初犯可能性进行了预测研究。浙江警官职业学院的专家曾于 2003 年采用分层和判断抽样的方法，对浙江省 500 名在押少年犯和浙江省五百名在校中学生进行了调查，为预测少年初犯提供了可靠的变量，并为预防青少年犯罪提供了理论参考。①

二、犯罪心理预测的依据与类型

(一)犯罪心理预测的依据

犯罪心理预测的依据包括两个方面：一是理论依据；二是事实依据。前者是犯罪心理预测的理论基础，后者是进行犯罪心理预测所依赖的基本事实。就理论依据而言：

其一，辩证唯物主义关于事物发展规律的观点。辩证唯物主义认为，事物是运动的，事物的运动是有规律的，事物运动的规律是可知的。由可知的事物运动的规律，我们可以预测未来的世界。这一观点是进行犯罪心理预测的基本理论依据和哲学基础。

其二，犯罪心理和犯罪行为的因果关系理论。心理学认为，心理支配行为，行为是心理的外部表现。尽管个体可能有意识地掩盖自己的某些心理活动，甚至制造一些与内心不符的外部假象，但总会在某些方面留下其心理活动的痕迹。因此，只要预测者细心观察，就可能为犯罪心理预测找到根据。犯罪心理与犯罪行为的这种因果规律，为犯罪心理预测提供了一定的理论模式和方法。犯罪心理学可以将影响犯罪心理形成和犯罪行为发生的各种主体内外因素进行数理化，运用统计学的方法预测个体犯罪或再犯的可能性。事实上，不少学者的研究成果已经证实了犯罪心理预测的可靠性。

理论依据只是说明犯罪心理预测可能性的理论基础，在实际的犯罪心理预测中，还需要了解预测对象的过往生活史、现状及所处环境等信息资料。具体而言，主要包括：一是环境信息，即预测对象所处的社会环境，特别是其家庭和社会交往环境；二是个体信息，即预测对象自身的信息，包括其个体心理发展水平和社会化程度、个体个性心理特征、个体情绪特征和精神状态、个体在物质和精神追求方面的表现、个体生活史等；三是个体与环境的相容性信息，即能够说明个体与其所处环境相互关系的信息，包括个体对环境的适应性和环境对

① 黄兴瑞. 少年初犯预测研究——对浙江省少年初犯可能性的实证研究[J]. 中国刑事法杂志，2004 (6).

个体的相容性两方面的信息。

(二)犯罪心理预测的类型

根据预测的对象和范围，可将犯罪心理预测分为犯罪社会预测和犯罪个体预测两大类。

1. 犯罪社会预测

犯罪社会预测是运用社会学的理论和方法，对一定范围内及一定时间内犯罪现象的总体变化状况进行的预测。这是一种整体性的预测、发展趋势的预测和犯罪现象的宏观预测，预测的内容包括犯罪率升降趋势，犯罪类型的变化，犯罪成员构成上的变化，暴力犯罪或大案、要案、恶性案件的发展趋势等。预测的方法主要是以大量的统计资料为依据，在对有关社会因素(如社会政治经济状况、教育状况、人口年龄构成状况、刑满释放人员流入社会状况、社会心理和文化冲突状况等)大规模调查、分析的基础上，进行逻辑判断、历史类推和数学模型研究。

犯罪社会预测，从时间上可分为长期预测(10年左右)、中期预测(5年左右)和短期预测(3年左右)。

2. 犯罪个体预测

犯罪个体预测是对个人是否存在犯罪心理的预测，即犯罪心理的微观预测。它是运用心理学的理论和方法，对某些个体的犯罪倾向及其未来一段时间内违法犯罪的可能性所作的预测。以预测目的和对象状况为标准，犯罪个体预测可分为早期预测和再犯预测。

早期预测主要是针对有问题的未成年人是否会变成未成年犯罪人进行的预测。我国青少年工作者和犯罪心理学家对早期预测十分重视，通过较深入的研究，将犯罪心理进程分为三个阶段：(1)犯罪心理的萌芽期。个体的的外部表现包括自私、任性、执拗、顽固、不诚实、不合作，对挫折和压抑具有攻击性反应，不受约束，缺乏自制力，占有欲和支配欲强，有侵犯他人的倾向。(2)犯罪心理滋长期。一般常表现出较强的个人欲求，不尊重他人，不尊重集体，不遵守纪律，不接受管理。有偷摸行为，诉诸武力解决问题，存在不良交往，有轻微违法行为。(3)犯罪心理成熟期。行为表现分为显露型和隐蔽型。显露型表现欲求强烈，对纪律、道德、法律持否定态度，结交坏人，恶习较深；隐蔽型表现诡秘、虚伪、难以捉摸、反常等。

再犯预测是对曾经有过违法犯罪行为的人是否会重新犯罪所作的预测。根据预测的时间，再犯预测又可分为判决时预测和释放时预测。判决时预测是指在法院审判过程中对犯罪人主观恶性程度进行预测，以供刑种选择和量刑参考，同时也可作为投放监狱时确定分类管押的依据。释放时预测包括假释时预测和刑满释放时预测，其目的在于评估犯罪人回归社会后重新犯罪的可能性，以决定是否假释以及为刑满释放后的帮教及防范控制提供依据。

近年来，由于重新犯罪现象较为严重，我国非常重视再犯研究，提出再犯预测要根据国情，走本土化之路。①

三、犯罪心理预测的方法

在进行犯罪心理预测过程中产生了众多的预测方法，这些方法都有其针对性，有的用于犯罪定性预测，有的用于定量预测，也有的用于定性和定量结合的预测。代表性的预测方法有以下几种：

---

① 肖兴政，郝志伦. 犯罪心理学[M]. 成都：四川大学出版社，2004：281-282.

(一)特尔斐预测法

特尔斐预测法，也称专家调查法，是指以匿名方式经多轮询问，收集专家意见进行预测的方法。特尔斐(TeIpher)是古希腊传说中的神谕之地，城中有座阿波罗神殿可以预知未来，故借用其名。20世纪50年代初，美国兰德公司和道格拉斯公司将收集专家意见的预测研究命名为"特尔斐计划"。自此以后，这种方法在社会预测中受到广泛运用。特尔斐预测法的适用程序和要点有：(1)组织者根据预测对象，将需征询的内容写成含义确切的问题，并规定统一的评估方法；(2)将所提问题寄给事先选定的、本人愿意参加的、一定数量的专家，请他们按照要求投票，并对其姓名严格保密；(3)汇总专家意见，以科学方法对答案进行定量统计归纳，写出代表专家集体的意见；(4)由专家根据统计结果重新考虑自己的意见，既可以修改自己原来的意见，也可以坚持自己原来的意见；(5)收回第二轮征询意见，再次统计归纳后寄送专家。如此往复三至四轮即可得到比较集中的预测意见。

依照此法原理，还可以将各种专家意见输入计算机，形成专家咨询系统，以供随时选用。特尔斐法是一种较好的主观信息预测法，它能对大量非技术性的、无法定量分类的因素作出概率估算，并进行反复循环，使分散的评估意见趋于收敛，最后集中在协调一致的评估结果上，充分发挥了信息反馈和信息控制的作用。由于这种方法所反映的是专家意见，因而选择的专家是关键，一般要求专家具有广泛的代表性和较高的权威性。参与的专家数量不宜太多，否则数据收集和整理的工作量会加大，预测周期会延长，预测结果的准确度却提高不大。

(二)趋势外推法

所谓趋势外推法是根据历史和现有资料分析发展趋势，从而推测未来发展情况。这是当前较常用的犯罪预测方法，其主要特点是根据过去和现在已知犯罪构成规律的动态统计数据向未来延伸的方向，以预测未来的犯罪态势。它首先借助数学方法计算出过去到现在一个时间范围内犯罪状况和结构的变化指标，然后将这些变化的速度和节奏指标，通过构成绝对数据或指数的动态数据的途径，移用于未来的一段时间。

趋势外推法是在假设未来犯罪发展态势不变，从现状推断未来犯罪动态。然而，犯罪态势不可能在较长时间内保持不变或不发生较大变化，故趋势外推法不宜用于长期趋势预测，尤其不适宜在政治、经济、文化大变革时期进行长期趋势预测。当社会结构面临较大变化，社会存在某种震荡时，中短期犯罪预测中也不宜使用这种预测方法。犯罪趋势的相对稳定只存在于社会稳定发展的某个时期，在此阶段，运用趋势外推法对未来犯罪态势进行中短期预测，可以作出较为准确的判断。

(三)因素分析法

因素分析法是指通过调查研究，从制约犯罪心理形成和发展变化的各个因素中找出重要的相关因素，将其作为预测因子，测知各预测因子分别具有多大的预测能力，然后依据预测因子所起的作用大小和变化，预测未来犯罪状况及其趋势的方法。

因素分析法在实践中较为客观可靠，其运用的关键在于确定制约犯罪心理产生、变化、发展的预测因子及其预测能力，这可以通过对各种因素与犯罪的相关性和相关系数的分析获得。所谓相关性是指两种或两种以上因素彼此相互变动的趋势。数列间的这种相关性可分为三种，即正相关、负相关和零相关。正相关，即一种数列的增加，同时伴以他种数列的增加；负相关，则是一种数列的增加，同时伴以他种数列的减少；零相关，是一种数列的增加或减少，不引起他种数列的变化。相关性通过相关系数来表达，相关系数就是用以表示两种事物相关程度与方向的适当数量。相关性越大，相关系数越高；反之，则相关系数越低。求得了预测因子与犯罪的相关系数，即可以测知预测因子的预测能力，并可以通过分析预测因子的变化来推断未来犯罪的发展变化趋势。

运用因素分析法，还可以通过对预测因子相关系数的分析，从预测因子中拣选出长期起作用的因素和暂时起作用的因素，强相关因素、一般相关因素和负相关因素，容易控制的因素、难于控制的因素以及阻止犯罪发生的因素。

（四）指数评估法

指数评估法是指对构成犯罪心理的若干重要因素，分别按照一定的标准进行评分，然后加以综合，作出总的估量，得出可能犯罪性格指数，以作为某一个体犯罪可能性的量的指标。根据所预测的可能犯罪性格指数所属的不同区间，以及指数变化的趋势，分别进行统计，从而对某一个体或群体犯罪的可能性及其趋势作出预测。

其中，具有代表性的方法是"平均指数递增递减法"，即根据一定时期内某种犯罪指标的增减情况，预测下一个时期同一犯罪指标的增减趋势和速度。该方法发源于经济学领域，专门用于预测经济指标的增减趋势和速度。运用这种方法的前提是要求掌握预测期前一个时期内系统的、精确的统计资料，否则，无法计算递增递减的平均指数。

计算一定时期内某一指标的平均递增或递减指数的方式有两种，即累积法（代数平均法）和水平法（几何法）。经过多年的实践检验，几何法更为精确一些。①

第二节　犯罪心理预防

一、犯罪心理预防的概念

犯罪心理预防是指通过给予个体心理以某些影响，达到预防其犯罪的方法系统。作为预防犯罪的一项系统工程，犯罪心理预防具有以下特点：

1. 犯罪心理预防主体的多元性

从一般意义上讲，由于犯罪心理形成的原因是多方面的，仅仅依靠某一专门机关或某几个机关的努力不足以消除社会各个层面存在的犯罪诱因，因而要从整体的角度设计预防犯罪的宏观治理工程，要广泛吸纳社会各种力量的参与和投入，把专门预防与群众预防有机结合起来，充分调动群众的积极性，形成整个社会自觉抵制和严密监控犯罪的态势。

2. 犯罪心理预防手段的多样性

从宏观上看，犯罪心理预防涉及政治、法律、经济、文化等诸多领域，因而其手段也是多样的。应针对犯罪心理结构形成的原因，采取各种有效措施遏制、减少和消除犯罪心理形成的条件，防止犯罪心理的形成。在具体的犯罪心理预防工作中，要针对个体情况的差异，采取合适的犯罪心理预防方法。对于已实施犯罪行为的个体，通过追究刑事责任，形成威慑力量，对犯罪个体施加心理上的压力，使其犯罪心理结构趋于良性转化；对于犯罪心理已经形成，但还没有实施犯罪行为的个体，可以通过法制宣传和教育等手段，瓦解其犯罪心理，遏止其犯罪心理的外化；对于刑满释放的个体，则要着重于培养其重新适应社会的信心和能力，巩固其已经形成的规范心理，使其不至于重新犯罪。在犯罪心理预防过程中，对于有关

---

① 康树华．犯罪学大辞书［M］．兰州：甘肃人民出版社，1995：687．

个体，可以辅以心理治疗；对于变态人格者，还可以采取药物治疗的方法。

3. 犯罪心理预防范围的广泛性

犯罪心理预防的范围非常广泛。一方面，在现实生活中，有些犯罪的发生是由于社会管理体制上的疏漏、不完善造成的，如果有一个良好的管理体制，相当一部分犯罪活动是完全可以避免的。因而对于可能诱发犯罪的社会管理体制上的弊端和漏洞，要设法予以纠正和弥补，并尽可能地将对个体的负面影响降低到最低限度；另一方面，各有关部门要做好犯罪防范工作，要在自己的职能范围内，尽可能地减少犯罪发生的机遇，使已经产生犯罪心理的个体因没有犯罪机会而不能得逞。

二、犯罪心理预防的体系

犯罪心理的形成具有复杂性，是个体人格形成过程中各种消极因素综合作用的结果。因此，防止犯罪心理的形成，必须采取多层次、全方位的措施，形成一个相对科学完善的预防体系。其中，应重视以下几方面的工作：

1. 家庭预防

家庭是社会的细胞，是个体成长的主要环境，是个体社会化的开端。在以家庭为基本生活单位的社会状态下，家长的言传身教对子女的人格形成起着模塑作用，可以说，家庭是预防犯罪的第一道防线。

为了充分发挥家庭预防的特殊作用，法律应明确家长在家庭教育中的责任。家长应本着科学的教育态度，采取科学的教育方法，引导子女树立正确的人生观、价值观，使子女能在健康的家庭环境中成长，形成良好的个人品质，防止犯罪心理的产生。我国《预防未成年人犯罪法》明确规定了家长对未成年子女的监护和教育义务，违反者将承担相应的法律责任。

2. 学校预防

青少年社会化的关键时期是在学校的学习过程中度过的。学校对个体进行有计划、有组织的系统教育，目的在于使个体树立正确的世界观、人生观、价值观，掌握一定的科学文化知识和技能，使个体能在健康的环境中不断成长和成熟。学校教育的失误对个体的影响是深远的，学校应该为学生提供良好的学习环境，健全相关规章制度，重视提高学生的综合素质，对违法违纪的学生要采取适当的教育方法，使之接受必要的教训。

3. 社区预防

社区预防是犯罪心理预防的重要手段和发展方向，其理论依据是：（1）社区作为一种地域性社会生活共同体，具有经济、社会化、社会控制、福利保障和社会参与功能。通过抑制社区成员违反社区价值观念和规范的行为，可以稳定社区秩序，保持良好的社会风尚，从而达到预防和控制犯罪的目的。(2)个体都生活在特定的社区内，犯罪行为的实施往往离不开特定的社区环境。因此，在社区内，采取各种有效方法，可以对有犯罪危险的个体实现控制。

社区预防可以动员一定的社会资源及时发现可能诱发犯罪的社会问题、化解社会矛盾，对于防止犯罪心理的产生具有积极意义，同时也可以减少司法机关繁重的工作压力。在西方国家，社区预防中一般会设置心理医生、督导员以及社区居民代表共同对有问题的个体进行心理辅导，提供心理帮助。

社区控制的手段可分为有形控制和无形控制。前者是指由警察、法庭或其他政府机构在社区进行的制度化控制和管理；后者是指通过舆论、风俗、声望等同化社区成员的人生观和价值观，营造社区氛围，潜移默化地使个体能够达成自我控制。从范围上看，社区预防包括对人、地域、时间的重点预防。对社区人员的预防重点是调解、疏导民间纠纷和矛盾，对重点人员进行心理辅导和帮教。同时，要加强社区巡逻，丰富社区的业余文化生活，提高社区成员的素质，鼓励和倡导社区成员的自防，构建完备的社区预防体系。

4. 司法预防

司法预防是指个体犯罪以后，通过对犯罪人适用刑罚，使其认识到自己的罪错，并不再实施犯罪。从心理学角度讲，司法预防之所以能产生一定效应，是因为刑罚能通过惩罚性痛苦，造成犯罪人心理上的否定情绪，使其重新建立高级神经中枢的条件抑制，不敢或不愿再去实施犯罪行为，促使犯罪人弃恶从善，不再危害社会。

司法预防的目标，是有效瓦解个体的犯罪心理结构。具体而言，一般针对下列心理因素进行矫正：(1)以自我为中心的世界观和人生观；(2)犯罪的动力定型，强烈的犯罪欲望和恶习；(3)对主观上感受到的挫折和压抑的反应，对缺憾的补偿要求，对不满的发泄、嫉妒心、报复心、仇视心理以及与此相联系的情绪反应；(4)道德感和义务感的淡漠和缺陷；(5)逃避惩罚的侥幸心理；(6)自我控制能力的薄弱。

三、犯罪心理预防的方法

1. 保护性预防

这是专门针对青少年采取一种犯罪预防方法，其主要内容包括：针对青少年的生理和心理尚未完全成熟，模仿性强、可塑性大等特点，采取各种有力措施，关心和保护青少年的健康社会化；同时，对犯罪的青少年个体，在侦查、起诉、审判和执行等各环节，采取有利于青少年回归社会的方法，着眼于教育和挽救，以达到治病救人的目的；社会各方面应重视对青少年合法权益的保护，防止和减少青少年犯罪的发生。

2. 惩戒性预防

惩戒性预防，是指通过对犯罪人施以法定的刑罚处罚，警戒社会上有违法犯罪劣迹的个体，对已形成犯罪心理但尚未实施犯罪的个体进行心理威慑，促使其打消犯罪意念，从而达到预防和减少犯罪的目的。惩戒性预防的预期效果表现为：具有犯罪倾向者不敢轻举妄动，以身试法；违法犯罪者改过自新；犯罪者停止继续犯罪；重新犯罪者心有余悸，不敢再犯。

3. 疏导性预防

疏导性预防，是指通过对具有犯罪倾向者进行教育、劝导和帮助，化解其心理障碍，促使其打消犯罪意念，从而达到预防犯罪的目的。在具体的疏导工作中，要想获得比较好的犯罪心理预防效果，首先要帮助有犯罪倾向者认识其所面临的问题，并能帮助其解决在实际生活中遇到的困难，疏导其已经存在的心理障碍，避免形成犯罪心理进而实施犯罪活动。对有犯罪倾向者进行心理疏导时，要分析其个体需求的性质及其合理性程度，帮助其进行必要的心理调整，使其需求能够符合法律、道德规范的标准，避免其通过实施犯罪实现需求的满足。

在我国，疏导性预防作为犯罪心理预防的一项重要手段和方法，实践中通常依托社区开展工作，取得了比较显著的社会效果。

第十九章　犯罪心理矫治

第一节　犯罪心理矫治的概念与特点

犯罪心理学的任务，从理论研究角度讲，是要了解支持犯罪动机、目的、情绪和行为的心理机制与产生原因。而从实务性功能角度讲，则主要包括了两个层面：犯罪心理趋势的预测与犯罪心理的矫治①。基于犯罪心理学发展的现状，通过心理测试与心理诊断等措施对个人犯罪趋势的识别与预测尚无法准确到可以大规模应用于指导司法实践的程度。相对而言，利用心理治疗手段对已知犯罪人的致罪精神疾患与心理障碍进行治疗，并对其不良行为模式实施矫正，在科学的实证研究支持下，还是取得了一些实质意义的成功。当然，在这一领域存在着心理学几乎所有学术流派的影响，在一些关键理论问题上存在着激烈争鸣。同时还有一些不具有科学实证效度的观点、学说混杂其间，对犯罪心理矫治实务的发展起着消极的作用。

一、犯罪心理矫治的概念

对犯罪心理矫治的定义有狭义与广义两种视角。狭义的犯罪心理矫治只涉及传统的心理疾患与精神病治疗手段。而广义的犯罪心理矫治则覆盖任何可以对犯罪人的行为模式施加具有心理学意义影响的干涉手段。从现代犯罪矫治实务的发展趋势来看，强调对犯罪人实施多角度、多因子的综合性矫治已经成为主流，因此对于犯罪心理矫治具有现实意义的讨论毫无疑问是不可以局限于狭义的传统心理治疗，而必须适用广义概念。国内学者对犯罪心理矫治概念的界定体现了上述广义视角："通过对犯罪者的矫正处遇和心理治疗，消除其反社会性和犯罪心理，实现再社会化，使其成为适应社会的守法公民"②。

在广义视角基础上，有的学者又更进一步，提出犯罪心理矫治其实就是犯罪矫正工作的全部，凡是基于矫正改造犯罪之目的而建立起来的工作系统，都应纳入"心理矫治处遇体系"范围内③。这一观点遭到了国内主流学者的反对。我们认为，尽管心理矫治是犯罪矫治/犯罪处遇的重要组成部分，以犯罪心理矫治指代犯罪矫治仍然具有片面性。必须看到，犯罪

---

① 作为犯罪心理趋势预测的主要手段，心理测试技术也可以服务于犯罪心理矫治目的，主要是通过心理测试对犯罪人作出心理疾患诊断，帮助心理矫治人员有针对性地制定矫治方案并及时评估矫治效果。这类评估尽管也要对犯罪人的心理趋势进行预测，但是在着眼点上强调对症状的描述，而对未来心理与行为发展趋势只需要作出统计学角度的概率判断即可。这与基于指导司法裁断功能设定的犯罪心理趋势预测对于准确度的要求是不一样的。

② 罗大华，何伟民. 犯罪心理学[M]. 杭州：浙江教育出版社，2002.

③ Robert. J. Wicks. *Correctional psychology：Themes and problems in correcting the offender*[M]，San Francisco，U. S. A.：Canfield Press，1974.

矫治之实践深深植根于犯罪学之理论，而犯罪学理论的发展，经历了从经典犯罪学，到犯罪人类学，再到犯罪心理学与犯罪社会学的跨学科演变与延伸。理论演进必然会在实践层面有所反映。如果说在犯罪心理学理论方面的成果应用于犯罪改造产生了犯罪心理矫治，则犯罪社会学理论领域在 20 世纪以来取得的丰硕成果，也同样在犯罪矫治实践中有所体现。比如为犯罪人提供职业教育，就是意图通过改善犯罪人的未来社会经济地位这一社会学因子来达到抑制犯罪倾向的目的，将其简单划入犯罪心理矫治显然是不合适的。

对于犯罪心理矫治工作的目的，国内学者也提出了不同意见。第一种观点是"心理障碍矫治说"，认为犯罪心理矫治的任务就是对犯罪人实施心理与精神疾患诊断，提供心理咨询和心理治疗，主要立足于消灭与改善那些可能导致犯罪人危害性与攻击性行为的心理问题与精神疾患。第二种观点是心理障碍矫治与犯罪心理结构矫正结合说，认为除了对犯罪人的致罪心理问题与精神疾患进行治疗外，还应当通过各种心理与行为重塑技术，消除犯罪人的认知、情绪、态度以及行为习惯中那些具有社会化适应不良或者反社会性的不良倾向①。

根据司法部《监狱教育改造工作规定》第 43 条的规定，"心理矫治工作包括：心理健康教育，心理测验，心理咨询和心理疾病治疗"。作为指导中国犯罪矫治工作的官方文件，这一规定将犯罪矫治工作的内容正式划分为四个部分。一般认为这一界定代表我国在刑事政策层面支持矫治心理障碍与犯罪心理结构矫正结合说，同时也基本符合目前多数学者所主张的基于广义视角的犯罪心理矫治定义。

从实践操作角度来看，上述对心理矫治工作内容的四分法仍然存在着界定模糊，外延重叠的问题，有必要在心理学基本概念体系的基础上进一步斟酌调整。笔者认为，在当前的四分法体系下，至少存在以下混淆不清之处，应当予以澄清：

（1）将心理咨询与心理疾病治疗截然分开的做法不妥。在实务层面，将心理咨询与心理治疗区别开来的原因应该是基于操作人员配置的考虑，即认为心理治疗只能由具有心理学与精神病学知识的专业技术人员实施，而心理咨询则不需要对操作人员的高度专业化要求，只要有一定心理学常识的普通工作人员就可以在罪犯人群中展开针对心理问题的咨询活动。这种观念显然是错误的，是对心理咨询（counseling）这一特殊的心理治疗手段的概念性误解的结果。在心理学与精神病学领域，心理咨询是心理治疗的有机组成部分，通过具有专业咨询技巧的心理咨询师的有效工作，很多心理疾患可以不动用专门治疗手段，单纯通过心理咨询得到治愈。而使用缺乏应有专业技巧训练的非专业人员所进行的所谓"心理咨询"，根本无法达到心理学专业定义下心理咨询所应达到的效果，甚至可能适得其反。对此，有学者已经有所认识，在其对犯罪心理矫治的内容分类中不再将心理咨询与心理治疗区别开来，而是作为一个统一的矫治操作体系加以讨论②。

（2）对心理健康教育这一工作内容定义不明，在操作中的界定也不符合心理学基本规律，应予调整。根据司法部《监狱教育改造工作规定》第 45 条的规定，心理健康教育的任务是"宣传心理健康知识，使罪犯对心理问题学会自我调节，自我矫治"。这一表述可以说是缺乏理论严肃性的。首先，监狱环境下引致的心理健康问题是由监狱特有的去社会化以及高

---

① 吉春华. 犯罪心理矫治的科学定位初探[J]. 犯罪与改造研究，2007（10）.

② 罗大华，何为民. 犯罪心理学[M]. 北京：中国政法大学出版社，2012：536.

压监所化(total institution)特点导致的，与在押人员是否具有"心理卫生常识①"没有必然联系，因此不可能通过心理健康知识教育予以预防或矫治，更不可能指望具备了特定心理卫生常识的罪犯去"自我调节，自我矫治"而不依靠专业心理干预。其次，从心理健康教育这一任务的设定的出发点来看，主要是希望其作为心理治疗工作的一种补充与延伸。后者的工作对象范围较窄，只针对患有精神疾患与心理障碍的个体。而普通的罪犯群体中同样存在需要通过心理学手段进行调整的一些不良倾向与致罪因素，但似乎又不可以再将这类手段称为"治疗"，因此就使用了"健康教育"这一用语。这一用语反映了我国犯罪心理矫治工作开展初期对心理干预手段认识的偏差。现代犯罪矫治理论中，以心理学为基础的干预手段并不只局限于对心理疾患的治疗，也包括了对在各项心智与精神病指标上均为正常，但是却存在明显反社会人格或社会适应不良倾向的个人进行认知与行为方面的矫正以提高其社会化适应能力。我们认为，对于犯罪矫治的这一特定内容，应该根据其内在属性以及对象的范围，进行重新界定，将其称为由"心理健康教育"调整为"认知行为矫正"。这一工作内容所面向的对象应是全体在押人员，在这一点上与心理治疗工作区分开来，也符合传统观念中对于心理健康教育的对象限定。在操作方法上，主要是通过心理咨询和认知行为训练的方式，矫正工作对象在认知，情绪以及价值观上的社会适应不良、反社会以及暴力倾向。这种训练方式尽管在外在表现上与"心理常识学习"有相近之处，但是其原理上严格遵循行为主义心理学的基础理论，以对个人的潜意识层面的认知结构和思维模式的调整与优化为目的，而不强调在显意识层面对特定知识点的理解与记忆。这里的"行为学习"作为一个心理学概念，与教育学意义上的"学习"是完全不同的概念，因此也就不应再简单地理解为以心理学常识宣讲为核心内容的"心理教育"。

(3)心理测验的内容有简单化趋势，应予充实并适当区分。"心理测验"概念最初的提出，是与"心理治疗"概念相配套的，特指对于犯罪人的心理与精神健康状况进行评估，对存在的心理疾病进行诊断，为治疗提供信息支持。但是，随着对犯罪心理问题认识的深入以及心理矫治领域的拓宽，这一概念及其代表的测量方法已经远远无法满足犯罪矫治对全面掌握犯罪人心理健康、精神状态及人身危险性信息的需要。对于这一工作内容设定的简单化问题，我国学者近年来已经有所认识并提出了相应的细分建议②。一个比较全面的界定是将这一方面工作内容统称为心理诊断与评估，按工作开展的时间点划分为以下三个阶段，同时工作重点上各有侧重：第一阶段：收监初期的全面心理诊断与评估，其任务是全面评测犯罪人心理健康、精神状态与人身危险性，对心理疾病进行诊断，也对犯罪人内在的各种致罪心理因素进行评估与分类，为接下来的心理治疗和个别化行为矫正提供参考信息。第二阶段：服刑期间的犯罪矫治效果评估，其任务是通过定期不定期对犯罪人的相关心理指标进行跟踪测量，评估犯罪矫治措施的效果，掌握犯罪人心理与精神方面的发展变化及新情况，为矫治的

---

①　"心理卫生常识"本身就是一个缺乏严格、科学定义的概念。抛开心理卫生常识能否对在押人员心理健康问题起到预防与自我"治疗"作用不谈，如果确实要对在押人员进行心理健康教育，其学习应涉及哪些内容？对于人类心理过程内在机制存在不同理解的各种学说应如何调和或取舍？对相关知识的学习应该达到什么程度才算有效果的心理教育？如果教育内容中涉及某些心理干预技术，如何避免由于对心理干预技术的了解而产生对该干预技术的对抗能力，进而影响心理咨询与治疗？对于这些问题如果不能有明确的回答，心理健康教育就不具有操作性。

②　周勇，段立运，宋胜尊.试论服刑、劳教、社区矫正人员心理诊断与评估[J].犯罪与改造研究，2006(9).

跟进与调整提供参考信息。第三阶段：释放前的人身危险性评估，其任务是对即将刑满释放人员进行人身危险性及心理状态评估，为负责后续监督与矫治的有关部门的工作提供参考信息①。

综上，我们认为，对于犯罪心理矫治工作的内容，应在原来的四分法基础上予以调整，将其界定为三个主要方面的工作内容，即：心理诊断与评估，心理疾患治疗，以及认知行为矫正。

二、犯罪心理矫治的特点

基于上述犯罪心理矫治的定义，犯罪心理矫治作为一种刑事犯罪处遇手段具有以下这些特点：

(一)专业性

犯罪心理矫治的专业性体现在这一犯罪处遇手段对于一线矫治工作者高度的专业化要求。与一般性的教育感化或普法宣传等犯罪改造手段不同，犯罪心理矫治是以心理学和精神病学的专业评测，诊断与治疗技术为其物质基础的。矫治工作者要求具备丰富的心理学专业理论知识并掌握特定的心理治疗技术。在创建犯罪心理矫治项目时比较常见的错误就是认为犯罪心理矫治只是一种理念，普通的管教干部或者社会工作者就足以胜任。而实际上，一个没有经过严格心理学以及心理治疗相关专业训练的外行根本无法理解矫治对象行为背后复杂的心理异常与心理障碍的机理，也无法在矫治对象反社会行为纷繁的表象之下准确地识别诊断出其具体的心理疾病或心理异常，也就更无法对症下药，应用有针对性的心理矫治手段去对这些心理疾病或心理异常进行修补与矫治了。

(二)实证性

犯罪心理矫治的实证性指的是对于犯罪心理矫治措施的效果的评判需要抱持实事求是的科学态度。犯罪矫治效果的评估既不能以矫治工作者的良好主观愿望为转移，也不能为矫治政策制定者的施政"理念"所左右。判断一个矫治措施是否有效必须以对矫治对象反社会思维与行为的客观修正效果为标准，并且对其评估的过程必须符合实证社会科学所固有的信度与效度要求。纵观现代犯罪改造实务发展历程，早期的犯罪矫治努力中，不乏"理念"主导实践，或者良好愿望代替客观认识的教训，这些错误的做法导致大量缺乏科学理论基础，也没有任何实际矫治效果的"治疗""救治"方式大行其道，不仅无法降低或消除犯罪分子的人身危险性，有时甚至会令其恶化。在经历了一些方法论上的反复之后，犯罪矫治实务必须以实证行为科学为其理论指导已经成为共识。任何一种新的犯罪心理矫治手段，都必须接受实证科学标准的检验，才可以主张其有效性。同时对于现有使用中的矫治手段，也需要通过不断的科学实验与测量来发现问题，总结经验，需找普遍性规律，从而不断完善，提高矫治的成功率与费效比。

(三)目的性

犯罪心理矫治的目的性是由犯罪矫治这一刑事政策在刑罚哲学体系中的固有地位决定的。在西方刑罚理论中，刑罚有四大价值：报应、威慑、矫治与失能。这四大价值是在对刑

---

①　在这一阶段的心理测量与评估有时还涉及对申请假释的犯罪人进行再犯可能性预测评估，为司法裁断提供指导性意见。但是这一工作尽管在内容上与服务于犯罪心理矫治需要的心理评估接近，但是其任务却是截然不同的，因此不在本章讨论范围之内。

罚的法理基础，社会功能以及现实需要进行了全面考察之后提炼出来的。尽管在实践中也会存在不同价值在某些特定刑事政策导向中的共生共存情况，但是在逻辑基础上它们相互间泾渭分明，各有其最终诉求，体现的是一种辩证的对立统一关系。犯罪心理矫治顾名思义，旗帜鲜明地主张其矫治刑价值追求，因此在实务中具有明确的目的性：通过对犯罪人异常以及反社会心理的针对性矫治，降低再犯可能性，保护社会不受二次犯罪的侵害。基于这一明确目的，犯罪心理矫治的操作必然"有所为有所不为"，凡是不能实现或帮助实现矫治目的的犯罪处遇措施就不应以犯罪矫治的名义投入资源。在实务中，对于矫治效果的考量往往会与刑罚手段的其他诉求的实现发生冲突。比如，犯罪心理矫治倡导者会基于心理健康基本要求的立场反对长期隔离化的监禁。而基于同样的立场也会反对为实现威吓或报应而采用确定刑期以及强制惩罚性苦役。历史上多次出现针对犯罪矫治的公众意见反弹究其原因主要就是因为犯罪矫治的高度目的性导致其与传统刑罚观念，尤其是报应刑观念的冲突，并被公众误解为一种"轻刑化"取向。但是，对于矫治目的性追求的深度考察会发现，刑罚轻重之争与犯罪矫治目的实现并无交集。在犯罪矫治实务发展史上不乏为主张矫治目的而导致实际服刑期限明显超出罪刑适应之尺度的刑事政策设计，对此显然也不能简单地理解为一种"重刑化"取向。

（四）系统性

在犯罪学领域一个公认的观念就是犯罪的成因是多方面、多层次的。延续这一逻辑，任何一个成功的犯罪矫治都不可能是单一致罪因子的孤立排除，而必须是建立在个人化犯罪归因诊断基础上的系统性综合改造。这就是犯罪心理矫治的系统性特征。在行为矫治领域，其系统性特征一个广为人知的反面例证就是对吸毒行为的矫治努力。尽管在医学和心理学上，对于毒品药物依赖的药理特性已经有了清楚的认识，基于这一认识的毒瘾药物性祛除效果也是非常显著的，但是由于吸毒这一行为背后有着极其复杂的社会、家庭、文化以及经济原因，成功戒毒后复吸现象始终无法得到有效的遏制。究其原因，对毒瘾/药物依赖的药理性祛除不过是解决了吸毒这一反社会行为的一个诱发因素。而如果不能够同时有效地、系统地解决导致个人使用毒品寻求致幻及自我麻醉体验的各种深层次原因，比如社会紧张情绪，毒品亚文化，个人自我控制缺乏，唤醒不足等，那么一种孤立矫治手段的成功是很容易由于在其他方面的缺乏改观或恶化而归于徒劳。所以，不可以将犯罪心理矫治理解为各种已知心理治疗技术的独立施用或随意拼凑，而应该是在对个人犯罪原因的系统认知的基础上的诸个有针对性矫治手段的系统化组合应用。

三、犯罪心理矫治与普通心理矫治的区别

犯罪心理矫治从分类上说是心理矫治的一个子概念，两者的理论渊源与实践操作均有着极大的共性。这一方面是因为在监狱人口中的精神疾患以及心理健康问题相当突出。有不同的研究发现，在押犯中患有严重精神疾病的比例在10%左右①，而具有不同程度精神障碍与心理异常的个体比例则更高②。根据加拿大的一项研究，在加拿大监狱中犯人患一般性焦虑

---

① 不同研究提供的数据各不相同，从最低的8%，到最高的15%，另外男性与女性群体的比例也有差异。但是总体上来看基本是在10%上下浮动。

② [英]詹姆斯·马吉尔. 解读心理学与犯罪：透视理论与实践[M]. 北京：中国人民公安大学出版社，2009：149.

障碍的达27.9%，药物依赖的达36.7%，反社会型人格障碍的更高达59%①。因此针对犯罪人群的心理矫治很大一部分是对其传统意义上的精神疾病的矫治与心理卫生服务。另一方面，很多精神与心理疾患是犯罪行为的直接或间接诱因，为了降低犯罪人的人身危险性，抑制再犯可能，也有必要对诊断出特定精神疾患的个人进行治疗。这类治疗所使用的手段与普通心理矫治也没有任何区别。不过，相对普通心理矫治，犯罪心理矫治还是有其自身的特点，包括：

（1）强制性。传统心理矫治的一个基本原则就是自愿性，认为在强制下实施的矫治无法产生理想的效果。但是在监狱环境中，矫治对象均是失去人身自由，接受强制犯罪改造的在押犯。因此犯罪心理矫治就不可避免地带有直接或间接的强制意味。不可否认地，这会给矫治效果带来一些负面影响，从而在其费效比上与普通心理矫治存在差异，需要在操作实务中有所考量。

（2）限定性。传统心理矫治所针对的精神疾患与心理障碍内容广泛，种类繁多。而犯罪心理矫治因其特定的功能要求，不能也不必覆盖同样广泛的治疗类别。一般来说，犯罪心理矫治主要针对的是可能导致暴力与反社会行为的精神疾患，人格障碍以及可以通过心理治疗纠正的不良行为模式，其视野相较心理矫治的传统视野要狭窄很多。比如对于很多会导致丧失刑事责任能力的严重精神疾病，因为患者的行为不被认为是犯罪，也就不会在监狱等刑罚执行场所接受治疗，自然不包括在犯罪心理矫治的视野之内。而普通心理治疗需要面对的很多无明显社会性危害的精神疾病，如厌食症，性身份识别障碍等，也往往不在犯罪心理矫治的视野之内。

（3）主动性。传统的心理矫治重点关注那些明显可识别的精神异常/心理异常症状，因为普通患者往往只有在症状对正常生活的影响达到一定程度时才会寻求心理矫治专业人士的帮助。而在犯罪心理矫治领域，基于现代犯罪学对犯罪成因的认识，一些没有明显症状的心理特质却被认为具有较高的致罪性，需要通过心理矫治方式予以排除。所以在犯罪心理矫治工作中，对在押犯的心理测试具有重要意义，因为那些潜在的，无突出症状的致罪性精神异常与心理障碍只有通过测试才能被发现，而犯罪心理矫治的任务之一就是主动发现和识别为传统心理矫治所忽略的心理异常特质并在其发展成为外显症状之前就实施有效干预。

四、犯罪心理矫治与思想政治工作的区别

在概念上，我国犯罪改造的三大传统手段包括"狱政管理、教育改造和劳动改造"。这其中，狱政管理与教育改造均涉及对在押犯的思想政治工作内容。而思想政治工作的主要手段包括法规政策宣传，价值观与行为养成，道德感化与自我改善激励等。这些工作在目的上与犯罪心理矫治有着很多共性，但是其工作机制与犯罪心理矫治完全不同。一般来讲，传统的思想政治工作(或者称为教育感化工作)的理论基础是经典犯罪学中理性人和自由意志概念，强调通过对犯罪人的说理与道德感召，使其一方面认识到犯罪的非理性，另一方面认识到犯罪的非正义性，进而在其自由意志之抉择中选择守法，抛弃犯罪。而犯罪心理矫治所依托的是当代实证主义犯罪心理学与犯罪社会学理论，在对人之基本属性的认识上否定了理性人以及自由意志，强调犯罪人的反社会思维模式以及行为选择并非其基于自由意志的理性选

---

① Hodgins, S. and Cote, G.. The prevalence of mental disorders among penitentiary inmates[J], *Canada's Mental Health*, 1990, 38.

择，而是在各种生理，心理，社会因子的综合影响下的必然性结果，因此对犯罪行为模式的矫治需要通过对各种复杂的神经介质以及潜意识心理运作机制的微妙调整来实现。

犯罪心理矫治和在在押犯人群中开展的思想政治工作从理论上很容易区分。但是在实务中，却常常混淆，尤其是那些针对不良行为模式，反社会情绪与价值观的认知行为治疗手段，很容易被误以为是对犯罪人开展的政治思想工作。对于有行为认知治疗现实需要却尚未全面开展心理矫治工作的监所来说，这种看似无害的误读可能使其在人员配置与工作重心上发生偏差，以政工干部代替专业心理治疗人员，以理性宣讲代替针对性治疗，最终影响心理矫治工作的效果。

第二节　犯罪心理矫治的理论与实践发展

一、欧美早期心理学理论的发展及其在犯罪矫治中的应用

19 世纪末 20 世纪初，作为一个新兴的实证行为科学门类，心理学关于人类反常与反社会行为的解读迅速在犯罪学界以及刑事司法实务系统中获得了高度认可与支持，一批受过心理学与心理治疗专业训练的学者及心理医学执业者被邀请或雇佣在监狱及其附属惩教体系中从事心理咨询服务与行为学研究，同时大批犯罪分子被以严重精神疾病为理由安排到专门设置的精神病院接受治疗而不是在监狱以传统方式服刑，从而为犯罪心理矫治作为劳役、宗教感化，道德教育、技能辅导之外的一种犯罪改造手段的大规模应用提供了组织与物质基础。而进入 20 世纪下半叶，对于监狱环境下服刑人员心理健康状况的研究进一步对监狱内心理医疗服务提出了较高的要求，这也间接推动了针对犯罪服刑人员的心理矫治的发展。

最早应用于监狱的犯罪心理矫治基本上是一个以 19 世纪末心理学与精神病学理论发展为基础，结合了一些原始的脑神经外科治疗技术的，来源广泛而庞杂的概念综合体，其典型内容包括针对普通服刑人员群体的，应用精神分析疗法与行为疗法的谈话治疗，针对出现精神病症状者的，施用神经性药物对特定大脑功能进行压制或调节的药物治疗，针对较严重精神病症状服刑人员的抽搐休克疗法，以及针对出现最严重症状的人员施用的脑叶白质切除手术等。

总的来说，早期犯罪心理矫治的蓬勃发展为改造罪犯，保护社会免遭二次犯罪侵害，以及监狱管理人性化开辟了一条充满希望的崭新道路，其实践由于得到了新兴心理学，精神病学以及脑神经外科医学的理论支持而具有早期犯罪矫治手段所普遍不具备的专业性，目的性和实证性。但是同时，受到机械唯物论的影响，这些犯罪心理矫治往往忽视了对犯罪人作为人的复杂性，也往往不重视犯罪人的权利及个别性需求，一味追求以简单易行的方式达成行为控制或行为改良的目的。这些做法在后来的实践与研究中很多被证明是无效或弊大于利，同时也不可避免地激起了社会公众对其扼杀人性，漠视人权做法的强烈不满。

（一）"犯罪矫治无用论"的兴起及相关学术争鸣

尽管对应用各类心理学理论的犯罪矫治手段的批评一直存在，但这种真正批判对犯罪心理矫治的发展产生实质影响还是在 20 世纪 60 年代，而这一时期否定犯罪心理矫治价值之学术思潮的最重要推动者是社会学家罗伯特·马丁森（Robert Martinson）。马丁森在其学术生涯早期致力于反对以监禁自由刑为基础的犯罪处遇政策，而其主张的核心观点之一就是基于监狱环境的犯罪矫正（Rehabilitation）无实质效果。1974 年，马丁森参与了犯罪学家道格拉斯·

利普顿（Douglas Lipton）与朱迪斯·维尔克斯（Judith Wilks）主持的一个关于犯罪改造措施效果的综合评估研究。该研究对当时已公开发表的，在 1945—1967 年进行的 231 项犯罪矫正措施实证研究的结果进行了整合性再评估。基于其对这一评估结果的解读，马丁森发表了一篇题为《有什么是管用的？关于监狱改革的问题与回答》（*What Works? Questions and Answers about Prison Reform*）的文章，提出"除了少量的和孤立的几个例外，目前所知的犯罪矫正手段对于再犯率没有值得一提的影响……我们的现有（矫正）策略无法扭转，甚至无法有效地削减犯罪人延续其犯罪行为模式的强烈趋向"①。对于这一论断，即使其合作者利普顿和维尔克斯也持保留态度。但是在当时特定的社会与历史环境下，马丁森的主张却在舆论界与公共政策领域得到了近乎一边倒的认可。很快，这篇文章的核心观点就被冠以"矫治无用主义"（The Nothing Works Doctrine）的头衔在学界与实务界大行其道。受其影响，在这之后的20 年里，欧美各国，尤其是北美的刑事政策中出现了矫治刑主义的全面退潮和报应刑主义与威吓刑主义的迅速复归。有鉴于此，这篇文章被普遍认为是 20 世纪刑事司法学界最有影响力的文章之一②。

具有讽刺意味的是，马丁森本人提出矫治无用观点的本意是为其监狱无用论提供论据。而这之后的形势发展却与其设想背道而驰。不仅监狱没有因为矫治无用主义而被放弃，反而由于报应刑与威吓刑所主张的重刑主义之回潮而更加凸显其在刑罚体系中的核心地位。马丁森于 1980 年因严重抑郁症自杀身亡，而他在此前一年发表的一篇文章中完全逆转了自己的立场，称"确有一些矫治项目取得了显著的抑制再犯之效果……这些令人惊喜的发现在我们对各种不同类型的矫治项目的研究中被一再地发现"（1979）③。

马丁森立场的转变并非偶然。实际上，其 *What Works?* 一文一发表，就立即在犯罪学界引发了激烈的争鸣。如前所述，马丁森的文章是在其参与的合作研究项目基础上以个人名义发表的，而该研究综合了另两位学者意见的最终报告于一年之后发表，在其结论中，尽管也指出"目前在犯罪改造领域尚未发现有可以显著降低再犯率的令人满意的手段"，但在语境上更趋保留，并暗示对未来随着矫治手段的改良而出现更好结果抱有希望④。

此后，很多学者进一步对该研究结论的有效性提出了质疑，指出其评估手段过于简单化，没有考虑到现实中其评估的很多所谓"矫治项目"或者由于缺乏资金支持而徒具矫治之名，或者是打着矫治的旗号行威吓刑、强制关押之实。将这些本不可能提供任何矫治效力的项目纳入考察视野无疑是对最终结果的严重干扰。又有学者指出该评估对矫治效果的测量采取一刀切方式，仅以一定时间内是否有再犯记录为评判成功抑或失败的唯一标准，而毫不考虑再犯情况下实际犯罪情节的减轻或再犯间隔时间的加长等代表了实质改善效果的指标，因此将大量产生了一定积极效果的矫治措施错误定性为无效。另外，有学者强调，监禁环境本身具有内在的反矫治效果，在监狱中关押的个人往往呈现犯罪性的自然恶化趋势，而在监狱

---

① Robert Martinson. What Works? Questions and answers about prison reform[J]. *The Public Interest*, 1973: 35.

② Douglas F. Cousineau & Darryl B. Plecas. Justifying criminal justice policy with methodologically inadequate research [J]. *Canadian Journal of Criminology*, 1982: 24.

③ Robert Martinson. New findings, new views: A note of caution regarding sentencing reform[J]. *Hofstra Law Review*, 1979: 7.

④ Douglas Lipton, Robert Martinson, & Judith Wilks. *A Survey of Treatment Evaluation Studies*[M]. New York, U.S.A.: Praeger, 1975.

环境下实施的矫治措施不得不与这一自然恶化趋势对抗，即使有一些积极效果也往往为其所覆盖，而在总体上表现为无效甚至恶化。但是基于对其作用的宏观理解，就必须考虑矫治努力对上述犯罪性自然恶化趋势的削弱或抵消效果。在有些项目中，尽管接受矫治的个人仍具有较高的再犯率，但比较仅服刑而不经历任何矫治项目的个人来说，其再犯率，再犯强度与再犯间隔均有显著改善。但这一"恶化抑制"效果，却由于个体在总体上没有表现为"改良"而被忽视，进一步抹杀了一些矫治措施的积极作用①。

尽管如此，很多学者还是承认，马丁森、利普顿和维尔克斯的研究对当时的犯罪矫治发展状况的评价在主体上还是负责任的。其研究结论在之后又被一批类似的研究证实与确认。客观来讲，犯罪矫治运动遭受这样的学术批判确有其自身原因。第一，当时的犯罪矫治实践所立足的犯罪学，犯罪心理学和社会学理论尚有很多不成熟与不完善之处，尤其是以弗洛伊德精神分析理论为主导的心理治疗手段由于精神分析理论本身的局限与偏差而作用极为有限，而很多针对精神病患者实施的药物治疗或脑神经外科手术更是在对人类大脑结构与运作机制缺乏了解的情况下盲目进行的，效果可想而知。当时受统计学发展水平的限制，对于犯罪矫治效果的评估手段无法全面涵盖个人行为的各个方面，因此也就无法为相关的理论探索提供客观准确的实证数据支持。如同在黑夜中摸索前行却缺乏有效照明，走弯路是难以避免的。第二，犯罪矫治因为吸纳了新兴的心理学的学术养分而看到了发展的全新方向，但同时心理学在公众意见领域的巨大成功不可避免地导致其应用上的冒进和学术上的不严谨，出现了一批缺乏实证科学基础，打着"心理学"旗号的伪科学学说。在这些学说影响下的犯罪矫治措施显然没有可能取得任何积极效果，甚至会加剧服刑人员心理问题的恶化。第三，以心理学为指导的犯罪矫治理念倡导矫治个人化以及矫治专业化，相对传统的犯罪矫治，对资源投入有更高的需求。但这些理念在实践中却几乎从未得到过充足的资金支持。在政策层面，本应得到更大力度财政支持的犯罪矫治却往往成为削减预算的理由或牺牲品。这就直接导致很多矫治项目由于缺乏设备与合格的专业人才而根本无法实际开展，最终沦为政客炫耀政绩的招牌或者是以矫治为名义的强制关押，对于犯罪人的改造毫无贡献甚至起到反作用。

总的看来，马丁森的矫治无用主义的提出对于在欧美发展迅猛却良莠不齐的犯罪矫治运动的打击不可谓不沉重，但在客观上也确实起到了大浪淘沙的作用。由于矫治无用主义的盛行，很多学者不得不对一些看似"不辩自明"的犯罪矫治思想进行全面而认真的反思，从而在犯罪学，犯罪心理学与犯罪社会学领域以严肃的实证科学态度重新夯实了犯罪矫治理论基础，抛弃缺乏科学性的矫治理念，在科学客观的数据基础上总结并精练行之有效的犯罪矫治原则与技术手段，为此后犯罪矫治的复兴奠定了坚实的基础。

（二）以实证心理学为基础的犯罪矫治复兴

几乎就在马丁森掀起"矫治无用主义"思潮的同一时间，刑事司法学界与实务界中矫治理念的支持者对其的反驳就在多个领域展开，而在其后犯罪矫治遭到司法实务界抛弃的所谓"黑暗时代"，这一反驳进一步演化为对犯罪矫治理念在实证主义科学基础上的重建努力，并为犯罪矫治的最终复兴设定了基调。而这其中影响最为深远的是以唐·安德鲁斯（Don Andrews），詹姆斯·邦塔（James Bonta），保罗·辛卓（Paul Gendreau）和罗伯特·罗斯（Robert Ross）为代表的一批加拿大心理学家对高效矫治干预基本原则（Principles of Effective

① Francis T. Cullen & Paul Gendreau. Assessing correctional rehabilitation：Policy，practice，and prospects [J]，*Criminal Justice*，2000，3.

Correctional Intervention)的理论探索。

作为犯罪矫治理念的坚定支持者,这些学者坚信犯罪心理矫治在基本概念上是可行的,但在实践中由于缺乏一个完整而统一的操作性理论框架,那些取得成功的矫治项目无法总结出具有普遍意义的指导性经验,而未取得成功的项目则往往被用来全面抹杀类似项目的价值,毫不考虑具体项目的个体差异性。因此,犯罪矫治理念重构的核心任务与当务之急就是建立一个可以用于理解与分析矫治措施有效性的实证理论模型①。

在安德鲁斯等人看来,这一理论模型的提出在当时已经有了相当坚实的现实基础,因为由于马丁森等人的综合性评估研究的巨大影响,在犯罪学领域掀起了一股大规模综合性矫治绩效评估研究的热潮。在短时间内,大批学者不断推出涵盖越来越多矫治项目的综合评估研究发现。这类研究最初采用的是相对易行的质化研究方法,即对单个矫治项目进行描述性分析,逐个得出结论,再根据对所有评估对象整体印象得出一个概括性、描述性的结论。但是这一研究方法和所有其他类似的质化研究方法一样,在结论的信度与效度上存在不可克服的缺陷。为了克服质化分析缺陷,学者在这一领域引入量化分析手段。而为了避免之前的量化数据分析将多个评估项目进行"数人头"式的简单归类带来的问题(这一问题被学者广泛认为正是马丁森等人研究结论的症结所在),引入了当时在自然科学与社会科学研究中新兴的"元分析"(Meta-analysis)的方法。这一分析手段将不同研究中以不同方式测量的变量转换成一个具有统一标准的"实效值",再将多个研究各自的实效值累加后计算总体的标准实效。这一方法克服了各个独立研究项目在数据收集上的结构差异,兼具质化分析的宏观视野与量化分析的客观精确。随着以元分析方法进行的,具有更高信度与效度的矫治绩效评估研究成果的积累,在此基础上加以总结,提出具有普遍指导意义的关于有效矫治措施的理论框架的条件逐渐成熟。

从1995年开始,安德鲁斯等人开始在多个学术平台公开提出"高效矫治干预之基本原则"这一概念体系,并在之后的几年里不断完善与细化其内容②。这一概念体系后来被学者称为"高效干预理论"或"高效矫治理论"(Theory of Effective Intervention/Theory of Effective correctional Intervention)。与此同时,这一概念体系被很多学者转而用来分析,评价以及预测现实矫治项目的绩效,这些应用研究的发现在很大程度上肯定与证实了其合理性与准确性。2000年,美国著名犯罪学家弗朗西斯·库伦与辛卓联名发表了一篇《评估犯罪矫治性改造:政策,实务以及前景》的综合评述文章,比较系统地阐述了高效矫治干涉原则的观点,确立了这一概念体系在犯罪矫治复兴运动中的主流地位。而在2004年,库伦在美国犯罪学会年会发表了《拯救犯罪改造的12位学者:犯罪学如何改变世界》的主题讲话,高度评价了上述学者对于犯罪矫治复兴的贡献,再次明确了高效矫治干涉理论对于现代犯罪矫治的重要性。至此,可以认为至少在理论上,犯罪矫治完成了其从马丁森"矫治无用主义"思潮阴影

① Ted Palmer. Programmatic and nonprogrammatic aspects of successful intervention: New directions for research[J], *Crime & Delinquency*, 1995, 41.

② 相关著述参见:Don A. Andrews. The psychology of criminal conduct and effective treatment, in *What works: Reducing reoffending*, edited by James McGuire [M]. West Sussex, England: John Wiley & Sons, 1995; Don A. Andrews & James Bonta. *The psychology of criminal conduct*. 2d ed. [M]. Cincinnati, U.S.A.: Anderson Publishing Company, 1998; Paul Gendreau. The principles of effective intervention with offenders. In Choosing correctional options that work: Defining the demand and evaluating the supply, edited by Alan T. Harland [M]. Newbury Park, U.S.A.: Sage Publications, 1996.

下的自我救赎。而这一理论重构的无可争议的基石，就是高效矫治理论。

(三)高效犯罪心理矫治三原则

高效矫治理论的核心是一系列用于指导和衡量矫治措施有效性的理论假说，安德鲁斯等人称之为高效矫治原则(Principles of effective interventions)。在其理论的不同发展时期出现过不同表述，不过一般认为该理论包含三个主要原则，在此对其要点逐一概括如下：

第一个原则一般被称为"需要原则"，表述为：矫治干预措施应当针对已知的致罪和致再犯预测性因子(predictors of crime and recidivism)，致力于对这些因子的消除。这一原则要求矫治努力以犯罪学最新研究成果为其知识基础和实践指导。在犯罪学研究发现的对个人行为具有致罪影响的那些社会心理学因子中，存在两大类别：静态因子和动态因子。静态因子顾名思义，乃是不可改变的，如先天性的基因缺陷，尚无有效治疗手段的精神与人格障碍，或个人犯罪历史等。而动态因子则是可变的，因此也就可以通过各种手段加以调控。这类因子的识别与发现都需要通过对犯罪人群的实证统计学分析，其存在不以任何人的意志为转移，因此对于特定个案的矫治前景也应抱持客观态度。当个案的致罪因子分析中发现系静态因子占主导地位时，则对该个案的矫治效果就不应抱不切实际的幻想。当然，实际的研究发现指出，在诸多较重要的致罪因子中还是以动态因子占多数，这在宏观理论层面为犯罪矫治理念的可行性奠定了基础。而在实务层面，矫治措施必须针对这些犯罪学研究中发现的动态致罪因子展开才能取得实效。这些致罪因子因此被称为"致罪矫治需要"，而矫治的高效率必须立足于对于这些致罪矫治需要的满足。目前已经为大量犯罪学研究所确认的这类因子包括(1)反社会的态度，观念，价值观以及认知—情绪状态；(2)倾向于犯罪的社会交往系统，包括交往圈中过多有犯罪倾向个人以及缺少反犯罪倾向个人；以及(3)反社会化的性格因素，如冲动个性，冒险个性及缺乏自控能力等①。对这些因子的有针对性矫治是积极矫治效果的重要保障。另一方面，一些通常认为具有致罪性的因子在犯罪学研究中被证明并不具有这一属性或影响力很弱，比如个人的智力因素或自我评价。可以想见，在这类因子上投入矫治资源将无法取得理想的矫治效果。

第二个原则又称"风险原则"，表述为：行为矫治工作应该在质和量上向高风险个体倾斜，重点并优先为具有更高人身危险性及再犯可能的个体提供矫治服务。这一原则的提出突破了传统上矫治工作为了保证成功率而倾向于优先挑选"表现较好"，亦即具有较低再犯风险的对象开展工作的惯常思维。而这一突破是建立在充分的实证研究证据之上的。数据显示，对较高风险人群实施的矫治努力可以获得比在低风险人群中更显著的再犯率的降低。在特定环境下，在低风险人群中开展行为矫治努力甚至会增加再犯可能性。有鉴于此，将有限的矫治资源集中用于高风险人群可以实现在同等条件下更高的投入产出比。

第三个原则又称"响应原则"，表述为：矫治工作中应当应用那些适合对象的需要以及接受能力的治疗手段与治疗风格，即可以得到对象的普遍性响应(general responsivity)的矫治模式。在进一步研究中，学者发现这类可以引致普遍性响应的矫治模式多数都应用了行为主义心理学以及社会学习理论的很多技巧与工作原理。这些治疗手段直接针对矫治对象出现的认知错乱，不良行为模式或反社会学习构造等可逆的致罪矫治需要，往往可以取得较好的效果。与之相对，安德鲁斯与邦塔通过对大量矫治项目实效的元分析发现，那些缺乏响应的治

---

① 显然，第1类和第3类因子应是犯罪心理矫治的重点，而第2类因子则需要结合心理矫治努力，通过其他反犯罪干涉手段进行消除。这也体现了犯罪心理矫治的系统化特点。

疗手段往往是非建构性的，内省的，口头的且以对象的所谓"顿悟"为工作方向的①。这类矫治手段或者以弗洛伊德精神分析理论及其他心灵主义学说为基础，或者毫无心理学理论基础。它们的一个共同特点就是对前述的诸致罪需要因子毫无考量，由于没有针对矫治对象的致罪需要实施干预，导致缺乏来自对象的响应，自然难以收到任何积极的矫治效果。而这其中尤以那些以惩罚为基本要件的行为干预手段表现得最为明显，相应的效率也最为低下。

第三节 犯罪心理矫治实务

一、犯罪心理矫治工作者的基本素质要求

理想环境下，鉴于心理矫治的专业性特点，犯罪矫治工作者最好是可以心无旁骛地专注于心理测量及治疗，因此在职业素质要求上应该是贵精而不贵多。但在实践中，犯罪心理矫治工作者由于其独特的工作环境与工作对象，日常业务开展时往往需要兼具多重身份，涉及心理与精神病测量，心理治疗与咨询，司法管教，以及社会工作等多个性质不同的专业领域。每一个领域都对其从业人员有着不同的业务素质要求，一个合格的犯罪心理矫治工作者必须同时满足这些要求才能保证其专业工作的正常开展。这是犯罪矫治工作客观性质决定的。另外基于适应犯罪矫治的系统性特点之考虑，多专业复合型素质要求也是开展高效率犯罪矫治的题中之义。

(一)心理工作者的专业素质要求

在理想状态下，任何从事心理矫治工作的人员都应该接受过至少本科以上的心理学专业教育，具备国家认可的心理治疗师资质，才能有效地开展工作。实践中，在特定情况下，监狱内的犯罪心理矫治工作可以由外聘的精神病医生或心理学咨询治疗专家兼职承担，基本上可以满足这一要求。但是兼职专家模式却往往难以满足犯罪心理矫治工作的封闭性，全面性以及全时性要求。受客观条件限制，在我国的实务中一般采取少量全职专业心理咨询人员与受过一定心理咨询培训的司法干警相结合的人员配置方式，不论在心理矫治的覆盖度还是服务质量上均离理想水准有一定差距。毫无疑问要使犯罪心理矫治工作达到其应有的犯罪改造目的，就需要将心理学专业素质以及心理治疗技能作为未来的司法干警素质提高的一个重要方面。

(二)司法管教工作者的专业素质要求

如前所述，由于客观条件的限制，在监狱中往往需要由管教干警兼职从事犯罪心理矫治工作。监狱干警又同时负有对在押人员的监督，管理，执法的任务，这就要求其具备司法工作人员的基本业务素质。这一方面的要求主要包括：(1)实体与程序法律业务能力：在正确理解相关法律的基础上，能够正确判断对不同监管对象的合法与恰当的处遇，熟悉涉及监管对象的各类收监，管理，奖惩，刑期调整，释放，以及申诉程序，能够严格依法办事。(2)组织管理能力：具备组织、指导、管理罪犯从事生产、生活、学习、娱乐和休息的能力，保持监狱内良好的日常运转秩序。(3)良好的身体素质与强力执法能力：监狱民警需要带领、戒护在押人员从事生产劳动，组织其接受教育与矫治，当出现突发事件时，还需要实施必要的紧急处置与执法，恢复监所秩序与安全。为了完成上述任务，必须具备良好的身体素质，

① Don A. Andrews & Robert. D. Hoge. The psychology of criminal conduct and principles of effective prevention and rehabilitation [J]. *Forum on Corrections Research*, 1995, 7(1).

并掌握必要的擒拿格斗以及枪械使用技巧。

应注意到的一个问题是，实践中心理矫治工作的要求与司法管教工作的要求是有一定矛盾冲突的。传统心理矫治强调矫治者与被矫治者之间建立一种类似医生与患者之间的相互信任与认可的关系，以便于双向沟通与心理治疗的顺利开展。而管教干部与在押人员之间显然不可以一味地强调信任和认可，管教干部有必要维持对在押人员的绝对权威，同时也必须对在押人员试图骗取信任，从中谋利的意图有所警觉。在此基础上，身兼心理矫治和司法管教工作两职的犯罪心理矫治工作者就必须有能力在这两者之间维持一种合理的平衡。犯罪心理矫治工作者一方面应通过严明，公正，文明的执法与日常管理，在在押人员中建立威信，保证监所的顺利日常运作。但同时通过对其心理，生理，生活，教育等方面需要的无微不至的关心，赢得在押人员的信任，并帮助其认识到改正不良行为与思维习惯的必要性，主动寻求，积极接受心理矫治。

（三）社会工作者的专业素质要求

根据我国犯罪改造理论，对犯罪分子的改造有三大传统手段：狱政管理、教育改造、劳动改造。对犯罪心理矫治的重视并不代表对以上三大传统手段的忽略或者放弃。在对在押人员进行心理疾患的测试、诊断以及矫治的同时，也必须同步开展对犯罪分子的思想政治教育，道德感化以及职业能力培养等方面的工作，以保证其不仅在心理健康上得到恢复与加强，同时还得到价值观、道德素养，社会适应能力的全面改观，从而达成系统性地降低再犯可能性的目标。这方面的很多工作不仅不属于犯罪心理矫治的范畴，也超越了传统司法狱政工作的一般性定义。对开展这类工作所要求的素质更准确地界定应该是社会工作者的专业素质。所谓社会工作(social work)，是 20 世纪后期以来在西方发达国家兴起的一种专业性分工领域。其专业从业人员称为社会工作者(social worker)。一般对其专业工作的定义是：遵循助人自助的价值理念，运用个案、小组、社区、行政等专业方法，使受助群体和个人摆脱精神上和物质上的障碍和困境，提高社会活动能力，发挥自身潜能，实现自我发展，协调社会关系，解决和预防社会问题，促进社会公正①。这一职业的专业性分工近年来在我国逐渐得到承认。而在犯罪矫治领域，尤其是社区矫治领域，社会工作者正在发挥日益重要的作用。在监狱内，因为其特有的封闭性和非社会性，社会工作的作用发挥受到了相当的限制。但是，从最大限度维持在押人员的社会性，使其出狱后顺利完成对社会的复归适应的需要出发，在监狱内通过社会工作的专业手段对在押人员进行社会扶助，解决一些可能导致其犯罪或再犯的社会性问题也是尤其必要性的。实践中，很多犯罪心理矫治手段必须与社会工作手段配合才能收到理想的效果。因此，犯罪心理矫治工作者具备一定的社会工作者专业能力也是其工作顺利开展的一个重要前提。

对社会工作者的专业素质一般有以下要求：(1)扎实的社会工作理论基础。社会工作理论体系包含了宏观理论、中层理论以及实践理论等三个层次。在宏观层次包含了对社会与人的本质的看法与理解，以及对社会问题的深层原因的基本认识。中层理论涉及对特定社会工作开展的介入理论，包括对具体社会问题原因的分析，问题解决方案的设计与实施原则等。而实践理论则主要覆盖社会工作实践具体工作的过程、方法及技巧的经验等。(2)较强的社会交往与组织能力。作为社会工作者，需要一方面与寻求社会帮助的群体与个人进行有效的沟通，取得工作对象的信任与支持以便开展工作，另一方面还需要与掌握了各类社会工作资

---

① 中国就业培训技术指导中心. 社会工作者[M]. 北京：中国劳动社会保障出版社，2010：1.

源的政府、社区、企业及个人进行有效沟通与协调，保证社会工作的开展具备充分而全面的资源支持。显然，没有较强的社会交往以及组织能力是无法胜任这一工作的。（3）适应能力。由于社会工作涉及的领域极其广泛，几乎可以涵盖现代社会生活的各个方面，因此要求社会工作者具有在各种不同社会环境与设定之下开展工作的能力。同时，社会工作本身也具有过程漫长、任务多变的特点，随着特定社会服务项目的进展，服务对象的境遇、态度、需求以及工作开展的环境都会出现错综复杂的变化。为了保证社会服务项目持之以恒地推进，也需要社会工作者具有审时度势、随机应变的适应能力①。

以上对社会工作者的专业素质要求对于在监狱环境中开展犯罪矫治的管教工作人员同样适用。

二、犯罪人心理评估与测量

如果将犯罪心理矫治看作一个过程的话，对犯罪人的心理学测量工作覆盖了这一过程的全部：犯罪心理矫治始于对犯罪人的入监期心理诊断，在整个服刑期间，伴随着犯罪心理矫治工作的开展，需要持续地对矫治效果与人员心理状态变化进行评估，最后在矫治终结，服刑人员出狱前夕，需要进行人身危险性与再犯罪可能的预测。显然，正如医生的专业工作必然包括对疾患的诊断与治疗两个方面一样，评估与测量工作与对犯罪人的心理治疗工作是犯罪心理矫治的两个基本而不可缺的有机组成部分。

（一）犯罪人心理评估的阶段性任务

准确的犯罪人心理评估，不论是在犯罪矫治的哪一个阶段都是非常重要的。首先，由于监狱客观条件限制以及心理矫治个别化要求，不应该也不可能对全体在押人员无差别地适用所有可以适用的心理矫治手段，因此必须对症下药，在入监收押时通过诊断性心理评估，确定犯罪人的特定犯罪矫治需要②，从而灵活调配人力物力与矫治策略，让有限的资源得以最大限度发挥其作用。其次，犯罪心理矫治是一个动态的过程，一方面随着矫治的推进，需要准确掌握各种治疗方法的实际效果，便于及时修正与完善治疗方案；另外在押人员在服刑期间随着时间的推移以及环境的变化，心理状态必然出现变化。当这些心理变化导致其矫治需要发生相应的变化时，如果固守根据入监之初心理诊断提出的矫治方案，无异于缘木求鱼，将难以收到预期的矫治效果。因此，需要在矫治进行的全过程中定期或不定期地进行心理状态评估。最后，在关押的最后阶段，对于即将出狱的人员也必须进行心理测试，以掌握其内在致罪心理因子的实际状态，对其人身危险性/再犯可能性进行预测。这一阶段进行的心理测试在刑满释放和假释这两种不同情况下的意义有所不同。对于面临假释决定的在押人员，是否适用假释的一个重要标准就是其在心理状态以及行为模式上是否仍然具有人身危险性。只有那些确实已经改过自新，心理调节与社会化能力恢复正常，可以确信不会对社会公众造成潜在危害的个人才能被允许复归社会。而对于刑满释放人员，由于再犯可能性预测的结果

---

① 王红蕾. 社会工作者的角色要求与职业素质[J]. 中国社会工作协会网站社工理论网页文章，2013. 引用链接：http://www.cncasw.org/sgwh/shgzll/200710/t20071023_2214.htm.

② 实际上，诊断性心理评估在入监收押之前，判决宣布之后就应该进行。因为从监狱资源优化配置的角度考量，会对司法系统中的各个监狱根据关押自由度、监管环境、矫治设施进行分类，以便可以将需要接受类似的刑罚处罚以及犯罪矫治的犯罪予以分类集中关押。而在这样的体系下，就需要在确定将某一罪犯送交某一监狱之前对其进行诊断性评估，以确定其罪行特点，关押强度要求以及犯罪矫治需要，保证其服刑的监所是最适合对其执行刑罚与实施矫治的地点。

依法不能对其获释这一法律程序性结果产生任何影响，因此心理测量的目的就是评估其出狱后复归社会的后续帮教需要，所取得的信息将被移交给负责对刑释人员进行后续社区服务的相关部门，作为其开展工作的参考。当然如果在心理评估中发现特定个人仍然具有较高再犯可能性的话，也需要将这一评估结果通报相关部门，促其强化后续的社区犯罪矫治努力，同时采取相应的行为监管与特殊预防措施。

（二）犯罪人矫治需要分类

在上述三个阶段的心理评估工作中，无疑第一个阶段的诊断性评估具有最重要的意义。后面两个阶段在很大程度上可以看作是第一阶段的延续和补充。在诊断性评估中，从实践需要出发，应确定心理评估的任务和侧重点，而不是泛泛地对收押人员进行一次无明确目的的心理测试。这一点上，国外较成熟地矫治系统的做法是强调对收押人员的分类（classification）。如前所述，这样做的目的有两个：监禁机构的选择与治疗方案的确定。犯罪矫治的个体化特点要求充分考虑犯罪分子的个体差异，有针对性地确定监管场所，监管手段以及矫治对策。但是不论是从监禁机构设置还是矫治项目费效比角度考量，都不可能为每一个矫治对象量身定做一揽子的刑事处遇方案。而更实际的选择是通过对实证数据的分析总结，对犯罪分子进行一个适度的，合理的，全面的分类，将具有近似犯罪行为模式，心理异常症状以及社会性因子，因此可以适用类似处遇方案的犯罪人个体聚合为多个不同的犯罪人子群体，再针对这些子群体的共同矫治需要设定监管场所以及矫治方案①。

犯罪人矫治需要分类的基本手段是使用专门编制的心理学量表对犯罪人进行测试，然后依据这些量表所确定的分类标准对犯罪人进行分类。早期的犯罪人分类往往是直接使用在心理学、精神病学领域广泛应用的量表及其分类体系，比如《明尼苏达多相人格量表》（MMPI）以及《精神病态核查表》（PCL-R）等。这类量表由于不是专门针对犯罪矫治分类需要编制，因此在使用上多有不便之处。所以从事犯罪矫治研究与实践的学者稍后提出了一批更加贴近犯罪人分类实际需要的分类测量工具，这些工具中，比较有名的包括《服务等级量表—修订版》（Level of Service Inventory-Revised）、《暴力风险评估指南》（Violence Risk Assessment Guide），以及《历史/风险/临床20因子核查表》（HCR-20）等。在我国，犯罪矫治专业人员立足我国国情，也创制了专门针对中国犯罪人群的《中国犯罪心理测试个性分测试》（COPA-PI）。

总的来说，这些分类测试工具往往将关注重点放在测试对象的暴力与攻击性倾向方面，测试后的子群体分划也往往主要体现了攻击倾向/再犯暴力犯罪可能性的由高到低排列。有些测试也对犯罪人的人格/性格特征进行了一些区分，但是往往在信度与效度上比之单纯测量攻击性倾向的工具有所不足。

（三）犯罪人心理评估与测量的基本方法

毋庸置疑，成功的犯罪人心理评估与测量必须建立在一个全面、合理、准确的心理评测工具的基础之上。但是，选择一个优秀的，经过实践检验的心理评测工具并不能保证心理评估与测量的质量。一个错误的观念就是，所谓犯罪人心理评估就是给犯罪人一套问卷，让他回答一系列问题，然后根据问卷附带的评分标准对回答进行打分，再将分值按照一定的组合方式累加，只要这个问卷权威性够高，就可以取得对犯罪分子心理异常与精神障碍的准确而全面的认识。这种观念的谬误之处在于没有认识到通过心理测试方式测量个体心理学与精神

---

① Carl B. Clements. Offender classification: Two decades of progress [J]. *Criminal Justice and Behavior*, 1996, 23.

病学症状指标的两个固有缺陷：认定标准上的主观性和信息提取的片面性。

心理测试常用的问卷调查方法依赖被测试者对特定问题的回答，以及测试者对被测给出的回答作出的评判来生成量化数据。但是，对于同一个问题，客观上并无不同之处的被测试者可能由于对问题的主观理解差异而给出不同的答案。同时，问卷中往往会有相当数量的开放式问题，需要被测试者给出描述性回答，再由测试者基于个人理解给出带有主观性的判断，因此也会出现不同测试者对同样的描述/症状作出不同认定的情况。这类主观性差异会导致测量结果信度的下降，这是通过问卷调查方式采集数据的固有缺陷。克服这一缺陷的主要途径是对问卷的标准化设计，尽量降低来自被测试者的理解误差，同时强化对测试操作人员的问卷调查技能培训，一方面通过针对性训练来降低操作人员对描述性症状进行认定时的随意性和可变性，另一方面通过培养其访谈问话技巧，增强其通过问答方式从被测试者口中挖掘信息的能力。

但是，无论问卷调查的设计再巧妙，测试者的访谈技巧再高超，有很多与犯罪人的心理异常、行为障碍、社会环境相关的矫治需要因子是没有可能通过这种浅层次的问卷访谈方式被揭示出来的。这就是上文所指的单纯依赖问卷调查手段的心理测试方式在信息提取方面的片面性。

现代心理测试理论的发展对于问卷调查手段的这一短板早已有所认识，因此在心理测试技术方面提出多角度，多手段结合的调查技巧。在实践中，前文所介绍的诸多心理测试工具在数据采集方面都要求多种信息采集手段相结合，以问卷调查为基础，结合对测试对象的深度访谈掌握最基本的心理与人格特性，同时还要通过大量的卷宗调阅以及家庭成员与相关人士咨询来生成全面的个人行为史与社会背景信息，最后，还需要辅以对测试对象的行为观察以及特定的情境实验来对特定细节认定进行进一步确认。而这一揽子的信息采集作业，都必须由接受过严格心理测试技巧训练的专业心理矫治工作人员负责实施，才能保证测量的准确性，为后续的心理矫治方案制定与推行打下良好的基础。

三、常见犯罪心理矫治方法与技巧

自从开始在监狱中尝试心理矫治以来，来自不同流派，不同理论背景的心理学与精神病学专业人员发展出数量众多，方法各异的矫治方法与技巧。正如前文所述，从 19 世纪后期心理矫治运动的新兴时期起，直到 20 世纪中叶的全盛时期，欧美各国犯罪心理矫治发展呈现出泥沙俱下，良莠不齐的状况，在实践上走了不少弯路。而到 20 世纪 70 年代遭受"矫治无用论"的沉重打击之后，监狱以及其他环境下的犯罪心理矫治一方面在规模和影响上急剧收缩，另一方面，也以此为契机对其理论与实践进行了一次大浪淘沙式的自我调整。到 20 世纪末犯罪矫治再度复兴时，它在理论上更加严谨，操作上更加务实，并逐渐确立了以认知行为理论为基础，以实证矫治效果评估为指针的犯罪矫治体系。在这一体系中，早年影响巨大的一些治疗方式，如心理动力疗法（psychodynamic psychotherapy）、患者中心式疗法（client centered psychotherapy）等，由于理论上的缺陷以及实际矫治效果的欠缺而在临床矫治实践中失去吸引力，日趋边缘化。

在犯罪心理矫治发展中的另一个值得注意的新兴趋势是，随着社区化矫治这一概念的兴起，在非监禁环境下，以社区力量为主导的犯罪心理矫治日渐受到重视。社区化矫治的固有优势是非常明显的，主要体现在其非监禁环境以及原生社会化设定与犯罪矫治所追求的社会化适应能力优化目标的天然契合。但是，对其社区化理念的强调，也在一定程度上削弱了犯罪心理矫治的专业化色彩。这就给一些明显缺乏理论依据的治疗手段以生存空间。这类治疗手段往往不具有任何积极的行为矫治效果，但是却由于其在理念表述上对公众具有极大直觉诱惑力而得以大行其道，与严肃的犯罪心理矫治项目争夺资源与矫治对象。对于这类治疗手段，刑事司法决策者与研究者应予以重视，并努力通过广泛而有说服力的实证科学证据对其进行批判与抵制。

作为当前犯罪矫治领域的主流理论，由安德鲁斯、邦塔等人提出的高效矫治理论以高效矫治三大基本原则的方式总结了其对当前各类犯罪矫治手段的评价标准。按照这一标准，犯罪矫治主流理论在原则上否定了以弗洛伊德、荣格、阿德勒等人为代表的心理动力理论体系在指导犯罪心理矫治方面的实践意义，而对于主要基于认知行为理论流派发展而来的各种疗法予以了高度认可。另外站在实事求是的角度，对于一些由于尚缺乏足够实证数据支持对其评判的治疗手段持开放的保留态度。

以下是目前比较常见的一些犯罪心理矫治手段的简单介绍及对其实证效果的评价。基于篇幅及实用性考虑，那些已经在实践中日渐减少使用或放弃的治疗方式将不在此讨论。另外那些纯粹用于治疗普通心理障碍或精神疾病，不具有特别的犯罪矫治效果的传统心理、精神病治疗手段也不在此讨论①。

(一)"皮靴营"

所谓"皮靴营"(bootcamp)，是在美国比较流行的一种针对不良青少年的社区化矫治手段。"皮靴营"一词源自美国军队对新兵训练营的别称。这一矫治手段的逻辑基础是借用军事化训练对青少年个性和行为习惯的"推倒重建"效果(break it down, build it up)，重点培养个人的纪律性，服从权威观念，集体观念，以及良好的生活习惯。这一矫治手段的优点是不采用封闭式监禁，不需要专业人员，节约了成本，同时青少年可以不远离其生活的社区就近入营，避免了去社会化。20世纪80年代以来，"皮靴营"因其独特的思路，低廉成本以及公众对军事训练迅速改变个人精神面貌的强烈直观印象而大受欢迎。在青少年司法系统受"矫治无用论"思潮最严重时甚至出现了矫治实务领域万籁俱寂而"皮靴营"一枝独秀的状况。

但是，从矫治的实际效果来看，"皮靴营"远远没有达到公众对其期待。库伦、安德鲁斯等人在发展其高效矫治理论的过程中，专门对当时正在运作的多个皮靴营项目的实际矫治效果进行了实证评估，结合其他学者在这一领域进行的大量实证研究，发现经历过皮靴营的不良青少年不论是长期再犯频度还是短期再犯频度均与未经历过皮靴营者无显著统计学差异。在有些指标上甚至还出现恶化②。

在某种意义上，皮靴营模式是矫治实践背离高效矫治三原则的生动反面教材。在需要原则上，皮靴营采取一刀切的处遇标准，既不采取措施取识别个人化的矫治需求，在项目设计

---

①　这并不表示这类治疗在监狱中已经不再应用。只是其主要目的在于促进在押人员的心理卫生水平，而非直接针对犯罪矫治需要。因此从本章的专题视角来看，其犯罪矫治作用的发挥是间接性的。

②　相关著述参见 Doris L. MacKenzie & Claire Souryal. Multisite study of correctional boot camps. In Doris L. MacKenzie & Eugene E. Hebert eds. *Correctional Boot Camps: A Tough Intermediate Sanction*[M]. Washington, U.S.A.: National Institute of Justice, 1996; Francis T. Cullen, Travis C. Pratt, Sharon Levrant Miceli, & Melissa M. Moon · Dangerous liaison? Rational choice theory as the basis for correctional intervention. In Alex R. Piquero and Stephen G. Tibbetts eds., *Rational Choice and Criminal Behavior: Recent Research and Future Challenges*[M]. New York, U.S.A.: Taylor and Francis. 2002; 以及 James McGuire · Integrating findings from research reviews. In James McGuire ed., *Offender Rehabilitation and Treatment: Effective Programmes and Policies to Reduce Re-Offending*[M]. Chichester, UK: John Wiley & Sons, 2002.

上也没有针对不同矫治需要灵活调整矫治手段的能力。在风险原则上，由于其半自愿性质（家长的选择），无法有效地覆盖不良青少年群体中具有高风险，家长无力控制的那些个人，也就无法实现对高风险个体的优先矫治。而对低风险个体的矫治本身行为改良幅度就不足，还往往会由于矫治手段生硬不合理而导致负面效果，进一步抵消了有限的矫治实效。在响应原则上，皮靴营几乎没有应用任何经过实证检验的心理学理论或矫治技术，而只是机械地照搬了军事训练的行为与性格塑造方式。这一手法"看上去很美"，但是存在几个严重逻辑误区。首先在对象上，将深具荣誉感和自豪感的志愿从军者与基于犯罪或恶行而被半强制入营的不良少年混淆，没有认识到入营的不同心理状态会导致对军训的高强度和高强迫性产生的不同认知；而其次，在目标上，军训所培养的心理与行为模式乃是军事化行动对士兵的特殊需要，与一个自由民主社会对于公民的社会化适应需要大相径庭，甚至互相冲突。要知道，在军队环境中表现良好的士兵退役后表现出对市民生活的极度不适应，并导致违法犯罪行为的事例并不少见。从这个角度上看，用军训的方式来矫治基于社会化适应不良的不当行为模式近乎南辕北辙。

(二)"惊吓管教法"

"惊吓管教法"（scared straight），也可译为"吓直疗法"。这类矫治项目的基本思路在其称呼中有相当直观的反映：将沾染犯罪行为或其他不良习气的青少年或高风险个人有组织地安排去参观或体验监狱，有意识地向其展现监狱的种种骇人之处，甚至安排一些在押犯罪分子对参观者发表带有恐吓意味的自述或"宣教"，重点强调"你不会希望有一天落到与我们为伍的地步"的观点，希望以此在这些青少年中制造一种对于犯罪后果的强烈畏惧心理，从而有效地遏制犯罪行为发生。

"惊吓管教法"和皮靴营类似，同样在社区大众中深受欢迎却遭到理论界的激烈批判。前者对其之喜爱是由于这一矫治方法简单直白的逻辑迎合了普通公众对青少年犯罪问题近乎泄愤式的对策需求，而后者对其之排斥则是由于这一矫治措施在其底层理论方面应用的乃是早已为实证犯罪学证明基本无效的威慑刑逻辑（deterrence）。

在佩特罗辛诺（Petrosino），布勒（Buehler）等人进行的一项最新的关于惊吓管教法的元分析研究结果指出，这一类型的矫治措施对矫治对象的再犯率的影响介于无相关到负相关之间[1]。也就是说，接受了这一矫治措施的青少年，其行为模式要么不会发生任何实质性改变，更有甚者，还可能增加其再犯的可能性。基于此，佩特罗辛诺等人建议有关机关不应将其作为犯罪矫治体系的一个部分投入资源。而如果是基于其他机构性目的，比如社区外联或性普法教育，而需要开展这类项目时，则至少应采取措施控制其可能的负面效果，避免给参与的青少年带来不必要的心理危害。

(三)行为疗法

行为疗法是犯罪心理矫治最常用的手段之一，其理论基础是行为学派心理学家沃特森、斯金纳等人提出的操作性条件反射机制（operant conditioning）。根据操作性条件反射理论，个体实施一定的行为后，可以通过控制环境对该行为的反馈来影响个体未来重复该行为的倾向。具体来讲，如果在个体实施了某个行为并得到来自环境的鼓励性反馈，就会强化对该行为的重复倾向，而在个体实施了某个行为并得到来自坏境的惩罚性反馈，则会强化对这一行

---

① Anthony Petrosino, John Buehler & Carolyn Turpin-Petrosino. Scared Straight and Other Juvenile Awareness Programs for Preventing Juvenile Delinquency: A Systematic Review [J], *Crime and Justice*, 2013, 9.

为的规避倾向。那么通过反复对同一行为提供同类性质的反馈，就会使特定行为倾向固化，从而实现可期待行为的习得或不当行为的矫正。

应注意，行为疗法并不特指某一具体矫治手段，而只是一个类型化的统称。基于操作性条件反射机制可以设计出很多针对人类不良或特异行为的矫治措施，这些措施都可以笼统地被称做行为疗法。这其中，有几种疗法因为较强的操作性和一定的实际疗效而在犯罪矫治领域得到广泛采用，比如"厌恶疗法"、"模仿法"等。

"厌恶疗法"顾名思义，是通过在特定行为与特定强烈不适反应之间建立关联，从而强化对该行为的规避倾向的治疗方式。这是最具典型意义的行为疗法，被广泛用于对特定不良习性或毒瘾、酒瘾等物质依赖症状。常见的用于制造惩罚性反馈以强化规避倾向的手段包括可控的电击，致强烈不适感的化学药品以及厌恶想象等。1971年上映的英国著名影片《发条橙》对这一疗法进行了细致的描写。片中一名严重刑事犯罪分子被强迫接受化学药物注射，在产生严重不适感时，被强迫观看描写暴力犯罪行为的影片，从而在其对犯罪行为的观感中强行植入了极强的厌恶感。治疗结束后，每当他产生实施犯罪行为的念头时，就会随之感觉强烈不适，而不得不放弃。

行为疗法对于特定不良或特异行为模式具有一定的治疗效果，但其缺陷也同样明显。首先，它只能针对相对简单的症状性行为，比如强迫症或毒瘾等。而对于在比较复杂的认知、思考基础上作出的行为选择，由于无法有针对性的制造复杂度与强度相对应的反射性刺激，而难以收到理想效果。其次，通过条件反射机制建立的强化倾向如果不得到相对长时间的持续强化，会逐渐消退。而行为疗法由于对治疗条件要求严格，治疗程序也比较复杂，受客观条件限制，往往无法保证必要的持续强化。最后，行为疗法只针对支持特定行为的浅层心理/行为机制，而对造成这一行为的深层社会或文化原因缺乏调节手段。这就导致那些不良行为经过行为疗法被成功矫治的个人一旦回到其原有生活环境，又很可能在相似的条件下重新养成不良行为。实践中，使用药物与行为疗法相结合对毒瘾进行治疗往往在戒毒所环境内效果较好，但是难以控制离开戒毒所之后的复吸就是因为对于导致吸毒的社会与文化因素缺乏有效控制。

（四）认知行为疗法

认知行为疗法是自20世纪60年代以来，伴随着心理学中认知理论的兴起而逐步发展起来的一种治疗方法。顾名思义，这一疗法在以行为主义理论为基础的行为疗法中融入了认知理论的成分。行为主义理论重视外在行为及其与环境的交互影响，但是对个人的内在思维过程缺乏关注。而认知理论则非常强调对内在认知过程的了解与调控。以认知理论为基础曾发展出相对独立的认知疗法体系，但是这些早期尝试在理论上与已被边缘化的心理动力疗法有着同样的缺陷，在实践上并未取得多少成功。之后，认知疗法与行为疗法逐渐合流，一方面继承了行为疗法通过操作性条件反射强化特定倾向的操作模式，另一方面，强化的对象不再仅限于简单的症状性行为，而被扩展至个人的认知思维过程，从而具备了对相对复杂的行为选择与行为系统进行调控的潜在能力。

在犯罪心理矫治领域，认知行为疗法被用于矫正与反社会行为以及不良生活方式有关的个人内在思维、选择、态度和世界观体系。这一疗法通过认知行为训练的方式，对犯罪人的认知技巧中存在缺陷的领域进行重塑，使其掌握一系列有益的思维技能，包括对人际关系潜在问题的认知能力、在人际冲突时控制第一冲动以寻求更好解决方法的自控能力、对行为潜在后果的分析能力、对抗同侪压力的自主选择能力、表达自身感受并倾听他人想法的沟通能力、为他人的利益考虑的移情能力以及根据自身利益最大化原则决定行为方向的决策能力等①。

传统的认知行为疗法在犯罪心理矫治领域的应用一般采用三种方案设计：认知重建疗法（cognitive-restructuring therapy）、社交应对技能培训（coping skills training）以及问题解决治疗（problem-solving therapy）。而这其中得到最广泛应用的是认知重建式的矫治方案。认知重建式治疗思路将问题行为理解为不良性（dysfunctional）或不适性（maladaptive）认知思维过程的后果。这类思维构成包括认知扭曲、社会化错误认知以及逻辑谬误等。认知重建治疗方案主要通过有针对性的反射性行为训练的手段来强化对这些错误的认知思维过程的规避倾向以及对正确的认知思维模式的重复倾向。

认知行为疗法，或者说以认知行为理念为基础的犯罪心理矫治措施对于 20 世纪 70 年代到 90 年代犯罪矫治从"矫治无用论"思潮下的复兴起到了关键性作用。以库伦、辛卓、安德鲁斯等人为代表的犯罪学家在反击"矫治无用论"的学术争鸣中，意识到他们手中最有力的反击武器就是可以经得起实证方法检验的，具有切实疗效的犯罪矫治措施。但在他们对有效矫治措施的搜寻中，早期大行其道的心理动力疗法、患者中心疗法，包括大多数行为疗法都无法满足其对稳定疗效的要求。而在他们进行的大量元分析研究中，发现可以提供最稳定的积极疗效的那些矫治项目中，往往都应用了认知行为治疗理念②。通过进一步总结分析，安德鲁斯等人提出了"致罪矫治需要"的概念并指出只有针对这些矫治需求进行的矫治努力才能收到积极的效果。而这些致罪矫治需求因子中的大多数都与行为人的认知思维过程有着密切关系。因此在总结高效矫治原则时，安德鲁斯等人反复引用他们所发现的认知行为疗法的成功经验来为其高效矫治原则提供证据支持。可以说，如果没有认知行为疗法的成功经验，犯罪矫治理念的复兴，即使可以通过其他途径得以实现，也将会是与我们今天看到的格局完全不同的另外一种面貌。

（五）团体心理咨询

团体心理咨询（group psychotherapy）是在团体情境中提供心理帮助与指导的一种心理咨询与治疗的形式。他通过团体内人际交互作用，促使个体在交往中观察、学习、体验社会化技巧，重新塑造自我认知，调整与改善与他人的关系，学习新的态度与行为方式，发展良好的社会化适应能力。团体心理咨询与治疗一般由 1~2 名领导者主导，包含具有相似心理问题的，数量不等的团体成员（少则三五人，多则十几人到几十人），组成讨论小组，通过共同商讨、训练、引导，解决成员共有的发展问题或心理障碍。

团体心理咨询最早的有记载的应用来自 20 世纪初美国内科医生普拉特（J. H. Pratt），他注意到肺病患者由于被隔离而带来的心理问题，为给这些个人提供支持，以"班"的形式组织每次 15 到 20 名患者，接受心理咨询和帮助。而"团体心理治疗"一词的最早提出则是心理学家莫伦诺（Jocob Moreno）。他在 20 世纪 20 年代，创造了一种被称为"心理戏剧"（Psychodrama）的团体治疗形式，患者在领导者组织下，既是演员又是观众，通过情景重演的方式来探讨个人心理问题及其解决方法。之后，团体治疗的形式被一些心理学家应用于治

---

① Harvey Milkman & Kenneth Wanberg. *Cognitive-Behavioral Treatment: A Review and Discussion for Corrections Professionals*[M], Washington, DC, U. S. A.: National Institute of Corrections, 2007, 32.

② Don A. Andrews. The psychology of criminal conduct and effective treatment, in James McGuire ed., *What works: Reducing reoffending*[M], West Sussex, UK: John Wiley & Sons, 1995.

疗情绪性心理障碍，轻度狂躁症，以及人格障碍患者。这一治疗形式在二战中及之后的英国，通过伯明翰市诺斯菲尔德医院的一批心理医生的实践而得到广泛认可。在当代，团体治疗形式在各类医疗机构及心理咨询服务机构得到广泛应用，很多研究认为团体治疗形式的效果要好于(或至少等于)个体心理治疗的效果。

从严格意义来讲，团体心理咨询并不是一种具有独立理论基础的心理治疗方法，而更多是体现了一种独特的治疗组织与实施的结构形式：团体互动形式。在这个意义上，团体心理咨询是一个与个体心理咨询相对应的概念，但是并不排斥在个体心理咨询中适用的各种具体治疗机制与技术。在实践中，团体心理咨询可以根据所依据的理论被分为精神分析团体治疗、患者中心团体治疗、行为团体治疗、认知行为团体治疗等。

与个体心理治疗形式相比，采用团体形式展开的心理治疗在目标、基本原则、治疗技术运用、治疗对象以及治疗者素质要求等方面均有相似之处，但同时也有其自身的特点，主要表现在(1)由多人团体情境而带来的更高的互动程度，这是一对一的个人心理治疗设定无法实现的；(2)在针对问题类型上更加倾向也更加擅长处理与人际关系和社会化互动有关的问题；(3)由于治疗在团体设定中展开，问题的分析与解决均在一个非常接近真实社会化互动的氛围中进行，其治疗成果比较个体治疗来说更容易在真实生活环境中得到巩固①；(4)从费效比的角度讲，由于团体心理治疗设定各种一个咨询师担任领导者，可以对多个团体成员进行咨询与治疗，其工作效率也更高。

---

① 在个体心理治疗中，问题的解决是在咨询师与患者一对一沟通的环境下实现的，尽管会尽量模拟社交环境的设定，但是治疗氛围中对问题的展开与解决与真实生活仍然是存在相当的落差，因此在很多个案中，会出现在治疗中圆满解决了其心理问题的患者在回到真实生活中无法巩固治疗效果的情况。

第二十章 犯罪心理学应用技术

第一节 心理测试技术

一、心理测试技术的概念

(一)心理测试技术的含义

心理测试技术，也称为测谎技术，是心理学、生理学、侦查学与生物电子技术、物证技术、计算机应用技术等多学科综合形成的一门应用技术。

心理测试技术，是指由专业技术人员借助专门的仪器设备，记录、测量、分析受测人对相应问题刺激触发的心理生理反应，并结合对受测人心理行为观察分析，对受测人与被调查事件关系作出综合判断的一门应用技术。由于这项技术主要运用于犯罪调查和司法中，故称为司法心理生理测试技术或犯罪心理测试技术。

(二)心理测试技术的特征

心理测试技术的本质是一种心理评价过程，即通过运用专门的仪器设备来评价测试对象对特定事件(案件)的心理反应，从而确定其与特定的事件(案件)是否有关系。心理测试技术的检测对象是与特定事件(案件)相关联的人，其检验客体为以留存于受测人头脑中对案件事实感受的心理信息，其所采用的检验方法为心理学的刺激——反应方法，即通过借助于电子仪器装置，收集、分析受测人的心理生理反应指标，结合行为观察，综合作出判断。这些都与其他物证检验技术明显不同。

心理测试技术是典型的动态检验过程，直指影响个体行为的内在心理过程，其包括认知、情绪情感和意志，即心理测试技术所检验的对象是个体的心理信息，而心理信息明显具有动态性特点，所以与其他刑事技术相比心理测试技术对检验的程序性要求更加严格。

心理测试技术是一项"人机结合，以人为主"的测试技术，由于被检对象的动态性，使得与其他专业检验人员相对被动地接受仪器结果相比，心理测试技术对测试人员的要求更加严格。心理测试人员应具备的基本条件包括：拥护党和国家的基本路线、方针和政策；身体健康，道德品质高尚，办事公正；具有相应的文化学历；具有两年以上的侦查、技术、询(讯)问工作经验，并且具备相应的计算机操作技能；愿意从事心理测试技术工作；经过心理测试技术专业技能培训并取得结业证书。国内有些学者认为，在心理测试技术中，测试人员和测试仪器所起的作用各占50%；也有学者认为测试人员所起的作用占70%，测试仪器所起的作用占30%。

心理测试技术被检对象的动态性特点，决定了测试结果的重复性难以彻底保证，即因为个体心理信息的活跃性，使得即便同一个体的同一测试都会因时境的不同而不同，与传统意义上的"物证检验"要求有较大差别。

可见，被检测对象的动态性特点是心理测试技术区别于其他物证检验技术的明显标志，因而成为了传统物证技术的有机补充，并因此拓展了刑事技术的专业应用领域。

(三)心理测试技术所检测的主要生理指标

1. 血压/脉搏

血压和脉搏都是体现心脏跳动情况的生理指标，脉搏表示心脏跳动的频率，血压包括收缩压和舒张压，表示心脏跳动的速度和力度。人在发怒、恐惧、紧张的情绪作用下心跳加速，导致脉搏加快，血液循环加速。就会使血压/脉搏升高，这种变化在仪器上的反应非常明显。

2. 皮电

皮电是皮肤电阻的简称，心理测试技术中的皮电指标主要是人手掌部分的皮肤电阻，代表人手心出汗的程度。它可以最有效、最敏感地反映人交感神经的兴奋变化，并且不易受大脑皮层的直接控制，是国际上应用最早、最广泛并得到普遍承认的犯罪心理测试指标。但是皮电反应易受外界干扰，对测试条件要求较高。

3. 呼吸

呼吸是反映人心理变化的重要指标之一，人在紧张时会下意识地控制呼吸，使呼吸变浅，节律减缓等。大脑皮层对呼吸的支配往往是无法意识到的。

通过对血压/脉搏、皮电和呼吸变化的测量，不仅能够了解被测者实时的情绪体验程度，更能有效地观测处被测者对于不同问题所产生的不同情绪唤醒水平。

二、心理测试技术的历史

(一)心理测试技术在国外的发展

早在古代就有相关心理测试技术的研究和应用。在古印度，以称量嫌疑人的体重来决定他们是否讲实话。嫌疑人坐在大天平的一个尾端，平衡锤放在另一个尾端进行细心的调节。通过横梁上沟槽里流动的水来显示平衡是否精确。之后，嫌疑人离开并听取法官陈述有关平衡的条件。接着，嫌疑人再回到上面来重新检验平衡。如果发现其比原来轻了，便宣告无罪。否则，便宣告有罪。古代英国的疑犯会被"荣幸"地给予一片面包和一块奶酪，那些吞咽不下面包和奶酪的人就被认定为有罪。在中世纪，欧洲人采用"计数脉搏法"来确定被测人是否说谎。

近代科技的迅速进步为心理测试的发展提供了动力。1895年意大利犯罪学家龙勃罗梭利用当时最先进的脉搏记录设备——"水力脉搏记录仪"对嫌疑人在接受问话时的脉搏变化情况进行了观察记录，并利用观察记录的结果成功破获了有关案件。为此龙勃罗梭成为有准确文献记载的利用科学仪器成功识别"谎言"的第一人，而1895年也成为了心理测试技术发展的转折点。1914年，奥地利人贝努西发表了《呼吸变化在测谎中的影响》的研究报告，首先提出了"说谎特异反应"的概念。1915年，美国人马斯顿宣称自己发现了"说谎特异反应"。这种对"谎言测试"的着迷，使得美国加州伯克利警察局要求拉尔森研究一种专门"测谎"的仪器，1921年拉尔森组装成功了第一台可以连续记录的仪器装置，它可以同时测量记录呼吸和心跳两个参数，标志着世界上第一台实用心理测试仪器的诞生。1938年，基勒将皮肤电测试引入拉尔森的仪器，1942年他开始为警察培训专业人员，组建起美国第一所心理测试技术学校，同时还总结完成了"紧张峰测试"(POT)技术。里德于1930年前后与基勒相识，后来创办了自己的培训学校——里德心理测试技术学院。1947年他总结形成了现代心理测试技术仍在使用的基础测试方法之一"准绳问题测试技术"(CQT)。美国人贝克斯特在 1959 年发展出了一整套心理测试技术的理论和实践标准，他提出了"区域比较技术(ZCT)"，并且率先对测试图谱进行了量化分析。通过他的努力，基本实现了心理测试的标准化，从标准的实施方法、直接的行为记录、客观的评判技术和外在的效度标准等四个方面奠定了现代心理测试技术的基本模型。1961 年，贝克斯特技术被美国军方的心理测试技术学校改进后接受。1970 年，美国犹他大学的拉斯金对 ZCT 进行了系统评估，进一步完善了有关概念，并在 20 世纪 70 年代末开始计算机化，使得心理测试技术更加成熟。目前，世界上有 50 多个国家应用测谎仪破案，其中美国、加拿大、日本以及欧洲、中东、亚洲、非洲的一些国家应用较为广泛。

(二)心理测试技术在我国的发展

在古代，决定嫌疑人诚实与否的方法有两个：一是让嫌疑人吃用稻米做的蛋糕，观察他在强大的罪恶感下咽下蛋糕的形象。如果嫌疑人被蛋糕卡住，这个人就被认为说谎了。二是让嫌疑人咀嚼坚硬的干米，过一段时间再吐出来。查看嚼过的米，如果米是热的且成团状，说明嫌疑人说的是实话。如果米是干的，就说明嫌疑人说谎了。我国于 1943 年曾与美国合作开展测谎工作，1945 年，将有关测谎的课程正式列入警察教育。由于受有关历史因素的制约，新中国成立后的 30 多年间此项技术未能得到应用。1980 年 10 月，公安部刑事技术赴日本考察组考察这一技术后，撰写了一份《关于考察日本刑事技术情况的报告》。该报告指出：测谎仪是有科学依据的，过去持全盘否定态度是错误的。1981 年 9 月，公安部引进了美国制造的 MARK-II 型声音分析(测谎)仪一台，在北京市公安局试用，随机有 FELDMAN 等人所编著的《测谎手册》。北京市公安局预审处的王补，对《测谎手册》进行了编译。此后，4 年间办案 16 起，准确率在 90%。我国刑事测谎技术广泛应用，是于 20 世纪 90 年代初开始的。1991 年 5 月，公安部组织研制出新中国成立后第一台计算机化"测谎仪"(多道心理测试仪)。1993 年，这项技术在山东省的一起杀人案件的审理中得以成功应用。

自 1998 年开始，有关心理测试技术的各种研究纷纷结出硕果，其中北京、上海、广东、辽宁等地的相关技术都通过了各种技术鉴定，表明我国的心理测试技术已经从简单模仿进入到自主开发实践的阶段。另外随着对心理测试技术认识的不断加深，尤其是经验总结和教训汲取得更加深刻，目前国内对心理测试技术的理解与应用已经达到了一个新的水平，现代心理测试技术的基本理念已经在具体办案实践中得到基本完整的确立。

2004 年，人事部、公安部"国人部发[2004]67 号"文件"刑事科学技术队伍专业技术职位工作内容"规定："心理测试专业技术职位工作内容主要包括：利用有关仪器设备探查、推断人的个体心理信息。"该文件的发布，标志着心理测试技术在国内正式进入了刑事科学技术专业行列，是对国内心理测试技术的一个全新定位，为心理测试技术专业在我国的进一步全面发展奠定了坚实基础。

三、心理测试技术的理论基础

(一)情绪心理学的理论基础

在犯罪调查中，嫌疑人掩盖自己罪行的一个重要自卫武器就是说谎。其一方面竭力编造谎言，企图蒙混过关，另一方面又担心谎言会被揭穿而受严惩，因此千方百计地掩饰，以致心理活动非常复杂，使紧张、恐惧、慌乱、焦虑和内疚等异常的情绪状态交织在一起，形成沉重的心理负担，从而引起与之相联系的情绪生理异常反应，例如，脉搏加快，血压升高，口干舌燥，肌肉紧张，身体颤抖等，这就是疑犯说谎时的情绪心理状况。情绪体验的产生，虽然与个人的认知有关，但在情绪状态下所产生的生理变化与行为反应，当事人是无法控制的。心理测试仪器的设计，就是根据情绪状态下个人不能控制其身心变化的原理。

(二)认知心理学的理论基础

从 20 世纪 80 年代开始，由于传统的情绪理论不能指导说明说谎状态下生理反射的特异性和唯一性，这使得心理测试技术的效度和信度打了折扣，为了摆脱困境，研究者需要寻求其他的理论指导心理测试实践。此外，由于微电子技术和计算机技术的发展，已使得新型的心理测试仪器可以做到更加灵敏，能检验和分辨更加微弱的电生理或生化指标信号，为心理测试技术的应用提供了极其有力的设备保障。因此，认知心理学的理论基础应运而生。犯罪嫌疑人的认知心理是，当犯罪时，关于事先的预谋、犯罪情节、被害人表现、作案工具及犯罪结果等都会储存在记忆中。过后一旦被人提起，就会对他产生强烈的心理刺激，引起直接反映犯罪认知的生理参数的异常变化。心理测试技术的应用，可视为从说谎者的大脑记忆"信息库"中，精密提取并分辨出谎言的"心理痕迹"。

(三)神经生理学的理论基础

人的神经系统是指由神经元构成的一个异常复杂的机能系统。由于结构和机能的不同，可以将神经系统分为中枢神经系统和周围神经系统两部分。中枢神经系统包括脊髓与脑；周围神经系统包括脊神经、脑神经和植物性神经，心理测试技术主要依赖于植物性神经的工作机制。植物神经分为交感神经和副交感神经两部分，紧张状态下主要是交感神经在发挥作用。例如，当人挣扎搏斗时，在交感神经的作用下，会出现心脏加速跳动，产生大量的能量供给肌肉，排汗增多，消化器官暂缓工作等现象。交感神经不受中枢神经系统的支配，也就是说人无法有意识地改变交感神经的工作状态。因此，人在说谎时的紧张、恐惧等情绪体验会在交感神经的支配下不受控制地产生一系列生理反应，通过对这些反应的测量结果，可以作为判断当事人是否在说谎的一个依据。

(四)说谎心理学的理论基础

说谎的心理活动过程为：第一，说谎者要知道事实是什么；第二，要分析对方是否知道所要说谎的事实，或者知道多少；第三，要考虑编造怎样的谎言来欺骗对方；第四，编好谎言要考虑用什么方式表达，让对方相信谎言；第五，即使说谎后说谎者自认为不会被戳穿，仍然担心谎言被戳穿，落得难堪的下场，甚至经济利益和个人生命受到损失。因此，说谎者会产生焦虑、担心、害怕等心理反应，这些心理反应必然触发一系列自主的生理参数反应。心理测试技术正是通过检测和分析这些生理参数反应来推测其与特定事件(案件)的相关性。

四、主要的心理测试技术方法

制定心理测试方法的根本原则是要对被试者的心理给予有效的刺激，从而触发其情绪的变化，最后达到产生生理反应的目的。因此，心理测试技术除了对相关仪器等硬件要求之外，测试问题的编制也是非常重要的。从心理测试技术的发明应用以来，有过很多种测试问题的制定方法，目前实践中常用的测谎方法主要有两种：准绳问题测试法(CQT)和隐蔽信息测试法(CIT)。前者用来直接检测被试者是否是某一罪行的行为人，后者则用来检测被试者是否了解案件的细节。这两种问题编制方式虽利用同一原理，即心理刺激引起生理反应，但是它们却基于不同的测试理念，并采用不同的测试结构和测试程序，因此在实践中要根据案件的具体情况选择恰当的测谎方法。

(一)准绳问题测试法

准绳问题测试法(CQT),也称比较问题测试法,是一类心理测试题目编排方法的总称,传统基本思想是用被测人对准绳问题(比较问题)和相关问题的心理生理反应差异来判断被测人对相关问题是否存在异常心理压力。经过许多心理测试工作者的努力,准绳问题测试题目结构已经成为一类通用的心理测试题目结构,有着广泛的用途。

准绳问题测试法的题目结构要求每组测试题目必须包含有相关问题(用 R 代表)、准绳问题(比较问题,用 C 代表)和不相关(中性)问题(用 I 代表)等三种类型的主要测试问题。单元测试通常至少要重复进行三次。相关问题(R),也叫主题问题,是一类与测试目的直接有关的问题,对真正犯罪嫌疑人来说,是其知道、了解但不能或者不愿意被别人(尤其是调查人员)知道和了解的问题;对无辜的被测人来说,是其不知道、不了解或者知道、了解程度不够深入的问题。不相关问题(I),也叫中性问题,是与测试目的不直接相关的一些问题,通常作为引题、过渡和划分测试区域使用。准绳问题(C),又称比较问题,是一类用来和相关问题进行比较的问题。它实际上是一类特殊的不相关问题,主要用于刺激无辜的被测人形成自发反应,产生出正常的心理生理反应。如果被测人在准绳问题上的反应强于相关问题,那么测试人员就会认为该被测人与所测试的相关问题无关;反之则认为该被测人与所测试的相关问题有关。

准绳问题测试法的一般表述是"你是不是……"或"你是……吗?",要求被测人员作出"是或不是"的回答。无论是相关问题还是准绳问题、准绳问题测试结构的刺激呈现方式、被测人员的回应方式都一样。

准绳问题测试有很多种类,根据主题问题选择的不同,通常分为单主题测试和多主题测试。单主题测试是指在一次测试或一套测试题目中相关问题仅涉及一个单一事件,或一个事件中的单一行为的准绳问题测试方法。在准绳问题测试中,单主题测试是用得最多、最有效的一种测试方法。

单主题测试的基本要求是单一事件、单一目标,其使用于单个人犯罪和单一犯罪案件,案件中涉及的犯罪行为和犯罪类型较为单一。典型的单主题相关问题是以这样的形式设计的(以盗窃案为例):R1—丢失的东西是你拿走的吗? R2—拿走丢失东西的人是你吗? R3—你是拿走了丢失的东西吗?

多主题准绳问题测试是指在一次测试或一套测试题目中相关问题仅涉及两个以上事件,或一个事件中的两个以上行为的准绳问题测试方法。

常见的多主题 CQT 单元题目结构如下:

1. I(不相关)—Sr(牺牲相关)—C1(准绳问题一)—R1(相关问题一)—C2(准绳问题二)—R2(相关问题二)—C3(准绳问题三)—R3(相关问题三)

(这里的 Sr 问题被称为牺牲相关问题,也叫准相关问题,Sr 为 Sacrifice Relevant 的缩写,如"关于……你是不是愿意如实回答我的问题?"这种问题可以理解为一种过渡性问题,目的是告诉被测人就什么内容问题开始测试。)

2. I1—I2—I3(Sr)—R1—C1—R2—I4—R3—C2—R4—I5—I6

3. I1—I2—R1—C1—R2—I3—R3—C2—R4—I4

4. I1—I2—C1—R1—I3—C2—R2—I4—C3—R3—I5

5. I1—I2—R1—C1—I3—R2—C2—I4—R3—C3—I5

6. I1—I2(Sr)—R1—C1—R2—I3—R3—C2—R4—C3—I4

在构建准绳问题测试结构时，原则上把准绳问题安排在相关问题的紧邻，每次测试至少要有两到三个准绳问题，以便相互印证；相关问题的个数一般不大于本单元使用的准绳问题个数的两倍。

在准绳问题测试的功能方面，传统准绳问题测试主要是对被测人言辞表述的可信性做出判断，强调"说谎"带来的压力反应，而系统调查测试里的准绳问题测试不对被测人的"说谎"给予特殊关注，准绳问题只是用来触发被测人的基本心理生理反应的，对于是否能让被测人"说谎"不做专门要求。

(二)隐蔽信息测试法

隐蔽信息测试(CIT)，也是一类心理测试方法的总称，其核心由关键问题(K)(或称相关问题、主题问题、目标问题、靶问题等)和陪衬问题(B)(或称背景问题)组成，主要检测被测人对相关问题和陪衬问题的心理压力反应是否存在差异，进而推断被测人的心理信息中是否包含有所要调查的问题要素。很明显，对被测人的再认能力评估是进行这种测试所要把握的关键。根据测试人员对测试主题的了解水平，隐蔽信息测试结构可以区分为已知隐蔽信息测试结构和未知隐蔽信息测试结构。其适宜的测试主题为分析性测试主题。

CIT单元测试方法中除了传统的言语刺激方式外，有许多其他类型的刺激方式也可以使用，如出示图像、播放声音、动画等，有时使用这些刺激会比使用言语刺激的效果更好，但是通常这类刺激出现时仍伴随着相应的言语刺激。

CIT的测试题目结构一般为：

(1)(I1)不相关问题一

(2)(I2)不相关问题二

(3)(B1)背景问题一

(4)(B2)背景问题二

(5)(K)关键问题

(6)(B3)背景问题三

(7)(B4)背景问题四

问题(3)到(7)一般在问题(7)后打乱次序继续第二次测试，并再次打乱次序进行第三次测试。

CIT测试种类主要包括：

(1)特异信息刺激测试

这是一类首先设定刺激目标后，让被测人辨识，同时检测相应的生理指标变化的测试方法，主要包括刺激测试等。特异信息刺激测试法一般由以下测试内容构成：猜数(字)、姓名测试；扑克牌测试；属相测试；其他类似测试。特异信息刺激测试法可用于：了解被测人心理生理反应是否正常；检测心理测试仪数据采集是否正常。

(2)紧张峰测试(POT)与犯罪情节(景)测试(GKT)

从隐蔽信息测试的形式上说，有两种测试方法影响巨大，一种是紧张峰测试(POT)，另一种是犯罪情节(景)测试(GKT)。

①紧张峰测试(POT)

POT测试法是20世纪30年代由美国人基勒所首创。其模式是选定一个事件参与者可能存在或必定存在的过程、情节或物证作为关键点，由一组内容相似的关键问题(目标问题)和背景问题构成问题组，逐一测试。

传统的 POT 测试结构要求关键点题目必须位于背景题目中间，而且在打乱题目次序测试时，其中心位置基本不动。对于试探性测试的关键点，也把测试人员认为最有可能的关键题目放在居中的位置测试。现在这点要求已经不甚明显，主要原因是随着测试技术知识的普及，被测人会利用这个位置相对固定的特点来实施反测试。

②犯罪情节(景)测试(GKT)

GKT 测试是经过美国人莱克肯于 20 世纪 50—60 年代修订 POT 后提出的测试方法，其测试原理实际上与 POT 测试原理相同，早期的 GKT 基本就是"已知情节的 POT 测试"。即把案件侦查中得到的各个情节组织成 POT 进行测试，现在的 GKT 也广泛用于试探性测试，所以，目前所说的 GKT 测试已经与 POT 测试无论从形式还是从内容几无差别。

CIT 的使用功能：

(1)已知隐蔽信息测试使用功能，包括 POT 和 GKT：已知隐蔽信息测试是针对特定犯罪情节的测试方法，用于检测被测人对特定犯罪情节是否了解，以此判断被测人与特定事件的关联程度；犯罪情节具体的案件，可以选用已知隐蔽信息测试方法。选用已知隐蔽信息测试必须满足以下两个条件：犯罪情节没有公开，其他无关人员不了解；犯罪情节必须是准确可靠的。已知隐蔽信息测试问题由关键问题和背景问题组成，一组已知隐蔽信息测试问题，只允许有一个关键问题(相关问题)和四个或五个背景问题。关键问题所选择的犯罪情节必须满足以下条件：答案准确；没有公开(至少被测人在测前谈话时明确表示不知情)；行为人有意识的行为或者行为人记忆深刻的情节。在已知隐蔽信息测试时，测试问题的提问方式必须根据被测人的具体特点而确定，尽量避免对无辜被测人产生强烈的心理刺激。测试至少应重复进行三次。

(2)未知隐蔽信息测试使用功能，包括 POT 和 GKT：未知隐蔽信息测试是利用被测人对相关问题产生的心理生理反应强烈程度来探查被测人对这个相关问题是否知情的测试方法。对于所调查的问题或案件，当需要探查一些只可能当事人或行为人知道的情节时，可使用未知隐蔽信息测试对被测人进行测试。未知隐蔽信息测试的测试问题中没有确定的"关键问题"，测试问题必须包括能考虑到的所有可能性，即在上述的 CIT 的测试题目结构中，没有确定的关键问题，所有的背景问题和关键问题都可以看成相关问题，通过测试检测被测人与哪个(些)问题更相关。测试至少应重复进行三次。

五、心理测试技术在刑事侦查中的意义

1. 帮助确定侦查方向

在侦查实践中，由于人力、物力、时间等条件有限，需要侦查人员决定调动有限资源和精力从哪一条线索入手。而心理测试技术作为一种侦查手段，可以帮助探测出一些调查线索，使侦查员获得一些常规侦查手段无法获得的信息。这些探测出来的线索可以有效帮助侦查员正确选择侦查方向，指导侦查实践，提高侦查工作效率。

2. 排查突出重点对象

刑事案件发生后，侦查人员在侦查初期需要进行排查，根据现场勘查和案情分析，进入侦查视野的排查对象数量往往比较巨大，采用传统的侦查讯问方式效率低，且准确率不高。使用心理测试技术可以帮助排查工作能够准确快速地进行。通过测试排查对象是否与案件有关，可以迅速地缩小嫌疑人范围，为侦查工作节省大量的人力、物力和时间。

3. 协助鉴别和认定犯罪嫌疑人

协助鉴别和认定犯罪嫌疑人是心理测试技术最重要和最基本的作用之一。在侦查工作的中后期，往往会有若干个重点犯罪嫌疑人，而侦查人员对于这些嫌疑人往往只有一些怀疑依据。既没有确凿的证据能证明谁是真正犯罪人，也没有证据能为某个嫌疑人洗清嫌疑。在这种既无法认定又无法排除嫌疑的情况下，可以使用心理测试技术来打开局面。如果经过测试确定了犯罪人，可以以此为突破口，加强侦查和审讯力度；如果经过测试排除了嫌疑人，有利于及时矫正侦查方向，解脱出更多的警力进行新线索的寻找。

4. 帮助分析解决口供与其他证据之间的矛盾

在侦查办案中，很少数的犯罪人会极其坦诚地交待所有作案细节，往往会在坦白中夹杂一些谎话，在认罪的同时为自己的其他犯罪行为进行隐瞒。因此一件案件在审讯中往往会出现同案的几人口供不一致或口供与物证、书证、证人证言、被害人陈述等其他证据不一致的情况。在这种情况下，可以使用多导测谎技术进行验证。例如，在涉案的两个人叙述不一致的情况下，可以用同一组问题对二人分别进行测试，很容易分析比较否定或认定的结论。

5. 支援和验证其他鉴定工作

刑事科学技术鉴定具有客观性、科学性的特点，但是各鉴定专业互不相同，鉴定结果有时很难互相补充、验证。有时由于送检材料的特殊性和鉴定人员的主客观条件所限，难免会出现差错。实际工作中遇到这种情况出现时，往往会邀请权威专家和学者进行复检、论证，耗费大量的资源和时间。心理测试技术的检验对象是人的心理信息，不会过期失效也不会扭曲变形，通过用心理测试报告对物证鉴定结论进行验证和补充可以有效地避免错误鉴定结论的产生，并为正确的鉴定意见提供有力佐证。

总之，心理测试技术的测试结果，从狭义的证据价值的角度考虑，目前在犯罪调查程序中，只是犯罪调查的一种工具，正确使用会在案件侦讯中发挥一定作用，有时是关键的作用，但是不能把它看成是万能的，更不能以此代替必要的侦查和审讯工作，没有一个正确的认识，只会把心理测试技术的使用引入歧途。

第二节 犯罪人特征剖析技术

一、概述

(一) 犯罪人特征剖析技术的含义

犯罪人特征剖析技术(Criminal profiling)，台湾学者称其为犯罪剖绘，又称为犯罪人特征剖析技术、犯罪人特征描述、犯罪侧写、犯罪心理画像等，是指在刑事案件侦查活动中，运用心理学、统计学以及其他相关学科的知识和原理，刻画犯罪嫌疑人的多方面特征，从而促进刑事案件侦查工作的一种辅助侦查手段。

从犯罪人特征剖析技术的理论依据来看，其以多学科的知识为理论依据，即除了心理学和统计学的知识，还包括物证技术、逻辑学、精神病学、行为科学等学科的相关知识；从犯罪人特征剖析技术的分析基础来看，其以犯罪嫌疑人所遗留的能够反映其特定犯罪心理的各种表象和信息为基础，具体包括犯罪现场勘查报告、现场图、现场照片、被害人研究、尸检报告、证人证言以及犯罪行为特征等；从犯罪人特征剖析技术的内容来看，其不但包括犯罪嫌疑人的行为和心理特征，而且包括其性别、年龄、种族、职业、学历、家庭环境状况、社会环境状况、人际关系、个人生活习惯、生活方式等多方面特征；从犯罪人特征剖析技术在刑事案件侦查工作中的地位和作用来看，其是一种辅助性的侦查手段，与其他侦查手段配合起来服务于侦查工作。

（二）犯罪人特征剖析技术的历史发展过程

依据犯罪人特征剖析专家的专业背景和剖析角度，犯罪人特征剖析技术的历史可分为以下几个阶段：

1. 以生理学及法医学为主导的阶段

犯罪人特征剖析技术的起源可以追溯到19世纪初，当时的犯罪人类学家为了将犯罪心理和犯罪者身体结构建立联系付出了不懈的努力。雅各布·弗瑞斯（Jacob Fries）首先开始了相关的研究，19世纪末的代表人物是龙勃罗梭（Lombroso），20世纪初的代表人物则是体型说理论家们。在这一阶段，很多学者都对根据犯罪行为方式和犯罪性质推断犯罪人人格特征感兴趣。汉斯·格罗斯（Hans Gross）在这一方面是一个非常重要的人物，早在1891年他就开始研究应用犯罪学和犯罪侦查学。其中最有影响力的是英国外科医生托马斯·邦德（Thomas Bond），他在1888年受英国警方的邀请参加了开膛手杰克（Jack the Ripper）系列杀人案件的侦破工作。

邦德博士负责该系列杀人案件最后一个被害人玛丽·凯莉（Mary Kelly）的尸体解剖工作。警方邀请他根据他的外科医学知识去分析评估犯罪人。他通过尸体解剖和分析现场照片力图再现犯罪现场，而且还对犯罪行为进行了一定的解释，包括对受害者身上伤口形态形成原因的解释。邦德博士向警方建议：犯罪人可能是一个强壮有力、头脑冷静且胆大妄为的人，他不令人讨厌，且很有礼貌，可能是个中年人，衣着整洁，有穿大衣的习惯，可能不懂解剖学；可能独居，生活在受人尊重的人们之中，有着奇怪的习惯，没有正常的职业，但会有一小笔数额的收入或津贴。

邦德博士认为犯罪人是根据其心理和生理上的需要而实施行为的。因此，他提出了通过标志性行为分析判断犯罪者人格特征的观点。邦德博士被认为是世界上第一个犯罪人特征剖析技术专家。

2. 以精神病学为主导的阶段

20世纪40—50年代，美国纽约市发生系列疯狂炸弹客（Mad Bomber）案件，凶手在15年间实施30多起爆炸案件，而且不断给报社寄信，威胁要炸毁纽约市的地标。在无计可施的情况下，警方请来精神病学家詹姆士·布鲁塞尔（James Brussel）。布鲁塞尔通过研究案件档案资料、现场照片、还有大量嫌疑犯已保存16年之久的信件，认为嫌疑犯是一个身材魁梧，年龄中等，是东欧移民，信奉罗马天主教，单身，和哥哥或姐姐住在一起，患有妄想症，憎恨他的父亲，具有强烈的俄狄浦斯情结，而且居住在康涅狄格州，他甚至认为当警察逮捕他时，他会穿着双排纽扣的衣服。布鲁塞尔的分析逻辑非常严密，以至于警察在侦查过程中依据其描述的内容去追查犯罪人，甚至专门调查那些穿着双排纽扣衣服的人。当嫌疑人被拘捕时，警方发现其相关特征与布鲁塞尔的描述结果惊人地相似。布鲁塞尔对犯罪人的成功分析对犯罪人特征剖析技术的发展起到了决定性的作用，不仅使其知名度大大提高，而且也使美国的警方开始转变观念，逐渐接受了犯罪人特征剖析技术，不再认为其只是一种神话。布鲁塞尔博士是世界上第一个通过犯罪人特征剖析技术帮助警方成功侦破案件的专家。

3. 以心理学为主导的阶段

20世纪60年代，当霍华德·特登（Howard Teten）在美国加利福尼亚的圣里安德洛警察局工作时，就形成并发展了他的犯罪人特征剖析技术方法。1970年，当特登成为美国联邦调查局的一名侦查员时，他开始实施他的犯罪描述计划，并且在爱莫雷德和德克萨斯州首次应用了他的犯罪人特征剖析技术。同年，特登在联邦调查局国家学院第一次讲授他的犯罪人特征剖析技术，当时他称为应用犯罪学。1974 年，美国联邦调查局创建了行为科学分析组，主要领导人即是霍华德·特登。1975—1977 年，罗伯特·瑞斯勒（Robert Ressler）、迪克·奥特（Dick Ault）和约翰·道格拉斯（John Douglas）等人相继加入到该小组，最终成为了应用犯罪心理学训练课程的教师。

1983 年，皮尔斯·布鲁克斯（Pierce Brooks）创建了国家暴力犯罪分析中心，其由安娜·伯迪（Anna Boudee）、肯·汉德弗兰德（Ken Handfland）、戴维·艾卡维（David Lcove）和吉姆·豪勒特（Jim Howlett）等众多具备心理学知识的专家学者组成。国家暴力犯罪分析中心存储着各类犯罪人相关特征、家庭、社会背景等资料，着重分析怪异而扑朔迷离的犯罪行为，尤其在分析系列变态侦查人犯、强奸犯、纵火犯等方面积累了丰富的经验和资料。

4. 多学科并进的科际整合阶段

20 世纪 80 年代后期到 90 年代早期，犯罪学理论家们对系列杀人犯和犯罪人特征剖析技术产生了浓厚兴趣。第一个人就是菲利普·詹肯斯（Philip Jenkins），他在 1988 年写了一篇论文，名为"1983 年到 1985 年间系列杀人犯引起的恐慌"。还有其他一些犯罪学家，如史蒂夫·艾戈（Steve Egger），罗纳德·福尔摩斯（Ronald Holmes），詹姆士·斯帕克斯（James Sparks）等。在 20 世纪 90 年代，几个大学开设了关于系列侦查人方面的课程。

1992 年，在英国学者戴维·坎特（David Canter）的带领下，萨里大学（现在的利物浦大学）的调查心理研究组对犯罪人特征剖析技术进行了大量的研究。他们运用的是归纳法和地理描述（现在称为调查心理分析）中广泛运用的地理空间原则和方法。

1997 年，网上出现了大量自由投稿式的犯罪人特征剖析技术专家。其中第一个投稿的是毕业于纽黑文大学法庭科学系的布伦特·特维（Brent Turvey）。还有一位是利物浦大学的毕业生莫里斯·戈德温（Maurice Godwin），他是美国刑事司法教授。还有其他一些人，他们针对现实中发生的案件发表自己的观点。布伦特·特维的贡献是运用他所谓的行为证据分析方法再次强调了刑事学的重要性。莫里斯·戈德温的贡献在于他继承发展了戴维·坎特的研究方法，重新强调了地理位置数据模式和运用统计法的重要地位。

学院派理论家们运用犯罪学、统计学、犯罪心理学等理论知识对犯罪人特征剖析技术进行了多角度的深入研究，使其从实践上升到理论层面，加强了其理论基础的研究。学院派理论家们对犯罪人特征剖析技术所做的研究不仅扩展了犯罪人特征剖析技术方法的种类，还增强了其科学性。

（三）犯罪人特征剖析技术的内容

（1）犯罪嫌疑人生理状况。根据刑事侦查工作的实际需要，犯罪人特征剖析技术所分析犯罪嫌疑人的生理状况包括性别、年龄、身高、体态等特征。

（2）犯罪嫌疑人的社会状况。犯罪嫌疑人的社会状况具体包括民族、婚姻状况、受教育程度、职业类型、居住场所、家庭特征、服役状况、社会兴趣、生活方式、生长环境等。

（3）犯罪嫌疑人的心理状况。犯罪嫌疑人的心理状况具体包括认知状况、情绪情感状况、意志品质、智力水平、气质类型、性格特点、心理健康水平、行为习惯等心理特征。

（4）犯罪嫌疑人的犯罪状况。犯罪状况是反映犯罪嫌疑人的犯罪水平、反侦查能力的性质和状态。通过分析，犯罪人特征剖析技术人员可以确定犯罪嫌疑人是否有前科、是否为职业犯罪人、具有何类犯罪经历等内容。

（5）犯罪嫌疑人其他方面的状况。如犯罪嫌疑人病理方面的特征、性生活史、性变态种类、性功能障碍等。

二、犯罪人特征剖析技术的基本原理

（一）洛卡德物质交换原理

洛卡德物质交换原理是 20 世纪法国著名侦查学家艾德蒙·洛卡德提出的。物质交换原理是最重要的证据学原理，包含着一系列的证据学思想，该理论认为：犯罪的过程实际上是一个物质交换的过程，作案人作为一个物质实体在实施犯罪的过程中总是跟各种各样的物质实体发生接触和互换关系。因此，犯罪案件中物质交换是广泛存在的，是犯罪行为的共生体，这是不以人的意志为转移的规律。通过发现、记录、提取和检验这些证据，就可以把犯罪嫌疑人与特定的地点、各种证据以及被害人联系起来。根据实际发生的物质交换的性质和范围，不仅可以把犯罪嫌疑人与特定的现场部位、证据种类联系起来，而且还可以与特定行为联系起来。洛卡德物质交换原理揭示了现场证据，尤其是经检验和鉴别的物证对于案件分析的重要意义，即通过对现场证据的系统性、确定性研究，就可以揭示犯罪嫌疑人的现场活动过程。

犯罪人特征剖析技术十分强调犯罪现场的作用，犯罪现场是犯罪行为的载体，是调查和收集犯罪行为证据的物质基础。犯罪行为是犯罪现场构成的核心要素与联系主线，通过犯罪行为的发生与存在，把有关的人、事、物、时空联系在一起，是犯罪现场存在的根本前提。

（二）心理定势与动力定型理论

心理定势是前苏联定势心理学派的基本概念，最初由德国心理学家缪勒和舒曼在 1889 年提出，后经前苏联心理学家乌兹纳捷加以改造，发展成为一种理论。所谓心理定势是由一定的心理活动所形成的倾向性准备状态，决定同类后继心理活动的趋势，它能够影响后继活动的趋势、程度和方式。心理定势在认识事物时有积极作用，也有消极作用，关键看是什么样的心理定势。正确的心理定势有利于认识事物，错误的或不良的心理定势对于认识事物则起阻碍和干扰作用。犯罪嫌疑人在第一次作案成功后，其行为方式在大脑中产生了深刻的印象，以后再作案时，成功的体验反馈到大脑，对其犯罪动机和行为起到强化作用，使其犯罪心理结构更为巩固并得到发展。在侦查实践中，经常会遇到一些累犯和惯犯，其在作案时由于某种思维方式和与此相联的犯罪行为的多次重复，在其犯罪活动中明显地反映出其定势心理特征。认识和利用这些特征，不仅有助于突破案件，还可以帮助推测犯罪嫌疑人将会在何时、何地侵犯下一个目标，使我们的侦查工作更加积极主动。

动力定型是指某种行为或动作经过反复多次实施后，达到习惯化和自动化的程度。动力定型的形成意味着行为背后的心理因素已经由意识转化为无意识。犯罪动力定型又称犯罪习惯，它是由于行为人犯罪的多次得逞而强化了的犯罪心理，并使犯罪行为定型化。犯罪动力定型形成的标志是：行为人一有欲念或遇犯罪刺激，就有实施犯罪行为的冲动，几乎看不到正确意志和良心的作用，很少有顾虑和不安，犯罪意志十分顽固。犯罪动力定型明显地表现在惯犯和累犯身上。近年来破获的多起变态案件表明：犯罪嫌疑人多次作案后受动力定型的影响，已经把实施犯罪行为作为满足自己快感的重要途径。

（三）无意识、情结与成瘾理论

无意识理论的代表人物是奥地利学者弗洛伊德，弗洛伊德强调无意识过程在决定正常和异常行为中的作用。无意识是指主体对客体所没有意识到的心理活动的总和。也就是说，人们对外界事物的反映未被意识到，或者是说反映的内容是什么不清楚，这就是无意识。如无意感知、无意识记、无意表象、无意想象、非口语思维、无意注意等。在无意识支配下，犯罪人自己也不清楚行为本身所要达到的目的，不清楚自己犯罪的真正原因，无意识犯罪是一种在激情状态下非理智性的犯罪。这种犯罪多是主体在激情状态下实施犯罪的，处在激情状态下的人，其认识活动的范围往往会缩小，控制自己的能力减弱，往往不能约束自己的行为，不能正确评价自身行为的意义和后果。激情状态的产生是一种反应性行为，这种反应可能是被某些语言、声响、或犯罪嫌疑人头脑中的幻觉所引起，具有时效性，即与刺激诱因几乎是同时出现的，以致主体没有或只有短暂的心理过程，呈现出一种下意识的行为，主体在行为选择前没有经过权衡利弊和思想斗争。这种反应性行为又带有自动化、习惯化的反应形式，犯罪嫌疑人只要遇到相同或相近的刺激情境，还会产生此类行为反应，所以其犯罪行为的主客观环境往往是相似的。

情结指的是一群重要的无意识组合，或是一种藏在一个人神秘的心理状态中，强烈而无意识的冲动，人们意识里对某一事物的情感会出现不同的层次，并且一次次地加强，这些层次的叠加即构成情结。情结是探索心理的一种方法，也是重要的理论工具。20世纪初，荣格在词汇关联测验中注意到受试者的行为模式暗示着此人的无意识感觉与信念。只有造成有害行为的情结，荣格才视之为心理疾病，荣格派理论视无害的情结为普通健康心理的多元变化。荣格派理论还认为情结与创伤经验或有关或无关。情结有很多种，但是任何情结的核心都是一个共通的经验模式，称为原型。荣格心理学对于心理问题的形成一般归结为某一原型没有得到良好发展而受到阻碍，由此精神系统作为自我调整而表现出神经症或别的问题。有害的情结不断发展可能导致成瘾，反复的犯罪会形成犯罪过程成瘾。过程成瘾与物质成瘾一样均能造成暂时性的高唤醒状态，例如，情绪变化、愉悦、兴奋以及无所不能的、权力的、控制的幸福感。刑事案件中犯罪嫌疑人心理显示的"情结"和"过程成瘾"，使得其所侵害的对象显示出一定的规律性。尤其是在一些变态人格的犯罪嫌疑人所实施的系列杀人案件中，其犯罪行为的指向有其异常"情结"。犯罪嫌疑人寻找、选择被害人，往往依照他们自己所幻想所确定的一个标准，按照这个标准选择出来的被害人是符合其幻想或者计划要求的。他们选择的被害人在常人看来，只是个"象征"或者"符号"。

（四）个性的相关理论

个性，也可称人格。指一个人的整个精神面貌，即具有一定倾向性的心理特征的总和。个性结构是多层次、多侧面的，由复杂的心理特征的独特结合构成的整体。从个性的内容来看，其包括三方面内容：个性倾向性、个性心理特征和自我意识系统。个性的三方面内容有机地组合在一起，形成个性结构，而个性结构的特点为分析犯罪现场所表现出来的相关心理特点提供了理论基础。首先，个性具有整体性的特点。按照系统论的观点，个性的各方面内容有机地结合在一起，构成了一个复杂的个性系统。当一个人的个性整体性出现问题后，其就会发生人格畸变。这是分析变态心理犯罪的重要理论依据。其次，个性具有独特性的特点。"人心不同，各如其面"指的就是个性的独特性。个性的独特性决定了每个犯罪嫌疑人都具有与他人不同的个性特点，这为我们分析不同的犯罪嫌疑人心理提供了理论基础。最后，个性具有稳定性的特点。个性的稳定性决定了我们在侦破系列案件的过程中，通过对犯罪嫌疑人个性稳定性的分析，能够准确地串并案件。

三、国外主要的犯罪人特征剖析技术

(一)犯罪现场分析法

犯罪现场分析法主要是美国联邦调查局行为科学组的犯罪人特征剖析技术专家所采用的方法。犯罪现场分析法来源于对犯罪人相关犯罪信息的收集。1979—1983年,行为科学组的有关犯罪人特征剖析技术专家对36名系列杀人犯和强奸犯进行广泛的访谈调查和研究,包括进入监狱就犯罪人的生活背景、犯罪行为、案发当时场景和被害人等情况访问犯罪人。他们还收集了大量的官方情报资料,包括法庭审判资料、警方案卷资料以及精神病记录和犯罪记录。在此基础之上提出了犯罪现场分析法。

所谓犯罪现场分析法就是将数据库中的信息和待处理案件中的犯罪现场勘查报告及被害人陈述相结合,根据行为科学组已建立的犯罪人类型,得出对犯罪人的相关特征描述,重点推断犯罪人的基本情况、人格特质和犯罪动机,推断结果用于指导侦查和审讯工作。具体操作分为以下六个步骤:

(1)特征描述输入。收集和评估与犯罪相关的所有情报信息,包括犯罪现场痕迹物证、犯罪现场勘查报告、现场照片、尸检报告、被害人的完整资料,以及能够确定犯罪行为发生前、发生期间、发生后的相关情况所需的其他相关情报信息。该阶段是犯罪人特征剖析技术的基础,倘若这一阶段获得的信息量少或获得了错误的信息,那么在随后进行的分析将会受到影响。

(2)分析研判。将收集到的犯罪情报信息进行排列汇总和分析研究,判断作案时间空间、案件性质和类型、犯罪动机、被害人所经历的风险程度、犯罪人在作案时承担的风险程度、犯罪人作案时的行为顺序、作案所需时间、案发现场是否为原始现场。

(3)犯罪评估。重建犯罪行为发生的过程及在犯罪过程中被害人和犯罪人的特殊异常行为,确定犯罪人是有组织力还是无组织力的。这有助于分析家分析在犯罪发生过程中,犯罪人和被害人所扮演的角色及其互动过程,还有助于随后进行的犯罪人特征剖析技术的开展。

(4)特征描述。对犯罪人的生活背景,生理特征、行为特征及其人格特质等进行描述。确定最佳的审讯策略,并告知侦查人员怎样识别和逮捕犯罪人。本阶段还有一反馈环节——描述人员根据新发现的情报信息来检验其结论,确保描述结论切实可靠。

(5)侦查。根据特征描述阶段所确定的犯罪人特征展开侦查工作。若没有发现犯罪嫌疑人或又发现了新的证据,则需对描述结论进行重新评估和修正。

(6)逮捕及审讯。犯罪嫌疑人被捕后,对犯罪人特征剖析技术所推定的犯罪人特征和被捕犯罪嫌疑人的真实特征进行反复核证。有时,该阶段会陷入极度的困境,因为犯罪人可能永远不会被捕,或者由于犯罪人在其他地方被其所犯的其他罪名而被当地警方逮捕。对描述结论的检验可以进一步评估背景因素和心理变量的影响。

(二)行为证据分析法

行为证据分析法,这一犯罪人特征剖析技术领域内最新方法是由布伦特·特维提出的,他是一位法庭科学家兼加利福尼亚州的私人犯罪人特征剖析技术专家。一段有趣的历史促使特维进入了犯罪人特征剖析技术领域,当他还是一个青少年时,他的一位好朋友遭到明显的审判不公,这件事便是激励其研究人类行为及司法系统的动力。当大学毕业后,特维选择从事心理研究工作,那时他就开始研究性犯罪人。随后,特维亲自去监狱对性犯罪人进行访谈,以便进一步探究性犯罪本质。

早在 1991 年特维在监狱里采访了系列杀人犯杰罗姆·布鲁多斯(Jerome Brudos)。在采访前，特维花了数月时间查阅庭审记录、资料和其他一些与犯罪相关的记录。若没有访前的准备工作，布鲁多斯会很容易地歪曲其犯罪事实和犯罪责任以欺骗特维。特维将访前了解到的相关信息与犯罪人的口述进行比较，发现二者差异很大。

特维在稍后提出的犯罪人特征剖析技术方法中记述了犯罪人将会否认他的犯罪行为的事实，而且提出：若要最客观地记录犯罪情节就必须重建犯罪行为，对此他提出了行为证据分析法。特维所指的行为证据，指任何有助于确认某事件或某行为是否发生、何时何地发生以及如何发生的物证。通过物证和行为证据分析犯罪行为模式，从犯罪行为模式中推断犯罪人特征的过程就是"行为证据分析"。特维认为，对犯罪行为的重建才是关于犯罪最客观的纪录，行为证据分析法可以弥补其他特征描述方法因较多依赖归纳总结与直觉臆断而忽视对犯罪人行为的考察而造成的缺憾。

行为证据分析主要分为两个阶段，四个步骤。下面简要介绍四个步骤在两个阶段中的运用方法。

第一步称为刑事疑点分析。疑点是指对某个证据有多种解释，这一步的目的就是确定其最合理的意义。这一步非常重要，只有通过正确地分析解释证据才有可能对犯罪人进行彻底的心理特征描述。分析所依据的证据材料多种多样，包括现场图、犯罪现场照片与录像、侦查员调查报告、证据记录日志和提交证据目录、尸检报告、证人证言、被害人生前行程、被害人详细背景资料、其他相关线索材料和访问记录。

第二步是深入调查和评估被害人，即被害人研究。被害人研究往往是在其他犯罪人特征剖析技术方法中被忽略的领域，特维认为对被害人进行类似于对犯罪人进行的心理特征描述很有必要。彻底的被害人研究要求尽可能全面准确地为被害人进行特征描述。侦查人员可以从犯罪原因，犯罪行为方式，犯罪时间地点以及选择特定被害人的原因中揭示出大量关于犯罪人的信息。被害人的体格特征将有助于对犯罪人进行特征描述。如果在犯罪现场分析阶段，侦查人员发现犯罪人在抛尸之前托着尸体走了很长一段距离，则可说明犯罪人非常强壮，或者还有其他帮凶。同理，如果犯罪人不费吹灰之力就绑架了被害人，那么被害人自然会受到怀疑，可以合乎逻辑地推断出被害人认识犯罪人，或者是犯罪人非常善于社交，被害人愿意伴随他。当然，这些推论不是根据单个证据推断出的，是结合其他的证据。

第三步是犯罪现场特征。即识别一个犯罪现场最有区别性的特点，这些特点与被害人、犯罪地点以及其对犯罪人的意义等有关，体现了犯罪人的行为和决策过程。包括进入现场方式、攻击方式、控制被害人的方法、犯罪现场类型、言语类型。

第四步是犯罪人特征。从前三步获得信息资料可以推断出犯罪人的行为和人格特征。这不是对犯罪人的最终定论，根据随后发现的新证据和纠正已使用错误信息，要不断地更新完善。推断内容包括犯罪人体型结构、性别、种族、婚姻状况、病史、就业状况和生活习惯、前科劣迹、犯罪技术水平、暴力倾向性、犯罪交通工具、犯罪人居住地与犯罪地的关系等。

行为证据分析的应用中有两个主要的阶段。

第一个阶段是侦查阶段，只知已发生的犯罪事实，而未知犯罪人。这个阶段主要的目包括五项：其一，通过侦查缩小范围，确定重点嫌疑人；其二，通过犯罪现场特征和犯罪行为特征串并案件；其三，对令人作呕犯罪行为是否会逐步升级为更暴力血腥的犯罪进行预测；其四，向侦查人员推荐可行的侦查指导方针和策略；其五，保持全面调查追踪犯罪人，不分散精力。

第二个阶段是审讯阶段，此阶段犯罪人已经被逮捕，主要包括五项：其一，帮助确定案件的种类和法庭证据的价值大小；其二，帮助确定审讯策略；其三，帮助了解犯罪人的幻想和动机；其四，帮助洞察犯罪人在作案前、作案中和作案后的思想状态（即作案的计划程度、是否有悔罪倾向的证据、逃避侦查行为等）；其五，通过犯罪惯技和标志性行为帮助印证犯罪现场情况。

（三）地理描述技术

地理描述技术是利用犯罪活动涉及的地点推断犯罪嫌疑人的住所及下次可能作案的地点。这项技术是迪·金·罗斯姆在西蒙弗雷泽大学攻读犯罪学博士学位时创立的。迪·金·罗斯姆曾是加拿大温哥华市警察局的警官，也是警察局犯罪地理信息分析部门的主管。目前，他在美国德克萨斯州立大学任研究教授。

在系列犯罪案件的侦查中，如果犯罪现场涉及到多个地理位置，那么侦查人员就可以利用犯罪地理目标技术所创建的数学模型来生成一个三维概率分布，称作有罪曲面。然后，侦查人员将这个曲面应用在犯罪现场的分析上，从而生成地理描述。地理描述显示了一个置信区间，在这个区间内发现凶手的可能性最大。地理描述技术与其说是精确地描述犯罪嫌疑人生活的位置，不如说其对与犯罪嫌疑人有关的位置提供了一种最优的搜索程序。

地理描述技术既有客观的一面，也有主观的一面。所谓客观的一面，是指地理描述技术利用了地理学技术与量化方法来分析与阐释依据目标的位置而建立起来的空间结构。此外，地理描述技术的客观性还指地理描述技术必须将与犯罪行为和环境有关的多种因素纳入考虑范围。例如，犯罪活动的位置、凶手的类型、攻击行为，犯罪活动是发生在普通公路还是发生在高速公路附近，犯罪行为所在区域的心理边界与实在边界的位置，犯罪行为所在区域的类型（工业、商业、居民区），居民的社会学及人口统计学特征，以及受害者的移动路线与移动方式。至于地理描述技术主观的一面，指地理描述技术包含了对凶手心理地图的重建与阐释过程。

地理描述技术的应用，使得警方可以在侦查活动中较好地分配自己的资源，可以与其他数据库建立关联（有性犯罪前科的人的居住情况、登记车辆），可以促使警方侦查组织扁平化，以及获得诸如此类的其他好处。

四、犯罪人特征剖析技术的作用

（1）缩小犯罪嫌疑人的范围，确定侦查方向。刑事案件发生之后，刑事侦查人员经常使用的侦查方法就是排查。这种方法不仅费时费力，而且经常贻误战机。为了减少不必要的浪费，提高侦查效率，抓住战机，有必要缩小排查范围，确定排查顺序。侦查的方向极其重要，方向错误不仅会劳而无功，而且会贻误战机，丧失破案机会。为了避免这种问题，侦查人员往往会左右摇摆。犯罪人特征剖析技术可以帮助解决这些问题。

（2）协助侦查人员串并案件。在某一地域相继发生几起类似刑事案件之后，刑事侦查人员有必要确定这些类似案件之间的关系，确定是否应该并案侦查。而并案的重要根据则是案件中折射出来的相似性，特别是犯罪行为的相似性。而犯罪人特征剖析技术恰恰是发现这些相似性的重要手段。

（3）协助评估犯罪行为向更暴力或更严重损害升级的可能性。刑事案件都有一定的社会危害性，并产生一定的负面社会影响。为了避免更严重危害的出现，需要对犯罪升级的可能性进行评估。根据评估结果，决定侦查工作重点，确定下一步工作内容。

（4）向侦查人员提供侦查指导和策略。通过犯罪人特征剖析技术，透视犯罪嫌疑人心理，可以了解犯罪嫌疑人的行为特点和生活方式，为确定调查策略奠定基础。

（5）协助制定有针对性的、有效的讯问策略。通过讯问取得犯罪嫌疑人口供是一件困难的工作。为了做好这一工作，有必要制定科学的讯问策略。通过犯罪人特征剖析技术，可以在审讯工作开始之前，对犯罪嫌疑人的有关情况有所了解，为制定有针对性的讯问策略提供帮助。

后 记

受武汉大学出版社田红恩编辑的邀请，我们组织了部分政法院系和公安院校的教师编写了《犯罪心理学教程》。所有参编教师都具有副教授以上职称或者博士以上学位，具有丰富的教学科研经验。他们不仅紧紧把握当前犯罪心理学的研究动态，而且对法学、公安学发展与改革有全面的领悟，使本教材能够很好地适应法学和公安学专业的教学需要。

这些作者基本情况和具体分工按照章节顺序列举如下：

董邦俊，中南财经政法大学刑事司法学院教授（法学博士、博士生导师，兼任湖北省黄石市人民检察院副检察长），负责第一章的撰写。

陈雯，江西警察学院教授，负责第二章的撰写。

吴江皓，中南财经政法大学刑事司法学院副教授，负责第三章、第四章的撰写。

唐子艳，武汉理工大学文法学院讲师、法学博士，负责第五章的撰写。

熊伟，中南财经政法大学刑事司法学院讲师、法学博士，负责第六章、第九章、第十章的撰写。

吴玲，中南财经政法大学刑事司法学院副教授、法学博士（美国 Sam Houston State University），负责第七章的撰写。

赵波，中南民族大学法学院副教授、法学博士，负责第八章、第十二章的撰写。

康杰，中国刑事警察学院教授，负责第十一章、第二十章的撰写。

周凌，中南财经政法大学刑事司法学院副教授、法学博士（美国 Sam Houston State University），负责第十三章、第十九章的撰写。

朱利民，湖北警官学院教授，负责第十四章、第十七章的撰写。

王安全，中南财经政法大学刑事司法学院副教授，负责第十五章、第十六章的撰写。

彭峰，中南财经政法大学刑事司法学院副教授、法学博士，负责第十八章的撰写。

教材由各位作者撰写后，由主编董邦俊教授、康杰教授审稿，最后由主编统稿、定稿。

武汉大学出版社田红恩编辑为本套丛书的出版进行了精心的设计，也为本书的编辑出版付出了辛勤的劳动，在此深表感谢！

编著者

2014 年 6 月

公安院校创新应用型精品规划系列教材

欢迎广大教师和读者就系列教材的内容、结构、设计以及使用情况等，提出您宝贵的意见、建议和要求，我们将继续提供优质的售后服务。

联系人：田红恩

电　话：137 2030 4986

E-mail：113391595@qq.com

 武汉大学出版社（全国优秀出版社）